Die Frankfurter Seminare Theodor W. Adornos
Band 1

Die Frankfurter Seminare Theodor W. Adornos

Gesammelte Sitzungsprotokolle 1949–1969

Herausgegeben von Dirk Braunstein

Band 1

Wintersemester 1949/50 – Sommersemester 1957

Herausgegeben von Dirk Braunstein

unter Mitwirkung von
Nico Bobka, Maischa Gelhard, Jessica Lütgens,
Hannes Weidmann, Lena Welling und Marcel Woznica

DE GRUYTER

ISBN 978-3-11-110923-7
e-ISBN (PDF) 978-3-11-070559-1
e-ISBN (EPUB) 978-3-11-070564-5

Library of Congress Control Number: 2020952384

Bibliografische Information der Deutschen Nationalbibliothek
Die Deutsche Nationalbibliothek verzeichnet diese Publikation in der Deutschen
Nationalbibliografie; detaillierte bibliografische Daten sind im Internet
über http://dnb.dnb.de abrufbar.

© 2022 Walter de Gruyter GmbH, Berlin/Boston
Dieser Band ist text- und seitenidentisch mit der 2021 erschienenen
gebundenen Ausgabe.
Druck und Bindung: CPI books GmbH, Leck

www.degruyter.com

In der Schule der Kritischen Theorie
Die Frankfurter Seminare Theodor W. Adornos

Die Veröffentlichung von studentischen Protokollen akademischer Vorlesungen oder Seminare spielt in der Überlieferung philosophischer Lehren keine unerhebliche Rolle; viele der großen Vorlesungen Hegels sind uns nur aus den Mitschriften seiner Schüler bekannt, auch die legendäre Übung Martin Heideggers über Schillers »Briefe über die ästhetische Erziehung der Menschen« ist nur durch das Protokoll eines Studenten der Nachwelt überliefert.[1] Gleichwohl mag man sich allein angesichts des Umfangs der hier anzuzeigenden Bände die Frage stellen, ob der Ertrag in diesem Fall den ungeheuren Aufwand tatsächlich lohnt; was im Folgenden zu lesen ist, sind alle noch aufzufindenden Protokolle der Seminare, die Theodor W. Adorno, häufig gemeinsam mit Max Horkheimer, nach der Rückkehr aus dem amerikanischen Exil in den Jahren von 1949 bis 1969 an der Frankfurter Universität gehalten hat. Zwei Bedenken sind es vor allem, die Zweifel an einem derart riesigen Unternehmen aufkommen lassen könnten. Erstens mag man sich fragen, ob es heute, nachdem aus dem umfangreichen Nachlass Adornos ein Dutzend seiner Vorlesungen bereits in vorzüglichen Editionen bei Suhrkamp vorliegen, tatsächlich sinnvoll ist, zusätzlich noch über zweitausend Seiten von Protokollen seiner Seminare zu veröffentlichen; reicht nicht die Lektüre der Vorlesungen vollkommen aus, so könnte der Einwand lauten, einen lebhaften Eindruck vom pädagogischen Engagement und von der intellektuellen Geistesgegenwart Adornos im akademischen Unterricht zu vermitteln? Schwerer noch dürfte aber ein zweites Bedenken wiegen, das nicht den spezifischen Wert der hier vorliegenden Seminarprotokolle, sondern das Genre solcher Dokumente insgesamt betrifft. Der Einwand liegt auf der Hand, studentische Protokolle akademischer Lehrveranstaltungen hingen viel zu stark von der Auffassungsgabe und dem Schreibvermögen des jeweiligen Verfassers oder der jeweiligen Verfasserin ab, um einschätzen zu können, ob der Verlauf einer Seminarsitzung angemessen und sinngenau wiedergegeben wird. Man mag dagegen einwenden, dass wir auch, wie erwähnt, unsere Kenntnis der Vorlesungen Hegels den Mitschriften seiner Schüler verdanken; aber das besagt wenig, hatte Hegel doch den kleinen Kreis seiner Studenten weitgehend selbst bestimmt und konnte er sich auf deren protokollarische Fähigkeiten mithin stark verlassen, während Adorno zu Beginn des Zeit-

---

[1] Vgl. Martin Heidegger, Übungen für Anfänger. Schillers Briefe über die ästhetische Erziehung des Menschen. Wintersemester 1936/37. Seminar-Mitschrift von Wilhelm Hallwachs, hrsg. von Ulrich von Bülow, mit einem Essay von Odo Marquard, Marbach a.N. 2005 (Marbacher Bibliothek; 8).

alters der Massenuniversität auf einen eher anonymen Kreis von Studierenden verwiesen war, denen das Protokoll anzuvertrauen häufig ein Risiko beinhalten musste. Insofern ist es sicherlich nicht falsch, zunächst einmal ein Fragezeichen hinter das Vorhaben zu setzen, auswahllos alle erhalten gebliebenen Protokolle der Seminarsitzungen Adornos aus der Nachkriegszeit zu publizieren.

Aber all diese berechtigt klingenden Zweifel werden schlagartig zerstreut, sobald man einmal mit der Lektüre der Protokolle begonnen hat, egal, wo man dabei einsetzt oder auf welches der Seminarthemen man sich stürzt. Was einen gleich zu Beginn für die vorliegenden Bände einnimmt, ist die durchgängig mustergültige Edition und Kommentierung der Seminarprotokolle. ›Mustergültig‹ heißt in diesem Fall nicht nur, dass der Herausgeber Dirk Braunstein in Zusammenarbeit mit seinen sechs Mitarbeiterinnen und Mitarbeitern unendlich viel Mühe darauf verwendet hat, die Identität der jeweiligen Protokollantinnen und Protokollanten ausfindig zu machen, um deren Einwilligung zur Publikation einzuholen; wie viel Zeit, Tüftelei und Recherche es gekostet haben muss, die Spuren von den Namen der jeweiligen Autoren und Autorinnen bis hin zu ihren Adressen zurückzuverfolgen, kann man sich auch mit viel Phantasie wohl kaum vorstellen – und dass es auch immer wieder ›Autorinnen‹ waren, um deren Zustimmung sich der Herausgeber kümmern musste, soll hier ausdrücklich betont werden, da es in den 1950er Jahren gewiss keine Selbstverständlichkeit für junge Frauen war, Philosophie oder Soziologie zu studieren. Mustergültig aber ist vor allem, wie die einzelnen Protokolle dann im Einzelnen mit Kommentaren und Verweisen versehen wurden; statt den großen, häufig gemachten Fehler zu begehen, möglichst viele Verweise auf die jüngste Forschungsliteratur zum gerade behandelten Thema einzustreuen und damit die Edition der Gefahr des schnellen Veraltens auszusetzen, werden in den Fußnoten resolut nur diejenigen Werke ausgiebig zitiert, die die Diskussionen oder die Stellungnahmen gerade behandeln. Durch diese kluge Entscheidung wird die Lektüre der Protokolle immer wieder – man glaubt es kaum – zum Vehikel philosophischer Erfahrungen, man vermag die Verwendung bestimmter Begriffe und Denkfiguren auf ihre Quelle zurückzuverfolgen, lernt den Stellenwert dieser begrifflichen Operationen im philosophischen Diskurs kennen und erhält obendrein als willkommene Zugabe noch die Stellungnahme Adornos zu all den verwickelten Gedankengängen. Wieder lässt sich kaum ausmalen, welche Anstrengung es den Herausgeber gekostet haben muss, für die meist nur kurz in den Protokollen herbeizitierten Ausdrücke und Argumente diejenigen Werkstellen ausfindig zu machen, auf die sich die oft unbelegten Aussagen mit ziemlicher Wahrscheinlichkeit beziehen; muss schon die Identifikation der Protokollanten und Protokollantinnen eine Sache geradezu detektivischer, wenngleich nicht immer erfolgreicher Bemühungen gewesen sein, so ist dieses Aufspüren der einschlägigen Quellen – sei es von

Aristoteles, Leibniz, Durkheim oder Husserl – sicherlich das Resultat einer enorm zeitraubenden Suche in Büchern oder im Netz gewesen.

Trägt also schon die Edition dieses voluminösen Korpus in geglückter Weise zu einer spannenden, ja aufregenden Lektüre bei, so auch das beinah durchgängig hohe Niveau der abgedruckten Protokolle. Überlässt man sich erst einmal dem Lesen der durchschnittlich zwischen drei bis sieben Seiten langen Zusammenfassungen, so beginnt man sich unwillkürlich zu fragen, wie es hat möglich sein können, dass Adorno eine Schar so hochbegabter Studenten und Studentinnen um sich zu versammeln vermochte; die Protokolle, die er von seinen Seminaren verfassen ließ, sind fast immer stilistisch untadelig geschrieben, geben den Seminarverlauf meistens gut nachvollziehbar wieder und werden sehr häufig mit interessanten Kommentaren oder Rückfragen zum zuvor Wiedergegebenen versehen. Natürlich findet sich in der Masse auch immer mal wieder der ein oder andere Ausfall; da ist dann in der Zusammenfassung nur noch schwer auszumachen, worum die Seminardiskussion sich eigentlich drehte und wo die Frontlinien zwischen unterschiedlichen Auffassungen verliefen – interessanterweise handelt es ich dabei häufig um Texte, die den sprachlichen Duktus Adornos bis ins Letzte zu imitieren versuchen. Aber das Gros der Protokolle ist, wie gesagt, in der Qualität sowohl des Stils als auch des Gehalts außerordentlich eindrucksvoll. Ein Grund dafür mag sein, dass der Ruf Adornos als zeitkritischer Intellektueller und Denker während der 1950er Jahre schnell weit genug über Frankfurt hinausging, um einige der interessantesten jungen Köpfe aus der gesamten Bundesrepublik um seinen Lehrstuhl versammeln zu können; auf jeden Fall ist es auffällig, wie viele der Protokollantinnen und Protokollanten später bedeutende Intellektuelle oder Wissenschaftlerinnen bzw. Wissenschaftler werden sollten – die Liste reicht von Peter Gorsen über Ivan Nagel, Regina Becker-Schmidt, Werner Mangold und Hans Friedrich Fulda bis zu Karl Markus Michel, wobei die ebenfalls gelegentlich protokollierenden Mitarbeiter und Mitarbeiterinnen Adornos und Horkheimers noch gar nicht genannt sind. Einige der hier abgedruckten Zusammenfassungen sind in sich so konzis und prägnant, dass sie damals ohne weiteres als Marginalien hätten veröffentlicht werden können.

Als ein eher zufällig gewähltes Beispiel sei auf das Protokoll verwiesen, welches ein leider nicht identifizierbarer Verfasser von der Sitzung vom 4. Juni 1957 des Hauptseminars »Zeitgenössische Ideologien · Begriff der Ideologie II« erstellt hat, das von Adorno gemeinsam mit Max Horkheimer veranstaltet wurde. Wenn auch nicht ganz auf dem hohen Niveau derjenigen Protokolle, die einige der zuvor namentlich Genannten verfasst haben, gelingt es dem Autor oder der Autorin erstaunlich gut, die wesentlichen Streitpunkte einer Diskussion wiederzugeben, die in jener Sitzung zwischen Karl Markus Michel und Adorno unter Mitwirkung von Horkheimer und Habermas geführt wurde. Der engagierte Disput entzündete sich an einem Referat von Michel, in dem dieser die These vertreten hatte, die bürgerliche Gesellschaft der Gegenwart bedürfe keiner neuen Ideologien zu ihrer eigenen Rechtfertigung mehr, weil sich die alten Illusionen von der segensreichen Wirkung edelmütiger und aufopferungswilliger Taten in Form von Klischees in der von allen konsumierten »mittleren Unterhaltungsliteratur« erhalten hätten – gemeint war alles von »Vicki Baum bis Norman Mailer«.[2] Dagegen nun wandte sich Adorno in der Diskussion mit dem Einwand, Michel verfechte einen falschen Begriff der ›Ideologie‹, indem er darunter nur den zum geistigen Allgemeingut einer ganzen Bevölkerung herabgesunkenen Mythos des Bürgertums verstehe, jeder sei seines eigenen Glückes Schmied; was bei einer solchen zu simplen Vorstellung von ›Ideologie‹ verlorenginge, sei der durchaus ernstzunehmende »Wahrheitsanspruch«, den alle Idealisierungen der gesellschaftlichen Realität in ihrer Entstehung erheben; insofern dürfe man heute, so Adorno, nicht von einem Verschwinden oder einer »Neutralisierung« aller Ideologien sprechen, sondern eher davon, dass es an einer reflexiven, wahrheitsorientierten Auseinandersetzung mit derartigen, häufig natürlich in Kitsch ausufernden, Idealisierungen der sozialen Realität inzwischen schmerzlich mangele.[3] Wir können anschließend anhand des Protokolls auch noch nachvollziehen, mit welchem Argument sich Habermas auf die Seite von Michel schlägt und wie Horkheimer seinem Freund Adorno unter die Arme zu greifen versucht, indem er anrät, den Begriff der ›Ideologie‹ nur den idealisierenden Vorstellungen des Bürgertums vorzubehalten.

Von derselben Dynamik und Spannung, die an diesem Protokoll einer Seminarsitzung sichtbar werden, sind die meisten der hier dokumentierten Lehrveranstaltungen Adornos geprägt. Man hat ständig den Eindruck, es ginge in den hitzigen Diskussionen nicht bloß um dieses oder jenes Element in der Geschichte der Philosophie und Soziologie, sondern stets um nicht weniger als ›das Ganze‹; kaum eines der Seminare, über deren Verlauf wir hier unterrichtet werden, läuft nicht an irgendeinem Punkt auf die Frage hinaus, wie es um die kapitalistische Gesellschaft heute in ihrer Totalität bestellt sei. Um diesen ungeheuren Anspruch nahezu aller der von Adorno bestrittenen Seminare noch einmal zu unterstreichen, soll kurz ein weiteres, wiederum eher zufällig ausgewähltes Protokoll herangezogen werden; es stammt aus der Hand des zuvor als Referent aufgetretenen Karl Markus Michel und ist der Sitzung vom 8. Juli 1954 des erneut mit Horkheimer veranstalteten Seminars zu Max Webers Wissenschaftstheorie gewidmet. Die Diskussion beginnt an diesem Tage eher zögerlich und kleinteilig, indem zu-

---

[2] S. unten, S. 546.
[3] S. unten, S. 545f.

nächst auf die Ambivalenz in Webers Begriff des ›Idealtypus‹ Bezug genommen wird, der zwar nur »heuristisches Prinzip mit lediglich dienender Funktion beim Verstehen geschichtlicher Individuen« sei und doch auch einen Zug ins Normative aufweise, nämlich in die Konstruktion des geschichtlich »Sein*sollenden*« oder »Vorbildlichen«.[4] Kaum ist dann aber der Hinweis gefallen, nach Webers eigener Überzeugung verlange eine solche normative Überschreitung der geschichtlichen Wirklichkeit regelmäßig den gekonnten Einsatz von »Phantasie«, nimmt die Diskussion im Seminar schnell an Fahrt auf und entlädt sich alsbald in weitausgreifenden Erörterungen – auf der Agenda steht plötzlich die Frage nach dem Schicksal der gesamten bürgerlichen Philosophie. Adorno wirft ein, nicht nur bei Weber, sondern auch bei anderen Denkern der Epoche – genannt werden Edmund Husserl und Max Scheler – finde sich die Tendenz, sich mittels der Phantasie in »Reaktion auf das Überwuchern des bloßen Daseins« in ein ideales Reich transzendierender Werte zu flüchten,[5] Horkheimer macht anschließend geltend, Weber vermöge den »Positivismus« nur durch Import einer starken, theoriegeladenen Begrifflichkeit zu »retten«.[6] Unschwer ist an beiden Interventionen zu sehen, dass es auch hier wieder um viel mehr geht als bloß die diskursive Überprüfung des Wahrheitsgehalts einzelner Theorien; was tatsächlich erneut zur Debatte steht, ist ›das Ganze‹ der gegenwärtigen Welt mit ihren kulturellen Wucherungen und ihrer Verankerung in der ständig herbeizitierten kapitalistischen Realität.

Dieser Zug hin zu einem integralen Denken, das weder Disziplingrenzen noch methodische Zurückhaltung respektiert, mag ein weiterer Grund für die außerordentliche Attraktivität gewesen sein, die Adornos Seminare unter den damaligen Studierenden besessen haben müssen; viele von ihnen werden nicht nur deswegen in seine Lehrveranstaltungen gepilgert sein, weil ihm bereits ein Ruf als großer, öffentlich wirksamer Intellektueller vorauseilte, sondern weil es in jenen Veranstaltungen statt um die Vermittlung beliebiger Stoffe oder die bloße Aneignung klassischer Texte um die Fragwürdigkeit einer ganzen, nämlich der kapitalistischen Lebensform ging. Darin, diese geradezu existentielle Problematik in seinem pädagogischen Habitus zu verkörpern und sie noch im kleinsten Detail des besprochenen Stoffes erfahrbar zu machen, muss Adorno ein Meister gewesen sein; und wie durch Zauberhand scheint sich etwas von dieser Meisterschaft auf die besten der hier versammelten Protokolle übertragen zu haben.

Von hier aus fällt ein Licht auf den dritten Grund, warum die Leserin oder der Leser dieser Seminarprotokolle schnell von deren Lektüre gefesselt sein dürfte.

---

4 S. unten, S. 231.
5 S. unten, S. 232.
6 S. unten, S. 234 f.

Schon aus den bislang veröffentlichten Vorlesungen Adornos wusste man, um wie vieles durchsichtiger und verständlicher seine Gedankengänge klingen, wenn sie nicht mehr in der Form seiner stilistisch durchkomponierten Schriften daherkommen; während in ihnen die Argumente fast ausnahmslos ohne Verweis auf die vielfältigen Erfahrungsbezüge präsentiert werden, aus denen sie letztlich stammen, geben die Vorlesungen diese ganz offenherzig und in großer Fülle zu erkennen – daher ihr stofflicher Reichtum, daher ihr ständiger Bezug auf prägende Lese-, Seh- und Höreindrücke, daher aber auch ihre ungleich leichtere Nachvollziehbarkeit. Generell zeigt sich in den Vorlesungen ein Adorno, der viel erfahrungsoffener, diskussionsfreudiger und irritierbarer ist, als man bei Kenntnis nur der Schriften hätte vermuten können. All das findet sich nun in den Seminarprotokollen nochmals gesteigert. Der in sich gekehrt wirkende, stilistisch jedes Wort abwägende und um sprachliche Strenge bemühte Denker tritt hier als ein ganz anderer auf, greift freimütig in jede Diskussion ein, indem er überraschende Verbindungen zur Erfahrungswelt der Studierenden herstellt, auf Parallelen eines theoretischen Arguments in Kompositionen, literarischen Texten oder Kunstwerken anspielt und sich überhaupt als ein ungemein quirliger, weltzugewandter und neugieriger Zeitgenosse erweist.

Bewunderungswürdig ist schon das breite Spektrum der Themen, die Adorno in seiner zwanzigjährigen Lehrtätigkeit in Frankfurt behandelte; es umfasst nicht nur die philosophischen Klassiker von Platon über Fichte und Kant bis zu Nietzsche und Bergson, nicht nur die soziologischen Theorien von Weber, Durkheim und Veblen, sondern schließt auch eine Reihe von gesellschaftstheoretischen Schlüsselproblemen ein, sei es nun die Frage nach einem angemessenen Begriff der Ideologie, nach der Idee des sozialen Fortschritts oder nach dem Konzept der sozialen Arbeitsteilung. Aber es ist natürlich nicht die Fülle der behandelten Stoffe als solche, die einen beim Lesen der Protokolle so schnell gefangen nimmt; ihre ungeheure Sogwirkung verdanken diese vielmehr den immer penibel festgehaltenen Momenten, in denen Adorno spontan das Wort ergreift, um aus der eigenen Erfahrung heraus zu erläutern, warum eine bestimmte These oder Formulierung besondere Aufmerksamkeit verdient. Das sind die Augenblicke, in denen man plötzlich der Kette von Assoziationen habhaft werden kann, die in seinem Denken ein einschneidendes Erlebnis mit einem abschlusshaft formulierten Gedanken verbindet – wie etwa, um ein kleines Beispiel zu nennen, aus dem Eindruck, den die Lektüre der Kriminalromane von Agatha Christie bei ihm hinterlassen hat, durch Generalisierung der Begriff der »Masche« entsteht, eine literarische Strategie der »Massenkultur«, die stets mit den Mitteln der

»Pseudoindividualisierung« operiere.[7] Von solchen Sekunden, in denen schlagartig der Motivationsgrund einzelner Thesen Adornos durchsichtig wird, berichten viele dieser Protokolle; sie lassen wunderbar erkennen, wie stark sein Denken sich der genauesten Registrierung von subjektiven Resonanzen verdankt, welche ein Buch, eine Komposition oder nur eine alltägliche Begegnung in ihm ausgelöst haben – in der »Negativen Dialektik« lautet die Formel für diesen Zusammenhang dann, dass dem Objekt umso eher ein Vorrang eingeräumt wird, je genauer ein möglichst sensibles, resonanzfähiges Subjekt dessen viele Eigenschaften wahrzunehmen vermag.[8] An keiner anderen Stelle seines Schaffens legt Adorno ein beredteres Zeugnis von der damit behaupteten Dialektik ab als in den hier protokollierten Beiträgen zu seinen Seminaren.

Allerdings sind es in hohem Maße wieder die in den Anmerkungen angeführten Zitate, die es der Leserin oder dem Leser ermöglichen, bei der Lektüre den Weg vom individuellen Eindruck zum theoretisch sublimierten Gedanken nachzuvollziehen. Deutet Adorno in den Seminardiskussionen wieder einmal an, welche Kunst- oder Alltagserfahrung ihm als Anlass für einen seiner Gedanken oder Begriffe diente, so erfahren wir zumeist erst aus den präsentierten Belegen, wo sich die endgültige Formulierung der entsprechenden Schlussfolgerung in seinen Schriften findet. So erläutert Adorno etwa in einer Sitzung des Seminars zum Thema »Dialektik« im Wintersemester 1953/54, dass man sich den Realitätsgehalt des dialektischen Dreischritts aus These, Antithese und Synthese leicht an der Entwicklung des Kindes veranschaulichen könne; denn das heranwachsende Kind müsse zunächst an die »Allgüte« und die Ideale des Vaters sowie die »uneingeschränkte Liebe der Mutter« glauben, habe beides aber dann zwangsläufig in der Pubertät anhand der ihm von den Eltern beigebrachten Kriterien und Begrifflichkeiten zu negieren, bevor es schließlich als gereifter Erwachsener im gelungenen Fall beide Haltungen in Gestalt einer wachgehaltenen Erinnerung an das Glücksversprechen der Kindheit zur Synthese zu bringen vermöge.[9] Dieser kurze Exkurs, protokolliert von dem späteren Soziologen Werner Mangold, spricht Bände, offenbart er doch in beinah rührender Form ein ganzes Bündel der Intuitionen, von denen das Denken Adornos zeitlebens zehrte: dass noch die abstraktesten Begriffe aus der reflexiven Verarbeitung von sinnlich Gegebenem, ja individuell Durchlebten stammen müssen; dass Kindheit fast immer das Versprechen eines ›paradiesischen‹ Aufgehobenseins und Geliebtwerdens beinhalte; dass bestimmte Negation die Triebkraft allen notwendigen Wandels sei und dass

---

7 S. unten, S. 545.
8 Vgl. GS, Bd. 6, S. 50–57.
9 S. unten, S. 159f.

schließlich ein gelungenes Dasein nur dort bestehen könne, wo das kindliche Sehnen und Glücksverlangen nicht an eine übermächtige Realität verraten wurde. Nun wird man sich jedoch schwertun, bündige Belege für diese Gedankenfolge im schriftlichen Werk von Adorno zu finden; nur da und dort blitzt einmal auf, dass für ihn ein enger Zusammenhang zwischen wiederangeeigneter Kindheit und dialektischem Schluss bestehen könnte. Die vorliegende Edition aber macht es den Suchenden leicht, indem sie in der Anmerkung einen Satz aus dem im Jahr des Seminars veröffentlichten Aufsatz »Valéry Proust Museum« wiedergibt, der aufs Schönste erhellt, welchen Niederschlag der zitierte Passus in den Schriften von Adorno gefunden hat.[10]

Ein ganz anderes, aber ebenso eindrucksvolles Beispiel für die äußerst geglückte Weise, in der ein klar geschriebenes Protokoll durch geschickte Kommentierung so dargeboten wird, dass ein markanter Eindruck von der ingeniösen Präsenz Adornos im Unterricht entsteht, liefert die von Gerd Müller verfasste Zusammenfassung der in die Hochphase der Studentenbewegung fallenden Sitzung vom 14. Mai 1968 zu den Übungen zur Vorlesung »Einleitung in die Soziologie«. Auf dem Programm für die Sitzung stand ein Referat zur Kontoverse um die Wissenschaftstheorie Poppers, aber die Studierenden bestehen zu Beginn darauf, über den erforderlichen Widerstand gegen die geplante Notstandgesetzgebung zu diskutieren – über den Kontext der politischen Vorgänge, die zu diesem Vorschlag den Anlass geben, unterrichten die Anmerkungen in genau richtigem Umfang. Adorno, von den Seminarteilnehmerinnen und -teilnehmern genötigt, seine eigene Haltung zu dem Gesetzesvorhaben offenzulegen, bekundet in einer Mischung aus Trotz und Ironie, wer das nicht seinen Schriften entnehmen könne, der habe in einer soziologischen Übung nichts verloren.[11] Die Auseinandersetzung über die vorgeschlagene ›Umfunktionierung‹ der Veranstaltung zieht sich über mehrere Runden und mündet in Debatten über das Verhältnis von Theorie und

---

[10] In Adornos Schrift *Valéry Proust Museum* [1953] heißt es über Paul Valéry: *Museen adoriert er wie Gottes wahre Schöpfung, die ja, Prousts Metaphysik zufolge, nicht fertig ist, sondern kraft jeden konkreten Moments der Erfahrung, kraft jeder ursprünglichen künstlerischen Anschauung aufs neue sich ereignet. In seinem staunenden Blick hat er sich ein Stück Kindheit gerettet; ihm gegenüber spricht Valéry von Kunst wie ein Erwachsener.* (GS, Bd. 10·1, S. 189) Den »Glücksanspruch aus der Kindheit« meldet Adorno auch in seiner Antwort *Auf die Frage: Warum sind Sie zurückgekehrt* [1962] an: *Ich wollte einfach dorthin zurück, wo ich meine Kindheit hatte, am Ende aus dem Gefühl, daß, was man im Leben realisiert, wenig anderes ist als der Versuch, die Kindheit verwandelnd einzuholen.* (GS, Bd. 20·1, S. 395)

[11] Vgl. Die Frankfurter Seminare Theodor W. Adornos. Gesammelte Sitzungsprotokolle 1949–1969, hrsg. von Dirk Braunstein, Berlin und Boston 2021, Bd. 4, hrsg. von Dirk Braunstein, unter Mitw. von Nico Bobka, Maischa Gelhard, Jessica Lütgens, Hannes Weidmann, Lena Welling und Marcel Woznica, S. 517–524.

politischer Praxis, bis Adorno die Reißleine zieht, um auf einer sofortigen Beschäftigung mit dem vorgesehenen Thema zu bestehen – und an der anschließenden, überaus anspruchsvollen Diskussion über die Wissenschaftslehre Poppers wird wunderbar deutlich, wie Adorno seine Kritik am Positivismus spontan mit Argumenten zu unterfüttern weiß, die in der vorangegangenen Kontoverse über das Verhältnis kritischer Theorie zum politischen Handeln bereits zentral waren. Wer wissen will, was und in welcher Weise philosophische Argumente zur reflexiven Erhellung und Durchdringung politischer Meinungsverschiedenheiten beitragen können, lernt es aus dem Protokoll dieser einen Sitzung im Mai 1968.

Ohne Mühe ließen sich immer neue Belege für die vielen Erkenntnisse unterbreiten, die diese Protokolle dank einer vorzüglichen Editionsarbeit und dank der großen Auffassungsgabe ihrer Autorinnen und Autoren in Hinblick auf die Genealogie der Ideenwelt Adornos liefern. Die bislang gegebenen Beispiele aber dürften bereits genügen, um davon einen lebendigen Eindruck zu vermitteln; nie zuvor, so lässt sich guten Gewissens behaupten, haben wir mehr über den Prozess in Erfahrung bringen können, in dem sich bei Adorno auf dem Resonanzboden sinnlicher Eindrücke und Erlebnisse allmählich die Gedanken formten, die seine Schriften präsentieren. Für die Forschung über seine Person und sein Schaffen wird diese Ausgabe der Seminarprotokolle daher in Zukunft eine wahre Fundgrube bilden; was sich darin an Einsichten über die Entstehungskontexte und Wirkungszusammenhänge der Werke Adornos, aber auch über die Stimmungslage und Fragestellungen der akademischen Jugend in den 1950er und 60er Jahren gewinnen lässt, dürfte an dokumentarischem Wert die Bedeutung so manch anderer Quelle aus jener Zeit weit überbieten. Es bleibt nur zu hoffen, dass diese Ausgabe trotz ihres abschreckenden Umfangs und trotz des zweifelhaften Rufs studentischer Protokolle ihre Leserinnen und Leser finden wird.

Axel Honneth

Inhalt

Einleitung des Herausgebers —— 1
      Adornos Lehrtätigkeit —— 1
      Die Sitzungsprotokolle —— 4
      Zur Edition —— **8**

Editorische Richtlinien —— 12
      Textgestalt —— 12
      Anmerkungsapparat —— 15

Siglenverzeichnis —— 17

Dank —— 27

Protokolle

Wintersemester 1949/50: Transzendentale Dialektik bei Kant —— 31
1   Hermann Schweppenhäuser, 21. November 1949 —— **32**
2   Horst Munz, 23. Januar 1950 —— **39**
3   Ingeborg Tausend, 6. Februar 1950 —— **45**
4   Dietlinde Eymann, 13. Februar 1950 —— **48**

Sommersemester 1950: Dialektik. Vorrede und Einleitung zur »Phänomenologie des Geistes« —— 50
5   Albrecht, 11. Mai 1950 —— **51**
6   Walter Friedländer, 25. Mai 1950 —— **54**
7   [N.N.], [ohne Datum] —— **59**
8   Kraus, 22. Juni 1950 —— **64**
9   Franz Bahl, 29. Juni 1950 —— **70**

Wintersemester 1950/51: Begriff des Fortschritts —— 73
10   [N.N.], 21. Dezember 1950 —— **74**
11   Franz Bahl, 18. Januar 1951 —— **76**
12   [N.N.], 1. Februar 1951 —— **79**

Wintersemester 1951/52: Kants »Kritik der Urteilskraft« —— 84
13   Hannelore Faden, 22. November 1951 —— **85**

14	Elisabeth Götte, 29. November 1951 ——	**89**
15	Hans Heinz Holz, 13. Dezember 1951 ——	**93**
16	Siegfried Braun, 20. Dezember 1951 ——	**98**
17	Dorothee Neff, 17. Januar 1952 ——	**101**
18	W. Küchler, 24. Januar 1952 ——	**104**
19	Sigrid von Massenhart, 31. Januar 1952 ——	**109**
20	[N.N.], 7. Februar 1952 ——	**114**

Sommersemester 1952: Ausgewählte Abschnitte aus Hegels »Rechtsphilosophie« —— 116

21	Franz Löffelholz, 15. Mai 1952 ——	**117**
22	Diedrich Osmer, 29. Mai 1952 ——	**121**
23	Kurt A. Mautz, 19. Juni 1952 ——	**126**
24	Fritz Vilmar, 3. Juli 1952 ——	**135**
25	[N.N.], 10. Juli 1952 ——	**139**
26	Hans Wilhelm Nicklas, 17. Juli 1952 ——	**143**

Wintersemester 1953/54: Dialektik —— 148

27	Klaus Lenk, 5. November 1953 ——	**149**
28	Mechthild Rumpf, 12. November 1953 ——	**152**
29	Werner Mangold, 19. November 1953 ——	**157**
30	Ivan Nagel, 3. Dezember 1953 ——	**161**
31	Tobias Rülcker, 10. Dezember 1953 ——	**164**
32	Ruth Keiling, 17. Dezember 1953 ——	**169**
33	John Stickforth, 7. Januar 1954 ——	**171**
34	Moonweg [oder: Mooneweg], 14. Januar 1954 ——	**176**
35	Günter Schölzel, 21. Januar 1954 ——	**182**
36	Hans-Dieter Voigtländer, 28. Januar 1954 ——	**185**
37	Geyer, 4. Februar 1954 ——	**189**
38	[N.N.], 11. Februar 1954 ——	**197**
39	[N.N.], 18. Februar 1954 ——	**202**

Sommersemester 1954: Max Webers wissenschaftlich-theoretische Schriften —— 205

40	Lutz Rössner, 13. Mai 1954 ——	**206**
41	Dieter Deininger, 20. Mai 1954 ——	**211**
42	Werner Wilkening, 3. Juni 1954 ——	**216**
43	Gerhard Beuter, 24. Juni 1954 ——	**218**
44	Helmut Olles, 1. Juli 1954 ——	**222**
45	Karl Markus Michel, 8. Juli 1954 ——	**230**

46	Hans Friedrich Fulda, 15. Juli 1954	**236**
47	Horst Helmert, 22. Juli 1954	**242**

Wintersemester 1954/55: Nietzsche, »Genealogie der Moral« —— 246

48	Elsmarie Schmitz, 18. November 1954	**247**
49	Andreas Donath, 25. November 1954	**250**
50	[N.N.], 2. Dezember 1954	**252**
51	Heinz Eckardt, 9. Dezember 1954	**256**
52	[N.N.], 23. Dezember 1954	**261**
53	Roland Pelzer, 13. Januar 1955	**266**
54	[N.N.], 20. Januar 1955	**269**
55	Werner Thönnessen, 27. Januar 1955	**276**
56	Claus Behnke, 3. Februar 1955	**280**
57	Wolfgang Pehnt, 10. Februar 1955	**284**
58	[N.N.], 17. Februar 1955	**288**

Sommersemester 1955: Hegel, »Enzyklopädie der philosophischen Wissenschaften« —— 295

59	Rudolf Lilie, 5. Mai 1955	**296**
60	Nebel, 12. Mai 1955	**297**
61	[N.N.], 26. Mai 1955	**300**
62	A. Maria Schreff, 16. Juni 1955	**305**
63	Wilfried Wenzel, 23. Juni 1955	**308**
64	Jacob Molitor, 30. Juni 1955	**315**
65	Roland Pelzer, 7. Juli 1955	**318**
66	Rudolf Walter, 21. Juli 1955	**321**
67	Horst Dimenstein, 28. Juli 1955	**324**

Sommersemester 1955: Erkenntniskritische Fragen der empirischen Sozialforschung —— 329

68	Klaus Liepelt, 3. Mai 1955	**330**
69	Erhard Wagner, 10. Mai 1955	**333**
70	Jutta Thomae, 17. Mai 1955	**338**
71	Ingeborg Ptasnik, 24. Mai 1955	**341**
72	Helge Pross, 7. Juni 1955	**344**
73	Hans Friedrich Fulda, 21. Juni 1955	**346**
74	Kurt Lenk, 28. Juni 1955	**350**
75	Jutta Thomae und Christoph Oehler, 5. Juli 1955	**353**
76	Christoph Oehler, 12. Juli 1955	**357**
77	Manfred Teschner, 19. Juli 1955	**360**

78 Christoph Oehler, 26. Juli 1955 —— **363**

Wintersemester 1955/56: Die Platonische Ideenlehre —— 367
79 Jacob Molitor, 1. Dezember 1955 —— **368**

Wintersemester 1955/56: Amerikanische Texte zur Theorie der Gesellschaft —— 372
80 Hans Friedrich Fulda, 10. Januar 1956 —— **373**
81 Erich Faßbender, 31. Januar 1956 —— **379**
82 Elfriede Zink, 21. Februar 1956 —— **383**

Sommersemester 1956: Fichtes Wissenschaftslehre —— 388
83 Jacob Molitor, 21. Juni 1956 —— **389**
84 Willi Frick, 28. Juni 1956 —— **392**
85 Peter Gorsen, 19. Juli 1956 —— **395**

Sommersemester 1956: Durkheim —— 404
86 Alfred Müller, 15. Mai 1956 —— **405**
87 Gerhard Beuter, 29. Mai 1956 —— **410**
88 Roland Pelzer, 5. Juni 1956 —— **414**
89 Gerhard Brandt, 12. Juni 1956 —— **417**
90 Werner Wilkening, 12. Juni 1956 —— **423**
91 Jo Dieckmann, 19. Juni 1956 —— **429**
92 Karl Dettmar, 26. Juni 1956 —— **433**
93 Ursula Bottenberg, 3. Juli 1956 —— **436**
94 Liselotte Dilcher, 10. Juli 1956 —— **441**
95 Günther Hepp, 17. Juli 1956 —— **445**
96 Tamara Serfling, 24. Juli 1956 —— **447**

Wintersemester 1956/57: Begriff der Ideologie [I] —— 450
97 Werner Wilkening, 20. November 1956 —— **451**
98 Anne-Margret Scheuch, 27. November 1956 —— **454**
99 [N.N.], 11. Dezember 1956 —— **459**
100 Herta Jung, 18. Dezember 1956 —— **465**
101 Hildegard Berz, 8. Januar 1957 —— **468**
102 Joachim Bergmann, 15. Januar 1957 —— **470**
103 Hans-Joachim Borries, 22. Januar 1957 —— **474**
104 Dorothea zu Solms-Hohensolms-Lich, 29. Januar 1957 —— **479**
105 Liselotte Dilcher, 5. Februar 1957 —— **482**
106 Horst Helmut Kaiser, 12. Februar 1957 —— **486**

107	Mechthild Bockelbeßmann, 19. Februar 1957	**490**
108	Alfred Pressel, 26. Februar 1957	**494**

Sommersemester 1957: Über den Begriff der kritischen Philosophie —— 497

109	Claus Behncke, 16. Mai 1957	**498**
110	Karl-Otto Weber, 23. Mai 1957	**502**
111	[N.N.], 6. Juni 1957	**506**
112	[N.N.], 27. Juni 1957	**511**
113	[N.N.], 11. Juli 1957	**520**
114	Hermann Müller, 18. Juli 1957	**525**

Sommersemester 1957: Zeitgenössische Ideologien ·
Begriff der Ideologie II —— 530

115	Anne-Margret Scheuch, 7. und 14. Mai 1957	**531**
116	Klaus Borgmeier, 21. Mai 1957	**536**
117	Sok-Zin Lim, 28. Mai 1957	**540**
118	[N.N.], 4. Juni 1957	**545**
119	Sebastian Herkommer, 18. Juni 1957	**550**
120	Hans-Joachim Borries, 25. Juni 1957	**555**
121	[N.N.], 2. Juli 1957	**559**
122	Hans-Heinrich Ehrhardt, 9. Juli 1957	**565**
123	Werner Sörgel, 23. Juli 1957	**571**

Personenverzeichnis —— 580

Einleitung des Herausgebers

Unmöglichkeit der Neigung zu folgen da einfach fortzufahren wo ich aufgehört habe. Die Beziehung zur Sache und die Verständigung selber sind zum Problem geworden. Eigene Situation: Schwierigkeit die rechte Sprache zu finden, Last des Vergangenen. Aufforderung zum Fragen. Lächerlichkeit des Versuchs, Philosophie als Lehrstoff zu übermitteln [...]
   Adorno, Theorie der Gesellschaft. Stichworte und Entwürfe zur Vorlesung 1949/50

Adornos Lehrtätigkeit

Die akademische Lehrtätigkeit Adornos beginnt mit seiner Antrittsvorlesung *Die Aktualität der Philosophie*,[1] gehalten am 7. Mai 1931.[2] In den darauffolgenden drei Semestern wird er seine ersten Seminare abhalten, die sich philosophischen und ästhetischen Problemen widmen. Mit der Machtübernahme durch die Nationalsozialisten am 30. Januar 1933, dem Tag der Publikation seiner Habilitationsschrift unter dem Titel *Kierkegaard. Konstruktion des Ästhetischen*,[3] findet Adornos Lehrtätigkeit jedoch ein vorläufiges Ende: Seine für das Sommersemester 1933 angekündigten Veranstaltungen können nicht stattfinden. Am 8. September 1933

---

1 Vgl. GS, Bd. 1, S. 325–344.
2 Der Herausgeber hat bereits an mehreren Stellen über verschiedene Aspekte der nun vorliegenden Edition geschrieben, ohne dass er diesen Äußerungen, die ihm immer noch als wesentlich zutreffend erscheinen, viel hinzuzufügen hätte. Anstatt jenes Rad neu zu erfinden, das bereits seit 2014 rollt, entschloss er sich, diese einleitenden Worte als Selbstplagiat zu konzipieren: So ist zwar bei weitem nicht alles, was sich dort findet, hier wiedergegeben, aber fast alles, was diese Einleitung berichtet, findet sich in den folgenden Schriften: Dirk Braunstein, Drei Sitzungsprotokolle aus den Frankfurter Seminaren Theodor W. Adornos, in: Deutsche Zeitschrift für Philosophie, 60. Jg., 2012, H. 3, S. 435–456; Dirk Braunstein, Das Denken der Kritischen Theorie. Die Sitzungsprotokolle aus den Seminaren Adornos 1949–1969 [2015], in: Dirk Braunstein, Wahrheit und Katastrophe, Bielefeld 2018, S. 201–223; Dirk Braunstein, Seminarprotokolle und wissenschaftliche Edition [2017], ebd., S. 265–271; Dirk Braunstein, Autorschaft, Authentizität und Editionspraxis bei Seminarprotokollen. Viele Fragen und einige Antworten, in: Kolleghefte, Kollegnachschriften und Protokolle. Probleme und Aufgaben der philosophischen Edition, hrsg. von Jörn Bohr, Berlin und Boston 2019 (Beihefte zu editio; 44), 167–177; Dirk Braunstein, 2020: Παρά. Über die Bedingung der Möglichkeit von Text, in: editio. Internationales Jahrbuch für Editionswissenschaft · International Yearbook of Scholarly Editing · Revue Internationale de Sciences de l'Edition Critique, Bd. 33, hrsg. von Rüdiger Nutt-Kofoth und Bodo Plachta, Berlin und Boston 2020, S. 11–22; Nico Bobka und Dirk Braunstein, Die Lehrveranstaltungen Theodor W. Adornos. Eine kommentierte Übersicht, in: IfS Working Papers, 2015, Nr. 8, <http://d-nb.info/1074445376/34>.
3 Vgl. GS, Bd. 2, S. 7–213.

teilt er Alban Berg, bei dem er 1925 in Wien Kompositionsunterricht genommen hat, mit: *Ich habe im letzten Semester nicht an der Universität gelesen, werde es auch kaum im folgenden, sondern muß damit rechnen, daß mir als »Nichtarier« auf Grund des Beamtengesetzes die venia legendi entzogen wird.*[4] Drei Tage später, an seinem dreißigsten Geburtstag, bestätigt sich Adornos Ahnung, und er schreibt erneut an Berg: *Die venia legendi ist mir auf Grund des Arierparagraphen nun doch entzogen worden und ich verbrauche viel Zeit und Energie, um eine neue Dozentur zu suchen.*[5]

Die er erst 16 Jahre später finden soll:

Ende Oktober 1949 kehrt Adorno, der, wie er später schreiben wird, *zufällig entrann und rechtens hätte umgebracht werden müssen,*[6] aus dem Exil nach Europa zurück. Über Paris erreicht er, selbst in sogenannten Fachkreisen ein praktisch Unbekannter, Frankfurt a. M. und findet am 5. November die Ruine des ehemaligen Institutsgebäudes vor. Nach einem Gespräch mit Hans-Georg Gadamer, der zu jener Zeit eine Philosophieprofessur in Frankfurt innehat und nun einem Ruf der Universität Heidelberg folgen will, berichtet Adorno an Horkheimer: *Er [scil. Gadamer] sprach von der Schwierigkeit, einen geeigneten Nachfolger für sich zu finden [...]. Gegen Ende des Gesprächs sprach ich von meiner Freude an der Arbeit mit den Studenten, wie ernst ich es nähme, wie viel es für uns bedeute, wie froh ich in Frankfurt sei. Darauf sagte er lächelnd, er werde mir die Frage offiziell in einem halben Jahr zu stellen haben. Er hätte es nur nicht sogleich tun wollen, da es doch eine Zumutung sei, zurückzukommen, er auch nicht wisse, wie meine Frau sich dazu stelle. Ich sagte, nach menschlichem Ermessen werde ich zusagen, vor allem wegen des Instituts und der Aussicht, daß Sie und ich die philosophische Erziehung hier gemeinsam leiten könnten. Voilà. Da schon der Dekan gesagt hatte, er hoffe, in einem halben Jahr das mir angetane Unrecht nach menschlichen Kräften wieder gutmachen zu können, so zweifle ich nicht, daß es ernst gemeint ist. Es scheint, daß ein Traum sich uns erfüllt – daß es so schnell und reibungslos sich gestalten würde, hätte ich doch nicht vorausgesehen.*[7] – »Wenn wir diese Professur erringen können,« kommentiert Horkheimer kurz darauf die in Aussicht gestellte Nachfolge, »bedeutet es die Erfüllung eines Traums, den wir noch vor einigen Jahren für reine Gaukelei gehalten hätten. Es würde damit die

---

[4] Adorno an Berg, 8. September 1933, in: Theodor W. Adorno und Alban Berg, *Briefwechsel 1925–1935*, hrsg. von Henri Lonitz, Frankfurt a. M. 1997 (*Briefe und Briefwechsel*; 2), S. 275.
[5] Adorno an Berg, 13. September 1933, ebd., S. 279.
[6] GS, Bd. 6, S. 355.
[7] Adorno an Horkheimer, 5. November 1949, in: Theodor W. Adorno und Max Horkheimer, *Briefwechsel 1927–1969. Band III: 1945–1949*, hrsg. von Christoph Gödde und Henri Lonitz, Frankfurt a. M. 2005 (*Briefe und Briefwechsel*; 4·III), S. 305 f.

einzigartige Situation geschaffen, daß zwei Menschen, die so quer zur Wirklichkeit sich verhalten wie wir, und eben deshalb zur Machtlosigkeit als vorherbestimmt erscheinen, eine Wirkungsmöglichkeit von kaum berechenbarer Tragweite geboten wäre. Wenn wir nämlich zwei Professuren statt bloß einer innehaben, schlägt Quantität in Qualität um; wir erhalten tatsächlich eine Machtposition.«[8]

So beginnt Adorno an der Frankfurter Universität mit seiner Lehrtätigkeit, die sich über die nächsten zwanzig Jahre bis zu seinem Tod im August 1969 fortsetzen wird: zu welchem Zeitpunkt er nicht nur kein Unbekannter mehr ist, sondern als einer der einflussreichsten Intellektuellen der Bundesrepublik und Mitbegründer der unterdessen weltweit bekannten Frankfurter Schule gilt. Dieser Einfluss ist nicht nur Resultat der Texte, die Adorno im Nachkriegsdeutschland publizierte, sondern auch jener Lehre, die sein Schüler Alfred Schmidt als »ein universitäres Ereignis« bezeichnen wird.[9] Am 12. November 1949 schon verkündet Adorno brieflich: *Vorlesung überfüllt, über 150 Studenten; Seminar und Übungen sehr gut besucht. Studenten hochintelligent, ungeheuer hohes geistiges Niveau, aber mangelnde Bildung. Komme großartig mit ihnen aus.*[10] Am 24. Dezember heißt es erneut: *Die Studenten hängen in einer Weise an mir, die ich nie für möglich gehalten hätte. Vorlesung und Seminare überfüllt; im Kantseminar wollen sie nie aufhören und haben mich gebeten, es sogar während der Ferien fortzusetzen.*[11]

1953 wird Adorno auf eine planmäßige außerordentliche Professur für Philosophie und Soziologie an die Philosophische Fakultät der Universität Frankfurt berufen, die vier Jahre später in eine ordentliche überführt wird. In den zwanzig Jahren, die zwischen seiner Rückkehr 1949 und seinem Lebensende im August 1969 liegen, führt Adorno 124 Lehrveranstaltungen durch, darunter acht Vorlesungen im Rahmen der Internationalen Ferienkurse für Neue Musik in Darmstadt, 76 philosophische und 40 soziologische Veranstaltungen.[12] In diesem Zeitraum hält er in bloß fünf Semestern keine Veranstaltungen ab: Von Oktober 1952 bis August 1953 ist er als Research Director der Hacker Foundation in den USA tätig und führt inhaltsanalytische Studien über Zeitungshoroskope und Fernsehserien

---

8 Horkheimer an Adorno an, 9. November 1949, ebd., S. 313.
9 Alfred Schmidt, »Wir wollen hier nicht so drauflos philosophieren«. Theodor W. Adorno, in: Die großen Frankfurter, hrsg. von Hans Sarkowicz, Frankfurt a. M. und Leipzig 1994, S. 246–253; hier: S. 248.
10 Adorno an seine Eltern, 12. November 1949, in: Theodor W. Adorno, *Briefe an die Eltern 1939–1951*, hrsg. von Christoph Gödde und Henri Lonitz, Frankfurt a. M. 2003 (*Briefe und Briefwechsel*; 5), S. 529.
11 Adorno an seine Eltern, 24. Dezember 1949, ebd., S. 532.
12 Für eine umfassende Darstellung der Lehrtätigkeit Adornos vgl. Bobka und Braunstein, a.a.O. (s. Anm. 2).

durch, aus denen u. a. die Schrift *Stars Down to Earth* hervorgeht.[13] Zudem ist er wegen der Fertigstellung der *Negativen Dialektik*[14] und der Arbeit an der, nicht mehr abgeschlossenen, *Ästhetischen Theorie*[15] Ende der 1960er Jahre für drei Semester beurlaubt.

Die Sitzungsprotokolle

Bereits während seiner Seminarlehrtätigkeit vor dem Exil wählt Adorno eine Vorgehensweise,[16] an der er auch in der Nachkriegszeit festhalten wird: Pro Seminarsitzung hat ein Student oder eine Studentin ein Protokoll der Sitzung zu verfassen. Rolf Tiedemann – Schüler Adornos, Begründer und langjähriger Direktor des Theodor W. Adorno Archivs, Herausgeber der *Gesammelten Schriften* Adornos und derjenigen Walter Benjamins sowie Initiator und Mitherausgeber der *Nachgelassenen Schriften* Adornos – erinnert sich: »Das Seminar begann stets mit der Verlesung des Protokolls der vorigen Sitzung, das in der Regel auch den Ausgangspunkt für die Diskussion bildete. Weil die Sitzungsprotokolle scharfer Kritik der Seminarleiter, aber auch von den übrigen Teilnehmern, unterzogen wurden, war es nicht selten schwierig, Studenten zu finden, die bereit waren, das der aktuellen Sitzung zu unternehmen. In diesem Fall, und nur in ihm allein, griff Adorno dann auch einmal zur autoritären Bestimmung des Protokollanten [...]«.[17]

Fast alle Protokolle liegen in der Form vor, in der sie auch ursprünglich eingereicht wurden, lediglich zwei Protokolle wurden in hektografierter Form gesammelt. Die übrigen Protokolle sind Typoskripte bzw. deren Durchschläge; vereinzelt, zumal in früheren Jahren, wurden Protokolle handschriftlich angefertigt. Fast sämtliche Protokolle weisen maschinenschriftliche oder, zuallermeist, manuelle Sofortkorrekturen auf; einige darüber hinaus auch Anstrei-

---

13 Vgl. GS, Bd. 9·2, S. 7–120.
14 Vgl. GS, Bd. 6, S. 7–412.
15 Vgl. GS, Bd. 7.
16 Aus jener Zeit haben sich im Theodor W. Adorno Archiv zwölf Sitzungsprotokolle erhalten, die bereits veröffentlicht wurden; vgl. Adornos Seminar vom Sommersemester 1932 über Benjamins Ursprung des deutschen Trauerspiels. Protokolle, hrsg. von Rolf Tiedemann, in: Frankfurter Adorno Blätter, 1995, H. IV, S. 52–77. – Der Herausgeber konnte sich nicht entschließen, diese Protokolle in diese Edition mitaufzunehmen: nicht nur um der Geschlossenheit der Lehre Adornos willen, die sich nun einmal erst in der Bundesrepublik entfaltete, sondern auch, um nicht nachträglich die Unmöglichkeit der Lehre im Nationalsozialismus wie auch immer symbolisch zu überbrücken.
17 Rolf Tiedemann, Lehrjahre mit Adorno, in: Rolf Tiedemann, Adorno und Benjamin noch einmal. Erinnerungen, Begleitworte, Polemiken, München 2011, S. 15–59, hier: S. 30.

chungen und Marginalien, auch von Adornos, meist aber von unbekannter Hand. Auf einigen Protokollen der letzten Semester hat Adorno handschriftlich seine Beurteilung vermerkt.

Einige Protokolle aus der frühen Nachkriegszeit finden sich im Frankfurter Theodor W. Adorno Archiv, einige wenige gelangten auf ungeklärte Weise ins Archiv des Instituts für Sozialforschung, zwei Sitzungsprotokolle hat der Herausgeber erst im Zuge der Rechteeinholung[18] von deren Verfassern zur Verfügung gestellt bekommen; die Hauptmasse der überlieferten Protokolle hingegen verteilt sich auf zwei Archive:

Jene Protokolle, die in den soziologischen Seminaren angefertigt wurden, sind, zusammen mit den überlieferten Referaten, in der Bibliothek des Instituts für Sozialforschung, jeweils für ein oder zwei Semester zusammengefasst, zu Büchern gebunden worden. Diese Praxis war seinerzeit am Institut für Sozialforschung durchaus üblich; sowohl im Archiv des Instituts als auch in dessen Bibliothek findet sich eine Menge an Material von den 1950er bis in die 1980er Jahre hinein – zumeist maschinenschriftliche Reinschriften von Forschungsberichten sozialempirischer Studien –, das zur Verwahrung aufgebunden wurde. Auf welchem Wege die Bände, die den Vermerkstempel der Bibliothek des Instituts für Sozialforschung tragen, an die Frankfurter Universität kamen, ist unklar; jedenfalls gelangten sie, über die Bibliothek des Fachbereichs Gesellschaftswissenschaften, die sich der Protokollbücher nach Auflösung der Fakultäten an der Johann Wolfgang Goethe-Universität zugunsten der Fachbereiche zunächst angenommen hatte, schließlich ins Universitätsarchiv Frankfurt.

Diejenigen Protokolle hingegen, die in den philosophischen Seminaren abgefasst wurden, finden sich unter anderen Lehrmaterialen als Teil des Nachlasses Max Horkheimers im Archivzentrum der Universitätsbibliothek J. C. Senckenberg in Frankfurt a. M. Sie entstammen Sitzungen, die, zumindest formell, gemeinsam von Adorno und Horkheimer abgehalten wurden. Die Protokolle selbst bestätigen inhaltlich allerdings den folgenden Befund von Alex Demirović: »Anzumerken ist, dass Horkheimer, auch wenn er als Mitveranstalter aufgeführt ist, nach Auskunft mehrerer Teilnehmer lediglich etwa alle drei bis vier Wochen an den Seminarsitzungen teilnahm.«[19] 1959 wurde Horkheimer emeritiert und hatte sich bereits zwei Jahre zuvor in der Schweiz niedergelassen.

---

18 Vgl. Dirk Braunstein und Marcel Woznica, Die Veröffentlichung hunderter Texte hunderter Urheber. Probleme und Lösungsversuche bei der Rechteeinholung, in: Zyklos 2. Jahrbuch für Theorie und Geschichte der Soziologie, hrsg. von Martin Endreß, Klaus Lichtblau und Stephan Moebius, Wiesbaden 2015, S. 265–274.
19 Alex Demirović, Bodenlose Politik – Dialoge über Theorie und Praxis, in: Frankfurter Schule und Studentenbewegung. Von der Flaschenpost zum Molotowcocktail 1946–1995, hrsg. von

Die Frage, weshalb die Sitzungsprotokolle überhaupt gesammelt worden sind, ist ebenso unbeantwortet wie die, warum von einigen Seminaren nur vereinzelte Protokolle überliefert sind (oder gar nur eines überliefert ist) und von manchen, wie leider vom soziologischen Hauptseminar »Empirische Beiträge zur Soziologie des Lachens«, gehalten im Wintersemester 1964/65, gar keins.

Die Sitzungsprotokolle gestatten einen Einblick in Genese und Wirkung der Kritischen Theorie und können insofern als deren Bestandteil verstanden werden. In ihnen wird zum ersten Mal die Lehre der Hauptvertreter der Kritischen Theorie in der Diskussion mit den Studenten sichtbar. Wenn etwa Oskar Negt, auch er ein ehemaliger Schüler, schreibt: »Adorno steht in der Tradition des sokratischen Dialoges; gleichwohl war er ein großer Lehrer«,[20] so lässt sich dieser Befund nun dezidiert nachvollziehen: Abseits von Anekdotischem und Hörensagen aus zweiter oder gar dritter Hand tritt aus den Protokollen das Verhältnis zwischen Adorno und seinen Studentinnen und Studenten als überlieferter Text hervor, der das Bild einer Diskursivität Kritischer Theorie zeichnet, das keines ihrer Werke vermitteln kann. Wieviel und vor allem was die Theorie dem produktiven Umgang mit den Schülern verdankt, lässt sich ohne Kenntnis der Protokolle lediglich vermuten. Anders als etwa die Vorlesungen Adornos, in denen er den Hörern seine Lehre didaktisch entfaltet, zeigen die Sitzungsprotokolle, wie sehr – und auf welche spezifische Weise – die Kritische Theorie als ›work in progress‹ angelegt ist, deren Lebenselemente Zeitgebundenheit, zeitdiagnostische Kritik – auch Selbstkritik – und Diskursivität sind. Die Sitzungsprotokolle bezeugen das eigentümliche »Denken der Kritischen Theorie, das sich keineswegs in der gedruckten Form, die Horkheimer wie Adorno ihm gegeben hatten, erschöpfte, zu dem vielmehr seine Entfaltung im mündlichen Diskurs wesentlich hinzugehörte [...]«.[21]

Zwei Funktionen kamen den Protokollen im Wesentlichen zu: erstens, den Verlauf der jeweiligen Sitzung auch für diejenigen Studenten festzuhalten, die an der Sitzung nicht teilnehmen konnten; zweitens sollten sie, indem das Protokoll,

---

Wolfgang Kraushaar, Frankfurt a.M. 1998, Bd. 3, S. 71–98; hier: S. 95. – Demirović war es im Übrigen auch, der zuerst auf die Existenz der Sitzungsprotokolle aufmerksam gemacht und mit ihnen gearbeitet hat; vgl. Alex Demirović, Frankfurter Schule – zum Verhältnis von Kritischer Theorie und Soziologiestudium am Institut für Sozialforschung (1950–1966), in: Die (mindestens) zwei Sozialwissenschaften in Frankfurt und ihre Geschichte. Ein Symposion des Fachbereichs Gesellschaftswissenschaften aus Anlaß des 75-Jahre-Jubiläums der J. W. Goethe-Universität Frankfurt 11./12. Dezember 1989, hrsg. von Heinz Steinert, Frankfurt a.M. 1990, 153–174.
20 Oskar Negt, Heute wäre er 75 geworden: Adorno als Lehrer, in: Frankfurter Rundschau, 11. September 1978, S. 19.
21 Tiedemann, Lehrjahre mit Adorno, a.a.O. (s. Anm. 17), S. 26.

das von einer Seminarsitzung angefertigt wurde, stets zu Beginn der folgenden Sitzung verlesen wurde, eine Kontinuität in der Diskussion gewährleisten – oder aber selbst die Diskussionsgrundlage bilden, wie Iring Fetscher bemerkt: »An die Seminare habe ich noch eine sehr lebhafte Erinnerung, vor allem an das Ritual mit dem Protokoll der letzten Sitzung und der Diskussion des Protokolls, die manchmal so lange ging, daß das neue Thema gar nicht mehr behandelt werden konnte. Auch eine gewisse Hackordnung unter denen, die sich dann zu Wort meldeten, ist mir in Erinnerung. Eindrucksvoll auch die unter deutschen Hochschullehrern ganz ungewöhnliche Freundschaft zwischen den beiden Veranstaltern, die Art und Weise, wie sie sich gegenseitig duzten und mit dem Vornamen nannten, sich gelegentlich auch widersprachen und ergänzten, wobei immer auf die komplizierten Formulierungen von Adorno etwas schlichtere von Horkheimer folgten, die, häufig zur Erleichterung der anwesenden Studenten, die Dinge wieder etwas erdnäher machten.«[22] In dieselbe Richtung weist eine Erinnerung Alfred Schmidts: »Wenn Adorno seit Mitte der fünfziger Jahre immer häufiger in einem Atemzug mit Horkheimer genannt wurde, so nicht zuletzt wegen ihres gemeinsamen Seminars, das donnerstags von 18 bis 20 Uhr stattfand. Es [...] hatte bis zu siebzig Teilnehmer und wurde von längst Promovierten, auch von Lehrenden anderer Seminare besucht. Daß Philosophieren, nach Horkheimers Diktum, Formulieren heiße, war hier zu lernen. Das Protokoll der jeweils letzten Sitzung wurde zu Beginn verlesen und ausführlich besprochen, so daß zuweilen nur noch wenig Zeit für die Seminararbeit blieb.«[23] Und Herbert Schnädelbach hebt hervor, »daß es bei Adorno doch immer ums Ganze ging. Ich habe einmal gesagt, daß Adorno sein Leben lang eigentlich nur einen Gedanken gedacht hat – nämlich den Gedanken ›Das Ganze ist das Unwahre‹ – und dieser Gedanke war immer präsent; alles, was im Detail diskutiert wurde, war immer bezogen auf das große Zentralthema des Denkens von Adorno. Dem hat sich auch Horkheimer angeschlossen. Dadurch verlor sich das Seminar nie in eine belanglose Erörterung von Einzelheiten [...]«.[24] Darüber hinaus kann die obligatorische Zuweisung des Seminarleiters an die Teilnehmer, jeweils ein Sitzungsprotokoll zu verfassen und in der kommenden Sitzung zu verlesen, als Lehrmethode aufgefasst werden; und schließlich signalisiert das Protokollierenlassen das Ernstnehmen der eigenen Lehrtätigkeit sowie der Diskussionsfähigkeit der Studenten. Dazu gehört, dass

---

22 Iring Fetscher, Von Hegel zu Marx, in: Geist gegen Zeitgeist. Erinnern an Adorno, hrsg. von Josef Früchtl und Maria Calloni, Frankfurt a. M. 1991 (Edition Suhrkamp; 1630 · Neue Folge; 630), S. 94–106; hier: S. 99 f.
23 Schmidt, »Wir wollen hier nicht so drauflos philosophieren«, a.a.O. (s. Anm. 9), S. 248.
24 Herbert Schnädelbach, Unbeirrtes Denken, in: Geist gegen Zeitgeist, a.a.O. (s. Anm. 22), S. 54–67; hier: S. 57 f.

sich Adorno einige Protokolle derart zu eigen gemacht hat, dass er sie als Gedächtnisstütze für sich benutzte, um das, was er auch im Seminar mit den Studenten erarbeitete, später umzuformen und in sein Werk zu übernehmen.

Seine Vorlesungen, deren Inhalt zu nicht geringen Teilen in spätere Arbeiten Adornos eingegangen ist, verstand er dezidiert selbst als *work in progress*.[25] In einer Vorlesung über *Negative Dialektik* aus dem Wintersemester 1965/66 etwa rechtfertigt Adorno dieses Vorgehen gleich in der ersten Veranstaltung: *Sie wissen, daß die traditionelle Definition der Universitäten die Einheit von Forschung und Lehre fordert. Sie wissen ebenso, wie problematisch die Realisierung dieser immer noch festgehaltenen Idee ist. Und meine eigene Arbeit hat unter dieser Problematik schwer zu leiden, das heißt: das Maß an Lehraufgaben und an administrativen Aufgaben, das mir nachgerade zufällt, macht es mir fast unmöglich, während der Semestralzeit sogenannte Forschungsaufgaben – wenn man denn bei Philosophie von Forschung reden will – so wahrzunehmen, wie es nicht nur objektiv angezeigt wäre, sondern wie es vor allem auch meiner eigenen Neigung und Anlage entspricht. In einer solchen Situation, und unter einem solchen Zwang und Druck, bildet man nun gewisse Eigenschaften aus, die man am besten mit Bauernschlauheit bezeichnen kann. Ich suche also dieser Situation dadurch gerecht zu werden, daß ich – und das ist schon während der letzten beiden Semester so gewesen und wird dieses Semester noch einmal so sein – meine Vorlesungen wesentlich bestreite aus dem umfänglichen und recht belasteten Buch, an dem ich nun seit sechs Jahren arbeite und das den Titel »Negative Dialektik« tragen wird, also denselben Titel, den ich dieser Vorlesung gegeben habe.*[26] Doch nicht nur den Vorlesungen sondern auch den Seminaren ist dieses *Moment des Versuchenden, Experimentierenden, nicht Abschlußhaften* eigen.[27] Aus den von Adorno mehrfach überarbeiteten Seminarprotokollen, die für das philosophische Hauptseminar über »Hegels ›Logik‹« im Wintersemester 1959/60 verfasst wurden, ist etwa vermittelt über jenen Bearbeitungsprozess die Schrift *Skoteinos oder Wie zu lesen sei*[28] hervorgegangen.

Zur Edition

Grundlage vorliegender Edition ist die Erkenntnis, dass sich Adornos Tätigkeit in Frankfurt nicht – wie es das Klischee, zuweilen das Ressentiment will – auf

---

25 NaS, Bd. IV·16, S. 9.
26 Ebd., S. 13.
27 Ebd., S. 14.
28 GS, Bd. 5, S. 326–380.

praxisferne Theoriebildung und -tradierung beschränkte; sondern ihm ging es um die Formulierung einer Gesellschaftstheorie, die auch vermittels der Lehre praktisch wirksam werden und Resultate zeitigen sollte. Wenngleich sich die Fortschreibung der Kritischen Theorie alles andere als bruchlos vollzog, können die Protokolle auf eine Kontinuität *dessen, wofür der Name Frankfurter Schule sich eingebürgert hat*,[29] von der Zeit unmittelbar nach dem Zweiten Weltkrieg bis heute verweisen, die aus dem etablierten Werk nicht – womöglich: nicht mehr – herauszulesen ist; den fortlaufenden Versuch, mittels einer sich selbst reflektierenden Gesellschaftstheorie in die bestehende Gesellschaft kritisch einzugreifen.

Aber – und dieser Hinweis ist dem Herausgeber, trotz aller Abneigung gegen Rezeptionslenkung der wichtigste –: Die Protokolle sind keinesfalls mit bislang unveröffentlichten Werken Adornos zu verwechseln, denn es handelt sich bei ihnen mitnichten um mehr oder weniger gelungene Zusammenfassungen und Mitschriften der Gedanken und Äußerungen Adornos; ebenso wenig sind sie Kontaminationen eines ›Eigentlichen‹; keine Überlieferung aus zweiter Hand dessen, was Adorno ›wirklich‹ meinte oder sagte. So wenig es Sache des Herausgebers ist, darüber zu spekulieren, ob sich ein Protokollant bei der Niederschrift des Protokolls geirrt haben mag, ob Adorno einen fehlerhaften Sachverhalt im Seminar vermittelt hat oder ob die Diskussion in eine Richtung gegangen ist, die der Überlieferungslage zum diskutierten Thema in Teilen widerspricht, weil eine verantwortliche Edition das Sitzungsprotokoll, so wie es vorliegt, zu überliefern und auf jedwede sachliche und philologische Inkorrektheit in den Anmerkungen hinzuweisen hat – so wenig sollte sich die Leserin oder der Leser dazu verleiten lassen, die Sitzungsprotokolle als etwas anderes zu lesen als eben als Protokolle. Denn natürlich wird es in der Hauptsache das Interesse an Adorno sein, das die Leser zur Rezeption der Seminarprotokolle bewegen wird, an seiner Lehrtätigkeit, dem Umgang mit den Studenten, womöglich auch an seiner Person, hoffentlich auch an der Kritischen Theorie. Und es wäre unredlich nahezulegen, es sei etwas anderes als der Name Adornos, der nicht nur für die Rezeption im Mittelpunkt des Interesses steht, sondern das Editionsprojekt zuallererst initiiert hat. Vom wissenschaftlichen Interesse des Herausgebers an dem, was sich mit dem Namen Adornos verbinden mag, über das der Leitung des Instituts für Sozialforschung, das Vorhaben ebendort zu verorten, bis hin schließlich zur Bereitschaft der Gerda Henkel Stiftung, das Projekt zu finanzieren: So naiv, davon auszugehen, allein ein wissenschaftliches Interesse an den Texten – etwa als Suche nach deren immanenter Wahrheit – sei Garant für die Durchführung einer solchen Edition von Seminarprotokollen, soll man sich und andere nicht machen.

---

[29] GS, Bd. 10·2, S. 794.

Aber gerade deshalb macht es der Herausgeber zu seiner Aufgabe, darauf hinzuweisen, dass es sich an keiner Stelle so um ›Adorno‹ handelt wie bei seinen Schriften inklusive den nicht-autorisierten Vorlesungen innerhalb der *Nachgelassenen Schriften*, denn Adorno hat die Sitzungsprotokolle nicht nur nicht autorisiert: Er hätte auch nicht die Autorität dazu gehabt, geschweige denn eine Autorschaft. Damit ist zugleich das Feld abgesteckt, auf dem sich die Rezeption jener Protokolle verantwortlich bewegen kann. Im glücklichsten Fall erschließt sich jenen Rezipienten, die nicht dabei gewesen sind, etwas von Inhalt und Verlauf der Seminare, von ihrer Lehr- und Lernsituation, die die Protokolle eben protokollieren sollten. So ist womöglich die Tatsache, dass die Sitzungsprotokolle niemals zur Publikation vorgesehen waren (geschweige denn, deshalb geschrieben wurden), erst die Bedingung der Möglichkeit von deren ›Authentizität‹: als Protokolle, die dem Seminarzusammenhang immanent sind und frei vom Blick auf eine Außenwirkung angefertigt worden sind. Und als solche sprechen sie nicht für Adorno, womöglich sogar kaum für ihre Verfasser, sondern sie protokollieren: bestenfalls das Verständnis des Verfassers, der Verfasserin von der stattgehabten Seminarsitzung.

Kurzum, Inhalt der Protokolle ist nicht die Philosophie bzw. Soziologie Adornos, sondern sind die Seminare, die Adorno gemeinsam mit den Teilnehmern durchgeführt hat. So dokumentieren die Protokolle nicht etwa eine bereits fertige vorliegende Theorie, die in den Seminaren nur noch der didaktischen Vermittlung bedurft hätte, sondern halten vielmehr die Bewegung des Denkens fest. Werkgeschichtlich interessanter als die Frage, welchen Einfluss die Werke Adornos auf die Seminare hatten, erscheint an dieser Stelle die, welchen Einfluss die Seminare auf Adornos Werke ausübten: »Zugespitzt kann man sagen: Die Kritische Theorie ist weniger ein Produkt Adornos, vielmehr ist Adorno ein Produkt der Kritischen Theorie.«[30] Adorno »hielt keine Vorlesungen oder Übungen zur Einführung ab, gewissermaßen zu verminderten intellektuellen Bedingungen.«[31] Sondern verstand Schreiben und Lehren gleichermaßen als Möglichkeit, mittels des Geistes in jenen blinden Prozess einzugreifen, als den er Gesellschaft kenntlich machte.

Die überlieferten Texte der Referate, die in den Seminaren gehalten worden sind, sind für die Edition der Protokolle nur insofern von Belang, als sie gegebenenfalls Anhaltspunkte bieten können für das im Protokoll Verhandelte. Das heißt, wenn ein Protokoll vom Verlesen eines Referates berichtet, so wird in der Edition, sofern möglich, der Kommentar Informationen zu diesem Referat bieten,

---

[30] Iris Dankemeyer, Traurige Theorie, in: Konkret, 2020, H. 3, S. 58 f.; hier: S. 57.
[31] Ludwig von Friedeburg, Das Glück in Frankfurt, in: Adorno in Frankfurt. Ein Kaleidoskop mit Texten und Bildern, hrsg. von Wolfram Schütte, Frankfurt a. M. 2003, S. 185–191; hier: S. 191.

ohne dass eine Wiedergabe der Referate angestrebt worden wäre – aus mehrerlei Gründen: Von Rolf Tiedemann stammt der Hinweis, dass die Referate jeweils eine Zeitlang zur Ansicht im Institut für Sozialforschung auslagen, damit Studenten, die die entsprechende Sitzung versäumt hatten, nachlesen konnten, was vorgetragen worden war. Referate, die den behandelten Stoff, der ja unter Umständen prüfungsrelevant war, bündig zusammenfassten, wurden dann des Öfteren einfach mitgenommen und nicht wieder zurückgebracht (i. e. geklaut). Zum anderen wurden, wie aus handschriftlichen Bemerkungen auf den Referatsbogen hervorgeht, viele der Referate nicht oder nur teilweise gehalten, entweder, weil man während des Semesters mit dem Stoff nicht nachkam, oder weil sich die inhaltliche Ausrichtung im Verlauf des Seminars noch so änderte, dass man es vorzog, die jeweils aktuelle Diskussion weiterzuverfolgen, anstatt sich an jenen Plan zu klammern, der vor Beginn des Seminars einmal gefasst worden war – auch hierüber geben die Protokolle Auskunft, zumal jene ab Mitte der 1960er Jahre, in denen die Unzufriedenheit der Teilnehmer zum Thema wird. So interessieren die Sitzungsprotokolle womöglich »nicht zuletzt um der Emanzipationsbewegungen der Protokollanten willen. Ein Hegel-Adorno-Protokoll von Hans-Jürgen Krahl wird man nicht nur um Hegel oder Adorno oder gar um der ›Wesenslogik‹ wegen lesen.«[32]

Ohne jede Übertreibung darf konstatiert werden, dass das Material jenen Zusammenhang von Philosophie und Soziologie protokolliert, der genetisch im Zentrum Kritischer Theorie steht. Der Leser wird finden, dass die philosophischen und die soziologischen Seminare (von wenigen speziellen Übungen zur empirischen Sozialforschung abgesehen) weder von ihrem theoretischen Gehalt noch von ihrem aufklärerischen Impetus her so sehr divergierten, dass der eine Teil ohne weiteres vom anderen abzulösen oder gar zu trennen wäre. Nicht nur theoretisch, sondern auch in seiner Lehrpraxis folgte Adorno, wie die Sitzungsprotokolle eindringlich bezeugen, der Erkenntnis, *daß in der Tat die Soziologie auf die Philosophie verwiesen ist, wenn sie nicht außerhalb des Bereichs einer Wissenschaft bleiben will, wenn sie wirklich mehr werden will als eine bloße Technik* *[…]*.[33]

---

[32] Reinhard Mehring, »Am 30. I. 33 ist ›Hegel gestorben‹ – nein!« Heideggers Wintersemester 1934/35, in: Zeitschrift für Ideengeschichte, VII. Jg., 2013, H. 1, S. 118–121; hier: S. 119.
[33] NaS, Bd. IV·6, S. 11.

Editorische Richtlinien

Textgestalt

Insofern die Sitzungsprotokolle dazu dienten, innerhalb des Seminars verlesen zu werden, hatte der Herausgeber, um sie Dekaden später einem Lesepublikum zugänglich zu machen, zum einen zu beachten, dass den Protokollen keine Werkförmigkeit eignet, zum anderen war auf den Wechsel des Mediums – von Texten, die von ihren Verfassern innerhalb des Seminarkontexts verfasst und verlesen wurden, hin zu Texten, die Teil eines öffentlich rezipierbaren Korpus werden –, zu reagieren. So hatte der Herausgeber, was die Darbietung des Texts betrifft, nicht lediglich den Rezipienten bei deren Rezeption zu helfen, als vielmehr sehr gelegentlich den Texten selbst, die für den unmittelbaren Gebrauch verfasst wurden und deren Verfasser damit rechneten, sie würden nach dem Verlesen im Seminar, spätestens aber nach dessen Beendigung jenem Vergessen anheimfallen, vor dem sie diese Edition nun bewahren will. Textdarbietung und Einrichtung des Anmerkungsapparats folgen dieser Aufgabe.

Diese Ausgabe ist entsprechend rezeptionsorientiert ediert. Im Vordergrund stehen die Sitzungsprotokolle, nicht die Umstände ihrer Entstehung, das heißt, es wird keine Textgenese dargestellt, sondern ein insofern ›fertiger‹ Text, als er seine intendierte Funktion beim Verlesen innerhalb des Seminars vollständig erfüllt hat. Weil die Texte Dekaden später nicht etwa gehört, sondern gelesen werden – zum ersten Mal und in einer grundlegend veränderten Rezeptionssituation –, sah sich der Herausgeber veranlasst, in die Textgestalt einzugreifen, um dieser Veränderung editorisch gerecht zu werden. Denn schwerlich dürften Rezipienten ein Interesse am Schreibprozess von Protokollen haben, deren häufig unbekannte Verfasser jene in aller Regel mit der Schreibmaschine verfassten. Aus diesem Grund schied jede Edition aus, deren Prinzipien an kritische oder gar historisch-kritische Maßgaben angelehnt wäre. Ein Grundsatz der Edition war des Weiteren von Anfang an, formale Fehler stillschweigend zu tilgen, um die Verfasser nicht etliche Jahrzehnte später gegebenenfalls einer Genugtuung derer auszusetzen, die es vermeintlich besser wissen: Ein Interesse daran, ob sich im Protokoll einer Verfasserin oder eines Verfassers etwa ein orthographischer Lapsus eingeschlichen hat oder nicht, will die Edition keinesfalls bedienen.

Das bedeutet im Einzelnen:

Sämtliche offenkundigen Interpunktions- und Rechtschreibfehler[1] wurden ebenso stillschweigend korrigiert wie offenkundige Grammatikfehler. Das um-

---

1 Zugrunde gelegt wurde der »Duden«; vgl. Duden. Bd. 1. Rechtschreibung der deutschen

fasst neben wenigen fehlerhaften Numerusbildungen auch gelegentlich vorkommende eindeutig fehlerhafte Konjunktive, nämlich den Gebrauch des Konjunktiv II, wo der Konjunktiv I unzweifelhaft geboten wäre; auch hier werden offenkundige Grammatikfehler ebenfalls stillschweigend korrigiert. Alle anderen Eingriffe in die Textgestalt sind in den Anmerkungen mit Beschreibung des Originaltexts nachgewiesen.

Ebenfalls stillschweigend korrigiert sind fehlerhafte Werktitel, offensichtlich inkorrekte Dopplungen von Wörtern oder Satzteilen, wie sie bei der Abfassung eines Sitzungsprotokolls zuweilen unterlaufen sind, sowie kleine Versehen in der Zitation, wie etwa unterschlagene Hervorhebungen innerhalb der Quelle; bei offenkundig inkorrekten sowie bei unvollständigen Zitaten werden die entsprechenden Abschnitte in den Anmerkungen korrekt wiedergegeben.

Eine Ausnahme von der Korrektur in die damals geltende Rechtschreibung hat der Herausgeber bei lateinischen Wörtern gemacht, die ins Deutsche eingewandert sind. So wird etwa die Schreibung »status quo« nicht in die mögliche Schreibung »Status quo« umgewandelt, sondern als fachspezifischer Terminus beibehalten. In keinem Fall hat der Herausgeber in die Textgestalt inhaltlich einzugreifen versucht; nirgends sollte ein Text ›geglättet‹ oder einer abweichenden inhaltlichen oder formalen Ansicht angepasst werden. Sämtliche vom Herausgeber hinzugefügten Morpheme, Wörter oder Satzteile, die die Semantik des Texts verändern, sind durch eckige Klammern, »[ ]«, gekennzeichnet.

Im Übrigen werden die Texte der Vorlagen unterschiedslos als *eine* Textschicht wiedergegeben: Der gegebenenfalls mittels Sofortkorrekturen seitens der Verfasserinnen und Verfasser erstellte Text wird als gültig betrachtet und entsprechend dargelegt. Offenkundig nachträglich erfolgte Textierung – Benotungen, An- und Unterstreichungen sowie anderweitige Lektürespuren – findet keine Beachtung. Ausnahmen werden nur in den äußerst seltenen Fällen gemacht, wo Adorno in die Vorlage eingriff: Hier wird zwar der vom jeweiligen Verfasser hergestellte Text als gültig wiedergegeben, in den Anmerkungen werden jedoch zugleich Adornos Eingriffe nachgewiesen. – Keine Ausnahme ohne Ausnahme: Benotungen, mit denen Adorno zuweilen die als Prüfungsleistung eingereichten Sitzungsprotokolle auf deren ersten Seite beurteilte, bleiben unnachgewiesen.

In einigen wenigen Fällen ließ sich nicht entscheiden, welcher Korrekturvorgang vom Autor des Protokolls durchgeführt worden war und welcher danach geschah; etwa, wenn sichtlich zwei Korrektoren am Werk waren, von denen keiner als Verfasserin oder Verfasser des Sitzungsprotokolls identifiziert werden konnte.

Sprache und der Fremdwörter, hrsg. von der Dudenredaktion auf der Grundlage der amtlichen Rechtschreibregeln, 19. Aufl., Mannheim, Wien und Zürich 1986.

Nur in diesem unentscheidbaren Fall werden beide Korrekturvorgänge als gleichberechtigt behandelt. Weist hingegen die Vorlage eine Korrektur auf, ohne dass das Korrigierte, als zu Ersetzendes, gestrichen wurde, wird wie bei einer Sofortkorrektur verfahren, in der das Korrigierte zu streichen vergessen wurde, d. h., die Sofortkorrektur wird als verbindlicher Text betrachtet, bei dem das zu Ersetzende fortfällt. Korrekturen, die ihrerseits gestrichen wurden, werden nicht wiedergegeben.

Abkürzungen werden dann nicht aufgelöst, wenn der »Duden« sie aufführt.[2] Einzige Ausnahme ist die Abkürzung »u.«, die, wenn sie innerhalb des Textes (und nicht etwa in Literaturangaben oder als Teil einer umfassenderen Abkürzung, wie etwa »u. dgl.«) steht, ebenso wie das Pluszeichen, »+«, in entsprechenden Fällen um der Lesbarkeit willen zu »und« aufgelöst wurde. Abgekürzte Wörter in Werktiteln wurden stets aufgelöst. In wenigen Fällen hatte der Herausgeber abgekürzte Nachnamen stillschweigend zu ergänzen, so dass etwa »M.W.« zu »M. Weber« wurde.

Alle Auszeichnungen (Unterstreichungen, Versalien, Sperrungen) in der Vorlage werden kursiv wiedergegeben.

Eine Vereinheitlichung von Anführungszeichen innerhalb eines Protokolls wird im Allgemeinen nicht vorgenommen; eine Ausnahme wird gemacht bei Unregelmäßigkeiten bei der Nennung von Werktiteln, wenn also evident ist, dass die Unterschiede der Anführungen keine semantischen sind: Wenn die Vorlage etwa zunächst »Negative Dialektik« bietet, dann ›Negative Dialektik‹, dann *Negative Dialektik*, wird stets die erste benutzte Form für alle weiteren Kennzeichnungen von Werktiteln übernommen.

Sämtliche einfachen Absätze in den Vorlagen, seien sie durch einfachen Absatz markiert, durch Einzug, Auszug, Lehrzeile und ähnlichem, werden durch einfachen Absatz mit Einzug wiedergeben. Eine Ausnahme stellen durch Absätze getrennte Aufzählungen dar, etwa im Literaturverzeichnis innerhalb der Vorlage, die mit einfachen Absätzen ohne Einzug wiedergegeben werden. Bietet die Vorlage offenkundig Absätze höherer Ordnung, so werden diese Absätze durch Lehrzeilen wiedergegeben, während innerhalb dieser Absätze wiederum solche mit Einzug die Unterordnung gliedern. Daraus folgt, dass mehr als zwei Lehrzeilen nicht reproduziert werden, auch nicht bei der Wiedergabe von Titelblättern, wie sie sich zuweilen den Sitzungsprotokollen vorangestellt finden. Anfang und Ende eines Titelblatts sind in der Edition durch einen senkrechten Strich, »|«, gekennzeichnet. Sowohl die Elemente der Titelei als auch die Signatur eines Protokolls werden dennoch in ihrer Anordnung abzubilden versucht.

---

[2] S. vorige Anm.

Eckige Klammern in den Vorlagen sowie in Zitaten, die in den Anmerkungen gegeben werden, werden stets als geschweifte Klammern, »{ }«, wiedergegeben, um sie von den eckigen Klammern abzugrenzen, die für Einfügungen bzw. Auslassungen seitens des Herausgebers reserviert sind.

Anmerkungsziffern und -zeichen in der Vorlage werden stets durch fortlaufende Ziffern ersetzt und im Protokolltext in eckige Klammern gesetzt sowie – um Kollisionen mit vom Herausgeber ergänzten einfachen Ziffern zu vermeiden – mit einem vorangestellten Asterisk versehen: »[*1]«, »[*2]«, usw. Die Anmerkungen der Vorlage werden stets im Anschluss an den Haupttext wiedergegeben. Diese Vereinheitlichungen sind Resultat der veränderten Seitenaufteilung innerhalb dieser Edition.

Doppelte oder mehrfache Bindestriche, die schreibmaschinenbedingt als Ersatz für den Gedankenstrich verwendet wurden, »--«, sind stillschweigend durch einen Gedankenstrich ersetzt: »–«.

Anführungszeichen innerhalb von Passagen, die mit Anführungszeichen markiert sind, werden immer als einfache wiedergegeben. Schließt ein Zitat im Original mit einem Punkt ab, während in der Vorlage bei Satzende der Punkt erst nach den abschließenden Anführungszeichen gesetzt ist, wird der Punkt stillschweigend ins Zitat gesetzt; aus »›[...] xyz‹.« wird in diesem Fall also »›[...] xyz.‹«.

Etwaige Seitenzahlen, mit denen die Vorlage paginiert wurde, werden nicht mitgeteilt.

Sofern die Verfasser ihren Namen oder das Datum der protokollierten Sitzung nicht im Protokoll selbst vermerken, geschah die Zuordnung zu Verfasser und Datum, wenn möglich, entweder mittels der Kennzeichnung der Protokolle durch Dritte oder einer von Dritten nachträglich angefertigten Inhaltsangabe des Konvoluts, dem die Vorlage entstammt. Auf diese Weise sind auch gegebenenfalls jene Titel sowie Verfasser von Referatstexten eruiert, die selbst nicht mehr aufgefunden wurden.

Die überlieferten Sitzungsprotokolle sind zu Seminaren zusammengefasst, die chronologisch wiedergegeben werden, mit den philosophischen vor den soziologischen Seminaren, wie sie auch in den zeitgenössischen Vorlesungsverzeichnissen aufgeführt sind, ohne jedoch irgendeinen Vorrang jener vor diesen nahelegen zu wollen.

Anmerkungsapparat

Die vom Herausgeber gemachten Anmerkungen wollen eine Orientierungshilfe bieten, zumal vor dem Hintergrund der oben erläuterten veränderten Rezeptionssituation. Ihnen geht es nicht um die Kommentierung des Texts, nicht um

Rezeptionslenkung; keinesfalls sollen sie einer vermeintlich notwendigen ›Ergänzung‹ der überlieferten Texte dienen. Ebenso wenig ist an eine erste Sekundärliteratur zu den Sitzungsprotokollen gedacht. Stattdessen handelt es sich bei den Anmerkungen, neben vereinzelten formalen Beschreibungen bei Besonderheiten der Vorlage sowie Konjekturen, Korrekturen und Personennachweisen, zum größten Teil um Zitatnachweise und -kontextualisierungen. Dabei sind nicht zwangsläufig die damals benutzten Zitationsquellen – die im Übrigen auch gar nicht vollständig zu rekonstruieren wären – in Anspruch genommen, sondern die Anmerkungen weisen nach Möglichkeit den Text nach, dem das jeweilige Zitat entstammt, um die Leserschaft darüber zu informieren, wo sie es – möglichst unkompliziert – gegenwärtig finden kann. Hierzu gehört auch, nach Möglichkeit deutschsprachige Übersetzungen zitierter fremdsprachiger Schriften heranzuziehen, sofern es nicht, wie in einzelnen Fällen, innerhalb eines Sitzungsprotokolls gerade um das Originalzitat geht.

Edieren heißt, banal, auch interpretieren; jede Interpretation birgt die Möglichkeit eines Irrtums, und so macht sich der Herausgeber der vorliegenden, denn doch einigermaßen umfassenden Edition keine Illusionen darüber, dass er die Leserschaft mit der ein oder anderen Anmerkung womöglich unabsichtlich in die Irre führt, sie andererseits durch eine unterlassene Anmerkung, wo eine erwünscht wäre, mit dem Text der Sitzungsprotokolle alleine lässt.

Und schließlich sind alle Zitate sowie Titel von Schriften, die von Adorno stammen oder an denen er mitgewirkt hat, ohne Anführungszeichen kursiv gesetzt: eine Reminiszenz an das Vorgehen, wie es Rolf Tiedemann gewählt hatte, dessen Andenken diese Edition hiermit freundschaftlich gewidmet sei.

Siglenverzeichnis

Archivzentrum   Archivzentrum an der Universitätsbibliothek Johann Christian Senckenberg, Frankfurt a. M.

BGS   Walter Benjamin, Gesammelte Schriften, unter Mitw. von Theodor W. Adorno und Gershom Scholem hrsg. von Rolf Tiedemann und Hermann Schweppenhäuser, Frankfurt a. M.
    Bd. I: Abhandlungen, hrsg. von Rolf Tiedemann und Hermann Schweppenhäuser, 1974
    Bd. II: Aufsätze, Essays, Vorträge, hrsg. von Rolf Tiedemann und Hermann Schweppenhäuser, 1977
    Bd. IV: Kleine Prosa, Baudelaire-Übertragungen, hrsg. von Tillman Rexroth, 1972
    Bd. V: Das Passagen-Werk, hrsg. von Rolf Tiedemann, 1982
    Bd. VII: Nachträge, hrsg. von Rolf Tiedemann und Hermann Schweppenhäuser, unter Mitarb. von Christoph Gödde, Henri Lonitz und Gary Smith, 1989

FGA   J[ohann] G[ottlieb] Fichte, Gesamtausgabe der Bayerischen Akademie der Wissenschaften, hrsg. von Erich Fuchs, Hans Gliwitzky, Hans Jacob, Reinhard Lauth und Peter K. Schneider, Stuttgart
    Bd. I/1:   Werke 1791–1794, hrsg. von Reinhard Lauth und Hans Jacob, unter Mitw. von Richard Schottky und Manfred Zahn, 1964
    Bd. I/2:   Werke 1793–1795, hrsg. von Reinhard Lauth und Hans Jacob, unter Mitw. von Manfred Zahn, 1965
    Bd. I/4:   Werke 1797–1798, hrsg. von Reinhard Lauth und Hans Gliwitzky, unter Mitw. von Richard Schottky, 1970
    Bd. I/7:   Werke 1800–1801, hrsg. von Reinhard Lauth und Hans Gliwitzky, unter Mitw. von Erich Fuchs und Peter K. Schneider, 1988
    Bd. I/9:   Werke 1806–1807, hrsg. von Reinhard Lauth und Hans Gliwitzky, unter Mitw. von Josef Beeler, Erich Fuchs, Marco Ivaldo, Ives Radrizzani, Peter K. Schneider und Anna-Maria Schnurr-Lorusso, 1995
    Bd. II/13:   Nachgelassene Schriften 1812, hrsg. von Reinhard Lauth, Erich Fuchs, Peter K. Schneider, Hans Georg von Manz, Ives Radrizzani und Günter Zöller, 2002
    Bd. II/15:   Nachgelassene Schriften 1813, hrsg. von Erich Fuchs, Hans Georg von Manz, Ives Radrizzani, Peter K. Schneider, Martin Siegel und Günter Zöller, unter Mitw. von Gunter Meckenstock und Erich Ruff, 2009
    Bd. III/2:   Briefwechsel 1793–1795, hrsg. von Rainhard Lauth und Hans Jacob, unter Mitw. von Hans Gliwitzky und Manfred Zahn, 1970
    Bd, IV/1:   Kollegnachschriften 1796–1798, hrsg. von Reinhard Lauth und Hans Gliwitzky, unter Mitw. von Michael Brüggen, Kurt Hiller, Peter Schneider und Anna Maria Schurr, 1977
    Bd. IV/2:   Kollegnachschriften 1796–1804, hrsg. von Reinhard Lauth und Hans Gliwitzky, unter Mitw. von José Manzana, Erich Fuchs, Kurt Hiller und Peter K. Schneider, 1978

FGW   Sigm[und] Freud, Gesammelte Werke. Chronologisch geordnet, London
- Bd. IV: Zur Psychopathologie des Alltagslebens, unter Mitw. von Marie Bonaparte hrsg. von Anna Freud, E[dward] Bibring, W[ilhelm] Hoffer und E[rnst] Kris, 1941
- Bd. VII: Werke aus den Jahren 1906–1909, unter Mitw. von Marie Bonaparte hrsg. von Anna Freud, E[dward] Bibring, W[ilhelm] Hoffer, E[rnst] Kris und O[tto] Isakower, 1941
- Bd. VIII: Werke aus den Jahren 1909–1915, unter Mitw. von Marie Bonaparte hrsg. von Anna Freud, E[dward] Bibring, W[ilhelm] Hoffer, E[rnst] Kris und O[tto] Isakower, 1943
- Bd. IX: Totem und Tabu, unter Mitw. von Marie Bonaparte hrsg. von Anna Freud, E[dward] Bibring, W[ilhelm] Hoffer, E[rnst] Kris und O[tto] Isakower, 1940
- Bd. X: Werke aus den Jahren 1913–1917, unter Mitw. von Marie Bonaparte hrsg. von Anna Freud, E[dward] Bibring, W[ilhelm] Hoffer, E[rnst] Kris und O[tto] Isakower, 1946
- Bd. XI: Vorlesungen zur Einführung in die Psychoanalyse, unter Mitw. von Marie Bonaparte hrsg. von Anna Freud, E[dward] Bibring, W[ilhelm] Hoffer, E[rnst] Kris und O[tto] Isakower, 1944
- Bd. XII: Werke aus den Jahren 1917–1920, unter Mitw. von Marie Bonaparte hrsg. von Anna Freud, E[dward] Bibring, W[ilhelm] Hoffer, E[rnst] Kris und O[tto] Isakower, 1947
- Bd. XIII: Jenseits des Lustprinzips/Massenpsychologie und Ich-Analyse/Das Ich und das Es, unter Mitw. von Marie Bonaparte hrsg. von Anna Freud, E[dward] Bibring, W[ilhelm] Hoffer, E[rnst] Kris und O[tto] Isakower, 1940
- Bd. XIV: Werke aus den Jahren 1925–1931, unter Mitw. von Marie Bonaparte hrsg. von Anna Freud, E[dward] Bibring, W[ilhelm] Hoffer, E[rnst] Kris und O[tto] Isakower, 1948
- Bd. XV: Neue Folge der Vorlesungen zur Einführung in die Psychoanalyse, unter Mitw. von Marie Bonaparte hrsg. von Anna Freud, Edward Bibring und Ernst Kris, 1944
- Bd. XVI: Werke aus den Jahren 1932–1939, unter Mitw. von Marie Bonaparte hrsg. von Anna Freud, E[dward] Bibring, W[ilhelm] Hoffer, E[rnst] Kris und O[tto] Isakower, 1950

GS   Theodor W. Adorno, Gesammelte Schriften, hrsg. von Rolf Tiedemann, unter Mitw. von Gretel Adorno, Susan Buck-Morss und Klaus Schultz, Frankfurt a. M.
- Bd. 1: Philosophische Frühschriften, 3. Aufl., 1996
- Bd. 2: Kierkegaard. Konstruktion des Ästhetischen, 2. Aufl., 1990
- Bd. 3: *Max Horkheimer und Theodor W. Adorno*, Dialektik der Aufklärung. Philosophische Fragmente, 3. Aufl., 1996
- Bd. 4: Minima Moralia. Reflexionen aus dem beschädigten Leben, 2. Aufl., 1996
- Bd. 5: Zur Metakritik der Erkenntnistheorie/Drei Studien zu Hegel, 5. Aufl., 1996
- Bd. 6: Negative Dialektik/Jargon der Eigentlichkeit, 5. Aufl., 1996
- Bd. 7: Ästhetische Theorie, 6. Aufl., 1996
- Bd. 8: Soziologische Schriften I, 4. Aufl., 1996
- Bd. 9.1: Soziologische Schriften II. Erste Hälfte, 3. Aufl., 1997
- Bd. 9.2: Soziologische Schriften II. Zweite Hälfte, 3. Aufl., 1997

	Bd. 10·1:	Kulturkritik und Gesellschaft I: Prismen/Ohne Leitbild, 2. Aufl., 1996
	Bd. 10·2:	Kulturkritik und Gesellschaft II: Eingriffe/Stichworte, 2. Aufl., 1996
	Bd. 11:	Noten zur Literatur, 4. Aufl., 1996
	Bd. 12:	Philosophie der neuen Musik, 2. Aufl., 1990
	Bd. 13:	Die musikalischen Monographien, 3. Aufl., 1985
	Bd. 14:	Dissonanzen/Einleitung in die Musiksoziologie, 3. Aufl. 1990
	Bd. 15:	*Theodor W. Adorno und Hanns Eisler*, Komposition für den Film. Der getreue Korrepetitor, 2. Aufl., 1996
	Bd. 16:	Musikalische Schriften I–III: Klangfiguren/Quasi una fantasia/Musikalische Schriften III, 2. Aufl., 1990
	Bd. 17:	Musikalische Schriften IV: Moments musicaux. Impromptus, 1982
	Bd. 18:	Musikalische Schriften V, 1984
	Bd. 19:	Musikalische Schriften VI, 1984
	Bd. 20·1:	Vermischte Schriften I, 1986
	Bd. 20·2:	Vermischte Schriften II, 1986
HEH	\multicolumn{2}{l}{Husserliana · Edmund Husserl · Gesammelte Werke, hrsg. von H[erman] L[eo] Van Breda bzw. in Verb. mit Rudolf Boehm unter Leitung von Samuel IJsseling et al., Den Haag u. a.}
	Bd. I:	Cartesianische Meditationen und Pariser Vorträge, hrsg. von S[tephan] Strasser, 1950
	Bd. III:	Ideen zu einer reinen Phänomenologie und phänomenologischen Philosophie. Erstes Buch. Allgemeine Einführung in die reine Phänomenologie, hrsg. von Walter Biemel, 1950
	Bd. IV:	Ideen zu einer reinen Phänomenologie und phänomenologischen Philosophie. Zweites Buch. Phänomenologische Untersuchungen zur Konstitution, hrsg. von Marly Biemel, 1952
	Bd. XVII:	Formale und Transzendentale Logik. Versuch einer Kritik der logischen Vernunft, hrsg. von Paul Janssen, 1974
	Bd. XVIII:	Logische Untersuchungen. Erster Band. Prolegomena zur reinen Logik, hrsg. von Elmar Holenstein, 1975
	Bd. XIX/1:	Logische Untersuchungen. Zweiter Band. Erster Teil. Untersuchungen zur Phänomenologie und Theorie der Erkenntnis, hrsg. von Ursula Panzer, 1984
	Bd. XIX/2:	Logische Untersuchungen. Zweiter Band. Zweiter Teil. Untersuchungen zur Phänomenologie und Theorie der Erkenntnis, hrsg. von Ursula Panzer, 1984
	Bd. XXV:	Aufsätze und Vorträge (1911–1921), hrsg. von Thomas Nenon und Hans Rainer Sepp, 1987
HGS	\multicolumn{2}{l}{Max Horkheimer, Gesammelte Schriften, hrsg. von Alfred Schmidt und Gunzelin Schmid Noerr, Frankfurt a. M.}
	Bd. 3:	Schriften 1931–1936, hrsg. von Alfred Schmidt, 1988
	Bd. 4:	Schriften 1936–1941, hrsg. von Alfred Schmidt, 1988
	Bd. 6:	›Zur Kritik der instrumentellen Vernunft‹ und ›Notizen 1949–1969‹, hrsg. von Alfred Schmidt, 1991
	Bd. 7:	Vorträge und Aufzeichnungen 1949–1973, 1. Philosophisches 2. Würdigungen 3. Gespräche, hrsg. von Gunzelin Schmid Noerr, 1985

Bd. 8: Vorträge und Aufzeichnungen 1949—1973. 4. Soziologisches 5. Universität und Studium, hrsg. von Gunzelin Schmid Noerr, 1985
Bd. 12: Nachgelassene Schriften 1931-1949, hrsg. von Gunzelin Schmid Noerr, 1985

HJu Georg Wilhelm Friedrich Hegel, Sämtliche Werke. Jubiläumsausgabe in zwanzig Bänden, auf Grund des von Ludwig Boumann, Friedrich Förster, Eduard Gans, Karl Hegel, Leopold von Henning, Heinrich Gustav Hotho, Philipp Marheineke, Karl Ludwig Michelet, Karl Rosenkranz und Johannes Schulze bes. Originaldruckes im Faksimileverfahren neu hrsg. von Hermann Glockner, Stuttgart
Bd. 1: Aufsätze aus dem kritischen Journal der Philosophie und andere Schriften aus der Jenenser Zeit, mit Vorw. von Hermann Glockner, 1927
Bd. 2: Phänomenologie des Geistes, mit Vorw. von Johannes Schulze, 1927
Bd. 3: Philosophische Propädeutik, Gymnasialreden und Gutachten über den Philosophie-Unterricht, mit Vorw. von Karl Rosenkranz, 1927
Bd. 4: Wissenschaft der Logik. Erster Teil. Die objektive Logik, mit Vorw. von Leopold von Henning, 1928
Bd. 5: Wissenschaft der Logik. Zweiter Teil. Die subjektive Logik oder Lehre vom Begriff, mit Vorw. von Leopold von Henning, 1928
Bd. 7: Grundlinien der Philosophie des Rechts oder Naturrecht und Staatswissenschaft im Grundrisse, mit Vorw. von Eduard Gans, 1928
Bd. 8: System der Philosophie. Erster Teil. Die Logik, mit Vorw. von Leopold von Henning, 1929
Bd. 9: System der Philosophie. Zweiter Teil. Die Naturphilosophie, mit Vorw. von Karl Ludwig Michelet, 1929
Bd. 11: Vorlesungen über die Philosophie der Geschichte, mit Vorw. von Eduard Gans und Karl Hegel, 1928
Bd. 16: Vorlesungen über die Philosophie der Religion. Zweiter Band, mit Vorw. von Philipp Marheineke, 1928
Bd. 17: Vorlesungen über die Geschichte der Philosophie. Erster Band, mit Vorw. von Karl Ludwig Michelet, 1928
Bd. 19: Vorlesungen über die Geschichte der Philosophie. Dritter Band, mit Vorw. von Karl Ludwig Michelet, 1928

HSW Georg Wilhelm Friedrich Hegel, Sämtliche Werke, hrsg. von Georg Lasson, Leipzig
Bd. I: Erste Druckschriften, 1928 (Philosophische Bibliothek; 62)
Bd. II: Phänomenologie des Geistes, 2. Aufl., 1921 (Philosophische Bibliothek; 114)
Bd. III: Wissenschaft der Logik. Erster Teil, 1923 (Philosophische Bibliothek; 56)
Bd. IV: Wissenschaft der Logik. Zweiter Teil, 1923 (Philosophische Bibliothek; 57)
Bd. V: Encyclopädie der philosophischen Wissenschaften im Grundrisse, 2. Aufl., 1920 (Philosophische Bibliothek; 33)
Bd. VI: Grundlinien der Philosophie des Rechts. Mit den von Gans redigierten Zusätzen aus Hegels Vorlesungen, 1911 (Philosophische Bibliothek; 124)
Bd. VIII: Vorlesungen über die Philosophie der Weltgeschichte, Erster Halbband: 1. Einleitung des Herausgebers: Hegel als Geschichtsphilosoph. 2. Die Vernunft in der Geschichte, 1920 (Philosophische Bibliothek; 171e)

HVA Georg Wilhelm Friedrich Hegel's Werke. Vollständige Ausgabe durch einen Verein von Freunden des Verewigten: Ph[ilipp] Marheineke, J[ohann] Schulze, Ed[uard] Gans, L[eo]p[old] v. Henning, H[einrich] Hotho, K[arl] Michelet, F[riedrich] Förster, Berlin

    Bd. 2:   Phänomenologie des Geistes, hrsg. von Johann Schulze, 1832
    Bd. 3:   Wissenschaft der Logik. Erster Theil. Die objektive Logik. Erste Abtheilung. Die Lehre vom Seyn, hrsg. von Leopold von Henning, 1833
    Bd. 4:   Wissenschaft der Logik. Erster Theil. Die objektive Logik. Zweite Abtheilung. Die Lehre vom Wesen, hrsg. von Leopold von Henning, 1834
    Bd. 5:   Wissenschaft der Logik. Zweiter Theil. Die subjektive Logik, oder: Die Lehre vom Begriff, hrsg. von Leopold von Henning, 1834
    Bd. 6:   Encyclopädie der philosophischen Wissenschaften im Grundrisse. Erster Theil. Die Logik, hrsg. von Leopold von Henning, 1840
    Bd. 7.1:   Vorlesungen über die Naturphilosophie als der Encyclopädie der philosophischen Wissenschaften im Grundrisse. Zweiter Teil, hrsg. von Carl Ludwig Michelet, 1842
    Bd. 8:   Grundlinien der Philosophie des Rechts, oder Naturrecht und Staatswissenschaft im Grundrisse, hrsg. von Eduard Gans, 1833
    Bd. 9:   Vorlesungen über die Geschichte der Philosophie, hrsg. von Eduard Gans, 1837
    Bd. 11:   Vorlesungen über die Philosophie der Religion. Nebst einer Schrift über die Beweise vom Daseyn Gottes. Erster Theil, hrsg. von Philipp Marheineke, 2. Aufl., Berlin 1840
    Bd. 18:   Philosophische Propädeutik, hrsg. von Karl Rosenkranz, 1840

HW Georg Wilhelm Friedrich Hegel, Werke, auf der Grundlage der Werke von 1832–1845 neu edierte Ausgabe, Red.: Eva Moldenhauer und Karl Markus Michel, Frankfurt a. M. (Theorie-Werkausgabe)

    Bd. 1:   Frühe Schriften, 1971
    Bd. 2:   Jenaer Schriften (1801–1807), 1970
    Bd. 3:   Phänomenologie des Geistes, 1970
    Bd. 4:   Nürnberger und Heidelberger Schriften 1808–1817, 1970
    Bd. 5:   Wissenschaft der Logik · I. Erster Teil. Die objektive Logik. Erstes Buch, 1969
    Bd. 6:   Wissenschaft der Logik · II. Erster Teil. Die objektive Logik. Zweites Buch. Zweiter Teil. Die subjektive Logik, 1969
    Bd. 7:   Grundlinien der Philosophie des Rechts oder Naturrecht und Staatswissenschaft im Grundrisse. Mit Hegels eigenhändigen Notizen und den mündlichen Zusätzen, 1970
    Bd. 8:   Enzyklopädie der philosophischen Wissenschaften im Grundrisse (1830). Erster Teil. Die Wissenschaft der Logik. Mit den mündlichen Zusätzen, 1970
    Bd. 9:   Enzyklopädie der philosophischen Wissenschaften im Grundrisse (1830). Zweiter Teil. Die Naturphilosophie. Mit den mündlichen Zusätzen, 1970
    Bd. 10:   Enzyklopädie der philosophischen Wissenschaften im Grundrisse (1830). Dritter Teil. Die Philosophie des Geistes. Mit den mündlichen Zusätzen, 1970
    Bd. 11:   Berliner Schriften 1818–1831, 1970
    Bd. 12:   Vorlesungen über die Philosophie der Geschichte, 1970

	Bd. 13:	Vorlesungen über die Ästhetik · I, 1970
	Bd. 14:	Vorlesungen über die Ästhetik · II, 1970
	Bd. 16:	Vorlesungen über die Philosophie der Religion · I, 1969
	Bd. 17:	Vorlesungen über die Philosophie der Religion · II. Vorlesungen über die Beweise vom Dasein Gottes, 1969
	Bd. 18:	Vorlesungen über die Geschichte der Philosophie · I, 1971
	Bd. 20:	Vorlesungen über die Geschichte der Philosophie · III, 1971
IfS	Institut für Sozialforschung, Frankfurt a. M.	
KW	Immanuel Kant, Werke in zwölf Bänden, hrsg. von Wilhelm Weischedel, Frankfurt a. M. 1968	
	Bd. III:	Kritik der reinen Vernunft · 1
	Bd. IV:	Kritik der reinen Vernunft · 2
	Bd. V:	Schriften zur Metaphysik und Logik · 1
	Bd. VI:	Schriften zur Metaphysik und Logik · 2
	Bd. VII:	Schriften zur Ethik und Religionsphilosophie · 1
	Bd. VIII:	Schriften zur Ethik und Religionsphilosophie · 2
	Bd. IX:	Kritik der Urteilskraft und naturphilosophische Schriften · 1
	Bd. X:	Kritik der Urteilskraft und naturphilosophische Schriften · 2
	Bd. XI:	Schriften zur Anthropologie, Geschichtsphilosophie, Politik und Pädagogik · 1
MEW	Karl Marx, Friedrich Engels, Werke, hrsg. vom Institut für Marxismus-Leninismus beim ZK der SED bzw. vom Institut für Geschichte der Arbeiterbewegung Berlin bzw. von der Bundesstiftung Rosa Luxemburg · Gesellschaftsanalyse und Politische Bildung, Berlin	
	Bd. 1:	Karl Marx und Friedrich Engels, [1839 bis 1844], 13. Aufl., Leitung der Editionsarb.: Erich Kundel, Roland Nietzold, Richard Sperl und Hildegard Scheibler, editorische Bearb. von Anni Krüger, verantwortlich für die Red.: Waltraud Bergemann und Gisela Schmitt, 1981
	Bd. 2:	Karl Marx und Friedrich Engels, [1844 bis 1846], 12. Aufl., Leitung der Editionsarb.: Ludwig Arnold, editorische Bearb. von Arthur Wilde, unter Mitarb. von Hilde Schönherr, verantwortlich für die Red.: Walter Schulz, 1990
	Bd. 3:	Karl Marx und Friedrich Engels, [1845 bis 1846], 5. Aufl., Leitung der Editionsarb.: Ludwig Arnold, verantwortlich für die Red.: Walter Schulz, 1978
	Bd. 4:	Karl Marx und Friedrich Engels, {Mai 1846–März 1848}, 8. Aufl., Leitung der Editionsarb.: Ludwig Arnold, editorische Bearb. von Arthur Wilde, unter Mitarb. von Marguerite Kuczynski, Hans-Dieter Krause und Hannes Skambraks, verantwortlich für die Red.: Walter Schulz, 1977
	Bd. 6:	Karl Marx und Friedrich Engels, {November 1848–Juli 1849}, 7. Aufl., Leitung der Editionsarb.: Ludwig Arnold, editorische Bearb. von Horst Merbach und Richard Sperl, unter Mitarb. von Ella Ruben und Anna Krüger, verantwortlich für die Red.: Walter Schulz, 1982

Bd. 7:	Karl Marx und Friedrich Engels, {August 1849–Juni 1951}, 9. Aufl., Leitung der Editionsarb.: Erich Kundel, Roland Nietzold, Richard Sperl und Hildegard Scheibler, editorische Bearb. von Anni Krüger, Leni Hoffmann und Eva-Maria Späthe, verantwortlich für die Red.: Waltraud Bergemann und Gisela Schmitt, 1990
Bd. 8:	Karl Marx und Friedrich Engels, {August 1851–März 1853}, 4. Aufl., Leitung der Editionsarb.: Ludwig Arnold, editorische Bearb. von Marguerite Kuczynski, unter Mitarb. von Anna Krüger und Peter Langstein, verantwortlich für die Red.: Walter Schulz, 1973
Bd. 13:	Karl Marx und Friedrich Engels, {Jan[uar] 1859–Feb[ruar] 1860}, 11. Aufl., Leitung der Editionsarb.: Ludwig Arnold, editorische Bearb. von Richard Sperl, unter Mitarb. von Käte Schwank und Anna Krüger, verantwortlich für die Red.: Walter Schulz und Richard Sperl, 1961
Bd. 17:	Karl Marx und Friedrich Engels, {Juli 1870–Februar 1872}, 9. Aufl., Leitung der Editionsarb.: Ludwig Arnold, editorische Bearb. von Ruth Stolz, unter Mitarb. von Rosi Rudich und Heinz Ruschinski, verantwortlich für die Red.: Walter Schulz und Richard Sperl, 1999
Bd. 19:	Karl Marx und Friedrich Engels, {März 1875–Mai 1883}, 9. Aufl., Leitung der Editionsarb.: Ludwig Arnold, editorische Bearb. von Käte Schwank, unter Mitarb. von Christa Müller und Peter Langstein, verantwortlich für die Red.: Walter Schulz und Richard Sperl, 1987
Bd. 20:	Karl Marx und Friedrich Engels, {Anti-Dühring, Dialektik der Natur}, 10. Aufl., Leitung der Editionsarb.: Ludwig Arnold, editorische Bearb. von Bernhard Dohm, unter Mitarb. von Leni Hoffmann, verantwortlich für die Red.: Walter Schulz und Richard Sperl, 1990
Bd. 21:	Karl Marx und Friedrich Engels, [Mai 1883–Dezember 1889], 7. Aufl., Leitung der Editionsarb.: Ludwig Arnold, editorische Bearb. von Charlotte Fischer, unter Mitarb. von Anna Krüger, Therese Winkelmann und Dieter Müller, verantwortlich für die Red.: Walter Schulz und Richard Sperl, 1981
Bd. 22:	Karl Marx und Friedrich Engels, [Januar 1890–August 1895], 4. Aufl., Leitung der Editionsarb.: Horst Merbach, editorische Bearb. von Dieter Krause und Hanni Wettengel, unter Mitarb. von Renate Merkel und Adelheid Wolf, verantwortlich für die Red.: Walter Schulz und Richard Sperl, 1974
Bd. 23:	Karl Marx, Das Kapital. Kritik der politischen Ökonomie. Erster Band. Buch I: Der Produktionsprozeß des Kapitals, Leitung der Editionsarb.: Horst Merbach, editorische Bearb. von Artur Schnickmann, unter Mitarb. von Jutta Nesler, Ilse Reinhold und Hannes Skambraks, verantwortlich für die Red.: Walter Schulz, 1962
Bd. 24:	Karl Marx, Das Kapital. Kritik der politischen Ökonomie. Zweiter Band. Buch II: Der Zirkulationsprozeß des Kapitals. Hrsg. von Friedrich Engels, Leitung der Editionsarb.: Horst Merbach, editorische Bearb. von Ilse Reinhold, Jutta Nesler und Hannes Skambraks, verantwortlich für die Red.: Walter Schulz, 1963

Bd. 25:	Karl Marx, Das Kapital. Kritik der politischen Ökonomie. Dritter Band. Buch III: Der Gesamtprozeß der kapitalistischen Produktion. Hrsg. von Friedrich Engels, Leitung der Editionsarb.: Horst Merbach, editorische Bearb. von Artur Schnickmann, unter Mitarb. von Jutta Nesler und Hannes Skambraks, verantwortlich für die Red.: Walter Schulz, 1964
Bd. 26·1:	Karl Marx, Theorien über den Mehrwert. (Vierter Band des »Kapitals«). Erster Teil. Erstes bis siebentes Kapitel und Beilagen, Leitung der Editionsarb.: Horst Merbach, editorische Bearb. von Bernhard Dohm, Hannes Skambraks, verantwortlich für die Red.: Walter Schulz, 1965
Bd. 26·2:	Karl Marx, Theorien über den Mehrwert. (Vierter Band des »Kapitals«). Zweiter Teil. Achtes bis achtzehntes Kapitel, Leitung der Editionsarb.: Rolf Dlubek, Erich Kundel und Richard Sperl, editorische Bearb. von Horst Merbach und Artur Schnickmann, verantwortlich für die Red.: Walter Schulz, 1967
Bd. 26·3:	Karl Marx, Theorien über den Mehrwert (Vierter Band des »Kapitals«). Dritter Teil. Neunzehntes bis vierundzwanzigstes Kapitel und Beilagen, Leitung der Editionsarb.: Rolf Dlubek, Erich Kundel und Richard Sperl, editorische Bearb. von Artur Schnickmann, Manfred Müller, Jutta Nesler und Hannes Skambraks, verantwortlich für die Red.: Walter Schulz, 1968
Bd. 30:	Karl Marx und Friedrich Engels, [Briefe: Januar 1860 bis September 1864], 4. Aufl., Leitung der Editionsarb.: Horst Merbach, editorische Bearb.: Waldtraud Opitz, Leni Hoffmann und Manfred Müller, verantwortlich für die Red.: Walter Schulz, 1982
Bd. 31:	Karl Marx und Friedrich Engels, {Briefe: Okt[ober] 1864–Dez[ember] 1867}, 4. Aufl., Leitung der Editionsarb.: Horst Merbach, editorische Bearb.: Ruth Stolz, Heidi Wolf und Renate Merkel, verantwortlich für die Red.: Walter Schulz, 1986
Bd. 36:	Karl Marx und Friedrich Engels, [Briefe: April 1883 bis Dezember 1887], 2. Aufl., Leitung der Editionsarb.: Rolf Dlubek, Erich Kundel, Richard Sperl, editorische Bearb. von Werner Ettelt, Ruth Stolz, Käte Heidenreich, Rosie Rudich und Heidi Wolf, verantwortlich für die Red.: Walter Schulz, 1973
Bd. 40:	Karl Marx, Schriften und Briefe. November 1837–August 1844, 2. Aufl., Leitung der Editionsarb.: Rolf Dlubek, Erich Kundel und Richard Sperl, editorische Bearb. von Bernhard Dohm, Inge Taubert und Käte Heidenreich, verantwortlich für die Red.: Walter Schulz, 1990
Bd. 42:	Karl Marx, Ökonomische Manuskripte 1857/1858, Leitung der Editionsarb.: Erich Kundel, Roland Nietzold, Richard Sperl und Hildegard Scheibler, editorische Bearb. von Hildegard Scheibler, Gerda Lindner, Jutta Nesler und Resi Winkelmann, verantwortlich für die Red.: Waltraud Bergemann und Ludwig Lehmann, 1983

MWG   Max Weber, Gesamtausgabe, hrsg. von Horst Baier, Gangolf Hübinger, M. Rainer Lepsius, Wolfgang J. Mommsen, Wolfgang Schluchter und Johannes Winckelmann, Tübingen

Bd. I/7:	Zur Logik und Methodik der Sozialwissenschaften. Schriften 1900–1907, hrsg. von Gerhard Wagner, in Zusammenarb. mit Claudia Härpfer, Tom Kaden, Kai Müller und Angelika Zahn, 2018

Bd. I/9:	Asketischer Protestantismus und Kapitalismus. Schriften und Reden 1904–1911, hrsg. von Wolfgang Schluchter, in Zusammenarb. mit Ursula Bube, 2014
Bd. I/12:	Verstehende Soziologie und Werturteilsfreiheit. Schriften und Reden 1908–1917, hrsg. von Johannes Weiß, in Zusammenarb. mit Sabine Frommer, 2018
Bd. I/17:	Wissenschaft als Beruf 1917/1919. Politik als Beruf 1919, hrsg. von Wolfgang J. Mommsen und Wolfgang Schluchter, in Zusammenarb. mit Birgitt Morgenbrod, 1992
Bd. I/18:	Die protestantische Ethik und der Geist des Kapitalismus/Die protestantischen Sekten und der Geist des Kapitalismus. Schriften 1904–1920, hrsg. von Wolfgang Schluchter, in Zusammenarb. mit Ursula Bube, 2016
Bd. I/22-1:	Wirtschaft und Gesellschaft. Die Wirtschaft und die gesellschaftlichen Ordnungen und Mächte. Nachlaß. Teilband 1: Gemeinschaften, hrsg. von Wolfgang J. Mommsen, in Zusammenarb. mit Michael Meyer, 2001
Bd. I/22-2:	Wirtschaft und Gesellschaft. Die Wirtschaft und die gesellschaftlichen Ordnungen und Mächte. Nachlaß. Teilband 2: Religiöse Gemeinschaften, hrsg. von Hans G. Kippenberg, in Zusammenarb. mit Petra Schilm, unter Mitw. von Jutta Niemeier, 2001
Bd. I/22-3:	Wirtschaft und Gesellschaft. Die Wirtschaft und die gesellschaftlichen Ordnungen und Mächte. Nachlaß. Teilband 3: Recht, hrsg. von Werner Gephart und Siegfried Hermes, 2010
Bd. I/22-4:	Wirtschaft und Gesellschaft. Die Wirtschaft und die gesellschaftlichen Ordnungen und Mächte. Nachlaß. Teilband 4: Herrschaft, hrsg. von Edith Hanke, in Zusammenarb. mit Thomas Kroll, 2005
Bd. I/22-5:	Wirtschaft und Gesellschaft. Die Wirtschaft und die gesellschaftlichen Ordnungen und Mächte. Nachlaß. Teilband 5: Die Stadt, hrsg. von Wilfried Nippel, 1999
Bd. I/23:	Wirtschaft und Gesellschaft. Soziologie. Unvollendet 1919–1920, hrsg. von Knut Borchardt, Edith Hanke und Wolfgang Schluchter, 2013
Bd. I/24:	Wirtschaft und Gesellschaft. Entstehungsgeschichte und Dokumente, hrsg. von Wolfgang Schluchter, 2009
Bd. I/25:	Wirtschaft und Gesellschaft. Gesamtregister, bearb. von Edith Hanke und Christoph Morlok, 2015

NaS		Theodor W. Adorno, Nachgelassene Schriften, hrsg. vom Theodor W. Adorno Archiv, Frankfurt a. M. und Berlin
	Bd. I·1:	Beethoven. Philosophie der Musik. Fragmente und Texte, hrsg. von Rolf Tiedemann, 3. Aufl., 1999
	Bd. I·2:	Zu einer Theorie der musikalischen Reproduktion. Aufzeichnungen, ein Entwurf und zwei Schemata, hrsg. von Henri Lonitz, 2001
	Bd. I·3:	Current of Music. Elements of a Radio Theory, hrsg. von Robert Hullot-Kentor, 2006
	Bd. IV·1:	Erkenntnistheorie (1957/58), hrsg. von Karel Markus, 2018
	Bd. IV·2:	Einführung in die Dialektik (1958), hrsg. von Christoph Ziermann, 2010
	Bd. IV·3:	Ästhetik (1958/59), hrsg. von Eberhard Ortland, 2009
	Bd. IV·4:	Kants »Kritik der reinen Vernunft« (1959), hrsg. von Rolf Tiedemann, 1995

Bd. IV·6:   Philosophie und Soziologie (1960), hrsg. von Dirk Braunstein, 2011
Bd. IV·7:   Ontologie und Dialektik (1960/61), hrsg. von Rolf Tiedemann, 2002
Bd. IV·9:   Philosophische Terminologie I und II, hrsg. von Henri Lonitz, 2016
Bd. IV·10: Probleme der Moralphilosophie (1963), hrsg. von Thomas Schröder, 1997
Bd. IV·12: Philosophische Elemente einer Theorie der Gesellschaft (1964), hrsg. von Tobias ten Brink und Marc Phillip Nogueira, 2008
Bd. IV·13: Zur Lehre von der Geschichte und von der Freiheit (1964/65), hrsg. von Rolf Tiedemann, 2000
Bd. IV·14: Metaphysik. Begriff und Probleme (1965), hrsg. von Rolf Tiedemann, 1998
Bd. IV·15: Einleitung in die Soziologie (1968), hrsg. von Christoph Gödde, 1993
Bd. IV·16: Vorlesung über Negative Dialektik. Fragmente zur Vorlesung 1965/66, hrsg. von Rolf Tiedemann, 2003
Bd. IV·17: Kranichsteiner Vorlesungen, hrsg. von Klaus Reichert und Michael Schwarz, 2014
Bd. V·1:   Vorträge 1949–1968, hrsg. von Michael Schwarz, 2019

NW Friedrich Nietzsche, Sämtliche Werke. Kritische Studienausgabe in 15 Bänden, hrsg. von Giorgio Colli und Mazzino Montinari, 2. Aufl., Berlin, New York 1988
Bd. 1:   Die Geburt der Tragödie · Unzeitgemäße Betrachtungen I–IV · Nachgelassene Schriften 1870–1873
Bd. 2:   Menschliches, Allzumenschliches I und II
Bd. 3:   Morgenröte · Idyllen aus Messina · Die fröhliche Wissenschaft
Bd. 4:   Also sprach Zarathustra I–IV
Bd. 5:   Jenseits von Gut und Böse · Zur Genealogie der Moral
Bd. 6:   Der Fall Wagner · Götzen-Dämmerung · Der Antichrist · Ecce homo · Dionysos-Dithyramben · Nietzsche contra Wagner
Bd. 11: Nachgelassene Fragmente 1884–1885

SW Schellings Werke. Münchner Jubiläumsdruck. Nach der Originalausgabe in neuer Anordnung, hrsg. von Manfred Schröter, München
Bd. 1:   Jugendschriften 1793–1798, 1927
Bd. 2:   Schriften zur Naturphilosophie, 1799–1801, 1927
Bd. 3:   Schriften zur Identitätsphilosophie 1801–1806, 1927
Bd. 4:   Schriften zur Philosophie der Freiheit 1805–1815, 1927
Bd. 5:   Schriften zur geschichtlichen Philosophie 1821–1854, 1928
Ergänzungsbd. 1: Zur Naturphilosophie 1792–1803, 1956
Ergänzungsbd. 2: Zur Identitätsphilosophie 1804, 1956
Nachlaßbd.: Die Weltalter. Fragmente. In den Urfassungen von 1811 und 1813, 1946

TWAA Theodor W. Adorno Archiv, Frankfurt a. M.

UAF   Universitätsarchiv der Johann Wolfgang Goethe-Universität Frankfurt a. M.

Dank

Zunächst möchte der Herausgeber jenen danken, die in verschiedenen Phasen dessen, was der Wissenschaftsbetrieb so gerne ›Projekt‹ nennt, an seinem Fortkommen mitgewirkt haben: Nico Bobka, Maischa Gelhard, Gregor Heisterkamp, Thomas Hirschlein, Gerhard Kampka, Jessica Lütgens, Hannes Weidmann, Lena Welling und Marcel Woznica; ohne ihre Arbeit hätte die Edition noch mehr Zeit in Anspruch genommen oder womöglich gar nicht realisiert werden können.

Herzlichen Dank auch den Kolleginnen und Kollegen aus dem Institut für Sozialforschung, besonders Hermann Kocyba, Nils Lehnhäuser, Chantal Magnin, Pamela Passano, Almut Poppinga, Ela Rojas, Thiago Aguiar Simim, Brigitte Tarpataky und Ina Walter für allerlei, Martin Stein für die IT, Susanne Kappler für eine Verwaltung mit menschlichem Antlitz, Beate Kotar für die Bücher, Christa Sonnenfeld – mit Leib und Seele Archivarin, die aus dem Vollen schenkte – für den freien Zugang, Axel Honneth für sein im Grunde zunächst durch nichts gerechtfertigtes Vertrauen sowie Sidonia Blättler für alles – ohne sie wäre das Vorhaben schlicht gescheitert, bevor es erst begonnen hätte.

Geholfen haben Anne Becker bei Fichte, Alexander Blum bei Эйгенсон und Bianca Hinzer-AlHasan bei der φιλολογία. Ihnen sei ebenso gedankt wie Norbert Altwicker, Jonas Baltzer, Katharina Becker, Jörn Bohr, Helmut Dahmer, Mischka Dammaschke (herzlichen Dank!), Simon Duckheim, Kornelia Engert, Ellen von Friedeburg, Peter Gorsen, Gertrud Grünkorn, Andreas Gruschka, Gerald Hartung, Volker Heins, Christoph Hesse, Katrin Holtgrewe, Magnus Klaue, Björn Krey, Anouch Kurkdjian, Klaus Lichtblau, Ansgar Martins, Ursula Marx, Thomas Paulsen, Wolfgang Pohrt, Marion Pollmanns, Jürgen Roth, Konrad Schacht, Gerhard Schweppenhäuser, Hermann Schweppenhäuser, Gudrun Schwarz, Werner Sörgel, Gerhard Stammer, Thomas Thiel, Rolf Tiedemann, Rolf Voigt, Christian Voller, Manfred Walther, Edgar Weick, Ramona Weisenberger, Gisela von Wysocki und Robert Zwarg. Herzlichen Dank auch an, nochmals, Gerhard Kampka sowie Jörg Später für das Korrektorat der Herausgeberanmerkungen.

Verbindlichen Dank an Christoph Gödde, Henri Lonitz und Michael Schwarz vom Theodor W. Adorno Archiv, Mathias Jehn, Oliver Kleppel und Stephen Roeper vom Archivzentrum, Michael Maaser vom Universitätsarchiv Frankfurt a. M., Joachim Kersten von der Hamburger Stiftung zur Förderung von Wissenschaft und Kultur, Georgios Chatzoudis, Irene Hofeditz, Anna Kuschmann und Sybille Wüstemann von der Gerda Henkel Stiftung sowie Christoph Schirmer, Tim Vogel, Mara Weber und Florian Ruppenstein vom Verlag.

Besonderer Dank gilt natürlich all jenen Protokollantinnen und Protokollanten in Adornos Seminaren, die, sofern der Herausgeber aktuelle Anschriften ausfindig machen konnte, um sie um das jeweilige Verwertungsrecht zu bitten, allesamt eingewilligt haben – und Dank fürs Verfassen der Protokolle; auch den unbekannten Verfasserinnen und Verfassern, die womöglich niemals eruiert und deshalb anonym bleiben werden. Personen, die trotz der umfassenden Bemühungen, die Verfasserinnen und Verfasser bzw. deren Erben ausfindig zu machen und zu kontaktieren, um die Verwertungsrechte an den jeweiligen Sitzungsprotokollen einzuholen, ihr juristisch berechtigtes Interesse durch die Publikation verletzt sehen, mögen sich bitte an den Verlag wenden: Keinesfalls haben Herausgeber oder Verlag beabsichtigt, jenes Interesse auf sich beruhen zu lassen oder gar zu übergehen.

Besten Dank schließlich an die Gerda Henkel Stiftung für die Finanzierung des Editionsvorhabens.

Protokolle

Wintersemester 1949/50:
Transzendentale Dialektik bei Kant

Philosophisches Seminar

In diesem Semester hält Adorno zudem die philosophische Vorlesung »Theorie der Gesellschaft« und gibt die philosophischen Übungen »Aristoteles' ›Politik‹«

Das Seminar findet montags von 18 bis 20 Uhr statt

1 TWAA, Pr 3/2–5; **2** TWAA, Pr 3/6–9; **3** TWAA, Pr 3/10 ; **4** TWAA, Pr 3/11

1 Hermann Schweppenhäuser, 21. November 1949

H. Schweppenhäuser   *Protokoll*[1] *der Seminarsitzung vom 21. 11. 49*

Die Aufgabe dieser Sitzung bestand in Lektüre und Interpretation des 4. Kapitels der Einleitung in die transzendentale Logik der »Kritik«.[2] Dabei sollten die dialektischen Impulse hervorgehoben werden, die Kant eine Unterscheidung der Logik der Wahrheit von der Logik des Scheins, einer transzendentalen Analytik von einer transzendentalen Dialektik notwendig werden ließen.

Neben dieser Hauptaufgabe bestand eine Reihe von weiteren, für das Kant-Verständnis wesentlichen Sachverhalten, die es aufzuklären galt. –

1. So ging die Diskussion zunächst auf Interpretation des gleich am Anfang stehenden Terminus »das Erkenntnis«.[3] Damit könne selbstverständlich nur das Erkenntnisvermögen gemeint sein, wie übrigens aus dem folgenden Satz hervorgehe, wo von einem »Gebrauch des Erkenntnis« die Rede ist; und gebrauchen kann man nur ein Vermögen. In der Diskussion jedoch drückte sich die Tendenz einer Bereitschaft zu verschärfter Reflexion über jenen Terminus aus, deren Unangemessenheit erst durch die Hinweise des Seminarleiters einsichtig herausgestellt wurde. Hier hieß es, daß mit Erkenntnis ein Erkenntnisvermögen gemeint sein müsse, beweise die Tatsache, daß die Kantische Kritik nicht den Inhalten der Erkenntnis (übrigens der von Hegel am meisten gerügte Umstand) gelte, also dem, was wir mit »Erkenntnissen« meinen, sondern den Erkenntnisformen, die nach Abzug alles Sinnlichen von den Inhalten zurückbleiben, und die eben jenes Vermögen, zu erkennen, enthalten oder sind. – Ein vertieftes Auslegen solcher uneindeutig gehandhabter Termini, besänftigte der Seminarleiter, sei deshalb gar nicht nötig, weil diese Termini noch nicht erläuternd und klärend, sondern bloß hinweisend und über die Konzeption orientierend angewendet werden.

2. Was sind die »Gegenstände«, von denen es heißt, daß die »reine Erkenntnis« auf sie angewendet werde. Klingt das nicht an an die transzendenten Dinge an sich einer vorkritischen Philosophie, die die Kritische doch zerstören will? –

---

[1] Die Vorlage ist handschriftlich verfaßt.
[2] Vgl. KW, Bd. III, S. 105 f. (B 87 f.; A 62–64)
[3] »In einer transzendentalen Logik isolieren wir den Verstand (so wie oben in der transzendentalen Ästhetik die Sinnlichkeit) und heben bloß den Teil des Denkens aus unserm Erkenntnisse heraus, der lediglich seinen Ursprung in dem Verstande hat. Der Gebrauch dieser reinen Erkenntnis aber beruhet darauf, als ihrer Bedingung: daß uns Gegenstände in der Anschauung gegeben sein, worauf jene angewandt werden können. Denn ohne Anschauung fehlt es aller unserer Erkenntnis an Objekten, und sie bleibt alsdenn völlig leer.« (Ebd., S. 105 [B 87; A 62])

Wir haben eine offensichtliche terminologische Inkonsistenz vor uns, an denen die Kritik reich ist. Es muß natürlich »Phänomene« anstatt »Gegenstände« heißen. – Wenn Kant so tut, als gebe es so etwas wie den »Gegenstand«, während schon dadurch, daß er im Hinterhalte von ihm als »Phänomen« denkt, feststeht, daß es ihn im transzendentalen Sinne gar nicht gibt, dann hat das seinen Grund in folgendem: Kant verhält sich etwas leichtfertig in der eigenen transzendentalkritischen Methode, und man sollte (so meint sein Leser) von ihm erwarten dürfen, daß er vom Wege eines streng argumentativen Fortschreitens[4] nicht abweicht. Wenn er vom Phänomen als vom Gegenstand spricht an einer Stelle, wo er die transzendentale Phänomenalität des »Gegenstandes« recht ins Licht rücken sollte und wobei ihm dessen zu erweisender transzendenter Ding-an-sich-Charakter vorschwebt; dann hat er eine gewisse verwirrende Austauschung von methodischem Sachverhalt mit dispositioneller Absicht in diesem Begriff des Gegenstandes verursacht. Und daraus müsse man entnehmen (dahin zielten die aufklärenden Reflexionen des Seminarleiters), wie Kant, sozusagen mit der Arglosigkeit des sicheren Überblicks über die ihm vorschwebende Komposition, jener sicheren Einsicht den Primat vor dem strengen Argumentieren gibt.[5] Er beugt sich nicht mehr sklavisch dem Schulzwang des Arguments, sondern setzt seine Begriffe oft mit jener Unbesorgtheit hin, die dem eigen ist, den seine klaren Einsichten so sicher gemacht haben, daß er für die Ratlosigkeit derer, die seine Gedanken ebenso einsichtig nachvollziehen, nicht zu fürchten braucht. Man könne daher Kant keinen Vorwurf machen, sondern solle die oft sonderbare Art seines Philosophierens erkennen und ihn richtig lesen lernen.

3. Vom Thema abgehend wurde nun über das Wesen von Gegenständlichkeit diskutiert. Kommt dem Gegenstand seine Auffaßbarkeit wie eine Eigenschaft zu? Ist die Auffaßbarkeit sein Wesen? Die Art, in der so gefragt wird, deutet auf eine außer-transzendentalistische Position, etwa eine identitätsphilosophische: Eine Auffaßbarkeit als Wesen des Gegenstandes setzt ein angemessenes Auffassen voraus, Sein zerfiele in die Möglichkeit, aufgefaßt zu werden und aufzufassen, und zwar so, daß beides lückenlos aufeinander abgestimmt ist, also sozusagen kein Rest von »transzendenter«, unauffaßbarer Gegenständlichkeit bleibt. – Oder ist Gegenständlichkeit produzierte Gegenständlichkeit und alles Sein erst durch den Erscheinungen produzierenden Intellekt? – Oder schließlich – und das ist die weder identitätsphilosophische noch solipsistische Auffassung Kants –: alle Gegenständlichkeit ist Folge einer gewissermaßen die Oberfläche (einer sonst un-

---

4 Konjiziert für: »Vorschreitens«.
5 An dieser Stelle setzt der Verfasser eine Marginalie an den Text: »Die Position Kants ist nicht die eindeutig transzendentalistische. Man muß einen Blick gewinnen für die Doppeldeutigkeit der Kantischen Position, der letztlich doch davon überzeugt ist, daß das Subjekt *nicht das letzte* ist.«

erklärten, irreduziblen Materie) gestaltenden, kategorial formenden Kraft, der des Verstandes, wobei zu beachten ist, daß eine tiefe Kluft zwischen jener Materie an sich und dem ihr gegenüberstehenden Intellekt ist, dessen schwaches kategoriales Werkzeug nur einen geringen Teil von ihr bearbeiten, nie aber in ihr Wesen dringen kann. Diese Materie steht so weit außerhalb jeder Möglichkeit eines Ergriffenwerdens vom Verstand, daß bloß jedes Sprechen von Materie, jedes Fixieren dieses Etwas schon problematisch-dogmatischen Charakter hat und sehr leicht dazu verleiten kann, eine Rechtfertigung, eine Erklärung der Materie gewissermaßen ganz unbewußt zu versuchen. Man bediente sich dabei eines erschlichenen Monismus, den der strenge Dualismus Kants aufs entschiedenste verbietet. Man darf auch nicht dadurch zu jenem Irrtum verleitet werden, daß man den Begriff der Materie als der Kantischen universal-apriorischen Konzeption angehörig betrachtet. Wohl setzt alle Erfahrung, jedes synthetische Urteil bereits das Apriori der Verstandesfunktionen voraus, nicht aber der Begriff der Materie, indem an sie überhaupt keine Erfahrung heranreichen kann; weshalb wir uns mit Recht wundern können, woher wir ihn überhaupt haben.

4. Ist, so wurde weiter gefragt, die »transzendentale Synthesis«, daß jener Vorgang, der unter der Obhut der Einheit des Bewußtseins sich ereignend, das eindeutige, einheitliche Phänomen aus den apriorischen Kategorien entstehen läßt, nicht Ausdruck dialektischer Bewegung, oder setzt sie nicht Dialektik voraus? – Da, wurde geantwortet, alle Synthesis, wenn sie Objekte hervorbringen soll, ohne Materie nicht zu denken ist; Materie aber ein schlechthin Irreduzibles ist und mit dem Verstand nichts zu tun haben kann und da alle Dialektik eine Bewegung von Begriffen, also etwas Verstandhaftem ist[6] und höchstens in der Konzeption einer panlogischen Philosophie eine Anwendung auf material-existente Phänomene außer auf Begriffe haben kann; deshalb kann dem Vorgang einer transzendentalen Synthesis keine Dialektik zugrunde liegen, weil die Konzeption einer transzendentalkritischen Philosophie jede erklärende Anwendung des Verstandes auf die transzendente Materie verbietet, mithin also eine dialektische Interpretation der an ihr sich vollziehenden Synthesis.

5. Wie ist aber trotz alledem, so wurde weiter gezweifelt, so etwas wie eine Deduktion reiner Verstandesbegriffe und einer mit ihnen vollzogenen Synthesis überhaupt möglich, wenn nicht auf Grund einer schon im Motiv des Deduzierenwollens verborgenen Dialektik? – Was in der Diskussion ungesagt blieb, wahrscheinlich aber gemeint wurde, ist vielleicht das: Könnte man sich nicht einen Gegenstand präphilosophischer Dialektik denken, das meint etwa den

---

6 An dieser Stelle findet sich eine weitere Marginalie: »d. h. einen Materialismus (dialektischen) ob ovo für unmöglich zu erklären.«

Zustand, in dem ein Denker sich befindet, ehe er an die definierende Fixierung in ihm sich bewegender Denkvorgänge geht; wo gewissermaßen ein unfixiertes, ursprünglich bewegliches Spiel denkbarer oder sogar mit dem Sein unmittelbar korrespondierender, also mehr gefühlter Auslegungsweisen oder Auslegungsmöglichkeiten des Seins erfolgt. Und könnte es nicht so sein, daß der Denker bloß dadurch, daß er eine der in ihm spielenden Möglichkeiten ergreift, oder dadurch, daß ihn besonderer Umstand zu dieser Entscheidung zwang (seine Veranlagung, so und so zu denken, oder sein Temperament), sich im gleichen Augenblick auf einem Wege festgelegt findet, von dem er so leicht nicht wieder abgehen kann, weil er sich der Mittel, die ihm die Fixierung der Gedanken gestatten (die Sprache, die logischen Prinzipien), anbequemen muß und weil ihn seine Beschaffenheit nicht anders vorgehen läßt, wozu noch seine Energie hinzutritt, die er aufwenden muß, um überhaupt zum Ziele eines festgefügten, einmal beabsichtigten Systems zu gelangen. Kaum würde er, so wie der philosophische Leser sich viele philosophische Systeme aneignen kann, auch nur einige wenige geschlossene Systeme liefern können; obwohl in ihm, ebenso wie im Leser, in jedem denkenden Menschen, jenes philosophische dialektische Spiel möglicher Seinsauffassungen geschieht; welches im Falle des philosophischen Lesers sich ohne weiteres an die ihm dargebotenen Systeme anpassen und zu einem erstaunlichen Grade der Verwirklichung von universaler Philosophie gelangen kann. Nie aber kann der Philosoph, der nicht in der Lage des Reproduzierens, sondern des Produzierens ist, zu einem ähnlichen Ergebnis kommen: Dem einen Leser, der in allen Systemen beschlagen ist, stehen hunderte von Philosophen als deren Schöpfer gegenüber. Und jeder dieser Philosophen mußte auf alle in ihm spielenden Möglichkeiten verzichten zugunsten einer einzigen, die dann allerdings Philosophie werden durfte. – An diese Erwägung kann man folgendes anknüpfen: Habe ich den streng deduzierten Abschnitt irgendeines Systems vor mir, dann kann ich, wenn ich die Deduktion ihrer Strenge angemessen nachvollziehe, zu keiner Skepsis kommen, an keine präphilosophische Dialektik denken, die jener Deduktion vorausgehen könne. Bin ich dagegen skeptisch, nehme ich ein unfixiertes Spiel von Gedanken vor der Entscheidung des Denkers, einen einzigen von ihnen deduktiv zu behandelnden, an, dann kann diese Deduktion nicht ebenso allgemein wahr sein, wie sie absolut wahr im Rahmen ihrer einmal entschiedenen Möglichkeit ist. Denn jenes präphilosophische oder prädeduktive Spiel möglicher Gedanken darf trotz seiner Nichtfixiertheit, die keineswegs seine Nichtexistenz bedeuten muß, größeren Anspruch auf allgemeine Wahrheit erheben. – Die Frage ist, ob diese Nichtfixiertheit (dessen, was im Denker vor dem Entschluß zur Deduktion vorgeht) in der Sphäre des Denkers eine Nichtfixiertheit bleiben muß. Wahrscheinlich kann die prädeduktive Dialektik nur im Leser philosophischer Systeme zu einem gewissen Grad der Fixiertheit gelangen, selbstverständlich in einem Bereich des unmittelbaren, erlebenden Festhaltens von philosophischen Gedanken. Im Bereich mittelbaren und deskriptiven Festhaltens, im Bereich des geschichtlichen Ablaufs von Philosophie selbst gelangt diese Dialektik in einen ganz anderen, einen stabileren Modus. Man könnte sie interphilosophische Dialektik nennen. Als ursprüngliche, noch nicht beschriebene interphilosophische Dialektik vollzieht sie sich in Gestalt des Für- und Gegeneinander der einzelnen philosophischen Systeme selbst, d. h. im Feld der Geschichte. – Es ist erklärlich, wenn an einer Deduktion, die ihren irgendwie gearteten Zusammenhang mit Dialektik leugnet, freilich nötigerweise unfreiwillig leugnen muß, gezweifelt wird, weil nämlich durch einen aufgedeckten Zusammenhang ihr minderer Wahrheitsanspruch ans Licht käme zugunsten des größeren Wahrheitsanspruchs, den eine prädeduktive Dialektik erheben dürfte. –

6. In einem folgenden Satz schreibt Kant von der »Logik der Wahrheit«, welche die transzendente Analytik sein solle.[7] Diese Wendung ist nicht so tiefsinnig gemeint, wie man annehmen möchte, sondern drückt einfach den Gegensatz zur »Logik des Scheins« aus;[8] Gegenüberstellungen, die sich aus der Vorliebe Kants zur Symmetrie und Architektonik erklären. Wenn man die Logik der Wahrheit anwendet, dann entstehen wahre Urteile; Logik des Scheins, angewendet, hat Urteile über Dinge zur Folge, die es gar nicht gibt: Die Grundsätze des reinen Verstandes würden über die Erfahrung hinausgehend angewendet. – Wenn es nun von der Anwendung jener Logik des Scheins heißt: »Sie locke an und

---

[7] »Der Teil der transzendentalen Logik also, der die Elemente der reinen Verstandeserkenntnis vorträgt, und die Prinzipien, ohne welche überall kein Gegenstand gedacht werden kann, ist die transzendentale Analytik, und zugleich eine Logik der Wahrheit.« (Ebd., S. 105 f. [B 87; A 62 f.])
[8] »So verschieden auch die Bedeutung ist, in der die Alten dieser Benennung einer Wissenschaft oder Kunst sich bedienten, so kann man doch aus dem wirklichen Gebrauche derselben sicher abnehmen, daß sie bei ihnen nichts anders war, als die *Logik des Scheins*. Eine sophistische Kunst, seiner Unwissenheit, ja auch seinen vorsätzlichen Blendwerken den Anstrich der Wahrheit zu geben, daß man die Methode der Gründlichkeit, welche die Logik überhaupt vorschreibt, nachahmete, und ihre Topik zu Beschönigung jedes leeren Vorgebens benutzte. Nun kann man es als eine sichere und brauchbare Warnung anmerken: daß die allgemeine Logik, *als Organon betrachtet*, jederzeit eine Logik des Scheins, d. i. dialektisch sei. Denn da sie uns gar nichts über den Inhalt der Erkenntnis lehrt, sondern nur bloß die formalen Bedingungen der Übereinstimmung mit dem Verstande, welche übrigens in Ansehung der Gegenstände gänzlich gleichgültig sein: so muß die Zumutung, sich derselben als eines Werkzeugs (Organon) zu gebrauchen, um seine Kenntnisse, wenigstens dem Vorgeben nach, auszubreiten und zu erweitern, auf nichts als Geschwätzigkeit hinauslaufen, alles, was man will, mit einigem Schein zu behaupten, oder auch nach Belieben anzufechten. [Absatz] Eine solche Unterweisung ist der Würde der Philosophie auf keine Weise gemäß. Um deswillen hat man diese Benennung der Dialektik lieber, als eine *Kritik des dialektischen Scheins*, der Logik beigezählt, und als eine solche wollen wir sie auch hier verstanden wissen.« (Ebd., S. 104 f. [B 85 f.; A 61 f.])

man werde zu ihr verleitet ...«⁹ (an anderer Stelle ist sogar von der Notwendigkeit des transzendentalen Scheins die Rede)¹⁰, dann sind wir hier auf Stellen in der »Kritik« gestoßen, wo die dialektischen Impulse Kants zum Ausdruck kommen. Interessant ist die Zwieschichtigkeit jener Impulse; das Denken Kants über Dialektik vollzieht sich in verschiedenen Tiefendimensionen und ist auf diese Weise selbst dialektisch. Einmal erscheint uns Kant als der dialektikverneinende Aufklärer, der den Unfug, den die über die Erfahrung hinausgehende Vernunft anrichtet, abstellen will; zum andern als Transzendentalkritiker, der die Unvermeidlichkeit von Illusionen erkennt, weil die Einsicht in die Konstitution des Verstandes ihm zeigt, daß dieser über die Erfahrung hinaus muß. Dabei verwickelt er sich allerdings in Widersprüche. Es kann sich dabei unmöglich noch um eitle Träume handeln, wo so offensichtliche Zusammenhänge mit dem Wesen der Wahrheit selbst bestehen. – Es ist ferner Ausdruck echten dialektischen Impulses, wenn Kant im letzten Satz der Einleitung von dem »Anspruch der Vernunft« (also etwas Berechtigtes!) auf Erfindung und Erweiterung des gleichwohl im selben Atemzug verdammten »metaphysischen Gaukelwerks« spricht.¹¹ Denn Kant weiß genau, daß die Vernunft mehr will, als das bloße Sich-Richten auf das, was ist, oder auf die exakte Analyse der Erkenntnisproduktion. Er kennt die Sehnsucht des »Transzendieren-Wollens«, die nicht wegdeduziert werden und dennoch angemessene Erfüllung finden kann. –

7. Durch die Analyse dieser dialektischen Impulse war die Diskussion zu einem gewissen Abschluß gelangt. Ihre Aufweisung bei Kant bedeutet einen weiteren Fortschritt in Richtung auf das Ziel des Seminars: die grundlegende Einsicht

---

9 »Weil es aber sehr anlockend und verleitend ist, sich dieser reinen Verstandeserkenntnisse und Grundsätze allein, und selbst über die Grenzen der Erfahrung hinaus, zu bedienen, welche doch einzig und allein uns die Materie (Objekte) an die Hand geben kann, worauf jene reine Verstandesbegriffe angewandt werden können: so gerät der Verstand in Gefahr, durch leere Vernünfteleien von den bloßen formalen Prinzipien des reinen Verstandes einen materialen Gebrauch zu machen, und über Gegenstände ohne Unterschied zu urteilen, die uns doch nicht gegeben sind, ja vielleicht auf keinerlei Weise gegeben werden können.« (Ebd., S. 106 [B 87 f.; A 63])
10 Vgl. den Abschnitt »Vom transzendentalen Schein«, ebd., S. 308–311 (B 349–355; A 293–298).
11 »Der zweite Teil der transzendentalen Logik muß also eine Kritik dieses dialektischen Scheines sein, und heißt transzendentale Dialektik, nicht als eine Kunst, dergleichen Schein dogmatisch zu erregen (eine leider sehr gangbare Kunst mannigfaltiger metaphysischer Gaukelwerke), sondern als eine Kritik des Verstandes und der Vernunft in Ansehung ihres hyperphysischen Gebrauchs, um den falschen Schein ihrer grundlosen Anmaßungen aufzudecken, und ihre Ansprüche auf Erfindung und Erweiterung, die sie bloß durch transzendentale Grundsätze zu erreichen vermeinet, zur bloßen Beurteilung und Verwahrung des reinen Verstandes vor sophistischem Blendwerke herabzusetzen.« (Ebd., S. 106 [B 88; A 63 f.])

in die Notwendigkeit von Dialektik und die Vorbereitung des Verständnisses für die großartige Konzeption der Dialektik als Methode selbst bei Hegel.

2 Horst Munz, 23. Januar 1950

Protokoll vom 23. Januar 1950

Gegenüber der Erkenntnis des aporetischen Charakters der Kantischen Begriffe hob Herr Professor Adorno zu Beginn der letzten Sitzung auch die Großartigkeit des Kantischen Versuchs hervor. Es verhält sich ja doch in der Kritik der reinen Vernunft nicht so, daß Kant die Überbrückung der Kluft zwischen entfremdetem Subjekt einerseits und verdinglichter Welt andererseits dadurch zu überbrücken sucht, daß er der Welt in der Form des Materials der Sinnlichkeit Zugeständnisse macht zu Lasten des denkenden Subjekts. Damit wäre die beiderseitige Entfremdung nur vertuscht. Vielmehr macht es gerade die Tiefe der Kantischen Philosophie aus, daß er bei der Konstituierung seines transzendentalen Subjekts auf eine Schicht zurückgreift, die vor der Unterscheidung von Ontischem und Bewußtseinsfaktizität liegt. Hierin steht er – rein methodisch gesehen – dem Heideggerschen Versuch einer Neubegründung der Ontologie sehr nahe. Nur kommt Kant, bedingt durch seine aporetische Ausgangssituation, zu der gleichsam ebenfalls aporetischen Aufgabe, seine Begriffe zwar für die Erfahrung zu konstituieren, ohne daß sie selbst aus der Erfahrung entwickelt werden dürfen. Da es aber auf der anderen Seite die Kritik selbst nicht erlaubt, jenen von ihr aufgedeckten kategorialen Begriffen eidetischen Gehalt zu geben, halten sie sich in einer eigentümlichen Schwebe zwischen eidetischer und faktischer Bedeutung.

Freilich bleibt bei der Beurteilung der Kantischen Philosophie zu beachten, daß Kant zwar mitten in der Kluft darinsteht und sie nach beiden Seiten zu überbrücken sucht, aber seine eigentliche Intention zunächst nur die Legitimierung der mathematischen Naturwissenschaften betrifft. Die Bezeichnung der Kantischen Begriffe als aporetische ergibt sich erst aus der geschichtsphilosophischen Interpretation. Wir haben uns das so zu erklären: Zu Kants geschichtlicher Stunde war die Entfremdung des Subjekts und die Verdinglichung der Welt ein gegebener Zustand. Indem nun Kant die philosophische Begründung der Naturwissenschaften in der ihm eigenen geschichtlich bedingten aufklärerischen Zuspitzung zu unternehmen versucht, umgreift er bewußt oder unbewußt die Problematik der Verdinglichung mit. Als ausdrückliches Thema jedoch spielt bei Kant die Verdinglichung nicht die Rolle wie in Hegels Jugendschriften. (Vgl. dazu Georg Lukács: Geschichte und Klassenbewußtsein.)[12]

---

12 Vgl. Georg Lukács, Geschichte und Klassenbewußtsein. Studien über marxistische Dialektik

Damit gingen wir zur Interpretation unseres Textes über. (Transzendentale Dialektik. Einleitung I)[13]

Denn wir haben es mit einer *natürlichen* und unvermeidlichen *Illusion* zu tun, die selbst auf subjektiven Grundsätzen beruht, und sie als objektive unterschiebt, anstatt daß die logische Dialektik in Auflösung der Trugschlüsse es nur mit einem Fehler, in Befolgung der Grundsätze, oder mit einem gekünstelten Scheine, in Nachahmung derselben, zu tun hat.[14]

Dieser Satz kann uns zeigen, daß wir es hier mit einer echten Dialektik und nicht der Kritik einer Eristik zu tun haben. Die Antinomien werden auf der einen Seite aufgelöst und bleiben dann doch andererseits stehen. Die mit dem Begriff »subjektiver Gegensatz« angerührte subjektive Sphäre hat hier nichts mit naiv-bürgerlichem Relativismus zu tun, sondern sie meint den durch das transzendentale Subjekt erschlossenen Bereich der Wahrheit. Dementsprechend hat hinsichtlich Kant auch der Begriff »objektiv« einen doppelten Sinn: 1. meint er die durch die Kritik hindurchgegangene und von ihr begrenzte Welt der Erfahrung; 2. das transzendente auf das Bewußtsein einwirkende Ding an sich. Eine Bestimmung im letzten Sinn beruht immer auf einer falschen Anwendung der subjektiven Prinzipien. Ihr angemaßter theoretischer Wahrheitsgehalt muß von der Kritik verneint werden.

Der Begriff Grundsatz bedeutet immer die Anwendung der Kategorien zur Bildung synthetischer Urteile.

Gegen die Adorno'sche Interpretation des eben zitierten Satzes als Beweis einer echten Dialektik wurde von verschiedenen Seiten Einspruch erhoben. Es ginge doch aus diesem Satz auch hervor, daß Kant die Dialektik als etwas Negatives, leider Unvermeidliches angesehen habe. Dazu stellte Herr. Prof. Adorno fest, daß Kant selbstverständlich keinen positiven Begriff von Dialektik gehabt habe, Dialektik ist für ihn ein Schimpfwort im Sinne von »Geschwätz«. Indem aber Kant den transzendentalen Schein der Dialektik eben als objektiv notwendig bezeichnet, wird ganz von selbst ein Übergang in der Bedeutung der Dialektik angebahnt. Wenn trotz der Auflösung der Schein immer weiterbesteht, dann dürfen wir die Dialektik nicht als Fehlerquelle nur vermeiden wollen, sondern die Erkenntnis muß sich durch diese Dialektik hindurch vollziehen. Wenn man sich

---

[1923], in: Georg Lukács, Werke, Bd. 2, Neuwied und Berlin 1968, S. 161–517, dort v. a. den Abschnitt »Die Verdinglichung und das Bewußtsein des Proletariats«, ebd., S. 257–397.
13 S. oben, Anm. 10.
14 KW, Bd. III, S. 311 (B 354; A 298).

schon eingesperrt findet in der Dialektik, dann muß man sie auch ernst nehmen, d. h., ich muß sie selbst interpretieren als Bedingung der Erkenntnis.

Dagegen wurde der Einwand erhoben, daß Erkenntnis durch bloße Dialektik nicht möglich sei. Erkenntnis sei zwar immer etwas auf den Begriff Gebrachtes, aber die Dialektik sei eine Erkenntnisart, die bloß aus den Begriffen Erkenntnis zu ziehen trachte. Man müßte doch auch vom Boden der kritischen Philosophie aus an Kant direkt die Wahrheitsfrage stellen können.

Es wurde darauf erwidert, daß wir auf dem Boden der idealistischen Problematik bleiben wollen. Wenn ich keine andere Möglichkeit habe zu denken als durch die Antinomien hindurch und ich erkenne, daß sie ein Trug sind, so besteht die Aufgabe der Philosophie darin, die Notwendigkeit dieses Scheins und die Tatsache, daß es ein bloßer Schein ist, zu vermitteln und so zur Wahrheit zu kommen. Es hat keinen Sinn, dogmatisch einen Begriff der philosophischen Wahrheit zu postulieren, wenn man vom idealistischen Boden aus einsieht, daß jeder Erkenntnisakt dieser Dialektik unterliegt. Im übrigen würde jenes Argument gegen die Dialektik als Operation mit bloßen Begriffen uns zu Hegel führen. Hegel läßt die Erkenntnis auch mit der sinnlichen Wahrnehmung anheben. Was betreffs der Sinnlichkeit bei Kant im gewissen Sinne naiv vorausgesetzt wird, zeigt Hegel als vermittelt. Die Behauptung also, Hegel vertrete ein ontologisches Denken nur aus Begriffen, ist der Hegelschen Dialektik nicht gewachsen. Dialektik ist der zu sich selbst gekommene Kant. Hegel würde wohl niemals behauptet haben, daß er kein Kantianer gewesen sei. Hegel ist hinsichtlich der Formulierung seiner Philosophie verschiedene Wege gegangen. Die Phänomenologie geht von der Erscheinung aus. Die große Logik geht vom Begriff Sein aus.[15] Aber selbst in dieser Version – meinte Herr Prof. Adorno –, sei das Element der Bezogenheit auf Erscheinung, wenn auch verborgen, noch da.

Die auseinandergehenden Meinungen kamen insofern zu einer Übereinstimmung, als man in der Dialektik die Paßhöhe der Kritik erreicht sah. Gegen seinen

---

15 »Soll aber keine Voraussetzung gemacht, der Anfang selbst unmittelbar genommen werden, so bestimmt er sich nur dadurch, daß es der Anfang der Logik, des Denkens für sich, sein soll. Nur der Entschluß, den man auch für eine Willkür ansehen kann, nämlich daß man das Denken als solches betrachten wolle, ist vorhanden. So muß der Anfang absoluter oder, was hier gleichbedeutend ist, abstrakter Anfang sein; er darf so nichts voraussetzen, muß durch nichts vermittelt sein noch einen Grund haben; er soll vielmehr selbst Grund der ganzen Wissenschaft sein. Er muß daher schlechthin ein Unmittelbares sein oder vielmehr nur das Unmittelbare selbst. Wie er nicht gegen Anderes eine Bestimmung haben kann, so kann er auch keine in sich, keinen Inhalt enthalten, denn dergleichen wäre Unterscheidung und Beziehung von Verschiedenem aufeinander, somit eine Vermittlung. Der Anfang ist also das reine Sein.« (HW, Bd. 5, S. 68 f.)

eigenen Willen ist hier Kant bis an die Schwelle des Übergangs herangetreten. Obwohl seine Philosophie nicht dialektisch gemeint war, trieb Kant ein unvermeidlicher Zwang, gleichsam mit verbundenen Augen über seine eigene Position hinauszugehen.

Der nächstfolgende Satz[16] trieb jedoch wiederum von einer anderen Seite die Opposition auf den Plan. Besonders jener Passus, daß trotz Aufdeckung der Dialektik das Blendwerk dennoch nicht aufhören würde, der Vernunft vorzugaukeln und sie unablässig in augenblickliche Verwirrungen stoße, die jederzeit gehoben zu werden bedürften, gab neue Anhaltspunkte für Bedenken, die sich etwa folgendermaßen zusammenfassen lassen: Jene augenblicklichen Verwirrungen scheinen hinzuweisen auf eine Zweiteilung des Menschen in den Philosophen, der den Schein aufdeckt, und in den alltäglichen Menschen, der dem Schein wieder verfällt, beide Möglichkeiten [sind] in einem Subjekt vereinigt. Mit anderen Worten: Auch der unkritische Menschenverstand sei für Kant ein konstituierendes Moment.

Die Hegelianer versuchten diesen Einwand zu entkräften, was jedoch nicht ohne das Zugeständnis abging, Kant sei in jenem Satz eine unglückliche Formulierung unterlaufen hinsichtlich der »augenblicklichen« Verirrungen, die »Jederzeit« behoben werden müßten. Würde man Kant hier beim Wort nehmen, dann würde man ihn doch zu harmlos interpretieren. Wenn es Kant nur darum gegangen wäre, zu zeigen, daß der Alltagsmensch immer wieder darauf verfalle, über die Grenzen des theoretischen Vernunftgebrauches hinauszugehen, und dann jedesmal ein Studierter kommen müsse, der ihm das ausredet, wenn Kant nur das hätte aufzeigen wollen, dann hätte es doch der gewaltigen philosophischen Anstrengung nicht bedurft. Die Kritik wolle nicht gleichsam wohlwollend-mitleidig einen Resort für den Alltagsmenschen stehen lassen, so wie etwa das 19. Jahrhundert den Begriff Gottes als indifferentes Kulturgut noch stehen lassen

---

[16] »Es gibt also eine natürliche und unvermeidliche Dialektik der reinen Vernunft, nicht eine, in die sich etwa ein Stümper, durch Mangel an Kenntnissen, selbst verwickelt, oder die irgend ein Sophist, um vernünftige Leute zu verwirren, künstlich ersonnen hat, sondern die der menschlichen Vernunft unhintertreiblich anhängt, und selbst, nachdem wir ihr Blendwerk aufgedeckt haben, dennoch nicht aufhören wird, ihr vorzugaukeln, und sie unablässig in augenblickliche Verirrungen zu stoßen, die jederzeit gehoben zu werden bedürfen.« (KW, Bd. III, S. 311 [B 354 f.; A 298])

wollte. Kant tritt mit dem Anspruch auf, die Welt überhaupt geistig neu zu begründen, nur das kann er mit der kopernikanischen Wende meinen.[17]

Den Hinweisen, daß wir ja gerade trotz der kopernikanischen Wende die Sonne im Auf- und Untergang sich um die Erde drehen sehen, nahm Herr Prof. Adorno in seine Argumentation auf, indem er behauptete, daß das Wissen um eine Sache seiner Überzeugung nach schließlich auch zu einer anderen Erfahrung der Sache führen werde. Wenn man Kant nicht zugesteht, daß er im selben Sinne das Alltagsbewußtsein durch besseres Wissen überwinden wollte, wenn er es also bei der empirischen Trennung von philosophischem und Alltagsbewußtsein habe belassen wollen, dann käme Kant mit seiner Dialektik – freilich überspitzt formuliert – in Konflikt mit dem Satz des Widerspruchs, nämlich: daß etwas zugleich sein und nicht sein kann.

Ein Argument gab Herr Prof. Adorno jedoch seinen Antagonisten voraus: Bei Kants Philosophie liegt in gewissem Sinne eine Art von Anthropologie vor, nicht in dem modernen Sinne, daß der menschliche Geist empirisch beschrieben wird, aber doch insofern, daß Kant den Geist als eine Art Naturgegebenheit analysiert. Schlicht gesagt: daß der menschliche Verstand nun einmal nicht anders funktionieren kann, als er eben funktioniert. Das Problem liegt dann nicht so sehr bei der Unterscheidung eines vor- und nachkritischen Bewußtseins, als vielmehr im Unterschied der empirischen Beschaffenheit des Geistes von dem transzendentalen Bewußtsein des Geistes von sich selber. Eine direkte Bestätigung dafür lasse sich jedoch nur aus den psychologischen Paralogismen herauslesen.[18] Dieses Argument wurde sofort aufgegriffen und dahin weitergedeutet, daß bei Kant in der Dialektik der menschliche Geist sich seiner Kontingenz bewußt wird. Das heißt – hier mit Vorbehalt gesagt –, daß der menschliche Geist in kreatürlicher Zufälligkeit der Dialektik ausgeliefert ist und nicht darüber hinaus kann. – Herr Prof. Adorno gab zu, daß wir hier an die letzten Grundfragen Kants herankommen. – Wenn es mir erlaubt ist, hier jene Bemerkung hinsichtlich der Kontingenz des Kantischen Begriffs vom menschlichen Geist zu unterstützen, so möchte ich darauf hinweisen, daß jene durch die Kontingenz bedingte Unvermitteltheit der Kantischen Dialektik meines Erachtens genau auch der Punkt ist, aus dem die radikale Trennung der theoretischen von der praktischen Vernunft erwächst und daß es eben jener Punkt auch ist, der Kant unerschütterlich darauf bestehen ließ, allen beteuernden Lockungen Fichtes zum Trotz sich nichts von der rein logischen

---

17 Kant selbst bezeichnet seinen Versuch einer wissenschaftlichen Grundlegung der Metaphysik nie als ›kopernikanische Wende‹. Dieser Ausdruck wird erst im Laufe der Rezeption der Schriften Kants geprägt.
18 Vgl. den Abschnitt »Von den Paralogismen der reinen Vernunft«, KW, Bd. IV, S. 341–399 (B 399–432; A 341–405).

Bedeutung der transzendentalen Apperzeption zugunsten einer ontologischen abhandeln zu lassen. In beiden Fällen wurde Kant eine Vermittlung seiner »Widersprüchlichkeiten« angeboten, der er jedoch strengste Absage erteilte.[19] –

Der nächste Satz unseres Textes veranlaßte uns zu einer Klärung der Begriffe Vernunft und Verstand.[20] Der Verstand ist das Vermögen der Regeln. Das heißt, mit Hilfe der Kategorien subsumiert und klassifiziert er das Material der Sinnlichkeit. Dem Begriff Regeln haftet die Beziehung zum Empirischen an. Der Verstand allein ist nicht in der Lage, synthetische Urteile zu beschaffen. Der Vernunft kommt das Vermögen der Prinzipien, oder auch Ideen genannt, zu. Diese sind nicht dem Inhalte, sondern nur der Form nach vom Verstande verschieden. Sie beziehen sich auf die Kategorien und fassen diese als Ganzes des Bewußtseins zusammen. Die Vollziehung dieser ihr zukommenden Funktion ist so möglich. Wenn die Vernunft dieser ihr zukommenden Funktion eingedenk bleibt und nicht selbst auf Erfahrung, die sich ihr als Dinge an sich bilden würde, hinausgreift, wenn also die Vernunft in den Grenzen ihres bloß regulativen Gebrauchs bleibt, dann ist sie das höchste, abschlußhafte Organon der Erkenntnis. Die Beziehung von Verstand und Vernunft spiegelt auch die Beziehung von Endlichkeit und Unendlichkeit wider. Bei Kant sind beide Bereiche endlich und unendlich gesetzt, aber nicht ist die Problematik dieser Setzung selbst gedacht. Letztlich scheint auch das ein Reflex des Kontingenzproblems zu sein. – Um aber diese Konsequenz noch in Richtung auf Hegel offen zu lassen, wies Herr Prof. Adorno am Schluß der Sitzung auf die Bedeutung der Spontaneität im Kantischen Vernunftbegriff. Neben ihrer bloß regulativen Tätigkeit brächte die Vernunft auch die Ordnung der Kategorien, auf die sie sich regulativ bezieht, selbst hervor.

Munz

---

[19] Im August 1799 gibt Kant eine öffentliche Erklärung ab, er halte »*Fichte's Wissenschaftslehre* für ein gänzlich unhaltbares System« hält (Immanuel Kant, Erklärung in Beziehung auf Fichtes Wissenschaftslehre, in: Kant's gesammelte Schriften, hrsg. von der Königlich Preußischen Akademie der Wissenschaften, Bd. XII, Berlin 1902, Seite 396 f.; hier: S. 396).
[20] »Alle unsere Erkenntnis hebt von den Sinnen an, geht von da zum Verstande, und endigt bei der Vernunft, über welche nichts Höheres in uns angetroffen wird, den Stoff der Anschauung zu bearbeiten und unter die höchste Einheit des Denkens zu bringen.« (KW, Bd. III, S. 311 f. [A 298 f.; B 355])

3 Ingeborg Tausend, 6. Februar 1950

Protokoll vom 6.[21] *2. 1950.*

Herr Dr. Cramer fuhr fort in seinem Referat über die Mengenantinomien.[22] Im Anschluß an die Antinomie von Burali-Forti[23] entwickelte er die Russellsche Antinomie.[24]

Er definierte m* als die Menge aller Mengen, die sich nicht selbst als Element enthalten. Diese Menge ist aber ein in sich paradoxes Gebilde, denn m* enthält sich selbst als Element, was seiner Definition widerspricht.[25]

Die zweite Antinomie lasse ich aus auf Wunsch von Herrn Dr. Cramer.

Russell glaubte zeigen zu können, daß alle diese Antinomien einem fehlerhaften Zirkel entspringen, der aus der Annahme entsteht, daß eine Menge von Gegenständen Elemente enthalten könne, die nur vermittels der Menge als Ganzer definiert werden können. Dagegen sagt Russell: »Was immer alle Elemente einer Menge voraussetzt, darf nicht ein Element der Menge sein.« Oder umgekehrt: »Wenn eine gewisse Menge unter der Voraussetzung, sie bilde eine Gesamtheit, Elemente enthielte, die nur in Termen dieser Gesamtheit definierbar sind, dann bildet diese Vielheit keine Gesamtheit.« Dies nennt er das Zirkelfehlerprinzip.

Das gemeinsame Kennzeichen der vorgenannten Antinomien bezeichnet Russell als Selbstbeziehung oder Rückbeziehung. Dieser Selbstbezug war für uns leichter erkennbar in dem Satz: »Dieser Satz ist falsch«. Ist dieser Satz falsch, so ist er richtig, und ist er richtig, so ist er falsch. »Dieser Satz« meint etwas von diesem Satz verschiedenes. Das νόημα des Satzes widerspricht seiner grammatischen Konfiguration.

Die Zirkeltrugschlüsse, die den obigen Antinomien zugrunde liegen, will Russell ausschließen durch die von ihm konstruierte Typentheorie.[26] Bei kategorialen Aussagen über Klassen von Sätzen ist nach Russell zu scheiden zwischen Wahrheit beziehungsweise Falschheit einzelner Sätze und der Wahrheit bezie-

---

21 Korrigiert für: »5.«.
22 Wolfgang Cramer wird 1932 mit der Schrift »Die Reziprozitätsformel für Gaußsche Summen in reell quadratischen Zahlkörpern« in Breslau (heute: Wrocław) promoviert. – Ein entsprechender Referatstext konnte nicht aufgefunden werden.
23 Cesare Burali-Forti beschreibt 1897 die Antinomie der größten Ordinalzahl.
24 Zur Antinomie der irreflexiven Klassen vgl. Bertrand Russell, The Principles of Mathematics [1903], 8. Aufl., London 1964, S. 523–528.
25 Zu den hier folgenden Ausführungen vgl. den Abschnitt »The Contradiction«, ebd., S. 101–107.
26 Vgl. ebd., S. 528f.

hungsweise Falschheit des Satzes, der über jene einzelnen Sätze eine allgemeine Aussage trifft.

Aber Herr Dr. Cramer wandte ein, daß die Typentheorie der Struktur der natürlichen Zahlenreihe nicht gerecht werde, denn bei der Reihe der natürlichen Zahlen wird jedes Element mit Bezug auf alle definiert und es wird nicht von Klassen ausgegangen.

Zur Erklärung führte Herr Dr. Cramer die aristotelische Unterscheidung des potentiell und aktuell Unendlichen ein.[27] Die natürliche Zahlenreihe ist ein potentiell Unendliches, d. h. nichts Gegebenes oder Fertiges im Gegensatz zum aktuell Unendlichen, einem in sich abgeschlossenen Gebilde. Allerdings hat jede Zahl einen Nachfolger, aber die natürliche Zahlenreihe ist nicht ein Prozeß des Werdens im Sinne eines zeitlichen Prozesses. Die natürliche Zahlenreihe kommt nicht durch Zählen zustande. Mathematik ist überhaupt nur möglich, wenn man eine beliebige Zahl als setzbares Gebilde denkt, was die Zahlenreihe als System voraussetzt. (Völlige Induktion.)

Während in den Naturwissenschaften der Gegenstand in Frage steht, d. h. gesucht wird, ist der Gegenstand in der Mathematik das Produkt der Methode. In den Axiomen der Mathematik fallen Setzung und Geltung zusammen. Das mathematische Axiom ist ein Prinzip des Gebens von Gegenständen.

Bei der natürlichen Zahlenreihe ist das Unendliche das Gesetz des Erzeugens möglicher Vereinzelung, es ist die Anweisung des Verfahrens. Zwischen eins und zwei besteht also kein Bedingungsverhältnis. Mathematische Zeichen sind Symbole. Sie haben eine den Gegenstand konstituierende Funktion. Das Vereinzelte ist in seiner Vereinzelung nur gebbar in räumlicher und zeitlicher Abgrenzung. Um von dem System der Zahlenreihe zu einem einzelnen Glied zu gelangen, bedarf es eines Mittels, das räumliche und zeitliche Abgrenzung gegenüber den übrigen Elementen des Systems gewährleistet. Dies ist die Funktion des mathematischen Zeichens, das so nicht bloß Zeichen, sondern Symbol ist, das eine den Gegenstand konstituierende Funktion besitzt. Das mathematische Symbol ist nicht vorhanden, sondern bezeichnet nur die Möglichkeit der Vereinzelung.

Russell wird der Struktur der natürlichen Zahlenreihe nicht gerecht in seiner Definition des Zirkelfehlerprinzips, denn ein mathematisches System entspricht nicht dem, was er Gesamtheit nennt. In einem mathematischen System ist ein setzbares Einzelnes definiert durch die Möglichkeit auf alles.

---

27 Eine aktuale Unendlichkeit, in der eine Menge unendlich viele Objekte enthält, weist Aristoteles als unmöglich zurück. Eine potentielle Unendlichkeit, also die Möglichkeit einer eine Menge unendlich vieler Objekte, lässt er hingegen zu (vgl. Aristoteles, Physik, übers. von Hans Günter Zekl, in: Aristoteles, Philosophische Schriften in sechs Bänden, Bd. 6, Hamburg 1995, S. 1– 258; hier: S. 69–71 [207a]).

Herr Professor Adorno empfahl zu überlegen, wieweit es des Verständnisses der Mengenantinomien bedarf zum Verständnis der Kantschen Antinomien.

Ingeborg Tausend.[28]

---

[28] Unterschrift.

4 Dietlinde Eymann, 13. Februar 1950

Dietlinde Eymann

Protokoll.

Die letzte Seminarsitzung (13. 2. 50) begann mit einer nochmaligen Diskussion über die Bedeutung des Symbols in der Mathematik. Es ergab sich dabei, daß das Symbol in der Mathematik ein Ganzes setzbarer Einzelheiten bedeutet. Das will sagen, daß es Symbol für Gegenstände der Mathematik ist. Zugleich ist es aber als methodisch Gesetztes selbst *auch* Gegenstand der Mathematik. Damit erschöpft sich aber die Bedeutung des Symbols noch nicht. Es ist in einem erkenntnistheoretischen Sinn auch zugleich Symbol für die im Geistigen schöpferische Methode der Mathematik, weil es als Gesetztes Zeuge der Totalität des gesamten Strukturzusammenhanges von Mathematik überhaupt ist. Herr Dr. Cramer gab im Anschluß daran noch eine mathematische Auflösung der mengentheoretischen Antinomie des aktuell Unendlichen. Diese Auflösung läuft im Wesentlichen darauf hinaus, daß man das Unendliche nicht als Vereinzeltes, also aktuell, sondern nur symbolisch, d. h. potentiell, setzen kann. Die Auflösung der Antinomie vollzieht sich dabei im einzelnen dadurch, daß zunächst die Beziehung des Vereinzelten als Zahl – etwa der Zahl n – zur Zahl 1 als notwendig korrelativ erkannt wird. Daher besteht zwischen allen Vereinzelungen als Zahlen eine Beziehung vom Charakter der Doppelsinnigkeit. Das heißt, jede endliche Zahl ist auf jede andere endliche bezogen.

Diese Doppelsinnigkeit liegt bei der transfiniten Zahl ω deshalb nicht mehr vor, weil zwar durch jede eindeutig bestimmbare Zahl die transfinite Zahl ω bestimmt ist, aber nicht umgekehrt durch ω die endliche Zahl bestimmt ist.[29] Es liegt also hier nur eine einsinnige Beziehung vor. Die Antinomie des Unendlichen beruht deshalb nach Herr Dr. Cramers Auffassung auf einem aufweisbaren Fehler. Man kann das Unendliche immer nur als Symbol verwenden und nicht als Vereinzeltes, als Zahl. Tut man das, dann begeht man einen Fehler und kommt zu der Antinomie des Unendlichen.

Durch diese Ausführungen sollten aber die kosmologischen Antinomien[30] nicht berührt werden.

---

29 Vgl. den Abschnitt »Transfinite ordinals«, in: Russell, The Principles of Mathematics, a. a. O. (s. Anm. 24), S. 316–329.
30 Vgl. KW, Bd. IV, S. 412–440 (B 454–498; A 426–461).

Im Anschluß daran wurde von Herrn Haag das Referat über die kosmologischen Antinomien bei Kant vorgetragen.[31]

---

[31] Der entsprechende Referatstext von Karl Heinz Haag wurde nicht aufgefunden.

Sommersemester 1950:
Dialektik. Vorrede und Einleitung
zur »Phänomenologie des Geistes«

Philosophisches Hauptseminar mit Max Horkheimer

In diesem Semester gibt Adorno zudem die philosophischen Übungen »Probleme der neuen Musik«

Das Seminar findet donnerstags statt

5–9 Archivzentrum Na 1, 882

5 Albrecht, 11. Mai 1950

Protokoll[1]. 11. Mai.

Hegel beginnt die Vorrede zur »Phänomenologie des Geistes« damit, auseinanderzusetzen, warum für ein philosophisches Werk eine Vorrede eigentlich »überflüssig, unpassend und zweckwidrig« sei.[2] Der Sinn einer Vorrede in anderen als philosophischen Schriften ist, den Zweck dieser Schrift und ihr Verhältnis zu anderen Behandlungen desselben Gegenstandes darzulegen. Hegel unterscheidet zwischen der Philosophie und den Einzelwissenschaften. Allgemeines und Besonderes stehen in den Einzelwissenschaften in einem anderen Verhältnis zueinander als bei der Philosophie. Wer eine im Allgemeinen bleibende Vorrede einer Einzelwissenschaft gelesen hat, in der Zweck und Resultat genannt worden sind, glaubt doch noch nicht, die Sache selbst zu besitzen. Wenn z. B. von der Anatomie gesagt wird, sie sei »die Kenntnis der Teile des Körpers nach ihrem unlebendigen Dasein betrachtet«, so glaubt niemand, dann schon zu erkennen, was Anatomie sei.[3] Man weiß vielmehr, daß man sich um das *Besondere* bemühen muß. Die Begriffe als das Allgemeine einer Einzelwissenschaft sind Abstraktionen ihres Inhalts. Solche Abstraktionen sind notwendig für wissenschaftliche Forschung. Die Begriffe der Einzelwissenschaften sind also Instrumente.

Wer dagegen eine im Allgemeinen bleibende Vorrede eines philosophischen Werkes liest, kann sehr wohl der Meinung unterliegen, er kenne damit die Sache selbst. Denn die Philosophie, so sagt Hegel, ist »wesentlich im Elemente der Allgemeinheit, die das Besondere in sich schließt.«[4] Die Begriffe als das Allge-

---

1 Die Vorlage ist handschriftlich verfasst.
2 Die Vorrede der »Phänomenologie des Geistes« [1807] beginnt mit dem Satz: »Eine Erklärung, wie sie einer Schrift in einer Vorrede nach der Gewohnheit vorausgeschickt wird – über den Zweck, den der Verfasser sich in ihr vorgesetzt, sowie über die Veranlassungen und das Verhältnis, worin er sie zu anderen früheren oder gleichzeitigen Behandlungen desselben Gegenstandes zu stehen glaubt –, scheint bei einer philosophischen Schrift nicht nur überflüssig, sondern um der Natur der Sache willen sogar unpassend und zweckwidrig zu sein.« (HW, Bd. 3, S. 11)
3 »In der allgemeinen Vorstellung hingegen, was z. B. Anatomie sei, etwa die Kenntnis der Teile des Körpers nach ihrem unlebendigen Dasein betrachtet, ist man überzeugt, die Sache selbst, den Inhalt dieser Wissenschaft, noch nicht zu besitzen, sondern außerdem um das Besondere sich bemühen zu müssen.« (Ebd.)
4 »Auch weil die Philosophie wesentlich im Elemente der Allgemeinheit ist, die das Besondere in sich schließt, so findet bei ihr mehr als bei anderen Wissenschaften der Schein statt, als ob in dem

meine der Philosophie sind aber nicht Instrumente, sondern ihr eigentlicher Inhalt. So kann, wer ihre Begriffe kennt, glauben, damit die philosophische Wahrheit schon zu haben. Gegen diese Meinung über das, was Philosophie sei, will Hegel sich ausdrücklich verwahren.

Soweit scheinen die Einzelwissenschaften gegenüber der Philosophie einen Vorzug zu haben: man kann nicht im Allgemeinen bleiben, sondern jeder sieht ein, daß man sich um das Besondere bemühen muß.

Es fragt sich jedoch, ob man bei den Einzelwissenschaften überhaupt sinnvoll vom Allgemeinen reden kann. Eine Fülle von Kenntnissen mache die Einzelwissenschaften aus, sie sind aber eigentlich begriffslose Wissenschaften. Auch wenn man über ihre allgemeinen Zwecke reden will, kommt man deshalb über historische und begriffslose Darstellungen nicht hinaus. Wenn man sich dagegen in der Philosophie dieser nun historischen und begriffslosen Redeweise bedienen wollte, so würde klar, daß man ihre Wahrheit damit nicht fassen kann.

Hegel verwahrt sich also gegen zweierlei: 1. dagegen, die auf Begriffe gebrachten Resultate der Philosophie für die philosophische Wahrheit selbst zu halten, 2. dagegen, die begriffslose Darstellungsweise in der Philosophie anzuwenden.

Auch der Versuch, das Verhältnis eines philosophischen Werkes zu anderen über denselben Gegenstand zu bestimmen, ist zweifelhaft. Wer es versucht, äußert im allgemeinen damit zugleich eine feste Meinung darüber, was wahr und was falsch sei, welchem philosophischen System er zustimmt, welches er ablehnt. Die Verschiedenheit der philosophischen Systeme muß aber, sagt Hegel, als »fortschreitende Entwicklung der Wahrheit«[5] begriffen werden. Hegel vergleicht die fortschreitende Entwicklung der Wahrheit mit der Entwicklung der Blüten einer Frucht. Knospe, Blüte, Frucht unterscheiden sich und verdrängen sich als unverträglich miteinander, jedoch sind sie Momente einer organischen Einheit, worin ein Moment so *notwendig* wie das andere ist.[6] Das bedeutet: Man kann nicht

---

Zwecke oder den letzten Resultaten die Sache selbst und sogar in ihrem vollkommenen Wesen ausgedrückt wäre, gegen welches die Ausführung eigentlich das Unwesentliche sei.« (Ebd.)

5 »So fest der Meinung der Gegensatz des Wahren und des Falschen wird, so pflegt sie auch entweder Beistimmung oder Widerspruch gegen ein vorhandenes philosophisches System zu erwarten und in einer Erklärung über ein solches nur entweder das eine oder das andere zu sehen. Sie begreift die Verschiedenheit philosophischer Systeme nicht so sehr als die fortschreitende Entwicklung der Wahrheit, als sie in der Verschiedenheit nur den Widerspruch sieht.« (Ebd., S. 12)

6 »Die Knospe verschwindet in dem Hervorbrechen der Blüte, und man könnte sagen, daß jene von dieser widerlegt wird; ebenso wird durch die Frucht die Blüte für ein falsches Dasein der Pflanze erklärt, und als ihre Wahrheit tritt jene an die Stelle von dieser. Diese Formen unterscheiden sich nicht nur, sondern verdrängen sich auch als unverträglich miteinander. Aber ihre flüssige Natur macht sie zugleich zu Momenten der organischen Einheit, worin sie sich nicht nur

eines dieser Momente abstrakt, d. h. isoliert sehen, sondern wer die Knospe sehen und verstehen will, muß ihre Entwicklung zur Frucht mitsehen, nur vom Ganzen her wird der Teil sinnvoll.

Angesichts dieses Vergleichs erheben sich folgende Fragen:

1. Hegel nennt die Entwicklung von der Blüte zur Frucht *notwendig*. Was heißt hier »notwendig«? Offenbar nur, daß wir uns die Entwicklung nicht anderes vorstellen können, weil wir *aus der Erfahrung* wissen, daß sie sich immer auf dieselbe Weise vollzieht. Die Entwicklung der Knospe zur Frucht hat keine logische Notwendigkeit.

Der Begriff der Notwendigkeit kann aber, wenn wir von der Entwicklung der philosophischen Wahrheit sprechen, *nicht* aus der Erfahrung gewonnen werden. Wie läßt sich beides vergleichen?

2. Die Entwicklung der Knospe zur Frucht können wir nur deshalb notwendig nennen, weil wir den ganzen Organismus kennen, sodaß wir von dem Ganzen her die Teile einzeln und in ihrem Zusammenhang betrachten können. Kennen wir aber in derselben Weise das Ganze der Wahrheit, sodaß wir von diesem Ganzen aus die Phasen der Entwicklung der Wahrheit »notwendig« nennen können?

---

nicht widerstreiten, sondern eins so notwendig als das andere ist, und diese gleiche Notwendigkeit macht erst das Leben des Ganzen aus.« (Ebd.)

6 Walter Friedländer, 25. Mai 1950

Protokoll vom 25. 5.

Aus der Diskussion im Anschluß an die Verlesung des letzten Protokolls[7] ergab sich die Alternative: Ist die Notwendigkeit der Entwicklung von der Blüte zur Frucht eine aus der Erfahrung geschöpfte, oder wird sie von dem Organismus der Pflanze her als notwendig betrachtet? Genauer besehen, steckt in dieser Gegenüberstellung der Unterschied zwischen physikalischer und organologischer Erklärungsweise.

Die physikalische Erklärung will alles aus den allgemeinsten Gesetzmäßigkeiten begründen, die organologische geht davon aus, daß ein Ereignis notwendig ist, weil es in einem bestimmten Organismus stattfinden soll. Mit dieser Möglichkeit gibt man sich aber nicht leicht zufrieden. Viel lieber strebt unser Erkenntnisvermögen danach, eine kausale Struktur als Erklärung einer Notwendigkeit zu erhalten. Jene organologische Erklärungsweise wird nun häufig an Hegel herangebracht oder aus ihm herausgelesen. Auf alle Fälle ist aber hierzu zunächst ein großes Maß von Skepsis notwendig. Solange wir nämlich im sprachlichen Bereich bleiben – und Philosophie ist immer im sprachlichen Bereich –, haben wir im Begriff der Knospe schon die ganze Pflanze als eine Art heimlicher Potenz. In Anbetracht dieses Sachverhaltes kann man die eingangs erwähnte Alternative auch so bezeichnen, daß wir es bei der physikalischen, auf Zusammenhänge gerichteten Erklärungsweise mit Herrschaftswissen, bei der organologischen mit »Texten« zu tun haben. Vom Geschichtspunkt des (sprachlichen) Begriffs aus ist daher auch alles wahr und anzuerkennen, was Hegel über organische Einheit sagt, wobei Knospe, Blüte, Frucht, eins so notwendig wie das andere ist.

Außerhalb des Sprachlichen scheint es sich aber nicht so zu verhalten. Jeder einzelne kann aus eigener Kindheit das Erlebnis haben, wie verschiedene Phasen eines Organismus, z. B. Raupe, Puppe, Schmetterling, als etwas Zufälliges, nur äußerlich Zusammenhängendes erfahren werden. Aber auf keinen Fall hat so eine Reihe den Charakter einer unmittelbaren Evidenz. Wenn man davon absieht, daß am Zustandekommen eines Phänomens das Wort selbst stark mitbeteiligt ist, so hat die Tatsache der Blüte nichts unmittelbar Einsichtiges für die ganze Pflanze, die dann als Hypostasierung zweckmäßiger Folgen erscheint. –

---

7 Ein Sitzungsprotokoll vom 18. Mai 1950 wurde nicht aufgefunden.

Aber wie dem auch sei, als Demonstration echter philosophischer Verfahrensweise, die Hegel gleich weiter unten darstellen will, hat jenes Beispiel von der flüssigen Natur der organischen Einheit volle Gültigkeit. Denn auf die Resultate für sich im einzelnen kommt es gar nicht an im Begreifen oder Darstellen der Philosophie. Die verschiedenen Momente eines philosophischen Systems sowie die Systeme untereinander werden erst im Zusammenhang wesentlich. Zusammen mit dem Werden macht das Resultat das wirkliche Ganze aus. Werden ohne Begriff, auf den es hinaussoll, ist bloße Triebhaftigkeit. Der Begriff fällt in diesem Falle andererseits als Leichnam heraus.[8]

Mit diesen programmatischen Gedanken drückt sich zugleich auch die Forderung nach einer adäquaten schriftstellerischen Leistung aus: Jeder Satz muß gleich nahe zum Mittelpunkt stehen.[9] Eine nicht zufällige Entsprechung zu diesem Programm läßt sich beim künstlerischen Schaffen Beethovens aufzeigen. Auch in einer Beethovenschen Sonate kommt es weder auf die abstrakte Setzung eines Themas noch auf bloße dynamische Durchführung allein an. Beide Komponenten durchdringen sich, und die Spannungen gelangen am Schluß in einem bestimmten Sinn zur Lösung, aber jede Stelle des Tonwerkes wird erst durch die vorangegangenen vorbereitet und verstanden.

---

8 »Denn die Sache ist nicht in ihrem *Zwecke* erschöpft, sondern in ihrer *Ausführung*, noch ist das *Resultat* das *wirkliche* Ganze, sondern es zusammen mit seinem Werden; der Zweck für sich ist das unlebendige Allgemeine, wie die Tendenz das bloße Treiben, das seiner Wirklichkeit noch entbehrt, und das nackte Resultat ist der Leichnam, der die Tendenz hinter sich gelassen.« (Ebd., S. 13)

9 In der Ästhetischen Theorie [1970] heißt es: *Der Tradition der Ästhetik, weithin auch der traditionellen Kunst gemäß war die Bestimmung der Totalität des Kunstwerks als eines Sinnzusammenhangs. Wechselwirkung von Ganzem und Teilen soll es derart als Sinnvolles prägen, daß dadurch der Inbegriff solchen Sinns koinzidiere mit dem metaphysischen Gehalt. Weil der Sinnzusammenhang durch die Relation der Momente, nicht atomistisch in irgendeiner sinnlichen Gegebenheit sich konstituiere, soll an ihm greifbar sein, was man mit Grund den Geist der Kunstwerke nennen könnte. Daß das Geistige eines Kunstwerks soviel sei wie die Konfiguration seiner Momente, besticht nicht bloß, sondern hat seine Wahrheit gegenüber jeglicher plumpen Verdinglichung oder Verstofflichung von Geist und Gehalt der Werke. Zu solchem Sinn trägt mittelbar oder unmittelbar alles Erscheinende bei, ohne daß notwendig alles Erscheinende das gleiche Gewicht haben müßte. Die Differenzierung der Gewichte war eines der wirksamsten Mittel zur Artikulation: etwa die Unterscheidung von thetischem Hauptereignis und Übergängen, überhaupt von Essentiellem und wie immer auch erforderten Akzidentien. Derlei Differenzierungen wurden in der traditionellen Kunst weithin von den Schemata dirigiert. Mit der Kritik an diesen werden sie fragwürdig: Kunst tendiert zu Verfahrensarten, in denen alles, was geschieht, gleich nah ist zum Mittelpunkt; wo alles Akzidentelle den Verdacht des überflüssig Ornamentalen erregt. Unter den Schwierigkeiten der Artikulation neuer Kunst ist das eine der erheblichsten.* (GS, Bd. 7, S. 228)

Freilich legt dieser musikalische Vergleich wiederum einen Einwand von der Philosophie selbst her sehr nahe. Wenn nämlich die Wahrheit im gleichen Sinne wie eine Symphonie eine in sich begründete Ganzheit ist, dann kann man mit der Wahrheit nichts anderes tun, als sie genauso bloß anzuschauen wie man eine Symphonie auch nur anhören kann, d. h., in dieser Version erscheint der Geist als in sich selbst befriedigt und nicht als über sich selbst hinausgehend. Und in der Tat klingt bei Hegel diese Tendenz stark mit den konservativen Zügen seiner Gesellschafts- und Geschichtsphilosophie zusammen. Dagegen muß aber doch stark der Unterschied zwischen Kunst und Philosophie geltend gemacht werden. Letztere steht im Begriff. Vom Begriff aber erwarten wir doch im Weitergehen der Weltgeschichte, daß er uns in diesem Flusse etwas helfen kann bei der Veränderung der geschichtlichen Zustände. Mit anderen Worten: Die philosophische Theorie darf nicht nur akzidentiell zur geschichtlichen Praxis stehen. Entgegen der im musikalischen Werk Beethovens selbst wirkenden Humanität, muß die Philosophie mit ihrem Begriff von Humanität direkte Stellung beziehen, sie soll unser Dasein aus einem chaotischen Zustand entwirren. In diesem Sinne hat das Gesamtwerk Hegels doch eine offenbare Tendenz, wenn auch der hier zur Interpretation stehende Abschnitt der Phänomenologie die Idealnorm der Philosophie der in sich gefügten Geschlossenheit eines Kunstwerkes ähnlich machen will.

Aber, abgesehen von dem Unterschiede, daß die Philosophie explicite sagen muß, was aus der Kunst herausinterpretiert werden kann, hat auch die künstlerische Humanität, der es nicht um deren Verwirklichung geht, nichts mit echter Humanität zu tun – oder Beethoven wäre ein schlechter Musiker gewesen, denn z. B. die Schönheit der Kerkerszene im Fidelio erhält erst ihre künstlerische Spannung durch den mitklingenden Hinweis auf mögliche Überwindung derselben. Das Moment des Ausbruchs aus dem Ästhetischen ist ein Moment des Ästhetischen selber, die Schönheit weist auf etwas anderes als sie selbst ist. –

Im Verlaufe der weiteren Textbesprechung zeigten sich Schwierigkeiten im Verständnis dessen, was Hegel das »wirkliche Ganze« nennt.[10] Wenn er sagt, daß das Resultat zusammen mit dem Werden das wirkliche Ganze ausmacht, so darf dieses »zusammen« nicht im Sinne einer Addition, auch nicht Addition von Begriffen aufgefaßt werden. Am ehesten trifft den Sinn der Hegelschen Wahrheit das Wort »Vollzug«, der von vornherein voraussetzt, daß Treiben und Resultat einander nicht fremd sind, auseinanderfallen. Ein für diese Deutung genanntes Beispiel, daß man die Gegenwart des russischen Staates nur aus dem Verlaufe seiner geschichtlichen Entwicklung voll begreifen könne, zeigte sich als zu

---

10 S. oben, Anm. 8.

harmlos und eigentlich noch vordialektisch. Etwas weiter führt der folgende Vorgang: Die Naturwissenschaften zeigen Gesetzmäßigkeiten auf, die in Formeln ausgedrückt werden. Um aber den Satz der Formel wirklich wahr zu machen, muß noch eine Unmenge anderer Fakten herangezogen werden. Man muß dazu zum Beispiel wissen, daß diese Sätze aus bestimmten Bedürfnissen heraus entstanden sind (Beherrschung der Natur). Dazu kommt aber noch die durch die ganze Geschichte der Menschheit und Ausbildung der Technik veranlaßte Bedingtheit, und gerade unsere Begriffe, mit denen wir den ganzen Wahrheitsgehalt eines Satzes herausschälen wollen, sind selbst geschichtlich bedingt. Es ist eben nicht so, daß wir mit dem bloßen Aussprechen eines Wortes das Ganze, was darin bedeutet sein will, auch schon erfassen können. Die Dialektik ist deshalb notwendig, weil man sukzessive aus einem Begriff herausarbeiten muß, was darinnen steckt. Wie auch noch die geschlossenste Symphonie gespielt werden muß, um alles aus ihr herauszufalten, so legt die Dialektik die Begriffe auseinander, um ihren ganzen Bedeutungsgehalt zu erhellen.

Im Sinne dessen aber, was durch die Dialektik auseinandergelegt wird, im Sinne des alle Momente einschließenden wirklichen Ganzen liegt aber auch, daß es das Verweilen und die Hingabe unseres Wissens fordern muß, als Voraussetzung eines legitimen Urteils überhaupt. Eben weil die einzelnen Momente der Wahrheit ohne den sie verbindenden Vollzug des Werdens tot sind, ist auch jeder Standpunkt der Betrachtung, wenn er von außen herangebracht und nicht aus der Bewegung der Sache selbst erwachsen ist, blind gegenüber der Ausführung des wirklichen Ganzen. Nur von der Sache selbst her kann die Kritik über die Sache hinausführen. Die Naturwissenschaft geht im Experiment, durch das Andere, über sich hinaus, die Philosophie aber verifiziert sich selbst. In dieser Ablehnung der transzendenten Kritik für die Philosophie kommt Hegels Widerwillen gegen alles Abmessen von Wahrheit mit zum Ausdruck sowie seine Absage gegen alle Intuitionsphilosophie. Erst dadurch, daß wir mitgebrachte Maßstäbe und unsere Einfälle und Gedanken bei der Untersuchung weglassen, »erreichen wir es, die Sache, wie sie an und für sich selbst ist, zu betrachten«, sagte Hegel auf Seite 60 der Einleitung.[11]

---

11 »Man sieht wohl, daß beides dasselbe ist; das Wesentliche aber ist, dies für die ganze Untersuchung festzuhalten, daß diese beiden Momente, *Begriff* und *Gegenstand*, *Für-ein-Anderes-* und *An-sich-selbst-Sein*, in das Wissen, das wir untersuchen, selbst fallen und hiermit wir nicht nötig haben, Maßstäbe mitzubringen und *unsere* Einfälle und Gedanken bei der Untersuchung zu applizieren; dadurch, daß wir diese weglassen, erreichen wir es, die Sache, wie sie *an* und *für sich* selbst ist, zu betrachten.« (HW, Bd. 3, S. 77) – In der Ausgabe: Georg Wilhelm Friedrich Hegel, Phänomenologie des Geistes. Jubiläumsausgabe, hrsg. von Georg Lasson (Philosophische Bibliothek; 114), Leipzig 1911, findet sich jener Passus auf S. 58.

Ob wir heute diesen Hegelschen Forderungen zustimmen können, wird sich erst im Verlaufe dieses Seminars ergeben. Jedenfalls hat Marx methodologisch gesehen dieses Hegelsche Motiv der immanenten Kritik aufgenommen, wenn er sagt, man müsse den versteinerten Verhältnissen ihre eigene Melodie vorspielen, um sie zum Tanzen zu bringen,[12] mit anderen Worten: Man darf eine Gesellschaft nur mit sich selbst, nicht mit anderen Gesellschaften konfrontieren. Noch überzeugender wird in diesem Punkte Marx' Schülerschaft, wenn man bedenkt, daß Hegels Begriff der Darstellung – auch wenn zuerst philosophische Darstellung dessen, was »Gehalt und Gediegenheit« hat, gemeint ist[13] –, daß dieser Begriff der Darstellung auf die politisch geschichtliche Sphäre übergreift. Mit dem Worte darstellen sind auch die Institutionen, das Recht, die Sitten usw. angesprochen. Jedes Phänomen, das in Hegels Blickfeld kommt, wird als Geist begriffen. Er macht keinen Unterschied zwischen dem, was wir einerseits als Sachen und anderseits als geistige Potenzen bezeichnen. Angesichts dessen, was Hegel unter Substantialität versteht, ist das, was wir heute als kultivierten Geist auffassen, von untergeordneter Bedeutung.

---

[12] Karl Marx schreibt in seiner »Kritik der Hegelschen Rechtsphilosophie« [1843–1844]: »Man muß jede Sphäre der deutschen Gesellschaft als die *partie honteuse* der deutschen Gesellschaft schildern, man muß diese versteinerten Verhältnisse dadurch zum Tanzen zwingen, daß man ihnen ihre eigne Melodie vorsingt!« (MEW, Bd. 1, S. 381)

[13] »Das leichteste ist, was Gehalt und Gediegenheit hat, zu beurteilen, schwerer, es zu fassen, das schwerste, was beides vereinigt, seine Darstellung hervorzubringen.« (HW, Bd. 3, S. 13)

7 [N.N.],
[ohne Datum]

Im Anschluß an das vorhergehende Protokoll wurde dargetan, daß es für Hegel eigentlich keine Erkenntniskritik geben könne. Denn der Sinn einer solchen Kritik, sofern diese in der Frage nach der Möglichkeit und Berechtigung des in der Erkenntnis liegenden Anspruchs besteht, verlangt ja gerade eine Isolierung des zu Prüfenden, somit das, was nach Hegelschen Voraussetzungen die Betrachtung zu einer notwendig falschen macht.

Jedoch wurde das hier liegende Problem in der Diskussion nicht weiter geführt. Denn es kann ja keineswegs die Absicht einer Erkenntniskritik sein, als integrierender Teil des Hegelschen Systems auftreten zu wollen, so wie in anderen Philosophien neben der Metaphysik z. B. die Logik steht. Aber wenn der Sinn jeglicher Erkenntniskritik darin besteht, daß das erkennende Subjekt sich über sein Erkenntnisleben erhebt, um es in reflektierendem Selbstbewußtsein in seiner vielfältigen Bedingtheit zu betrachten, so ist keineswegs auszumachen, warum nicht auch die Hegelsche Philosophie einer solchen Prüfung soll ausgesetzt werden müssen; natürlich die Hegelsche Philosophie nicht in esse, sondern in fieri. D. h., es ist unmöglich, die Kritik von den immanenten Voraussetzungen Hegels zurückzuweisen, weil es ja gar nicht Thema der Kritik sein kann, sich mit dem Inhalt dieser Prämissen als solchem auseinanderzusetzen, sondern bloß zu fragen, ob nicht der Erkenntnisvollzug des konzipierenden Subjekts durch verborgene subjektive Bedingungen in seinem thetischen Anspruch eo ipso relativiert sei. Wenn die Kritik also den Inhalt der Hegelschen Philosophie schon voraussetze, würde sie ihn ja anerkennen, d. h. sich selbst unmittelbar aufheben, und darum gibt es gar keinen Diskussionsboden, der eine Zurückweisung der Kritik durch die Hegelsche Philosophie ermöglichte, bzw. hier wäre die einzige Möglichkeit einer transzendenten Kritik.

Die Unmöglichkeit einer alles Weitere fundierenden archontischen Spezialdisziplin innerhalb der Philosophie zeigt auch, warum der Hegelsche Begriff der Erfahrung der denkbar weiteste sein kann in dem Sinne, daß alles innerhalb des Systems zu Behandelnde gleiche Dignität besitzt. Denn nur ein abstraktes Fürsich-Sein könnte ja einen irgendwie gearteten Vorrang behaupten. Aber die Setzung eines so Ausgezeichneten ist ja als vermittelte Reflexion schon die Aufgabe der einsamen Vorrangstellung.

Diese Weite des Hegelschen Erfahrungsbegriffs schließt auch ein, daß der Einzelne nur als Allgemeiner gewürdigt werden kann, sofern ja der ganze Einzelne nur als Allgemeiner, d. h. aufgelöst ist. D. h., die Vernichtung und alles Elend der Individuen, die vom Gefühl und dem gewöhnlichen Menschenverstand unmittelbar als rein negativ gewertet werden, sind in der Hegelschen Betrachtung des Einzelnen notwendig und damit auch positiv, wodurch die Hegelsche Auffassung doch wieder als erfahrungsfremd erscheinen könnte.

Von hier aus wurde noch einmal der eigentliche Sinn der Rede, daß die Wahrheit das Ganze sei,[14] veranschaulicht.

Bei den alten Philosophien, z. B. denen des 17. Jahrhunderts, war ja der Begründungsprozeß, durch den die Resultate gewonnen wurden, diesen gegenüber unwesentlich, sodaß diese auch noch isoliert und für sich genommen verständlich bleiben, weil sie dem begründenden Prozeß so gegenüberstehen wie der erreichte Zweck den nunmehr eben durch dies Erreichen unwesentlich gewordenen Mitteln. Hingegen ist das System bei Hegel einem Erkennenden vergleichbar, der nach Durchlaufen eines Gedankenganges diesen noch so im Griff behält, daß er vom gewonnenen Resultate aus in einer neuen Beleuchtung erscheint, die seinen eigentlichen Sinn offenbart, und so ist nicht das Resultat Zweck und die Bewegung Mittel, sondern das Ganze der Bewegung ist Zweck.

Die alte Teleologie orientierte sich an Aristoteles, nach dem der Zweck ja der den Dingen statisch vorgehaltene unbewegte Beweger in dem Sinne ist, daß alle Dinge, indem sie zu der statisch dargebotenen bonitas divina emporstreben, dieser nur näherkommen können durch die Vervollkommnung ihrer eigenen spezifisch festgelegten Anlage.[15] Wenn darum gesagt wurde, bei Aristoteles sei das teleologische Verhältnis in seiner Dynamizität letztlich doch an einem Beharren aufgehängt, so gibt es tatsächlich zwei absolut beharrende Punkte, die im Verhältnis der Unterordnung einander zugeordnet sind, d. h. Gott als finis ultimus und meine eigene spezifische perfectio als finis proximus, wobei allerdings praktisch das Erreichen des finis proximus auch das des finis ultimus impliziert, weshalb die beiden eben unterschiedenen Termini der aristotelischen Teleologie doch wieder in re zusammenfallen.

Während man bei Aristoteles mit gutem Recht sagen kann, daß der Zweck Anfang und Ende sei, sofern er ja bei ihm, paradox gesprochen, gewissermaßen die Ursache seiner eigenen Existenz ist, hat dies bei Hegel nur Bedeutung, wenn man die Termini Anfang und Ende rein abstrakt für sich nimmt.

---

14 »Das Wahre ist das Ganze. Das Ganze aber ist nur das durch seine Entwicklung sich vollendende Wesen. Es ist von dem Absoluten zu sagen, daß es wesentlich Resultat, daß es erst am Ende das ist, was es in Wahrheit ist; und hierin eben besteht seine Natur, Wirkliches, Subjekt oder Sichselbstwerden zu sein.« (Ebd., S. 24)

15 Den unbewegten Beweger identifiziert Aristoteles mit Gott, ausgehend von dem Gedanken, alles Bewegte müsse von etwas bewegt werden, das wiederum selbst von etwas bewegt wird. Am Ursprung dieser Kette von Kausalitäten steht schließlich der unbewegte Beweger (vgl. Aristoteles, Physik, übers. von Hans Günter Zekl, in: Aristoteles, Philosophische Schriften in sechs Bänden, Bd. 6, Hamburg 1995, S. 1–258; hier S. 205–212 [256a–258b]).

Hegel bringt dann den Gedanken, daß der bloße Begriff Gott z. B. für sich allein gesetzt nichts sei als ein sinnloser Laut, ein bloßer Name, der erst durch die Prädikation Erfüllung und Bedeutung gewänne.[16] Der sich sofort naiv aufdrängenden Frage, warum denn diese Überlegung nur vom Subjekt, nicht auch von jedem der Prädikate gelte und ferner, daß, wenn das Subjekt sinnlos sei, dies auch von allein weiteren Prädikationen gelten müsse, ist entgegenzuhalten, daß die Bedeutung des Namens sich erst in der Bewegung des Denkens konstituieren kann, sofern diese Bewegung besagt: Einschränkung des anfänglichen, gesetzten Namens, der aber dieses Einschränkung auf Grund seines eigenen Wesens bedarf: D. h., die Begriffe werden erst dadurch sie selber, daß die Denkbewegung, indem sie dem vorausgesetzten Begriff das zukommen läßt, was er eigentlich ist, zu ihm zurückkehrt, wodurch sich eben der Gedanke konstituiert.

So spiegelt die Logik wider, was sich im realen Prozeß vollzieht. Die Aussage »Gott ist das Sein« z. B. sagt nichts anderes, als daß Gott zerfließt, indem er sich in das Sein entfaltet, woraus erhellt, daß die Prädikate bei Hegel nicht Eigenschaften, sondern immer das Wesen selbst ausdrücken. Daher macht die isolierte Ansetzung eines dann weiter zu Bestimmenden, z. B. die Ansetzung von Gott, diesen Begriff unmöglich, da die Wirklichkeit des Begriffs eben die Selbstbewegung seines Sich-Bestimmens ist.

Dies richtet sich gegen die traditionelle Logik, die die Prädikation als ein äußerliches Verbinden des Prädikates mit dem Subjekt auffassen muß, welches Denken somit, bildlich gesprochen, nur das Resultat haben kann, isolierte Täfelchen den Dingen anzuheften.

Aber dem wurden die analytischen Urteile der alten Logik entgegengehalten, bei denen ja die Setzung des Subjekts ohne die Setzung des Prädikats ein Widerspruch ist, so daß hier von einer äußerlichen Beziehung nicht gesprochen werden kann, wo doch das Subjekt das Prädikat enthält. Dagegen wurde zuerst darauf hingewiesen, daß solche Urteile unsere Erkenntnis ja nicht eigentlich erweitern. Aber dem scheint bloß so zu sein, wie weiter ausgeführt wurde, wenn man nämlich die Urteile abstrakt in sich betrachtet, denn im konkreten Verlauf unserer Erkenntnis ist es doch so, daß die Wesensdefinition einen Komplex von Bestimmungen anzeigt, die sich nach dem Gesetz des Widerspruchs gegenseitig integrieren, d. h. in einem solchen nexus stehen, daß die Setzung der einen Be-

---

16 »Das Bedürfnis, das Absolute als *Subjekt* vorzustellen, bediente sich der Sätze: *Gott* ist das Ewige, oder die moralische Weltordnung, oder die Liebe usf. In solchen Sätzen ist das Wahre nur geradezu als Subjekt gesetzt, nicht aber als die Bewegung des sich in sich selbst Reflektierens dargestellt. Es wird in einem Satze der Art mit dem Worte ›Gott‹ angefangen. Dies für sich ist ein sinnloser Laut, ein bloßer Name; erst das Prädikat sagt, *was er ist*, ist seine Erfüllung und Bedeutung; der leere Anfang wird nur in diesem Ende ein wirkliches Wissen.« (HW, Bd. 3, S. 26 f.)

stimmung die der anderen mit sich führt. Daher kann ich sehr wohl meine Erkenntnis erweitern, wenn ich durch eine Bestimmung die mit ihr notwendig verbundenen anderen erkenne, obwohl an sich die Setzung der einen Bestimmung die der anderen involviert, aber eben noch nicht quoad cognitionem. Kant hat diese Distinktion nicht gehabt, daher seine Geringschätzung des Wertes analytischer Urteile und der formalen Logik überhaupt. Er wurde gefragt, warum denn die Wesensbestimmungen einen solch notwendigen Zusammenhang ausmachen müßten. Aber eine Definition, die ein bloß zufälliges Agglomerat von Bestimmungen bezeichnet, ist ja gar keine. Als Beispiel für ein solches eidetisches Verhältnis wurde auf die Definition des Menschen rekurriert, bei der allerdings gerade die Notwendigkeit des Verhältnisses der Teile dieser Definition umstritten blieb. Es wurde z. B. gefragt, ob denn nicht auch dem Stein die rationalitas zukommen könne bzw. warum das schon a priori ausgeschlossen sein könne. Die Diskussion wäre hier vielleicht mit dem Hinweis fortzuführen, daß man die Teile, die das Wesen ausmachen, nicht rein abstrakt für sich isoliert betrachten dürfe, um so dann zu ihrer Trennbarkeit zu kommen, sondern es ist ja der eigentümliche Sinn der rationalitas als differentia specifica nur im ganzen des Wesensteile vorkommen zu können, was keine bloß dogmatische Behauptung der alten Logik bleibt, wenn man sich die Teile z. B. des genus Körper und seine differentia specifica organisches Sein je vergegenwärtigt.

Weiterhin sagt Hegel, daß ein sogenannter Grundsatz, ein Prinzip, als solcher falsch ist, sofern er nur als Grundsatz ist. Denn alles als isoliert Gesetzte ist falsch und kann seine Wahrheit nur im Fortgang des Bestimmungsprozesses erhalten. So kann man eigentlich von jedem beliebigen Ausgangspunkt aus in der Philosophie beginnen und es dann in seiner Begrenzung, die es anfänglich ja notwendig an sich hat, überwinden. Aber gerade darin besteht der spezifische Mangel aller[17] »ismen«, Realismen, Materialismen, usw., daß sie ja Verabsolutierungen eines einzigen begrenzten Prinzips sind, das für diese »ismen« nichts als bloß Prinzip ist, d. h. sich nicht innerlich in seine Bestimmungen entfaltet, wodurch es zwar seinen Charakter als Prinzip, aber auch die Ausschließlichkeit seiner anfänglichen Begrenzung verlieren würde, d. h., ein solches Prinzip bleibt in der traditionellen Philosophie in dem Sinne Prinzip, daß es fortwährend von außen auf die Dinge angewandt wird. Das Dasein eines solchen Prinzips schließt somit eine beständige Versicherung in sich, deren Mangel, deren bloß thetisches Hingestelltsein durch die ebenso einfachen, entgegengesetzten Versicherungen offenbar wird.

---

17 Von hier an ist die Vorlage handschriftlich fortgeführt.

Daher kann die Bekämpfung der bloßen Versicherungen durch die entgegensetzten also nicht eigentlich Kritik sein, d.h. die Kritik hat die Aufgabe, die innere Notwendigkeit, mit der die These aus sich selbst über sich hinausführt, aufzuzeigen und so genau in derselben Hinsicht, in der sie kritisch ist, auch konstruktiv zu sein, während in den kritischen Verfahren der traditionellen Philosophie diese Hinsichten getrennt bleiben, da hier die systematische Konstruktion nur dadurch Kritik ist, daß sie von außen an alle anderen Systeme herangebracht wird, wobei die Kritik darin besteht, zu prüfen, ob die an ihr zu messenden anderen System mit ihr übereinstimmen oder nicht.

Der in einem solchen System liegende Anspruch bzw. die Möglichkeit, in dieser Weise kritisch zu sein, kennzeichnet es als weltanschaulich verwertbares. Denn Weltanschauungen schließen sich ja gegenseitig aus, können aber gerade deswegen nebeneinandergestellt werden, damit man wähle, wie man es ja auch bei Marktwaren zu tun pflegt.

Nach allem bis hierher Gesagten wurde die Tendenz des folgenden Abschnittes[18] bei Hegel verständlich, eine Rechtfertigung der Philosophie zu sein, in dem Sinne nämlich, daß die Reflexion über den Gegenstand darin nicht äußerlich sein kann, sondern daß die Objekte durch ihre eigene Bewegung zur Wissenschaft werden, daß die Bewegung des Betrachtens nichts anderes ist als der zu sich selbst kommende Gegenstand und daß dieses Zu-sich-selbst-Kommen keine bloße Eventualität sein kann, sondern so notwendig ist, daß der Geist nur dann eigentlich Geist ist, wenn er Wissenschaft ist.

---

18 Vgl. HW, Bd. 3, S. 28f.

8 Kraus, 22. Juni 1950

Seminar vom 22. 6. 1950

In der Seminarsitzung vom 22. wurde die Vorrede der Phänomenologie von Seite 8 Zeile 16 ab, bis Seite 10 Zeile 9 der Lasson'schen Ausgabe, besprochen.[19] Zuerst wird von Hegel das Thema der »inneren Notwendigkeit, daß das Wissen Wissenschaft sei« weitergeführt. Es ziemt der Philosophie nicht eine Genügsamkeit, die sich nur nach dem dürftigen *Gefühl* des Göttlichen zu sehnen scheint, »nach dem unbestimmten Genusse dieser unbestimmten Göttlichkeit verlangt«, und dabei die irdische Mannigfaltigkeit des Daseins und des Gedankens in Nebel einhüllt. »Die Philosophie aber muß sich hüten, erbaulich sein zu wollen.« Sie würde hierbei leicht die Mittel finden, sich »aufzuspreizen«.[20]

Mit dem Wort »aufspreizen« ist, wie Herr Prof. Adorno ausführt, das Motiv der »Eitelkeit« angeschlagen, was bei Hegel immer wiederkehrt. Eitelkeit ist das bloße Versenken in die Subjektivität, eine Haltung, die es verschmäht in der Objektivität fortzuschreiten. »Man muß sich erheben über seine eigene Eitelkeit, als ob man etwas Besonderes gedacht habe«, wie Hegel am Schluß seiner Geschichte der Philosophie sagt.[21] Hegel vertritt nicht weniger als Schelling, Schleiermacher und Jacobi das Recht der Philosophie, das Absolute zu bestimmen. Die Philosophie Hegels will sich aber nicht mit einem *leeren* Begriff des Absoluten bescheiden. Sie will zum *entwickelten* Absoluten fortschreiten. Also nicht um zu entsagen, polemisiert Hegel gegen das Absolute der Romantiker. Aber der Philosophierende kann es nicht in seiner subjektiven Zufälligkeit fassen. Wem es mit dem Absoluten ernst ist, verzichtet darauf, es mit einem Schlag erwerben zu wollen.

---

19 Vgl. Hegel, Phänomenologie des Geistes, Jubiläumsausgabe, a. a. O. (s. Anm. 11), S. 8–18; vgl. den Passus von »Diese Genügsamkeit des Empfanges […]« bis »[…] und Gestaltung geben.« in: HW, Bd. 3, S. 17–19.
20 Die entsprechende Stelle lautet: »Wer nur Erbauung sucht, wer die irdische Mannigfaltigkeit seines Daseins und des Gedankens in Nebel einzuhüllen und nach dem unbestimmten Genusse dieser unbestimmten Göttlichkeit verlangt, mag zusehen, wo er dies findet; er wird leicht selbst sich etwas vorzuschwärmen und damit sich aufzuspreizen die Mittel finden. Die Philosophie aber muß sich hüten, erbaulich sein zu wollen.« (Ebd., S. 17)
21 »Die letzte Philosophie enthält daher die vorhergehenden, faßt alle Stufen in sich, ist Produkt und Resultat aller vorhergehenden. Man kann jetzt nicht Platoniker sein, man muß sich erheben α) über die Kleinlichkeiten einzelner Meinungen, Gedanken, Einwürfe, Schwierigkeiten; β) über seine Eitelkeit, als ob man etwas Besonderes gedacht habe.« (HW, Bd. 20, S. 461)

Dann ging Herr Prof. Adorno zu dem Satze Hegels über »wie es eine leere Breite gibt, so auch eine leere Tiefe«[22]. In »leerer Breite« ergoß sich die Aufklärung. In »leerer Tiefe« versenkte sich die philosophische Romantik. Herr Prof. Adorno wies hierbei auf die Beziehungen zwischen Schopenhauer und Hegel hin. Schopenhauer ist ein erbitterter Feind Hegels. Hegels Philosophie ist für ihn Scharlatanerie. Hegel selbst ein geistiger Kaliban. Die Zeitgenossenschaft, die Hegel als den größten Philosophen ausgeschrien habe, habe sich durch diesen Beifall prostituiert. Durch den Unsinn der Hegelei sind die Köpfe der Jugend verrenkt und verdorben worden. Sie wurde gewöhnt, den hohlsten Wortkram für philosophische Gedanken, die armseligsten Sophisten für Scharfsinn und läppischen Aberwitz für Dialektik zu halten (2. Vorrede zur Welt als Wille und Vorstellung).[23]

Trotz dieser feindseligen Einstellung Schopenhauers gegenüber Hegel bestehen derartige Übereinstimmungen zwischen den beiden Philosophen, daß, wie Herr Prof. Horkheimer bemerkte, in einem Buch (von Brunsvig?) ausgeführt wird, daß das Studium Schopenhauers das Verständnis Hegels erleichtere.[24] Herr Prof.

---

22 »Wie es aber eine leere Breite gibt, so auch eine leere Tiefe, wie eine Extension der Substanz, die sich in endliche Mannigfaltigkeit ergießt, ohne Kraft, sie zusammenzuhalten, so eine gehaltlose Intensität, welche, als lautere Kraft ohne Ausbreitung sich haltend, dasselbe ist, was die Oberflächlichkeit.« (HW, Bd. 3, S. 17 f.)
23 In der »Vorrede zur zweiten Auflage« des ersten Bands von »Die Welt als Wille und Vorstellung« schreibt Schopenhauer: »Aber in einem heillosen Irrthum ist Der befangen, welcher vermeint, er könne Kants Philosophie aus den Darstellungen Anderer davon kennen lernen. Vielmehr muß ich vor dergleichen Relationen, zumal aus neuerer Zeit, ernstlich warnen: und gar in diesen allerletzten Jahren sind mir in Schriften der Hegelianer Darstellungen der Kantischen Philosophie vorgekommen, die wirklich ins Fabelhafte gehen. Wie sollten auch die schon in frischer Jugend durch den Unsinn der Hegelei verrenkten und verdorbenen Köpfe noch fähig seyn, Kants tiefsinnigen Untersuchungen zu folgen? Sie sind früh gewöhnt, den hohlsten Wortkram für philosophische Gedanken, die armsäligsten Sophismen für Scharfsinn, und läppischen Aberwitz für Dialektik zu halten, und durch das Aufnehmen rasender Wortzusammenstellungen, bei denen etwas zu denken der Geist sich vergeblich martert und erschöpft, sind ihre Köpfe desorganisirt.« (Arthur Schopenhauer, Die Welt als Wille und Vorstellung. Erster Band. Vier Bücher, nebst einem Anhange, der die Kritik der Kantischen Philosophie enthält [1819], in: Schopenhauer, Werke in fünf Bänden, hrsg. von Ludger Lütkehaus, Zürich 1988, Bd. I, S. 22)
24 Vgl. Alfred Brunswig, Hegel, München 1922 (Philosophische Reihe; 54). Das Buch findet sich in der Nachlassbibliothek Horkheimers (Universitätsbibliothek J.C. Senckenberg, Frankfurt a. M., S 21/2782), erwähnt Schopenhauer allerdings nicht explizit. Zwei Stellen hat Horkheimer jedoch mit Marginalien versehen, die verdeutlichen, dass er sie in den Zusammenhang mit Schopenhauers Werk stellt. An einer Stelle heißt es: »Denn allerdings birgt das Endliche ewigen Gehalt; allerdings hat es Anteil am Unendlichen und nur dadurch und insoweit ist es wahrhaft und alles übrige an ihm ist Trübung und Nichtigkeit.« (Ebd., S. 34) Und weiter, mit der Marginalie Horkheimers »Schop[enhauer]« versehen: »Diesem [sic!] ewigen Gehalt an allen Dingen nun gilt es

Adorno wies darauf hin, daß genau in demselben Sinn wie Hegel von einer leeren Tiefe, Schopenhauer von einer »bodenlosen Leere« spricht. Schopenhauer sagt »sobald wir – – – – in uns gehen und uns, indem wir das Erkennen nach Innen richten, einmal völlig besinnen wollen; so verlieren wir uns in eine bodenlosen Leere, finden uns gleich der gläsernen Hohlkugel, aus deren Leere eine Stimme spricht, deren Ursache aber nicht darin anzutreffen ist, und indem wir so uns selbst ergreifen wollen, erhaschen wir, mit Schaudern, nichts, als ein bestandloses Gespenst.«[25] (Welt als Wille und Vorstellung, Ausgabe Deussen Seite 327 Anm.) Wir bemerken eine weitere Übereinstimmung Schopenhauers mit Hegel bei der Kritik des Euklidschen Beweises des pythagoreischen Lehrsatzes.[26]

Mit dem Satz: »Es ist übrigens nicht schwer zu sehen, daß unsere Zeit eine Zeit der Geburt und des Übergangs zu einer neuen Periode ist«[27], kommt Hegel zur äußeren Notwendigkeit, daß das Wissen Wissenschaft sei. Die Zeit der Französischen Revolution und Napoleons ist diese Zeit der Geburt und des Übergangs. Wie aber vollzieht sich der historische Prozeß? Die Antwort wird an dem Beispiel der Geburt des Menschen gegeben. Seine Entwicklung vor der Geburt ist quantitativ. In dem Augenblick der Geburt ist der Prozeß »des nur vermehrenden Fortgangs« abgeschlossen und abgebrochen. Aber mit dem ersten Schrei steht das menschliche Lebewesen gleichzeitig am Anfang einer neuen Entwicklung. Mit der

---

aufzuweisen, dieses Unendliche, das als ein einziges sich in all der unermeßlichen Vielheit der Dinge wie in Myriaden Tropfen widerspiegelt, heißt es zu erkennen; das ist das Ziel der Philosophie, das jener Gotteserkenntnis im Geist und in der Wahrheit.« (Ebd.) Und nochmals weiter, mit der Marginalie Horkheimers »Sch[openhauer] Wille« versehen: »Welches ist nun dieses Eine Unendliche, das in allen Erscheinungen der Welt, also in der Natur wie im Reiche geistigen Lebens sich offenbart, ja welches als das winzige wahrhaft Seiende alle Erscheinungen in sich beschließt? Wie nähern wir uns mit Hegel seiner Erkenntnis?« (Ebd.)
25 Arthur Schopenhauer, Die Welt als Wille und Vorstellung. Erster Band, in: Arthur Schopenhauers sämtliche Werke, hrsg. von Paul Deussen, Bd. 1, München 1911, S. 327, Anm. – »Jedes Individuum ist einerseits das Subjekt des Erkennens, d. h. die ergänzende Bedingung der Möglichkeit der ganzen objektiven Welt, und andererseits einzelne Erscheinung des Willens, desselben, der sich in jedem Dinge objektivirt. Aber diese Duplicität unsers Wesens ruht nicht in einer für sich bestehenden Einheit: sonst würden wir uns unserer selbst *an uns selbst und unabhängig von den Objekten des Erkennens und Wollens* bewußt werden können: dies können wir aber schlechterdings nicht, sondern sobald wir, um es zu versuchen, in uns gehen und uns, indem wir das Erkennen nach Innen richten, einmal völlig besinnen wollen; so verlieren wir uns in eine bodenlose Leere, finden uns gleich der gläsernen Hohlkugel, aus deren Leere eine Stimme spricht, deren Ursache aber nicht darin anzutreffen ist, und indem wir so uns selbst ergreifen wollen, erhaschen wir, mit Schaudern, nichts, als ein bestandloses Gespenst.« (Schopenhauer, Die Welt als Wille und Vorstellung, a. a. O. [s. Anm. 23], S. 365, Anm.)
26 Vgl. ebd., S. 115–132, sowie HW, Bd. 6, S. 530–532.
27 HW, Bd. 3, S. 18.

Geburt vollzieht sich ein »qualitativer Sprung«.[28] Ist der qualitative Sprung in Hegels Logik begründet? Herr Prof. Adorno und Herr Prof. Horkheimer verweisen auf die Ausführungen Hegels in der »*Großen Logik*« (Seite 430 ff. der Dunckerschen Ausgabe).[29] Wir zitieren aus den Ausführungen Hegels: »Insofern der Fortgang von einer Qualität in stätiger Kontinuität der Quantität ist, sind die einem qualificirenden Punkte sich nähernden Verhältnisse quantitativ betrachtet, nur durch das Mehr und Weniger unterschieden. Die Veränderung ist nach dieser Seite eine allmählige. Aber die Allmähligkeit betrifft bloß das Aeußerliche der Veränderung, nicht das Quantitative derselben; das vorhergehende quantitative Verhältniß, das dem folgenden unendlich nahe ist, ist noch ein anderes qualitatives Daseyn. Nach der qualitativen Seite wird daher das bloß quantitative Fortgehen der Allmähligkeit, das keine Grenze an sich selbst ist, absolut abgebrochen; indem die neue eintretende Qualität nach ihrer bloß quantitativen Beziehung eine gegen die verschwindende bestimmt andere, eine gleichgültige ist, ist der Uebergang ein *Sprung*«.[30] (S. 447[31])

Als Beispiele erwähnt Hegel aus der Chemie die chemischen Verbindungen, aus der Physik den plötzlichen Übergang von Wasser zu Eis bei Null Grad C, aus der Biologie Geburt und Tod.[32] Im Moralischen »– ist ein Mehr und Weniger, wodurch das Maaß des Leichtsinns überschritten wird, und etwas ganz Anderes, Verbrechen, hervortritt, wodurch Recht in Unrecht, Tugend in Laster übergeht«.[33] Staaten erhalten »durch ihren Größenunterschied, wenn das Uebrige als gleich

---

28 »Aber wie beim Kinde nach langer stiller Ernährung der erste Atemzug jene Allmählichkeit des nur vermehrenden Fortgangs abbricht – ein qualitativer Sprung – und Jetzt das Kind geboren ist, so reift der sich bildende Geist langsam und stille der neuen Gestalt entgegen, löst ein Teilchen des Baues seiner vorhergehenden *Welt* nach dem ändern auf, ihr Wanken wird nur durch einzelne Symptome angedeutet; der Leichtsinn wie die Langeweile, die im Bestehenden einreißen, die unbestimmte Ahnung eines Unbekannten sind Vorboten, daß etwas anderes im Anzuge ist.« (Ebd.)
29 Vgl. HVA, Bd. 3. – Auf der angegebenen Seite beginnt der Abschnitt »Wahlverwandtschaft« (vgl. HW, Bd. 5, S. 420 – 435).
30 HVA, Bd. 3, S. 447; vgl. HW, Bd. 5, S. 437 f.
31 Korrigiert aus: »432«.
32 »Oder das *Wasser*, indem es seine Temperatur ändert, wird damit nicht bloß mehr oder weniger warm, sondern geht durch die Zustände der Härte, der tropfbaren Flüssigkeit und der elastischen Flüssigkeit hindurch; diese verschiedenen Zustände treten nicht allmählich ein, sondern eben das bloß allmähliche Fortgehen der Temperaturänderung wird durch diese Punkte mit einem Male unterbrochen und gehemmt, und der Eintritt eines anderen Zustandes ist ein Sprung. – Alle *Geburt* und *Tod* sind, statt eine fortgesetzte Allmählichkeit zu sein, vielmehr ein Abbrechen derselben und der Sprung aus quantitativer Veränderung in qualitative.« (HW, Bd. 5, S. 440)
33 HVA, Bd. 3, S. 451; vgl. HW, Bd. 5, S. 441.

angenommen wird, einen verschiedenen qualitativen Charakter.«[34] Aus der modernen Physik dürfte die Planck'sche Quanten-Theorie als Beispiel herangezogen werden können.

Eigenartig ist es, daß Kierkegaard, wie Herr Prof. Adorno bemerkt, Hegel vorwirft, daß er den qualitativen Sprung nicht kenne.[35]

Der qualitative Sprung in der Geschichte. In unserem Text wird er beschrieben als der »Aufgang«, »der ein Blitz in einem Male das Gebilde der neuen Welt hinstellt«, der das allmähliche »Zerbröckeln, das die Physiognomie des Ganzen nicht veränderte« unterbrach.[36] Herr Prof. Horkheimer weist auf die Schilderung des qualitativen Sprungs in dem Abschnitt der Phänomenologie über den Kampf der Aufklärung mit dem Aberglauben hin. Hier wird der qualitative Sprung an einem von Diderot übernommenem Bild[37] dargestellt: »an einem schönen Morgen gibt sie (gemeint ist die Aufklärung) mit dem Ellbogen dem Kameraden einen Schub, und Bautz! Baradautz! der Götze liegt am Boden«[38].

Der Glaube an den qualitativen Sprung in der Geschichte ist der der Revolutionäre, der im Gegensatz steht zu dem der Reformisten, die meinen, politische Zustände kontinuierlich, durch Reformen, ineinander überführen zu können. Wie Herr Prof. Adorno bemerkte, vollzieht sich in dem kontinuierlichen Fluß der Zeit das diskontinuierliche Geschehen der Geschichte.

Wir setzen die Textinterpretation fort. Das Neue ist ein Resultat und enthält die zu Momenten gewordenen Gestaltungen in sich.

---

34 HVA, Bd. 3, S. 451f.; vgl. HW, Bd. 5, S. 441.
35 Bereits in seiner Habilitationsschrift *Kierkegaard. Konstruktion des Ästhetischen* [1933] verweist Adorno auf diese Merkwürdigkeit: Kierkegaard räumt zwar ein: »Hegel statuierte den Sprung, aber in der Logik«, fährt indessen fort: »Hegels Unglück ist aber eben das, daß er die neue Qualität geltend machen will, und es doch nicht will, da er es in der Logik tun will. Diese muß aber ein ganz andres Bewußtsein um sich selbst und ihre Bedeutung bekommen, sobald dies erkannt wird.« Die schwächliche Argumentation zeugt gegen sich selber. Sie gibt kein Kriterium, Kierkegaards »Sprung« vom Umschlag der Quantität in die Qualität zu scheiden, außer der Differenz »logischer« – für Kierkegaard: spekulativ-zuschauerhafter – und »ethischer« Sphäre, welche eben im Akt des Sprunges gründet: hat also die Form des Zirkelschlusses. Aber auch als bloße Explikation wäre sie nicht zu halten. (GS, Bd. 2, S. 129)
36 »Dies allmähliche Zerbröckeln, das die Physiognomie des Ganzen nicht veränderte, wird durch den Aufgang unterbrochen, der, ein Blitz, in einem Male das Gebilde der neuen Welt hinstellt.« (HW, Bd. 3, S. 18)
37 Hegel zitiert aus Diderots »Rameaus Neffe« [1805] in der Übersetzung von Goethe (vgl. Johann Wolfgang Goethe, Rameau's Neffe. Ein Dialog von Diderot. Aus dem Manuscript übersetzt [1805], in: Goethes Werke, hrsg. im Auftrage der Großherzogin Sophie von Sachsen, Bd. I·45, Weimar 1900, S. 1–157; hier: S. 117).
38 HW, Bd. 3, S. 403.

Es hat Anstrengungen und Mühe gekostet, bis das Neue geboren wurde, der neue Geist, das Absolute der Romantiker. »Allein eine vollkommene Wirklichkeit hat dieses Neue so wenig als das eben geborene Kind.« »Das erste Auftreten ist erst seine Unmittelbarkeit oder sein Begriff.«[39]

Das neugeborene Kind hat eine vollkommene Wirklichkeit als Mensch, ein Gebäude ist nicht fertig, wenn nur sein Grund gelegt ist, wir sind nicht mit der Eichel zufrieden, wenn wir den Baum mit Stamm, Ästen und Belaubung zu sehen wünschen, die Wissenschaft ist nicht in ihrem Anfang, dem Wissen, vollendet. So ist auch das Absolute der Romantiker nur ein Anfang, an dem der Prozeß der Entwicklung von neuem anzugreifen hat.

Herr Prof. Horkheimer zeigte an Beispielen das Aufgehen früherer Zustände als Momente im Neuen. Adel und Geistlichkeit verlieren durch die Französische Revolution ihre Vorrechte. Sie werden aber nicht vernichtet. Als Momente der neuen Gesellschaft bleiben sie erhalten. Der Begriff der Gesellschaft treibt dazu, daß Individuen und Stände als Momente einer neuen Gesellschaft sich gestalten. Hegel kennt nicht Vernichten. Seine Negation führt zur Position, zum Aufgehen in einer höheren Struktur. So wendet er sich gegen die Negation des Zweifels. Auf die Frage eines Hörers, ob die Skepsis nicht doch gegenüber der Hegelschen Methode Recht habe, geht Herr Prof. Horkheimer auf die dialektische Methode ein. Wenn etwa als Thesis die Behauptung des Agnostizismus aufgestellt wird, als Antithesis »das Absolute ist erkennbar«, so ergibt die Synthese eine Erkenntnis, die die beiden Standpunkte als Momente in sich aufnimmt. Die Negation Hegels erweist sich als fruchtbar. Die Negation der Skepsis, indem sie annulliert, führt philosophisch nicht weiter. Fragt man sich, ob Hegels System nicht von einem anderen aufgehoben werden könne, so müßte dieses System aufgewiesen werden. Es müßte die Behauptung Hegels widerlegt werden, daß die Reihe der geistigen Gestaltungen mit seiner Philosophie geschlossen ist.

Kraus.[40]

---

39 Der Passus lautet: »Allein eine vollkommene Wirklichkeit hat dies Neue so wenig als das eben geborene Kind; und dies ist wesentlich nicht außer acht zu lassen. Das erste Auftreten ist erst seine Unmittelbarkeit oder sein Begriff.« (Ebd., S. 19)
40 Unterschrift.

9 Franz Bahl, 29. Juni 1950

Franz *Bahl*

Protokoll vom 29. 6. 1950

In der letzten Sitzung gingen wir von der Frage nach der bestimmten Negation aus. Was ist diese? – Sofern etwas bestimmt ist, ist es dies gegen ein anderes. So ist es als Bestimmtes die Negation des Andern, welches es ausschließt und als Ausgeschlossenes, d. i. negiertes Anderes aufhebt. Aufhebend rettet es das Aufgehobene. (Hinweis: – Der Tod; Negation des Lebens. Darin aber als Totes aufgehoben und gerettet, nämlich Geschichte geworden. Und Geschichte ist ja das Gerettet-Aufgehobene.) Daraus ergibt sich, daß jede Bestimmung Negation ist, oder daß die Negation bestimmt ist. Im Aufheben des Negierten bereichert sich die bestimmte Negation mit dem Aufgehobenen, d. i., sie ist Negation: a) als negierendes Für-sich-Sein, b) als mit eben dieser ihrer Negation belastetes und vermitteltes An-sich-Sein, welches an-sich *für* das Negierte ist. Das Negierte aber ist als Negiertes in der Negation aufgehoben, d. h., es ist die Negativität der Negation selbst, die so als bestimmte in sich auseinandergeht: a) in die Thesis des negierenden Für-sich-Seins, b) in die Antithesis des in der Negation aufgehobenen Anders-Seins. Thesis und Antithesis sind daher nur zwei Momente der Vermittlung des An-und-für-sich-Seins, d. h., das eine hält das andre in sich und drängt so durch die Entgegensetzung hindurch zur Absolutheit dessen, was eigentlich ist.

Es erhob sich die Frage, welcher Art die Entgegensetzung von Thesis und Antithesis sei. Die Antwort ist schon gegeben. Sofern eines das Moment des andern ist, d. h. die Thesis die Antithesis in sich als ihre eigne Entgegensetzung hält, ist der Gegensatz nicht konträrer, sondern kontradiktorischer Art. Denn kontradiktorisch ist der Widerspruch von etwas mit sich selbst. Beispiel: Sein–Nichts. Das Sein als Reflexion in sich selbst ist bestimmt als das Unbestimmte schlechthin; das ist seine Thesis. Das reine Sein ist bestimmungslos und bestimmungslos ist – Nichts; denn das Nichts ist ja gerade [dadurch] bestimmt, daß es nichts, d. i. die Bestimmungslosigkeit schlechthin ist. Sein und Nichts sind also identisch. Sein ist aber darin bestimmt, daß es die Bestimmungslosigkeit *ist*; d. h., es *ist* die Bestimmungslosigkeit von *etwas*. Als Bestimmungslosigkeit ist es zugleich das Nichts des *etwas* und steht sich so als Negation seiner selbst entgegen; das ist seine Antithesis, die aus der Thesis notwendig hervorgeht und diese vermittelt. So vollzieht sie sich als Werden.

Wir kamen dann auf das Problem der Definition zu sprechen. Da die Definition nie den Vollzug oder das Werden trifft, sondern das Äußerliche des Namens, nämlich die Thesis oder Antithesis abgesondert für sich, so täuscht sie immer ein Statisches, d.i. eine Substanz vor. Die Wahrheit aber ist Werden und entzieht sich der Statik des Namens. Darum hat die Definition lediglich einen Sinn in den deskriptiven Wissenschaften, die Verhaltensweisen, d.i. Regeln über die Sache geben und nicht wie die Philosophie die Sache selbst in ihrem Werden zur Evidenz kommen läßt. In der Philosophie sind Definitionen sinnlos oder bloß methodisch-didaktisch zu verstehen. Ihre Wahrheit ist nicht definitorisch bestimmbar, sondern dialektischer Vollzug, nämlich Prozeß ihrer selbst.

Daran schloß sich sogleich die Frage: Was für Bedeutung kommt dann dem Begriff zu? Subjektive oder objektive? – Aber das sind selbst wieder vorphilosophisch-definitorisch genormte Schemata, die von außen deskriptiv an die Sache herangetragen werden und die sich erst im Philosophieren begreifen müssen. Im Hinblick auf den Charakter der Wahrheit als Selbstevidenz, d.i. Selbstwerden, heben sich Subjekt und Objekt als Negation ihrer selbst auf. Dies zu zeigen, ist die Aufgabe der Phänomenologie. Um aber dies Zeigen zu verstehen, müssen wir jeden voreingenommenen Standpunkt aufgeben und uns ganz dem Stoff hingeben. Produktive Passivität. Erst wenn wir durch Hegel hindurch sind und nicht von außen über ihn räsonieren, wird auch z.B. die Bedeutung des Begriffes klar. Soviel im voraus: Hegel zeigt ihn in seiner Totalität und nicht in seiner definitorischen Begrenzung und Klassifizierung.

Damit griffen wir auf die Interpretation des Textes zurück. Wir übersprangen Hegels Kritik an Schelling, der bei der Versicherung stehen bleibt, daß das Absolute das Eine sei, welches durch das Einswerden von Natur und Geist zu sich selbst kommt, der dies Zu-sich-selbst-Kommen aber nicht aus der Logizität der Sache beweist, sondern definitorisch postuliert.[41] Während Hegel dies zu beweisen verspricht. Das Wahre, sagt Hegel, ist nicht nur als Substanz, sondern ebensosehr als Subjekt aufzufassen. Was ist das Subjekt? – Das Sich-selbst-Wissende und -Begreifende. Und es begreift sich in seinem Werden: im Zu-sich-selbst-Kommen des Geistes. Die Substanz, die auch Subjekt ist, ist somit Selbstevidenz oder Werden des Begriffs. Die Wahrheit ist ja nicht ein Sachverhalt im Objekte, der vom Denken erfaßt wird und worin das Denken untergeht (Spinoza: statische Substanz, Einheit der vielen Attribute, Denken geht in der Substanz, die durch es

---

[41] Vgl. ebd., S. 21f. – Die implizite Kritik Hegels an Schelling, der an dieser Stelle nicht namentlich genannt wird, führt zum polemischen Satz: »Dies eine Wissen, daß im Absoluten alles gleich ist, der unterscheidenden und erfüllten oder Erfüllung suchenden und fordernden Erkenntnis entgegenzusetzen oder sein *Absolutes* für die Nacht auszugeben, worin, wie man zu sagen pflegt, alle Kühe schwarz sind, ist die Naivität der Leere an Erkenntnis.« (Ebd., S. 22)

evident wird, unter)⁴², Wahrheit ist auch nicht das absolute Subjekt im Sinne von Fichte, weil dieses nur das Allgemeine (Kategorien) total setzt und nicht zum eigentlichen Prozeß kommt; Wahrheit ist die Identität von Substanz und Subjekt, so, daß die Substanz im Subjekt (Begriff) zu sich selbst kommt und sich auslegt. Die Lehre vom Begriff oder die Logik ist daher die Selbstauslegung der Substanz: der Prozeß ihres Wissens von sich selbst. So ist sie lebendige Substanz, d. i. Substanz, die sich in ihrem Werden durch die Entzweiung und Negation hindurch begreift. Und sie begreift sich im Begriff. Der Begriff ist Subjektivität: das Absolute. Aber der Begriff als Absolutes ist nicht nur Subjektivität, er ist auch Begriff von *etwas*, d. h., er begreift sich gerade als Objektivität: als Substanz. So setzt die reine einfache Negativität des Subjekts, indem sie für-sich ist und alles andere negiert, gerade das Negierte als bedingendes Moment: die Objektivität. Beide vermitteln sich im Absoluten ihres Selbstseins. Vermittlung als Prozeß der Selbstevidenz des Absoluten.

---

42 So heißt es bei Spinoza: »Unter Substanz verstehe ich das, was in sich ist und durch sich begriffen wird, d. h. das, dessen Begriff nicht des Begriffs eines anderen Dinges nicht bedarf, von dem her er gebildet werden müßte. [...] Unter Attribut verstehe ich das, was der Verstand an einer Substanz als deren Essenz ausmachend erkennt.« (Baruch de Spinoza, Ethik in geometrischer Ordnung dargestellt [1677]. Lateinisch – Deutsch, hrsg., übers. und eingel. von Wolfgang Bartuschat, 4. Aufl., in: Baruch de Spinoza, Sämtliche Werke, Bd. 2, Hamburg 2015 [Philosophische Bibliothek; 92], S. 5)

Wintersemester 1950/51:
Begriff des Fortschritts

Philosophisches Hauptseminar mit Max Horkheimer

In diesem Semester hält Adorno zudem die philosophische Vorlesung »Ästhetik«, gibt Übungen zum »Problem des Kriteriums in der Musik« und hält das soziologische Kolloquium »Besprechung empirischer Forschungsarbeiten« ab

Das Seminar findet donnerstags statt

10 – 12 Archivzentrum Na 1, 882

10 [N.N.],
21. Dezember 1950

Protokoll der Seminarsitzung vom 21. 12. 1950.

Der Anarchismus ist ebenso wie der Sozialismus eine Kritik an der bürgerlichen Gesellschaft.[1] Der Sozialismus betont gegenüber der freien Wirtschaft die Planung, er versucht, der Willkür der ökonomischen Gesetze Herr zu werden, während im Anarchismus der Akzent auf der völligen Freiheit und Unabhängigkeit des Individuums vom Zwang gesellschaftlicher und politischer Bindungen liegt. Im Mittelpunkt steht die menschliche Autonomie, darum soll jeder Eigentum haben als Mittel zur Verwirklichung der eigenen Ziele. Denn die Vergesellschaftung ist nicht möglich auf dem Wege einer Reglementierung von oben. Diese extrem durchgeführte Unabhängigkeit des Einzelnen aber wird ohne Planung zur völligen Abhängigkeit aller vom jeweils Stärksten. Im Anarchismus wird noch die Voraussetzung des Liberalismus ernstgenommen, der zufolge der Mensch von Natur aus gut ist. Das bedeutet, daß der Aufbau der Gesellschaft mit der gleichen Freiheit und Unabhängigkeit aller beginnt und sich von daher entwickelt. In jeder anarchistischen Bewegung ist also mehr als die bloße Vergesellschaftung erstrebt, das Moment der Unmittelbarkeit wird mit einbezogen, während im Sozialismus die ganze Existenz des Individuums durch die Gesellschaft vermittelt ist, und jeder Versuch, die Unmittelbarkeit in irgendeiner Beziehung zu erhalten, als falsche Romantik abgelehnt wird.

Der Begriff des Fortschritts in der Philosophie der Aufklärung gehört zur geschichtsphilosophischen Konzeption. Überall, wo die Geschichtsphilosophie im Mittelpunkt der philosophischen Disziplinen steht, wird jedes radikal Neue und Andere ausgeschaltet. Die Wesensbestimmung des Menschen ist immer schon vorweggenommen in der Auslegung des menschlichen Schicksals als [das] einer Gattung. Aus dem gedachten oder geträumten Gang der Geschichte, dessen Fortschritt in der durch die Struktur der jeweiligen Gesellschaft vorgezeichneten Richtung verläuft, bestimmen wir endgültig das Wesen des Menschen.

Die Geschichte aber vollzieht sich nach einer göttlichen Bestimmung, d. h., die Weltgeschichte ist zugleich Weltgericht. Das ist der letzte Rest der Konzeption der christlichen Heilsgeschichte. Übel, Sünde und Tod sind hier wie dort aufgehoben im Hinblick auf eine zukünftige Vollendung, auf das jedem Fortschrittsdenken schon immanente Ziel. Vielleicht, daß sogar jede echte Geschichtsphilosophie, die sich an der Einmaligkeit allen Geschehens mißt, identisch ist mit dem

---

1 Ein Referatstext zu dieser Sitzung wurde nicht aufgefunden.

Gedanken des Fortschritts. Das Ziel jeder echten Geschichtsphilosophie, gleichgültig, ob sie einen Urzustand wieder herstellt oder ob sie einen noch nie gewesenen Zustand erreichen will, ist immer die Vollendung und als solche zugleich Rechtfertigung der noch nicht vollendeten Wirklichkeit, die zu einem Moment innerhalb des Fortschrittsprozesses wird. Von den 3 Geschichtstheorien, die die Geschichte als Fortschritt, Abfall oder Kreisbewegung sehen, ist die zyklische gar nicht im strengen Sinne geschichtlich, weil für sie die Einmaligkeit nicht für den Begriff Geschichte konstitutiv ist. Unser Interesse aber für die Geschichte leitet sich gerade davon her, daß wir von ihr keine Wiederholungen erwarten wie von einem naturwissenschaftlichen Experiment, sondern einen Fortschritt, eine Entscheidung nicht nur über die Zukunft unseres individuellen Schicksals, sondern auch über das Schicksal späterer Generationen. Der Gedanke, daß es in ferner Zukunft einmal Frieden, Gerechtigkeit und Freiheit geben wird, befriedigt uns, und es ist in ihm noch ein Abglanz des christlichen Gedankens von der Seligkeit. Wir hoffen, daß sich doch einmal die gesamte Menschheit in einer vollkommenen, menschlichen Gesellschaft konstituiert und daß sich darin der Sinn auch des Einzelnen und seiner Existenz erfüllt. Es ist die geschichtsphilosophische Fortsetzung des kalvinistischen Gedankens von der Prädestination, die sich am Erfolg manifestieren muß. Scheitern des Fortschritts würde endgültige Sinnlosigkeit unseres Handelns bedeuten. Der revolutionäre Sozialismus versucht, die Kluft zwischen diesem fernen Ziel, das unerreichbar scheint, und den unmittelbaren Interessen und ihrer Erfüllung zu schließen, indem er den Einzelnen im hohen Grade dafür verantwortlich macht, daß die Idee einer perfektionierten, menschlichen Gesellschaft zur Wirklichkeit wird.

11 Franz Bahl, 18. Januar 1951

Franz *Bahl*

Protokoll vom 18. 1. 1951

Zu Beginn der letzten Sitzung diskutierten wir die Frage: Was ist »raison« eigentlich und vor allem bei Condorcet, dessen Werk sie als ausgesprochener Vernunftoptimismus durchzieht, als Glaube an die Macht im Menschen und in der Welt, die allem Bestehenden den Stempel des Wertes oder Unwertes aufdrückt, und die so Natur und Gesellschaft im Laufe der Zeit aus Zuständen der Unordnung zu vernünftiger Gesetzmäßigkeit hinaufführt?[2] Überhaupt: Was verstand allgemein Condorcet mit seiner Zeit unter jener »raison«, die im Laufe der Geschichte allen Aberglauben und dessen politisches Korrelat: die Servilität, überwinden würde?

Ist raison individuelle oder subjektive Vernünftigkeit, d. h. die *Gescheitheit* eines mehr oder weniger wissenschaftlich beflissenen Privatiers? – Nein. Sie ist auch nicht das Kantsche Vermögen (Werkzeug), die Wahrheit zu erfahren, sondern einfach das, was *wahr* ist; ein Sachverhalt, der wahr ist jenseits des Subjekt-Objekt-Standpunktes; denn dieser war im damaligen Frankreich neutral. Tu as raison, du sagst die Wahrheit, d. h., du hast eine Sache so, wie sie ist, bestimmt, nämlich in ihrer Gesetzmäßigkeit so exakt wie ein mathematisch-physikalischer Befund. Es liegt auf der Hand: dieser Begriff der raison ist a) formal gegen die Offenbarung – der Inhalt kann wahr sein, muß aber erwiesen werden – b) gegen den Affekt gerichtet.

---

[2] Condorcet betont, seine Darstellung sei »historisch; denn sie ergibt sich, indem sie fortwährend der Veränderung unterliegt, aus der mit der Zeit fortrückenden Beobachtung der menschlichen Gesellschaften in den verschiedenen Epochen, die sie durchliefen. Sie muß die Veränderungen in ihrer Gesetzmäßigkeit wiedergeben, den Einfluß eines jeden Augenblicks auf den folgenden darstellen und auf diese Weise an den Modifikationen, welche das Menschengeschlecht erfuhr, indem es sich inmitten der Unermeßlichkeit der Zeiträume unablässig erneuerte, den Weg dartun, dem es folgte, die Schritte zeigen, die es in Richtung auf die Wahrheit oder das Glück tat. Die Betrachtung dessen, was der Mensch war, und dessen, was er heute ist, wird uns dann zu den Mitteln führen, die weiteren Fortschritte, die seine Natur ihn noch erhoffen läßt, zu sichern und zu beschleunigen.« (Condorcet, Esquisse d'un tableau historique des progrès de l'esprit humain · Entwurf einer historischen Darstellung der Fortschritte des menschlichen Geistes [1795], hrsg. von Wilhelm Alff, übers. von Wilhelm Alff in Zusammenarb. mit Hermann Schweppenhäuser, Frankfurt a. M. 1963, S. 29)

Jetzt ist der vernünftige Mensch, der Mensch, der raison hat und der weiß, daß er damit die Wahrheit hat, auch mit sich selber versöhnt. Alles Widernatürliche ist zugleich widervernünftig – was sich in der französischen Sprache entspricht –, und Aufgabe der raison ist es daher, in der Geschichte die Vernunft über alle Bereiche des Lebens herrschen zu lassen. So ist die raison mit dem Fortschritt verknüpft. Sie bedeutet also bei Condorcet Fortschritt als Bewältigung der Unvernunft, des Irrationalen etc.

Geschichte zeigt sich als Geschichte des Fortschritts; doch so, daß jede Epoche zwei Seiten hat: die negative und die positive. Nur so drängt ja die Geschichte über ihren präsenten Zustand hinaus, indem sich die verschiedenen Seiten aufheben in den – nun Condorcet – nächsthöheren, d. i. vernünftigeren. (Z. B. seine Kritik am Mittelalter: negative Perioden sind Bedingung des Fortschreitens der raison, ebenso materielle Widerstände, Rückständigkeiten etc.)[3] – Frage: Wird hier nicht Condorcet zu sehr von Hegels Dialektik her interpretiert?

Ich gebe nun stichwortartig den Gang des Referats[4] wieder und schicke voraus, daß es von keiner besonders hervorzuhebenden Diskussion unterbrochen wurde.

Condorcets Begriffe und ihre Bedeutung:

Die Anschauung (teilt er mit seinem Jh.). Das Angeschaute, der Gegenstand der Natur ist *evident*. Seine raison (Wahrheit) ist das, was er ist: seine Evidenz. Die Natur ist Produktion schlechthin (Physiokraten). Die Kräfte der Natur sind Produktionsmittel, bei deren Bewältigung und Verarbeitung sich die raison entwickelt. Daraus ergibt sich schon der Wandel der Wahrheit. Keine metaphysischen Spekulationen, sondern Erkenntnis empirischer Sachverhalte. Gedanken werden aus Sensationen abgeleitet. Sensationen gehen auf empirische Gegebenheiten zurück. Darum sind Religion, Metaphysik eine Form des Aberglaubens.[5] Es bleibt: das *Denken*. Und Denken allein führt zur Perfektibilität, zu dem Zustand, auf den alles Leben gerichtet ist. Und Denken schafft endlich auch: Gesetz und Recht.[6]

Während die Natur Produktion ist, kommt in der Gesellschaft Aktivität hinzu. Produktion und Aktivität, welche auch die Leidenschaften umspannt, bewegen

---

3 Vgl. den Abschnitt »Von den ersten Fortschritten der Wissenschaften nach ihrer Wiederherstellung im Abendland bis zur Erfindung des Buchrucks«, ebd., S. 189–205.
4 Ein Referatstext zu dieser Sitzung wurde nicht aufgefunden.
5 Vgl. ebd., S. 27–29.
6 Condorcet spricht von der »Entstehung einer Klasse von Menschen, die man nicht anders bezeichnen kann denn als Wahrer der wissenschaftlichen Prinzipien und der technischen Verfahrensweisen, als Hüter der Mysterien und religiösen Zeremonien, der Praktiken des Aberglaubens und oft auch der Geheimnisse der Gesetzgebung und der Politik.« (Ebd., S. 53)

die Welt.[7] Geschichte des Fortschritts in drei Stadien: 1) animalisch-natürlich, 2) religiös-metaphysisch, 3) mathematisch-vernünftig: das wissenschaftliche Stadium. (Vgl. Hegels Stufenvorstellung der Geschichte!)[8]

Feinde des Fortschritts: – Aberglaube ... Despotismus.

Aberglaube [ist] in der Religion zu Hause. Daraus folgt der Despotismus. Beide scheuen die raison. Sie sind das Negative der Geschichte, das *Böse*. – Despotismus: – Macht der Waffen. Aberglaube: – Macht der Priester. Beider Ziel: Nicht Aufklärung, sondern Herrschaft. Dem kommt die Unwissenheit, Sensationslust etc. des Volkes entgegen.

Die Wahrheit der Religion, der philosophisch-metaphysischen Systeme liegt allein in der *Moral*. Tugendhaft leben. Es handelt sich aber um eine vom Aberglauben gereinigte Moral. Wir sehen: die Religion wird auf die Moral reduziert. (Kant etc.)

---

[7] Ab hier folgen Paraphrase und Interpretation des Werks von Condorcet.

[8] In seinen »Vorlesungen über die Philosophie der Geschichte« [1837] erklärt Hegel, »die Weltgeschichte ist die Darstellung des göttlichen, absoluten Prozesses des Geistes in seinen höchsten Gestalten, dieses Stufenganges, wodurch er seine Wahrheit, das Selbstbewußtsein über sich erlangt.« (HW, Bd. 12, S. 73) »Die Weltgeschichte stellt nun den *Stufengang* der Entwicklung des Prinzips, dessen *Gehalt* das Bewußtsein der Freiheit ist, dar. Die nähere Bestimmung dieser Stufen ist in ihrer allgemeinen Natur logisch, in ihrer konkreteren aber in der Philosophie des Geistes anzugeben.« (Ebd., S. 77) – »So ist hiermit schon gesagt, daß die gegenwärtige Gestalt des Geistes alle früheren Stufen in sich begreift. Diese haben sich zwar als selbständig nacheinander ausgebildet; was aber der Geist ist, ist er an sich immer gewesen, der Unterschied ist nur die Entwicklung dieses Ansich. Das Leben des gegenwärtigen Geistes ist ein Kreislauf von Stufen, die einerseits noch nebeneinander bestehen und nur andererseits als vergangen erscheinen. Die Momente, die der Geist hinter sich zu haben scheint, hat er auch in seiner gegenwärtigen Tiefe.« (Ebd., S. 105)

12 [N.N.],
1. Februar 1951

Protokoll der Seminarsitzung vom 1. Februar 1951

Bei unserem Gang durch die Geschichte, der den verschiedenen Konzeptionen des Fortschrittsgedankens gewidmet ist, betrachten wir weiterhin Johann Gottfried Herders geschichtsphilosophische Schriften: die frühere Bückeburger »Auch eine Philosophie der Geschichte zur Bildung der Menschheit« und die spätere Weimarer »Ideen zur Philosophie der Geschichte der Menschheit«.[9] Herder hatte zwar von Kant und Hume die Abneigung gegen alle metaphysische Spekulation übernommen und hielt sich bei all seinen Arbeiten zunächst streng an die empirischen wie historischen Gegebenheiten; jedoch beseelte ihn ein gegen die Aufklärung gerichteter zeitkritischer Geist, der dem geschichtsphilosophischen Denken eine neue Richtung und neue Impulse geben sollte. Während die französischen Aufklärer ihren Ausgangspunkt vorzüglich in der Kritik der Struktur der Gesellschaft und deren Geschichte nahmen, verfolgte Herder die Geistes- und Entwicklungsgeschichte der Menschheit. Entscheidend hierfür war die Entdeckung der Identität der organischen Entfaltung und Steigerung im Naturgeschehen mit derjenigen der Geschichte der Menschheit. Dabei knüpfte der an das System Leibnizens an, das vor allem dann für Jacobi und Fichte Bedeutung gewann. Herder aber lenkte seinen Blick weniger auf die Entfaltung der Einzelindividualität, als auf die von Leibniz aufgewiesene ausgezeichnete Möglichkeit des Menschen, der seine Perzeptionen sich bewußt machen kann und so die Erscheinungs- und Entwicklungsformen in Natur und Geschichte denkend zu durchleuchten und eine Harmonie der Welt zu entdecken vermag, mit der Gott, wenn nicht faßbar, dann doch erahnbar wird. Gott hat dem Menschen die Überschau anvertraut.

Betrachtet man die einzelnen Zeitalter, so sagt Herder, dann offenbart sich der Wert eines jeden. Jede Epoche besitzt ihre eigene Individualität und ist zugleich

---

9 Vgl. Johann Gottfried Herder, Auch eine Philosophie der Geschichte zur Bildung der Menschheit [1774], in: Johann Gottfried Herder, Werke in zehn Bänden, hrsg. von Gunter Arnold, Martin Bollacher, Jürgen Brummack, Christoph Bultmann, Ulrich Gaier, Gunter E. Grimm, Hans Dietrich Irmscher, Regine Otto, Rudolf Smend, Johannes Wallmann, Rainer Wisbert und Thomas Zippert, Bd. 4, hrsg. von Jürgen Brummack und Martin Bollacher, Frankfurt a. M. 1994 (Bibliothek deutscher Klassiker; 105), S. 9–107, sowie Johann Gottfried Herder, Ideen zur Philosophie der Geschichte der Menschheit [1784/1785/1787/1791], in: Herder, Werke in zehn Bänden, a.a.O., Bd. 6, hrsg. von Martin Bollacher, Frankfurt a. M. 1989 (Bibliothek deutscher Klassiker; 154).

Bedingung für die folgende, die haßerfüllt sich gegen die frühere wendet.[10] Nur scheinbar widerspricht dies dem Gedanken Hegels, daß in *einer* Epoche die Bedingungen für eine folgende liegen und diese Bedingungen in der neuen einbegriffen und aufgehen werden.[11] Der auf die vergangene Epoche gerichtete Haß ist hier wie überhaupt sachlich gegründet, also mehr als ein negatives Gegenstück zur Liebe. Das Vergangene ist hassens*wert*, weil es dümmer war als man selbst. Diese Dummheit wird aber zur eigenen Erleuchtung gebraucht. Alles wird gefunden, was man zu seiner Begründung sucht. Haß will gerecht urteilen. Er gründet auf dem Wissen um das Fortgeschrittensein und dem Willen zur Steigerung (Nietzsche)[12]. Die Treue zu sich selbst und zum Vergangenen verpflichtet einen, dieses zu hassen. Man muß sich im Wandel zu bewahren wissen. Der Volksgeist bewahrte sich auch in Völkern, die untergegangen sind. (Zum Haß vgl. H. Lipps: Die menschliche Natur S. 126 f.)[13]

---

10 »Konnte, wie gezeigt, sich schon der Grieche so sehr am Aegypter irren und der Morgenländer den Aegypter hassen: so dünkt mich, sollts doch erster Gedanke sein, ihn bloß *auf seiner Stelle* zu sehen, oder man sieht zumal aus Europa her, die verzogenste Fratze. Die Entwicklung geschah aus Orient und der Kindheit herüber – natürlich mußte also noch immer *Religion, Furcht, Autorität, Despotismus* das *Vehikulum der Bildung* werden: denn auch mit dem Knaben von sieben Jahren läßt sich noch nicht, wie mit Greis und Manne *vernünfteln*. [...] Du kannst so viel Galle du willst, über den ägyptischen *Aberglauben* und das *Pfaffentum* ausschütten, als z. B. jener liebenswürdige Plato Europens, der nur alles zu sehr nach griechischem Urbilde modeln will, getan hat – alles wahr! alles gut, wenn das Aegyptentum *für dein Land* und *deine Zeit* sein sollte. Der Rock des Knabens ist allerdings für den Riesen zu kurz!« (Herder, Auch eine Geschichte der Menschheit, a. a. O. [s. vorige Anm.], S. 22)

11 S. oben, Anm. 8.

12 Vgl. etwa Nietzsches Aphorismus »*Das Ueber-Thier*«: »Die Bestie in uns will belogen werden; Moral ist Nothlüge, damit wir von ihr nicht zerrissen werden. Ohne die Irrthümer, welche in den Annahmen der Moral liegen, wäre der Mensch Thier geblieben. So aber hat er sich als etwas Höheres genommen und sich strengere Gesetze auferlegt. Er hat desshalb einen Hass gegen die der Thierheit näher gebliebenen Stufen: woraus die ehemalige Missachtung des Sklaven, als eines Nicht-Menschen, als einer Sache zu erklären ist.« (NW, Bd. 2, S. 64)

13 »Im Haß richtet man sich aber gerade auf den anderen. Man verfolgt ihn geradezu in Gedanken und kann nicht loskommen. Antipathie kann z. B. umschlagen in Haß. Nämlich dann, wenn man durch Umstände und Lebensverhältnisse gezwungen ist, in der Nähe des anderen auszuhalten. Notgedrungen beschäftigt man sich dann mit ihm. Als Gedanke wird hier die Antipathie aufgenommen; Haß verantwortet sie. Man sucht sich zu beweisen, daß der andere hassens*wert* ist. Haß will gerecht sein. Er genießt und durchkostet die Dummheit, die ihn bestätigt. Haß steigert sich so. Und man placiert sich darin. Haß verzehrt, man gibt sich aus darin. Sofern er nämlich – oft wahnhaft – alles in seinen Kreis zu ziehen suchen kann. Die größte Kraft sammelt sich darin. Antipathie sperrt Zugänge, Haß verblendet aber geradezu. Antipathie hindert einen an etwas, man sucht sie zu überwinden oder wenigstens sich darüber hinwegzusetzen. Sicherlich – man ›kann nichts gegen seine Natur‹. Das bedeutet hier aber lediglich, daß die Apathie eine

Andererseits aber gehört es zum Lebendigsein des Menschen, daß er sich spontan aus der Fülle und Totalität des Lebenkönnens bewegen kann. Der Mensch ist nur ein solcher, wenn er auch ein anderer ist. Hegel geht über die Starrheit der logischen Gesetze hinaus, was sich z.B. auch darin zeigt, daß er Begriff sagt und Lebewesen, Tier oder Mensch meint. Wer dagegen eine Forderung unnachgiebig festhält, verliert leicht seine Beweglichkeit. Man kann es sich selbst und den Weltanschaulern aller Provinzen gar nicht deutlich genug vorstellen – wenn sie auch meinen, die ewige Wahrheit gefunden zu haben –, daß das sture Beharren in einer Erkenntnis leicht zur Ideologie wird. Wenn es einem Menschen z.B. gelingen sollte, eine gesellschaftskritische Einsicht in die Wirklichkeit umzusetzen, dann wird er, wenn es ihm wirklich um die Sache geht, nicht umhin können, die zum Faktum gewordene These wieder in Frage zu stellen, ja im Geheimen sich bereits mit ihrer Bekämpfung zu befassen. Der Blick auf die Totalität sichert nicht nur innere Beweglichkeit, sondern auch mögliche Versöhnung. Das Christentum zum Beispiel verdankt den großen Einfluß vor allem seiner Großzügigkeit in der Aufnahme heidnischer Überlieferungen, die es vor dem mimetischen Tabu bewahrten, im Gegensatz zu den strengen monotheistischen Religionsgesetzen etwa des Judentums, die zu einem bedrängenden Zwang wurden, neben der darin auch beschlossenen starken traditionsbildenden Kraft.

Hatte Herder in der Bückeburger Schrift vor allem die organische Entwicklung in der Geschichte herausgestellt, so betonte er in den »Ideen« mehr das Gesetz der Steigerung.[14] Sammlung und Einung sind das Ziel der Geschichte. Alles Geschehen wird als natürliche Entfaltung geschildert. Der Mensch und die Verwirklichung der Humanität sind die Endprodukte des organischen Wachstumsprozesses. Bestimmen so zwar Herkunft, Tradition, klimatische Bedingungen die Besonderheiten der einzelnen Völker, so ist damit kein Werturteil ausgesprochen oder ein abstrahierender Rassenbegriff gesetzt. Diese werden durch den Gedanken der Humanität gerade ausgeschlossen; denn Klassifikationen dieser Art betrachten den Menschen nur als Naturseiendes, als ein von dem Menschsein eigentlich Getrenntes, Abhängiges, Unterlegenes. Herder aber sieht in der

---

Affektion ist. Haß ist aber ein Sinnen und Denken. Jemandes Haß trägt im Unterschied zur Apathie, die jemandes Natur charakterisiert, schon das Gepräge seines Geistes.« (Hans Lipps, Die menschliche Natur, Frankfurt a. M. 1941 [Frankfurter wissenschaftliche Beiträge · Kulturwissenschaftliche Reihe; 8], S. 126 f.)

14 Vgl. etwa die Abschnitte »In der Schöpfung unserer Erde herrscht eine Reihe aufsteigender Formen und Kräfte«, in: Herder, Ideen zur Philosophie der Geschichte der Menschheit, a.a.O. (s. Anm. 9), S. 166–170, sowie »Das Menschengeschlecht ist bestimmt, mancherlei Stufen der Kultur in mancherlei Veränderungen zu durchgehen; auf Vernunft und Billigkeit aber ist er dauernde Zustand seiner Wohlfahrt wesentlich und allein gegründet [...]«, ebd., S. 647–664.

Naturgeschichte schon mehr ein historisches Geschehen und kommt so zur Feststellung der Identität mit der »Geschichte zur Bildung der Menschheit«. Der Humanitätsbegriff wie das höchste Seiende der Natur gehen auf ein gemeinsames, irrationalistisches Sein zurück. Eine ursprüngliche, organische Kraft ist die Mutter aller Entfaltung.

Der aufrechte Gang des Menschen nun war die Bedingung der Möglichkeit seiner besonderen Entwicklung. Er war die Voraussetzung der Vernunfttätigkeit und der Ursprung der Freiheit. Zunächst entstand die Sprache auf natürliche Weise, wie die Preisschrift ausführt.[15] Der spontane Ruf, als Antwort auf ein für den Menschen zunächst Unfaßbares, enthielt ein Doppeltes: er war sowohl Ausdruck an sich wie Repräsentation, Mimesis des Phänomens.[16] Das Streben, es beherrschen zu wollen, führte zur Sprache, Reflexion und der Vernunft. Die Humanität wuchs also ebenfalls aus einer organischen Entwicklung. Die Sprache erst machte den Menschen menschlich. Dem Tier kommt nur der »Ausdruck an sich« zu und noch nicht Mimesis, Ausdruck für »es«. Mit der spezifisch menschlichen Möglichkeit bei dem andern zu sein, entsteht zugleich genetisch ein Dualismus, der z. B. Sexualität und Liebe auseinanderfallen läßt. Das Tier hingegen (mit Ausnahme einiger Fischarten u. a.) hat Zärtlichkeit, was[17] im Mütterlichen seinen Ursprung hat.

Kants Angriff auf Herders Lebenskategorie der Kraft war von seinem auf die Möglichkeit der Erkenntnis gerichteten Denken sehr verständlich.[18] Vermittelte jener Begriff doch metaphysische Erkenntnisse, ohne deren vernünftige Möglichkeiten aufgewiesen zu haben und verwüstete somit alle Grundlagen einer

---

15 Die »Abhandlung über den Ursprung der Sprache« wird zuerst 1772 in Berlin veröffentlicht, nachdem sie zuvor von der Berliner Akademie der Wissenschaften preisgekrönt worden ist; vgl. Herder, Werke in zehn Bänden, a. a. O. (s. Anm. 9), Bd. 1, hrsg. von Ulrich Gaier, Frankfurt a. M. 1985 (Bibliothek deutscher Klassiker; 1), S. 695–810.
16 Vgl. ebd., S. 698–700.
17 Konjiziert für: »das«.
18 »In dieser Philosophie (der Tugendlehre) scheint es nun der Idee derselben gerade zuwider zu sein, bis zu *metaphysischen Anfangsgründen* zurückzugehen, um den Pflichtbegriff, von allem Empirischen (jedem Gefühl) gereinigt, doch zur Triebfeder zu machen. Denn was kann man sich für einen Begriff von einer Kraft und herkulischer Stärke machen, um die lastergebärende[n] Neigungen zu überwältigen, wenn die Tugend ihre Waffen aus der Rüstkammer der Metaphysik entlehnen soll? welche eine Sache der Spekulation ist, die nur wenig Menschen zu handhaben wissen. Daher fallen auch alle Tugendlehren, in Hörsälen, von Kanzeln und in Volksbüchern, wenn sie mit metaphysischen Brocken ausgeschmückt werden, ins Lächerliche.« (KW, Bd. XIII, S. 503 f. [A IV f.])

wissenschaftlichen Metaphysik. Allein, alles Vernünftige ist nicht immer wahr. Herder hatte schon in der »Metakritik« ausgeführt, daß kein unvermittelter Gegensatz zwischen der Erscheinung und Reflexion bestehe.[19] Es ist darum völlig absurd, die Vernunft absolut zu setzen.

Herder übersah nun keineswegs das Übel in der Welt, sondern deutete es positiv. Es suchte zu zeigen, wie auch es sein Teil zum Streben nach Harmonie beitrug. Wenn ein Beharrungszustand durchbrochen wird, und ein scheinbar unauflösliches Chaos herrscht, dann können wir getrost darauf vertrauen, daß das Gegeneinander sich auspendelt und ein Fortschritt dadurch erreicht wird. Mit der Kriegskunst z. B. wurde ein Instrument geschaffen, das den Blick der Menschen auf sich zog und den in dem »Räuberhandwerk« von ehedem beschlossenen Haß zurücktreten ließ. »Also hat nach einem unabänderlichen Gesetz der Natur das Übel selbst etwas Gutes erzeugt, indem die Kriegskunst den Krieg einem Teile nach vertilgt hat.«[20] Das ist einerseits eine Verharmlosung; denn je mehr die Menschen die Möglichkeit zum Guten haben, desto böser werden sie offenbar. Andererseits steckt darin eine Wahrheit: je einfacher die Handhabung einer Maschinerie wird, um so leichter läßt sich deren Auslösung verhindern, so sollte man wenigstens annehmen. –

---

19 Vgl. Johann Gottfried Herder, Eine Metakritik zur Kritik der reinen Vernunft [1799], in: Herder, Werke in zehn Bänden, a. a. O. (s. Anm. 9), Bd. 8, hrsg. von Hans Dietrich Irmscher, Frankfurt a. M. 1998 (Bibliothek deutscher Klassiker; 154), S. 303–640.
20 Herder, Ideen zur Philosophie der Geschichte der Menschheit, a. a. O. (s. Anm. 9), S. 644.

Wintersemester 1951/52:
Kants »Kritik der Urteilskraft«

Philosophisches Hauptseminar mit Max Horkheimer

In diesem Semester hält Adorno zudem die philosophische Vorlesung »Der Begriff der Philosophie« und gibt die philosophische Übung »Bergson, ›Introduction à la métaphysique‹«

Das Seminar findet donnerstags statt

13–20 Archivzentrum Na 1, 882

13 Hannelore Faden, 22. November 1951

Hannelore Faden

Protokoll[1] vom 22. XI. 1951

Während des Referats[2] ergab sich die Notwendigkeit, verschiedene Grundbegriffe der Kritik der Urteilskraft näher zu bestimmen. Was genau meint Urteilskraft? Sie ist die Fähigkeit des Bewußtseins, Allgemeines und Besonderes aufeinander zu beziehen, das Aufgehen des Besonderen im Allgemeinen nur zu denken. Sie ist also die produktive Denkkraft überhaupt und gehört zu den oberen (autonomen) Seelenvermögen.

Bei der bestimmenden Urteilskraft ist das Allgemeine (die Naturgesetze z. B.) vom Verstand gegeben und ihre einzige Aufgabe besteht dann in der Unterordnung des Besonderen unter das allgemeine Gesetz oder Prinzip.[3]

Die reflektierende Urteilskraft jedoch, mit der allein die Kritik der Urteilskraft zu tun hat, findet nur das Besondere vor, nicht aber ein allgemeines Gesetz. Ihre erste Aufgabe ist also, ein solches Prinzip zu finden. Und zwar ist diese Regel, die sich die reflektierende Urteilskraft selbst gibt, das Prinzip der Zweckmäßigkeit.[4]

---

1 Die Vorlage ist handschriftlich verfasst.
2 Der entsprechende Referatstext wurde nicht aufgefunden.
3 »Urteilskraft überhaupt ist das Vermögen, das Besondere als enthalten unter dem Allgemeinen zu denken. Ist das Allgemeine (die Regel, das Prinzip, das Gesetz) gegeben, so ist die Urteilskraft, welche das Besondere darunter subsumiert, (auch, wenn sie, als transzendentale Urteilskraft, a priori die Bedingungen angibt, welchen gemäß allein unter jenem Allgemeinen subsumiert werden kann) *bestimmend*. [...] *[Absatz]* Die bestimmende Urteilskraft unter allgemeinen transzendentalen Gesetzen, die der Verstand gibt, ist nur subsumierend; das Gesetz ist ihr a priori vorgezeichnet, und sie hat also nicht nötig, für sich selbst auf ein Gesetz zu denken, um das Besondere in der Natur dem Allgemeinen unterordnen zu können.« (KW, Bd. IX, S. 251f. [B XXVI; A XXIV])
4 »Ist aber nur das Besondere gegeben, wozu sie das Allgemeine finden soll, so ist die Urteilskraft bloß *reflektierend*. *[Absatz]* [...] Die reflektierende Urteilskraft, die von dem Besondern in der Natur zum Allgemeinen aufzusteigen die Obliegenheit hat, bedarf also eines Prinzips, welches sie nicht von der Erfahrung entlehnen kann, weil es eben die Einheit aller empirischen Prinzipien unter gleichfalls empirischen aber höheren Prinzipien, und also die Möglichkeit der systematischen Unterordnung derselben unter einander, begründen soll. [...] *[Absatz]* Weil nun der Begriff von einem Objekt, sofern er zugleich den Grund der Wirklichkeit dieses Objekts enthält, der *Zweck*, und die Übereinstimmung eines Dinges mit derjenigen Beschaffenheit der Dinge, die nur nach Zwecken möglich ist, die *Zweckmäßigkeit* der Form derselben heißt: so ist das Prinzip der Urteilskraft, in Ansehung der Form der Dinge der Natur unter empirischen Gesetzen überhaupt,

Wann ist nun ein Phänomen zweckmäßig oder ein Zweck? Wenn der Begriff eines Gegenstandes als sein Existenzgrund angesehen werden kann. D.h., ein Objekt wird erst wirklich oder notwendig durch die Einheit, die ihm der Begriff verleiht. Oder anders: der Gegenstand ist nicht nach bloßen mechanischen Naturgesetzen möglich, wie wir ihn als Sinnesgegenstand mit dem Verstand erkennen. Sondern: ein Gegenstand als Wirkung betrachtet, kann nur dann als möglich gedacht werden, wenn ich einen Begriff von dieser Wirkung habe. Erst von diesem Begriff der Wirkung aus ist dann die Ursache zu bestimmen.[5] (e. Begriff der Vernunft.)[6]

Dies ist aber nicht gleichzusetzen mit der aristotelischen oder scholastischen Teleologie, wo jedes Ding aus seinem Begriff abgeleitet und erklärt werden kann, weil die Zweckmäßigkeit objektiv darin angelegt, der Zweck ins Ding verlegt ist. Damit gehörte die Teleologie nur ins Gebiet der bestimmenden Urteilskraft, während Kant immer wieder die Subjektivität dieser Beziehung zwischen Ding und Vernunft betont. Die Zweckmäßigkeit ist eine unserer Vernunft notwendige Fiktion, durch die nicht erklärt und abgeleitet, sondern beurteilt wird und ohne die unser Begreifen gänzlich zufällig bleiben würde. (»Gesetzlichkeit des Zufälligen«[7].)

---

die *Zweckmäßigkeit der Natur* in ihrer Mannigfaltigkeit. D. i. die Natur wird durch diesen Begriff so vorgestellt, als ob ein Verstand den Grund der Einheit des Mannigfaltigen ihrer empirischen Gesetze enthalte. *[Absatz]* Die Zweckmäßigkeit der Natur ist also ein besonderer Begriff a priori, der lediglich in der reflektierenden Urteilskraft seinen Ursprung hat. « (Ebd., S. 251–253 [B XXV–XXVIII; A XXIV–XXVI])

5 »Allein, wenn die Bestimmungsgründe der Kausalität nach dem Freiheitsbegriffe (und der praktischen Regel die er enthält) gleich nicht in der Natur belegen sind, und das Sinnliche das Übersinnliche im Subjekte nicht bestimmen kann: so ist dieses doch umgekehrt (zwar nicht in Ansehung des Erkenntnisses der Natur, aber doch der Folgen aus dem ersteren auf die letztere) möglich, und schon in dem Begriffe einer Kausalität durch Freiheit enthalten, deren Wirkung diesen ihren formalen Gesetzen gemäß in der Welt geschehen soll, obzwar das Wort Ursache, von dem Übersinnlichen gebraucht, nur den Grund bedeutet, die Kausalität der Naturdinge zu einer Wirkung, gemäß ihren eigenen Naturgesetzen, zugleich aber doch auch mit dem formalen Prinzip der Vernunftgesetze einhellig, zu bestimmen, wovon die Möglichkeit zwar nicht eingesehen, aber der Einwurf von einem vorgeblichen Widerspruch, der sich darin fände, hinreichend widerlegt werden kann.« (Ebd., S. 271 [B LV; A LIII])

6 So in der Vorlage.

7 »Da nun aber das Besondere, als ein solches, in Ansehung des Allgemeinen etwas Zufälliges enthält, gleichwohl aber die Vernunft in der Verbindung besonderer Gesetze der Natur doch auch Einheit, mithin Gesetzlichkeit, erfordert (welche Gesetzlichkeit des Zufälligen Zweckmäßigkeit heißt), und die Ableitung der besonderen Gesetze aus den allgemeinen, in Ansehung dessen, was jene Zufälliges in sich enthalten, a priori durch Bestimmung des Begriffs vom Objekte unmöglich ist: so wird der Begriff der Zweckmäßigkeit der Natur in ihren Produkten ein für die menschliche Urteilskraft in Ansehung der Natur notwendiger, aber nicht die Bestimmung der Objekte selbst

Dies gilt auch da, wo Kant von einer realen (objektiven) Zweckmäßigkeit spricht im Gegensatz zu der formalen (bloß subjektiven), nach welcher Unterscheidung er ja die Kritik der Urteilskraft in die der teleologischen und ästhetischen gliedert.⁸

Der Begriff der formalen Zweckmäßigkeit wird hergestellt durch die Naturschönheit, die der realen Zweckmäßigkeit durch die Naturzwecke.

Als Naturzwecke betrachtet Kant alle organisierten Wesen, deren Teile wechselseitig voneinander Wirkung und Ursache sind, in keinem alles zugleich Zweck und Mittel ist. Diese innere Wechselbeziehung verbindet die Teile zu einem einheitlichen Ganzen, dessen Idee wiederum die Teile, ihre Verbindungsweise und Form bestimmt.⁹

In diesem Zusammenhang erwies es sich als recht schwierig, den Begriff der inneren Form deutlich zu machen, der die Beurteilung eines Dinges als Naturzweck begründet. Seine negative Umschreibung ergab, daß er nicht in der mathematisch-mechanischen Klassifikation der Natur erfaßt werden kann, daß er dem Gegenstand nicht vom Verstand kategorial aufgeprägt wird. Sondern er kommt ihm aus sich heraus zu, ist ihm immanent. Er meint die innere Naturvollkommenheit (die auf ein übersinnliches Substrat der Natur deutet). Die Strukturiertheit, die erst die wirkliche Ordnung in der Fülle des Erkenntnismaterials begründet und die dem anschauenden Verstand die unerhörte Leistung ermöglicht, die sich organisierenden Naturprodukte unmittelbar als Einheiten zu sehen, zugleich mit all ihren Bedingungen. Diese Einheiten gibt es in der Kritik der reinen Vernunft gar nicht. Nur der Begriff des Dings an sich läßt dort Raum frei

---

angehender, Begriff sein, also ein subjektives Prinzip der Vernunft für die Urteilskraft, welches als regulativ (nicht konstitutiv) für unsere *menschliche Urteilskraft* eben so notwendig gilt, als ob es ein objektives Prinzip wäre.« (KW, Bd. X, S. 521 f. [B 344; A 340])

8 »Obzwar unser Begriff von einer subjektiven Zweckmäßigkeit der Natur in ihren Formen, nach empirischen Gesetzen, gar kein Begriff vom Objekt ist, sondern nur ein Prinzip der Urteilskraft, sich in dieser ihrer übergroßen Mannigfaltigkeit Begriffe zu verschaffen (in ihr orientieren zu können): so legen wir ihr doch hiedurch gleichsam eine Rücksicht auf unser Erkenntnisvermögen nach der Analogie eines Zwecks bei; und so können wir die Naturschönheit als Darstellung des Begriffs der formalen (bloß subjektiven), und die Naturzwecke als Darstellung des Begriffs einer realen (objektiven) Zweckmäßigkeit ansehen, deren eine wir durch Geschmack (ästhetisch, vermittelst des Gefühls der Lust), die andere durch Verstand und Vernunft (logisch, nach Begriffen) beurteilen. *[Absatz]* Hierauf gründet sich die Einteilung der Kritik der Urteilskraft in die der ästhetischen und teleologischen; indem unter der ersteren das Vermögen, die formale Zweckmäßigkeit (sonst auch subjektive genannt) durch das Gefühl der Lust oder Unlust, unter der zweiten das Vermögen, die reale Zweckmäßigkeit (objektive) der Natur durch Verstand und Vernunft zu beurteilen, verstanden wird.« (KW, Bd. IX, S. 268 [B L f.; A XLVIII f.])

9 Vgl. den Abschnitt »Vom Prinzip der Beurteilung der innern Zweckmäßigkeit in organisierten Wesen«, KW, Bd. X, S. 488–490 (B 295–298; A 292–294).

auch für den der inneren Form, die beide da auszugleichen suchen, wo der Phänomenalismus nicht ausreicht zur Erfassung des Objekts. Wie eng die Beziehung zwischen beiden Begriffen wirklich ist, war noch nicht ganz geklärt.

14 Elisabeth Götte, 29. November 1951

Protokoll der Sitzung am 29. 11. 51.

Das Protokoll der letzten Sitzung löste nochmals die Frage aus, was Kant unter Urteilskraft verstehe und wie er ihre Funktion unter die anderen Erkenntnisvermögen, Verstand und Vernunft, einordne. Die Kritik der reinen Vernunft, die den Verstand als Vermögen von Regeln bestimmt, weist der Urteilskraft die Aufgabe zu, unter diese zu subsumieren.

Zitat: »Das ist, zu unterscheiden, ob etwas unter einer gegebenen Regel stehe oder nicht.« (S. 233.)[10]

Urteilskraft besagt somit die Fähigkeit, Besonderes unter Allgemeinem enthalten zu denken. Somit läßt sich ihr spezifischer Sinn mit dem identifizieren, was wir gemeinhin mit Intelligenz bezeichnen. Denn Intelligenz sprechen wird demjenigen zu, der es versteht, ein Objekt trotz seiner zufälligen Vereinzelung in seiner sachlichen Struktur nach einer allgemeinen Regelhaftigkeit, d.h. schlechthin begrifflich zu erfassen. Durch Intelligenz gewinnen wir die Einsicht, in welche Begriffsordnung ein einzelner Gegenstand gehört. Allgemeiner Begriffe und abstrakter Regeln sich bewußt zu sein, kann Ergebnis von Lerneifer und einem guten Gedächtnis sein, dessen sich auch die Dummheit unter Umständen rühmen kann. Die Fähigkeit, diese Regeln in der Erfahrungspraxis auf eine Mannigfaltigkeit von Erscheinungen richtig anzuwenden, bleibt allein der Urteilskraft als Intelligenz oder Denkkraft vorbehalten. Die Kategorien des reinen Verstandes sind notwendige Bedingungen einer einheitlichen Erfahrung überhaupt, sie konstituieren die Objektivität unserer Erfahrung. Die Anwendung aber der reinen Kategorien auf die Gegenstände garantiert allein die Urteilskraft. Die Aufgabe der Urteilskraft ist also der objektive Vollzug der konkreten Erfahrung, die Vermittlung zwischen dem jeweils Gegebenen und dem Allgemeinen.

In zweifacher Hinsicht nun findet die Urteilskraft ihre Anwendung. Erstens in der Form, daß sie Einzelnes unter einen vorausgesetzten Allgemeinbegriff subsumiert, zweitens als sogenannte reflektierende Urteilskraft, sofern sie vom Besonderen ausgehend darauf aus ist, allgemeine Vorstellungen darin anzutreffen,

---

10 »Wenn der Verstand überhaupt als das Vermögen der Regeln erklärt wird, so ist Urteilskraft das Vermögen, unter Regeln zu *subsumieren*, d. i. zu unterscheiden, ob etwas unter einer gegebenen Regel (casus datae legis) stehe, oder nicht.« (Immanuel Kant, Kritik der reinen Vernunft [1781]. Ehemalige Kehrbachsche Ausgabe, hrsg. von Raymund Schmidt, Leipzig 1924, S. 233; vgl. KW, Bd. III, S. 184 [B 171; A 132])

das ist eine relative Einheit in einer gegebenen Mannigfaltigkeit zu stiften.[11] Das Verfahren der reflektierenden Urteilskraft unterwirft den einzelnen Gegenstand nicht der Bestimmung durch eine allgemeine Gesetzlichkeit (reiner Verstand), sondern sie sucht ihn in seiner spezifischen Artung und Organisation zu erfassen.

Das Referat[12] wandte sich den Abschnitten 8 und 9 der Einleitung zu.[13] Die Darstellung des dritten Absatzes des 8. Abschnittes[14] gab den Anstoß zu einer weitläufigen Diskussion, die den Begriff der Objektivität im Bereiche der Natur und Kunst zu klären versuchte:

1. Warum hat die ästhetische Urteilskraft eine rechtmäßige Position in einer Kritik der Urteilskraft gegenüber der teleologischen Urteilskraft?

2. Warum ist das ästhetische Urteil über Kunstgegenstände objektiver als das über Naturgegenstände? Warum beanspruchen Kunstgegenstände rechtmäßigerweise eine objektivere Gültigkeit ihrer Beurteilung als dies Naturgegenstände ermöglichen? Beide Fragen haben das gemeinsame Anliegen festzustellen, unter welcher Bedingung ein Urteil der reflektierenden Urteilskraft stehen muß, wenn es allgemein verbindlich sein soll, beide Fragen lassen aber auch zugleich erkennen, daß durch den Faktor Natur sowohl bei dem ästhetischen Urteil, sofern es die Naturschönheit betrifft, wie bei dem teleologischen Urteil der Objektivitätssinn (Geltungswert) eingeschränkt beziehungsweise aufgehoben wird.

Die erste Frage nach dem unterscheidenden Geltungssinn des ästhetischen und teleologischen Urteils wurde dahin beantwortet, daß allein die subjektivformale Zweckmäßigkeit der ästhetischen Urteilskraft das Prinzip a priori sei, das das Prinzip der Lust mittelbar und für jedermann gültig konstituiere und bestimme, und die teleologische Urteilskraft von keinem Prinzip wisse, nach dem sie die Natur als ein System von Zwecken (Zweckzusammenhang) anerkennen *müsse*. Es liege nicht im Begriffe von Natur überhaupt, nach Zwecken geordnet und konstituiert zu sein, zumal sich ihre Gegenständlichkeit nach kausalmechani-

---

11 »Allein es sind so mannigfaltige Formen der Natur, gleichsam so viele Modifikationen der allgemeinen transzendentalen Naturbegriffe, die durch jene Gesetze, welche der reine Verstand a priori gibt, weil dieselben nur auf die Möglichkeit einer Natur (als Gegenstandes der Sinne) überhaupt gehen, unbestimmt gelassen werden, daß dafür doch auch Gesetze sein müssen, die zwar, als empirische, nach unserer Verstandeseinsicht zufällig sein mögen, die aber doch, wenn sie Gesetze heißen sollen (wie es auch der Begriff einer Natur erfordert), aus einem, wenn gleich uns unbekannten, Prinzip der Einheit des Mannigfaltigen, als notwendig angesehen werden müssen.« (KW, Bd. IX, S. 252 [B XXVII; A XXV])
12 S. oben, Anm. 2.
13 Vgl. die Abschnitte »Von der logischen Vorstellung der Zweckmäßigkeit der Natur«, ebd., S. 267–270 (B XLVII–LIII; A XLVI–LI), sowie »Von der Verknüpfung der Gesetzgebungen des Verstandes und der Vernunft durch die Urteilskraft«, ebd., S. 270–273 (B LIII–LVII; A LI–LV).
14 Vgl. ebd., S. 268f. (B L f.; A XLVIIIf.)

schen Prinzipien hinlänglich erkennen und bestimmen lasse. Ihre Zweckorganisation wird erst durch Vermittlung der zwecksetzenden Vernunft bewerkstelligt.

Bei der zweiten Frage nach dem unterscheidenden Objektivitätssinn des Kunstschönen im Gegensatz zum Naturschönen wurden eine Reihe unterschiedlichster Meinungen vorgebracht. Jedoch lassen sich zwei Grundauffassungen ausgliedern. Die erste betrachtet das Kunstwerk als ein Erzeugnis der menschlichen Produktivität, dessen Konstitutionsprinzipien durch Reflexion auf den schöpferischen Prozeß analysierbar sind. Als Antithesis steht dieser die entgegen, die das Kunstwerk als eine Konstitution eigener Gesetzlichkeit auffaßt.

Zur Kritik der ersten Auffassung wäre zu sagen, daß das Kunstwerk ohne Zweifel einem subjektiv schöpferischen Prozesse entstammt, darüber hinaus als Objektivation eines Subjektiven seinem intentionalen Sinne nach mehr sein will, als Ausdruck bloßer Subjektivität. Vielmehr untersteht das Kunstwerk einer Gesetzlichkeit sui generis, die sich umgekehrt des Schöpfers bemächtigt. An dieser Stelle wird zum Problem, daß, wenn man ein Kunstwerk als solches erkennen will, man immer schon wissen muß, was Kunstwerk-Sein immer schon meint.

Beim Vergleich der reinen absichtslosen Anschauung eines Kunstwerkes und einer Landschaft erweist es sich, daß das Kunstwerk einem Gestaltungsprinzip unterworfen ist, das man der Landschaft in Unmittelbarkeit nicht ansehen kann. In ihr herrscht vielmehr im Gegensatz zum Kunstwerk, in dem ein Element des Notwendigen bestimmend ist, ein Element des Zufälligen. Daher ist umgekehrt ein Kunstwerk sofort als solches in Frage gestellt, wenn an ihm Momente des Zufälligen vorliegen.

Ein Kunstwerk ist ein geistig Konzipiertes und als solchem kommt ihm der Charakter des objektiven Ausdrucks zu. Dies trifft bei der Natur nur unter ganz besonderen Bedingungen zu. (Standort des Beobachters, klimatische Verhältnisse, geologische Strukturen etc.)

Jedes Kunstwerk unterliegt Prinzipien, die auch die Sprache als Sprache konstituieren: Aussage eines allgemein Verbindlichen, das unmittelbar in seinem Aussagegehalt von jedermann verstanden werden muß. Denn in der Sprache findet eine gestaltende Vermittlung zwischen einem Allgemeinen und Besonderem statt.

Etwas von diesem objektiven Ausdruckscharakter findet sich auch in der Natur, dort aber vielmehr in der Form eines Aufblitzens, eines Vergänglichen. Diesen Ausdrucksgehalt so zu fixieren als ob er von der Natur objektiv konstituiert wäre, liegt dem Kunstwerk als Intention zugrunde.

Überblicken wir den Verlauf dieser Diskussion, so läßt sie sich vielleicht in folgender Formel zusammenfassen: Das Kunstwerk ist seinem Ursprunge nach die Objektivation eines Subjektiven in dem Sinne, daß es die bloße Sphäre der Subjektivität hinter sich läßt und einem Objektiven und Allgemeinverbindlichen zur Aussage verhilft.

Die Natur dagegen, deren Ursprung nicht menschliche Subjektivität ist, erfährt dennoch in ästhetischer Hinsicht eine Subjektivierung, die in ihrem Ausdrucksgehalt für die menschliche Subjektivität dennoch als Manifestation eines objektiven Sinnes (Schöpfers) angesehen wird.

Der letzte Abschnitt des Referates griff nochmals die Frage nach Sinn und Bedeutung des Verstandes für die Erkenntnis der Natur auf. Die Geltung seiner Erkenntnis reicht nur soweit, als er die Natur in ihrer sinnlichen Erscheinung gegenständlich zu erfassen versucht.

Natur aber in ihrem Totalitätssinne liegt außerhalb einer apriorischen Erkenntnis. Diese Totalität ist allein Gedanke der Vernunft. Das Verhältnis von Verstand und Vernunft hinsichtlich der Erkenntnis der Natur ließe sich in der Antithese fassen: Will man die Natur vernünftig denken, so ist sie angesichts des Erkenntnisanspruches des gesetzbestimmenden Verstandes unvernünftig gedacht.

Auch die Interpretation des 2. Absatzes des 4. Abschnittes[15] suchte das erkenntnistheoretische Thema um die Erkenntnisleistung des Verstandes geschichtsphilosophisch zu vertiefen. Mit den allgemeinen Kategorien des reinen Verstandes läßt sich die Natur nur in ihrem allgemeinsten Sinne als Gegenstand überhaupt erkennen. Um sie als Natur im besonderen Sinne begreifen zu können, bedarf es jedoch eines weiteren Prinzips, das der Vernunft. Ohne dieses transzendentale Prinzip gäbe es die Möglichkeit einer konkreten Erfahrung nicht. Dieses Prinzip ist seinem Erkenntniswerte nach jedoch nicht konstitutiv, sondern regulativ. Es reguliert die Reflexion am Naturgegenstande in seiner spezifischen Artung und stiftet ein Prinzip der Einheit in der Mannigfaltigkeit seiner inneren Organisation. Reflektieren heißt, in der Nichtidentität des Mannigfaltigen und eines allgemeinen Prinzips Identität und Einheit beider als vermittelt aufzuzeigen. Die Natur in ihrer besonderen konkreten Gestalt richtet sich nicht nach konstitutiven Bedingungen des Verstandes.

Es ergab sich deshalb auch für Kant die zwingende Notwendigkeit, wenn er den Gedanken der Totalität nicht preisgeben wollte, die Kritik der reinen Vernunft durch eine Kritik der Urteilskraft zu vertiefen. Mit dieser Schrift gab er dem transzendentalen Idealismus das Motiv, die Kategorien der subjektiven Vernunft als Verstand zur objektiven Vernunft als Vermögen der Totalität zu erweitern.

---

15 Vgl. ebd., S. 252 (B XXVI f.; A XXIV f.).

15 Hans Heinz Holz, 13. Dezember 1951

Hans Heinz *Holz*
Frankfurt am Main 1
Raimundstraße 164

Protokoll der Seminarsitzung am 13. Dezember 1951

Der Referent[16] ging aus von einer »Kluft zwischen Verstandes- und Vernunft-Sphäre«, denen zwei verschiedene Realitätsbegriffe zugrunde liegen, die in einer »Ambivalenz der transzendentalen und der psychologisch-phänomenologischen Methode« ihren Ausdruck finden.

Dieser Gedanke löste eine Diskussion über die Rolle der Spontaneität in der Kantischen Philosophie aus, in deren Verlauf herausgestellt wurde, daß der Ansatz Fichtes in seiner Wissenschaftslehre von 1794 und 1795[17] die radikale Durchführung des bei Kant gestellten Problems ist und insofern eine konsequentere Auflösung der Spannung zwischen setzender Spontaneität und passiver Rezeptivität darstellt, als sie Kant selbst gibt.

Sodann zur Kritik der Urteilskraft übergehend, erläuterte der Referent den Inhalt des Geschmacksurteils dahingehend, »daß das als schön befundene Objekt das Vermögen der Einbildungskraft, sofern diese das gegebene Mannigfaltige der Empfindung in ein Bild bringt, mit dem Vermögen des Verstandes, diese Synthesis der Einbildungskraft auf einen Begriff zu bringen, in besondere Übereinstimmung versetzt«.[18]

Der Einwand, daß der Referent Kant formalistischer auslege als dieser gewesen sei, weil in dem zentralen Schematismus-Kapitel der Kritik der reinen Vernunft[19] und in der begründenden Rolle der Einbildungskraft die inhaltliche Seite der Objektrealität durchbreche und von daher jene Übereinstimmung hergestellt werde, führte zu einer ausführlichen Aussprache über den Schematismus

---

16 Zu dieser Sitzung hat sich kein Referatstext erhalten.
17 Korrigiert aus: »1798«.
18 Vgl. vor allem die »Allgemeine Anmerkung zum ersten Abschnitte der Analytik«, KW, Bd. X, S. 324–328 (B 68–73; A 67–72).
19 Vgl. den Abschnitt »Von dem Schematismus der reinen Verstandesbegriffe«, KW, Bd. III, S. 187–194 (B 176–187; A 137–147).

und seine Auslegung bei Heidegger.[20] Es wurde bestritten, daß die Einbildungskraft eine zentrale Rolle im ganzen Kantischen Denkgebäude spiele. Die Heidegger'sche Deutung des Schematismus wurde von Herrn Prof. Adorno nachdrücklich zurückgewiesen und das Schema auf eine funktionale Bedeutung für die Einheit des Bewußtseins zurückgeführt, die rein transzendental, nicht aber ontologisch verstanden werden dürfe. Der Hinweis, daß das Problem des Schematismus erst in den Grundsätzen expliziert werde,[21] fand keine Zustimmung; damit werde der Schematismus noch zu »ontologisch« gesehen.

Im Paragraphen 9 der Kritik der Urteilskraft[22] findet nun der Referent den Schlüssel zum Verständnis des Verhältnisses von transzendentaler und psychologischer Funktion. Die die Vermittlung begleitende Empfindung ist das, was als »sekundäres Bewußtsein« bei Brentano wiederkehrt, auf dessen Schrift »Vom Ursprung sittlicher Erkenntnis« hingewiesen wurde.[23] »Die transzendentale Funktion«, so folgerte daraus der Referent, »erscheint durch die sie begleitende, sie zu unmittelbarer Gegebenheit bringende Empfindung eo ipso schon als psychologisch faßbare Entität«.

---

20 Vgl. etwa den Abschnitt »Die innere Möglichkeit der Wesenseinheit der ontologischen Synthesis«, in: Martin Heidegger, Kant und das Problem der Metaphysik [1929], in: Martin Heidegger, Gesamtausgabe, Bd. 3, hrsg. von Friedrich-Wilhelm von Herrmann, Frankfurt a. M. 1991, S. 69–88.
21 »Wir wollen diese formale und reine Bedingung der Sinnlichkeit, auf welche der Verstandesbegriff in seinem Gebrauch restringiert ist, das *Schema* dieses Verstandesbegriffs, und das Verfahren des Verstandes mit diesen Schematen den *Schematismus* des reinen Verstandes nennen. [Absatz] Das Schema ist an sich selbst jederzeit nur ein Produkt der Einbildungskraft; aber indem die Synthesis der letzteren keine einzelne Anschauung, sondern die Einheit in der Bestimmung der Sinnlichkeit allein zur Absicht hat, so ist das Schema doch vom Bilde zu unterscheiden. So, wenn ich fünf Punkte hinter einander setze ....., ist dieses ein Bild von der Zahl fünf. Dagegen, wenn ich eine Zahl überhaupt nur denke, die nun fünf oder hundert sein kann, so ist dieses Denken mehr die Vorstellung einer Methode, einem gewissen Begriffe gemäß eine Menge (z.E. Tausend) in einem Bilde vorzustellen, als dieses Bild selbst, welches ich im letztern Falle schwerlich würde übersehen und mit dem Begriff vergleichen können. Diese Vorstellung nun von einem allgemeinen Verfahren der Einbildungskraft, einem Begriff sein Bild zu verschaffen, nenne ich das Schema zu diesem Begriffe. [Absatz] In der Tat liegen unsern reinen sinnlichen Begriffen nicht Bilder der Gegenstände, sondern Schemate zum Grunde.« (KW, Bd. III, S. 189 [B 180; A 140 f.])
22 Vgl. den Abschnitt »Untersuchung der Frage: ob im Geschmacksurteile das Gefühl der Lust vor der Beurteilung des Gegenstandes, oder diese vor jener vorhergehe«, KW, Bd. X, S. 295–298 (B 27–32; A 27–32).
23 Vgl. Franz Brentano, Vom Ursprung sittlicher Erkenntnis [1874], hrsg. von Oskar Kraus, 4. Aufl., Hamburg 1955 (Philosophische Bibliothek; 55).

Hier schloß der Referent nun eine Ableitung an, die vom Kantischen Begriff der »Belebung«[24] ausgehend zur scholastischen »perfectio naturae« gelangt. Indem die Belebung der Vermögen der Einbildungskraft und des Verstandes als »innere Kausalität« verstanden wird, die die »Stimmung« erzeugt, in der die Übereinstimmung beider Vermögen sich manifestiert und die durch Lust oder Unlust über die Zuträglichkeit oder Unzuträglichkeit dieses Verhältnisses entscheidet, werden Lust und Unlust als die Reaktionen der »Natur« des Subjektes auf die Funktion der Erkenntnisvermögen aufgefaßt, insofern diese als naturhafte Kräfte gelten. Das Schöne wird dann als das für das Gemüt Zuträgliche gefaßt. Indem der Referent diese Darstellung entwickelt, sieht er darin die scholastische These erneuert, daß alles Seiende in der Natur seine Vervollkommnung erstrebe. Und er fährt fort:

»Durch das Schöne wird, wie Kant oft wiederholt, ein Bedürfnis des Subjekts befriedigt,[25] das aber offenbar nicht empirisch erklärt werden kann, da es die a priori im Gemüt liegenden Bedingungen von Objektivität überhaupt betrifft. Diese ganze Konzeption wird nur sinnvoll, wenn man die transzendentale Sphäre jenem Bereich des Seienden, der konkreten Natur einordnet, dem sie durch ihren transzendentalen Anspruch eben enthoben sein sollte. Damit erscheint die Kritik der Urteilskraft nicht nur als Bindeglied, sondern auch als Zielpunkt der beiden anderen Kritiken.«

Anmerkung (des Protokollanten)[26]

Damit hat der Referent einen Kernpunkt der Problematik der Urteilskraft berührt, an dem die transzendentale Methode nun plötzlich nicht mehr die »apriorische Erkenntnisart von Gegenständen« sein soll, wie Kant sie in der Kritik der reinen Vernunft B 25 definiert,[27] sondern einen allgemeinen metaphysischen Sinn bekommt, der abzielt auf die reale, tendenzhaltige Möglichkeit, die Seiendes ur-

---

24 Bei Kant heißt es: »Die Belebung beider Vermögen (der Einbildungskraft und des Verstandes) zu unbestimmter, aber doch, vermittelst des Anlasses der gegebenen Vorstellung, einhelliger Tätigkeit, derjenigen nämlich, die zu einem Erkenntnis überhaupt gehört, ist die Empfindung, deren allgemeine Mitteilbarkeit das Geschmacksurteil postuliert.« (KW, Bd. X, S. 297 f. [B 31; A 31])
25 Vgl. etwa den Abschnitt »Vergleichung der drei spezifischen verschiedenen Arten des Wohlgefallens«, KW, Bd. X, S. 286–288 (B 14–16; A 14–16).
26 Die Zuordnung als »*Anmerkung* (des Protokollanten)« bezieht sich sowohl auf den folgenden wie auf den letzten Absatz des Protokolls; beide sind in der Vorlage eingerückt und haben geringeren Zeilenabstand.
27 »Ich nenne alle Erkenntnis *transzendental*, die sich nicht so wohl mit Gegenständen, sondern mit unserer Erkenntnisart von Gegenständen, so fern diese a priori möglich sein soll, überhaupt beschäftigt.« (KW, Bd. III, S. 63)

sprünglich in sich trägt und deren konkretes Substrat das Daseiende der Natur, die φύσις ist.[28] Hier bricht die Erinnerung an den weiten Möglichkeitshorizont des aristotelischen Materie-Begriffs durch, der schon bei Leibniz wieder akut geworden war, und der bei Kant eine Modifikation des Sinnes der transzendentalen Sphäre bewirkte, auf die der Referent hingewiesen hat.

Von dieser Betrachtung her wird dann auch verständlich, wie die moralische Bestimmung des Menschen zugleich als seine natürliche erscheinen kann, insofern nämlich in der Natur des Menschen zugleich die Tendenz auf ein mögliches Bonum angelegt ist. Diese Ineinssetzung der Sittlichkeit und Menschenwürde mit einer Teleologie der Natur führte zu methodischen und inhaltlichen Bedenken. Herr Prof. Adorno machte geltend, daß die Entwicklung der neueren Astronomie es zum mindesten als sehr fraglich erscheinen lasse, ob man dem Menschen in dieser Weise eine ausgezeichnete Stellung im Universum zugestehen könne. Die sich daraus entwickelnde Diskussion zeigte, daß über die kosmologischen Auffassungen der modernen Astronomie keine zureichenden Kenntnisse bestanden. Die Theorie des sich ausdehnenden Weltalls, die mit der Annahme der Endlichkeit des Universums in Raum und Zeit verknüpft ist, war allgemein bekannt; es bestand jedoch keine Einhelligkeit, ob diese Theorie noch eine maximale Wahrscheinlichkeit habe, oder ob bereits andere, neuere Hypothesen an ihre Stelle getreten seien.

Dazu sei angemerkt, daß jedenfalls eine Reihe bedeutender Forscher sich der Hypothese vom endlichen, expandierenden Weltall nicht anschließen. Prof. Eigenson hat 1948 betont, daß die Rotverschiebung auch »als Folge einer realen Dimensionsänderung der endlichen Metagalaxis, die sich in einem unendlichen Weltall befindet«, verstanden werden kann.[29] Eine andere Hypothese vertritt die Meinung, daß die Rotverschiebung das Resultat besonderer physikalischer Prozesse, die an den Photonen ablaufen, darstelle. Prof. Eigenson hat auch darauf hingewiesen, daß im Sinne der Relativitätstheorie die Zahl der Krümmungsradien in jedem Punkt unbestimmt groß ist, so daß die Errechnung eines Halbmessers des Weltalls ungerechtfertigt sei. Der russische Astronom Prof. Gurewitsch[30]

---

28 Mit ›φύσις‹ ist im philosophischen Sprachgebrauch vor Aristoteles die Natur im Sinne des Weltganzen bezeichnet.
29 Vgl. M[орис] С[еменович] Эйгенсон [Moris Semjonowitsch Eigenson], О средней плотности материи в метагалактике [O srednej plotnosti materii w metagalaktike], in: Доклады Академии Наук СССР [Doklady Akademii Nauk SSSR], 63. Jg., 1948, H. 2, S. 107–109.
30 Gemeint ist der sowjetische Astrophysiker Lew Emmanuilowitsch Gurewitsch.

vertritt die Auffassung, daß die unendliche Welt aus einer Vielzahl von Metagalaxen bestehe, in denen Schwingungen möglich sind und die sich zerstreuen können. Fessenkow hat gegenüber Eddington darauf hingewiesen, daß bei der Frage der Kosmogonie das ursprüngliche Rotationsmoment die entscheidende Rolle spiele.[31] Die kosmologischen Probleme der Astronomie sind also nach wie vor ungelöst, und keine der bisher entwickelten Theorien hat einer sachlichen Kritik standhalten können.

---

[31] Der sowjetische Astronom Wassili Grigorjewitsch Fessenkow reagiert mit seiner These auf die Annahmen des britischen Astrophysikers Arthur S. Eddington, wie sie etwa in dessen Werk »Internal Constitution of the Stars« (Cambridge 1926) dargelegt werden.

16 Siegfried Braun, 20. Dezember 1951

Protokoll der Seminarsitzung vom 20. 12. 51

Das Protokoll der letzten Sitzung, von Herrn Holz, gab uns Gelegenheit zu verschiedenen, teilweise weitläufigen Einschüben und Diskussionen, deren Inhalt ich zu berichten habe.

Zunächst merkte Prof. Adorno an, daß das, was Kant Empfindung nennt, als Element der Sinnlichkeit, nicht als chaotisches Sinnesmaterial betrachtet und vorgestellt werden darf, sondern in einem vorsichtigen Sinn durch die Kategorie, durch das einheitliche und in sich einstimmige Bewußtsein präformiert gedacht werden müsse. Die Sinnlichkeit im handgreiflichen Sinn chaotisch zu nennen, wäre eine unzulässige Abstraktion, die dem differenzierten, kunstvollen Ineinanderspielen der kantischen Begriffe nicht gerecht würde, sondern ihr Gewalt antue im Sinne einer simplifikatorischen Reduktion eben auf Handgreiflichkeiten. Bereits hier wurde die Frage angeschnitten, auf die noch zurückzukommen ist, ob nämlich das Bewußtsein und die ganze transzendentale Konstruktion des Bewußtseins bei Kant vorgestellt werden könne, ohne Voraussetzung von etwas Faktischem. Zunächst aber wurde das Problem, das Franz Brentano aufgeworfen hat, zur Diskussion gestellt: Intentionale psychische Akte enthielten bereits Reflexion.[32] Es wurde allgemein festgestellt, daß es die dabei als Möglichkeit vermutete Trennung von Sensation und Reflexion nicht gebe, andererseits die Kritik Husserls angeführt, die besagt, daß Empfindung als Empfindung bereits transzendiert werde, daß reine, isolierte Empfindung eine Abstraktion sei, da sie je bereits gestalthaft verbunden nur anzutreffen sei.[33] Es wurde dazu weiter bemerkt, daß der Sinn der Kantischen Konstruktion der Transzendentalität nur zu

---

[32] »Der gemeinsame Charakterzug alles Psychischen besteht in dem, was man häufig in einem leider sehr mißverständlichen Ausdruck Bewußtsein genannt hat, d. h. in einem subjektischen Verhalten, in einer, wie man sie bezeichnete, *intentionalen* Beziehung zu etwas, was vielleicht nicht wirklich, aber doch innerlich gegenständlich gegeben ist. Kein Hören ohne Gehörte, kein Glauben ohne Geglaubtes, kein Hoffen ohne Gehofftes, kein Streben ohne Erstrebtes, keine Freude ohne etwas, worüber man sich freut, und so im übrigen.« (Brentano, Vom Ursprung sittlicher Erkenntnis, a. a. O. [s. Anm. 23], S. 16)

[33] So heißt es bei Husserl etwa: »Das *Rot*, das *Dreieck* der bloßen Phantasie ist spezifisch dasselbe wie das *Rot*, das *Dreieck* in der Wahrnehmung. Das Allgemeinheitsbewußtsein erbaut sich auf Grund der Wahrnehmung und der konformen Einbildung gleich gut, und erbaut es sich überhaupt, so ist das Allgemeine, die Idee *Rot*, die Idee *Dreieck*, *selbst* erfaßt, es ist angeschaut in der einen und einzigen Weise, die keine Unterschiede zwischen Bild und Original zuläßt.« (HEH, Bd. XIX/2, S. 691 f.)

fassen sei, wenn man sie der konkreten Natur einordne, nicht in einem luftleeren Raum verlaufen lasse. Reine Subjektivität ist nicht möglich, da das transzendentale Ich immer schon das empirische Ich voraussetze, wenigstens als eine schlechthinnige Wirklichkeit. Es ergab sich daraus die Tatsache, daß bei Kant in der Frage nach der Konstitution des Bewußtseins das Konstitutum bereits vorausgesetzt werde, oder wie Prof. Adorno es schließlich formulierte: Die Reflexion darauf, wie die Objektivität durch das Subjekt konstituiert werden kann, oder die Reduktion der Wirklichkeit auf den Unterschied zwischen Konstituiertem und Konstitutiven, stößt unvermeidlich auf etwas Konstituiertes, zumindest auf die Tatsache des Bewußtseins. Wie können angesichts dessen die notwendigen transzendentalen Formen des Bewußtseins gedacht werden ohne Rekurs auf etwas Faktisches?

Vorweg wurde dazu erklärt, daß, auch wenn die Objektivität sich nicht restlos durch die Reflexion auf die Subjektivität konstruieren lasse, doch nicht hinter Kant zurückgegangen werden könne, noch ein Verfall auf ontologische Schemata die Schwierigkeit beheben könne, sondern nur eine Konstruktion, die die Kantische Kritik ernst nehme.

Ich möchte zu dieser ganzen Frage noch bemerken, daß ich meine, daß Kant diese Schwierigkeit bereits in seine kritische Position mit einbezogen habe, indem ein Faktum für ihn eben nicht Etwas, auch nicht Nichts, sondern eine Einheit aus Wirklichkeit und Möglichkeit für uns ist, etwas gewissermaßen Rätselhaftes, das sich erst im Zusammenhang der ganzen Untersuchung auflöst, wie ja in Kants Kritik sich alle Momente wechselseitig bestimmen und Kants Interesse darauf geht, lediglich zu erweisen, daß sich seine apriorische Konstruktion des Bewußtseins ohne Widerspruch denken lasse. Die Humanität des In-der-Welt-Seins hat Kant keiner Kritik unterworfen, sondern nur erwiesen oder zu erweisen versucht, daß die Philosophie als Wissenschaft das Faktische erst in seiner reinen und richtigen Möglichkeit bestimmen müsse.

Dazu wurde der Satz Nietzsches angeführt, der dem Sinne nach so lautet, daß Kant die Volksvorurteile gegen die Wissenschaft mit den Mitteln der Wissenschaft gerechtfertigt habe.[34] Ferner die Tatsache festgestellt, daß die Befunde der modernen Naturwissenschaft und der mathematischen Physik, vor allem Einsteins, sich gar nicht in die sinnliche Anschauungs- und Vorstellungswelt adäquat

---

[34] Vgl. Nietzsches Aphorismus »Kant's Witz«: »Kant wollte auf eine ›alle Welt‹ vor den Kopf stossende Art beweisen, dass ›alle Welt‹ Recht habe: – das war der heimliche Witz dieser Seele. Er schrieb gegen die Gelehrten zu Gunsten des Volks-Vorurtheils, aber für Gelehrte und nicht für das Volk.« (NW, Bd. 3, S. 504)

übertragen lassen und daß es vielleicht die Aufgabe der Philosophie heute wäre, das Denken so zu formieren, daß es die Resultate und die Sphäre der modernen Naturwissenschaft integrieren könne. Es wurde gefragt, ob gegenüber der modernen Naturerkenntnis und Naturinterpretation der Kantische Satz, daß der Mensch Zweck der Natur sei,[35] sich aufrechterhalten lasse, und [es wurde gesagt], daß eine Philosophie, die diesen Satz so ohne weiteres hinnehme, in eine gewisse geistige Provinzialität verfallen könne. Dabei wies Prof. Horkheimer auf eine gewissermaßen unaufhebbare Anthropomorphität der Erkenntnis hin, da menschliche Erkenntnis doch niemals anderes als durch ihre subjektiven Kategorien vor sich gehen könne und allezeit auf die sinnliche Anschauung letzten Endes verwiesen sei. Dieses unaufhebbar subjektive Element käme auch bei den Mathematikern um Einstein zutage, wenn sie etwa von mathematischem Takt, oder von der Eleganz einer Formel sprächen. Es wurde betont, daß gegenüber den Positivisten mit ihrer grundsätzlichen Trennung von Wissenschaft und Glauben, zu dem auch jede über die formale Logik und Naturwissenschaft hinausgehende Philosophie gerechnet werden müsse, die daher nur Beziehungen, nicht reale Erkenntnis von Qualitäten zustande bringen könne, daß demgegenüber versucht werden müsse, die Selbständigkeit der Philosophie zu erweisen. Prof. Horkheimer faßte die ganze Frage dann so zusammen, daß die Kritik der reinen Vernunft nur zwingend sei gegenüber dem Skeptizismus und Hume, von dem Kant ausgegangen sei. In der Kritik des Skeptizismus, die in ihren Konsequenzen alle Selbständigkeit der menschlichen Vernunft, alle Humanität vernichte, sei die Kantische Konstruktion entstanden. Es ergibt sich daher die Frage: Gibt es einen Bereich der Einsicht, der der Skepsis nicht verfällt, aber auch nicht bloße Naturwissenschaft ist, sondern eine notwendige Integration aller Erkenntnis durchzuführen hat.

Siegfried Braun

---

[35] Unter anderem in der »Kritik der Urteilskraft« [1790] bemerkt Kant, es sei »der Mensch selbst, bei dem wir, als dem letzten für uns denkbaren Zwecke der Natur stehen bleiben müssen [...]« (KW, Bd. X, S. 609 [B 471; A 465]).

17 Dorothee Neff, 17. Januar 1952

Dorothee Neff. Philosophisches Seminar, Wintersemester 51/52

Protokoll über die Seminarsitzung vom
17. 1. 52.

Die Diskussion, die das Referat[36] über die teleologische Urteilskraft entfachte, war im wesentlichen um zwei Punkte zentriert.

Einmal die Begriffe der inneren und der relativen oder äußeren Zweckmäßigkeit und die Position, die dem Menschen innerhalb dieses Reichs der Zwecke zugewiesen ist.

Zum anderen die Frage, aus welchem Begriffe die Notwendigkeit folgt, daß ein Organismus existiert.

Zum ersten Problem:

Innere Zweckmäßigkeit liegt dann vor, wenn wir die Wirkung in ihrer formalen Beziehung zur Idee ihrer Ursache unmittelbar und als Erzeugnis eines Willens isoliert begreifen – also als Zweck des Dinges an sich selbst.[37]

Von relativer, oder äußerer, Zweckmäßigkeit sprechen wir als von der Tauglichkeit gewisser Naturdinge als Mittel für das als Zweck dieser Dinge betrachtete Geschöpf. Ist der Mensch dieses Geschöpf, so sprechen wir von Nutzbarkeit; bei allen anderen Geschöpfen von Zuträglichkeit.

Die äußere Zweckmäßigkeit eines Dinges für andere darf nur unter der Bedingung angenommen werden, daß die Existenz desjenigen, dem es dient, für sich selbst Zweck der Natur – d. h. innere Zweckmäßigkeit – ist.

Es wurde nun lebhaft die Frage diskutiert, ob der Mensch Endzweck der Natur sei oder nicht.

Wenn es auch absurd ist, den Zweck z. B. der Vögel aus der Tauglichkeit ihrer Federn als Putz für Menschen abzuleiten, so bedeutet doch andererseits die Tatsache, daß der Mensch auf dieser Erde ist, auch, daß die Mittel vorhanden sind – sein müssen –, durch die er existieren kann.

---

36 Herbert Goetzke, »Inhaltsangabe von Kants Kritik der Teleologischen Urteilskraft«, Archivzentrum Na 1, 882. – Vgl. den Abschnitt »Der Kritik der Urteilskraft zweiter Teil. Kritik der teleologischen Urteilskraft«, KW, Bd. X, S. 467–620 (B 265–482; A 261–476).

37 Vgl. den Abschnitt »Von der relativen Zweckmäßigkeit der Natur zum Unterschiede von der innern«, ebd., S. 477–480 (B 279–284; A 275–280).

Die Naturwissenschaft sagt: Nur durch das Vorhandensein dieser Mittel läßt es sich erklären, daß die Menschen überhaupt leben – ohne diese Bedingungen wäre ein organisches Leben nicht vorstellbar.

Es wurde vorgebracht, daß Kant selbst den Menschen doch als Endzweck der Schöpfung gedacht habe – und dabei auf § 84 der Methodenlehre hingewiesen.[38]

Demgegenüber wurde eingewandt, daß dies nur im transzendenten Sinne gemeint sei – und daß man den Begriff des Kantischen Humanismus damit doch übertreiben würde. Kant würde einen solchen Schluß als eine Vermengung des Empirischen mit dem Zweck der Freiheit ablehnen.

Auch von dem Gedanken einer Zweckmäßigkeit in dem Sinne, daß die ganze Welt in sich so zweckmäßig ist, wie der einzelne Organismus, läßt sich nicht ableiten, daß die einzelnen Dinge im Sinne ihrer Zweckmäßigkeit für den Menschen erklärt werden können.

Kant hat gesehen, daß die Art, die Natur als Material zur menschlichen Beherrschung zu betrachten, ihr nicht gerecht wird – und sucht darum nach einer anderen Erklärung. Das ist das eigentliche Motiv der Kritik der Urteilskraft. Er würde seiner Absicht widersprechen, wenn er zum Schluß doch dazu käme, den Menschen als Endzweck der Natur anzunehmen.

Das zweite Problem stellte sich im Zusammenhang mit der Erläuterung des Begriffes der inneren Zweckmäßigkeit am Beispiel des Baumes[39] – und zwar da, wo der Unterschied zwischen einem künstlichen Gebilde oder Artefakt und einem natürlichen Organismus offenbar wird.

Ein Artefakt – oder Produkt der Kunst – ist ein Erzeugtes, dessen hervorbringende Ursache außerhalb seiner selbst liegt – und das ein fremdes, mit Vernunft begabtes Wesen als Schöpfer voraussetzt, das nach einer Idee materielle Teile so verbindet, daß sie einen Mechanismus bilden.

Der natürliche Organismus aber wird nicht von fremdem Willen geplant und hergestellt, sondern erzeugt sich selbst auf dreifache Weise:

---

38 Vgl. den entsprechenden Paragraphen, »Von dem Endzwecke des Daseins einer Welt, d. i. der Schöpfung selbst«, ebd., S. 557–559 (B 396–399; A 392–394), in dem es heißt: »Von dem Menschen nun (und so jedem vernünftigen Wesen in der Welt), als einem moralischen Wesen, kann nicht weiter gefragt werden: wozu (quem in finem) er existiere. Sein Dasein hat den höchsten Zweck selbst in sich, dem, so viel er vermag, er die ganze Natur unterwerfen kann, wenigstens welchem zuwider er sich keinem Einflusse der Natur unterworfen halten darf.« (Ebd., S. 558f. [B 398; A 393f.])
39 Vgl. den Abschnitt »Von dem eigentümlichen Charakter der Dinge als Naturzwecke«, ebd., S. 480–483 (B 284–288; A 280–285).

1) der Gattung nach (ein Baum erzeugt den anderen und erhält damit den Fortbestand der Gattung).
2) Als Individuum erzeugt sich das Naturprodukt selbst durch den Stoffwechsel.
3) Die Teile des einzelnen Naturprodukts unterhalten einander wechselseitig.

Es genügt nicht als Fragestellung, daß man von der Existenz ausgeht und dann nachweist, was zu ihr geführt hat, sondern man muß fragen, *warum* etwas überhaupt da ist, aus welchem Begriff die Notwendigkeit folgt, daß so etwas wie ein Baum existiert. Kant tut das und fragt nicht nur, wie sich eine Existenz in Übereinstimmung mit den Kategorien bringen läßt, sondern nach ihrem Warum.

Daß es so etwas wie einen Baum gibt, kann er darum nicht so erklären, als wäre ihm selbst immanent etwas, wodurch er sich so konstituiert, daß sich alle seine Teile gegenseitig helfen – daß er sich aus sich selbst heraus ohne Eingriff von außen reproduziert.

Hier muß allerdings auf einen Unterschied hingewiesen werden, nämlich auf den zwischen den Vorgängen der Reproduktion, der Erhaltung der Gattung und des Einzelorganismus auf der einen und dem der Erzeugung oder Schöpfung auf der anderen Seite.

Kant erklärt zwar die Erhaltung und den Fortbestand der natürlichen Organismen, aber die Frage nach ihrer eigentlichen Erzeugung, nach dem »Warum« ihrer Existenz, läßt er hier unbeantwortet.

18 W. Küchler, 24. Januar 1952

Seminar Prof. Horkheimer – Prof. Adorno. Kant, Kritik der Urteilskraft
Protokoll der Sitzung vom 24. Jan. 1952.

Der erste Teil des Seminars nach Verlesung des Protokolls stand unter der Frage: Wie formuliert man den Begriff der Teleologie, wenn man sie mit Kausalität in Beziehung setzt? Was für eine Art von Kausalität ist die Teleologie? Aus den vielfachen Bemühungen um eine genaue Definition dieser Beziehung wurde die folgende Formulierung als die beste festgehalten: »Wenn die bloße Vorstellung einer Sache zur Ursache der Sache selbst wird, dann liegt teleologische Kausalität vor, dagegen wenn eine Sache aus einer anderen existierenden Sache hervorgeht, dann die Form der mechanischen Kausalität.« Oder, in noch etwas schärferer Fassung: Teleologie liegt vor, wenn die Idee der Wirkung als Bedingung der Möglichkeit der tatsächlichen Wirkung zugrunde liegt. D. h., die Wirkung ist nur zu erklären, wenn die Vorstellung oder die Idee der Wirkung schon etwas voraussetzt, was den Ablauf des kausalen Zusammenhanges motiviert, wodurch also motiviert wird, daß hier überhaupt eine Kausalität stattfindet. Die Vorstellung einer solchen einen kausalen Ablauf bewirkenden Wirkung ist nun nicht als bewußter Wille vorzustellen, weil sie damit als eine anthropomorphistische bestimmt sein würde, aber das Prinzip dieser Vorstellung muß doch so beschaffen sein, daß es über das menschliche Bewußtsein hinausgeht. Weil es uns aber unmöglich ist, auf eine andere Weise die Idee dieser Wirkung als Ursache anzusetzen, darum ist die objektive Teleologie nur an einer Analogie klarzumachen. Die Bestimmtheit der objektiven materialen Teleologie hat den Charakter eines Analogieschlusses. Die Methode Kants besteht dabei in folgendem: Durch Eliminierung aller Formen von nur formaler oder subjektiver oder transzendenter Teleologie dringt er zum Wesen der Sache vor: Er gelangt zu einer Teleologie, welche zugleich objektiv, material und immanent ist. Diese Konstruktion wird aber in der Erfahrung dargestellt durch den Organismus. Wir halten dieses fest, um später auch den spezifischen Charakter der Antinomie, welche in der Kritik der teleologischen Urteilskraft enthalten ist, begreifen zu können.

Das Referat[40] ergab zunächst rekapitulierend, daß 1.) ein Artefakt nicht brauchbar sei, um eine Analogie zur inneren Zweckmäßigkeit zu denken. Als Grenzbegriff für die Möglichkeit einer solchen Analogie im Artefakt wurde hier der Begriff des Perpetuum mobile genannt. Ferner kann aber auch 2.) ein Naturprodukt

---

40 S. oben, Anm. 36.

nicht nach der Analogie des beseelten Lebens erklärt werden. Es ergibt sich also, daß nach Kant überhaupt nichts gegenständlich[41] Bestimmtes, kein Ding einem Naturprodukt zur Analogie dienen kann, viel eher schon eine Idee. Und Kant nennt hier die Staatsauffassung der Französischen Revolution mit ihrem Organisationsbegriff.[42] Die Idee derselben geht, wie in Parenthese bemerkt wurde, zurück auf die Schriften der Physiokraten. Dabei ist bemerkenswert, daß der Kreislauf im Stoffwechsel der Gesellschaft, wie er hier dargestellt wird, in stärkerem Maß bestimmt wird durch die Industrie und weniger durch die Landwirtschaft.

Der Begriff einer organisierten Materie, wie er aus der Erfahrung gewonnen werden kann, führt zu einer Idee der gesamten Natur als einem System nach Regeln der Zwecke und damit auf die Frage nach einem objektiven Endzweck der Natur. Ein solcher, notwendig im Bereich des Metaphysischen zu suchender Endzweck umfaßt umgekehrt wieder das organisierte Naturding, und die notwendige Beziehung auf diesen Endzweck läßt eine der Natur immanente Teleologie als unmöglich erscheinen. Den Begriff eines transzendenten Naturzwecks durch einen aus der Theologie entlehnten Gottesbegriff zu erklären, lehnt Kant ab, weil ein sich daran anschließender physiko-theologischer Gottesbeweis nur auf einem Zirkelschluß beruhen könnte.[43] Wir sollen uns auf das beschränken, was wir wissen können. D.h., wir begnügen uns festzustellen, daß Gegenstände existieren, welche sich nach Naturgesetzen nur so denken lassen, daß ihr Prinzip in der Idee der Zwecke besteht. Dabei dient die Idee des Systems nur als subjektiv gültiges Prinzip. Es wird damit objektiv kein neuer Grund der Kausalität eingeführt. Der Idee des Systems werden auch alle Mechanismen der Natur unterworfen, d. h., sie werden so gedacht, als ob sie für etwas tauglich sein könnten. In dieser Überlegung Kants soll zum Ausdruck gebracht werden, daß nichts sinnlos ist in der Natur. Nichts ist, was nicht im Sein eine Funktion zu erfüllen hätte. Hier bei Kant hat der Begriff »Sinn von Sein« noch eine konkrete Bedeutung, nämlich er bezeichnet dasjenige, was über das Sein hinausweist. Das Leben wird erfahren als etwas, was sich selbst erhält. Aber hinter diesem Erfahrenen steht gleichsam

---

41 Handschriftliche Korrektur in der Vorlage; Lesung des Worts unsicher.
42 Kant schreibt, »die Organisation der Natur« habe »nichts Analogisches mit irgend einer Kausalität, die wir kennen«, man könne »umgekehrt einer gewissen Verbindung, die aber auch mehr in der Idee als in der Wirklichkeit angetroffen wird, durch eine Analogie mit den genannten unmittelbaren Naturzwecken Licht geben. So hat man sich, bei einer neuerlich unternommenen gänzlichen Umbildung eines großen Volks zu einem Staat, des Worts *Organisation* häufig für Einrichtung der Magistraturen u.s.w. und selbst des ganzen Staatskörpers sehr schicklich bedient.« (Ebd., S. 487 [B 294; A 290])
43 Vgl. den Abschnitt »Keines der obigen Systeme leistet das was es vorgibt«, ebd., S. 507–510 (B 324–328; A 320–329).

die Idee von der Heiligkeit des Lebendigen. Diese Deutung ist freilich nicht so zu verstehen, als ob Kant selbst dergleichen hätte aussprechen wollen. Vielmehr bekundet sich gerade in der analogischen Betrachtungsweise der spezifische Charakter seiner Konstruktion. Es wäre abwegig, Kant eine ungebrochene ontologische Anschauung zusprechen zu wollen. Diese ist nur in einem Nachbilde wirksam und hat nur noch die Funktion als ein regulatives Prinzip, nicht aber als ein konstitutives. Die ontologischen Momente bei Kant sind wie die letzten Funken einer aus vorkritischer Zeit überkommenen Metaphysik im unmittelbaren Sinne. Der Kritizismus ist ein Versuch, Elemente des Älteren zu retten. Und der spezifische Doppelcharakter der Kantischen Philosophie besteht gerade darin, einerseits das Metaphysisch-Dogmatische aufzulösen, aber auf der anderen Seite, in dieser Auflösung Elemente davon in eine höhere Form zu retten.

Der Mensch kann nur erkennen, was die Vernunft im eigenen Entwurf hervorbringen und was sie mit eigenen Mitteln nachzugestalten vermag. Weil aber ein Organismus auf mechanische Weise nicht zu begreifen ist, die Naturwissenschaft im Sinne Kants jedoch alle Naturerscheinungen nur nach ihrem mechanischen Zusammenhang ins Auge zu fassen vermag, darum gehört die Teleologie nicht als ein eigener Teil zur theoretischen Naturwissenschaft. Für Kant ist im strengen Sinne Naturwissenschaft nur, was sich nicht der teleologischen Methode bedient; denn diese letztere setzt schon die ganze Philosophie voraus. Es läßt sich also nicht, wie es etwa bei Driesch geschieht, in die Naturwissenschaft ein Sektor »Vitalismus« einbauen.[44] Pointiert wurde die Kritik an dieser Richtung in dem Satz zusammengefaßt: Der Vitalismus ist umso unwissenschaftlicher, je wissenschaftlicher er sein möchte.

Der empirische Stoff kann nur begreiflich sein, wenn die Natur selbst eine unserer Urteilskraft angemessene Sparsamkeit und Gleichförmigkeit beobachtet. Daher ist es das Prinzip der reflektierenden Urteilskraft, daß die Natur ihre allgemeinen Gesetze zu empirischen nach den Formen des logischen Systems unserer Urteilskraft spezifiziert. Und es ist die Aufgabe der reflektierenden Urteilskraft, denjenigen Teil unseres Erfahrungsstoffes begreiflich zu machen, welcher zufällig ist, aber in empirischer Gleichförmigkeit stattfindet und deshalb in seiner Bestimmung als zufällig zugleich notwendig ist. Diese Notwendigkeit ist objektiv nicht zu begründen, aber muß vorausgesetzt werden, wenn eine einheitliche Erfahrung möglich sein soll.

Nun ist der Begriff des Unbegründbaren selbst zu begründen. Denn Erfahrungsstoff muß niemals unbegründbar bleiben. Er ist immer Stoff für eine mög-

---

[44] Vgl. Hans Driesch, Der Vitalismus als Geschichte und als Lehre, Leipzig 1905 (Natur- und kulturphilosophische Bibliothek; 3).

liche zureichende Bearbeitung, und soweit es sich um Kausalität handelt, müssen die Phänomene auch allesamt in die Kausalbehandlung eingehen. Es geht bei Kant nicht so sehr um das Begreifen einer Entelechie, vielmehr um die Vorstellung eines logisch gegliederten Systems. Es geht mehr darum, eine logistische Stimmigkeit zu erzielen, als das Leben in seiner Eigentümlichkeit zu erfassen. Der Begriff des Lebens kommt hier auch kaum vor.

In der Kritik der teleologischen Urteilskraft ist die Frage der Organisation des Seienden überhaupt im Sinne einer logischen Ordnung nicht scharf unterschieden von der Frage nach dem Prinzip des Organismus selbst. Trotzdem erkennen wir hier, daß Kant, wie auch sonst in seiner Philosophie, wenigstens in den entscheidenden Teilen derselben, keine Abstraktionstheorie hat. Man könnte fast sagen, daß dieses ganze logische System mit seiner hierarchischen Ordnung der Begriffe und in seiner Bestimmung als System der Erfahrung bei Kant als ein ebenso großes Wunder erscheint wie der Organismus selbst und zugleich einen Spezialfall im Sinne des Organismus darstellt. Es ist einfach vorhanden und kann ebensowenig wie der in der Erfahrung gegebene Organismus in seiner Notwendigkeit begründet werden.

Dies ist nun deshalb interessant, weil die Teleologie noch nicht das Irrationalistische hat wie die moderne [...][45]. Das ausgeführte System der logischen Formen würde ein Organismus sein. Und die Philosophie traut sich noch zu, auch das Organische in diesen Zusammenhang mithineinzunehmen. Erst die spätere Philosophie (Bergson) führt ein heteronomes Prinzip ein, welches mit der Systembildung nicht mehr vereinbar ist. An dieser Stelle sei auch eine Bemerkung erwähnt, welche ganz am Anfang unserer Sitzung gefallen ist. Kant hat das Bestreben, die Begriffe nur für dasjenige zu verwenden, was sie an sich sagen. Hier ist noch, gleichsam als ein vorkritisches Moment aus der Zeit des Rationalismus, die Auffassung von dem An-sich-Sein der Wahrheit des Begriffes wirksam. Immer bemüht er sich um möglichste Anpassung an dasjenige, was im Begriff selbst vorliegt. Es tritt hier eine phänomenologische Seite in der Philosophie Kants in Erscheinung, welche, wenn von der Systematik die Rede ist, leicht übersehen wird. Dieses Moment ist durch die ganze Kantische Philosophie zu verfolgen, und es liegt in demselben vieles von der spezifischen Kraft seines Philosophierens.

In der Kritik der reinen Vernunft ist zwischen dem Prinzip der Kausalität und seiner Anwendung auf die Spezifikation noch nicht unterschieden. Danach müssen sich alle Vorgänge in der Natur durch die Kategorien bewältigen lassen. Erst in der Kritik der Urteilskraft stellt es sich heraus, daß die Kategorien nicht ausreichen,

---

45 In der Vorlage steht an dieser Stelle das durchgestrichene Wort »Psychologie«, ohne dass es durch ein anderes ersetzt wäre.

um etwas Einzelnes zu begreifen. Denn nicht allein, wie es sich im Neukantianismus ausgeführt findet, daß die Aufgabe, etwa einen Grashalm aus mechanischen Prinzipien zu erklären,[46] unendlich sein würde, weil man dazu alle Kausalreihen in der Natur kennen müßte, die Aufgabe also wegen ihrer Endlosigkeit nicht gelöst werden könnte, sondern es kommt noch eine prinzipielle Schwierigkeit dazu: Wir müssen uns nämlich fragen: Wie kommt man überhaupt dazu, von einem Grashalm zu sprechen? Bei anderen Dingen, etwa bei einem Artefakt, brauchte ich diese Frage nicht zu stellen, weil sie in einem entscheidenden Sinne keine objektiven Einheiten darstellen. Ob Kant hierin recht hat oder etwa metaphysisch in die Irre gegangen ist, ist eine andere Frage. Für ihn besteht jedenfalls ein prinzipieller Unterschied zwischen etwa einem Stuhl und einem Grashalm. Bei dem letzteren ist das Material, mit dem wir es zu tun haben, nicht *nur* Material. Und diese Tatsache hat ihn offenkundig zu der ganzen Kritik bewogen. Ohne die anthropozentrisch bestimmte radikale Trennung zwischen Biologie und mechanischer Naturwissenschaft würde die Kritik der Urteilskraft nicht möglich sein. Hier ist Kant nicht Positivist. Hier ist er Ontologe. In der Kritik der Urteilskraft wird die Einteilung der Wissenschaften in etwas begründet, was in der Kritik der reinen Vernunft noch gar nicht vorkommt. Dieses Neue muß in seinem Dasein einfach hingenommen werden. Die Frage der Kritik lautet demnach nicht: Weshalb ist es da?, sondern: Wie ist es möglich? D. h., die Frage richtet sich auf sein Apriori. Nun gerät aber Kant notwendig in eine Antinomie, indem er dieses Apriori nicht in konstituierten Leistungen erblickt. Ein Grashalm etwa ist nicht im gleichen Sinne wie ein Gegenstand der Erkenntnis nach der Kritik der reinen Vernunft konstituiert. Wenn aber das Naturprodukt nicht konstituiert ist, dann kann man auch nicht mehr von einem zu seiner Erkenntnis anzuwendenden heuristischen Prinzip sprechen. Vielmehr ist es bei Kant eine Flucht in die Idee. Was ist aber die Idee, derer er sich bedient? Sie ist Leitlinie und gleichsam das Versprechen, daß jedes bestimmte Naturprodukt einmal aufgehen wird in einem physikalischen Begriff, d. h., daß alle Kausalreihen so zusammenlaufen, daß man einstmals die Idee wird fallenlassen können. Aber als Idee bleibt sie unerreichbar. Wir werden sie nicht fallenlassen können, infolge der Ewigkeit der Sache.

---

46 Kant bemerkt, es sei »ganz gewiß, daß wir die organisierten Wesen und deren innere Möglichkeit nach bloß mechanischen Prinzipien der Natur nicht einmal zureichend kennen lernen, viel weniger uns erklären können; und zwar so gewiß, daß man dreist sagen kann, es ist für Menschen ungereimt, auch nur einen solchen Anschlag zu fassen, oder zu hoffen, daß noch etwa dereinst ein Newton aufstehen könne, der auch nur die Erzeugung eines Grashalms nach Naturgesetzen, die keine Absicht geordnet hat, begreiflich machen werde: sondern man muß diese Einsicht den Menschen schlechterdings absprechen.« (KW, Bd. X, S. 516 [B 337 f.; A 333 f.])

19 Sigrid von Massenhart, 31. Januar 1952

Protokoll zur Seminarsitzung Kritik der Urteilskraft v. 31. 1. 52

Die Seminarsitzung führte vom Begriff eines Naturzwecks und der eigentümlichen daraus entspringenden Antinomie schließlich zur Erörterung des für diese Antinomie wesentlichen Begriffes der Reflexion.

Das Referat von Herrn Goetzke[47] bezog sich auf die Dialektik der Teleologie bei Kant, d. h. auf die §§ 69 bis 78 der Kritik der Urteilskraft[48].

Nach einem allgemeinen inhaltlichen Gesamtaufriß der §§ ging der Referent auf die von Kant in § 69 dargelegte Gegenüberstellung von bestimmender und reflektierender Urteilskraft[49] ein. Was die bestimmende Urteilskraft angeht, so kann sie, da sie nur zu subsumieren hat und nicht über eigene Prinzipien verfügt, auch keinen Widerstreit, also auch keine Dialektik erzeugen. Anders ist es, wenn die reflektierende Urteilskraft auf den Plan tritt. Sie hat die Prinzipien aus sich selbst heraus zu bilden und ist genötigt, ein Allgemeines zu dem Besonderen, das ihr in der Erfahrung gegeben ist, zu finden.[50]

Bei der Behauptung, daß die reflektierende Urteilskraft versuche, dieses Allgemeine zu dem Besonderen möglicherweise durch Induktion zu finden, ergab sich die Frage, ob der Begriff der Teleologie induziert, oder aber, ob er a priori vorhanden sei.[51]

---

47 S. oben, Anm. 36.
48 Vgl. ebd., S. 498–535 (B 311–363; A 307–359).
49 Vgl. den Abschnitt »Was eine Antinomie der Urteilskraft sei?«, ebd., S. 498f. (B 311–313; A 307–309).
50 »Die reflektierende Urteilskraft, die von dem Besondern in der Natur zum Allgemeinen aufzusteigen die Obliegenheit hat, bedarf also eines Prinzips, welches sie nicht von der Erfahrung entlehnen kann, weil es eben die Einheit aller empirischen Prinzipien unter gleichfalls empirischen aber höheren Prinzipien, und also die Möglichkeit der systematischen Unterordnung derselben unter einander, begründen soll. Ein solches transzendentales Prinzip kann also die reflektierende Urteilskraft sich nur selbst als Gesetz geben, nicht anderwärts hernehmen (weil sie sonst bestimmende Urteilskraft sein würde), noch der Natur vorschreiben; weil die Reflexion über die Gesetze der Natur sich nach der Natur, und diese nicht nach den Bedingungen richtet, nach welchen wir einen in Ansehung dieser ganz zufälligen Begriff von ihr zu erwerben trachten.« (KW, Bd. IX, S. 252 [B XXVIf.; A XXIVf.])
51 »Die Zweckmäßigkeit der Natur ist also ein besonderer Begriff a priori, der lediglich in der reflektierenden Urteilskraft seinen Ursprung hat. Denn den Naturprodukten kann man so etwas, als Beziehung der Natur an ihnen auf Zwecke, nicht beilegen, sondern diesen Begriff nur brauchen, um über sie in Ansehung der Verknüpfung der Erscheinungen in ihr, die nach empirischen Gesetzen gegeben ist, zu reflektieren.« (Ebd., S. 253 [B XXVIII; A XXVI])

Die Antwort lautete, daß der Begriff der objektiv-formalen Zweckmäßigkeit, wiewohl keine Tatsache, so doch vorausgesetzt sei.

Man gelangte zu der Feststellung, daß an diesem Punkt nun eine logisch merkwürdige Lage sichtbar wird: Es wird nämlich ein Allgemeines – der Begriff des Naturzwecks – zu Besonderem – einem Organismus etwa – gesucht, aber ein Allgemeines, das nicht durch Abstraktion erreicht wird. Aus welcher Quelle entspringt der Begriff also? Im Bereich der Empirie sind zahllose Induktionen möglich, die dennoch keineswegs bis zu jenem Allgemeinen hinführen, das es erlaubt, »die Natur als Ganzes« zu sehen.

Auf den Einwand, ob die subjektiv-formale Zweckmäßigkeit nicht das Prinzip von Induktion sei, wurde festgestellt, daß es sich dann dabei aber nur um einen äußerst formalen Begriff handeln könne, der hier letztlich nicht zu verwenden sei.

Als der Referent auf die von Kant vorgenommene Umwandlung der regulativen Maxime in konstitutive Grundsätze zu sprechen kam,[52] galt es zunächst einmal, den Antinomiebegriff der Kritik der Urteilskraft gegen den der Kritik der reinen Vernunft abzuheben. Denn bei dem Antinomiebegriff der Kritik der Urteilskraft handelt es sich im Gegensatz zu dem der Kritik der reinen Vernunft um »konkrete« Antinomien. Dieser Unterschied wurde, wenn ich es recht verstanden habe, folgendermaßen charakterisiert:

Die Antinomien, die wir »konkrete« nannten, liegen nicht in der Urteilskraft selber, sondern vielmehr in dem doppelseitigen Verhältnis zu den Gegenständen: einmal subsumiert die *bestimmende* Urteilskraft das Gegebene unter Verstandesbegriffe, andererseits muß das Gegebene für ebendieselbe Urteilskraft als *reflektierende* den Begriff eines »Naturzwecks« zuwege bringen. Die Dialektik der Urteilskraft läßt nun den Gedanken aufkommen, daß die widerstreitenden Prinzipien vereinigt werden können.

Kant glaubt, sie in der Teleologie vereinigen zu können. Die reine Vernunft dagegen überschreitet immer wieder die Grenze, und bei der so entspringenden Antinomie lassen sich beide widerstreitenden Prinzipien in der Vernunft selber aufsuchen. Wenn die Kategorie auf meine Erfahrung so angewandt wird, als hätte ich es mit einem Ding an sich zu tun, entsteht die Antinomie. Denn in der reinen Vernunft hat sich die Vernunft auf das je Gegebene zu beschränken.

Es wurde dann zum § 70 weiterhin ausgeführt, daß es neben der kausalmechanischen Gesetzlichkeit Erfahrungen besonderer Gesetze in der Natur gibt, die in organisierten Naturprodukten auffindbar sind und mit Hilfe einer Idee beurteilt werden müssen. Nun bleibt allerdings dieses Reflexionsprinzip, mag die

---

52 Vgl. den Abschnitt »Vorstellung dieser Antinomie«, KW, Bd. X, S. 499–502 (B 313–316; A 309–312).

Sache es auch noch so nahe legen, so unbestimmt, daß a priori nicht ausgesagt werden kann, ob und wie »Naturzwecke« erfahren und begreiflich gemacht werden können.

Aufgrund der 1. Maxime können wir mit Hilfe der Verstandesbegriffe, die uns zur Verfügung stehen, »der Natur die Gesetze vorschreiben«[53], und in dieser ersten der beiden Maximen gelangen eben jene Verstandesbegriffe zur Anwendung.[54] In der 2. Maxime werden dann die Besonderheiten der Natur einbezogen.[55] Es wird hier auf das Prinzip hingewiesen, das nicht kausal-mechanisch arbeitet, sondern nach einem anderen Gesetz der Kausalität, d. h. nach Endursachen urteilt.

An dieser Stelle zeigt sich, wie Prof. Adorno sagte, die »radikalste Form der ontologischen Wendung.«

Anläßlich des von Kant in beiden Maximen gebrauchten Wortes »beurteilt« ergab sich die Frage nach der Bewertung dieses Ausdruckes, der von Kant sowohl zur Bezeichnung des subsumierenden Verstandes als auch der reflektierenden Vernunft Verwendung findet. Es schien so, als ob von der Beantwortung dieser Frage abhinge, ob es Kant gelingt, das die Kritik der reinen Vernunft und die Kritik der praktischen Vernunft umklammernde Prinzip zu finden.

Sollte Kant sich vielleicht in den Ausdruck »beurteilt« »geflüchtet« haben? Oder ließe sich das Wort etwa durch »erklärt« ersetzen?

Hierzu wurde gesagt, daß es bei der ersten Formulierung »einige Produkte ... u. s. w. beurteilt werden« zweifellos, wie der folgende Satz zeigt, um die bloß regulative Beurteilung geht; daß dagegen bei konstitutiver Beurteilung, im Hinblick auf das Kausal-Mechanische, die Gefahr einer Einengung des zur Rede stehenden Sinnes entstehen könne; d. h., sich auf die Newtonsche Auffassung zu be-

---

53 »Wir müssen aber empirische Gesetze der Natur, die jederzeit besondere Wahrnehmungen voraussetzen, von den reinen, oder allgemeinen Naturgesetzen, welche, ohne daß besondere Wahrnehmungen zum Grunde liegen, bloß die Bedingungen ihrer notwendigen Vereinigung in einer Erfahrung enthalten, unterscheiden, und in Ansehung der letztern ist Natur und *mögliche Erfahrung ganz und gar einerlei*, und, da in dieser die Gesetzmäßigkeit auf der notwendigen Verknüpfung der Erscheinungen in einer Erfahrung (ohne welche wir ganz und gar keinen Gegenstand der Sinnenwelt erkennen können), mithin auf den ursprünglichen Gesetzen des Verstandes beruht, so klingt es zwar anfangs befremdlich, ist aber nichts desto weniger gewiß, wenn ich in Ansehung der letztern sage: *der Verstand schöpft seine Gesetze* (a priori) *nicht aus der Natur, sondern schreibt sie dieser vor.*« (KW, Bd. V, S. 189 [A 113])
54 Die erste Maxime, »der *Satz*«, lautet: »Alle Erzeugung materieller Dinge und ihrer Formen muß, als nach bloß mechanischen Gesetzen möglich, beurteilt werden.« (KW, Bd. X, S. 500 [B 314; A 310])
55 Die zweite Maxime, »der *Gegensatz*«, lautet: »Einige Produkte der materiellen Natur können nicht, als nach bloß mechanischen Gesetzen möglich, beurteilt werden (ihre Beurteilung erfordert ein ganz anderes Gesetz der Kausalität, nämlich das der Endursachen).« (Ebd.)

schränken.⁵⁶ Gemeint ist schließlich wohl nicht »erkannt« in dem objektiv-gültigen Sinne in Hinblick auf jede Art Naturerfahrung.

Es wurde nun weiterhin eingewendet, daß ein bloß heuristisch zugeschnittenes Verständnis des »beurteilt«, so daß der Naturzweck bloßer Leitfaden zur Forschung, doch ohne jede Realität würde, zweifellos die Antinomie entkräften müsse.

Ferner erhob sich die Frage, wie bereits in der Anwendung des regulativen und konstitutiven Prinzips eine Schlichtung der Antinomie liegen könne. Hier zeigte sich jedoch, daß man angesichts des zwiefachen Kantschen Impulses, den Prof. Adorno als einen »Aufklärungs«- und einen »Rettungs«-Impuls bezeichnete, die Antinomie, d.h. den Widerspruch durchaus ernst zu nehmen habe. Was das regulative Prinzip angeht, so ist er ganz deutlich im gleichen Sinne gemeint, wie in jenem von Kant gebrauchten Beispiel des Grashalms, der nicht nach mechanischen Gesetzen erzeugt werden kann.⁵⁷ Somit konzentrierte sich die Frage auf den Begriff der reflektierenden Urteilskraft. Es kam zu einer Betrachtung über den Sinn der Reflexion bei Kant. Dem Reflektieren wohnt bei Kant eine bestimmte Nuance inne. Das Reflektieren Kants ist genaugenommen spekulativ zu verstehen. Der Urteilsakt wir hier »in epoche« vollzogen, so, daß gerade von aller Bestimmung im Sinne der Urteilskraft abgesehen wird. Es handelt sich in der Urteilskraft nicht um eine Aussage über »Möglichkeit« und »Unmöglichkeit«, denn das wäre ja eine Aussage des Verstandes. In der Urteilskraft findet sich das Moment, das zu denken, was durch den Verstand nicht bewältigt wurde. Im Hinblick nun auf unsere Frage des Naturzwecks ergäbe das alleinige Heranziehen des bestimmenden Verstandes, daß ich das Ganze durch das Kausalprinzip bewältigen muß. Die Reflexion aber zeigt, daß, wenn ich Naturmetaphysik treibe, ich in gewissem Sinn dies durch die Reflexion vermag. Beurteilen hat hier etwas Subjektives. Aber es geht darum, sich das Phänomen des Begriffes der Reflexion klarzumachen. »Nachdenken« ist bei Kant ein Reflektieren. Das eben tritt in der Urteilskraft zutage. Es ist deutlich, daß die Erkenntnis bei Kant noch nicht »unter dem Terror« steht, dem sie in der Folge unterworfen wurde. Die reflektierende Urteilskraft und mit ihr die Kritik der Urteilskraft bedeutet vielleicht den letzten Versuch einer Art nachkategorialen Denkens, das dann ganz von apophantischem Denken überschattet wurde.

Bei Kant sind aber noch beide Impulse vorhanden. Der »Aufklärungs«- und der »Rettungs«-Impuls. Und während dieser zweite ein Nachdenken im Sinne wirklicher Einsicht bedeutet, zeigt der erste bereits den Zwangscharakter der

---

56 Konjiziert für: »[...] entstehen könne, d.h. in die Newtonsche Auffassung entstünde.«
57 S. oben, Anm. 46.

synthetischen Einheit der Apperzeption, d. h. eines Einheitsprinzips. Wenn man nun Rettung und Aufklärung miteinander konfrontiert, so bedeutet das ein Ernstmachen mit den Antinomien.

Es tauchte hier, wenn ich nicht irre, ein Problem auf; man muß sich fragen, von welchem Impuls die Reflexion getrieben wird. Es ergab sich, daß es das Moment der Freiheit der Reflexion sei. Nur bei einer Erhebung über das kategoriale Denken kann mir »das Ganze« begreiflich werden. Freiheit bedeutet jedoch noch im Sinn der Scholastik, so wurde weiter fortgeführt[58], kein Hinausgehen aus der Sache, sondern die Freiheit, darüber hinauszugehen, um die Einheit des Selbstbewußtseins reflektieren zu können. – Zur Erläuterung des Kantischen Begriffes von bestimmender und reflektierender Urteilskraft wurde Bezug genommen auf den Teil der Kritik der reinen Vernunft, in dem von der synthetischen Einheit der Apperzeption und der »objektiven Einheit des Selbstbewußtseins« die Rede ist.[59] Herr Schramm[60] verwies auf die §§ 15, 21, 22[61] oder Transzendentale Deduktion[62].

Diese Frage mündete in eine Erörterung des Denkens, wie es sich heute darbietet. Notwendigerweise kam man auf die Andersartigkeit des Kantischen Denkens und des modernen naturwissenschaftlichen Denkens und die Verarmung in den Denkvorgängen, wie sie sich in der modernen Naturwissenschaft bemerkbar macht, zu sprechen. Der sehr komplexe Fall des Verhältnisses von moderner Naturwissenschaft und Philosophie verwies auf die Notwendigkeit weiterer Klärung.

S. v. M.

---

58 Konjiziert für: »vorgeführt«.
59 Vgl. den Abschnitt »Was objektive Einheit des Selbstbewußtseins sei«, ebd., S. 141 (B 139 f.).
60 Nicht ermittelt.
61 Vgl. die Abschnitte »Von der Möglichkeit einer Verbindung überhaupt«, ebd., S. 134–138 (B 129–131), »Anmerkung«, ebd., S. 143–145 (B 144–146), und »Die Kategorie hat keinen andern Gebrauch zum Erkenntnisse der Dinge, als ihre Anwendung auf Gegenstände der Erfahrung«, ebd., S. 145 f. (B 146–148).
62 Vgl. ebd., S. 131–159 (B 124–169), sowie ebd., S. 160–182 (A 95–130).

20 [N.N.],
7. Februar 1952

Protokoll der Sitzung vom 7. 2. 52

Im Verlauf der durch das letzte Protokoll aufgeworfenen Frage nach dem Unterschied der Antinomie der reinen Vernunft und der Antinomie der Urteilskraft erwuchs die Aufgabe einer genauen Interpretation des Begriffes der Antinomie der reinen Vernunft.

Die folgende Diskussion kreiste im wesentlichen um das Problem, ob diese Antinomien dadurch zustande kommen, daß die Kategorie auf das Ding an sich bezogen werde, oder ob es wichtig sei und nicht vermieden werden könne, die Anwendung auf Erscheinungen als wesentliche Ingredienzien dieser Antinomie anzusehen.

Es wurde ausgeführt, daß das Wesentliche dieser Antinomie darin liege, daß man ein Unendliches als ein positiv Gegebenes annehme und so eine Aussage treffe, die im Grunde auf ein Ding an sich gehe, da bei diesem allein die fragliche Bedingung erfüllt ist.

Dagegen wurde eingewandt, daß es wesentlich auf die Totalität der Synthesis der Erscheinung ankomme, und dieser Prozeß wurde am Beispiel der 3. Antinomie[63] erläutert. Nur dadurch, daß ich in der Welt der Erscheinungen von bedingten Ursachen immer weiter zurückfrage nach dem letzten Unbedingten, nur dadurch, daß ich die Gesamtheit aller in einer Kette voneinander abhängenden Ursachen für die Erscheinung postuliere, entsteht die Antinomie, die einerseits zur absoluten Abhängigkeit aller Erscheinungen in kausaler Hinsicht, andererseits zur Möglichkeit einer Kausalität durch Freiheit führt.

Dagegen wurde ausgeführt, daß vielleicht diese Antinomie den fraglichen Unterschied zu verdeutlichen nicht geeignet sei, weil gerade sie, wie allgemein bekannt, eine Sonderstellung unter den Antinomien einnähme.

---

63 Vgl. den Abschnitt »Der Antinomie der reinen Vernunft dritter Widerstreit der transzendentalen Idee«, KW, Bd. IV, S. 426–433 (B 472–479; A 444–451), dessen »*Thesis*« lautet: »Die Kausalität der Natur ist nicht die einzige, aus welcher die Erscheinungen der Welt insgesamt abgeleitet werden können. Es ist noch eine Kausalität durch Freiheit zu Erklärung derselben anzunehmen notwendig.« (Ebd., S. 426 und S. 428 [B 472; A 444]) Deren »*Antithesis*« lautet: »Es ist keine Freiheit, sondern alles in der Welt geschieht lediglich nach Gesetzen der Natur.« (Ebd., S. 427 [B 471; A 445]) – Zu Kants Auflösung dieser Antinomie vgl. den Abschnitt »Auflösung der kosmologischen Ideen von der Totalität der Ableitung der Weltgegebenheiten aus ihren Ursachen«, ebd., S. 488–506 (B 560–586; A 532–558).

Weiter wurde gesagt, daß die Antinomien auch in ihrem mathematischen Teil[64] ohne weiteres die Bedingung der Anwendung auf Erscheinung wesentlich mache. Im Grunde handle es sich um die Anwendung der Kategorie doch gerade als schematisierte Kategorie.

Das Medium von Raum und Zeit, durch das hindurch jener Bezug erfolge, dürfe nicht übersehen werden. Wenn die Kategorie auf das Ding an sich bezogen werde, so handle es sich im Grunde gar nicht um die Antinomie der reinen Vernunft, sondern dieses Problem sei das der transzendentalen Verwechslung, und somit wäre der ganze Abschnitt über die Amphibolie der Reflexionsbegriffe[65] eine unnütze Verdoppelung der Antinomienlehre. Dem entgegen wurde festgestellt, daß es hier in gewissem Sinn tatsächlich um solch eine Verdoppelung gehe, daß letztlich nicht das Problem einer sachgemäßen Auslegung Kants hier das Wesentliche sei, sondern es im Grunde in der Diskussion um ein rein systematisches Problem gehe. Im Sinne dieses Problems müsse Kant konsequent zu Ende gedacht werden, so daß in der Tat jeder Unterschied zwischen jener Amphibolie und der Antinomie hinfällig würde. Wenn ich nur auf die Totalität der Kategorie in ihrer Anwendung reflektiere, so verschwinde in diesem Sinne jeder Unterschied.

Genau so sei es schließlich mit der Unterscheidung von regulativen und konstitutiven Prinzipien unseres Verstandes, die etwas ausgesprochen Unkräftiges an sich habe. Der Rettungsversuch der spekulativen Vernunft, begründet auf einem bloß subjektiven Prinzip, nämlich der Reflexion, berge, würde er nur konsequent genug durchdacht, eine völlig gleichwertige Antinomie in sich und sei keineswegs zur Auflösung geeignet.

Der Widerspruch sei im tiefsten außerordentlich radikal: Einmal der Humesche Empirismus, nach dem der Verstand nur zur Erfahrung taugen soll, andererseits das nicht zu leugnende Streben nach Einsicht, die über die Erfahrung hinaus reicht, diese beiden Elemente stünden hier gegeneinander. Kant bereite der Ratio ihr ganzes Feld, wolle aber doch die Verdinglichung nicht als das Absolute, Letzte anerkennen. Er räume dem Mythos im Verstand noch einen bestimmten Platz ein, wenn auch nur in der säkularisierten Form, daß er seine Grenze im Erkenntnisgebrauch nur dadurch zu sichern vermag, daß er gerade diese Grenze hinausspiele.

---

64 Kant unterscheidet die ersten beiden sowie die letzten beiden Antinomien nach ihrem Bezug auf die »mathematischtranszendentalen« sowie die »dynamisch-transzendentalen Ideen« (ebd., S. 485 [B 556; A 528]).
65 Vgl. den Abschnitt »Von der Amphibolie der Reflexionsbegriffe durch die Verwechselung des empirischen Verstandesgebrauchs mit dem transzendentalen«, KW, Bd. III, S. 285–307 (B 316–349; A 260–292).

Sommersemester 1952: Ausgewählte Abschnitte aus Hegels »Rechtsphilosophie«

Philosophisches Hauptseminar mit Max Horkheimer

In diesem Semester gibt Adorno zudem die »Ästhetischen Übungen: Probleme der neuen Musik«

Das Seminar findet donnerstags statt

21–26 Archivzentrum Na 1, 883

21 Franz Löffelholz, 15. Mai 1952

Protokoll der Seminarsitzung vom 15. 5. 52.

Vor der Beschäftigung mit dem Text der Rechtsphilosophie bereitete Prof. Adorno auf den befremdenden Eindruck der objektivistischen Aussagen Hegels vor und erinnerte daran, daß man diese Hinwendung zum Institutionellen nicht als Befürwortung des Polizeistaates, sondern als Absage an die Willkür der Subjektivität zu verstehen habe, die im inneren Zusammenhang mit der Willkür der Tyrannis steht.

Bereits die ersten unscheinbaren Bemerkungen der Vorrede[1] über die formelle Anlage des Werkes berühren den dialektischen Puls. Während in der gewöhnlichen wissenschaftlichen Praxis Inhalt und Form gegeneinander indifferent sind und die Form ohne Rücksicht auf die besonderen Beziehungen des Inhalts nach herkömmlichen »Regeln und Manieren« angelegt wird, ist der philosophische Inhalt an die Form gebunden.[2] »Form« bedeutet hier das Moment der denkenden Subjektivität vor einer Sache. Indem der Geist das positiv Gegebene begreift, nämlich als identisch mit sich selbst, verleiht er ihm seine Form. Hegel steht hier in doppelter Abwehr, einmal gegen den traditionellen Dogmatismus, dessen Vortrag wesentlich am Inhalt orientiert ist, ohne unmittelbaren Bezug zur Form, dann aber auch gegen die romantische Spontaneität, die sich aus dem Zerfall des autoritativen Denkens entwickelt hat und jedem Moment aufs neue ohne Bezug zum Ganzen seine Form gewinnen will. Hegel ironisiert diese Art des Denkens als »Gewebe der Penelope«, das immer wieder aufgelöst und am selben Nullpunkt begonnen wird, so daß es keine Kontinuität der Ergebnisse, also keine neue Ordnung der Dinge gibt. Herrschte im traditionellen Denken die bloße Inhaltlichkeit, so verachtet die subjektive Momentaneität umgekehrt alle Gegenständlichkeit, um rein in den eigenen formalen Erfindungen spielen zu können. Für Hegel ist eins so verwerflich wie das andere, er versucht die jenseits gelegene

---

[1] Vgl. HW, Bd. 7, S. 11–28.
[2] »Ein eigentliches Kompendium jedoch hat den für fertig angesehenen Umkreis einer Wissenschaft zum Gegenstande, und das ihm Eigentümliche ist, vielleicht einen kleinen Zusatz hier und da ausgenommen, vornehmlich die Zusammenstellung und Ordnung der wesentlichen Momente eines Inhalts, der längst ebenso zugegeben und bekannt ist, als jene Form ihre längst ausgemachten Regeln und Manieren hat. Von einem philosophischen Grundriß erwartet man diesen Zuschnitt schon etwa darum nicht, weil man sich vorstellt, das, was die Philosophie vor sich bringe, sei ein so übernächtiges Werk als das Gewebe der Penelope, das jeden Tag von vorne angefangen werde.« (Ebd., S. 11 f.)

Position zu gewinnen, in der das Subjekt seine Beziehung zum Objekt erkannt hat. Die Versöhnung gelingt dann, wenn die Identität beider begriffen ist. Während die Phänomenologie den Prozeß der Versöhnung durchlief, sind Rechtsphilosophie und Enzyklopädie schon vom Standpunkt der Versöhnung geschrieben.

Die doppelte Frontstellung wiederholt sich bei der Methodenfrage. Die Unzulänglichkeit der herkömmlichen Logik scheint allgemein anerkannt zu sein; tatsächlich aber fällt ihre romantische Nachfolgerin, die sich auf die reine Intuition verläßt, zurück in die verachtete rationale Methode, sowie sie die hohen Einsichten verarbeiten soll. So wenig ein Denken in fixen Begriffen genügte, so unbefriedigend ist auch das Stehenbleiben im Unendlichen ohne Rückkehr in die endliche Form. In der dialektischen Methode sind Unendlichkeit des Geistes und Endlichkeit des Seienden als Momente des selben Prozesses aufeinander angewiesen, Begriff und Sache definieren sich gegenseitig.

Das Wort »Wissenschaft« gebraucht Hegel in diesem Sinn als das gegenständlich gewordene, entfaltete Wissen, in dem der Geist durch Begreifen der Dinge auch seiner selbst bewußt geworden und mit der Welt versöhnt worden ist. Die Wahrheit, die sich in der Wissenschaft der Philosophie als solche darstellt, ist also nicht identisch mit der Summe der Einzelwissenschaften, da die Gegenständlichkeit nur das Medium ist, in dem der Geist zu sich selbst kommt. Das Ziel ist nicht eine wissenschaftliche Enzyklopädie, sondern das Selbstbewußtsein. Darum verspotte Hegel die aufklärerische Meinung, Wahrheit ließe sich als Lehrinhalt verbreiten,[3] da das Wesen des philosophischen Begriffs gerade seine Produktivität, also das Entzünden der Wahrheit ist.

Hegel gerät hier mit seiner Konzeption in eine eigentümliche Problematik. Will er sich nicht wieder der romantischen Spontaneität des Denkens ausliefern, so muß er die unendliche Produktivität des Geistes an die endliche Identität mit dem Objekt binden. Wenn aber der Geist und das endliche Seiende identisch sind, kann seine freie Produktivität nur scheinbar sein – sie entdeckt nur Vorhandenes statt Neues zu erfinden. Der Geist bekommt passiven Charakter und beschränkt sich aufs Zusehen, während die Faktizität in den Vordergrund tritt. Der Idealismus hebt sich selbst auf, ein positivistisches Moment erscheint. Gesellschaftlich deutet sich diese Tendenz als Rechtfertigung des Bestehenden. In der Phänomenologie

---

3 »Vollends solche Regeln als zum Beispiel, daß man dasjenige durchdenken und prüfen solle, was man in Büchern lese oder mündlich höre; daß man, wenn man nicht gut sehe, seinen Augen durch Brillen zu Hilfe zu kommen habe – Regeln, die von den Lehrbüchern in der sogenannten angewandten Logik, und zwar ernsthaft in Paragraphen abgeteilt, gegeben wurden, auf daß man zur Wahrheit gelange –, müssen jedermann als überflüssig vorkommen, nur höchstens dem Schriftsteller oder Lehrer nicht, der in Verlegenheit ist, den sonst zu kurzen und toten Inhalt der Logik durch irgend etwas auszudehnen.« (HW, Bd. 5, S. 47)

war es noch so, daß das Vernünftige wohl an sich im Seienden da war, aber zur Wahrheit wurde es erst durch die Leistung des Geistes, der diesem Inhalt seine Form im Begriff gab und ihn dadurch wesentlich verwandelte. Jetzt wird auch die an-sich-seiende Substanz als Wahrheit bezeichnet, die sich der Geist zu seiner Befriedigung aneignen kann, ohne daß die Wahrheit selbst dadurch gewinnt.[4] Der Geist erhält eine untergeordnete Rolle, er beschreibt, was er findet, statt zu erzeugen.

Prof. Adorno warnte jedoch an dieser Stelle vor dem Gedanken, daß Passivität des Geistes bloßes Nachkonstruieren sei, und gab zu bedenken, ob nicht etwa die Produktivität des Denkens gerade von seiner Passivität abhänge. Denn das Subjekt findet um so mehr, je mehr es sich der Sache überläßt und darauf achtet, daß es sich nicht selbst dazwischenstellt. So sei auch die Arbeit des Künstlers weniger ein Zeugen, als ein Auffinden der Problematik in den jeweiligen Bereichen, die dem Künstler von sich aus die Lösungen vorschreibt. Zwischen Passivität und Spontaneität herrscht eine eigene Dialektik, die nicht übersehen werden darf, wenn man Hegels Standpunkt des reinen Zusehens gegenüber dem Kantischen, der nur die spontane Leistung des Subjekts kennt,[5] gerecht werden will.

---

4 »Ohnehin über *Recht, Sittlichkeit, Staat* ist die *Wahrheit ebensosehr alt,* als in *den öffentlichen Gesetzen, der öffentlichen Moral und Religion offen dargelegt und bekannt.* Was bedarf diese Wahrheit weiter, insofern der denkende Geist sie in dieser nächsten Weise zu besitzen nicht zufrieden ist, als sie auch zu *begreifen* und dem schon an sich selbst vernünftigen Inhalt auch die vernünftige Form zu gewinnen, damit er für das freie Denken gerechtfertigt erscheine, welches nicht bei dem *Gegebenen,* es sei durch die äußere positive Autorität des Staats oder der Übereinstimmung der Menschen, oder durch die Autorität des inneren Gefühls und Herzens und das unmittelbar beistimmende Zeugnis des Geistes unterstützt, stehenbleibt, sondern von sich ausgeht und eben damit fordert, sich im Innersten mit der Wahrheit geeint zu wissen?« (HW, Bd. 7, S. 13f.)
5 Bei Hegel heißt es etwa: »[...] wir wollen nur zusehen, wie sich der Begriff selbst bestimmt, und tun uns die Gewalt an, nichts von unserem Meinen und Denken hinzuzugeben.« (Ebd., S. 86) Oder auch: »Worauf es deswegen bei dem Studium der Wissenschaft ankommt, ist, die Anstrengung des Begriffs auf sich zu nehmen. Sie erfordert die Aufmerksamkeit auf ihn als solchen, auf die einfachen Bestimmungen, z. B. des Ansichseins, des Fürsichseins, der Sichselbstgleichheit usf.; denn diese sind solche reine Selbstbewegungen, die man Seelen nennen könnte, wenn nicht ihr Begriff etwas Höheres bezeichnete als diese. [...] Sich des eigenen Einfallens in den immanenten Rhythmus der Begriffe entschlagen, in ihn nicht durch die Willkür und sonst erworbene Weisheit eingreifen, diese Enthaltsamkeit ist selbst ein wesentliches Moment der Aufmerksamkeit auf den Begriff.« (HW, Bd. 3, S. 56) Zur Erläuterung der »Arbeit des Begriffs« schreibt Adorno: *Die Hegelsche »Arbeit des Begriffs« umschreibt nicht lax die Tätigkeit des Gelehrten. Diese, als Philosophie, wird nicht umsonst von Hegel immer zugleich auch als passiv, »zusehend« vorgestellt. Was der Philosoph arbeitet, will eigentlich nichts anderes als dem zum Worte verhelfen, was an der Sache selbst tätig ist, was als gesellschaftliche Arbeit den Menschen gegenüber objektive Gestalt hat und doch die Arbeit von Menschen bleibt.* (GS, Bd. 5, S. 269) Bei Kant wiederum findet sich u. a. fol-

Das Neue, was der Geist durch seine Reproduktion der Sache im Begriff zustande bringt, ist die Aufhebung der Entfremdung zum Objektiven. Die Beziehung also ist es, die verändert wird, in diesem Fall zu den gesellschaftlichen Institutionen, mit ihr aber auch, das wird man gegen Hegels vereinfachender Darstellung in der Vorrede festhalten müssen, die Substanz der betreffenden Einrichtung, etwa der Familie, selbst. Auf der naiven Stufe des Daseins war die Beziehung selbstverständlich, durch ihre Reflexion wurde sie problematisch. Jetzt endlich erkennt das Subjekt in den Institutionen sich selbst, d. h., es sieht, wie die Institutionen sich aus den Bedürfnissen des Menschen rechtfertigen und wie der Mensch nur dank der Institutionen existieren kann. Sein Dasein ist durch die Gesellschaft vermittelt. Hegel nimmt damit den Gedanken des Zoon politikon wieder auf, gegen den Individualismus, der übersieht, daß er selbst nur eine Form der Vergesellschaftung ist.

Daran verurteilt Hegel auch das extravagante Denken, das sich nur wohlfühlt, wenn es gegenüber dem allgemein Anerkannten etwas Besonderes erfinden kann. Ebenso eitel erscheint ihm die Relativierung des Allgemeinen zu einer Vielheit individueller Meinungen, aus denen das Richtige herausgefunden werden soll. Denn das Objektive der Dinge ist vorgegeben, während die individuellen Auffassungen sekundär sind. Ein Versuch, aus diesen Zufälligkeiten die Wahrheit zu abstrahieren, kehrt das Verhältnis um. Für Hegel enthält die Wirklichkeit selbst das Kriterium des Wahren, da nur dessen Substanz sich im Fortgang der Dinge durchsetzen kann.

---

gende Erläuterung: »Unsre Erkenntnis entspringt aus zwei Grundquellen des Gemüts, deren die erste ist, die Vorstellungen zu empfangen (die Rezeptivität der Eindrücke), die zweite das Vermögen, durch diese Vorstellungen einen Gegenstand zu erkennen (Spontaneität der Begriffe); durch die erstere wird uns ein Gegenstand *gegeben*, durch die zweite wird dieser im Verhältnis auf jene Vorstellung (als bloße Bestimmung des Gemüts) *gedacht*. Anschauung und Begriffe machen also die Elemente aller unsrer Erkenntnis aus, so daß weder Begriffe, ohne ihnen auf einige Art korrespondierende Anschauung, noch Anschauung ohne Begriffe, ein Erkenntnis abgeben können. [...] Wollen wir die *Rezeptivität* unseres Gemüts, Vorstellungen zu empfangen, so fern es auf irgend eine Weise affiziert wird, *Sinnlichkeit* nennen: so ist dagegen das Vermögen, Vorstellungen selbst hervorzubringen, oder die *Spontaneität* des Erkenntnisses, der *Verstand*. Unsre Natur bringt es so mit sich, daß die *Anschauung* niemals anders als *sinnlich* sein kann, d. i. nur die Art enthält, wie wir von Gegenständen affiziert werden. Dagegen ist das Vermögen, den Gegenstand sinnlicher Anschauung zu *denken*, der *Verstand*. Keine dieser Eigenschaften ist der andern vorzuziehen.« (KW, Bd. III, S. 97 f. [B 74 f.; A 50 f.])

22 Diedrich Osmer, 29. Mai 1952

Protokoll der Seminarsitzung
vom 29. 5. 52

Die Diskussion knüpfte an die Bemerkung Hegels an: »... aber es ist *die Philosophie* überhaupt, welche sich durch jenes Getreibe in mannigfaltige Verachtung und Mißkredit gesetzt hat. Die schlimmste der Verachtungen ist diese, daß wie gesagt jeder, wie er so steht und geht, über die Philosophie überhaupt Bescheid zu wissen und abzusprechen im Stande zu seyn überzeugt ist.« (Seite 10)[6] Die Pointe dieser Bemerkung, so wurde gesagt, liege darin, daß Hegel nicht etwa an die Verachtung durch das vulgäre Bewußtsein, sondern durch die *Philosophie* gedacht habe, und zwar an diejenigen Philosophen, die glauben, daß man sich über die Objektivität hinwegsetzen könne, wenn man nur auf die »innere Stimme« horche. Darin deute sich bereits der »Defaitismus« des Intellekts an, jene aus der Hybris des romantischen Philosophierens resultierende Erschütterung des Vertrauens des Gedankens zu sich selbst, die schließlich zur Abdankung des sich selbst nichts mehr zutrauenden Gedankens führe. Mit der gegen die Staatsphilosophen seiner Zeit gewandten Bemerkung, daß sie ihre wesentliche Aufgabe darin zu haben scheinen, *auch* eine Theorie und eben eine *neue* und *besondere* zu geben, richtet sich Hegel gegen die, wie er es in der Phänomenologie nennt, »Standpunktphilosophie«.[7] Sein Anliegen ist die Überwindung der bloßen Anfälligkeit des Gedankens, ein philosophisches Denken, das einerseits frei ist, indem es über die fachlichen Beschränkungen der Einzelheit hinausgeht, ohne andererseits aber in bloße Meinung zurückzufallen. Theorie sei hier in einem polemischen Sinne gemeint. Sie bezeichne ein bloßes Sich-etwas-Ausdenken, das der Wirklichkeit gegenübergesetzt werde, und sie sehe nicht die dieser Wirklichkeit immanente und aus ihr herauszulesende Vernunft. Hegel übe Kritik an

---

6 HVA, Bd. 8, S. 10. Vgl. HW, Bd. 7, S. 17.
7 Das Wort von der »Standpunktphilosophie« ist bei Hegel nicht nachweisbar, wenngleich sich Adorno wiederholt auf die ablehnende Haltung Hegels ihr gegenüber beruft (vgl. etwa GS, Bd. 5, S. 95). Immerhin heißt es aber in der Vorrede zur »Phänomenologie des Geistes« [1807]: »Denn wie und was von Philosophie in einer Vorrede zu sagen schicklich wäre – etwa eine historische *Angabe* der Tendenz und des Standpunkts, des allgemeinen Inhalts und der Resultate, eine Verbindung von hin und her sprechenden Behauptungen und Versicherungen über das Wahre –, kann nicht für die Art und Weise gelten, in der die philosophische Wahrheit darzustellen sei.« (HW, Bd. 3, S. 11)

jenen Kritikern, die eine eigene, der der anderen entgegenstehende Auffassung entwickeln zu müssen glauben, wenn man sie nach ihrer Meinung über den Staat fragt, und er verlange, daß erst einmal die Vernünftigkeit des Staates, so wie er da ist, gesehen werden solle.

Seine Polemik[8] richtet sich gegen alle Arten von Weltverbesserern, nicht nur gegen Fries[9], Apelt[10] usw., sondern auch gegen die Nachfolger Fichtes, die Ideologen,[11] die insofern »unvernünftig« seien, als sie nicht das aussprechen, was ist und was damit im eigentlichen Sinne zunächst einmal Wirklichkeit ist. Ebenso wie er in der Natur ist, ist Gott nach Hegel auch im Staate, d. h. eben in jeder wenn auch noch so unentfalteten Gestalt der Realität, und nur ein konsequentes Vorgehen des Gedankens von Gestalt zu Gestalt, die volle Entfaltung der Begriffe, ist als die Dialektik die Methode der Betrachtung, die einzig der Wirklichkeit gerecht werden kann. Da jedoch in den kritischen Gedanken auch derjenigen, gegen die Hegels Polemik sich richte, die geschichtliche Totalität als Bedingung und Inhalt mitgesetzt sei und damit der durch das Medium der Sprache gar nicht so zufällige Gedanke das Moment des Objektiven potentiell mitenthalte, sei die Sache in Wahrheit gar nicht so einfach. Auch Hegel meine nicht etwa, daß ein subjektiver kritischer Gedanke an sich eitel sei, da ja zunächst eine Identifikation mit den geschichtlichen Mächten erfolgt sein müsse, ehe man über sie schimpfe. Er wolle nur das »gediegene« Philosophieren gegen das »verantwortungslose« abgrenzen und verlange, daß ein Kritiker nicht blind negiere, ohne zuvor zu den von ihm kritisierten Verhältnissen einmal ja gesagt zu haben. Das Ja müsse dem Nein immanent sein, und ebenso wie eine Kritik nur dann berechtigt sei, wenn sie die kritisierten Verhältnisse selbst berücksichtige, könne man die als verbesserungsbedürftig empfundene Wirklichkeit nur dann als »vernünftig« bezeichnen, wenn die Kritik in der Vorstellung von ihr miteingeschlossen sei. In diesem Sinne ist auch die Bemerkung zu verstehen, daß im Grunde alle, die in dieser Wirk-

---

8 Vgl. vor allem HW, Bd. 7, S. 13–22.
9 Der Philosoph, Mathematiker und national gesinnte Antisemit Jakob Friedrich Fries, der in Heidelberg jenen Lehrstuhl besetzte, den nach ihm Hegel einnimmt, wird von diesem als »Heerführer dieser Seichtigkeit, die sich Philosophieren nennt«, bezeichnet. (Ebd., S. 18)
10 Korrigiert aus: »Appel«; Ernst Friedrich Apelt ist ab 1856 ordentlicher Professor in Leipzig und einflussreichster Schüler von Fries.
11 Der Begriff der Ideologie geht zurück auf Antoine Louis Claude Destutt de Tracy. Er gebraucht diesen Begriff in seinem Werk »Éléments d'idéologie« (Paris 1801–1815) als Bezeichnung für die Lehre von den Vorstellungen. Seine aufklärerische Theorie wird von der philosophischen ›Schule der Ideologen‹ übernommen und erlangt im französischen Bildungssystem großen Einfluss, bis diese Lehre von Napoleon Bonaparte diskreditiert wird.

lichkeit des Staates leben, darin ihr Wissen und Wollen befriedigt finden.[12] Hegel meint damit gar nicht, daß *alle*, sondern nur daß »im Grunde alle« Menschen befriedigt seien, das aber bedeutet gerade, daß die Wirklichkeit auch das Vorhandensein von Nichtbefriedigten einschließe. Es sei ja so, daß sich das Subjekt in dem, was nicht Subjekt ist, in den Gebilden des objektiven Geistes, wiederfinden müsse. Solange dies noch nicht geschehen ist, sei das Subjekt als unvernünftig zu bezeichnen und habe sich die Vernunft noch nicht voll verwirklicht. Man könne hiernach nun zwar sagen, daß der Staat eben deshalb noch nicht ganz vernünftig sei, weil sich in ihm nicht *alle* Subjekte wiedergefunden hätten (befriedigt sind). Darauf aber wäre zu antworten, daß sich das gesellschaftliche Leben nicht ohne bestimmte feste Formen abspielen könne und daß der Beweis, ob etwa real Besseres möglich sei, der Geschichte überlassen werden müsse. Überhaupt könne erst der Fortgang der Geschichte über die Richtigkeit der im Grunde bloß abstrakten Behauptung, es gäbe Besseres als die gegebene Wirklichkeit, entscheiden. Falle eine solche Entscheidung negativ aus, so heiße das nicht etwa, die *anderen* oder die *Umstände* seien dafür verantwortlich zu machen, sondern eben derjenige, der behauptet habe, das Bessere zu wissen, da es ja gerade an ihm gelegen hätte, die Wirklichkeit in der Richtung des von ihm behaupteten Besseren zu ändern. Denn das in der Geschichte sich Entwickelnde kann nicht von dem Ich getrennt werden, das von dem Wirklichen behauptet, dies sei gut oder dies sei schlecht. Deshalb sei es auch solange unentschieden, ob jemand, der die Welt verbessern wolle, ein großer Mann oder ein Phantast sei, bis sich die Welt tatsächlich geändert habe.[13] Weil ein bloßes System im rationalistischen Sinne nicht genüge, da in ihm die Geschichte nicht entfaltet sei, seien nach Hegels Meinung die Theorien der damaligen Staatsphilosophen schlecht.

Der Gedanke Hegels war, wie ihn Nietzsche später noch einmal ganz kraß aussprach, daß, wenn die Welt schlecht sei, auch wir schlecht seien.[14] Wenn man den Staat ändern wolle, dann müsse man sich dabei zugleich in einem verantwortungsvollen Sinne bewußt sein, daß der Staat zunächst einmal deshalb so sei, weil er von den Menschen so gemacht wurde. Verantwortlich gehandelt könne nur dann werden, wenn die eigenen Fehler und Schwächen dabei berücksichtigt würden.

---

12 Hegel spricht an jener Stelle von denen, »welche in dieser Wirklichkeit des Staats leben und ihr Wissen und Wollen darin befriedigt finden – und deren sind viele, ja mehr als es meinen und wissen, denn im *Grunde* sind es *alle*« (HW, Bd. 7, S. 16).
13 Vgl. ebd., S. 23–28.
14 In Nietzsches Aphorismus »Ein gefährlicher Entschluss« heißt es etwa: »Der christliche Entschluss, die Welt hässlich und schlecht zu finden, hat die Welt hässlich und schlecht gemacht.« (NW, Bd. 3, S. 485)

Mit der Bemerkung: »Wenn man diese Vorstellung und das ihr gemäße Treiben sieht, so sollte man meinen, als ob noch kein Staat und Staatsverfassung in der Welt gewesen noch gegenwärtig vorhanden sei, sondern als ob man *jetzt* – und dies *Jetzt* dauert immer fort – ganz von vorne anzufangen und die sittliche Welt nur auf ein solches *jetziges* Ausdenken und Ergründen und Begründen gewartet habe«[15] – wendet sich Hegel auch schon gegen jenes »radikale« Fragen nach einem Ersten, Unbedingten, Unmittelbaren, wie es heute im Heidegger'schen Philosophieren sich ausdrücke. Dessen Unheil bestehe in der Naivität zu glauben, man könne philosophieren, ohne sich dessen verantwortlich bewußt zu sein, daß im Philosophieren notwendigerweise das Ganze enthalten sein müsse. Im Gedanken sei die Geschichte indessen als ein Bestandteil der Wahrheit mitenthalten, und man könne unmöglich zu einem reinen Ansich kommen, wenn man die Geschichte abbauen und abschütteln wolle.

Der Satz: »Die besondere Form des üblen Gewissens, welche sich in der Art der Beredsamkeit, zu der sich jene Seichtigkeit aufspreizt, kundtut, kann hierbei bemerklich gemacht werden; und zwar zunächst, daß sie da, wo sie am *geistlosesten* ist, am meisten vom *Geiste* spricht, wo sie am totesten und ledernsten redet, das Wort *Leben* und *ins Leben einführen*, wo sie die größte Selbstsucht des leeren Hochmuts kundtut, am meisten das Wort *Volk* im Munde führt«[16], ist als Polemik gegen alles Gerede von »Wesensschau«, »Leben« und »Unmittelbarkeit« gerichtet, das sich zu Lebzeiten Hegels etwa bei Carus andeutete,[17] der in dieser Hinsicht in gewisser Weise als ein Vorläufer der Klages und Heidegger und damit als ein Wegbereiter der Ideologien des niedergehenden Bürgertums bezeichnet werden kann. Wenn Hegel demgegenüber vom »Gedanken« spricht,[18] so meint er damit zunächst die »Anstrengung des Begriffs«[19], der sich das Denken, anstatt bloß anschauen oder auf »gefühlte Tiefe« zurückgreifen zu wollen, unterziehen müsse, um vom bloßen Meinen und Fühlen in die allgemeine Bestimmtheit der Sprache übergehen zu können, in deren Gestalt dann auch das Recht als geschriebenes Gesetz zu einem Bestimmten und Gültigen werde. Recht und Sittlichkeit sind nur,

---

15 HW, Bd. 7, S. 15.
16 Ebd., S. 20.
17 Der Mediziner, Maler und Naturphilosoph Karl Gustav Carus ist im 19. Jahrhundert mit seinem romantischen Biologismus ein Vorläufer der einschlägigen Rassetheorien des 20. Jahrhunderts.
18 »Daß Recht und Sittlichkeit, und die wirkliche Welt des Rechts und des Sittlichen, sich durch den *Gedanken* erfaßt, durch Gedanken sich die Form der Vernünftigkeit, nämlich Allgemeinheit und Bestimmtheit gibt, dies, *das Gesetz*, ist es, was jenes sich das Belieben vorbehaltende Gefühl, jenes das Rechte in die subjektive Überzeugung stellende Gewissen mit Grund als das sich feindseligste ansieht.« (HW, Bd. 7, S. 20)
19 Das Wort entstammt der »Phänomenologie des Geistes«: »Worauf es [...] bei dem *Studium der Wissenschaft* ankommt, ist, die Anstrengung des Begriffs auf sich zu nehmen.« (HW, Bd. 3, S. 56)

insofern sie durch den Gedanken, d. h. durch die Sprache, als Gesetz niedergelegt sind. Insofern hat die Sprache als Medium des Allgemeinen eine zentrale Bedeutung. Hegel, dem gegenüber man unter Berufung auf diese Stelle häufig den Vorwurf erhoben habe, er sei ein Reaktionär gewesen, wollte sich damit gar nicht etwa nur gegen die Revolutionäre wenden, sondern mindestens ebensosehr gegen die Willkür derjenigen, die unter Berufung auf die Freiheit alles mögliche usurpieren wollen, gegen die Ideologen. Recht und Leben des Individuums werden nach Hegel nur durch die Allgemeinheit, das Gesetz garantiert. In diesem stecke zwar ein Moment der Vergewaltigung, insofern die Kodifizierung gleichzeitig eine Verdinglichung bedeute und sich dieses Feste gegenüber dem Fließenden verselbständige, aber es sei gar nicht anders möglich, das Allgemeine durchzuhalten, und dies sei daher »richtig« obschon es möglich sei, daß bei der Anwendung des Rechtes auch Unrecht geübt werde.[20] Es sei mit dem Gesetz ebenso wie mit dem Staate, daß nämlich nicht schlechthin alle, sondern nur »im Grunde alle« befriedigt werden können. Da nach Hegel, der sich damit entschieden gegen die im rationalistischen Sinne naturrechtlichen Gedanken wandte, das Recht erst durch die Kodifikation, durch das geschriebene Gesetz den Charakter der Allgemeinheit und Bestimmtheit erhält, bedeutet das daraus resultierende Moment des Starren geradezu die Garantie der Rechtssicherheit.

---

20 »Die weitere Schwierigkeit aber kommt von der Seite, daß der Mensch *denkt* und im Denken seine Freiheit und den Grund der Sittlichkeit sucht. Dieses Recht, so hoch, so göttlich es ist, wird aber in Unrecht verkehrt, wenn nur dies für Denken gilt und das Denken nur dann sich frei weiß, insofern es vom *Allgemein-Anerkannten und Gültigen abweiche* und sich etwas *Besonderes* zu erfinden gewußt habe.« (HW, Bd. 7, S. 14 f.)

23 Kurt A. Mautz,
19. Juni 1952

Protokoll der Seminarsitzung vom 19. Juni 1952

Die Textinterpretation knüpfte an die Stelle der Vorrede an, an der Hegel es als ein Glück für die Wissenschaft bezeichnet, daß der »öffentliche Bruch«, zu dem es mit jenem Philosophieren kam, »das sich als eine Schulweisheit in sich fortspinnen mochte«, die Philosophie nötigte, sich in ein »näheres Verhältnis mit der Wirklichkeit« zu setzen.[21] Hegel wendet sich hier gegen das vorkantische Naturrecht, vor allem aber gegen die Ethik Kants und der Kantianer, gegen die er bereits den später bis zum Überdruß wiederholten Vorwurf des Formalismus erhebt,[22] weil die Pflichten und Rechte, von der sie spricht, sich in formalen Bestimmungen bewegen, deren Anweisungen zum Handeln in keiner konkreten Beziehung zu den objektiven Formen der historischen Wirklichkeit stehen. Das Recht als historische Kategorie ist Kant unendlich fremd. In der damaligen Auseinandersetzung zwischen einer formal-rechtlichen, an Kant orientierten Rechtsschule und einer den historischen Inhalten des Rechts sich zuwendenden, berührt sich Hegels Rechtsauffassung mit der letzteren, bei allem Abstand, den sie zur Historischen Rechtsschule selbst hat. Daß das Kantische Rechtsdenken sowohl von individualistischen Tendenzen, z.B. in der liberalen Konzeption des Nachtwächterstaates,[23] als auch von romantisch-reaktionären, z.B. in der Staatsauf-

---

21 »Es ist darum als ein *Glück* für die Wissenschaft zu achten – in der Tat ist es, wie bemerkt, die *Notwendigkeit* der *Sache* –, daß jenes Philosophieren, das sich als eine *Schulweisheit* in sich fortspinnen mochte, sich in näheres Verhältnis mit der Wirklichkeit gesetzt hat, in welcher es mit den Grundsätzen der Rechte und der Pflichten Ernst ist und welche im Tage des Bewußtseins derselben lebt, und daß es somit zum *öffentlichen* Bruche gekommen ist.« (Ebd., S. 23f.)
22 Bei Hegel heißt es etwa: »Aber die analytische Einheit und Tautologie der praktischen Vernunft ist nicht nur etwas Überflüssiges, sondern in der Wendung, welche sie erhält, etwas Falsches, und sie muß als das Prinzip der Unsittlichkeit erkannt werden. Durch die bloße Aufnahme einer Bestimmtheit in die Form der Einheit soll sich die Natur des Seins derselben verändern; und die Bestimmtheit, welche ihrer Natur nach eine andere Bestimmtheit gegen sich hat, deren eine die Negation der anderen und ebendarum keine etwas Absolutes ist (und es ist für die Funktion der praktischen Vernunft gleichgültig, welche von beiden es ist, denn sie gibt bloß die leere Form), soll durch diese Verbindung mit der Form der reinen Einheit selbst zur absoluten, zum Gesetz und Pflicht gemacht sein. Wo aber eine Bestimmtheit und Einzelheit zu einem Ansich erhoben wird, da ist Vernunftwidrigkeit und, in Beziehung aufs Sittliche, Unsittlichkeit gesetzt.« (HW, Bd. 2, S. 463)
23 Das Wort geht auf Ferdinand Lassalle zurück, der 1862 bei einem Vortrag in Berlin äußert, die Bourgeoisie fasse »den sittlichen Staatszweck so auf: er bestehe ausschließend und allein darin, die persönliche Freiheit des Einzelnen und sein Eigenthum zu schützen. *[Absatz]* Dies ist eine Nachtwächteridee, meine Herren, eine Nachtwächteridee deshalb, weil sie sich den Staat selbst

fassung Schellings,[24] in Anspruch genommen werden konnte, hängt mit seinen negativen, formellen Bestimmungen zusammen, die allem Raum boten, was nicht mit ihnen kollidierte. Gegenüber diesem negativen Charakter der Kantischen Freiheits- und Rechtsidee versucht Hegel den Begriff der Freiheit positiv zu bestimmen, indem er ihn an einen bestimmten gesellschaftlichen Zustand bindet: In Hegels »bürgerlicher Gesellschaft« ist Freiheit nur so weit möglich, als sie Eigentum zur Voraussetzung hat.

Im Zusammenhang mit seiner Bemühung um positive, konkrete Bestimmungen der Idee von Freiheit, Recht, Staat usw., bezeichnet Hegel als Aufgabe der Philosophie das »Erfassen des Gegenwärtigen und Wirklichen«[25]. Mit der Bestimmung der Philosophie als des »Ergründens des Vernünftigen« im Wirklichen, in der Sache selbst, wendet sich Hegel gegen Kants Gedanken von der Vernunft als eines Instruments. »Ergründen des Vernünftigen«, »Erfassen des Gegenwärtigen und Wirklichen« heißt: Einsicht gewinnen in die Vernunft, die in der Gesetzlichkeit der Struktur und des Zustandekommens eines Phänomens wirksam ist, sich der Logik einer bestimmten Sache selbst versichern. Aufs Recht bezogen: Es kann nicht dieses oder jenes Recht als schlechthin vernünftig angesprochen werden, sondern es muß eingesehen werden, weshalb unter der bestimmten Konstellation eines geschichtlichen Zustandes dieses oder jenes Recht zustande kommt. Das »Aufstellen eines Jenseitigen«[26] (S. 13), d. h. einer die konkrete Kon-

---

nur unter dem Bilde eines Nachtwächters denken kann, dessen ganze Function darin besteht, Raub und Einbruch zu verhüten. Leider ist diese Nachtwächteridee nicht nur bei den eigentlichen Liberalen zu Haus, sondern selbst bei vielen angeblichen Demokraten, in Folge mangelnder Gedankenbildung, oft genug anzutreffen.« (Ferdinand Lassalle, Arbeiterprogramm. Ueber den besondern Zusammenhang der gegenwärtigen Geschichtsperiode mit der Idee des Arbeiterstandes [1862], 3. Aufl., Leipzig 1870, S. 36)

[24] Schellings Staatsauffassung wird vor allem in dessen »Vorlesungen über die Methode des akademischen Studiums« [1803] deutlich; vgl. SW, Bd. 3, S. 229–374.

[25] »Es ist eben *diese Stellung der Philosophie zur Wirklichkeit*, welche die Mißverständnisse betreffen, und ich kehre hiermit zu dem zurück, was ich vorhin bemerkt habe, daß die Philosophie, weil sie das *Ergründen des Vernünftigen* ist, eben damit das *Erfassen des Gegenwärtigen und Wirklichen*, nicht das Aufstellen eines Jenseitigen ist, das Gott weiß wo sein sollte – oder von dem man in der Tat wohl zu sagen weiß, wo es ist, nämlich in dem Irrtum eines einseitigen, leeren Räsonierens.« (HW, Bd. 7, S. 24)

[26] Es sei, schreibt Hegel, »als ein *Glück* für die Wissenschaft zu achten – in der Tat ist es, wie bemerkt, die *Notwendigkeit* der *Sache*, – daß jenes Philosophieren, das sich als eine *Schulweisheit* in sich fortspinnen mochte, sich in näheres Verhältnis mit der Wirklichkeit gesetzt hat, in welcher es mit den Grundsätzen der Rechte und der Pflichten Ernst ist und welche im Tage des Bewußtseins derselben lebt, und daß es somit zum *öffentlichen* Bruche gekommen ist. Es ist eben *diese Stellung der Philosophie zur Wirklichkeit*, welche die Mißverständnisse betreffen, und ich kehre hiermit zu dem zurück, was ich vorhin bemerkt habe, daß die Philosophie, weil sie das

stellation des Wirklichen transzendierenden Utopie, würde nur blind dem Zwang verfallen, unter dem sie konzipiert wurde. Alle Utopien erscheinen als Projektionen der Wirklichkeit, die ein von der Vernunft unbewältigtes Stück Wirklichkeit reflektieren. Die Vernunft kann zu sich selber kommen nur dadurch, daß sie die Situation des »Gegenwärtigen und Wirklichen« selber durchsichtig macht, d. h. sich der Logik des Seins und Werdens der Phänomene, der bestimmten Sache selbst versichert.

Am Beispiel von Platos Staatsauffassung macht Hegel deutlich, welchen Schwierigkeiten die Philosophie beim »Ergründen des Vernünftigen« im »Erfassen des Gegenwärtigen und Wirklichen« begegnet. Bei der redensartlich als utopisch verschrieenen Staatsauffassung Platos[27] handle es sich nicht einfach um ein »leeres Ideal«, sondern um eine gedankliche Konzeption, die »die Natur der griechischen Sittlichkeit« zur Voraussetzung und den Einbruch eines neuen, sie verändernden geschichtlichen Prinzips, d. h. also eine bestimmte geschichtliche Konstellation erfaßt habe.[28] Im Unterschied etwa zur naturrechtlichen Utopie des Weltstaates der Stoa[29] ist die Platonische Staatskonstruktion an der spezifischen sittlichen Substanz des griechischen Stadtstaates orientiert. Sie entwickelt den Begriff der Gerechtigkeit des Staates unutopisch aus den in der Polis gegebenen Verhältnissen der Tauschwirtschaft und der Arbeitsteilung, die sie eingehend

---

Ergründen des Vernünftigen ist, eben damit das *Erfassen* des *Gegenwärtigen* und *Wirklichen*, nicht das Aufstellen eines *Jenseitigen* ist, das Gott weiß wo sein sollte, – oder von dem man in der Tat wohl zu sagen weiß, wo es ist, nämlich in dem Irrtum eines einseitigen, leeren Räsonnierens.« (HSW, Bd. VI, S. 13; vgl. HW, Bd. 7, S. 23 f.)

27 Platon selbst lässt Sokrates ausführen, dass seine Vorstellung als utopisch verworfen werden könnte, so etwa im Zusammenhang mit der Darstellung der Frauen- und Kindergemeinschaft im Stand der Hüter (vgl. Platon, Politeia, in: Platon, Sämtliche Werke, hrsg. von Ursula Wolf, Bd. 2, übers. von Friedrich Schleiermacher, Reinbek bei Hamburg 1994 [Rowohlts Enzyklopädie; 562], S. 195–537; hier: S. 350 f. [450a–451c]).

28 »Im Verlaufe der folgenden Abhandlung habe ich bemerkt, daß selbst die *Platonische Republik*, welche als das Sprichwort eines *leeren Ideals* gilt, wesentlich nichts aufgefaßt hat als die Natur der griechischen Sittlichkeit, und daß dann im Bewußtsein des in sie einbrechenden tieferen Prinzips, das an ihr unmittelbar nur als eine noch unbefriedigte Sehnsucht und damit nur als Verderben erscheinen konnte, *Platon* aus eben der Sehnsucht die Hilfe dagegen hat suchen müssen, aber sie, die aus der Höhe kommen mußte, zunächst nur in einer *äußeren* besonderen Form jener Sittlichkeit suchen konnte, durch welche er jenes Verderben zu gewältigen sich ausdachte und wodurch er ihren tieferen Trieb, die freie unendliche Persönlichkeit, gerade am tiefsten verletzte. Dadurch aber hat er sich als der große Geist bewiesen, daß eben das Prinzip, um welches sich das Unterscheidende seiner Idee dreht, die Angel ist, um welche die {damals} bevorstehende Umwälzung der Welt sich gedreht hat.« (HSW, Bd. VI, S. 13 f.; vgl. HW, Bd. 7, S. 24)

29 Die natürliche Welt setzt nach Vorstellungen der Stoiker Normen für die vernünftigen Wesen, so daß ein Leben gemäß der Natur für jene Wesen anzustreben sei.

analysiert. Plato als Apologet der Polis sieht diesen Zustand gefährdet durch das neu einbrechende Prinzip der Subjektivität, wie es sich der griechischen Sittlichkeit in der Gestalt des Sokrates stellt, der dem Griechischen fremd und darum schuldig erscheint.[30] Platos Konzeption nun versucht, das neue, unabweisbare Prinzip der Subjektivität in die Polis einzuführen und gleichzeitig deren gefährdete Ordnung zu retten. Indem Plato jedoch das Prinzip der Subjektivität in Gestalt einer Herrschaft der Weisen, die ohne Gesetze auskommen könne, setzt, bleibt es ein Äußerliches, nicht Substantielles, eine künstliche Konstruktion von Subjektivität, die sich nicht objektiviert, sondern in die Tyrannis, die Herrschaft von oben umschlägt. Hier liegt das utopische Moment der Platonischen Konstruktion. Das Moment des »Gegenwärtigen und Wirklichen« an ihr ist in ihrer Stellung zur griechischen Gesellschaft zu sehen, zu der sie kein transzendentes Verhältnis hat, und in ihrem Erfassen des unabweisbaren Anspruches des neuen geschichtlichen Prinzips der Subjektivität, um das sich »damals die bevorstehende Umwälzung der Welt gedreht hat«. (S. 14)

Hegels Kardinalsatz: »Was vernünftig ist, das ist wirklich; und was wirklich ist, das ist vernünftig«[31], löste eine verzweigte Diskussion über das schwierige philosophische Problem der *Kontingenz* und der mit ihm zusammenhängenden Probleme des *Leidens* und des *Bösen* aus.

Hegel setzt sich mit diesem Satz und den anschließenden Erläuterungen wieder vom Standpunkt des Reflexionsdenkens des subjektiven Bewußtseins ab, das sich »räsonierend« über die konkrete Wirklichkeit erheben zu können glaubt, indem es diese für »eitel« erklärt, das jedoch gerade dadurch der Wirklichkeit, und zwar dem »Eitlen« des bloß Gegenwärtigen zum Opfer fällt.[32] Entsprechend heißt es schon in der Vorrede zur Phänomenologie: »Dadurch, daß diese Reflexion ihre Negativität selbst nicht zum Inhalte gewinnt, ist sie überhaupt nicht in der Sache, sondern immer darüber hinaus; sie bildet sich deswegen ein, mit der Behauptung der Leere immer weiter zu sein als eine inhaltsreiche Einsicht.« (S. 49)[33] Indem Hegel das Wirkliche als Vernünftiges von der »eitlen«, schlechten

---

30 Sokrates wird 399 v. Chr. angeklagt, er habe mit seiner Lehre neue Götter – neben den staatlich anerkannten – eingeführt, und zum Tod durch den Schierlingsbecher verurteilt.

31 Vgl. HSW, Bd. VI, S. 14; vgl. HW, Bd. 7, S. 24.

32 »Wenn die Reflexion, das Gefühl oder welche Gestalt das subjektive Bewußtsein habe, die *Gegenwart* für ein *Eitles* ansieht, über sie hinaus ist und es besser weiß, so befindet es sich im Eitlen, und weil es Wirklichkeit nur in der Gegenwart hat, ist es so selbst nur Eitelkeit.« (HSW, Bd. VI, S. 14; vgl. HW, Bd. 7, S. 25)

33 Vgl. Georg Wilhelm Friedrich Hegel, Phänomenologie des Geistes, in: Georg Wilhelm Friedrich Hegel, Sämtliche Werke. Neue Kritische Ausgabe, hrsg. von Johannes Hoffmeister, Bd. V, 6. Aufl., Hamburg 1952 (Philosophische Bibliothek; 114); vgl. HW, Bd. 3, S. 57.

Wirklichkeit des »Nur-Gegenwärtigen« abhebt, sucht er seinen Hauptsatz vor dem Mißverständnis zu schützen, daß alles, was da ist, auch schon ohne weiteres wirklich, unmittelbar vernünftig ist, d. h. aufgrund seiner bloßen Existenz schon als vernünftig in Anspruch genommen und als notwendig verklärt werden kann.

In der Diskussion erhebt sich die Frage, ob damit eine völlige, strenge Scheidung des Existenten vom Wirklichen, d. h. Vernünftigen vollzogen wird. An manchen Stellen der Hegelschen Schriften scheint es so: z. B. wenn Hegel das Individuelle, insofern es sich bloß von anderem unterscheidet (Haar-, Augenfarbe, Größe etc.) als das Unwirkliche, Ohnmächtige anspricht.[34] Doch sobald auch dieses Individuelle mit dem Gedanken erfaßt wird, hört es schon auf, Bloß-Existentes zu sein, steht es schon in Beziehung zum Vernünftigen, Geistigen. Der Hegelsche Kardinalsatz ist so zu verstehen, daß alles Existente mit dem Vernünftigen identifiziert werden muß, daß es jedoch nicht immer und nicht restlos darin aufgeht.

In der Diskussion wird die Frage kontrovers, ob der Hegelsche Kardinalsatz nicht doch ein Sich-Abfinden mit dem schlechten Existierenden befördere. In manchen Fällen, wenn es z. B. in einem gerechten Staat ungerecht zugeht, wird Hegel mit Leiden, Übel, Sünde, Tod auf eine gewissermaßen kavaliersmäßige Weise fertig. (Vgl. Hegels Stellung zum Pauperismus, »Erzeugung des Pöbels«, Rechtsphilosophie §§ 244, 245, 149. Zusatz, S. 347 f.)[35]

In solchen Fällen werden die ernsten Gesetze der Dialektik wirksam. Das Leiden kann z. B. einen Grad annehmen, in dem es den Staat auflöst. Es kann auch Situationen geben, in denen das Leiden schlechterdings eine bestimmte Wirklichkeit wiederlegt. Aber zunächst haben wir aufzufassen, daß es ohne Leiden in der Weltgeschichte nicht gehe und daß sie dennoch vernünftig sei; daß das Leiden der Vernunft der Weltgeschichte nichts anhaben kann; daß im Hinblick auf das Leiden von Menschen in einer bestimmten Gesellschaftsordnung solange nichts gegen die Vernunft dieser Ordnung ausgemacht ist, bis eine andere Gesellschaftsordnung wirklich an ihre Stelle getreten ist. Zur Idee der Gesellschaft gehört, kein Leiden zu dulden. Im konkreten Fall läßt sich darüber etwas nur ausmachen im Gesamtzusammenhang der Theorie: Der Unterschied zwischen der »faulen Existenz«[36] und der Wirklichkeit ist nicht aus erster Hand zu beziehen,

---

34 Vgl. etwa den Abschnitt »Das Ideal der Skulptur«, in: HW, Bd. 14, S. 374–429.
35 Vgl. HVA, Bd. 8, S. 188 f., sowie ebd., S. 347 f.; vgl. HW, Bd. 7, S. 389–391.
36 »Die Einsicht nun, zu der, im Gegensatz jener Ideale, die Philosophie führen soll, ist, daß die wirkliche Welt ist, wie sie sein soll, daß das wahrhafte Gute, die allgemeine göttliche Vernunft auch die Macht ist, sich selbst zu vollbringen. Dieses Gute, diese Vernunft in ihrer konkretesten Vorstellung ist Gott. Gott regiert die Welt, der Inhalt seiner Regierung, die Vollführung seines

sondern nur aus dem abzuleiten, was als das »Wesen« einer bestimmten Ordnung, einer bestimmten Stufe des Seins in einer konkreten Entfaltung erscheint. Das Problem der *Kontingenz*, des Zufälligen und Willkürlichen, das im Vernünftigen, Wirklichen bei Hegel mitgesetzt ist, bezeichnet allerdings die Grenze seines Systems. Hier haben Schopenhauer, Feuerbach, Kierkegaard und Marx angesetzt und geltend gemacht, daß das, was Hegel als bloße Kontingenz, als Bodensatz des Bloß-Existenten abweise, der Idee nicht gleichgültig sein dürfe.[37]

Die Diskussion knüpfte dann an den Satz Hegels an: »Darauf kommt es dann an, in dem Scheine des Zeitlichen und Vorübergehenden die Substanz, die immanent, und das Ewige, das gegenwärtig ist, zu erkennen.« (S. 14)[38] Das heißt: Das »Wesen«, das Substantielle, dessen sich die Philosophie zu versichern hat, scheint im Phänomen durch; das Phänomen hat immer etwas Kontingentes, das mit der Idee selbst gesetzt ist. Die Vorstellung, alles zur Idee zu machen, würde die dialektische Bewegung aufheben und als Konsequenz die rationalistische Idee des 17. Jh. ergeben. Der Gedanke, daß mit der Idee die Differenz von ihr, die Kontingenz, gesetzt ist, besagt zunächst nur, daß wir in der Welt leben und nicht im Himmel, daß sich die Vernunft in dieser Welt als deren Wirklichkeit zeigt und soweit sie sich nicht als solche zeigt und gleichsam im Ideenhimmel ist, nicht Vernunft ist. Die Wirklichkeit der Vernunft schließt für Hegel das Dunkle, das Leiden, das Negative als Wirkliches mit ein: Die Idee »sinkt zur Erbaulichkeit und

---

Plans ist die Weltgeschichte. Diesen will die Philosophie erfassen; denn nur was aus ihm vollführt ist, hat Wirklichkeit, was ihm nicht gemäß ist, ist nur faule Existenz.« (HW, Bd. 12, S. 53)

37 »Ein welthistorisches Individuum hat nicht die Nüchternheit, dies und jenes zu wollen, viel Rücksichten zu nehmen, sondern es gehört ganz rücksichtslos dem *einen* Zwecke an. So ist es auch der Fall, daß sie andere große, ja heilige Interessen leichtsinnig behandeln, welches Benehmen sich freilich dem moralischen Tadel unterwirft. Aber solche große Gestalt muß manche unschuldige Blume zertreten, manches zertrümmern auf ihrem Wege. *[Absatz]* Das besondere Interesse der Leidenschaft ist also unzertrennlich von der Betätigung des Allgemeinen; denn es ist aus dem Besonderen und Bestimmten und aus dessen Negation, daß das Allgemeine resultiert. Es ist das Besondere, das sich aneinander abkämpft und wovon ein Teil zugrunde gerichtet wird. Nicht die allgemeine Idee ist es, welche sich in Gegensatz und Kampf, welche sich in Gefahr begibt; sie hält sich unangegriffen und unbeschädigt im Hintergrund. Das ist die *List der Vernunft* zu nennen, daß sie die Leidenschaften für sich wirken läßt, wobei das, durch was sie sich in Existenz setzt, einbüßt und Schaden leidet. Denn es ist die Erscheinung, von der ein Teil nichtig, ein Teil affirmativ ist. Das Partikuläre ist meistens zu gering gegen das Allgemeine, die Individuen werden aufgeopfert und preisgegeben. Die Idee bezahlt den Tribut des Daseins und der Vergänglichkeit nicht aus sich, sondern aus den Leidenschaften der Individuen.« (HW, Bd. 12, S. 49) Dagegen begründet etwa Marx die »Lehre, daß der *Mensch das höchste Wesen für den Menschen* sei«, und den »*kategorischen Imperativ, alle Verhältnisse umzuwerfen*, in denen der Mensch ein erniedrigtes, ein geknechtetes, ein verlassenes, ein verächtliches Wesen ist.« (MEW, Bd. 1, S. 385)

38 HVA, Bd. 8, S. 14; vgl. HW, Bd. 7, S. 25.

selbst zur Fadheit herab, wenn der Ernst, der Schmerz, die Geduld und Arbeit des Negativen darin fehlt.« (Vorrede zur Phänomenologie S. 20)[39]

Von einer Apologetisierung des Leidens in dem Sinne, daß das Leid vergleichgültigt oder positiv angesetzt werde, wie sie in der Leidensmetaphysik spätbürgerlicher Theoreme anzutreffen ist, die mit ihr die Apologetisierung des Bestehenden verbinden, kann bei Hegel nicht gesprochen werden. Leid bleibt Leid. Notwendig ist es insofern, als es des Leides bedarf, damit das Leid durch die Verwirklichung der Idee in einem absoluten Sinne überwunden wird, d.h. schließlich ein Zustand eintritt, in dem das Leid nicht mehr entscheidend, nicht mehr das Wesentliche ist, ganz gleich, ob dieser Zustand als historischer oder geistiger gedacht wird. – Auch das Aufheben des Leides in einem solchen Zustand wäre nicht dem völligen Verschwinden von Leid gleichzusetzen. Einmal bliebe auch dann das vergangene Leiden als vergangenes »aufbewahrt«. Sodann gibt es auch für die zukünftige Menschheit nicht diese Art von Ruhe, die sagen könnte: »Wir haben es herrlich weit gebracht, die Welt ist gut, und wir sind der Beweis dafür.« Auch im Zustand ihrer Realisierung gehört zur Idee das Leiden notwendig mit dazu. Einen reaktionären Sinn hätte die Anerkennung dieser Notwendigkeit nur, wenn sie die Arbeit an der Verwirklichung einer besseren Gesellschaft ausschlösse oder verwehrte. Dieses Motiv spielt heute in manchen reaktionären Theoremen eine Rolle, aber nicht bei Hegel. In Hegels Theorie steckt nur so viel Pessimismus, daß er wie Nietzsche sagen würde: »Alle guten Dinge tragen Blutflecken an sich.«[40]

Auch das *Böse* als solches spielt in Hegels System keine selbständige Rolle. Hegel geht nur davon aus, daß die Vernunft nicht etwas Abstraktes ist, sondern in der Wirklichkeit sich als Vernunft darstellt. Dann kann aber aus der Wirklichkeit nicht das weggelassen werden, was uns nicht paßt, z.B. das Böse, und das als vernünftig zurückbehalten werden, was uns paßt, sondern aus den logischen Grundkategorien ist die gesamte Wirklichkeit zu entwickeln, aus der das Negative, auch das Böse, nicht wegzudenken ist.

---

39 »Das Leben Gottes und das göttliche Erkennen mag also wohl als ein Spielen der Liebe mit sich selbst ausgesprochen werden; diese Idee sinkt zur Erbaulichkeit und selbst zur Fadheit herab, wenn der Ernst, der Schmerz, die Geduld und Arbeit des Negativen darin fehlt.« (Georg Wilhelm Friedrich Hegel, Phänomenologie des Geistes, hrsg. von Johannes Hoffmeister, a.a.O. [s. Anm. 33], S. 20; vgl. HW, Bd. 3, S. 24)

40 So heißt es etwa in der »Genealogie der Moral« [1887]: »Ah, die Vernunft, der Ernst, die Herrschaft über die Affekte, diese ganze düstere Sache, welche Nachdenken heisst, alle diese Vorrechte und Prunkstücke des Menschen: wie theuer haben sie sich bezahlt gemacht! wie viel Blut und Grausen ist auf dem Grunde aller ›guten Dinge‹! ...« (NW, Bd. 5, S. 297)

Der Unterschied zwischen dem Guten und dem Bösen wird von Hegel nicht nivelliert. Im dialektischen Verfahren bleibt das Böse als Böses bestimmt. Wenn z. B. eine korrupte Staatsform durch einen Tyrannen zugrunde geht, besagt das nicht, daß damit der Tyrann gerechtfertigt ist, sondern die Erkenntnis, daß der Tyrann böse ist, wird festgehalten. Durch die Dialektik bestimmt sich das Böse als ein Moment des Ganzen, aber es bleibt das Böse. Dadurch unterscheide sich das Böse bei Hegel von der Mythologisierung des Bösen von heute. Hegel kennt keine abstrakte Theorie von der »Schlechtigkeit des Menschen« oder vom »Sinn des Leidens«. Im § 18 der Einleitung zur Rechtsphilosophie sagt er deshalb, nur auf dem Standpunkt der »subjektiven Willkür« behaupte man, der Mensch sei von Natur aus gut oder böse.[41]

Im Zusammenhang mit dem Problem der Notwendigkeit des Leidens und der Rolle des Bösen stellte sich die Frage, inwieweit eine materialistische Kritik am Hegelschen Idealismus möglich sei. Dem kritischen Motiv des Materialismus, insofern er eine erfolgreiche Arbeit an der Besserung des Bestehenden für möglich und notwendig hält, wird vom herabgekommenen Idealismus der berüchtigten tragischen Weltauffassung immer entgegengehalten, das Schlechte und Böse habe seine Bedeutung, der Mensch sei von Natur schlecht, jede Bemühung um eine progressive Veränderung der Welt daher illusionär. Da es sich Hegel gemäß bei dieser Entgegnung, wie schon bemerkt, um vernunft- und wirklichkeitsfremde abstrakte Gedanken handelt, wird Hegel von einer solchen materialistischen Kritik nicht getroffen. Soweit in dieser aber nur das Motiv einer Rebellion dagegen steckt, daß es zu historischer Aktivität der Sanktion durch logische oder sonstige Rechtsgründe nicht bedarf, und sie dem Idealismus Hegels keine anderen Prinzipien, nicht den Gesamtzusammenhang einer Theorie entgegenstellt,[42] deren logische Struktur kräftiger und universaler ist, bleibt ihre Argumentation zufällig. Wenn historische Aktivität sinnvoll sein soll, muß sie das, was getan werden soll, theoretisch begründen können, sonst ist es vertan. Gerade Hegel hat dazu erziehen wollen, daß jede Argumentation für ein Tun erst die Feuerprobe[43] besteht, der

---

41 »In Ansehung der *Beurteilung* der Triebe hat die Dialektik die Erscheinung, daß als *immanent*, somit *positiv*, die Bestimmungen des unmittelbaren Willens *gut* sind; *der Mensch heißt so von Natur gut*. Insofern sie aber *Naturbestimmungen*, also der Freiheit und dem Begriffe des Geistes überhaupt entgegen und das *Negative* sind, sind sie *auszurotten; der Mensch heißt so von Natur böse*. Das Entscheidende für die eine oder die andere Behauptung ist auf diesem Standpunkte gleichfalls die subjektive Willkür.« (HW, Bd. 7, S. 69)
42 Die Vorlage endet an dieser Stelle, ohne dass das Seitenende erreicht wäre. Im Weiteren wird aus den handschriftlichen Notizen des Verfassers zitiert, die sich im Stadtarchiv Mainz (NL 181/477) erhalten haben und an die in der Vorlage nicht ausgeführte Stelle nahtlos anschließen.
43 Korrigiert aus: »Tun die Feuerprobe erst die Feuerprobe«.

sich jede Theorie zu unterziehen hat: inwiefern sie nämlich in sich notwendig ist, mit der Welt in begrifflich befriedigender Weise fertig wird. Abschließend wurde noch einmal zusammenfassend festgestellt, daß der Gedanke, das Böse sei ein universell Notwendiges, eine abstrakte Aussage ist und Hegel fremd.

24 Fritz Vilmar, 3. Juli 1952

Protokoll der Seminarsitzung vom 3. Juli 1952

Der erste und größere Teil der Sitzung war der – die Erörterungen der vorigen Seminarstunde fortführenden – Diskussion gewidmet, in welchem Sinne bei Hegel Philosophie, indem sie so streng an ihre Zeit gebunden bestimmt werde (als deren jeweilige gedankliche Erfassung), dennoch zugleich als philosophia perennis erscheine, insofern sie in dem im gedanklichen Prozeß gewonnenen Inbegriff des geschichtlichen Prozesses das Zeitliche als Beschränkendes in sich aufhebe. Es ist die Frage, ob in dieser zeitlich-überzeitlichen Konzeption von Philosophie wirklich zugleich dem Anspruch der Überwindung des subjektivistischen Idealismus Genüge geschehen ist, ob nicht vielmehr in der Identifizierung des geschichtlichen ›εἶναι‹[44] mit dem ›noein‹[45] seiner begrifflichen Erfassung doch wiederum das subjektive Prinzip gesetzt ist. Diese ineinandergreifende Problematik der entgegen der Hegelschen Prätention im System sich findenden Momente der philosophia perennis und des Subjektivismus wurde u. a. weiter ausgeführt mit[46] Hinweis darauf, wie sehr Hegels begriffliche Anstrengung als Paraphrase der aristotelischen Philosophie sich erweise und am Wesen der philosophia perennis dadurch festhalte, daß die Arbeit der gedanklichen Erfassung der Zeit und ihres geschichtlichen Prozesses in den Bereich der sich durchhaltenden traditionellen Logik verlegt werde. Die traditionelle Logik werde von ihm dialektisch geformt und verwandelt.

Hierzu wurde aber auf die entscheidenden aristotelischen Begriffe der Potentialität und Aktualität hingewiesen,[47] deren immanenter Dynamik schon der

---

44 ›εἶναι‹, das Sein, umfasst alles Existierende: Materielles sowie Ideelles. Parmenides vertritt eine materialistische Auffassung des Seins, da es die Substanz der Welt bilde. Zudem sind für ihn sein und denken dasselbe, da nur Seiendes gedacht werden kann. Dagegen ist Platon der Ansicht, dass wahres Sein allein den Ideen bestimmt sei, wohingegen die Abbilder der Ideen nur ein Werden kennen. Erst ab Aristoteles gibt es eine klare Unterscheidung zwischen Seiendem und Sein.
45 ›νοεῖν‹ bzw. ›νοῦς‹ ist seit Platon und Aristoteles die Bezeichnung für den vernünftigen Teil der Seele, wobei sich für Aristoteles der Mensch vom Tier durch Besitz des νοῦς unterscheidet. Es ist das am Menschen Unsterbliche sowie die Verbindung zur göttlichen Vernunft.
46 Konjiziert für: »im«.
47 Die Begriffe Potentialität und Aktualität bezeichnen den Unterschied von Möglichkeit und Wirklichkeit. Wirklichkeit verhält sich zur Möglichkeit wie der Gebrauch einer Sache zu ihrem bloßen Besitz, wie der Bauende zum Baukundigen, wie das Wachende zum Schlafenden etc. (vgl. Aristoteles, Metaphysik, nach der Übers. von Hermann Bonitz bearb. von Horst Seidl, in: Ari-

Widerspruch zur reinen Invariantenphilosophie innewohne; man könne nicht solche Bezeugung einer Spannung im aristotelischen Gefüge selbst damit abwehren, dergleichen sei die Projizierung moderner, ursprünglich unbewußter Problematik in alte Texte: Entscheidend sei nicht das Selbstbewußtsein dieser Spannung im philosophischen System, sondern allein ihre objektive Anlage.

Folgende Ausführungen versuchten darzustellen, daß doch bei Hegel eine andere, gleichsam nicht länger subjektivistische Subjektivität erreicht oder zumindest intendiert sei, die in einem weit intimeren Wechselverhältnis zur Objektivität einseitig sich gegenüber befände als einem Fremden, an sich chaotischen Mannigfaltigen, das das Subjekt nur zu seinem Gebrauch synthetisiere. Bei Hegel gäbe es eigentlich zwei Subjektbegriffe, einen, der innerhalb des gedanklichen Prozesses erscheine als zu überwindende Partikularität, und einen neuen im Absoluten, dessen Subjektsein die Objektivität in sich und nicht mehr sich gegenüber habe. Argumentationen zum Beweis des im Hegelschen System doch wiederum sich durchsetzenden Subjektivismus entstammten einem vordialektischen Standpunkt und vermöchten Hegel nicht eigentlich zu treffen.

Demgegenüber aber wollte Professor Adorno festgehalten wissen, daß – durchaus infolge[48] immanentkritischer Messung der Sache an ihrem eigenen Anspruch und nicht [einem] von der Sache äußerlichem Standpunkt aus – in der Konzeption des Absoluten als Geist eine Reduktion des Seins statthabe, die – eben durch die Spiritualisierung – die ontologische Priorität der Subjektivität festsetze. Man komme nicht um das einschneidende und häretische Eingeständnis herum, daß an entscheidender Stelle Hegel in die alte Auflösung des Seins in Erkenntnisanalyse zurückfalle. Und dieses Eingeständnis sei so ernst deshalb, weil es bedeutet, daß das Versprechen der Harmonie nicht wirklich eingelöst ist, da die Dissonanz, durch die Konstruktion der Objektivität als Subjektgleichen, nicht wirklich, sondern auf Lösung hin vorgeformt erscheint: »Das Denken läßt sich nicht auf *die* Widersprüche ein, die es nicht in sich auflösen kann.«

Noch weiter verschärfte sich die Kritik durch den Hinweis auf das bürgerliche Element der Ideologisierung, das sich mit der panlogistischen Seinsauslegung in das Hegelsche System einschleicht: Das Objektive, auch wo es im Einklang mit dem Subjekt nicht in Wirklichkeit zu fassen, sondern das bloß faktisch Herrschende ist, wird vorab als ein vom Geist Geprägtes, so den Widerspruch verbietend, präsentiert.

---

stoteles, Philosophische Schriften in sechs Bänden, Bd. 5, Hamburg 1995, S. 186–189 [1047b–1048b]).
48 Konjiziert für: »zufolge«.

Die Berechtigung der am Ende dieser Diskussion dargelegten Zweifel, ob innerhalb der Rechtsphilosophie wirklich die prätendierte immanente Kritik möglich sei, da jene in allen Teilen auf der begrifflichen Arbeit der großen Logik basiert, wurde von Professor Adorno wohl teilweise zugestanden, aber zur Rechtfertigung der Erörterung [wurden] deren zentrale Bedeutung und Dringlichkeit gerade angesichts der Hegelschen Position in der Rechtsphilosophie hervorgehoben.

Zum Schluß der Sitzung wurde der Satz der Vorrede behandelt, die vernünftige Einsicht in die Stellung der Vernunft »als die Rose im Kreuze der Gegenwart« sei die Versöhnung mit der Wirklichkeit, »welche die Philosophie denen gewährt, an die einmal die innere Anforderung ergangen ist, *zu begreifen.*«[49]

Die Fragen kreisten um den zunächst eigentümlich stoischen Klang, den der Begriff der Versöhnung in diesem Satz zu haben scheint: als sei Versöhnung nicht mehr die reale, immer neu zu erringende Position der Phänomenologie, sondern das Glück, die Befriedigung Weniger, die der kontemplativen Auflösung der harten Wirklichkeit in Einsicht fähig sind.

Professor Horkheimer wandte sich demgegenüber aber ausführlich und grundsätzlich gegen eine zu undialektische, schulphilosophisch-abstrakte Auffassung dessen, was in der Rechtsphilosophie in den Begriffen der Vernunft, des Begreifens, der Einsicht und Versöhnung gedacht sei. Wenn man Hegel als den preußischen Staatsphilosophen sehe, so sei daran das Tiefste und Bedeutsamste zu erfassen, daß Hegel erstmalig der konkreten gesellschaftlich-politischen Situation zur Würde verholfen habe, unmittelbarer Inhalt der großen Philosophie zu werden; damit aber würden Politik wie Philosophie, durcheinander vermittelt, in eine Dimension ganz neuer Wesentlichkeit erhoben. Mitgesetzt aber ist darin die Unangemessenheit einer schulphilosophisch-gesonderten, abstrakt-passiven Auffassung von Begreifen, als welches hier echte Praxis entscheidend impliziert. So sei Versöhnung nicht Sichabfinden, Vernunft nicht bloßes Zusehen, sondern

---

49 Nach Zitation des Äsopischen Wortes: »*Hic* Rhodus, *hic* saltus« (HW, Bd. 7, S. 26) fährt Hegel kurz darauf fort: »Mit weniger Veränderung würde jene Redensart lauten: *[Absatz]* Hier ist die Rose, hier tanze. *[Absatz]* Was zwischen der Vernunft als selbstbewußtem Geiste und der Vernunft als vorhandener Wirklichkeit liegt, was jene Vernunft von dieser scheidet und in ihr nicht die Befriedigung finden läßt, ist die Fessel irgendeines Abstraktums, das nicht zum Begriffe befreit ist. Die Vernunft als die Rose im Kreuze der Gegenwart zu erkennen und damit dieser sich zu erfreuen, diese vernünftige Einsicht ist die *Versöhnung* mit der Wirklichkeit, *welche* die Philosophie denen gewährt, an die einmal die innere Anforderung ergangen ist, *zu begreifen* und in dem, was substantiell ist, ebenso die subjektive Freiheit zu erhalten sowie mit der subjektiven Freiheit nicht in einem Besonderen und Zufälligen, sondern in dem, was an und für sich ist, zu stehen.« (Ebd., S. 26 f.)

Möglichkeit eines illusionslosen Sichselberwissens in der Realität und eines nicht blinden, sondern wissenden Handelns. Aus solcher emphatisch verstandenen Passivität des Begreifens vermöchte unmittelbar etwa der philosophische Entschluß zu entspringen, an einem Kriegsdienst sich zu beteiligen.

Vom Standpunkt seiner Zeit aus habe Hegel wohl zwar die Wirklichkeit einer menschlichen Gesellschaft als an sich erreicht gedacht: Er mag geglaubt haben, bruchlos setze sich die vollendende Entwicklung von ihm aus fort. Aber er habe sicher nicht geglaubt, daß nicht dazu noch vielfältige Tätigkeit notwendig sei.

Und heute würde Hegel sicher, ebenso wie er nicht mehr den Krieg als Erneuerer des Ganzen und Sittlichen fassen würde, nicht das Ansichsein einer menschlichen Gesellschaft festhalten.

6. VII. 52
F. Vilmar[50]

---

50 Unterschrift.

25 [N.N.],
10. Juli 1952

Protokoll der Seminarsitzung
vom 10[51]. 7. 52.

Das Verlesen des Protokolls der vorletzten Seminarsitzung[52] erfuhr einige Unterbrechungen, da auf die Frage, ob Eigentum und Freiheit einander bedingen, noch einmal eingegangen wurde. Zunächst wurde festgehalten, daß Hegel zu seiner Zeit das Eigentum als notwendige Bedingung der Freiheit angesehen habe, und es wurde an Hegels Begriff der Arbeit und das Verhältnis Herr–Knecht erinnert, wie es in der Phänomenologie dargestellt ist.[53] Für Hegel sei der Mensch, der arbeitet und dem die Mittel der Arbeit nicht gehören, nicht frei. Der Eigentumsbegriff sei von Hegel schon mit der Möglichkeit der Akkumulation gedacht worden, jedoch habe er gerade dieses Moment nicht dialektisch weiterentwickelt. Ein Einwurf besagte, daß doch auch Marx dem Menschen nicht das Eigentum habe streitig machen wollen. Darauf wurde zunächst insofern bestätigend geantwortet, als Marx gewiß nicht dem Bauer die Kuh habe wegnehmen wollen, sondern es sei seine Absicht gewesen, die Industrie zu vergesellschaften. Bei Marx sei das Moment der Akkumulation dialektisch entwickelt worden, allerdings, wie weiterhin eingeschränkt wurde, nicht für Eigentum schlechthin. Marx habe jedoch das Eigentum an »Genußmitteln« ohne weiteres gestattet. Jedoch habe auch das harmlose Eigentum, wenn es nur mit Produktionsmitteln zu tun habe, die Tendenz, zur Herrschaft zu streben. Marx habe das Prinzip gehabt, die bürgerliche Gesellschaft beim Wort zu nehmen und habe infolgedessen gefragt, ob der als frei und gerecht proklamierte Tausch denn nun eigentlich frei und gerecht sei. Der Marx'sche Begriff der Produktionsmittel sei außerordentlich scharf und umfasse nicht nur Produktionsmittel für Produktionsmittel, sondern Produktionsmittel überhaupt. Denn der Charakter eines Produktionsmittels sei an nur allzu vielen Gegenständen latent vorhanden.

Die Grundhaltung Hegels demgegenüber zeigte sich bei der Besprechung des § 245[54]. Dort nimmt Hegel zunächst gegen eine Subsistenz der Bedürftigen Stel-

---

51 Korrigiert aus: »3«.
52 S. oben, S. 126–134. Ein Sitzungsprotokoll vom 26. Juni 1952 wurde nicht aufgefunden.
53 Vgl. den Abschnitt »Selbständigkeit und Unselbständigkeit des Selbstbewußtseins; Herrschaft und Knechtschaft«, HW, Bd. 3, S. 145–154.
54 Dort heißt es: »Wird der reicheren Klasse die direkte Last aufgelegt, oder es wären in anderem öffentlichen Eigentum (reichen Hospitälern, Stiftungen, Klöstern) die direkten Mittel vorhanden, die der Armut zugehende Masse auf dem Stande ihrer ordentlichen Lebensweise zu erhalten, so

lung, die nicht durch die Arbeit vermittelt worden sei, denn das verstoße gegen das Prinzip der bürgerlichen Gesellschaft und das Gefühl ihrer Individuen von ihrer Selbständigkeit und Ehre. Andererseits werde durch Gelegenheit zur Arbeit – man könnte von Notstandsarbeiten sprechen – die Menge der Produktionen vermehrt, dadurch das Übel jedoch nicht vermindert, da durch die Vermehrung der Menge der Produktionen und durch den Mangel an verhältnismäßig selbstproduktiven Konsumenten nur herbeigeführt werde, daß auf der einen Seite Überfluß besteht, an dem man von der anderen Seite her nicht teilnehmen kann.

In dem Anhang zum § 245 heißt es: Als das direkteste Mittel hat sich daselbst (vornehmlich in Schottland) gegen Armut sowohl als insbesondere gegen die Abwerfung der Scham und Ehre, der subjektiven Basen der Gesellschaft, und gegen die Faulheit und Verschwendung usf., woraus der Pöbel hervorgeht, dies erprobt, die Armen ihrem Schicksal zu überlassen und sie auf den öffentlichen Bettel anzuweisen.[55]

Hegels Absicht sei demnach, auf eine etwas ketzerische Formel gebracht, daß der knurrende Magen Scham und Ehre lehrt.

Wahrscheinlich habe damals jedoch die Gesellschaft genug Mittel gehabt, um dem »Übermaße der Armut und der Erzeugung des Pöbels zu steuern.« Die Bemerkung, daß aus Faulheit und Verschwendung der Pöbel hervorgehe, gab Anlaß festzuhalten, daß vielleicht auch hier Hegel zu sehr vereinfacht habe. Vielmehr seien sehr wohl Gründe einer solchen Erscheinung wie des Pöbels aufweisbar, die gerade in der »ordentlichen Lebensweise«, die die bürgerliche Gesellschaft anpreist, enthalten liegen. Doch sei die Aufklärung dieses Sachverhaltes und das Abstellen dieser Mißstände heute gegenüber dem Problem einer technologischen Arbeitslosigkeit zu etwas Zweitrangigem herabgesunken.

In abschließenden Bemerkungen zu diesem Gegenstand wurde gesagt, daß im Hegel noch ein gut Teil der Überzeugung stecke, daß Not, Sünde und Leid notwendig sind. Ein Wort Turgenjews besagt dem Sinne nach, daß selbst beim

---

würde die Subsistenz der Bedürftigen gesichert, ohne durch die Arbeit vermittelt zu sein, was gegen das Prinzip der bürgerlichen Gesellschaft und des Gefühls ihrer Individuen von ihrer Selbständigkeit und Ehre wäre; oder sie würde durch Arbeit (durch Gelegenheit dazu) vermittelt, so würde die Menge der Produktionen vermehrt, in deren Überfluß und dem Mangel der verhältnismäßigen selbst produktiven Konsumenten gerade das Übel besteht, das auf beide Weisen sich nur vergrößert. Es kommt hierin zum Vorschein, daß bei dem *Übermaße des Reichtums* die bürgerliche Gesellschaft *nicht reich genug* ist, d. h. an dem ihr eigentümlichen Vermögen nicht genug besitzt, dem Übermaße der Armut und der Erzeugung des Pöbels zu steuern.« (HW, Bd. 7, S. 390)

55 Direktes Zitat; vgl. ebd.

Einsetzen eines allgemeinen Fortschritts dieser Fortschritt nicht das bereits geschehene Leid aufzuheben vermag.[56]

Ihren eigentlichen Ausgangspunkt fand die Diskussion jedoch in dem Satz der Vorrede: »Was das Individuum betrifft, so ist ohnehin jedes ein *Sohn seiner Zeit*; so ist auch die Philosophie *ihre Zeit in Gedanken erfaßt.*«[57] Diese Stelle habe eine außerordentliche Konsequenz und Hegel sei mit ihr in Gegensatz zu allem getreten, was man vor ihm und weitab nach ihm unter Philosophie verstanden hatte und hat.

Als wesentlichen Gegensatz zu dieser Hegel'schen Bestimmung der Philosophie wurde die Philosophia perennis genannt, jene immerwährende Philosophie, die ewige Grundwahrheiten enthält und für die auch das gesellschaftliche Leben feststeht.[58] Schockierend werde gewirkt haben, daß die Philosophie ihre Zeit in Gedanken erfasse und nicht das Zeitlose. Das Problem sei nun, ob die ganze Hegel'sche Philosophie im Gegensatz zur Philosophia perennis steht. Es sei nun so, daß über den Gegensatz von zeitloser und zeitgebundener Philosophie, den der Verstand festhält, durch die Vernunft hinausgegangen und dieser aufgehoben werde, aber damit die Philosophie in ihren Bestimmungen sowohl als zeitgebunden wie auch als zeitlose erhalten bleibe. Es sei eben gerade nicht damit getan, durch äußerliches Abstrahieren ein zeitloses Moment auffinden und fest-

---

56 Am 28. Mai 1949 schreibt Adorno an Horkheimer: *In einem Aufsatz finde ich eine Stelle aus Turgenjews »Väter und Söhne«, die Sie vielleicht interessieren wird: Bassarow – der Protagonist des genannten Romans – erklärt, »daß ihm der Gedanke an einen Fortschritt unerträglich sei, der sich auf den schrecklichen Qualen von voraufgegangenen Generationen begründe, die doch keine Ahnung haben konnten, daß sie gewissermaßen ›Versuchskaninchen‹ der Geschichte waren, auf daß in weitester Zeiten-Ferne es ein Geschlecht vielleicht einmal besser hätte«.* (Theodor W. Adorno und Max Horkheimer, Briefwechsel 1927–1969. Band III: 1945–1949, hrsg. von Christoph Gödde und Henri Lonitz, Frankfurt a. M. 2005 [Briefe und Briefwechsel; 4·III], S. 263 f.) – Das Zitat findet sich hingegen nicht in Turgenjews Roman (vgl. Iwan S. Turgenjew, Väter und Söhne [1861], übers. von Annelore Nitschke, Düsseldorf 2008), sondern in einem Artikel in jener Ausgabe der »Neuen Rundschau«, in der auch Thomas Manns »Die Entstehung des ›Doktor Faustus‹« abgedruckt ist (vgl. Eugen Gürster, Die Atombombe, Schrittmacherin der Welteinigung?, in: Die Neue Rundschau, 60. Jg., 1949, H. 13, S. 125–143; hier S. 131, sowie Thomas Mann, Die Entstehung des »Doktor Faustus«. Roman eines Romans, ebd., S. 18–74).
57 HW, Bd. 7, S. 26.
58 *Jene Schuld wird überliefert von der Idee der philosophia perennis, ihr sei die ewige Wahrheit verbrieft. Gesprengt ist sie von Hegels erstaunlichem Satz, Philosophie sei ihre Zeit, in Gedanken erfaßt. Ihn dünkte die Forderung danach so selbstverständlich, daß er nicht zögerte, als Definition sie vorzutragen. Als erster erreichte er die Einsicht in den Zeitkern der Wahrheit. Sie verband bei ihm sich noch mit dem Vertrauen, jede bedeutende Philosophie drücke dadurch, daß sie die eigene Stufe des Bewußtseins ausdrückt, als notwendiges Moment des Ganzen zugleich auch das Ganze aus.* (GS, Bd. 10·2, S. 471 f.)

halten zu wollen, sondern einzig und allein sei der in der Sache liegende Fortgang aufzufassen und zu entwickeln. Der Inbegriff des Vergänglichen als Inbegriff seiner und seines zunächst nur äußerlich entgegengesetzten Gegenteils sei das eigentlich Unvergängliche. Kann aber der Inbegriff des Vergänglichen das Unvergängliche sein? Liegt es nicht gerade in dieser Formulierung nah, den Begriff als etwas von außen sich auf einen Gegenstand Beziehendes, als bloßes Abstraktum zu nehmen, und wie soll dann dieses doch nur dem Denken angehörige Moment die Wahrheit ausmachen können? Entzieht sich nicht nach wie vor eben jenes, mit dem der Begriff es zu schaffen hat, als das Vergängliche seinem Zugriff? Wie soll ich das dauernd Vergehende fassen? Und wenn gesagt wird, daß die Ewigkeit der Inbegriff der Vergänglichkeit sei, was heißt dann »Inbegriff«. Ist »Inbegriff« nicht diskursive, abstrakte Logik? Was tut in dem Satz, daß Philosophie die Zeit in Gedanken erfaßt sei, das Wort »in Gedanken erfaßt« zur »Zeit« hinzu? Was heißt Inbegriff des Vergänglichen, wenn ich den Begriff nicht getrennt vom Vergänglichen festhalten kann? Hegel glaubt, daß der Begriff nichts äußerlich Hinzugefügtes sei, sondern nur der Fortgang der Sache, insofern sie aus dem bloß Gemeinten sich zum Gedanken läutert. Er ist das Totale, das Vergängliche ist in ihm nur als Aufgehobenes, ist aber gerade dadurch erst in seiner Vergänglichkeit begriffen. Kant sagt: Was Welt ist, ist ein durch Synthesis entstandenes Phänomen. Für Hegel ist die Erscheinung, insofern wir sie als Erscheinung wissen, alles. Er würde sagen: Indem Du die Welt als Erscheinung erkennst, bist Du der Gott, der der Entstehung der Welt zuschaut. Der Schritt Hegels über Kant hinaus lasse sich so ausdrücken, daß Wahrheit nie von sich sagen kann, daß etwas außer ihr bliebe. Es sei dem Denken verwehrt, etwas außer sich stehen zu lassen. »Die Bewegung, in der das Sein sich als Subjekt erfaßt, als das wirkliche Geschehen, in dem dem Subjekt seine Ehre wird – das sei der Hegel«. Die Diskussion gipfelte und endete zugleich in folgender Fragestellung: Wenn der Fortgang vom Unmittelbaren zum Begriff der Fortschritt des Erkennens ist, liegt dann nicht der Verdacht nahe, daß hier eine subjektive Bewegung für die Sache erklärt wird und daß dadurch, daß ein Subjekt überhaupt nicht mehr auf ein Gegebenes angewiesen ist, ein ganzes System aus der Subjektivität herausgesponnen wird?

26 Hans Wilhelm Nicklas, 17. Juli 1952

Hans Wilhelm Nicklas

Protokoll der Seminarsitzung am 17. Juli 1952

Zu Anfang der Sitzung bemerkte Prof. Adorno zur Diskussion der vorhergegangenen Stunde, man müsse doch der etwas liberaleren Auslegung des § 82[59], wie sie Magnifizenz Horkheimer[60] vertreten habe, die größere Wahrscheinlichkeit geben, zumal § 108[61] und der Anhang zu § 81[62] in diesem Sinne sprächen. Die Sphäre, in der es Recht und Unrecht gäbe, konstituiere sich erst durch den Vertrag. Man gehe über den Sinn der Stelle hinaus, wenn man sage, daß – im Sinne der dialektischen Entfaltung, als deren andere Seite – dieser in Unrecht übergehen *müsse*. Doch könne er nicht umhin, – diese Auslegung sei tiefer und nähme es mit der Dialektik ernster.

Das Unrecht ist der Schein des Wesens, der sich als selbständig setzt. Hegel unterscheidet drei Formen des Unrechts: unbefangenes oder bürgerliches Unrecht, Betrug und schließlich Zwang und Verbrechen, das eigentliche Unrecht, das an sich und für mich Unrecht ist, den Schein des Rechtes gar nicht beansprucht und es sowohl objektiv als auch subjektiv verletzt.[63] Die Idee des Rechtes liegt nun nicht in der Strafe, sondern in den positiven Bestimmungen, die die Reproduktion des Lebens in der Gesellschaft ermöglichen. Das Maß der Strafe wird dialektisch aus dem Verbrechen abgeleitet, deshalb ist es keine rächende, sondern eine strafende Gerechtigkeit. Die Strafe ist nicht nur an sich gerecht, sondern auch »ein Recht an den Verbrecher«[64] (§ 100), sie ist Negation der Negation.

---

59 Vgl. HW, Bd. 7, S. 172 f.
60 Max Horkheimer wird am 20. November 1951 zum Rektor der Universität Frankfurt gewählt und im darauffolgenden Jahr in diesem Amt bestätigt.
61 Vgl. ebd., S. 206 f.
62 Vgl. ebd., S. 172.
63 »Das Recht, das als ein *Besonderes* und damit Mannigfaltiges gegen seine *an sich* seiende Allgemeinheit und Einfachheit die Form eines *Scheines* erhält, ist ein solcher Schein teils *an sich* oder unmittelbar, teils wird es durch *das Subjekt als Schein*, teils *schlechthin als nichtig* gesetzt, – *unbefangenes oder bürgerliches Unrecht, Betrug* und *Verbrechen*.« (Ebd., S. 173 f.)
64 »Die Verletzung, die dem Verbrecher widerfährt, ist nicht nur *an sich* gerecht – als gerecht ist sie zugleich sein *an sich* seiender Wille, ein Dasein seiner Freiheit, *sein* Recht –, sondern sie ist auch ein *Recht an den Verbrecher* selbst, d. i. in seinem *daseienden* Willen, in seiner Handlung *gesetzt*. Denn in seiner als eines *Vernünftigen* Handlung liegt, daß sie etwas Allgemeines, daß

Der Verbrecher gibt seine Einwilligung in die Strafe durch die Tat. Die Strafe ist ihm nichts äußerliches, sondern er wird in ihr als »vernünftig« angesprochen. Der Verbrecher hat durch die Tat das substantielle Prinzip verletzt; durch die Strafe wird er davon wieder umfaßt. Er wird als Subjekt genommen; darin steckt sicher eine höhere Humanität als in der Auffassung, die den Verbrecher als ein »schädliches Tier« nimmt, das unschädlich gemacht werden müsse. Die Strafe ist um des Verbrechers selbst willen, durch sie erhält er gewissermaßen seine Ehre zurück. Der Verbrecher hat deshalb ein Recht auf Strafe.[65]

In Kants Metaphysik der Sitten gäbe es eine Stelle, an der Kant einen ähnlichen Gedanken ausspräche: Der Verbrecher habe einen Anspruch auf Strafe. Auch diese Stelle sei gegen Beccaria gerichtet,[66] so daß man annehmen müsse, der Passus bei Hegel sei eine unmittelbare Reminiszenz.

Man versteht heute Hegel wesentlich als Kritik des Naturrechtes. Aber es wäre falsch, ihn deshalb dem Rechtshistorismus zuzuweisen, verleitet durch seine positive Einstellung zur Institution.

---

durch sie ein Gesetz aufgestellt ist, das er in ihr für sich anerkannt hat, unter welches er also als unter *sein* Recht subsumiert werden darf.« (Ebd., S. 190)

65 »Ferner ist {es} nicht nur der *Begriff* des Verbrechens, das Vernünftige desselben *an und für sich, mit* oder *ohne* Einwilligung der Einzelnen, was der Staat geltend zu machen hat, sondern auch die formelle Vernünftigkeit, das *Wollen* des *Einzelnen*, liegt in *der Handlung* des Verbrechers. Daß die Strafe darin als *sein* eigenes *Recht* enthaltend angesehen wird, darin wird der Verbrecher als Vernünftiges *geehrt*. – Diese Ehre wird ihm nicht zuteil, wenn aus seiner Tat selbst nicht der Begriff und der Maßstab seiner Strafe genommen wird; – ebensowenig auch, wenn er nur als schädliches Tier betrachtet wird, das unschädlich zu machen sei, oder in den Zwecken der Abschreckung und Besserung.« (HW, Bd. 7, S. 191)

66 Im Anhang zu § 100 argumentiert Hegel gegen die Auffassung Cesare Beccarias, der zufolge der Staat kein Recht habe, die Todesstrafe zu verhängen, »weil nicht präsumiert werden könne, daß im gesellschaftlichen Vertrage die Einwilligung der Individuen, sich töten zu lassen, enthalten sei, vielmehr das Gegenteil angenommen werden müsse.« (Ebd., S. 190f.) Kant schreibt zur Todesstrafe: »Hiegegen hat nun der Marchese *Beccaria*, aus teilnehmender Empfindelei einer affektierten Humanität (compassibilitas), seine Behauptung der *Unrechtmäßigkeit* aller Todesstrafe aufgestellt; weil sie im ursprünglichen bürgerlichen Vertrage nicht enthalten sein könnte; denn, da hätte jeder im Volk einwilligen müssen, sein Leben zu verlieren, wenn er etwa einen anderen (im Volk) ermordete; diese Einwilligung aber sei unmöglich, weil niemand über sein Leben disponieren könne. Alles Sophisterei und Rechtsverdrehung.« (KW, Bd. VIII, S. 457) – Sowohl Kant als auch Hegel beziehen sich mit ihrer Kritik auf Cesare Beccaria, Abhandlung von den Verbrechen und Strafen [1764]. Nach der französischen Ausgabe übersetzt. Mit einigen Zusätzen des Verfassers die in der italienischen nicht befindlich sind, übers. von Albrecht Wittenberg, Hamburg 1766.

Der Zentralbegriff der Historischen Schule ist der »Volksgeist«.[67] Er entzieht sich dort einer weiteren Ableitung. Hegel könnte aber niemals einen Begriff wie Volksgeist als letzte metaphysische Autorität anerkennen. Auch kann nach Hegel das Recht nicht auf einen so abstrakten Begriff wie Volksgeist reduziert werden. Das volle Leben, die Vielfalt der Bedingungen, unter denen sich das Leben in der Gesellschaft reproduziert, ist die Grundlage des Rechtes.

Hegel versucht, das Recht konkret geschichtlich zu verstehen, es aber auch aus seinem Begriff zu entwickeln. Darin liegt die Abgrenzung gegenüber dem reinen Naturrecht und dem reinen Rechtshistorismus.

Hegels Standpunkt ist nicht die mittlere Linie, sondern die dialektische Vermittlung. Aus dem Begriff des Rechtes im naturrechtlichem Sinne entfaltet sich die Differenziertheit des Konkreten. Aus dem Naturrecht selber entstehen die einzelnen geschichtlichen Bestimmungen gegenüber der bloß abstrakten Formulierung des Naturrechts. Hegel könne dem Naturrecht vorwerfen, es sei hinter seinem Begriff zurück und noch nicht zum Selbstbewußtsein erwacht.

Prof. Wolf[68] bemerkte, daß man zwei Forderungen an das Recht stellen müsse: Es müsse Substanz und Wirklichkeit haben. Weder das Naturrecht noch der Rechtshistorismus alleine entsprächen diesen Forderungen, wohl aber Hegel, zwar nicht in den entfalteten Einzelheiten, sondern im Geiste.

Die Trennung von Person und Sache erkennt Hegel nicht an. Person ohne Sache ist nicht möglich. Die Person bestimmt sich im Sinne der Rechtsphilosophie nicht als etwas bloß Innerliches. Recht wird von Hegel, sobald es sich konkretisiert, wesentlich als Sachenrecht bestimmt. Das eigentliche Wesen der Person besteht darin, daß sie sich eine Sphäre des äußeren Daseins schafft. (§ 41, § 45.)[69]

Der Unterschied von Eigentum und Besitz bedeutet nichts anderes, als daß das Eigentum der Rechtstitel ist und der Besitz das konkrete Verhältnis. Besitz bricht Eigentum – dies ist die eigentliche Differenz zwischen Savigny und Hegel.

---

67 Die Historische Rechtsschule wurde maßgeblich von Friedrich Carl von Savigny begründet, der etwa zur Entstehung des Rechts anführt, es sei »der in allen Einzelnen gemeinschaftlich lebende und wirkende Volksgeist, der das positive Recht erzeugt, das also für das Bewußtseyn jedes Einzelnen, nicht zufällig sondern nothwendig, ein und dasselbe Recht ist.« (Friedrich Carl von Savigny, System des heutigen Römischen Rechts, Erster Band, Berlin 1840, S. 15)
68 Der Jurist Ernst Wolf hat zur Zeit des Seminars eine außerordentliche Professur für bürgerliches Recht und Rechtsphilosophie an der Frankfurter Universität inne.
69 Vgl. HW, Bd. 7, S. 102 und ebd., S. 107.

Hegel nimmt hier der restaurativen Theorie Savignys[70] gegenüber den Standpunkt der Französischen Revolution ein.

In der Gegenwart ist der amerikanische Soziologe Veblen, der sicherlich Hegel nicht gelesen hat, zu einer ähnlichen Auffassung gekommen. Er prägte den Begriff der absentee ownership.[71] Der Begriff des Individuums ist gar nichts rein geistiges, sondern hat sich eigentlich überhaupt erst an der Form des Privateigentums konstituiert. Durch den Besitz kommt das Individuum erst zur Freiheit – wird es überhaupt erst Individuum.

Ausgangspunkt für Hegel ist der freie Wille. Der Wille wird aber nur frei dadurch, daß er sich als frei erkennt durch die Erfahrung an den Dingen.[72]

Nur wenn ich etwas von anderen Unabhängiges besitze, kann ich mich als Individuum anderen Menschen gegenüber behaupten.

So ist es kein Zufall, daß der traditionelle Begriff des Individuums in einer Zeit erschüttert wird, in der sich das Kleineigentum in einer Krise befindet.

Das Individuum konstituiert sich dadurch, daß es sich auf Sachen bezieht und nicht auf Menschen. Erst im Rückzug auf die Sache kann das Rechtliche entstehen. Ich werde zum Subjekt nur durch die Vergegenständlichung.

Innerhalb des kapitalistischen Produktionsprozesses – um die heutige Terminologie zu gebrauchen – sind auch die geistigen Fähigkeiten bereits verdinglicht und vergegenständlicht. Der Begriff des Eigentums erstreckt sich auf die inneren Fähigkeiten genau so wie auf die Dinge, mit denen man umgeht. Der Geist ist selbst Moment des Eigentums des Subjekts.

Vergegenständlichung und Verdinglichung darf man nicht trennen. Man kann das eine nicht haben ohne das andere. Vergegenständlichung ist, positiv bezeichnet, der selbe Tatbestand, der dann das Moment der Verdinglichung ist, wenn es sich um das Entfremdete handelt. Die beiden Momente fallen nicht zusammen, aber man kann sie auch nicht auseinanderreißen. Das Eigentum, das die

---

[70] Vgl. Friedrich Carl von Savigny, Das Recht des Besitzes. Eine civilistische Abhandlung [1803], hrsg. von Adolf Friedrich Rudorff, 7. Aufl., Wien 1865.
[71] Vgl. Thorstein Veblen, Absentee Ownership and Business Enterprise in Recent Times. The Case of America, New York 1923.
[72] In den »Grundlinien der Philosophie des Rechts« [1820] schreibt Hegel: »Der freie Wille muß sich zunächst, um nicht abstrakt zu bleiben, ein Dasein geben, und das erste sinnliche Material dieses Daseins sind die Sachen, das heißt die äußeren Dinge. Diese erste Weise der Freiheit ist die, welche wir als *Eigentum* kennen sollen, die Sphäre des formellen und abstrakten Rechts, wozu nicht minder das Eigentum in seiner vermittelten Gestalt als *Vertrag* und das Recht in seiner Verletzung als *Verbrechen* und Strafe gehören.« (HW, Bd. 7, S. 91) Hieraus leitet Hegel dann die Kategorien der Moralität, der Sittlichkeit, der Familie, der bürgerlichen Gesellschaft sowie des Staates ab.

Person überhaupt erst zur Person macht, ist das Prinzip, das die Person und die Beziehungen zwischen Personen verdinglicht.

Wintersemester 1953/54:
Dialektik

Philosophisches Hauptseminar mit Max Horkheimer

In diesem Semester hält Adorno zudem die philosophische Vorlesung »Das Problem des Idealismus I« und gibt philosophische Übungen über »Bergson, ›Einführung in die Metaphysik‹«

Das Seminar findet donnerstags von 18 bis 20 Uhr statt

27–29 Archivzentrum Na 1, 883; **30** Archivzentrum Na 1, 883, sowie Akademie der Künste, Berlin, Ivan-Nagel-Archiv, 301 (Doublette); **31–39** Archivzentrum Na 1, 883

27 Klaus Lenk,
5. November 1953

Protokoll der Seminarsitzung vom 5. November 53.

Im Mittelpunkt der Arbeit des Seminars steht der Begriff der Dialektik, um dessen Definition es gerade bei den Dialektikern schlecht bestellt ist. Es scheint, als sei das bloß definitorische Verfahren der dialektischen Methode entgegengesetzt. *Hegel* berührt Dialektik thematisch nur in der Vorrede und Einleitung zur »Phänomenologie«[1] und im 2. Teil seiner Logik (Buch III, Kap. 3)[2]. Nachdem festgestellt wurde, daß unter Dialektik eine Methode des Denkens in 3 Momenten zu verstehen sei, eine Methode, die aus ihrem Gegenstand geschöpft wird, gingen wir zur Erhellung des Gesagten an die Interpretation des folgenden kurzen Abschnitts der Logik: »Man hat die Dialektik oft als eine *Kunst* betrachtet, als ob sie auf einem subjektiven *Talente* beruhe und nicht der Objektivität des Begriffes angehöre. Welche Gestalt und welches Resultat sie (die Dialektik) in der Kantischen Philosophie erhalten, ist an den bestimmten Beispielen ihrer Ansicht schon gezeigt worden, obgleich das entgegengesetzte Resultat gegen das, welches daraus hervorgegangen, gezogen werden muß«[3]. Anhand dieses Textes versuchten wir uns des Doppelcharakters Hegelscher Dialektik zu versichern, die eben nicht nur Bewegung der Sache, sondern auch Bewegung des Geistes, der die Sache betrachtet, beinhaltet. Das hieran sich schließende Gespräch ging auf die Differenz transzendentaler (Kantischer) und Hegelscher Dialektik aus. Kant war noch der Meinung, daß die Widersprüche, in die Vernunft sich verfängt, wenn sie über bloße Erfahrung hinauszugehen wagt, denknotwendige und unaufhebbare Widersprüche seien. Allerdings sprach er bereits der Vernunft das Vermögen zu, den Schein kontradiktorischer Schlüsse zu durchschauen. Schon hier oszilliert Vernunft zwischen Produkt und Negation des Widerspruchs, zwischen Anerkennung der über Erfahrung hinausgehenden Erkenntnis und Selbstbescheidung innerhalb der Grenzen der reinen Vernunft. Trotz dieser Einsicht ist in der Kritik der reinen Vernunft dieser Schein noch nicht hinweggenommen. Erst Hegel vermochte diesen Schritt nach vorn zu tun, indem er den bei Kant naiv stehenge-

---

1 Vgl. HW, Bd. 3, S. 11–81.
2 Vgl. den Abschnitt »Die absolute Idee«, HW, Bd. 6, S. 548–573.
3 Ebd., S. 557f. – Die letzten beiden Sätze lauten vollständig: »Welche Gestalt und welches Resultat sie in der Kantischen Philosophie erhalten, ist an den bestimmten Beispielen ihrer Ansicht schon gezeigt worden. Es ist als ein unendlich wichtiger Schritt anzusehen, daß die Dialektik wieder als der Vernunft notwendig anerkannt worden, obgleich das entgegengesetzte Resultat gegen das, welches daraus hervorgegangen, gezogen werden muß.« (Ebd., S. 558)

bliebenen Gegensatz auflöst und aus ihm ein Instrument der Wahrheit macht. Während Kant bei den bloßen Antinomien: Endlichkeit/Unendlichkeit, Einheit/Vielheit, Freiheit/Notwendigkeit, Bedingtheit/Unbedingtheit verharrt, werden sie bei Hegel gerade als nicht zu vermeidende Momente in der Bewegung des Denkens zum fruchtbaren methodischen Ansatz. Dies war nur möglich aufgrund der vorausgesetzten Identität von Sache und Methode, Inhalt und Form.

Kants Denken entspringt dem Begriff der Grenze, der Frage also, ob Vernunft fähig sei, der Gültigkeit der Kategorien Grenzen zu setzen. Hegel erst wußte, daß die Bedingung der Möglichkeit aller Begrenzung des Begriffs zugleich das über die Grenze Hinausgreifende umfaßt. Die Analyse des Akts der Begrenzung stößt auf Denkinhalte, die dem zu begrenzenden Begriff selbst nicht immanent sind. Zur Begrenzung muß ich schon das Ganze wissen, muß Identität zwischen denkendem Bewußtsein und Gegenstand des Denkens herrschen. Damit ist die Frage, ob alle Dialektik nur idealistischer Natur sei, von Hegel eindeutig beantwortet: Für ihn ist Dialektik der objektive Prozeß der Idee selbst, in dem der Sinn der Idee schon angelegt ist. Hegel geht in diesem Punkt über Kant hinaus, indem er ihn beim Wort nimmt.

Der Begriff des Unendlichen bei Kant bildete den Ausgangspunkt einer Betrachtung, die unser Problem von einer neuen Seite beleuchtet. Das Unendliche bei Kant ist im Verstande und zugleich etwas, das man dem Verstand abnimmt. Der Verstand konstituiert das vom Ding an sich gelieferte Material der Erfahrung vermöge der Sinnlichkeit zur Welt der Erscheinung. Am Material noch läßt sich die vom Verstand geleistete Arbeit ablesen, indem wir die subjektiv-intellektuellen Faktoren, die Kategorien, zur Anwendung bringen. Welt ist so Produkt aus sinnlichem Material und den formalen Apparaturen des Verstands. Als Welt der Erfahrung ist sie damit ein ständig sich neu konstituierendes Element, etwas, das sich fortwährend herstellt.

In der transzendentalen Dialektik[4] kommt Kant auf das dynamische Element zu sprechen: Indem nämlich das Subjekt die Welt der Erfahrung konstituiert, bedient es sich der diesem Tun erst sinngebenden Ideen. Kant wendet sich in diesem Zusammenhang mit Recht gegen den Versuch einer Materialisierung der Ideen, d.h. den Versuch, sie als Kräfte und Gegebenheiten, nicht als zielsetzende Elemente, als »regulative Prinzipien« zu nehmen. Der Begriff der Ganzheit, der sich durch die Untersuchung Kants als roter Faden zieht, meint dreierlei: die psychologische Welt (das Ich), die gegenständliche Welt in Raum und Zeit und

---

4 Vgl. den Abschnitt »Der transzendentalen Logik zweite Abteilung. Die transzendentale Dialektik«, KW, Bd. III, S. 308–340 (B 349–398; A 293–340), sowie KW, Bd. IV, S. 341–605 (B 399–732; A 341–704).

schließlich die Vereinigung beider als letzter Totalität, die er dann – wie nach ihm Hegel – mit dem Absoluten gleichsetzt.

An diesem Punkt wird besonders deutlich, wie man Hegel in Kant hineinlesen, oder besser: Hegel als den zu sich gebrachten Kant auffassen kann. Denn Hegelsche Dialektik ist konsequente Fortentwicklung der Kantischen Idee der transzendentalen Deduktion der reinen Verstandesbegriffe.

Die Idee, die in uns arbeitet und uns nicht ruhen läßt, tut dies bewußt und unbewußt. Unbewußt, indem sie die Welt der Erfahrung qua Welt von vornherein konstituiert, eine Produktion, die wir erst im Begriff der Wissenschaft zu erkennen vermögen. (So ermöglicht z. B. der Schematismus die Homogenität des Allgemeinen und Besonderen.) Die Idee ist also in uns da und zugleich nicht da: Sie ist da als das der Arbeit des Verstandes Zugrundeliegende, nicht da im naiven Bewußtsein. Sie kommt erst zu sich in der Philosophie als reflektierter Wissenschaft. Ebenso ist Totalität nur als vermittelte da, nur vermöge der einzelnen Bestimmung, nicht da jedoch als unmittelbar gegebene Unendlichkeit.

28 Mechthild Rumpf, 12. November 1953

Protokoll der Seminarsitzung vom 12. November 1953

Ein zentraler Gedanke der ersten Seminarsitzung, die Unterschiedlichkeit von *Dialektik* bei Kant und Hegel, wurde im Anschluß an das Protokoll noch einmal präzisiert: Darnach bezeichnet bei Kant Dialektik: das Gefüge der Widersprüche, in welche das Denken sich verwickelt, wenn es hypostasiert wird, d. h. wenn es angewandt wird über die Inhalte der Erfahrung hinaus, wenn es unendlich urteilt. Insofern ist Dialektik hier noch im traditionellen Sinn einer subjektiven Dialektik des Denkens oder der Begriffe verstanden, obwohl – und das ist der Übergang – ihr als einer unvermeidlichen auch eine objektive Notwendigkeit zugeschrieben wird. Bei Hegel tritt nun als entscheidend Neues hinzu, daß die Dialektik des erkennenden Bewußtseins zugleich auch eine der Sache selbst ist. Damit wird *Kants subjektive Dialektik* bei *Hegel* durch eine *subjektiv-objektive Dialektik* abgelöst.

Die 2. Seminarsitzung wandte sich der Interpretation des § 31 der Hegelschen Rechtsphilosophie[5] zu, den der § 81 der Encyklopädie[6] variiert, als jenen Stellen, die als das konziseste Résumé des dialektischen Prinzips bei Hegel angesehen werden dürfen. Aus dem § 81 blieb als springender Punkt der Gegensatz von Reflexion und immanentem Hinausgehen über die Verstandesbegriffe festzuhalten, den Hegel hier auseinanderlegt. Die zwei entscheidenden Sätze hießen:
›Die Reflexion ist zunächst das Hinausgehen über die isolierte Bestimmtheit und ein Beziehen derselben, wodurch diese in Verhältnis gesetzt, übrigens in ihrem isolierten Gelten erhalten wird. Die Dialektik hingegen ist dies *immanente* Hinausgehen, worin die Einseitigkeit und Beschränktheit der Verstandesbestimmungen sich als das, was sie ist, nämlich als ihre Negation darstellt.‹[7]

Es wurde darauf aufmerksam gemacht, daß der *Begriff der Negation* bei Hegel immer verbunden erscheint mit dem Begriff des bloß Subjektiven, während das Moment der Positivität sich bei ihm mit dem Gedanken der Realdialektik, d. h. einer Dialektik, die aus der Sache selbst kommt, verbindet.

---

5 Vgl. HW, Bd. 7, S. 84 f.
6 Vgl. HW, Bd. 8, S. 172–176.
7 Ebd., S. 172.

Die Diskussion knüpfte an den ersten Satz im § 31 der Rechtsphilosophie an, über
›Die Methode, wie in der Wissenschaft der Begriff sich aus sich selbst entwickelt und nur ein *immanentes* Fortschreiten und Hervorbringen seiner Bestimmungen ist ...‹[8]

Zur Klärung dessen, was ›immanent‹ hier meint, wurden davon abgesetzt
1.) ein *metaphysischer Immanenzbegriff*, wie Spinoza oder der Agnostizismus ihn kennen, die die Existenz eines dem Diesseits entgegengesetzten Jenseitigen grundsätzlich negieren und daher zur Erkenntnis der Wahrheit auf die diesseitige Welt rekurrieren können.
2.) der *erkenntnistheoretische Immanenzbegriff* Kants, der voraussetzt, daß die Wahrheit sich dadurch konstituiert, daß die Gegenstände der Erfahrung nicht Dinge an sich, sondern dem Bewußtsein immanente Gegenstände sind.
Beide Immanenzbegriffe sind bei Hegel nicht gemeint, der,
3., den Begriff der *logischen Immanenz* ausbildet. Logische Immanenz bedeutet zunächst, daß irgendwelche Aussagen, vor allem Aussagen über die Bewegung einer Sache, dieser Sache nicht von außen angetan werden, sondern ihr selbst innewohnen.[9]

D. h., die Bewegung, durch die eine Sache in ihr Gegenteil umschlägt, z. B. das höchste Recht in Ungerechtigkeit, erfolgt also nicht in unserem kategorialen Apparat und wird durch irgendwelche Manipulationen dann der Sache angetan, sondern vollzieht sich gesetzmäßig in dieser Sache selbst. Es ist eben jenes ›immanente Fortschreiten und Hervorbringen seiner Bestimmungen‹, das Hegel im § 31 der Rechtsphilosophie als ›Entwicklung der Idee als eigene Tätigkeit der Vernunft‹ beschreibt, der ›das Denken als subjektives nur zusieht, ohne seinerseits eine Zutat hinzuzufügen‹[10].

---

[8] HW, Bd. 7, S. 84. Der erste Satz des Paragraphen lautet vollständig: »Die Methode, wie in der Wissenschaft der Begriff sich aus sich selbst entwickelt und nur ein *immanentes* Fortschreiten und Hervorbringen seiner Bestimmungen ist, der Fortgang nicht durch die Versicherung, daß es verschiedene Verhältnisse *gebe*, und dann durch das *Anwenden* des Allgemeinen auf solchen von sonst her aufgenommenen Stoff geschieht, ist hier gleichfalls aus der Logik vorausgesetzt.« (Ebd.)
[9] »Die Methode, wie in der Wissenschaft der Begriff sich aus sich selbst entwickelt und nur ein *immanentes* Fortschreiten und Hervorbringen seiner Bestimmungen ist, der Fortgang nicht durch die Versicherung, daß es verschiedene Verhältnisse *gebe*, und dann durch das *Anwenden* des Allgemeinen auf solchen von sonst her aufgenommenen Stoff geschieht, ist hier gleichfalls aus der Logik vorausgesetzt.« (Ebd., S. 84)
[10] »Diese Dialektik ist dann nicht *äußeres* Tun eines subjektiven Denkens, sondern die *eigene Seele* des Inhalts, die organisch ihre Zweige und Früchte hervortreibt. Dieser Entwicklung der Idee als eigener Tätigkeit ihrer Vernunft sieht das Denken als subjektives, ohne seinerseits eine Zutat hinzuzufügen, nur zu.« (Ebd.)

Als Beispiel für immanente Dialektik erwies sich Hegels eigenes Paradigma der Revolution, die in terreur und Diktatur umschlägt,[11] als nicht sehr glücklich, da man für ihr Scheitern und Umschlagen ins Gegenteil äußere Umstände verantwortlich machen könnte und auch – gegen Hegel – verantwortlich gemacht hat. Dann aber läge ja die Dialektik nicht im Wesen der Sache selbst. Das Anknüpfen an allgemeine Begriffe wie den der Revolution schlechthin, stellte sich überhaupt als schwierig heraus, weil dieses Verfahren zu sehr an die formale Soziologie eines Monroe[12] u. a. erinnert.

Es erhob sich die Frage, ob nicht eine gewisse Form der Wirtschaft durch ihre eigene Konsequenz, d. h. ohne daß etwas ihr Fremdes in sie hineingetragen wird, Phänomene produziert, wie z. B. Krisen und technologische Arbeitslosigkeit, durch die sie zu sich selbst in Widerspruch gerät und ihren eigenen Bestand gefährdet. Wenn etwa ein Wirtschaftssystem, dessen Daseinsberechtigung es ist, die Menschheit zu reproduzieren, Kriege produziert.

Der Versuch, die Gesetzmäßigkeit, die z. B. in der kapitalistischen Wirtschaftsform zur Krise führt, aus der Disproportionalität ihrer Faktoren abzuleiten, sieht sich genötigt, für die Ansicht sowohl von der Entstehung wie von der Steuerung der Krise auf ökonomiefremde Elemente zu rekurrieren: wie die Psychologie des Konsumenten oder die staatliche Lenkung, die Disproportionen zu harmonisieren sucht, vermag also die Phänomene nicht aus der immanenten Gesetzmäßigkeit der Sache selbst – in diesem Fall der Wirtschaft – zu entwickeln.

Ein Gegenbeispiel wurde aus Marx gegeben, der die Immanenz der Krise im Produktionsvorgang selber sucht. Philosophisch ließ sich zur *Überakkumulationstheorie* – wie sie später besonders Henryk Grossmann entwickelt hat[13] – sagen, daß sie der *Disproportionalitätstheorie* dies voraushat, daß sie rein auf

---

11 Vgl. den Abschnitt »Die absolute Freiheit und der Schrecken«, HW, Bd. 3, S. 431–441.
12 Nicht zu ermitteln, sofern nicht der österreichisch-amerikanische Arzt und Soziologie Jacob Levy Moreno gemeint sein sollte, der Begründer des Psychodramas sowie der von ihm *zuerst angewandte*[n] *und von anderen weiterentwickelte* Soziometrie. *Sie geht von der Voraussetzung aus, daß der zwischen zwei Gruppenmitgliedern in bezug auf gemeinsames Handeln in einer spezifischen Situation bestehende »psychische Abstand« sich durch Ermittlung der möglichen Beziehungsschemata (A wählt B, B wählt A; A wählt B, B ignoriert A; A wählt B, B lehnt A ab; A ignoriert B, B wählt A; A lehnt B ab, B wählt A usw.) messen lassen. Die Antworten auf die entsprechenden Fragen werden graphisch im »Soziogramm« oder mathematisch auf einer Matrix dargestellt. Aus den Häufungen bzw. dem Fehlen von »Wahlen« lassen sich der Grad der Beliebtheit der Mitglieder (»attraction-repulsion-pattern«) sowie Cliquenbildungen usw. ablesen.* (GS, Bd. 9.2, S. 354 f.)
13 Vgl. Henryk Grossmann, Das Akkumulations- und Zusammenbruchsgesetz des kapitalistischen Systems. (Zugleich eine Krisentheorie), Leipzig 1929 (Schriften des Instituts für Sozialforschung an der Universität Frankfurt am Main; 1).

Grund der gegebenen Voraussetzungen einer kapitalistischen Tauschwirtschaft, d.h. ohne Heranziehung ökonomiefremder Faktoren, die Gesetzmäßigkeit der Krise errechnen kann. D.h., nach dieser dialektischen Theorie wendet sich hier eine Sache durch ihre Entfaltung gegen ihren eigenen Fortbestand. Dieses Beispiel einer immanenten Dialektik betrifft einen Vorgang, in dem es um den Lebensprozeß der Gesellschaft selber geht.

Der Meinung, daß es sich bei den beiden genannten Theorien um verschiedene Begründungen der Notwendigkeit einer Überproduktion handele, die sich nicht gegenseitig auszuschließen brauchen, wurde entgegnet, daß genau an dieser Stelle die allerentscheidendsten Divergenzen in der Theorie des Sozialismus auftreten, so daß ihr Ernst gar nicht hoch genug veranschlagt werden kann. Es erhebt sich hier das Problem, ob durch Lenkung – wie in der Disproportionalitätstheorie vorgesehen – der Zustand möglicher Krisen zu reformieren ist, oder ob es dazu nicht eines radikalen Austrags der sie bedingenden Gegensätze bedarf.

Auf die Frage, ob die dialektische Theorie von der Wirtschaft nicht aus dem Komplex aller im gesellschaftlichen Gesamtprozeß zusammenwirkenden Momente den industriellen Produktionsprozeß isoliere und erst durch diese Isolierung zur Dialektik gelange, wurde geantwortet, daß diese Isolierung, die die Dialektik angeblich zu etwas Abstraktem mache, schon in der Tauschgesellschaft selber liege, die die Menschen zu bloßen Funktionen des Produktionsapparates reduziert. Die Abstraktion und Reduktion wurde also nicht in der Theorie, sondern in der Wirklichkeit zuerst vollzogen. Diese ist so organisiert, daß sich alles nur nach entmenschlichten Tauschverhältnissen richtet; daher sagt Marx, ›man muß diesen versteinerten Verhältnissen ihre eigene Melodie vorspielen, um sie zum Tanzen zu bringen.‹[14] Die Tauschverhältnisse hängen aber von der Verfügung über die Produktion ab, und die gesellschaftliche Macht liegt an der Stelle, wo produziert wird. Nur deshalb also, weil in der Sache selbst die Abstraktion bereits vorliegt, hat die Theorie das Recht zu abstrahieren, wie dies bereits die klassische Theorie der politischen Ökonomie tat, die Marx nur beim Wort nimmt.

Auf die weitere Frage, wie sich die Entstehung der Arbeiterbewegung, die Planung usw. mit der konsequenten Anwendung der dieser dialektischen Wirtschaftstheorie zugrundeliegenden Prinzipien vereinbaren lasse, wurde erwidert, daß diese Dialektik nur gilt in einem verhexten Zustand, in dem die Menschen

---

14 »Man muß jede Sphäre der deutschen Gesellschaft als die *partie honteuse* der deutschen Gesellschaft schildern, man muß diese versteinerten Verhältnisse dadurch zum Tanzen zwingen, daß man ihnen ihre eigne Melodie vorsingt!« (MEW, Bd. 1, S. 381)

Anhängsel der Maschinen geworden sind. Wenn die Menschen diesen Spuk durchschauen, dann können sie auch heraustreten: Diese Dialektik ist daher nicht das letzte, sondern eine Logik des Scheins, die dann gilt, wenn die Menschen die vergegenständlichten Beziehungen zwischen ihnen verwechseln mit der Menschheit. Aufgabe des Sozialismus ist es nicht, die Dialektik zu verwirklichen, sondern mit ihr Schluß zu machen.

29 Werner Mangold, 19. November 1953

Seminar über den Begriff der Dialektik
bei Prof. Horkheimer und Prof. Adorno

Frankfurt am Main, 26. 11. 53
W. Mangold

Protokoll der Seminarsitzung vom 19. November 1953

In der Seminarsitzung wurde noch einmal die grundsätzliche Frage aufgeworfen, wie sich die Notwendigkeit der Dialektik im Denken selbst aufzeigen lasse. Es sollte dabei nicht, wie es manchmal in den vorhergehenden Seminarstunden geschehen war, Hegel schon vorweggenommen werden, sondern es gehe darum, die *logischen Motive* aufzudecken, die uns aufgrund des Verhältnisses von Begriff und Sache zum Schema der Triplizität nötigen.

Zur Beantwortung der Frage wurden zunächst zahlreiche geistesgeschichtlich-historische Beispiele oder psychologische Erklärungen gegeben, wie die, daß Hegel von der Französischen Revolution, in der höchstes Recht zu Unrecht wurde, den entscheidenden Anstoß erhalten habe,

daß sich Dialektik dort zeige, wo Leben, d. h. ein Werden ist, das durch verschiedene Prinzipien bestimmt wird, die zueinander in Widerspruch stehen,

daß Dialektik eine innere menschliche Erfahrung sei, durch die unter dem Einfluß christlichen Denkens der Dualismus zwischen Sein und Werden bewußt geworden sei,

oder daß das von Hegel selbst gegebene Beispiel des Umschlagens der höchsten Freude in das Leid[15] eine konkrete, nicht historisch gebundene Erfahrung sei.

Es wurde auf diese Beispiele erwidert, daß kein Mensch bestreiten werde, daß es einen solchen Umschlag gebe, daß sich aber daraus noch kein allgemeines Prinzip der Realität machen lasse. Es müsse das *philosophische Prinzip* der Dialektik gefunden werden.

---

15 Bei Hegel heißt es etwa: »Wie die Bombe zu ihrer Kulmination einen Ruck tut und dann in ihr einen Moment ruht, oder wie das erhitzte Metall nicht wie Wachs erweicht, sondern auf einmal in den Fluß springt und auf ihm verweilt – denn die Erscheinung ist der Übergang ins absolut Entgegengesetzte, also unendlich, und dieses Heraustreten des Entgegengesetzten aus der Unendlichkeit oder seinem Nichts ist ein Sprung, und das Dasein der Gestalt in ihrer neugeborenen Kraft ist zuerst für sich selbst, ehe sie sich ihres Verhältnisses zu einem Fremden bewußt wird –, so hat auch die wachsende Individualität sowohl die Freudigkeit jenes Sprungs als eine Dauer des Genusses ihrer neuen Form, bis sie sich allmählich dem Negativen öffnet und auch in ihrem Untergange auf einmal und brechend ist.« (HW, Bd. 2, S. 529)

Von einem Seminarteilnehmer wurde darauf geantwortet, daß ein Versuch zur Einsicht in einen begrifflichen Sachverhalt nicht weiterkommen könne, wenn dabei nicht auch zu dem Gegenteil dessen, was begrifflich gefaßt ist, gegriffen werde. Denken werde vor die Aufgabe gestellt, die konkrete Bestimmtheit der Sache auszudrücken. Das könne es nicht tun, wenn es seine Begriffe nicht der Bewegung der Sache selbst anpasse; dieses Anpassen zeige sich dann als Bewegung des Denkens.

Da auch diese Erklärung den der Dialektik zugrundeliegenden logischen Motiven nicht gerecht wurde, da sie den Begriff der Dialektik schon voraussetzte, wurde untersucht, warum und in welchem Sinne *jedes* Urteil notwendigerweise zugleich wahr und unwahr ist. Wenn wir wissen, daß ein Urteil unwahr ist, dann wissen wir das nur mit Hilfe der Antithese. Wenn wir aber einen Satz nur ernst sagen, müssen wir beanspruchen, daß er schlechthin wahr ist. Indem ich aber in einem Satz nicht die *ganze* Wahrheit sagen kann, sondern in ihm immer isoliert bleibe, besteht die Notwendigkeit zum Fortschritt im Widerspruch. Jede Thesis ist so auf die Antithesis angewiesen. Dabei ist es gleichgültig, wo wir im Schema der Triplizität anfangen; was gerade Thesis, was Antithesis ist, hängt davon ab, wo wir die Wahrheit zuerst festhalten. Undialektisches Denken erweist sich aber als etwas unbeschreiblich Kindliches, sobald wir diese Notwendigkeit zur Dialektik im Denken selber einmal erfahren haben.

Auf die Frage, worin der Anspruch auf unbedingte Wahrheit eines Satzes bestehe, wurde gezeigt, daß in der Kopula, dem »ist« des Urteils die Behauptung enthalten sein muß, daß der Gegenstand mit dem Gedachten übereinstimme. In Wirklichkeit besteht aber diese volle Übereinstimmung nicht.[16] Dadurch muß es zum Konflikt kommen zwischen der Unabdingbarkeit des Anspruchs auf Wahrheit und der Unmöglichkeit, im isolierten Urteil die ganze Wahrheit auszudrücken, und damit kommt es zur Dialektik.

Daraus geht auch hervor, daß die Negation, die dem Urteil folgt, keine *formale* Negation ist. Dialektik heißt keineswegs, nach jedem ausgesprochenen Satz sofort einschränkend zu sagen: Weil wir Dialektiker sind, wissen wir, daß in dem Satz sowieso nicht die ganze Wahrheit steckt. Gegen diese Auffassung hat auch Hegel sich immer wieder gewehrt. Der Widerspruch muß sich ganz konkret zeigen. Es kann sein, daß wir bei einem Urteil, z. B. über das Sein, zunächst stehen bleiben müssen, aber es wird sich dann später zeigen, worin das Urteil unvollständig ist.

---

16 Entsprechend schreibt Adorno in seinem Aufsatz *Skoteinos oder Wie zu lesen sei* [1963]: *In der Dialektik der Identität wird also nicht nur als deren höhere Form die Identität des Nichtidentischen, das A = B, das synthetische Urteil erreicht, sondern dessen eigener Gehalt wird als notwendiges Moment bereits des analytischen Urteils A = A erkannt. Umgekehrt ist auch die einfache formale Identität des A = A in der Gleichsetzung des Nichtidentischen aufbewahrt.* (GS, Bd. 5, S. 365)

Wenn z. B. der Satz ausgesprochen wird, der Liberalismus sei die adäquate Form der Gesellschaft, dann muß diese Theorie mit vollem Ernst durchdacht oder in der konkreten Geschichte erlebt werden, damit sich zeigt, warum das Urteil nicht die ganze Wahrheit ist. Es ist also nicht möglich, eine abstrakte Dialektik in dem Sinne zu treiben, daß jedes Urteil schon von vornherein nicht wahr sei, weil ja die Antithesis dazugehöre, sondern mit der These muß ernst gemacht werden, bis sich aus ihr die Antithese ergibt.

Es wurde dann noch einmal auf den emphatischen Charakter der Sprache hingewiesen. Man müsse selbst einmal erfahren, daß mit jedem Satz ein Bekenntnis ausgesprochen werde. Der Satz: Das ist ein Kleiderhaken, ist, würde Hegel sagen, gar kein Sprechen, sondern nur ein Hinweis, und man könnte hinzufügen, daß wissenschaftliches Sprechen heute nur noch ein solches Bezeichnen ist. Das Emphatische in der Sprache ist nicht ein dem Urteil äußerlich Hinzutretendes: Der Anspruch auf Identität wird durch die Form des Urteils notwendig gesetzt. Es kann kein Urteil ausgesprochen werden ohne diesen Anspruch, aber zugleich keines, in dem der Anspruch eingelöst wird. Wenn man sagt, ein Urteil sei nur relativ, nimmt man diesen Anspruch des einzelnen Satzes zwar nicht ernst, aber er bleibt dennoch bestehen. Dieser relativistische Standpunkt und der absolutistische, daß das Denken auch aus ganzer Wahrheit stammen könne, gehören so eigentlich zusammen. Es wurde gesagt, daß die Dialektik genau da entstanden sei, wo man es bei der Grenze zwischen dem Absoluten und dem Relativen nicht mehr belassen wollte.

Auch in der relativistischen Einschränkung bleibt, wie gesagt, der Anspruch auf Wahrheit bestehen; die Sache selbst wird gar nicht berührt. Wenn auch z. B. die Produzenten der Kulturindustrie sagen: Wir wissen ganz genau, daß unsere Produktion nichts taugt, ändert sich dadurch gar nichts. Indem es auf der Leinwand erscheint, erhebt das übelste Produkt einen Anspruch wie der Hamlet. Und selbst durch die relativistische Einschränkung »Meiner Meinung nach«, mit der sich heute Meinungen meistens kundtun, läßt sich nicht verbergen, daß es auch dem, der einschränkt, in gewissem Sinne um die Sache selbst geht, und daß sogar noch in diesem eingeschränkten Satz der Anspruch auf Wahrheit steckt. Aber im positivistischen Denken fungieren Worte wie Zeichen und Schilder. Man meint, daß damit das Denken einfacher wird, aber man leistet in Wirklichkeit einen ungeheuren Verzicht. Was man nicht mehr denkt, kennt man auch nicht mehr; Orwells »1984«[17] schildert diese Konsequenz sehr eindringlich.

Wie sich in der Realität aus der These die Antithese und schließlich aus beiden die Synthese ergibt, wurde am Beispiel der Entwicklung des Kindes zum

---

17 Vgl. George Orwell, 1984 [1949], übers. von Kurt Wagenseil, Rastatt 1950.

Erwachsenen gezeigt: *These:* In der Kindheit glaubt der Mensch an das Paradies, an die Allgüte und an die Ideale des Vaters, an die uneingeschränkte Liebe der Mutter. Es folgt, besonders in der Pubertät, die Periode der Negation (die *Antithese*), in der das Kind sieht, was wahr ist und was nicht, und in der es erfährt, daß der Vater nicht so ist, wie er sich vorgibt zu sein. Der Vater wird an seinen eigenen Begriffen gemessen, ja – das Kind könnte diese Negation gar nicht leisten, ohne die Begriffe dazu von seinem Vater empfangen zu haben. In der *Synthese* muß nun das Entscheidende folgen: Die durch die Erfahrungen konkretisierten Vorstellungen von dem Vater und der Welt, wie sie sein soll, dürfen nicht nur durchgestrichen werden, sondern es kommt gerade darauf an, daß das, woran man in der Jugend geglaubt hat, aufgehoben wird in einen neuen Zustand des Bewußtseins, in dem der Mensch zum eigentlichen Erwachsenen wird. Oder, wie Professor Adorno in seiner Interpretation des Proust formuliert hatte: daß die Kindheit positiv in die Sphäre des Erwachsenen gerettet wird, und damit zugleich der Glücksanspruch aus der Kindheit.[18] Darin erweist sich die Synthese als die durch die Antithese konkretisierte These.

Zum Schluß der Seminarsitzung wurde dann noch auf das Besondere der Dialektik hingewiesen, daß nämlich diese Synthesis nun wiederum nicht die ganze Wahrheit ist, sondern aus der Synthesis wieder eine Thesis wird, die der Antithesis bedarf. Das Verhältnis der Unmittelbarkeit stellt sich so immer wieder her. Die Frage, ob das heiße, daß das dialektische Fortschreiten des Gedankens und der Sache nie zu einem Abschluß kommen würde, wurde auf eine spätere Sitzung verschoben.

---

18 In Adornos Schrift *Valéry Proust Museum* [1953] heißt es über Paul Valéry: *Museen adoriert er wie Gottes wahre Schöpfung, die ja, Prousts Metaphysik zufolge, nicht fertig ist, sondern kraft jeden konkreten Moments der Erfahrung, kraft jeder ursprünglichen künstlerischen Anschauung aufs neue sich ereignet. In seinem staunenden Blick hat er sich ein Stück Kindheit gerettet; ihm gegenüber spricht Valéry von Kunst wie ein Erwachsener.* (GS, Bd. 10·1, S. 189)

30 Ivan Nagel,
3. Dezember 1953

Protokoll der Sitzung vom 3. Dezember.

Die Seminarsitzung begann mit der Verlesung des Protokolls.[19] Dieses wurde zur Grundlage einer sich immer wieder erneuernden Diskussion, die die ganze Sitzung ausfüllte.

Herr Prof. Adorno fragte zunächst, ob denn Kant mit »Zweckmäßigkeit« die Zweckdienlichkeit einzelner Gegenstände meine. Kant unterscheidet den inneren Zweck vom äußeren. Innerer Zweck eignet allein dem Lebendigen.[20] Bei Hegel findet sich die entsprechende Unterscheidung von endlichem und unendlichem Zweck.[21] Der bloß endliche Zweck sei etwas Armseliges, ein mehr oder weniger willkürlich an die Sache Herangebrachtes. Die unendliche Zweckmäßigkeit sei dagegen die Bewegung der Sache selbst auf die Totalität hin, die immanente Beziehung jedes Moments zum Allgemeinen. Jedes Moment erscheint als von einem unendlichen Verstand geschaffen. Während aber Kant den Unterschied zwischen diesem unendlichen schöpferischen Verstand und unserem endlichen begreifenden stehenläßt, verinnerlicht das Hegelsche System den ersteren als Vernunft. In ihr fallen Produktion und Begreifen zusammen: Die Erkenntnistheorie wird zur Schöpfungsgeschichte. – Da die innere Zweckmäßigkeit der Vernunft somit zum Prinzip alles Seienden – nicht nur des Lebendigen – wird, kann das Hegelsche System den Vitalismus der »Kritik der Urteilskraft« ablegen. Sobald nämlich die Teleologie keinen unvermittelten Gegensatz der Kausalität darstellt, befreit sich das Lebendige aus der Isolation seines Sonderbereichs; das irrationalistische Moment trat ja in Kants Lehre gerade als die Kluft zwischen unserem Verstand und jenem anderen, Hypostasierten, auf. Für Hegel ist die Teleologie die »Wahrheit des Mechanismus und des Chemismus«[22], d. h. der na-

---

19 Das Protokoll von Frau Cornehl vom 26. November 1953 wurde nicht aufgefunden.
20 Vgl. den Abschnitt »Analytik der teleologischen Urteilskraft«, KW, Bd. X, S. 471–498 (B 271–310; A 267–406).
21 Vgl. etwa den Abschnitt »Die Teleologie«, HW, Bd. 6, S. 436–461.
22 »Die *Zweckbeziehung* hat sich aber als die Wahrheit des *Mechanismus* erwiesen. – Das, was sich als *Chemismus* darstellte, wird mit dem Mechanismus insofern zusammengenommen, als der Zweck der Begriff in freier Existenz ist und ihm überhaupt die Unfreiheit desselben, sein Versenktsein in die Äußerlichkeit gegenübersteht; beides, Mechanismus sowie Chemismus, wird also unter der Naturnotwendigkeit zusammengefaßt, indem im ersten der Begriff nicht am Objekte existiert, weil es als mechanisches die Selbstbestimmung nicht enthält, im anderen aber der Begriff entweder eine gespannte, einseitige Existenz hat oder, insofern er als die Einheit hervortritt, welche das neutrale Objekt in die Extreme spannt, sich selbst, insofern er diese Trennung

turwissenschaftlichen Betrachtungsweisen. Er lehnt sich auf gegen die Beschränkung der wissenschaftlichen Betrachtung auf Subsumtion unter apriorisch bedingte Prinzipien: Er sieht darin ein Degradieren der konkreten Erfahrung. Durch die Verflüssigung der Gegensätze wird die Teleologie – wie die anderen antinomischen Probleme – der wissenschaftlichen Behandlung zugänglich gemacht. Das Regulative fügt sich in die Selbstkonstitution des Begriffs ein. Damit fällt das Kantsche Verbot fort, das Höchste, wie Freiheit, Seele, Gott, zu wissenschaftlichem Gegenstand zu machen. Diese späte Form des Bilderverbots wehrte sich um der Sache willen dagegen, von ihr allzu Bestimmtes auszusagen. In der Tat wissen wir, wie oft der Vitalismus den Begriff des Lebens, die Theologie die Idee von Gott in pure Ideologie verwandelt hat. Voltaire sagt: ces choses sont écrites en notre cœur.[23] Kant demonstriert, was damit gemeint ist. – Freilich läuft jedes solches Verbot gegen die Verdinglichung des Höchsten die Gefahr, nun selbst verdinglicht zu werden zu einem Tabu, einem Naturschutzpark des Aberglaubens. Solche Intention liegt dem Aufklärer Kant denkbar fern. Auch das, was sich unter den regulativen Prinzipien versammelt, ist nicht heteronom. Die Ideen sind gleichsam die unendlich gewordenen Kategorien.

Diese entschieden positive Wendung der Kantschen Dialektik, die erst bei Hegel eindeutig durchgeführt wird, gründet auf der Transzendenz des Endlichen zum Unendlichen, des Besonderen zum Allgemeinen. Kants Denken zur positiven Eindeutigkeit führen, heißt aber zugleich, es zurechtzufrisieren. Der kritische Impuls der »Transcendentalen Dialektik« kommt dabei zu kurz. Wenn man sich dem Einzelnen überlasse, befinde man sich bereits im Ganzen; das Ganze aber sei das Wahre.[24] Gerade indem das dialektische System jeden Satz seines Gehalts an

---

aufhebt, äußerlich ist.« (HW, Bd. 6, S. 437 f.) Weiter schreibt Hegel, »die *Form der Zweckmäßigkeit*« mache »für sich allein das Wesentliche des Teleologischen aus. In dieser Rücksicht, ohne noch auf den Unterschied von äußerer und innerer Zweckmäßigkeit zu sehen, hat sich die Zweckbeziehung überhaupt an und für sich als die *Wahrheit des Mechanismus* erwiesen. – Die Teleologie hat im Allgemeinen das höhere Prinzip, den Begriff in seiner Existenz, der an und für sich das Unendliche und Absolute ist, – ein Prinzip der Freiheit, das seiner Selbstbestimmung schlechthin gewiß, dem *äußerlichen Bestimmtwerden* des Mechanismus absolut entrissen ist.« (Ebd., S. 440)
23 So nicht ermittelt; Voltaire äußert sich aber in den »Lettres d'Amabed« [1769] ähnlich, wenn er sagt: »Charme des yeux n'a point été coupable; elle ne peut l'être; la vertu est dans le cœur et non ailleurs.« (Voltaire, Les Lettres d'Amabed. Traduites par l'abbé Tamponet, in : Œuvres complètes de Voltaire, hrsg. von Louis Moland, Bd. 21, Paris 1877, S. 435–478; hier: S. 453)
24 »Jeder der Teile der Philosophie ist ein philosophisches Ganzes, ein sich in sich selbst schließender Kreis, aber die philosophische Idee ist darin in einer besonderen Bestimmtheit oder Elemente. Der einzelne Kreis durchbricht darum, weil er in sich Totalität ist, auch die Schranke seines Elements und begründet eine weitere Sphäre; das Ganze stellt sich daher als ein Kreis von Kreisen dar, deren jeder ein notwendiges Moment ist, so daß das System ihrer eigentümlichen

Falschheit überführt, rehabilitiert es das Falsche als Moment der Wahrheit, das in deren Richtung über sich hinausweist. Warum sollen die Momente gerade in der richtigen Richtung über sich hinausweisen? Kants Verhältnis zur Möglichkeit des Irrtums ist vielleicht ein tieferes als das von Hegel. Sobald das kritische Anliegen nicht mehr im Vordergrund steht, neigt das Denken dazu, apologetisch zu werden. Wenn man zehn Töne aus einer Beethovenschen Symphonie angibt, ist man dann schon im Ganzen? Das mag für die Beethovensche Symphonie zutreffen. Hegel sieht die Welt gleichsam als eine vollkommene Symphonie. Ist die Annahme, daß das Einzelne mit dem Ganzen harmoniert, auch richtig? Oder darf der Dialektiker heute annehmen, auch ohne die Ideen der Totalität und der Identität vorauszusetzen, daß das Einzelne über sich hinaus und zum Begriff treibt? Seine Aufgabe bestünde vielleicht darin, das Element der Negativität von der harmonischen Positivität des Hegelschen Systems zu scheiden. – Auch hat er wohl mit manch anderer Form der Vermittlung (zwischen dem Besonderen und dem Allgemeinen) zu tun als mit jener harmonischen, deren Muster Hegel lange Zeit in der griechischen Polis erblickte.[25] Statt in dem Wechselbezug, der das Allgemeine als Substanz des Besonderen, das Besondere als Wirklichkeit des Allgemeinen erscheinen läßt, findet der neuere Dialektiker des öfteren gerade in der skurrilen Besonderheit Aufschluß über die Geheimnisse der herrschenden Tendenz. Oder wird er anders mit der unvermittelten Anwesenheit des Allgemeinen in der normierten Erscheinung konfrontiert. Er hat sich ohnehin auf die Affinität der Behauptung, daß sich im Kleiderständer die Totalität versteckt, mit einem primitiven Geisterglauben zu besinnen, zumal in einer Zeit, wo sich die Totalität dem Spuk angleicht. Indem die von Hegel verlangte totale Vermittlung in der totalen Nivellierung ihre eigene Parodie liefert, stellen sich für das dialektische Denken Aufgaben, von denen Hegel noch wenig wissen konnte.

Elemente die ganze Idee ausmacht, die ebenso in jedem einzelnen erscheint.« (HW, Bd. 8, S. 60) Und: »Das Wahre ist das Ganze. Das Ganze aber ist nur das durch seine Entwicklung sich vollendende Wesen.« (HW, Bd. 3, S. 24)

25 In der »Philosophie der Geschichte« vergleicht Hegel das antike Rom und die griechische Polis: »Es ist also da nicht eine substantielle Einheit der Nationalität, nicht das schöne und sittliche Bedürfnis des Zusammenlebens in der Polis; sondern jede *gens* ist ein fester Stamm für sich, der seine eigenen Penaten und *sacra* für sich hat, jede hat ihren eigenen politischen Charakter, den sie immer behält.« (HW, Bd. 12, S. 358)

31 Tobias Rülcker, 10. Dezember 1953

Protokoll des Seminars
10. Dez. 1953

In der Seminarsitzung vom 10. 12. 53 beschäftigten wir uns mit der Frage nach der gegenständlichen Motivation der Dialektik. Grundlage für unsere Untersuchungen bildeten die §§ 241–246 der Hegelschen Rechtsphilosophie,[26] in denen Hegel die der bürgerlichen Gesellschaft immanente Dialektik darstellt. Ich werde mich, ehe ich auf diese §§ eingehe, kurz mit den drei vorhergehenden §§ beschäftigen, weil Hegel in ihnen das wichtige Verhältnis von Individuum, Familie und Gesellschaft aufzeigt.[27]

Hegel bestimmt in § 238 die Funktion der Familie dahingehend, daß sie für die subjektive Seite des Individuums Vorsorge treffe. Durch die Familie wird das Individuum mit den Mitteln und Geschicklichkeiten ausgestattet, um dem Erwerb nachgehen zu können; die Familie tritt ein, wenn das Individuum zum Erwerb unfähig wird.[28]

Für die bürgerliche Gesellschaft werden alle Verhältnisse, die nicht Tauschverhältnisse sind, irrational und verfallen der Auflösung. Dieses Schicksal erleidet auch die Familie. Die Wirksamkeit der Familie für das Individuum wird sekundär gegenüber der Wirksamkeit der bürgerlichen Gesellschaft. So wird das Individuum aus dem Kreis der Familie herausgerissen und zum Sohn der bürgerlichen Gesellschaft als allgemeiner Familie.

Damit übernimmt die Gesellschaft dem Individuum gegenüber die Funktion der Familie. Sie hat jetzt das Recht und die Pflicht, für die Erziehung des Individuums zu sorgen; ihr fällt auch zu, dem Individuum die Sicherheit des Lebensunterhalts zu garantieren. In letzterer Funktion hat die Gesellschaft das Recht, das Individuum zur Arbeit anzuhalten (d. h. aber auch, ihm Arbeit zu geben) und die Pflicht, das Individuum im Falle der Not zu ernähren.

Die innere Dialektik der bürgerlichen Gesellschaft besteht darin, daß die Gesellschaft diese Funktionen nicht erfüllen kann.

Der Mechanismus der bürgerlichen Gesellschaft führt zur Verarmung von Individuen. Diese Verarmung ist für den Einzelnen ganz zufällig. Sie entspringt weder der Willkür, wie im Feudalismus, noch ist sie die Quittung für Faulheit. Sie

---

26 Vgl. HW, Bd. 7, S. 387–391.
27 Vgl. §§ 238–240, ebd., S. 386 f.
28 Vgl. ebd., S. 386.

trifft das Individuum nur wegen seines Gliedseins in der bürgerlichen Gesellschaft. Der ökonomische Ruin des Individuums steht in schroffem Widerspruch zu der scheinheiligen Versicherung aller Apologeten der Gesellschaft, daß jeder die gleiche Freiheit und die gleiche Möglichkeit der Deckung seiner Bedürfnisse habe. Anstatt der versprochenen Sicherheit des Lebensunterhalts findet das Individuum in der bürgerlichen Gesellschaft Elend und Hohn.

Ebensowenig wie die erste kann die Gesellschaft ihre zweite Aufgabe, die der Erziehung der Individuen, erfüllen. Indem sie den Arbeiter an automatische Maschinen und schließlich ans Fließband stellt, erklärt sie alle handwerklichen Fähigkeiten für überflüssig. Der »schaffende Mensch« ist der unwissende Maschinensklave. Aus der geistlosen Arbeit fließen keine Bildungsantriebe mehr. So wird Bildung zum Privileg derer, die nicht arbeiten müssen. Bildung gerät in Abhängigkeit vom Besitz. Das ungebildete Individuum kann keine Hoffnung auf Besserung seiner Lage haben. Weil es arbeiten muß, ist es ungebildet, und weil es ungebildet ist, muß es immer Arbeiter bleiben. Der Mensch ist hilflos dem Mechanismus der Gesellschaft verfallen.

Die bürgerliche Gesellschaft kann ihren Aufgaben gegenüber den Individuen, die ihr als allgemeiner Familie zufallen, nicht gerecht werden. Die enttäuschten Individuen werden zu ihren Feinden. Somit produziert die Gesellschaft ihre eigenen Totengräber.[29] Um ihre Feinde niederzuhalten, entfaltet die Gesellschaft ihre Macht, weil sie für die Armen als allgemeine Familie versagt hat, tritt sie ihnen als Macht gegenüber. Die Polizei muß gegen Arbeitsscheu, Bösartigkeit und weitere Laster vorgehen.[30] Wenn Hegel diese abwertenden Termini benutzt, nimmt er selbst den Standpunkt des Bürgers ein, von dem er doch im Nachsatz sagt, daß er der des Unrechts sei. So wird Hegel selbst zum Opfer der gesellschaftlichen Dialektik, deren Notwendigkeit er wohl durchschaut, deren Ergebnis er aber verwerfen muß.

Gegenüber der Allgemeinheit der Not bleibt jede individuelle Hilfe zufällig und unzulänglich. An die Stelle individueller Almosen muß eine großzügige Organisation des Armenwesens treten. Diese Lösung ist zwar vom bürgerlichen

---

29 Anspielung auf Marx: »Mit der Entwicklung der großen Industrie wird also unter den Füßen der Bourgeoisie die Grundlage selbst hinweggezogen worauf sie produziert und die Produkte sich aneignet. Sie produziert vor allem ihren eigenen Totengräber. Ihr Untergang und der Sieg des Proletariats sind gleich unvermeidlich.« (MEW, Bd. 4, S. 474)

30 »Die allgemeine Macht übernimmt die Stelle der Familie bei den *Armen*, ebensosehr in Rücksicht ihres unmittelbaren Mangels als der Gesinnung der Arbeitsscheu, Bösartigkeit und der weiteren Laster, die aus solcher Lage und dem Gefühl ihres Unrechts entspringen.« (HW, Bd. 7, S. 388)

Standpunkt aus ganz einleuchtend, aber gerade sie enthüllt die tödliche Dialektik der bürgerlichen Gesellschaft. Denn dieses Mittel ist von vornherein mit dem Stigma der Unzulänglichkeit behaftet. Es kann die notwendige Produktion des Pöbels nicht hindern. Die Organisation des Armenwesens bedeutet bereits die Kapitulation der Gesellschaft vor dem Pöbel.

Die Unzulänglichkeit dieses Auswegs wird ganz offensichtlich, wenn Hegel den Dynamismus der bürgerlichen Gesellschaft darstellt.[31] Im Gegensatz zur stationären feudalistischen Gesellschaft ist die bürgerliche expandierend. Stehenbleiben bedeutet Krise. Wahren des Bestandes ist nur möglich durch Expansion. Die Konsequenzen dieser Expansion sind steigende Bevölkerung und steigendes Wirtschaftspotential. Beides führt zur steigenden Vergesellschaftung der Menschen.

Die Folge dieser Vergesellschaftung ist einmal ein Anwachsen des Reichtums durch Rationalisierung der Produktion und Ausweitung des Absatzes; zum anderen eine stets wachsende Verelendung der arbeitenden Klasse durch die Verlorenheit des Menschen in der Unübersichtlichkeit einer abstrakten Gesellschaft, die Funktionalisierung seiner Tätigkeit und damit die Steigerung seiner Abhängigkeit von einer beschränkten Arbeit. Als äußerste Konsequenz ergibt sich der Ausschluß der arbeitenden Klasse vom geistigen Leben der Gesellschaft. Die materielle Not macht den Menschen unfrei und stumpf.[32]

Diese letzte These ist so materialistisch, daß man erstaunt, sie in Hegels System vorzufinden. Doch ist ihre Möglichkeit gerade vom radikalen idealistischen Standpunkt aus verständlich, da der Geist ja kein partielles Moment ist. Sub specie aeternitatis ist auch die Materie Geist.

Wendet man das die bürgerliche Gesellschaft beherrschende Gesetz der dynamischen Expansion auf die Entwicklung des Pöbels selbst an, so ergibt sich, daß dieser ständig anwächst. Die Masse derer, die aller Vorteile der Gesellschaft

---

31 »Die bürgerliche Gesellschaft bietet in diesen Gegensätzen und ihrer Verwicklung das Schauspiel ebenso der Ausschweifung, des Elends und des beiden gemeinschaftlichen physischen und sittlichen Verderbens dar.« (Ebd., S. 341)

32 »Die Armut an sich macht keinen zum Pöbel: dieser wird erst bestimmt durch die mit der Armut sich verknüpfende Gesinnung, durch die innere Empörung gegen die Reichen, gegen die Gesellschaft, die Regierung usw. Ferner ist damit verbunden, daß der Mensch, der auf die Zufälligkeit angewiesen ist, leichtsinnig und arbeitsscheu wird, wie z. B. die Lazzaronis in Neapel. Somit entsteht im Pöbel das Böse, daß er die Ehre nicht hat, seine Subsistenz durch seine Arbeit zu finden, und doch seine Subsistenz zu finden als sein Recht anspricht. Gegen die Natur kann kein Mensch ein Recht behaupten, aber im Zustande der Gesellschaft gewinnt der Mangel sogleich die Form eines Unrechts, was dieser oder jener Klasse angetan wird. Die wichtige Frage, wie der Armut abzuhelfen sei, ist eine vorzüglich die modernen Gesellschaften bewegende und quälende.« (Ebd., S. 389f.)

beraubt sind, vergrößert sich fortwährend. Das Kapital andererseits hat die Tendenz, sich immer stärker zusammenzuballen. Damit schrumpft die privilegierte Schicht zusammen. Mehr und mehr Glieder auch dieser Schicht sinken gesellschaftlich ab; alle Reichtümer und Privilegien konzentrieren sich in immer weniger Händen.

So taucht als letzte Konsequenz der Entwicklung der bürgerlichen Gesellschaft die Möglichkeit des Cäsarismus auf: Dann nämlich, wenn nur noch einer alle Privilegien in Händen hält und ihm gegenüber alle anderen Individuen Pöbel sind. In diesem Augenblick enthüllt sich offen, was das Prinzip der Gesellschaft, der Tausch, schon immer bedeutet hat: Gewalt.

Wenn man angesichts dieser bedrohlichen Aspekte fragt, wie der Armut zu steuern sei, so zeigt sich in voller Deutlichkeit, wie notwendig die bürgerliche Gesellschaft über sich selbst hinaustreibt. Wollte man die Subsistenz des Pöbels sichern, indem man der begüterten Klasse Abgaben auferlegt, so würde das Prinzip der bürgerlichen Gesellschaft, nach dem Lebensunterhalt durch Arbeit vermittelt wird, durch eben diese Maßnahme zerstört. Die Gesellschaft würde sich damit selbst aufheben. In der Praxis hieße das, daß die bisher Privilegierten zu Sklaven des bisherigen Pöbels würden. Wollte man jedoch die Subsistenz des Pöbels dadurch gewährleisten, daß man ihm Gelegenheit zur Arbeit bietet, »so würde die Menge der Produktionen vermehrt, in deren Überfluß und dem Mangel der verhältnismäßigen selbst produktiven Konsumenten, gerade das Übel besteht, das auf beide Weisen sich nur vergrößert«[33]. Man käme in den tödlichen Kreislauf der kapitalistischen Wirtschaft, aus dem man sich befreien möchte, nur wieder hinein.

So bleibt als letztes grausames Mittel nur das in Schottland erprobte, die Armen dem Hunger zu überlassen.[34] Doch auch dieses Mittel führt zur Selbstaufhebung der Gesellschaft. Denn die Gesellschaft ist auf den Pöbel angewiesen, da dieser das Heer der Produktivkräfte stellt, die den Arbeitsprozeß der bürgerlichen Gesellschaft in Gang halten. Die Ausrottung des Pöbels durch Hunger bedeutet zugleich die Vernichtung der bürgerlichen Gesellschaft.

Alle Möglichkeiten, der Verarmung abzuhelfen, die die bürgerliche Gesellschaft in sich selbst findet, weisen über die Gesellschaft hinaus. Die bürgerliche

---

33 Ebd., S. 390.
34 »Als das direkteste Mittel hat sich daselbst (vornehmlich in Schottland) gegen Armut sowohl als insbesondere gegen die Abwertung der Scham und Ehre, der subjektiven Basen der Gesellschaft, und gegen die Faulheit und Verschwendung usf., woraus der Pöbel hervorgeht, dies erprobt, die Armen ihrem Schicksal zu überlassen und sie auf den öffentlichen Bettel anzuweisen.« (Ebd., S. 390f.)

Gesellschaft wird durch ihre innere Dialektik über sich selbst hinausgetrieben.[35] Hegel sucht dieser Wahrheit im Nachsatz ihre Schärfe zu nehmen, indem er sie ganz wörtlich versteht und aus ihr die Notwendigkeit des Imperialismus ableitet.[36]

Doch kann der Imperialismus die Auflösung der bürgerlichen Gesellschaft nicht verhindern. Das anti-bürgerliche Element, das im Imperialismus liegt, bringt Hegel selbst in § 248 zum Ausdruck.[37] Durch die Kolonisation erhalten die Glieder der bürgerlichen Gesellschaft auf neuem Boden die Möglichkeit der Rückkehr zum Familienprinzip. Das bedeutet, daß die bürgerliche Gesellschaft die von ihr geschaffene Entfremdung des Menschen aus der Familie selbst wieder aufhebt.

---

35 »Durch diese ihre Dialektik wird die bürgerliche Gesellschaft über sich hinausgetrieben [...], zunächst *diese bestimmte* Gesellschaft, um außer ihr in anderen Völkern, die ihr an den Mitteln, woran sie Überfluß hat, oder überhaupt an Kunstfleiß usf. nachstehen, Konsumenten und damit die nötigen Subsistenzmittel zu suchen.« (Ebd., S. 391)

36 »Die bürgerliche Gesellschaft wird dazu getrieben, Kolonien anzulegen. Die Zunahme der Bevölkerung hat schon für sich diese Wirkung; besonders aber entsteht eine Menge, die die Befriedigung ihrer Bedürfnisse nicht durch ihre Arbeit gewinnen kann, wenn die Produktion das Bedürfnis der Konsumtion übersteigt.« (Ebd., S. 392)

37 »Dieser erweiterte Zusammenhang bietet auch das Mittel der *Kolonisation*, zu welcher – einer sporadischen oder systematischen – die ausgebildete bürgerliche Gesellschaft getrieben wird und wodurch sie teils einem Teil ihrer Bevölkerung in einem neuen Boden die Rückkehr zum Familienprinzip, teils sich selbst damit einen neuen Bedarf und Feld ihres Arbeitsfleißes verschafft.« (Ebd.)

32 Ruth Keiling, 17. Dezember 1953

Ruth Keiling   17. 12. 53

Protokoll

Nach den Arbeiten über die Struktur der Dialektik (methodologisch) und über die Realität der Dialektik in der bürgerlichen Gesellschaft (als Beispiel) beschäftigte sich das Seminar in seiner Zusammenkunft am 17. 12. 53 mit folgender Frage:
   Inwieweit kann Hegel den freien Tausch als das der Idee der Freiheit völlig gemäße Prinzip ansetzen?
   Diese Betrachtung sollte einerseits dazu führen, die dialektische Methode in ihrer Realität, d. h. verbunden mit dem geschichtlich Vorgefundenen, zu prüfen, andererseits ihren Übergang in die materialistische Anschauungsform zu deuten.

Zunächst stellte sich die Aufgabe, das Prinzip des freien und gerechten Tausches mit dem Tauschakt in der Gesellschaft zu konfrontieren.
   Dem Begriff des Tausches ist immanent, daß der Mensch als Mitglied der Tauschgesellschaft Subjekt der Geschichte wird: Durch den freien Tausch, dadurch, daß sich die Menschen als freie Produzenten gegenübertreten, können Freiheit und Gerechtigkeit in der Geschichte sich realisieren. Begrifflich ist der Tausch die Synthese von Nicht-Identität und Identität – im Tauschakt setzt das Subjekt die Identität zweier nicht-identischer Objekte und konstituiert somit Freiheit und Gerechtigkeit.
   Verfolgt man aber die dem Tausch immanente Dialektik weiter, so stellt sich heraus, daß die Identität der Objekte weiter dem dialektischen Prozeß unterworfen bleibt: Das Objekt als solches läßt sich zwar subjektiv als identisch bestimmen, ist aber seinem Wesen nach noch immer Objekt; d. h., durch den Tausch erlebt das Objekt die durch das Subjekt konstituierte Identität mit einem zweiten Objekt, treibt aber durch seinen objektiven Charakter darüber hinaus in die Nicht-Identität, die sich jedoch von der ursprünglichen Nicht-Identität mit einem zweiten Objekt dadurch unterscheidet, daß sie den Umschlag von Gerechtigkeit und Freiheit verursacht und verwirklicht.
   Betrachtet man dagegen den Tausch als Akt innerhalb der Tauschgesellschaft, so bestätigt er zunächst seine begriffliche Form. Hinzu kommt aber, daß der im Tausch begrifflich enthaltene Anspruch, daß sich Subjekte als freie Produzenten gegenübertreten, an der realen Gesellschaftsform scheitert. Der Begriff des Tausches umfaßt nicht die in der Realität bestehende Ungleichheit der Subjekte.

Versucht der Staat als ordnende Instanz das abstrakte Prinzip der Gerechtigkeit zu verwirklichen, indem er die Identität der Objekte statuiert (Planwirtschaft), so ist diese nur scheinbar: Das Prinzip der Gerechtigkeit erfüllt sich in einer gerechten Ordnung und läßt sich nicht vorausnehmen; das abstrakte Prinzip entfaltet in seiner Realisierung die ihm immanente Dialektik.

Dennoch ist nach Hegel der Staat die einzige Instanz, die die Idee der Freiheit verwirklichen kann:

Rechtsphilosophie, § 257: Der Staat ist die Wirklichkeit der sittlichen Idee.[38] Selbst in der Staatsform des Absolutismus müssen sich die Herrscher zu der Idee der Freiheit bekennen, da ohne sie Geschichte nicht möglich ist. Die Idee der Freiheit in ihrer Entfaltung ist das Prinzip der Geschichte.

Hier wurde der Einwand erhoben, ob es berechtigt sei, daß die Geschichtsphilosophie die humanen Ideen als wirkende Mächte in die Geschichte selbst verlegt und diese mit deren Triumph endigen läßt. Zeigt nicht vielmehr die Erfahrung, daß diese Ideen, z.B. die der Gerechtigkeit, indem man sie in der Form beansprucht, zu Utopien herabsinken müssen?

Diese Frage wäre im Sinne Hegels etwa in der Form zu beantworten: Grundsätzlich gibt es entweder Erkenntnis, d.h. Verbindung von Denken und Realität, entweder das Gedachte läßt sich verwirklichen, oder es gibt weder theoretische noch praktische Wahrheit. Sind die Ideen der Gerechtigkeit und Freiheit bloße Utopien, so verliert das Denken jede Beziehung zur Wirklichkeit und ist nichts mehr als eine Spielerei. Darum setzt Wahrheit des Denkens die Realität seiner Ideen voraus. Stellt man die Wirklichkeit der Begriffe Freiheit und Gerechtigkeit in Frage, so entzieht man der Erkenntnis Ihren Anspruch auf Wahrheit. Somit fordern der Begriff und Sinn der Wahrheit des Denkens von der Geschichtsphilosophie, daß sie an der Verwirklichung der Idee der Freiheit innerhalb der Geschichte festhält.

---

38 »Der Staat ist die Wirklichkeit der sittlichen Idee – der sittliche Geist, als der *offenbare*, sich selbst deutliche, substantielle Wille, der sich denkt und weiß und das, was er weiß und insofern er es weiß, vollführt. An der *Sitte* hat er seine unmittelbare und an dem *Selbstbewußtsein* des Einzelnen, dem Wissen und Tätigkeit desselben, seine vermittelte Existenz, so wie dieses durch die Gesinnung in ihm, als seinem Wesen, Zweck und Produkte seiner Tätigkeit, seine *substantielle Freiheit* hat.« (Ebd., S. 398)

33 John Stickforth,
7. Januar 1954

Protokoll der Seminarsitzung vom 7. Januar 1954.

Aus dem Protokoll der vorherigen Sitzung wurde das Problem aufgegriffen: Kann man Begriffe wie Freiheit und Gerechtigkeit als treibende Kräfte der Geschichte betrachten, oder versetzt man sich mit dieser Annahme nicht vielmehr in einen utopischen Raum?

Kant hat nicht die Vorstellung gehabt, die Menschen seien in so vernünftiger Weise auf das Ganze bedacht, um die Verwirklichung der Idee von Freiheit und Gerechtigkeit hier und jetzt unmittelbar anzustreben, sondern er vertraute vielmehr auf eine progressive Annäherung an dieses Ziel im unendlichen Verlauf der Geschichte auf Grund eines Vermittlungsmechanismus, der bewirkt, daß bei vernünftiger Verfolgung der Eigeninteressen die Menschen an der Legitimität ihrer eigenen Verfahrensweisen zu zweifeln beginnen und schließlich dazu kommen – um der Selbsterhaltung willen –, das Gute und die Gerechtigkeit selbst zu fordern. Diese Vorstellung ist weit verbreitet im bürgerlichen Bewußtsein, kehrt in der liberalistischen Theorie des ›Laissez-faire‹ wieder und findet sich in der Hegelschen Konzeption der ›List der Vernunft‹[39]: Noch der eigensüchtigste Zweck enthält durch Beziehung auf die anderen Mitglieder der Gesellschaft eine, wenn auch partielle, Vernünftigkeit, so daß die Handlungen, die ein besonderes Interesse zu verfolgen meinen, »sich selbst auflösendes und zum Moment des Ganzen machendes Tun ist«[40].

---

[39] »Das besondere Interesse der Leidenschaft ist also unzertrennlich von der Betätigung des Allgemeinen; denn es ist aus dem Besonderen und Bestimmten und aus dessen Negation, daß das Allgemeine resultiert. Es ist das Besondere, das sich aneinander abkämpft und wovon ein Teil zugrunde gerichtet wird. Nicht die allgemeine Idee ist es, welche sich in Gegensatz und Kampf, welche sich in Gefahr begibt; sie hält sich unangegriffen und unbeschädigt im Hintergrund. Das ist die *List der Vernunft* zu nennen, daß sie die Leidenschaften für sich wirken läßt, wobei das, durch was sie sich in Existenz setzt, einbüßt und Schaden leidet.« (HW, Bd. 12, S. 49)

[40] »Dadurch nun, daß das Bestehen des Daseins die Sichselbstgleichheit oder die reine Abstraktion ist, ist es die Abstraktion seiner von sich selbst, oder es ist selbst seine Ungleichheit mit sich und seine Auflösung, – seine eigene Innerlichkeit und Zurücknahme in sich, – sein Werden. – Durch diese Natur des Seienden, und insofern das Seiende diese Natur für das Wissen hat, ist dieses nicht die Tätigkeit, die den Inhalt als ein Fremdes handhabt, nicht die Reflexion-in-sich aus dem Inhalte heraus; die Wissenschaft ist nicht jener Idealismus, der an die Stelle des *behauptenden* Dogmatismus als ein *versichernder Dogmatismus oder der Dogmatismus der Gewißheit seiner selbst* trat; sondern indem das Wissen den Inhalt in seine eigene Innerlichkeit zurückgehen sieht, ist seine Tätigkeit vielmehr sowohl versenkt in ihn, denn sie ist das immanente Selbst des

In Schelers Charakterisierung des Begriffs der List der Vernunft als eines Versuchs der Harmonisierung und Rationalisierung des an sich irrationalen Geschehens der Geschichte, wurde eine Form spätbürgerlichen Bewußtseins erkannt, das sich scheut zu erkennen, daß es so rational[41] in der Geschichte nicht zugeht, sondern [das will,] daß auch noch der Unsinn der Geschichte sich aus vernünftigen Akten komponiert und [Geschichte] durchaus keine schicksalhafte Macht ist, der man sich zu unterwerfen hätte.[42]

Kant bleibt also beim Dualismus von Sein und Sollen nicht stehen, sondern drängt auf Vermittlung, die er allerdings in eine unendliche Entwicklung verlegt und die wegen ihrer pragmatischen Natur den Widerspruch in seiner Rigorosität nicht aufheben kann. Das wird erst möglich bei Hegel. Für ihn ist die Vermittlung von Sein und Sollen in dem Inbegriff der sittlichen Bestimmungen jetzt schon gegeben. Sie machen die Substanz von Freiheit und Gerechtigkeit aus. Durch die Erfüllung der Pflichten seines Standes wird es dem Individuum möglich, sich zum Instrument des Wohls der Gesamtheit zu machen, und nicht durch die Vorstellung eines perennierenden Sollens, dessen Unsichtbarkeit und hypothetischer Charakter Realität ausschließt.

Für die Bestimmung der Motivation dialektischen Denkens bot die Interpretation von § 11 aus der Einleitung der »Enzyklopädie«[43] einen neuen Ansatz.

Die Überwindung der Formen des naiven Bewußtseins im zu sich selbst gekommenen Denken ist das Bedürfnis des Geistes in der Philosophie. Denn wo immer wir empirisches Bewußtsein antreffen, stoßen wir auf entäußerte Formen des Denkens, auf eine Trennung zwischen Subjekt und Objekt, die darin liegt, daß

Inhalts, als zugleich in sich zurückgekehrt, denn sie ist die reine Sichselbstgleichheit im Anderssein; so ist sie die List, die, der Tätigkeit sich zu enthalten scheinend, zusieht, wie die Bestimmtheit und ihr konkretes Leben darin eben, daß es seine Selbsterhaltung und besonderes Interesse zu treiben vermeint, das Verkehrte, sich selbst auflösendes und zum Momente des Ganzen machendes Tun ist.« (HW, Bd. 3, S. 53f.)

41 Konjiziert für: »irrational«.
42 »Wo Ideen keinerlei Kräfte, Interessen, Leidenschaften, Triebe und deren in Institutionen verobjektivierte ›Betriebe‹ finden, da sind sie – was immer ihr geistiger Eigenwert sei – *realgeschichtlich* völlig bedeutungslos. Es gibt auch nichts, was ›List der Idee‹ (Hegel) heißen könnte, durch die eine Idee gleichsam von hinten herum sich der Interessen und Affekte ›bedienen‹ und sie so meistern könnte. Die Zustände und Ereignisse kümmern sich keinen Deut um solche vermeintliche ›Listen‹! Was Hegel die ›List der Idee‹ nannte, ist nur die Übertragung des liberalen und statischen Harmoniesystems des 18. Jahrhunderts auf die Dynamik der Abfolge historischer Stadien.« (Max Scheler, Die Wissensformen und die Gesellschaft [1926], 2. Aufl., in: Max Scheler, Gesammelte Werke, Bd. 8, hrsg. von Maria Scheler, Bern und München 1960, S. 40)
43 Vgl. HW, Bd. 8, S. 54f.

die Gegenstände als vom Subjekt unabhängig betrachtet werden. Die Methode, sich beim Denken statt mit wirklichen Gegenständen allein mit dem Denken selbst zu befassen, würde diesem Dualismus allerdings nicht entgehen; denn das Subjekt, das sich selbst zum Gegenstand wird, ist etwas genauso Isoliertes, Unzugängliches und Fremdes, wie es im naiven Bewußtsein die Gegenstände sind. Das in der Selbstreflexion von allem Inhalt abstrahierende Denken ist zugleich leer, da Denken schließlich Denken von etwas ist. Der für Hegel einzig mögliche Weg, diesen Dualismus zu überwinden, ist: so tief in die Dinge hineinzugehen, daß das Denken zu einer im Gegenstand vorfindlichen Bestimmung wird. Als Beispiel einer vermittelnden Erkenntnis eines Phantasiebildes durch ein Subjekt wurde das verstehende Anhören eines Musikstücks interpretiert. Solange ein Musikstück einem fremd gegenübersteht und man nicht einsieht, daß der logische Aufbau des Werkes mit der eigenen Logik übereinstimmt, solange wird einen diese Musik nicht befriedigen, und man wird eher zur Vorstellung eigener Beschränktheit oder der Unsinnigkeit des Stückes gelangen, als zu adäquater Erkenntnis des Werkes. Im Moment der Unverständlichkeit zeigt sich immer zugleich auch eine Kluft zwischen Subjekt und Objekt.

Das dialektische Moment des Denkens besteht nun in der Forderung, die verfestigte Nichtidentität von Denken und Gegenstand aufzulösen, weil diese Voraussetzung des naiven Bewußtseins widerspruchsvolle Konsequenzen einschließt. Die folgende Erörterung stellte eine Kritik des Anspruchs des empirischen Bewußtseins auf wahre Urteile dar. Sie sollte zeigen, daß nach dem Resultat der Kantischen Philosophie eine Wendung zum Standpunkt des empirischen Bewußtseins nur eine Regression sein kann und daß die Aufgabe der nachkantischen Philosophie es vielmehr ist, eine Umkehrung des naiven Bewußtseins zu liefern und zu finden, daß die Formen von den Gegenständen selbst hervorgebracht werden und der Inhalt schon immer zum Subjekt gehört. Für die Kantische und Hegelsche Philosophie bleibt die Möglichkeit des wahren Urteils an die subjektive Konstitution des Objekts gebunden. Ohne einen Identitätspunkt zwischen Subjekt und Objekt wäre ein Urteil schlechterdings unmöglich; denn sonst würde sich das Subjekt anmaßen, über eine Sache zu urteilen, die ihm völlig fremd ist, mit der es in keinerlei phänomenologischer Beziehung steht, von der es also gar keine Kenntnis hat. Man kann nur sagen, etwas sei an sich bestimmt, wenn man das Bewußtsein hat, daß eine Täuschung nicht möglich war. Dagegen gibt sich das empirische Bewußtsein von seinen Gegenständen Bestimmungen, ohne zu wissen, wie es zu diesen Bestimmungen kommt, ohne ein Kriterium für die Angemessenheit an seinen Gegenstand angeben zu können. Es unterscheidet sich darin in nichts vom Aberglauben, der Urteile über Gegenstände fällt, die von vorneherein als den Verstandesfähigkeiten transzendent betrachtet werden. Das

Subjekt entgeht dem Schein des empirischen Urteils und seiner Affinität zum Aberglauben, indem es erkennt, daß in der vermittelnden Tätigkeit seines Denkens der Gegenstand erst konstituiert wird und daß es im System seiner Kategorien selbst den Identitätspunkt zwischen Subjekt und Objekt hat, der ihm Evidenz seines Urteils garantiert. Die Bestimmungen des Gegenstandes, die ins Subjekt verlegt worden sind, sind nur dann sinnvoll, wenn der Gegenstand ganz in ihnen aufgeht. Kant stellt aber den Gegenstand trotz subjektiver Konstitution als vom Subjekt getrennt vor. Das Ding an sich soll den Gegenstandsbegriff, der subjektiv konstituiert und objektiv gültig ist, garantieren.

Für Hegel ist diese Scheidung des Gegenstandes in ein Phänomen und ein Ding an sich nicht mehr möglich. Das konstituierte Objekt und das konstituierende Subjekt sind im Grunde eins. Die Konzeption des Dinges an sich bei Kant wurde auf die Furcht des Logikers zurückgeführt, mit der vollen Identität von Subjekt und Objekt der Tautologie zu verfallen, in der nichts vorhanden ist als ein Bewußtsein, das sich bald als Subjekt und bald als Objekt setzt.

Die Tautologie, die in der Identitätsphilosophie befürchtet wird, zergeht in Hegels dialektischer Methode. Die Form der Tautologie, wie sie im Syllogismus auftaucht, wo die Prämissen bereits den Schluß ergeben, und die eine Philosophie der bloßen Selbstgewißheit annimmt, wird aufgehoben im spekulativen Satz der dialektischen Philosophie. Dadurch, daß hier das Prädikat nicht mehr Akzidenz des Subjekts ist, sondern sich darin das Subjekt als in seinem Anderen wiederfindet, entsteht eine Bewegung, die eher das Werden des Gegenstandes selbst ist, als ein syllogistischer Schluß des Denkens. Im Satz: Gott ist das Sein, ist ›das Sein‹ als Prädikat zugleich auch Subjekt, nämlich als das Wesen, worin sich die Natur Gottes erschöpft. Als der Seele des Prädikats, darf darum im Prädikat vom Subjekt nicht abstrahiert werden, so daß eine bewegte Einheit entsteht und die starren Unterschiede der grammatischen Form in einer Harmonie aufgehen.

Mit Kants Konzeption des Dinges an sich mag schließlich auch die Furcht vor den häretischen Konsequenzen einer Identitätsphilosophie verbunden gewesen sein, da mit der Auffassung, die absolute Wahrheit zu haben, d.h., das Kriterium der Wahrheit allein in seinem Bewußtsein anzutreffen, der Philosoph sich selbst zum Gott macht. Im Ding an sich bleibt dieses Wahrheitskriterium vom Subjekt getrennt, als die ewige Aufgabe, die die Wissenschaften zu ihrem unendlichen Progreß antreibt. Ohne diese Sicherheit, die Möglichkeit wahrer Erkenntnis, ist dem idealistischen Philosophen ein Fortschritt im Wissen nicht möglich. Die Macht Gottes als Garant der Wahrheit scheint hier, wenn auch in säkularisierter Form, wieder ins System einzugehen. Jeder Philosoph stellt die dogmatische Forderung, daß es Wahrheit gibt. Und es ist zu fragen, ob es Wahrheit geben kann ohne eine Gottesidee, in welcher Form sie auch auftreten mag, und ob sich schließlich ein Denken vorstellen läßt, das diesen Anspruch auf Wahrheit nicht erhebt. Wenn man diesen dogmatischen Begriff der Wahrheit nicht festhält, verliert man die Orientation seines Denkens und verfällt mir der konsequenten Negation der Gottesidee dem Nihilismus. Diese Wahrheitsidee mit ihren heteronomen Elementen ist aber noch nicht einmal möglich, wo es bei einer Arbeitsteiligkeit des Geistes bleibt, da man, solange Subjekt und Objekt auseinanderklaffen, nicht begreifen kann, warum es Wahrheit überhaupt gibt. Erst wenn das Denken nicht mehr behauptet, es urteile über Fremdes, wovon es nur Bildhaftes aussagen kann, erst wenn das Urteil eine Gleichsetzung ist, kann dieser Anspruch auf Wahrheit erscheinen.

34 Moonweg [oder: Mooneweg], 14. Januar 1954

Protokoll der Seminarsitzung vom 14. 1. 1954

Im Anschluß an das Protokoll der letzten Stunde entspann sich eine kurze Diskussion um den idealistischen Erkenntnisbegriff, gegen den der Einwand der Tautologie erhoben wurde. In diese Verlegenheit gerät jedes Denken, welches über die Erkenntnis nachdenkt, denn es steht vor der Alternative, die Erkenntnis als seine Selbstdarstellung, und das ist die jeweils sich herstellende Identität von Subjekt und Objekt, zu begreifen, oder als eine Offenbarung, deren Wesen und Struktur ihm uneinsichtig und dunkel bleibt. Nimmt im ersten Falle die Erkenntnis zwangsweise den Charakter der Tautologie an, die letzten Endes auf die abstrakte Formel Geist ist Geist hinausläuft, so im zweiten Falle den änigmatischen Charakter, daß das Sein als dem Denken grundsätzlich fremd und transzendent, nicht einmal möglicher Richtpunkt eines Erkenntnisprozesses sein könnte. Diese beiden Möglichkeiten sind jedoch, so unausweichlich sie scheinen, so unbefriedigend, daß der Verdacht der falschen Ausgangsfragestellung immer wieder ausgesprochen wird. So glaubt Gerhard Krüger, daß die identitätsphilosophische Konzeption das schlechte Erbe der mit Descartes anhebenden Reflexionsphilosophie sei,[44] und Edmund Husserl versuchte in seiner Phänomenologie den Anspruch der Erkenntnis, Seiendes aufzufassen, welches nicht Bewußtsein ist, mit Hilfe des Begriffes der Intentionalität zu retten.[45] Entgegen diesen Theorien ist, wie Professor Horkheimer bemerkte, in aller Erkenntnis ein Identitäts-

---

[44] »Descartes steht am Anfang; er hatte noch mit der äußeren und inneren Macht des Christentums und überhaupt eines noch religiösen und mythologischen Verstehens der Dinge zu kämpfen, während diese Macht heute – jedenfalls in ihrer ursprünglichen Bedeutung – verschollen ist. [...] Der größte Metaphysiker unserer Zeit, *Hegel*, philosophierte in dem Bewußtsein, die Tradition der philosophischen und der christlichen Theologie übernehmen zu müssen. Er tat es in dem Wahn, die säkularisierte Reflexion durch das Reflektieren selbst überwinden zu können, und ist daran gescheitert. Aber mir scheint: man würde Unrecht tun, wenn man mit diesem *verfehlten Wege Hegels* zugleich das *Problem* verwürfe, vor das er sich in historischer Selbsterkenntnis gestellt sah.« (Gerhard Krüger, Die Herkunft des philosophischen Bewußtseins [1933], in: Gerhard Krüger, Freiheit und Weltverwaltung. Aufsätze zur Philosophie der Geschichte, Freiburg i. Br. und München 1958, S. 11–69; hier: 68 f.)

[45] In der *Metakritik der Erkenntnistheorie* [1956] setzt sich Adorno umfassend mit Husserls Begriff der Intentionalität auseinander. Dort heißt es, dass Husserl dem »Bewußtsein von etwas«, der Intentionalität, erkenntnistheoretisch die Zentralstelle zuweist, weil eben das Abbrechen der Analyse beim intentionalen Akt es gestattet, die Konstruktion eines an sich seienden Geistigen als deskriptiv evident vorzutragen. (GS, Bd. 5, S. 113)

moment enthalten, und wenn die geläufige Auffassung bei dem Identitätsbegriff stets an das Subjekt denkt, welches sich im Objekt wiederfindet, so warf Professor Adorno die Frage auf, ob es nicht umgekehrt sei.

Diese Frage traf bereits den Kern des folgenden Referates[46] über die Kritik Trendelenburgs an Hegel in seinen Logischen Untersuchungen (1840)[47]. Hinter Trendelenburgs Kritik steht noch die traditionelle rationalistische Auffassung vom unversöhnten Gegensatz von Subjekt und Objekt. »In aller Erkenntnis stehen Denken und Sein einander fremd gegenüber, und selbst da wo das Denken sich selbst erkennen will.« (Logische Untersuchungen, S. 133.)[48] Von dieser Position aus, welche eine Veräußerlichung der Subjekt-Objekt-Beziehung nach sich zieht, stellt sich Trendelenburg die Hegelsche Dialektik als eine äußerliche Bewegung dar, die in den Bereich der empirischen Auffassung fällt und als ungenannte Voraussetzung der Dialektik des Begriffs fungiert. Die Momente des Seins und des Nichts verwandeln sich ihm danach in auf sich bezogene Isoliertheiten, deren Außereinander durch keinerlei logische Veranstaltung zum Werden überführt werden kann. Vielmehr bildet dieses Werden die aus der räumlichen Anschauung unanalysiert übernommene Bewegung, welche als Vehikel der Dialektik von Hegel vorausgesetzt werde. »Das reine Sein, sich selbst gleich, ist Ruhe; das Nichts – das sich selbst Gleiche – ist ebenfalls Ruhe. Wie kommt aus der Einheit zweier ruhenden Vorstellungen das bewegte Werden heraus? ... Es könnte das Werden aus dem Sein und Nicht-Sein gar nicht *werden*, wenn nicht die Vorstellung des Werdens vorausginge. [...] Hiernach ist die Bewegung von der Dialektik, die nichts voraussetzen will, unerörtert vorausgesetzt. Es zieht sich die Bewegung durch Hegel's ganze Logik hindurch, und wird doch erst in der Naturphilosophie in Untersuchung gezogen. ... Wohin wir uns wenden, es bleibt die Bewegung das vorausgesetzte *Vehikel* des dialektisch erzeugenden Gedankens.« (Logische Untersuchungen, Seite 38/39.)[49]

Nach dieser Voraussetzung werden die logischen Kategorien, die bei Hegel den Gegenständen immanent sind, durch das Denken erst an die Gegenstände herangetragen, so daß sich die Dialektik als eine bloß subjektive Veranstaltung erweist, der keinerlei objektive Relevanz zukommt. Diese Auffassung Trendelenburgs stellt sich am Begriff der Grenze pointiert heraus. Bei Hegel heißt es: »Im Dasein ist die Bestimmtheit eins mit dem Sein, welche zugleich als Negation ge-

---

[46] Zu dieser Sitzung wurde kein Referatstext aufgefunden.
[47] Vgl. Adolf Trendelenburg, Logische Untersuchungen. Erster Band, Berlin 1840.
[48] Das Zitat findet sich nicht in der Erstauflage, sondern in: Adolf Trendelenburg, Logische Untersuchungen. Erster Band, 3. Aufl., Leipzig 1870, S. 133.
[49] Ebd., S. 38 f.

setzt, *Grenze, Schranke* ist. Daher ist das Anderssein nicht ein Gleichgültiges außer ihm, sondern sein eigenes Moment.« (Enzyklopädie 91/92.[50])[51]

Dagegen wendet Trendelenburg ein: »Woher weiss aber das dialektische Denken, dass für jetzt nur das Etwas betrachtet, durch dies Etwas von einem Etwas ausser der Grenze? Hier greift zunächst die umfassendere Anschauung hinein und sodann die reflektierende Vergleichung, die das Etwas jenseits der Grenze mit dem ersten Etwas zusammenstellt und als Anderssein bezeichnet. ... Die Vorstellung der räumlichen Bewegung, die schon im Werden erschien, spielt hier von Neuem mit. ... Sie reisst in den entscheidensten Augenblicken das reine Denken mit sich fort und führt es dahin, wohin es durch sich allein nie gelangen würde.« (Logische Untersuchungen, Seite 46/47.)[52]

In dieser veräußerlichenden Konzeption bildet die Frage des Fortschrittes vom Etwas zum Anderen ein Problem, welches mit den Mitteln der Logik nicht zu bewältigen ist. Für Trendelenburg und die gesamte Hegelkritik des 19. Jahrhunderts, von Schelling bis Croce[53], ist Hegels Versöhnung der zum räumlichen Auseinander erstarrten Gegensätzlichkeit des objektiven Seins eine Erschleichung, sofern sie als bloßer Reflexionsmechanismus über aller Wirklichkeit schwebt ohne die Chancen, die Widersprüchlichkeit der realen Welt aus der Welt zu schaffen. Im Lichte dieses kritischen Verständnisses erscheint die Dialektik als die Theorie des produktiven Widerspruchs, so, als lehre Hegel, daß jede Setzung automatisch ihren Gegensatz hervorbringt, dessen Eindeutigkeit allerdings, wie die Kritik leicht einsichtig machen kann, unter der Bedingung eines nicht durch die Dialektik selbst verbürgten Zusammenhanges steht, der demzufolge als systemfremde Unendlichkeit die Totalität des dialektischen Erkenntnisprozesses als von der abstrakten Identität der Reflexion beherrschten Konstruktion enthüllt und dadurch als unwahr erweist. »Gegen die Allmacht der übergreifenden, die Dinge in sich zurückbiegenden Unendlichkeit ist die ausgehöhlte Identität der Vergleichung so ohnmächtig, wie ein Kind, das gegen den Sturm anspricht. In diesem Missverhältniss steht die hin und herfahrende Reflexion zu dem grossen Resultate, das sie verkündigt; es lässt sich indessen eine solche Vermessenheit aus der Höhe der schwindelnden Abstraktion wohl erklären.« (Logische Untersuchungen, S. 61.)[54]

---

50 Mit »91/92« sind die entsprechenden Paragraphen aus Hegels »Enzyklopädie« gemeint (vgl. ebd., S. 196–198).
51 Ebd., S. 197.
52 Trendelenburg, Logische Untersuchungen, a.a.O. (s. Anm. 47), S. 46f.
53 Vgl. B[enedetto] Croce, Lebendiges und Totes in Hegels Philosophie, mit einer Hegel-Bibliographie [1907], übers. von K[arl] Büchler, Heidelberg 1909.
54 Trendelenburg, Logische Untersuchungen, a.a.O. (s. Anm. 47), S. 61.

Dabei wird vergessen, daß produktiv bei Hegel nur die bestimmte Negation ist, deren Klärung in der Abhebung von der skeptischen Negation in der letzten Seminarsitzung angestrebt wurde. Als erste vorläufige Bestimmung wurde ausgemacht, daß die bestimmte Negation bei Hegel nicht als eine bloße Durchstreichung zu verstehen ist, denn diese bliebe im Vorfeld des Zweifels hängen. Während in der blanken Skepsis die Qualitäten dadurch zerstört werden, daß sie gegeneinander gleichgültig gemacht werden und in unqualifiziertes Material degenerieren, erhalten sie durch die bestimmte Negation erst ihren ausgewiesenen und legitimen Sinn. Bei der bestimmten Negation wird die abstrakte Position des Objektes als eines isolierten und an sich Seienden in der Weise in ihr Gegenteil überführt, daß die Abhängigkeit desselben zur Ausweisung gebracht wird. Die behauptete Selbständigkeit des Gegenstandes erweist sich, indem er mit seinem Begriff konfrontiert wird, als der falsche Schein, welcher so aufgehoben werden muß, daß das Einzelne in seiner konkreten Relativität evident wird und so zur Wahrheit seiner selbst sich bildet.

Exemplarisch für diesen Prozeß wurde das Urteil »Das Sein ist Natur« expliziert. Dieser Satz erweckt den Schein der Unmittelbarkeit, dessen Gewaltsamkeit den Menschen aus dem Sein verbannt, indem er ihn auf pure Natur reduziert. Der Skeptizismus Humescher Prägung enthüllt aber, daß der prädizierte Naturbegriff ein höchst kompliziertes Produkt des menschlichen Geistes ist, dem durch die Kritik der Unmittelbarkeit der Natur sein legitimes Anrecht auf die Welt erstritten wird. Sofern jedoch durch die Zurücknahme der Natur in das Bewußtsein die Objektivität in Frage gestellt wird und sich aufzulösen droht, stellt sich die subjektive Konstitution erst als die halbe Wahrheit heraus. Gegen deren Verfestigung wendet sich der kritische Geist und begreift die isolierte Subjektivität selber als Moment innerhalb des Ganzen der Erkenntnis, deren Totalität allein die Wahrheit des Satzes »Sein ist Natur« verbürgt.

Trendelenburg unterschlägt dieses Moment der Vermittlung. Seine Kritik an Hegel erweist sich als vom Standpunkt des naiven Realismus aus konzipiert. Insofern mißt er das fortgeschrittene dialektische Bewußtsein am Maßstab eines unkritischen Denkens, welches aber mit Notwendigkeit dem Schicksal der Verdinglichung anheimfällt, das es einst der Wirklichkeit angetan hat. Das kritische Bewußtsein hingegen, das zu sich selbst gekommen ist, läßt seine Objekte durchsichtig werden für die Wahrheit des Ganzen, indem es ihren Konstitutionsprozeß, dadurch sie erst ihre konkrete Bestimmung erfahren, aufbewahrt. Es hält sich nicht an das einzelne Urteil, welches immer nur eine pragmatische Abbreviatur ist, sondern schreitet, indem es den Totalitätsanspruch des Einzelnen ernst nimmt, zur Gesamtheit der Erkenntnis fort, d.i. zum in sich vermittelten Geist und rechtfertigt so die Bestimmtheit des Objektes durch Einbeziehung des transzendentalen Prozesses seiner Stiftung.

In diesem Gang der bestimmten Negation verwehrt das dialektische Denken jedem Satz den Schein der Absolutheit, wie es ihm den legitimen Anspruch auf die ganze Wahrheit wahrt. Insofern ist es der unbestechliche Feind jener Weltanschauungssätze, die mit einem Schlage die Wahrheit selbst zu sein behaupten, während sie nur die Formel sind, in denen ein Denken sich selbst schlägt und um seine Freiheit bringt. Gerade dadurch, daß das Denken bei der Bestimmung eines Objektes all dessen relativierende Momente aufnimmt, versucht es, die Integration des Einzelnen im Ganzen der Wahrheit, darauf es immer schon Anspruch erhebt. Der kritische Geist, welcher der Negation als seines Prinzips inne geworden ist, befreit dadurch, daß er auch noch den letzten Abhängigkeiten und Relativitäten nachzufragen sich bemüht, den Geist, der im unmittelbar gesetzten Gegenstand hinter dem Schein des An-Sich verborgen ist, zu seiner Wahrheit und leistet dadurch die Zurücknahme des in die Äußerlichkeit zerstreuten Geistes.

Deshalb entspricht diese Relativierung der Idee des Unendlichen mehr als die dogmatische Absolutsetzung eines Relativen. Um derentwillen trifft der Vorwurf des Relativismus, der heute gegen die Psychologie und Soziologie erhoben wird, wie einst gegen die Physik im 17. Jahrhundert, die Wahrheit dieser Wissenschaften eher als eine schlechte Apologie, denn sie gibt widerwillig zu, was die Erkenntnis allein legitimieren kann. Indem nämlich die bestimmte Negation das Phänomen am eigenen Begriff mißt, läßt es die Differenz von Begriff und Sache zutage treten und damit die Notwendigkeit, eine Idee zu entwerfen, die dem Begriff entspricht wie sie der bloßen Tatsache widerspricht. Insofern gibt sich die Dialektik als organisierter Widerspruchsgeist zu erkennen, welcher den utopischen Überschuß des Begriffes gegenüber der bloßen Realität verficht.

Gegenüber der dialektischen Logik steht das diskursive Denken unter dem principium contradictionis, demgemäß die Begriffe sich nicht wechselseitig bestimmen, sondern jeder für sich und isoliert [ist].

Danach ist die Prädikation keine Entfaltung des Subjektes, sondern bestimmt dasselbe durch Prädikate im Sinne von Akzidenzien, deren Vielheit starr mit dem einen Gegenstand, der als äußerlich gesetztes und verdinglichtes Objekt auftritt, verbunden ist. In der Konsequenz dieser Logik, deren Abstraktheit die lebendige Wirklichkeit zur toten Natur erstarren läßt, liegt es, daß die Atome die letzten Substrate und einzig bestehenden Elemente bilden, sofern sie das Identitätsprinzip erfüllen.

Wenn auch die Dialektik als lebendiges Denken, dem es um die Wahrheit geht, bei keiner Halbwahrheit stehen bleiben kann, so verwirft sie dennoch nicht die diskursive Logik, sondern setzt sie in dem Sinne voraus, daß ein jedes Denken die Begriffe festhalten muß und nicht der regellosen Veränderung preisgeben kann, sollen sie als deren Maß gelten. Sofern jedoch in jedem Begriff die ganze Geschichte enthalten ist, verliert der Begriff die erzwungene Invarianz der Elle, mit der ein rechnendes Denken der Wahrheit zu Leibe rücken will, und verlangt seine eigene Aufhebung.

35 Günter Schölzel, 21. Januar 1954

Protokoll der Seminarsitzung vom 21. 1. 54.

Die Kritik *Croces* an *Hegel* erwächst aus einer Differenzierung der Begriffe Gegensatz und Unterschied.[55]

Croce nennt in seinem Entwurf von den Stufen des Geistes unterschiedene Begriffe solche, die in einem einseitigen Fundierungsverhältnis stehen und vermöge ihrer Unterschiedenheit schon vermittelt sind, wobei eine Vermittlung nur bedeutet, »daß eines in das andere übergehe«.

Man ersieht aus seinem Beispiel Kunst–Philosophie,[56] wobei Kunst ohne Philosophie sein kann, diese aber nicht ausschließt, die Philosophie die Kunst aber notwendig einschließt, daß keine Negation auftritt. Diese gesteht *Croce* nur dort zu, wo es sich um Gegensätze handelt, die sich einander ausschließen und erst in der Synthese als Einheit auflösen. Er sagt von *Hegel*, daß er diesen wichtigen Unterschied übersehen habe, und es mutet an, als wollte er den gesunden Kern *Hegels*, den er ja akzeptiert, von dem krankhaften trennen. So sagt er, das Beispiel der Staat sei die Synthese aus bürgerlicher Gesellschaft und Familie, stelle einen Mißbrauch der 3-heitlichen Form des Schemas der Triplizität dar, da

---

[55] »Wie sich die empirischen Begriffe in Klassen und Unterklassen scheiden, so hat auch der philosophische Begriff seine partikularen Formen; er ist nicht ein mechanisches Aggregat, wohl aber ein Organismus, darin sich jede Form innig mit den anderen und dem Ganzen zusammenschließt. Zum Beispiel: die Phantasie und der Intellekt sind partikulare philosophische Begriffe hinsichtlich des Begriffes ›Geistes‹ oder ›geistiger Tätigkeit‹; aber sie sind nicht außer- oder unterhalb des Geistes, sondern sind der Geist selbst in jenen besonderen Formen; und es ist auch nicht eins vom anderen getrennt, wie zwei Wesenheiten, deren jede in sich geschlossen und der anderen fremd ist, sondern das eine geht in das andere über, also ist die Phantasie, wie man gemeinhin sagt, soviel sie auch vom Intellekt verschieden ist, das Fundament des Intellektes und diesem unentbehrlich. *[Absatz]* Jedoch befindet sich unser Gedanke im Aufsuchen der Wirklichkeit nicht nur gegenüber *unterschiedenen* Begriffen, sondern auch gegenüber *entgegengesetzten*, die nicht mit den ersten identifiziert, noch als spezielle Fälle der ersten betrachtet werden dürfen, gewissermaßen als eine Art von Unterschieden. Anders ist die logische Kategorie der Unterscheidung; anders die der Entgegensetzung. Zwei unterschiedliche Begriffe vereinigen sich, wie gesagt, untereinander schon durch ihre Unterscheidung; zwei entgegengesetzte Begriffe scheinen sich auszuschließen: wo der eine eintritt, verschwindet der andere vollständig. Ein unterschiedener Begriff ist vorausgesetzt und lebt in dem anderen, welcher ihm in der idealen Ordnung folgt. Ein gegensätzlicher Begriff wird von seinem Gegenteil aufgehoben; für sie gilt der Satz: mors tua, vita mea.« (Croce, Lebendiges und Totes in Hegels Philosophie, a. a. O. [s. Anm. 53], S. 8 f.)

[56] Vgl. ebd., S. 98–108.

die Thesen keine Gegensätze seien – »es sei nicht einzusehen, daß die bürgerliche Gesellschaft die Verneinung der Familie ist«[57] – und es sich bei diesen Begriffen nur um Unterschiede handelt. Darauf wurde geantwortet, daß *Hegel* wohl von beiden tiefer gesehen hat, denn wir wissen heute aus der Erfahrung, daß die bürgerliche Gesellschaft wohl die Negation der Familie ist und diese auflöst in der Synthese des Staates.

Man findet zu *Croces* Auffassung am ehesten Zugang, wenn man bedenkt, daß er um die Jahrhundertwende dachte und so infolge der damaligen ausgeglichenen, ruhigen Lage ein Opfer der Illusion des Spätliberalismus geworden ist, der vorgab, daß die Dinge einträchtig nebeneinander existieren können. Etwa wie in einem Museum. Daher kommt es auch, daß seine Kunstauffassung sehr oberflächlich ist, denn auch hier tolerieren sich die Kunstwerke, und es kommt so dem Ästhetiker *Croce* gar nicht in den Sinn, daß ein Kunstwerk der Tod des anderen sei.

Der Einwand, daß die verschiedenen zerstreuten Gegenstände als Unterschiede in ihrem Dasein belassen werden könnten, da sie weder sich, noch den Reflektierenden tangieren, wurde insofern indiskutabel, als es geradezu als die Definition des Denkens bzw. der Philosophie angesehen wurde, es nicht im Beieinandersein des Einzelnen zu belassen.

Auf die Frage, ob *Hegel* sich die Welt aus lauter Gegensätzen bestehend denkt und die Unterschiede unterschlägt, wurde eine Stelle aus der großen Logik referiert, die aussagte, daß *Hegel* Unterschied und Gegensatz im Bereich der Reflexionsbegriffe gleichsetzt.[58] Die Begriffe in ihrer unmittelbaren Identität sind in sich unbestimmt und erst als Moment der Reflexion sind sie als an sich unterschiedene gesetzt. Indem im Prozeß des Reflektierens offenbar wird, daß das gesetzte Anderssein der in sich selbst unterschiedene Begriff ist (er ist als identischer gleich und als unterschiedener ungleich), expliziert er das in sich bestehende Anderssein als Gegensatz. Die Vermittlung dieses Gegensatzes wird in der Synthese geleistet, in der Weise, daß er darin aufgehoben wird. (Tautologie?)

Eine Behauptung, daß die diskursive Logik annimmt, die Dinge seien in sich bestimmt und müßten bei allen Operationen festgehalten werden, wie es die Naturwissenschaft tut, wurde dahingehend verschoben, daß kein einzelnes Ding

---

57 »Denn wer wird sich je davon überzeugen, daß die Religion das Nichtsein der Kunst ist, und daß Kunst und Religion zwei Abstrakta sind, welche nur in der Philosophie als der Synthese der beiden eine Wahrheit bedeuten? Oder daß der praktische Geist eine Verneinung des theoretischen sei, und die Vorstellung = Verneinung der sinnlichen Anschauung; und die bürgerliche Gesellschaft = Verneinung der Familie; und die Moral = Verneinung des Rechtes; und daß alle diese Begriffe außerhalb ihrer Synthese ›freier Geist, Gedanke, Staat, Ethik‹ undenkbar seien, in der Art wie das Sein und das Nichtsein selbst nur wahr sein können in dem Werden?« (Ebd., S. 79f.)
58 Vgl. HW, Bd. 5, S. 35f.

in seinem Fürsichsein bestimmt sein kann, sondern daß es zu seiner Bestimmung im Konkreten Elemente aus der Totalität bedürfe, ja aller Elemente, denn z. B. im konkreten Begriff des Stuhls steckt die gesamte Geschichte und Kultur mit drin und muß in seiner Bestimmung notwendig mitgedacht werden.

36 Hans-Dieter Voigtländer, 28. Januar 1954

Hans-Dieter Voigtländer

Protokoll der Seminarsitzung vom 28. 1. 1954

Zu Beginn der letzten Seminarsitzung wurde im Zusammenhang mit dem Protokoll, dessen Gegenstand Croces Hegelkritik gewesen war, noch einmal das Verhältnis von bürgerlicher Gesellschaft und Familie herausgestellt.

Familie und bürgerliche Gesellschaft sind nicht als bloß Unterschiedenes koexistent denkbar. – Die Familie ist ein naturhaftes Verhältnis und schließt als solches ein irrationales Moment in sich. Die bürgerliche Gesellschaft beruht auf dem rationalen Tauschprinzip des »give and take«; die Überlegung des größeren Profits ist ausschlaggebend. – Die bürgerliche Gesellschaft entfaltet sich und strebt danach, in dieser Entfaltung alle Sphären bürgerlicher Existenz dem rationalen Tauschprinzip zu unterwerfen. Sie muß alles Irrationale negieren, d. h., sie kann auch die Familie nicht als bloß Unterschiedenes neben sich dulden. Die Ehe wird zur Interessengemeinschaft, die Zahl der Scheidungen wächst an; denn die Partner werden beliebig austauschbar, je nach dem größeren Profit, dessen Erlangung der eine oder der andere Partner verspricht. Die Familie im ursprünglichen Sinne, d. h. als eine Art substantielles Verhältnis, wird aufgehoben. – Hegel sah – wie die Erfahrung zeigte – hierin realistischer als Croce.

Ziel der eigentlichen Diskussion in der letzten Sitzung war es, die Notwendigkeit darzustellen, die das Denken zur Dialektik zwingt; mit anderen Worten, das Seminar war bemüht, im Anschluß an Croce aufzuzeigen, wie das Denken aus dem Bereich des bloß Unterschiedenen hinausgetrieben und zum Denken in Gegensätzen gezwungen wird. Am Urteil »Das ist eine Tür« sollte dieser Sachverhalt aufgewiesen werden.

Abstrakte Begriffe, d. h. nach Hegel Begriffe in unmittelbarer, isolierter Identität, sind unbestimmt. Wir können erst sagen, was »Tür« ist, wenn wir über den Begriff der Tür hinausgehen, d. h. wenn wir beispielsweise dazusagen, daß die Tür als Tür in dieses Zimmer führt. Dann ergibt sich eine Reihe von weiteren Bestimmungen, die mit dem Begriff des Zimmers zusammenhängen usw. Damit jedoch sind wir noch nicht aus dem Bereich der bloßen Unterschiede, durch die sich die Gegenstände wechselseitig bestimmen, heraus. Es liegt zunächst kein Grund vor, diese Unterschiede als Gegensätze im dialektischen Sinne zu fassen.

Die zähen Bemühungen des Seminars zur Klärung dieses Sachverhaltes setzten sich fort, gestützt auf die These von Herrn Prof. Adorno, daß sich die Kraft der Dialektik im Einzelnen offenbaren muß, wenn die Hegelsche Theorie im Ganzen richtig ist. – Der neue Ansatz jede Aussage über »Tür« habe eine Funktion im großen Zusammenhang von Denkbestimmungen, erwies sich als unfruchtbar. Denn die Behauptung, daß zur Definition der Tür alle möglichen Begriffe mitdefiniert werden müssen, ja daß die letzte Rechtsquelle des Einzelurteils das System sei, verläßt durchaus nicht den Bereich der nichtdialektischen Denkweise und wird selbst vom logischen Positivismus zugegeben.

Die Frage nach der logischen Notwendigkeit des dialektischen Denkens bleibt weiterhin offen. Wenn auch kein Mensch bestreiten wird, daß es in der Welt Widersprüche gibt, so hat dies mit Dialektik jedoch solange nicht das Geringste zu tun, wie diese Widersprüche nicht aus dem Begriff der Sache selbst entwickelt werden. Dabei ist auf die logische Struktur der Begriffsbildung zu rekurrieren und dort der Widerspruch gleichsam an der Wurzel unseres Denkens aufzudecken.

An dieser Stelle wehrte sich Herr Prof. Adorno energisch gegen den Versuch, das Problem der Dialektik abzuschwächen, indem man es gleichsam in die Branche der Philosophie abschob. Es gibt nur eine Wahrheit, und wenn die dialektische Methode wirklich die Wahrheit ist, darf man sich den Begriff der Philosophie nicht vorgeben, dann muß sich die Dialektik in jedem einzelnen Denkakt nachweisen lassen.

Wir kehrten zum Beispiel der Tür zurück. Bei der Definition der Tür werden zunächst Bestimmungen angegeben, die sich nicht auf die Tür beziehen. Diese Bestimmungen reichen nicht aus – wie wir schon anfangs sahen –, um zu sagen, was diese Tür *ist*. Wir müssen über die Definition der Tür hinausgehen, weil die Definition dann, wenn wir nicht über sie hinausgehen, durch Unvollständigkeit falsch wird. Darin zeigt sich der eigentliche Gegensatz. Mit anderen Worten, wir müssen einerseits die Definition der Tür festhalten, weil wir andernfalls ins Schwimmen geraten und somit keine Erkenntnis mehr möglich ist. Andererseits müssen wir über die Definition hinausgehen, weil das Einzelne dann, wenn wir *ausschließlich* an ihm festhalten, falsch wird. Die Definition der Tür ist richtig, insofern ohne sie überhaupt keine Aussage möglich ist, sie ist hingegen falsch, insofern durch sie willkürlich der Name »Tür« eingeführt wird, der vortäuscht, die Tür sei isoliert, allein für sich, nur dies und nicht das andere. Demnach kann die einzig verbindliche Definition der Tür nicht die Definition der Tür sein.

Der Widerspruch, den wir oben bezeichneten, tritt dann auf, wenn gefragt wird, was der Begriff »Tür« meint. Die erste Definition ist falsch, weil unzulänglich, aber das falsche Urteil ist nicht endgültig falsch, sondern es ist in seiner Falschheit gleichsam notwendige Voraussetzung, zur Wahrheit zu kommen. Gerade der Widerspruch, der in jedem Urteil liegt, treibt dazu, über das Urteil hinauszugehen und es damit zu einem Moment der Wahrheit zu machen.

36 Hans-Dieter Voigtländer, 28. Januar 1954

Die unterschiedliche Auffassung von der Dialektik der Herren Prof. Horkheimer und Prof. Adorno bestimmte den weiteren Verlauf der Diskussion. Wir sahen oben, wie Herr Prof. Adorno der Dialektik gegenüber den Standpunkt des »Hic Rhodus, hic salta!« vertritt. Herr Prof. Horkheimer hingegen hält es für unwahrscheinlich, daß sich an einem Satz wie »Das ist eine Tür« die Dialektik aufweisen ließe. So sah er in dem Urteil zunächst nichts weiter als eine schlichte Subsumtion. Die Gattung ist definiert, und der Fall wird unter der definierten Gattung mitbegriffen. Im Akt des Begreifens eines Falles unter einen Allgemeinbegriff erschöpft sich die Funktion der Kopula »ist«. Wir sind damit im Bereich des naturwissenschaftlichen Denkbegriffs: Die Art einer Substanz ist unbekannt. Man setzt sie bestimmten Bedingungen aus, die als identisch festgehalten werden. Durch bestimmte Reaktionen auf diese bestimmten Bedingungen erfüllt die Substanz die dadurch vorgegebene Definition. Erfüllt die Substanz die Bedingungen nicht, so *ist* sie eben nicht diese Substanz. Man muß sie neuen Bedingungen aussetzen, die die Definition einer anderen Substanz ausmachen. Erfüllt sie diese, so ist sie auch diesem Substanzbegriff zu subsumieren. Dann *ist* es beispielsweise Gold. (Einem Einwand, dies habe nicht für alle Bereiche der Naturwissenschaften Gültigkeit, konnte nicht nachgegangen werden.) Solange wir nun innerhalb dieses Denkbegriffs verharren, kommen wir niemals zur Dialektik. Es bleibt uns hierbei nicht erspart zu sagen, was wir mit dem Denken meinen, und zwar dadurch, daß wir die Interpretation der Kopula »ist« unternehmen.

Zuvor aber mußte noch einmal darüber reflektiert werden, inwieweit das von uns gewählte Beispiel der Tür für ein solches Beginnen günstig ist. Es ergab sich nämlich das Problem, ob die Dialektik überhaupt auf die tote Natur anzuwenden ist, d. h., ob bei der toten Natur von einer Identität des zugleich nicht Identischen die Rede sein kann. Für das Lebendige trifft das ohne Zweifel zu. Bei einer Tür würden wir aber, falls alle ihre Teile ausgewechselt wären, nicht mehr von »derselben« Tür sprechen. Hegel hätte das Urteil »Das ist eine Tür« sicher nicht als Beispiel für die Dialektik anerkannt.

Wir suchten näher an die Sache heranzukommen, indem wir eine Situation vorstellten, in der das Urteil »Das ist eine Tür« gefällt wird. Wir fragten, was ein Gefangener meine, wenn er sage »Das ist eine Tür«. Für ihn heißt das nichts als: »Das geht auf«. Der Gefangene deduziert aus der Definition der Tür, daß er nach außen kommen kann. Die Definition hat für ihn bei seiner existentiellen Orientierung keine andere Funktion als beim Tier der Instinkt. Der Mensch hält sich an die Definitionen, die er als das Ergebnis einer Reihe früherer Erfahrungen gewonnen hat. – Der Gefangene interessiert sich nicht für die Totalität, er will nur nach außen. Er befindet sich in einer Grenzsituation, und unter dem Zwang dieser Grenzsituation sieht er ab von der Totalität, die zur wahren Definition der Tür dazugehört; damit steht die Beschränkung des Urteils selbst wieder unter der

Bedingung der Totalität und ist daher Ausdruck eines objektiven Zusammenhangs. – Da diese Gedanken zu weit abführten, kamen wir zur Definition der Tür zurück.

Die Diskussion bewegte sich wieder auf den einzigen Punkt innerhalb unseres Urteils, der ein Hinausgehen über die bloße Subsumtion ermöglicht, nämlich die Kopula. Am Begriff des Seins, den die Kopula impliziert, hat der sehr ernste Kampf gegen den Positivismus anzusetzen. Läßt sich in diesem naturwissenschaftlichen Denken, das aus dem Glauben heraus lebt, es könne sich dem philosophischen Denken entziehen, nicht ein Widerspruch aufdecken? Das naturwissenschaftliche Denken muß eine Reihe von Bedingungen als erfüllt annehmen, die seinem Bereich nicht mehr angehören. Freilich sagt der Positivismus, die Totalität interessiere ihn nicht im geringsten, seine Aufgabe sei vielmehr, lediglich Spezialfälle auf Gesetze zu beziehen; aber auch er muß sich der Form des Urteils bedienen; indem er das aber tut, wird in der Kopula die Totalität mitgesetzt und damit ein Anspruch, dem der Positivismus selbst nicht mehr gerecht werden kann. Im Urteil will der Mensch die Wahrheit sagen, und der Anspruch auf Wahrheit steckt in dem »ist«. Bevor die Interpretation der Kopula nicht geleistet ist, kann keine Aussage wirklich wahr sein. Das heißt nicht, daß die diskursive Logik, der die Interpretation der Kopula kein Problem ist, unwahr sei. Sie ist nur unwahr insofern, als sie zur Erklärung der Phänomene allein nicht ausreicht, was, soweit die Phänomene dem Bereich des Lebendigen entstammen, ohne Schwierigkeit einsichtig ist. Die Identität des Nichtidentischen ist hier als der dialektische Widerspruch offenbar. Zur diskursiven Logik gehört, insofern sie wirklich wahr sein will, die Begründung mit hinzu, warum sie wahr ist. Diese Begründung gibt sie, indem sie über sich selbst hinaustreibt in den Bereich der dialektischen Logik und indem sie in diesem Bereich geborgen wird. Das naturwissenschaftliche Denken bedarf also des philosophischen Denkens, um den Anspruch, den es in jedem seiner Urteile in der Kopula mitsetzt, erfüllen und damit wirklich wahr werden zu können.

Das Problem, wie weit sich dieser Sachverhalt tatsächlich an dem von uns gewählten Beispiel, dem Urteil »Das ist eine Tür«, zeigen läßt, wurde nicht endgültig gelöst.

37 Geyer,
4. Februar 1954

Protokoll der Seminarsitzung vom 4. 2. 1954.

An das Protokoll der Seminarsitzung vom 28. Januar anschließend explizierte Professor Adorno die These, daß die totale Reduktion des Urteils auf die partikulare Aussage notwendig Fehlerquellen impliziert, an einem Beispiel der Soziologie. Wenn im Rahmen einer Untersuchung des Verhältnisses von Behörde und Bürger in Darmstadt[59] die Befragung einzelner, längst zu anonymen Einwohnern degradierter Bürger abfällige Meinungen über Ämter und Behörden feststellt, denen keine persönliche Erfahrung der Befragten entspricht, so handelt es sich dabei im Sinne des Positivismus um Fehlurteile, schärfer noch um Nonsens in einem sehr prägnanten Sinne. Das in der dritten Phase des Positivismus, dem sog. logischen des Wiener Kreises[60] entwickelte Resignationsideal der wissenschaftlichen Erkenntnis qua purer Deskription, dem bereits Gustav Robert Kirchhoff das Wort redete[61] und das in der modernen Naturwissenschaft zu ausnahmsloser Geltung avancierte (auch ein »spekulierender« Physiker wie P. Jordan akzeptiert es bedingungslos)[62], dekretiert die Absurdität experimentell

---

59 Anspielung auf die Darmstädter Gemeindestudie, die ab Ende der 1940er Jahre vom Institut für Sozialwissenschaftliche Forschung in Darmstadt vorbereitet und von der Alliierten Hohen Kommission finanziert wird. Ziel dieser Studie ist die exemplarische Untersuchung des Zusammenhangs von Stadt- und Landentwicklung nach dem Zweiten Weltkrieg. Ab 1951 löst Adorno den bisherigen Wissenschaftlichen Leiter der Studiengruppe, Hans-Georg Schachtschabel, ab und fungiert als Berater bei der Auswertung der Forschungsergebnisse und deren Publikation in Form von insgesamt neun Monographien; vgl. den Abschnitt *Gemeindestudien*, in: Institut für Sozialforschung, *Soziologische Exkurse. Nach Vorträgen und Diskussionen*, Frankfurt a. M. 1956 (*Frankfurter Beiträge zur Soziologie*; 4), S. 133–150, sowie Adornos *Einführungen in die Darmstädter Gemeindestudien* [1952/1954], in: GS, Bd. 20·2, S. 605–639.
60 Die Mitglieder des sogenannten Wiener Kreises entwickeln im Laufe der 1930er Jahre eine besondere Form eines an Ludwig Wittgenstein orientierten Positivismus, die unter dem Namen ›Logischer Positivismus‹ bekannt wird. Zum engeren Kreis zählen die Philosophen, Mathematiker und Physiker Moritz Schlick, Hans Hahn, Philipp Frank, Otto Neurath und Rudolf Carnap.
61 Bereits der erste Satz der ersten der »Vorlesungen über mathematische Physik« Kirchhoffs lautet: »Die Mechanik ist die Wissenschaft von der Bewegung; als ihre Aufgabe bezeichnen wir: die in der Natur vor sich gehenden Bewegungen *vollständig* und *auf die einfachste Weise* zu beschreiben.« (Gustav Robert Kirchhoff, Vorlesungen über mathematische Physik. Mechanik, Leipzig 1876, S. 1)
62 Pascual Jordan bezweifelt allerdings, es gebe »im Gebäude der *Naturwissenschaft* methodische Erkenntnisgrundlagen von absoluter Endgültigkeit; die tatsächliche Sicherheit im Aufbau unserer Naturwissenschaft beruht auf etwas anderem. Während die einzelwissenschaftlichen

nicht verifizierbarer Aussagen und fordert den konsequenten Rekurs auf Protokollsätze oder in diese transformierbare Urteile. Zum Kriterium der Wahrheit wird die Äquivalenz von Beobachtung und Aussage erhoben: Das Urteil ist dann und nur dann wahr, wenn sein Inhalt das empirisch konstatierbare Faktum nicht transzendiert, d. h., wenn es darin aufgeht, bloß nominale Geste, demonstratives Symbol zu sein. Hinsichtlich des von Professor Adorno herangezogenen Beispiels bedeutet das die gänzliche Irrelevanz solcher Äußerungen über öffentliche Dienststellen, denen nicht eine konkrete Einzelerfahrung den Rücken steift. Diese Einstellung ignoriert allerdings einmal die gesellschaftlich-geschichtliche Lage, aus der so abwertende Urteile über Behörden resultieren, zum anderen die Absicht der Untersuchung selbst, der es um das Verhältnis des Menschen der Gegenwart zu verfestigten Bürokratie zu tun ist. Mit der Unterschlagung der gesellschaftlichen Totalität schlägt sich eine positivistische Sozialtheorie selbst mit Blindheit. Indem sie die in kuranten Meinungen sedimentierten Erfahrungen als unkontrollierbaren »background« abwertet, kaschiert sie das Problem der »verwalteten Welt«, der sie sich dadurch propagandistisch und die öffentliche Lüge stärkend botmäßig macht. Die hartnäckige Insistenz auf dem verifizierbaren Partikularurteil privatisiert schon im Ansatz das Allgemeine, sofern die Reflexion auf die Totalität eliminiert wird, wodurch die Aussage, der Möglichkeit ihrer Integration beraubt, zur Unwahrheit pervertiert. Ohne Besinnung auf das Ganze wird das Einzelurteil falsch, weil es dem Einzelnen Folgen zumutet, deren Grund das Einzelne nicht sein kann.

Fehlbestimmungen dieser Art mögen in Fällen wie dem angeführten Beispiel noch korrigiert werden können, in größeren Dimensionen und umfassenderen Analysen führen sie zu irreparablen Effekten der gesamten Theorie, sie annullieren sie geradezu. Professor Adorno schnitt in diesem Zusammenhang die Frage der Klassengesellschaft an. Die positivistische Leugnung der Klassen beruft sich etwa auf die kleinbürgerliche Mentalität des Arbeiters, dessen fehlendes proletarisches Selbstbewußtsein die Behauptung legitimieren soll, daß es den Arbeiter nicht gibt. Die Problemverschiebung von der subjektiven Auffassung nach der objektiven Bestimmtheit hin überspielt dabei, daß der Arbeiter nur in der gesamtgesellschaftlichen Situation definiert ist durch seine Stellung im Produktionsprozeß und seinen Ausschluß von den Produktionsmitteln. (Den Sklaven, der

---

Arbeitsergebnisse durch die Zwangsläufigkeit der angewandten Methodik ihre Zuverlässigkeit erhalten, empfangen umgekehrt die Grundsätze dieser Methodik durch die erzielten überzeugenden Ergebnisse eine ›rückwirkende Verstärkung‹ [...]. Erst die wechselseitige Abstützung und Verflechtung aller Einzelteile gibt dem Gesamtzusammenhang unseres Erkenntnisbesitzes einen hohen Grad zwingender Überzeugungskraft.« (Pascual Jordan, Das Bild der modernen Physik, Hamburg 1947, S. 9)

sich aufatmend einen Augenblick lang im Anblick ziehender Wolken so frei fühlte, wie er es als Kind war, riß die Peitsche des Aufsehers in die Gegenwart seines Sklavendaseins zurück.) Eine Lehre, welche das kleinbürgerliche Bewußtsein des Arbeiters, seinen Wunsch nach Haus und Garten, als Bestimmungsgrund der Wirklichkeit des Arbeiters apostrophiert, setzt an die Stelle des Begriffs die Meinung, ersetzt die Wahrheit durch das Dafürhalten und verleiht der imperialistischen Maxime »divide et impera« den scientifischen Glorienschein. Zufriedenheit ist alles – bis zur nächsten Katastrophe. Die solcherart betriebene Erhaltung und Züchtung der Divergenz zwischen subjektivem Bewußtsein und objektiv gesellschaftlichem Sein verfährt nach jenem Heraklitwort (Fragment 89)[63], wonach die Wachenden eine gemeinsame Welt habe, der Schlafenden jeder aber seine eigene, wenn man nur hinzusetzt, daß jene nicht weniger imaginär und unwahr ist als diese. Mit der Enthüllung des positivistischen Rekurses auf Subjektivität als einer Machination des Systems der Industriegesellschaft selbst wird dem Einwand der Fetischisierung der Objektivität und der Inszenierung eines Tatsachenaberglaubens begegnet, deren gemeine Konsequenz eine Diktatur nach braunem oder rotem Muster wäre, mit dem Endeffekt einer totalitären Unterdrückung jeglicher Spontaneität und Freiheit der autonomen Selbstbestimmung. Die Liquidierung der Freiheit aber ist der Untergang der Wahrheit, zu deren Erhaltung die organisierte Resistenz des Denkens aufgeboten ist, welches sich auch nicht mundtot machen läßt in einer verstummenden Welt.

Die logisch-erkenntnistheoretische Einsicht, daß das partikulare Urteil nicht immun ist gegen die Frage der Totalität, vielmehr von ihr in so eminenter Weise berührt wird, daß seine Wahrheit zur Falschheit sich verkehrt und als gesellschaftliche Lüge jenseits der reinen Theorie perniziösen Charakter annimmt, bringt ihrer eigenen Schwerkraft nach jenes Thema zur Sprache, welches Professor Adorno in den Mittelpunkt der Seminarsitzung stellte: die Frage der Verbindlichkeit und immanenten Notwendigkeit des dialektischen Denkens. Er ging dabei von der Erfahrung (die er anläßlich eines Vortrags im philosophischen Seminar in Heidelberg in der anschließenden Diskussion machte) der verbreiteten und hochgradigen Unverbindlichkeit des Denkens aus, welches, statt in kritischer Sachlichkeit die Wahrheit nach dem begrifflich eingelösten Anspruch zu bemessen, in historisierenden Bildungsreflexionen Ahnen sucht oder Parallelen zieht mit dem Ziel, besser zu verstehen, und mit dem Erfolg, die Wahrheit zu verfehlen. Denn Philosophie fordert Wahrheit für sich, sie verstehen, heißt pri-

---

63 »Die Wachenden haben eine gemeinsame Welt, *doch jeder Schlummernde wendet sich nur an seine eigene.*« (Zitiert nach der Übersetzung von Hermann Diels, Die Fragmente der Vorsokratiker. Griechisch und deutsch [1903], Bd. 1, 2. Aufl., Berlin 1906, S. 75)

mär, ihrer Forderung standhalten und sie an ihrem Begriff prüfen. Wenn die Auseinandersetzung mit und Anstrengung um Dialektik mehr als deren Reminiszenz, dialektisches Denken mehr als rekapituliertes ist, dann ist die aufgeworfene Frage das Problem des richtigen Denkens, dessen einziges Maß die Wahrheit ist, die es zu denken beansprucht. So wenig Dialektik eine anachronistische Reprise ist, so wenig war und ist die Bemühung um den Begriff der Dialektik ein »Seht her, so hat es Hegel gemacht«; vielmehr steht allein in Rede die Struktur des dialektischen Denkens selbst, von dem die letzte antiquarische Patina verfliegt angesichts der Arbeiten Professor Horkheimers und Professor Adornos, der von vornherein die gängige These zurückwies, Dialektik sei Denken in und Jagd nach logischen Widersprüchen, und je widersprüchlicher es zugehe, desto dialektischer sei das Ganze. In dem gleichen Maße, in dem eine solch grobschlächtige Auffassung den sublimen Charakter der Dialektik verkennt, in eben demselben Maße geschieht ihr durch den Vorwurf der Verabsolutierung gesellschaftlicher Momente (Mannheim)[64] unrecht. Zwar wendet sie sich gegen einen Relativismus, der auf die Bedingtheit der Phänomene pochend die Wahrheit verabschieden möchte, aber deshalb vindiziert sie nicht ein Endliches als das Absolute, sondern wie Hegel auch in der geschichtlichen Welt das Substantielle zu entdecken versuchte, so nimmt alles dialektische Denken die Sachen beim Wort, indem es nicht räsonierend darüber redet, sondern sie zur Ausweisung bringt als das, was sie ihrem Begriffe nach sind. Der kritische Aspekt dieses Denkens, das mit den Kategorien der Rigorosität und Aggressivität doch nur erst von außen, ästhetisch gleichsam und aus gefahrloser Distanz beurteilt wäre, ruft immer wieder restaurative Reaktionen hervor. Die absolute Kritik des Bestehenden provoziert die Frage nach dem Worum-Willen[65], nach den absoluten Werten,

---

64 In seiner Schrift *Das Bewußtsein der Wissenssoziologie* [1953] schreibt Adorno: *Nivelliert wird vorab der Begriff der Gesellschaft als solcher, vermöge einer Redeweise, die den aufs äußerste kompromittierten Terminus »Integration« beschwört. Er tritt nicht zufällig auf. Der Rekurs auf die gesellschaftliche Totalität hat bei Mannheim weniger die Funktion, die verstrickte Abhängigkeit der Menschen im Ganzen hervorzuheben, als den gesellschaftlichen Prozeß selber im Sinne eines mittleren Ausgleichs der Widersprüche im Ganzen zu verklären, durch welchen theoretisch die Widersprüche verschwinden, in denen doch gerade der Lebensprozeß »der« Gesellschaft besteht. »So sieht man es einer sich durchsetzenden Meinung in der Gesellschaft nicht ohne weiteres an, daß sie das Ergebnis eines Selektionsprozesses ist, der viele in dieselbe Richtung strebende Lebensäußerungen integriert«: in solchem Begriff der Selektion verschwindet die Tatsache, daß Lebensnot unter immerwährender katastrophischer Bedrohung und aberwitzigen Opfern den Mechanismus stöhnend im Gange erhält. Die prekäre und irrationale Selbsterhaltung der Gesellschaft wird umgefälscht zu einer Leistung ihrer immanenten Gerechtigkeit oder »Vernünftigkeit«.* (GS, Bd. 10·1, S. 32) – Vgl. Karl Mannheim, Mensch und Gesellschaft im Zeitalter des Umbaus, Leiden 1935, S. 6 f.
65 Gemeint in Analogie zu ›Wessentwillen‹.

dem Standpunkt, dem Bezugssystem, das doch hinter einer Negativität stehen muß, die zu bestimmt auftritt, um nur beiläufig zu sein, und welches doch so wenig genannt wird, wie der radikale Nihilismus es täte. Längst zu nützlichen Routinen und approbierten Normen gewordene Vorurteile verfallen einer Kritik, die von ihrem Objekt und dessen Gläubigen her wie ein Sakrileg anmutet.

Professor Adorno bemerkte dazu, daß heute in Deutschland eine Art von Allergie gegen Kritik überhaupt herrsche und das gesamte Denken einen eigentümlich apologetischen Zug angenommen habe, der es bedingt, daß jeder jeden Augenblick auf dem Sprung steht, etwas zu verteidigen, weil alle sich angegriffen fühlen, als Individuen oder Kollektiv. Diese defensive Haltung spiegelt die fortgeschrittene Entmächtigung der Einzelnen in einer Welt, die mit gespenstischer Präzision funktioniert, und jene Idiosynkrasien sind das abgepreßte Eingeständnis der Hilflosigkeit und Ohnmacht, welche die Formel nicht kennt, nach der Geschichte abläuft, und deren Kenntnis doch allein die Befreiung bringen könnte. Kritik ist nach der Optik der Ausgelieferten die Störung des Mechanismus, die zur Katastrophe führt, der Kiesel zwischen den Zahnrädern; daß sie die Unterscheidung von Wahrheit und Falschheit sei, wagt niemand zu glauben. Statt dessen wird sie diffamiert als Zersetzung und Destruktion. Über diese Desavouierung der dialektischen Kritik, vor der nur gefeit zu sein scheint, was nicht ist, wird vergessen, daß sie nicht abstrakt ist, d. h. das einzelne Phänomen isoliert »ins Nichts wirft«, sondern dadurch, daß sie die Frage nach der Wahrheit auf die ganze Wirklichkeit ausdehnt, die gehörige Bestimmung des Einzelnen im Ganzen treffen, es zur Ordnung rufen kann. Genau hier liegt nun der Punkt, wo das schlußfolgernde Denken die Manifestation des absoluten Maßsystems verlangt, weil nur an den rechten Ort rücken und die wahren Proportionen bestimmen könne, wer den Plan kennt, nach dem das Ganze sich fügt. Dieser Art war z. B. auch die Frage, die Professor Mitscherlich nach dem Eingangsreferat Professor Adornos zum vierten Darmstädter Gespräch[66] an diesen richtete: welche Konstruktionspläne die Dialektik bereitstellen könne, um die gerechte Welt aufzubauen, mit welchen Mitteln diese Idee zu realisieren sei.[67] Der Charakter der Frage

---

66 Vgl. Theodor W. Adorno, *Einleitungsvortrag*, in: Darmstädter Gespräch. Individuum und Organisation, hrsg. von Fritz Neumark, unter Mitarb. von Eugen Vietta, Darmstadt 1954, S. 21–35; jetzt, leicht abgewandelt, als *Individuum und Organisation* in: GS, Bd. 8, S. 440–456.
67 Alexander Mitscherlich bemerkt nach Adornos Vortrag, er habe »eine Eschatologie ganz am Horizont, ganz ferne auftauchen lassen. Er hat zweimal davon gesprochen: einmal von der ›mündigen Menschheit‹ und das andere Mal davon, daß eine ›gerechte Welt‹ einzurichten vielleicht irgendwo gelingen könnte. Ich möchte jetzt Herrn Adorno nur fragen, auf welchem Wege könnte das geschehen? Das ist eine Frage, die insofern in seinen Gedankengängen interessant zu sein scheint, als er zu gleicher Zeit den gesellschaftlichen Prozeß als ganzen im Gegensatz zu der

verrät einerseits die schockierende Wirkung der Kritik ohne Hinterwelt und andererseits die Befangenheit der Frage in dem, zu dessen Überwindung beizutragen sie vorgibt: macht sie doch eben das zum Gegenstand und Opfer der Organisation, was deren Ende herbeiführen soll, unterwirft sie doch das den Mitteln, was die Utilität suspendieren soll. M.a.W., sie verkennt das Spezifikum des dialektischen Denkens, welches durch die Vermittlung des Absoluten in der Gestalt der Negativität das Unbedingte aus der Bedingtheit so heraushält, daß es die absolute Bedingung des Relativen bleibt, dessen Substantialität, um die es der Dialektik geht, das Scheinen des Unendlichen im Endlichen ist. In eins damit verkennt jenes Verlangen, daß die gesellschaftlich-geschichtliche Wirklichkeit nach der nämlichen Logik strukturiert ist. Mit Bezug darauf kann es in den »Minima Moralia« heißen: »Dialektisches Denken ist der Versuch, den Zwangscharakter der Logik mit deren eigenen Mitteln zu durchbrechen« (II, 98)[68], und weiter: »Durch die Alleinherrschaft der Negation wird nach dem Schema des immanenten Gegensatzes die Bewegung des Gedankens wie der Geschichte eindeutig, ausschließlich, mit unerbittlicher Positivität geführt« (a.a.O.).[69] Das dialektische Denken gewinnt insofern quasi den Charakter einer magischen Beschwörung: Indem es sich der harten Wirklichkeit stellt, zeigt es der Realität ihre eigene Schrecklichkeit. Weniger emphatisch besagt das, das dialektische Denken konfrontiert das Phänomen mit seinem eigenen Begriff, welche Kritik, aus der das Moment der Praxis nicht herauszubrechen ist, also gerade keine Maßstäbe aus einem ideologischen Repertoire entlehnt und von außen an die Sache heranträgt, sondern das relative Phänomen mit dem absoluten Maß der ganzen Wahrheit mißt insofern, als es ihm den Begriff zuspricht und zu Ende denkt, den die Sache

---

dauernden Organisierung des Einzelnen als *nicht* organisiert, als *nicht* bewußt sich vollziehend sieht. Ich frage also: Ist es möglich, daß man der ›Mythologie‹, der ›Geworfenheit‹, den großen Gedanken – der nicht mythologisch ist, aber ein großer Gedanke ist – einer freien, gerechten, mündig sich gebärdenden Menschheit gegenüberstellt?« (Darmstädter Gespräch, a.a.O. [s. vorige Anm.], S. 36 f.) Eine Antwort auf diese Frage ist nicht überliefert.

68 Die römische Zahl bezeichnet den Teil der *Minima Moralia*, die arabische die Nummer des Aphorismus.

69 *Dialektisches Denken ist der Versuch, den Zwangscharakter der Logik mit deren eigenen Mitteln zu durchbrechen. Aber indem es dieser Mittel sich bedienen muß, steht es in jedem Augenblick in Gefahr, dem Zwangscharakter selber zu verfallen: die List der Vernunft möchte noch gegen die Dialektik sich durchsetzen. Nicht anders läßt das Bestehende sich überschreiten als vermöge des Allgemeinen, das dem Bestehenden selbst entlehnt ist. Das Allgemeine triumphiert übers Bestehende durch dessen eigenen Begriff, und darum droht in solchem Triumph die Macht des bloß Seienden stets sich wiederherzustellen aus der gleichen Gewalt, die sie brach. Durch die Alleinherrschaft der Negation wird nach dem Schema des immanenten Gegensatzes die Bewegung des Gedankens wie der Geschichte eindeutig, ausschließlich, mit unerbittlicher Positivität geführt.* (GS 4, S. 171 f.)

verspricht und quasi begonnen hat. Die Ausführung der Differenz zwischen Begriff und Sache arbeitet die positiven und negativen Momente des Phänomens heraus, die ihre Präzision und Bestimmtheit erlangen durch das Absolute, welches in jener Insistenz auf der Sache nicht minder als auf ihrem Begriff steckt und durch solche Bewährung im Bereich des Endlichen erst verbindlich wird. Das dialektische Denken enthält den Impuls des Absoluten, welches in die kritische Reflexion statt in die Vergötzung eingeht und ihr die progressive Konsequenz verleiht, welche das Denken nicht beim einzelnen Endlichen sich beruhigen läßt durch die Substitution der Kategorie der Transzendenz. Genau solche Hypostasierung ist die Ouvertüre zur Dialektik der »verhexten Welt« als der totalitären Herrschaft des absolut gesetzten Relativen, deren Kritik das dialektische Denken in Freiheit leistet, indem es dialektisch und nicht dialektisch zugleich denkt.

Bei all dem liegt der Nerv der Dialektik im Verhältnis von Begriff und Sache, deren wechselseitige Bestimmung das entscheidende Problem bildet. Einerseits sind Begriff und Phänomen nicht identisch, andererseits sind beide nur bestimmt durch und im anderen. Zwar ist der Begriff das in einem Abstraktionsprozeß sich herstellende allgemeine Resultat, unter welches sich eine Mannigfaltigkeit singulärer Elemente subsumieren läßt, gleichwohl aber ist er mehr als ein leeres Reflexionsprodukt, ein nur identisch gedachter, an sich unqualifizierter Bezugspunkt. Ihm inhäriert etwas von der Sache, strenggenommen das Wesen der Sache, wenn der Begriff einen wesentlichen Inhalt haben und nicht nur auf etwas verweisen soll. Die Struktur dieser Inhärenz umschrieb Professor Adorno von der begrifflichen und der phänomenalen Seite aus, indem er vom Begriff als dem, »worauf die Sachen warten, daß wir es machen«, und vom Phänomen als dem sprach, welches das »Kryptogramm seiner eigenen Problematik« an sich trägt. In dem Wechselverhältnis von Begriff und Sache steckt dasjenige Moment der Liberalität, welches die Kritik des Phänomens zu einer solchen des Begriffs kann werden lassen, weil in der bestimmten Reflexion die Genesis des Begriffes so wenig vergessen ist wie die des Phänomens: Hinter beiden steht ihre geschichtlich-gesellschaftliche Vermittlung, die es verbietet, von ihnen zu sprechen, als seien sie unmittelbar einem schöpferischen Urgrund selbst entstiegen. Gemäß dieser höchst subtilen Ambivalenz wird eine abstrakte Verfahrensweise des dialektischen Denkens ausgeschlossen; vielmehr muß es seine Operation an dem jeweils konkreten Objekt orientieren und sich ihm anpassen, denn seine Kritik ist nicht eine willkürliche Deformation des Phänomens, sondern dessen, Platonisch gesprochen »kunstgerechte Zerlegung«[70], dadurch das Moment der Wahrheit erst

---

70 Vgl. den Abschnitt »Abtrennung der mitverursachenden Künste, und zwar für Werkzeuge, Gefäße und Fahrzeuge«, in: Platon, Politikos, in: Platon, Sämtliche Werke, hrsg. von Ursula Wolf,

entbunden wird. Die kritische Abspaltung der Unwahrheit ist demnach das genaue Gegenteil der Zerschlagung des Phänomens. Sie ist seine Rettung unter der Bedingung des Absoluten, wie Marx die großen Begriffe der bürgerlichen Gesellschaft: Freiheit, Frieden und Gerechtigkeit, weil er sie ernster nahm als der Bürger selbst, einer utopischen Welt rettete. Und im Hinblick auf diese Idee der freien Gesellschaft und der gerechten Welt stehen am Ende des zweiten Teils der »Minima Moralia« die Sätze: »Keiner unter den abstrakten Begriffen kommt der erfüllten Utopie näher als der vom ewigen Frieden. Zaungäste des Fortschritts wie Maupassant und Sternheim haben dieser Intention zum Ausdruck verholfen, so schüchtern, wie es deren Zerbrechlichkeit einzig verstattet ist.« (II, 100)[71]

Bd. 3, übers. von Friedrich Schleiermacher, Hieronymus Müller und Friedrich Müller, Reinbek bei Hamburg 1994 (Rowohlts Enzyklopädie; 563), S. 337–418; hier: S. 383–385 (287b–288a).
71 GS, Bd. 4, S. 179.

38 [N.N.],
11. Februar 1954

Seminar über den Begriff der Dialektik　　　　　　　Wintersemester 1953/54

*Protokoll der Seminarsitzung
vom 11. 2. 1954*

In der vorausgegangenen[72] Seminarsitzung war das kritische Moment des an Hegel sich orientierenden dialektischen Denkens Gegenstand der Aufmerksamkeit gewesen, ja es waren im Verlaufe der Überlegungen Dialektik und Kritik geradezu als synonym behandelt worden. Eine solche Identifizierung der Begriffe mußte jedoch im Hinblick auf den vielgerühmten, vielgescholtenen apologetischen Charakter der Hegelschen Dialektik in ihrer Allgemeinheit noch legitimiert werden. Vom Ergebnis der vorangegangenen Überlegungen aus stellte sich die Frage dann so: Führt der Gang der Wahrheit über die Negation, entfaltet sich die Wahrheit der Totalität in der Kritik des Einzelnen, wie ist dann der apologetische Zug im Hegelschen Philosophieren zu erklären? Bei der Beantwortung dieser Frage konnten die Ergebnisse des früheren Seminars über Hegels »Rechtsphilosophie«[73] nutzbar gemacht werden.

　　Trotz oder vielleicht auch im Einklang mit dem Wort vom methodisch ausgebildeten Widerspruchsgeist, welcher die Philosophie sei, hat Hegel gerade in der »Rechtsphilosophie« dem Bestehenden entschieden das Wort geredet und Kritik als das abgetan, welches, statt in der Sache selbst zu sein, immer schon darüber hinaus ist. »Es ist eben *diese Stellung der Philosophie zur Wirklichkeit* ...«, heißt es in der Vorrede, »daß die Philosophie, weil sie das *Ergründen des Vernünftigen* ist, eben damit das *Erfassen* des *Gegenwärtigen* und *Wirklichen*, nicht das Aufstellen eines *Jenseitigen* ist, das Gott weiß wo seyn sollte, – oder von dem man in der That wohl zu sagen weiß, wo es ist, nämlich in dem Irrthum eines einseitigen, leeren Raisonnirens.«[74] Ist das Vernünftige das Wirkliche und das Wirkliche das Vernünftige,[75] dann muß Kritik als eine Spekulation erscheinen, deren Idee mit der Wirklichkeit auch die Vernunft abgeht. Hegel sagt dazu: »Wenn die Reflexion, das Gefühl oder welche Gestalt das subjektive Bewußtseyn habe,

---

72　Konjiziert für: »voraufgegangenen«.
73　Das ist das Seminar »Ausgewählte Abschnitte aus Hegels Rechtsphilosophie«, das Adorno gemeinsam mit Horkheimer im Sommersemester 1952 hält.
74　HJu, Bd. 7, S. 32f.; vgl. HW, Bd. 7, S. 24.
75　»Was vernünftig ist, das ist wirklich; *[Absatz]* und was wirklich ist, das ist vernünftig.« (HJu, Bd. 7, S. 33; vgl. HW, Bd. 7, S. 24.)

die *Gegenwart* für ein *Eitles* ansieht, über sie hinaus ist und es besser weiß, so befindet es sich im Eiteln, und weil es Wirklichkeit nur in der Gegenwart hat, ist es so selbst nur Eitelkeit.«[76] (Rechtsphilosophie, Vorrede.)

Derselbe apologetische Zug ist auch bei Marx noch zu bemerken, der es »schwernimmt mit der Vernunft des Bestehenden« und konstruktive Kritik mit abstrakt-utopischem Denken zusammenstellt.[77] Statt am gedanklichen Entwurf soll nach Marx der Stand der Dinge vielmehr an dem gemessen werden, was heute bereits möglich ist. Nicht Maschinensturm wird gefordert, sondern die Erkenntnis, daß die Produktionskräfte bereits so hoch entwickelt sind, daß die Gesellschaft sich reibungslos reproduzieren kann. Das Bestehende soll sich lediglich zu dem entfalten, was es seinem Begriffe nach schon ist; der Begriff aber ist dem Bestehenden selbst entlehnt.

Die Frage, wie sich die radikal dynamische Konzeption der Dialektik mit der Apologie des Bestehenden zusammenreimt, wurde vom Seminar von zwei verschiedenen Seiten angegangen.

Die äußeren Motive der konservativen Tendenz Hegels ließen sich zum Teil aus der geschichtlichen Situation begreifen. Noch hatte die bürgerliche Gesellschaft ihren alten Feind, den Feudalismus, nicht am Boden, als schon der neue auf den Plan trat: der sich eben herausbildende vierte Stand, der zunächst nur in seiner auflösenden widerhumanitären Gestalt erfahren wurde. Das eben zu sich selbst gekommene bürgerliche Denken mußte zunächst einmal seine eigenen Voraussetzungen sichern. Nur so erklärt sich die paradoxe Rolle des Staates bei Hegel, als welcher auf der einen Seite der Gesellschaft kommensurabel, auf der anderen als die »selbstbewußte sittliche Substanz«[78] als unabhängig von der über sich selbst hinaustreibenden bürgerlichen Gesellschaft erscheint, deren Funktion

---

76 HJu, Bd. 7, S. 33; vgl. HW, Bd. 7, S. 25.
77 Im Vorwort seiner Schrift »Zur Kritik der politischen Ökonomie« [1859] schreibt Marx: »Eine Gesellschaftsformation geht nie unter, bevor alle Produktivkräfte entwickelt sind, für die sie weit genug ist, und neue höhere Produktionsverhältnisse treten nie an die Stelle, bevor die materiellen Existenzbedingungen derselben im Schoß der alten Gesellschaft selbst ausgebrütet worden sind. Daher stellt sich die Menschheit immer nur Aufgaben, die sie lösen kann, denn genauer betrachtet wird sich stets finden, daß die Aufgabe selbst nur entspringt, wo die materiellen Bedingungen ihrer Lösung schon vorhanden oder wenigstens im Prozeß ihres Werdens begriffen sind.« (MEW, Bd. 13, S. 9)
78 »Der Staat ist die *selbstbewußte* sittliche Substanz, – die Vereinigung des Prinzips der Familie und der bürgerlichen Gesellschaft; dieselbe Einheit, welche in der Familie als Gefühl der Liebe ist, ist sein Wesen, das aber zugleich durch das zweite Prinzip des wissenden und aus sich tätigen Wollens die *Form gewußter* Allgemeinheit erhält, welche so wie deren im Wissen sich entwickelnde Bestimmungen die wissende Subjektivität zum Inhalte und absoluten Zwecke hat, d. i. für sich dies Vernünftige will.« (HW, Bd. 10, S. 330)

er doch in Wahrheit ist. Die neuen Kräfte verkannte Hegel in ihrer anarchischen Erscheinung. Daß er dem Sozialismus, wenn er ihn erkannt hätte, aber kaum freundlicher gesonnen gewesen wäre, konnte erst die innersystematische Betrachtung der Frage bestätigen. Hierhin lenkte Herr Prof. Adorno die Diskussion zurück.

Wie ist die Frage vom System her zu beantworten?

Die Bemühung, den Wert auch noch des abgesprengten und dem Ganzen scheinbar opponierenden Teiles dadurch zu retten, daß man in ihm die Idee des Ganzen zu entdecken sucht, würde eher dem Denken des Neuplatonismus, der Gnosis oder Spinozas entsprechen als dem Hegels. Sie begründet den konservativen Zug nicht, wenn sie ihm vielleicht auch nicht vollkommen fremd ist.

Im Hegelschen System sind die gegenwärtigen Formen des Bestehenden diejenigen, die sich die Substanz im Prozeß ihrer Verwirklichung einmal gegeben hat. Damit eignet ihnen eine Dignität, die keinem noch so großartigen Entwurf zukommen kann. Allen Plänen gegenüber, es besser zu machen, verhielt sich Hegel abwartend. Es muß sich erweisen, ob die höhere Identität von Begriff und Gegenstand, von Subjekt und Objekt in dieser oder einer anderen Weise sich verwirklichen kann. Die Möglichkeit eines positiven Hinausgehens übers Bestehende erkannte Hegel nicht an. Wieder in der Vorrede zur »Rechtsphilosophie« heißt es darüber: »Es ist eben so thöricht zu wähnen, irgend eine Philosophie gehe über ihre gegenwärtige Welt hinaus, als, ein Individuum überspringe seine Zeit, springe über Rhodus hinaus. Geht seine Theorie in der That drüber hinaus, baut es sich eine Welt, *wie sie sein soll*, so existirt sie wohl, aber nur in seinem Meinen, – einem weichen Elemente, dem sich alles Beliebige einbilden läßt.«[79] Wie wenig brennend es für Hegel ohnehin ist, übers Gegenwärtige hinauszugehen, sagt er in einem der folgenden Sätze: »Was zwischen der Vernunft als selbstbewußtem Geiste und der Vernunft als vorhandener Wirklichkeit liegt, was jene Vernunft von dieser scheidet und in ihr nicht Befriedigung finden läßt, ist die Fessel irgend eines Abstraktums, das nicht zum Begriffe befreit ist.«[80] Ist die Identität von Subjekt und Objekt bereits so weit vollzogen, befindet sich der Denkende also am Ende der Entwicklung, dann kann die Möglichkeit konstruktiven Denkens überhaupt kein ernsthaftes Problem mehr sein. Wie aber soll das dialektische Denken *nach* Hegel verfahren?

Der Links- und Rechtshegelianismus haben sich für je eine der im Hegelschen Denken vereinigten Seiten entschieden. Der Rechtshegelianismus beruhigt sich dabei, daß das sich verwirklichende Absolute es in den gegenwärtigen Formen

---

79 HJu, Bd. 7, S. 35; jetzt in: HW, Bd. 7, S. 26.
80 HJu, Bd. 7, S. 35; jetzt in: HW, Bd. 7, S. 26.

schon herrlich weit gebracht habe, während der Linkshegelianismus und, soweit er hier anschließt, der Sozialismus die Bewegung des Begriffs zum Vorwand für Experimente nimmt. An letzterem ist dabei das Wahre, daß ein Denken, das sich nicht darauf beschränken will, mit Hegel zu reden, »denselben alten Kohl immer wieder aufzukochen und nach allen Seiten hin auszugeben«[81], nun allerdings gezwungen ist, sich der Gefahr des Irrtums auszusetzen. Das galt objektiv auch fürs Hegelsche System selbst, welches ja nicht von solcher Unverbindlichkeit ist, daß es für alles Raum böte. Wer die bloße Tautologie überschreitet, tut es auf das Risiko hin, sich zu blamieren, indem er von der Geschichte widerlegt wird. In der »Dialektik der Aufklärung« wird das an einer Stelle so formuliert: »Unfertig zu sein und es zu wissen, ist der Zug auch jenes Denkens noch und gerade jenes Denkens, mit dem es sich zu sterben lohnt. Der Satz, daß die Wahrheit das Ganze sei, erweist sich als dasselbe wie sein Gegensatz, daß sie jeweils nur als Teil existiert.«[82] (S. 294) Diese Einsicht kann in die Aussage selbst nicht mehr mit eingehen. Es wäre vergeblich, sich vor ihr in eine »Philosophie des Als-Ob« flüchten zu wollen, deren Inhalten das Bewußtsein der Vorläufigkeit, statt wirklich in ihnen substantiell zu werden, doch immer nur äußerlich bleibt.[83] Das allgemeine Reservat, in das sich die Wahrheit retten möchte, nämlich, alles

---

[81] Hegel spricht davon, daß seine »Philosophie des Rechts« eine wissenschaftliche Abhandlung sei, und in der Wissenschaft sei »der Inhalt wesentlich an die *Form* gebunden. *[Absatz]* Man kann zwar von denen, die es am gründlichsten zu nehmen scheinen, hören, die Form sey etwas Aeußeres und für die Sache Gleichgültiges, es komme nur auf diese an; man kann weiter das Geschäft des Schriftstellers, insbesondere des philosophischen darein setzen, *Wahrheiten* zu entdecken, *Wahrheiten* zu sagen, *Wahrheiten* und richtige Begriffe zu verbreiten. Wenn man nun betrachtet, wie solches Geschäft wirklich betrieben zu werden pflegt, so sieht man eines Theils denselben alten Kohl immer wieder aufkochen und nach allen Seiten hin ausgeben – ein Geschäft, das wohl auch sein Verdienst um die Bildung und Erweckung der Gemüther haben wird, wenn es gleich mehr als ein vielgeschäftiger Ueberfluß angesehen werden könnte – ›denn sie haben Mosen und die Propheten, laß sie dieselbigen hören‹.« (HJu, Bd. 7, S. 21; vgl. HW, Bd. 7, S. 13)
[82] Max Horkheimer und Theodor W. Adorno, *Dialektik der Aufklärung. Philosophische Fragmente*, Amsterdam 1947, S. 294; vgl. GS, Bd. 3, S. 232.
[83] Hans Vaihinger schreibt in seiner »Philosophie des Als Ob«: »Man mag das Verhältnis von Sein und Denken fassen, wie man will – jedenfalls lässt sich vom *empirischen* Standpunkt aus behaupten, dass die *Wege des Denkens andere sind, als die des Seins*; die subjektiven Prozesse des Denkens, die sich auf irgend einen äusseren Vorgang oder Prozess beziehen, haben mit diesem selbst nur selten eine nachweisbare Ähnlichkeit. Wir bemerken dies, um dadurch hervorzuheben, dass die logischen Funktionen *subjektive*, aber *zweckmässige* Anstrengungen sind, welche das Denken macht, um seine weiter oben geschilderten Zwecke zu erreichen. Das objektive Geschehen und Sein mag sich verhalten wie es will – *Eins* lässt sich wohl sicher behaupten, es besteht *nicht* aus logischen Funktionen, wie einst Hegel gemeint hat.« (H[ans] Vaihinger, Die Philosophie des Als Ob. System der theoretischen, praktischen und religiösen Fiktionen der Menschheit auf Grund eines idealistischen Positivismus. Mit einem Anhang über Kant und Nietzsche, Berlin 1911, S. 10)

Denken unterliege der Enttäuschung, ist nichtig, weil es die Wahrheit im Gegenteil absolut ausschließt. Es gehört zum Wahrheitsgehalt des Denkens, daß es sich der Möglichkeit aussetzt, falsch zu werden.

An dieser Stelle hat die Philosophie einen Punkt erreicht, den sie nicht mehr gesichert überschreitet. Von hier an bleibt sie auf das negative Verfahren angewiesen, möglichen Einwänden zu zeigen, daß sie der schlechteren Philosophie entstammen, daß sie auf Voraussetzungen zurückgehen, die viel grotesker sind als die scheinbar so weit hergeholten der Dialektik: Totalität und Bewegung.

Hier nun wurde der Einwand erhoben, daß ein Denken, das seinen Ausschließlichkeitsanspruch nicht aufgeben will, und es dennoch verschmäht, absolut hieb- und stichfest zu sein, von denen, die ihm anhängen, eine existentielle Entscheidung, einen Glaubensakt verlange. Ein solcher Einwand impliziert die Vorstellung von zweierlei Denken, von einem, das im System gebunden gegen andere Systeme abgeschlossen ist, und von einem, das außerhalb solcher etablierter Systeme stehend unter ihnen zu wählen hätte. Eben das aber ist die schlechtere Philosophie, denn eine solche Trennung gibt es nicht. Wirkliches Denken, d. h. Denken, welches sich bemüht, in der Reflexion mit sich selbst einig zu sein, ist immer schon systematisch. Als solches aber ist es nicht schlechthin unvergleichbar mit anderem.

Wenn die Individualität des Denksubjekts als Ausgangspunkt seines philosophischen Systems angesetzt und daraus die Inkommensurabilität verschiedener Systeme gefolgert wird, so weist demgegenüber die Dialektik den gesellschaftlich abgeleiteten Charakter der Individualität nach. Das Individuum ist nicht das Primäre, als das es sich selbst verkennt. Ebensowenig kann der Vorwurf treffen, die Dialektik setze einen subjektiven Impuls an die Stelle der Logik. Das Subjekt geht der Logik, die sich in ihm konstituiert, voraus. Der Zusammenhang schließt dabei von selbst das Mißverständnis aus, es werde damit einem wilden Drauflosdenken das Wort geredet.

Alles Philosophieren, das über die bloße Feststellung dessen, was ohnehin jeder weiß, hinausgeht, wirkt schockierend. Der Schock zeigt das Darüberhinausgehen an, in dem sich die Philosophie der Wahrheit öffnet.

39 [N.N.],
18. Februar 1954

Frankfurt am Main 8. 7.[84] 54

Protokoll der Sitzung vom 18. 2. 54

In den voraufgegangenen Sitzungen waren einige Hegelsche Bestimmungen der Dialektik, als Kritik und als Apologetik, diskutiert und verschiedentlich interpretiert worden, so zwar, daß zumeist Kritik und Apologetik in einem undialektischen Sinn und beider Vereinbarkeit mit der Dialektik in Rede standen. Anschließend an das verlesene Protokoll, erinnerte Herr Horkheimer daran, daß Kritik in der Geschichte auch als Revolution sich darstelle, in solcher Bestimmung aber als vernünftig nicht eben stets gewiß sei. Dem revolutionären Bewußtsein erscheine sein Tun viel eher als riskant denn als vernünftig, was der simpel couragierende Ton jener Headline »Jetzt oder in 100 Jahren«[85], nicht ohne Komik, illustriere. Daß die geschichtliche Tat ein Wagnis sei, lege sich sonach als relevantes Philosophem nahe. Zur vermeintlichen Konsequenz, ob eine Revolution rechtmäßig sei, das unterliege – quelle commodité – dem Urteil der Geschichte, wurde die Frage geäußert, ob denn somit die Vernunft nicht aufs historische Faktum beschränkt, d. h., da das Vernünftige sonach als Erscheinung des zufällig Passierten bestimmte wäre, zur Unvernunft degradiert sei, gerade so sehr, als das Wagnis selber unvernünftig ist. Von dieser widersinnigen These, die man als genaue Abbreviatur jener nicht eben selten verantwortungslosen Politik nehmen mag, die nur darauf aus ist, »vollendete Tatsachen« zu schaffen und mit derlei Politika die Vernunft zu brüskieren, ist jene andere, daß über die Legitimität einer Revolution der Erfolg entscheide, nur durch die Emphase unterschieden. Auch eine Hegelinterpretation, wenn sie nur einseitig genug wäre, könne diese Theorie, die dann klassisch poetisiert in der Rede von der Eule der Minerva sich fände,[86] sehr wohl reproduzieren, doch es sei darin von dem Wesentlichen abgesehen, daß Hegel die Vernunft ebensosehr als Konstituens des geschichtlichen Fortgangs

---

84 So in der Vorlage.
85 Zusammenhang nicht ermittelt.
86 »Dies, was der Begriff lehrt, zeigt notwendig ebenso die Geschichte, daß erst in der Reife der Wirklichkeit das Ideale dem Realen gegenüber erscheint und jenes sich dieselbe Welt, in ihrer Substanz erfaßt, in Gestalt eines intellektuellen Reichs erbaut. Wenn die Philosophie ihr Grau in Grau malt, dann ist eine Gestalt des Lebens alt geworden, und mit Grau in Grau läßt sie sich nicht verjüngen, sondern nur erkennen; die Eule der Minerva beginnt erst mit der einbrechenden Dämmerung ihren Flug.« (HW, Bd. 7, S. 28)

bestimmte, obschon so, daß die zitierte Problematik der geschichtlichen Tat bestehenbleibt ...

Daß kein Handeln reflexionslos sei, was den Begriff vom Wagnis, wie ihn vornehmlich Jaspers bestimmte,[87] als Kuriosum erscheine lasse, und daß kein Handeln Reflexion und nur diese sei, wenn anders Geschichtsphilosophie nicht zur irritierenden Prophetie verzerrt werden und so jenem Mantis gleichen solle, der in einer griechischen Agora seine forsche und hellseherische Rede sehr bestürzt beendete, als ein Schalk ihm zurief, man bräche gerade in seinem Hause ein,[88] sollte in der weiteren Diskussion deutlich werden, in der der Unterschied von geschichtlich relevantem und bloß bedingtem Tun nicht stets festgehalten wurde. Herr Adorno gab dem Problem, wie es sonach sich darstellte, eine erste Formulierung, die auch von Hegel hätte gegeben sein können: Die geschichtliche Tat sei nicht zu antizipieren. Doch es folge für Hegel nichts weniger daraus, als daß er den Begriff der Totalität damit kaschiert sein ließe. Zwar könne man nur den jeweils nächsten Schritt tun, aber es sei eben dieser Akt der Vollzug einer durchs Bestehende konstituierten Aufgabe und impliziere darin notwendig das abstrakte Ganze oder abstrakt das Ganze (quod esset explicandum). Gegenüber Hegel müsse die heutige Dialektik interessieren, ob er die Totalität nicht einzig durch die – paradox genug – Partikularität der Handlung garantiert sein lasse. Das Problem, ob eine Handlung, als ein dialektischer Übergang, ein Partikulares sein könne gegenüber dem Undurchsichtigen des Ganzen, das eben darin selber begriffslos wäre, scheine unabweislich.

Anschließend an zwei Fragen, die Herr Wilkening[89] ad cathedram richtete, wurden die Relevanz der Dialektik für die Sozialwissenschaften und das »apokalyptische Motiv« der Kulturkritik diskutiert. Wenn Hegel schreibt: »In der Tat aber ist das Erste, was gegen die empirische Physik zu zeigen ist, dieses, daß in ihr mehr Gedanke ist, als sie zugibt und weiß, daß sie besser ist, als sie meint, oder, wenn etwa gar das Denken in der Physik für etwas Schlimmes gelten sollte, daß

---

87 »Der Glaube an Autorität nimmt die bleibende Ungewißheit in Kauf. Im Anvertrauen an Autorität weiß er, daß es unmöglich ist, den Gehalt der Autorität im Wissen zu fixieren oder gar zwingend wißbar zu machen. Er weiß, daß auch das Handeln im Raum der Autorität nicht eine gewußte völlige Sicherheit, weder seines Wahrseins noch seines Gelingens, gewinnt. Das Wagnis der Wahrheitserforschung und des Bewußtmachens bleibt, weil Reflexion die Kraft des Glaubens, aus dem gehandelt wird, lähmen kann. Das Wagnis des Handelns bleibt, weil die Wahrheit nicht endgültig ist.« (Karl Jaspers, Philosophische Logik. Erster Band: Von der Wahrheit, München 1947, S. 827)
88 Anspielung nicht ermittelt.
89 D.i. Werner Wilkening.

sie schlimmer ist, als sie meint« (Encyklopädie II p. 6)[90], so führte Herr Adorno dasselbe aus im Hinblick auf die Sozialwissenschaften, auch wenn es zunächst so hätte scheinen mögen, als meine er, daß die Sozialwissenschaften, wenn in ihnen Denken für etwas Schlimmes gelten sollte, sich für schlimmer hielten, als sie seien. Man müsse nur einsehen lernen, daß diese Wissenschaften es nicht mit blanken irreduziblen Gegebenheiten zu tun haben, sondern mit solchen, die stets ein bereits in sich Vermitteltes sind. Das eben sei die Arbeit der philosophischen Reflexion. So könne man z.B. nicht den Begriff der Meinung für unmittelbar nehmen und das Ideal der Meinungsforschung im Minimum der Fehlerquellen finden wollen, ohne ihn zugleich als ein Vermitteltes zu begreifen, als welches er seit Parmenides in Rede steht.[91]

---

90 HVA, Bd. 7.1., S. 6; vgl. HW, Bd. 9, S. 11.
91 Bei Parmenides heißt es etwa: »So sollst Du denn alles erfahren: der wohlgerundeten Wahrheit unerschütterliches Herz und der Sterblichen Wahngedanken, denen verläßliche Wahrheit nicht innewohnt. Doch wirst Du trotzdem auch das erfahren, wie man bei gründlicher Durchforschung annehmen müßte, daß sich jenes Scheinwesen verhalte. [Absatz] Doch von diesem Wege der Forschung halte Du Deinen Gedanken fern und laß Dich nicht durch die vielerfahrene Gewohnheit auf diesen Weg zwingen, nur Deinen Blick den ziellosen, Dein Gehör das brausende, Deine Zunge walten zu lassen: nein, mit dem Verstande bringe die vielumstrittene Prüfung, die ich Dir riet, zur Entscheidung.« (Zitiert nach Hermann Diels, Die Fragmente der Vorsokratiker, a.a.O. [s. Anm. 63], S. 115)

Sommersemester 1954:
Max Webers
wissenschaftlich-theoretische Schriften

Philosophisches Hauptseminar mit Max Horkheimer

In diesem Semester hält Adorno zudem die philosophische Vorlesung »Das Problem des Idealismus II: Einleitung in Kants Kritik der reinen Vernunft« und bietet eine »Besprechung größerer Arbeiten« an

Das Seminar findet donnerstags von 18 bis 20 Uhr statt

40–47 Archivzentrum Na 1, 883

40 Lutz Rössner, 13. Mai 1954

Protokoll

Seminar: Max Webers wissenschaftlich-theoretische Schriften.

13. 5. 1954.

Thema: Die Philosophie Heinrich Rickerts und die sich daraus ergebenden Probleme.[1]

Rickert führte als wissenschaftlichen Gegenbegriff zum Begriff der Naturwissenschaft den Begriff Kulturwissenschaft (im Gegensatz zu Diltheys Geisteswissenschaft) ein.[2]

Es ging der südwestdeutschen Schule und damit Rickert um die Frage: Wie sind wissenschaftlich objektive Urteile über historische Phänomene möglich?[3]

Die Naturwissenschaft zunächst hat ihre Grundlage in dem »allgemeinen Gesetz«.

Hier erhebt sich die Frage: Was ist ein Gesetz? Was heißt allgemeines Gesetz? Gibt es noch etwas anderes als ein allgemeines Gesetz? Unter einem »*allgemeinen Gesetz*« verstehen wir ein Gesetz, das seinem Sinne nach für eine beliebige Anzahl möglicher Fälle gilt. Es hat die allgemeine Struktur: Jedesmal, wenn ..., dann ... D. h., ein Fall, der unter das allgemeine Gesetz fällt, braucht nicht einmal eingetreten zu sein; wenn er aber eintreten wird, dann gilt das für ihn maßgebende allgemeine Gesetz. Ein Beispiel hierfür ist das juristische Gesetz. Den Gegensatz

---

1 Der Referatstext »Rickert« von Wilfried Wenzel wurde nicht aufgefunden.
2 Vgl. Heinrich Rickert, Kulturwissenschaft und Naturwissenschaft [1899], 6. und 7. Aufl., Tübingen 1926.
3 »Die Philosophie des naturwissenschaftlichen Zeitalters – ich meine natürlich das siebzehnte Jahrhundert – lässt sich von der Naturwissenschaft kaum trennen. Sie arbeitet – man braucht nur an *Descartes* oder *Leibniz* zu erinnern – ebenfalls mit Erfolg an der Klarlegung der naturwissenschaftlichen Methode. Und schließlich hat schon vor mehr als hundert Jahren der größte Denker der modernen Welt den allgemeinsten Begriff der Natur als des Daseins der Dinge, ›sofern es nach allgemeinen Gesetzen bestimmt ist‹, und damit auch den Begriff der Naturwissenschaft wohl für absehbare Zeiten endgültig festgestellt.« (Ebd., S. 10) In den »Prolegomena zu einer jeden künftigen Metaphysik, die als Wissenschaft wird auftreten können« [1783] sagt Kant: »*Natur* ist das *Dasein* der Dinge, so fern es nach allgemeinen Gesetzen bestimmt ist.« (KW, Bd. V, S. 159 [A 71])

nun zu »allgemein« bildet »individuell«. Was wird man nun unter einem »individuellen Gesetz« verstehen?

Unter dem *individuellen Gesetz* verstehen wir ein Gesetz, das entsprechend nicht für eine beliebige Anzahl von Fällen gilt, sondern das sich auf eine Einmaligkeit, eine Einzigartigkeit bezieht, die nur aus der Gesamtstruktur eines einmaligen Ganzen zu erklären ist. Der eintretende Fall, auf den sich das individuelle Gesetz bezieht, wird notwendig aus der Ganzheit, der Totalität eines Phänomens heraus.

Die beiden Gesetze haben also eine verschiedene Akzentuierung:

Beim *allgemeinen Gesetz* stehen dem Sinne nach zahllose Fälle unter einem Gesetz. Beim *individuellen Gesetz* ist das Interesse auf ein Phänomen (Mensch, Gesellschaft, Weltall) beschränkt, und es versucht zu zeigen, wie die Teile im System des Ganzen durch ein sinnvolles inneres Band zusammenhängen.

(Das individuelle Gesetz gilt zum Beispiel in der Soziologie: Ich studiere die Grundstruktur eines Phänomens und sage nach Erkenntnis der Struktur voraus, was sich in ihr auf Grund des für sie geltenden individuellen Gesetzes vollziehen wird. Ich studiere also das Phänomen als sinnvolle Einheit und mache für diese Einheit Voraussagen.)

Zum individuellen Gesetz wird man aber nur kommen durch die Kenntnis einiger allgemeiner Gesetze. – –

Die von Rickert aufgestellte Unterscheidung in Natur- und Kulturwissenschaft hat nun weiterhin folgende Bedeutung:

Die Natur: ist das bedeutungsfreie, nur wahrnehmbare Sein.

Die Kultur: ist das bedeutungsvolle, verstehbare Sein.

Die Naturprodukte sind entstanden ohne Beziehung auf Werte.

Die Kulturprodukte sind mit Werten behaftete Güter. Löst man die Werte von den Kulturobjekten ab, dann lassen diese sich wie Naturprodukte behandeln. Beide Wissenschaften haben also reale Objekte vor sich. Bei den Kulturwissenschaften muß eine Wertbeziehung vorliegen, bei den Naturwissenschaften nicht.[4]

Die Werte sind nicht, sondern sie gelten.

Der Wert ist nicht an individuelle Launen gebunden, sondern er ist eine allgemeine Verbindlichkeit.

---

4 »An Kulturobjekten haften also stets Werte, und wir wollen sie deshalb *Güter* nennen, um sie damit zugleich als *wertvolle Wirklichkeiten* von den Werten selbst zu unterscheiden, die, für sich betrachtet, keine Wirklichkeiten sind, und von denen man auch absehen kann. Die Wissenschaft denkt Naturobjekte nicht als Güter, sondern frei von der Verknüpfung mit Werten, und löst man von einem Kulturobjekt in Gedanken jeden Wert ab, so darf man sagen, daß es dadurch ebenfalls zur bloßen Natur wird oder sich wissenschaftlich wie ein Naturobjekt behandeln läßt.« (Rickert, Kulturwissenschaft und Naturwissenschaft, a.a.O. [s. Anm. 2], S. 18)

Es werden drei Reiche unterschieden:
1. Die Wirklichkeit: Die Mannigfaltigkeit in Raum und Zeit aller Dinge.
2. Die Werte: Diese sind nicht, sie gelten.
3. Der Akt des Wertens: Das Denken bezieht die Wirklichkeit auf Werte.
Drei Reiche also: Dasein, Gelten, Werten.

Es erhebt sich hier der Einwand, daß die Werte ein Produkt des Psychischen sind. Der Akt des Beziehens ist wohl ein psychischer, aber die Beziehung auf Werte beruht auf dem reinen Denken als logischen Akt. Das denkende Subjekt bezieht sich also auf Werte in einem rein logischen Akt.

Husserl sagt, daß der Gegenstand, auf den das denkende Subjekt sich bezieht, nicht zum psychischen Vollzug der Wahrnehmung gehört. Die Noesis steht der Noema in einer reinen Geltungsbeziehung, in einer logischen Beziehung gegenüber.[5]

Die Wirklichkeit ist nach Rickert ein *heterogenes Kontinuum*, ein Chaos.[6] Um daraus zu der gegliederten Welt des Verstandes und der Wissenschaft zu kommen, bedarf es der Beziehung des heterogenen Kontinuums auf Werte. Einmal ist die Wirklichkeit also heterogenes Kontinuum, ein anderes Mal ist sie gegliederte Welt.

Erkenntnis ist nicht Abbilden der Wirklichkeit, sondern ein Umbilden der Phänomene nach kategorialen Bestimmungen, nach den Wertprinzipien des Verstandes.[7]

Das heterogene Kontinuum ist eine Welt ohne Begriffsbildung, es ist die Grundlage zur Begriffsbildung. Die Welt »an sich« ist sinnlos, sie ist nicht ein »Ansich«, sondern sie ist zustande gekommen auf Grund der Art und Weise, wie wir zu urteilen gelernt haben. Die Welt ist etwas, was durch das Subjekt konstituiert und konstruiert ist.

Auch hier wieder der Einwand, daß die gegliederte Welt, das *homogene* Kontinuum (oder heterogene Diskretum) ein psychisches Produkt sei. Aber das

---

5 Vgl. den Abschnitt »Der noematische Sinn und die Beziehung auf den Gegenstand«, HEH, Bd. III, S. 313–333.

6 »Wohin wir den Blick richten, finden wir eine *stete Andersartigkeit*, und eine solche Vereinigung von Heterogeneität und Kontinuität ist es, die der Wirklichkeit jenes eigentümliche Gepräge der ›Irrationalität‹ aufdrückt, d. h. weil sie in jedem ihrer Teile ein *heterogenes Kontinuum* ist, kann sie so, wie sie ist, in Begriffe nicht aufgenommen werden.« (Rickert, Kulturwissenschaft und Naturwissenschaft, a. a. O. [s. Anm. 2], S. 32)

7 »Wir formen das in jeder Wirklichkeit steckende heterogene Kontinuum zu einem *homogenen Kontinuum* oder zu einem *heterogenen Diskretum* um. Insofern all dies *möglich* ist, kann die Wirklichkeit auch selbst *rational* genannt werden. Irrational bleibt sie nur für *die* Erkenntnis, die sie abbilden will, *ohne* sie umzuformen.« (Ebd., S. 33)

psychische Faktum gehört selbst mit zum heterogenen Kontinuum, die rein logischen Akte des Beziehens auf Werte durch das denkende Subjekt sind a priori der gegliederten vorgeordnet.

Diese ganze Lehre ist mit dem wirtschaftlich-industriellen Prozeß zu vergleichen: Auf der einen Seite das Material, auf der anderen Seite die Verarbeitung des Materials.

Die Differenz zwischen Naturwissenschaft auf der einen Seite und der Geschichtswissenschaft auf der anderen Seite besteht nun in folgendem:

In der *Geschichtswissenschaft* gilt das individuelle Gesetz.[8]

Die *Naturwissenschaften* bedienen sich nur so lange des individuellen Gesetzes, bis das allgemeine Gesetz gefunden ist. Die Geschichte generalisiert also nicht so wie die Naturwissenschaften.

Die historische Begriffsbildung besteht darin, daß nicht *alles* Einmalige, alles Individuelle beschrieben wird, sondern hier gilt auch wieder die Wertbezogenheit. Es wird aus vielen Einzelheiten *das* ausgewählt, was für die Geschichte in ihrer Gesamtheit gesehen, für das Ganze der Geschichte als wichtig erscheint, d. h., was einen bestimmten Wert für das Ganze in seiner Entwicklung besitzt. Was also im Zusammenhang mit den Werten – Staat, Wirtschaft, Recht, Religion, Kunst – wichtig ist, wird ausgewählt. Auf diese Begriffsbildung soll die Geschichte begründet sein.[9]

Es gilt die Auswahl des Wesentlichen; durch die Wertbezogenheit wird das Sinnvolle vom Sinnlosen getrennt.

Eine Wertung der Werte soll von der Geschichtsschreibung nicht vorgenommen werden, diese werden als feststehend angenommen. Die Geschichtswissen-

---

8 »*Wie* die Geschichtswissenschaft die Besonderheit und Individualität des Wirklichen, das sie behandelt, *darstellt*, sei zunächst dahingestellt. Weil die Wirklichkeit als solche wegen ihrer unübersehbaren Mannigfaltigkeit in *keinen* Begriff eingeht, und weil die ›Elemente‹ *aller* Begriffe allgemein sind, muß der Gedanke an eine individualisierende *Begriffs*bildung zunächst *problematisch* erscheinen. *Daß* aber die Geschichte in der Darstellung des Einmaligen, Besonderen und Individuellen selbst ihre *Aufgabe* sieht, sollte man nicht bestreiten, und von dieser Aufgabe aus muß man ihr formales Wesen darlegen.« (Ebd., S. 54)

9 Bei Rickert heißt es: »Eine wertbeziehende Darstellung gilt immer nur für einen bestimmten Kreis von Menschen, welche die leitenden Werte, wenn auch nicht direkt werten, so doch als Werte verstehen und dabei anerkennen, daß es sich um mehr als rein individuelle Wertungen handelt. Eine Uebereinstimmung hierin mag mit Rücksicht auf einen verhältnismäßig sehr großen Kreis von Menschen zu erzielen sein. In Europa wird man gewiß, wo man überhaupt geschichtswissenschaftliche Werke liest, die früher genannten Kulturwerte, die an Religion, Kirche, Recht, Staat, Wissenschaft, Sprache, Literatur, Kunst, wirtschaftlichen Organisationen usw. haften, als Werte verstehen und es daher nicht als Willkür ansehen, wenn diese Werte die Auswahl des Wesentlichen leiten, also die geschichtliche Darstellung auf das beschränken, was mit Rücksicht auf sie wichtig oder bedeutsam ist.« (Ebd., S. 132f.)

schaft bedient sich also eines *wertbeziehenden Verfahrens*, nicht eines wertenden Verfahrens.

Die Geschichtsschreibung beschreibt also nur die auf einen Wert bezogene Bedeutung eines Ereignisses, erst die Geschichtsphilosophie wertet das Ereignis selbst. – –

41 Dieter Deininger, 20. Mai 1954

Dieter Deininger   Frankfurt/Main, den 3. Juni 1954.
                          Arndtstr. 31

Bericht über die Seminarsitzung vom 20. Mai 1954 des Seminars der Professoren Horkheimer und Adorno über die Wissenschaftslehre Max Webers.

Im Anschluß an das Protokoll der vorletzten Sitzung[10] wurde im Zusammenhange der Rickertschen Unterscheidungen von Natur- und Kulturwissenschaften Fragen diskutiert, die das Verhältnis Husserls und Max Webers zum Neukantianismus betreffen. Später trug Herr Schüring ein Referat über die Persönlichkeit Max Webers vor,[11] soweit[12] Marianne Weber sie in ihrer intimsten privaten Sphäre schildert oder – und dies hauptsächlich – aus seinem Leben groteske, uns komisch anmutende Begebenheiten zu erzählen wußte.[13]

Prof. Adorno wies zunächst auf die verschiedenen Weisen hin, in denen sich im Neukantianismus und dem frühen Stadium der Philosophie Husserls das Subjekt-Objekt-Verhältnis artikuliert. Während im Neukantianismus der Gegenstand der Erkenntnis durch das Subjekt konstituiert wird, besteht bei Husserl zwischen beiden ein radikaler Bruch. Das Gemeinte steht dem Meinen als Selbständiges gegenüber. In seiner späteren Phänomenologie freilich hat sich Husserl dem Neukantianismus genähert; in vielen berühre sich Husserl mit der südwestdeutschen Schule. – Prof. Adorno stellte sodann die Frage nach dem Begriff des individuellen Gesetzes. Für seine eingehende Erörterung wurde ein Referat auf Grund eines Simmel-Textes vorgesehen.[14]

---

10 Das entsprechende Protokoll wurde nicht aufgefunden.
11 Der Referatstext von Heinz-Jürgen Schüring, »Über das Leben von M. Weber«, wurde nicht aufgefunden.
12 Von hier bis zum Ende des Satzes gestrichen. Wie aus einem handschriftlichen Zusatz am Ende des Protokolls hervorgeht – »*Das Gestrichene wurde nicht verlesen.*« –, handelt es sich bei dieser sowie folgender Streichung nicht um Sofortkorrekturen durch den Verfasser, weshalb das später Gestrichene hier unverändert wiedergegeben wird.
13 Vgl. Marianne Weber, Max Weber. Ein Lebensbild. Mit 13 Tafeln und 1 Faksimile [1926], 3. Aufl., Tübingen 1984.
14 Der Referatstext von Franz Husenmüller, »Simmel: Individuelles Gesetz«, wurde nicht aufgefunden. – Vgl. den Abschnitt »Das individuelle Gesetz«, in: Georg Simmel, Lebensanschauung. Vier metaphysische Kapitel [1918], in: Georg Simmel, Gesamtausgabe, hrsg. von Otthein Ramm-

Die Tatsache, daß Rickert die historischen Kulturwissenschaften als selbständige in der Weise begründet, daß er jenen als Gegenstand das wertbehaftete Seiende zuweist, nahm Prof. Adorno zum Anlaß, um die grundsätzliche Frage nach der Seinsart dieses Wertbegriffs zu stellen. Der Wertbegriff hat seinen Ursprung in der Ökonomie. Und wie sich hier der Wert eines Gutes als ein Selbständiges darstellt, obwohl er doch nur auf der Arbeit beruht, die in es hineingesteckt worden ist, so bezeichnet in der Philosophie die Konzeption des Wertbegriffs die Bereitschaft, ursprünglich einmal gesetzte Werte unbefragt als fixe Objekte deskriptiv einfach hinzunehmen. Indem so die Philosophie von der Ökonomie die Orientierung an einem objektiven Maßstab übernimmt, von dem ausdrücklich gesagt wird, daß er sich jeder weiteren Befragung entziehen muß, weicht die Philosophie einer Subjekt-Objekt-Dialektik aus und verfällt einem Fetischismus der Werte. Die ökonomische Herkunft des Wertbegriffs zeigt sich auch am Phänomen der Auswahl, die man zwischen verschiedenen Werten haben soll. Der Umstand, daß ein Wert letztlich nur dadurch Geltung erlangt, daß er ausgewählt wird, bleibt unberücksichtigt. Der Wertbegriff stellt sich somit als ein aporetischer Begriff dar, der aus der philosophischen Notwendigkeit entstanden ist, die Subjektivität zu überwinden, dem aber die Fähigkeit dazu fehlt, indem er nicht als ein durch das Subjekt vermittelter erkannt wird. Dr. Maus[15] wies darauf hin, daß zur gleichen Zeit, in der in der Philosophie der Wertbegriff konzipiert werde, sich in der Ökonomie bereits die Ablösung durch die Grenznutzenlehre vollziehe.

Weiterhin zeigte Prof. Adorno die Verschiebung auf, die das Problem der Subjektivität bei Max Weber gegenüber Kant erfahren hat. Die Radikalität, mit der Kant die Beziehung des Subjekts zum Objekt untersuchte, hat sich bei Max Weber zu der Frage nach der Subjektivität der Wertbeziehung abgeschwächt; indem diese nur mehr einem bereits Konstituierten gilt, verdichtet sich der Schleier der Verdinglichung bis zur Undurchsichtigkeit, die Kantische Frage nach dem Gegenstand ist überhaupt nicht mehr möglich, und die Erkenntnistheorie wandelt sich von der Metaphysik zur wissenschaftlichen Methodenlehre.

In[16] seiner Einführung zum Referat über die Persönlichkeit Max Webers betonte Prof. Adorno die Notwendigkeit, sich den Zusammenhang, in dem wir mit der Problematik Max Webers stehen, zu verdeutlichen. Für unser eigenes Denken sei

---

stedt, Bd. 16, hrsg. von Gregor Fitzi und Otthein Rammstedt, Frankfurt a. M. 1999, S. 209–425; hier: S. 346–425.
15 Heinz Maus wird 1941 mit der Schrift »Kritik am Justemilieu. Eine sozialphilosophische Studie über Schopenhauer« in Kiel promoviert.
16 Von hier bis zum Ende des Protokolls gestrichen (s. Anm. 12).

es besonders wichtig, eine Kontinuität mit diesen Problemen herzustellen, die nicht zuletzt infolge der politischen Ereignisse sich im allgemeinen nicht hergestellt habe. Hinter dem pathetisch proklamierten Anspruch, die Wahrheit im ursprünglichen Denken zu besitzen, verberge sich oft nur ein Mangel an Bildung. Die häufig aufgestellte Behauptung, jene Zeit sei uns fremd geworden, beweise lediglich, daß sie viel Unerledigtes beinhalte und daß man mit ihr nichts mehr zu tun haben wolle.

Sodann referierte Herr Schüring bestimmte Teile aus Marianne Webers Buch über Max Weber, wobei die Auswahl eher ein Bedürfnis nach heiterer Unterhaltung befriedigte als sie ein Bild von der Wirksamkeit Webers in Politik und Gesellschaft zu geben vermochte. Prof. Adorno hob die Billigkeit des anekdotischen Verfahrens hervor, dessen sich der Referent bediente. Wenn dennoch ein Eindruck der Persönlichkeit Max Webers sich ergab, so war der Diskussion zu danken, die sich um eine Ergänzung des Referats bemühte.

Herr Schüring sprach zunächst über die Herkunft Webers. Er stammt aus einer großbürgerlich-liberalen Familie. Weber studierte Nationalökonomie, Philosophie und Jura.[17] Schon sehr früh interessierte er sich für politische Fragen; dieses Interesse blieb sein ganzes Leben hindurch bestehen; freilich blieb es ihm versagt, aktiv an führender Stelle wirksam zu werden, worum er sich lange Zeit bemühte. In seiner Jugend stand Weber auf Seite der Konservativen; als diese aber in einer landwirtschaftlichen Frage die nationalen Belange zugunsten wirtschaftlicher Vorteile opferten, sagte er sich von ihnen los.[18] Sehr früh durchschaute Weber die verderbliche Rolle, die Wilhelm II. für Deutschland spielte. Er erkannte, daß seine Narrenpolitik Deutschland in eine Isolierung treiben würde.[19] An dem Einigungswerk Bismarcks bemängelte Weber, daß es von einem Manne aus einer

---

17 Max Weber wählt, Marianne Weber zufolge, »die Jurisprudenz als Hauptstudienfach und Berufsschulung, dazu Geschichte, Nationalökonomie, Philosophie und beginnt bald im Bereich der Kulturwissenschaften alles zu treiben, was nur irgend bedeutende Lehrer vermitteln.« (Weber, Max Weber, a. a. O. [s. Anm. 13], S. 69)
18 Marianne Weber schreibt über Max Weber: »Mit dem Linksliberalismus teilt er die *demokratischen* Ideale, aber er vermißt bei ihnen den Hauch großen nationalpolitischen Pathos – in dieser Hinsicht waren sie für ihn ›Spießer‹. – Mit den Nationalliberalen teilt er die *individualistische* Gesinnung, auch bejaht er mit ihnen den industriellen Kapitalismus als für die nationale Volkswirtschaft unentbehrliche organisatorische Macht. Dagegen bildet ihr Mangel an sozialer und demokratischer Gesinnung und an sozialpolitischer Einsicht eine hohe Schranke. Mit den konservativen und alldeutschen Kreisen verbindet ihn das *nationale Pathos*, aber sie unterstützen die Wirtschaftspolitik der Agrarier auf Kosten des Deutschtums, auf Kosten der übrigen Volksgenossen. – Im April 1899 schied er sich [...] vom alldeutschen Verband [...]« (Ebd., S. 237).
19 Vgl. ebd., S. 130 f.

Gesellschaftsschicht zustande gebracht worden sei, die ihre geschichtliche Rolle bereits ausgespielt habe. Bismarck habe es nicht vermocht, seinem Werk einen tragenden Ideengehalt über seine eigene politische Wirksamkeit hinaus zu geben.[20] Weber kam dann mit der jüngeren historischen Schule, den sog. Kathedersozialisten, in Berührung.[21] Wie Dr. Maus ergänzte, befürworteten diesen einen »revisionistischen« Sozialismus, d. h. eine Verwirklichung des Sozialismus durch den Staat. In der Niederlage Deutschlands im Ersten Weltkrieg sah Weber sich das Schicksal erfüllen, das sich in Bismarck und Wilhelm II. vorbereitet hatte.

1895 habilitierte sich Weber in Heidelberg. In der Folgezeit kam Weber mit dem Kreis um George in Berührung und machte auch dessen persönliche Bekanntschaft. Herr Schüring zitierte eine Aufzeichnung Webers über ein Gespräch mit George, das sich freilich etwas läppisch und banal ausnahm.[22] Prof. Adorno meinte, daß solche Gespräche einzig in ihrer Flüchtigkeit ihr Recht besäßen. Würden sie überliefert, so ginge ihnen damit der Trost der Hinfälligkeit verloren, und die Differenz zwischen Substantialität und Anspruch werde offenbar; die Gleichsetzung geistiger Dinge und persönlicher Angelegenheiten sei nur in der Flüchtigkeit des Gesprächs gestattet. Wird ein solches Gespräch überliefert, so macht sich notwendig das Moment der Komik geltend. Aus Humanität gegenüber dem gesprochenen Wort solle man auf solche Überlieferung verzichten.

Als zum Heidelberger Kreis auch Lukács stieß,[23] wurde bei Max Weber das Interesse für den Osten erweckt. Während des Weltkriegs begann Weber in politischen Angelegenheiten öffentlich aufzutreten. Wie in der Analyse Webers der Zusammenhang jeder Gesellschaft wesentlich auf den charismatischen Qualitäten von Führerpersönlichkeiten beruht, so sollte auch das System des Parlamentarismus, für das sich Weber nach 1919 einsetzte, im Widerstand gegen den Parteimechanismus einer Führerauslese dienen. Ihm habe eine cäsaristische Demokratie vorgeschwebt.[24]

---

20 Vgl. ebd., S. 124–130.
21 Vgl. ebd., S. 131–140.
22 Marianne Weber berichtet von zwei Gesprächen Max Webers mit Stefan George, vgl. ebd., S. 470–472.
23 »Vom Gegenpol der Weltanschauung kamen auch einige junge östliche Philosophen, die man um diese Zeit kennen lernte, vor allem der Ungar Georg von Lukácz mit dem Webers sich nahe befreundeten.« (Ebd., S. 473) – Georg Lukács siedelt 1912 von Florenz aus nach Heidelberg über.
24 »*Die richtige Auslese der politischen Führer* ist das für Weber wichtigste Problem des Parlamentarismus und der Demokratisierung. Denn beides bedeutet nicht ›Massenherrschaft‹. Immer beherrscht das politische Handeln die Manövrierfähigkeit kleiner Gruppen, oder aber ein Einzelner ›cäsaristisch‹ als Vertrauensmann des Volks. Die Masse der Abgeordneten soll immer nur Gefolgschaft der an der Regierung beteiligten Führer sein.« (Ebd., S. 597)

Gegen Ende seines Lebens äußerte sich Weber recht bekümmert über die Erfolge seiner eigenen politischen Tätigkeit. Er vergleicht sich mit dem unglücklichen Propheten Jeremiah und führt diesen Vergleich in einer mitunter etwas geschmacklos anmutenden Weise bis in die Einzelheiten durch.[25] Mit dem Zitat dieser Stelle beschloß Herr Schüring seine Ausführungen.

In seinem Schlußwort hab Prof. Adorno hervor, daß das Referat zwar eine Menge Anregung gegeben habe, daß aber das, worauf es ankam, nämlich die Darstellung des Verhaltens Webers in den realen Kämpfen seiner Zeit, ausgeblieben sei.

---

25 Vgl. ebd., S. 605f.

42 Werner Wilkening, 3. Juni 1954

Werner Wilkening

Seminar
Prof. Horkheimer
und Adorno

Protokoll der Sitzung vom 3. 6. 1954

Im Anschluß an Max Webers Aufsatz »Die Objektivität sozialwissenschaftlicher und sozialpolitischer Erkenntnis«[26] ergab sich eine allgemeine Diskussion über Webers Auffassung von der Aufgabe der Wissenschaft.

Gegen seine Position, die zwar betont, daß Werturteile der wissenschaftlichen Analyse nicht entzogen seien, die aber die eigentliche Entscheidung und das Engagement in den außerwissenschaftlichen Raum verweist, wurden verschiedene Bedenken geltend gemacht.

Professor Adorno wandte ein, daß damit die Wahrheit in die Hand der Irrationalität überantwortet werde. In diesem Sinn sei der irreführende Versuch der Trennung von wissenschaftlicher Analyse und wertendem Raisonnement gefährlich.

Webers Stellung sei verständlich im Zusammenhang mit seiner Auffassung von der »Tugend der Enthaltsamkeit« und einer gewissermaßen männlichen Selbstentscheidung, die Disziplin und Zweckrationalismus dem öffentlichen und Freiheit dem privaten Raum zuweist.

Das Problem der Wertfreiheit in der Wissenschaft wurde noch einmal an der Frage der Auswahl des Forschungsobjekts aufgerollt, bei der auch nach Weber subjektive, d.h. wertende Faktoren und nicht sachgemäße ausschlaggebend sind.[27]

---

26 Vgl. MWG, Bd. I/7, S. 142–234.
27 »Daß unsere physische Existenz ebenso wie die Befriedigung unserer idealsten Bedürfnisse überall auf die quantitative Begrenztheit und qualitative Unzulänglichkeit der dafür benötigten äußeren Mittel stößt, daß es zu ihrer Befriedigung der planvollen Vorsorge und der Arbeit, des Kampfes mit der Natur und der Vergesellschaftung mit Menschen bedarf, – das ist, möglichst unpräzis ausgedrückt, der grundlegende Tatbestand, an den sich alle jene Erscheinungen knüpfen, die wir im weitesten Sinne als ›sozial-ökonomische‹ bezeichnen. Die Qualität eines Vorganges als ›sozial-ökonomischer‹ Erscheinung ist nun nicht etwas, was ihm als solchem ›objektiv‹ anhaftet. Sie ist vielmehr bedingt durch die Richtung unseres Erkenntnis*interesses*, wie sie sich aus der spezifischen Kulturbedeutung ergibt, die wir dem betreffenden Vorgange im einzelnen Fall beilegen.« (Ebd., S. 161 f.)

Schließlich wurde die Frage aufgeworfen, ob Wissenschaft sich in der Aussage über das Allgemeine, Gesetzmäßige erschöpfen dürfe. In Webers überspitztem Logizismus liege die Gefahr, das Spezifische, die Einmaligkeit, dem Zufall zu überlassen. Sie träte dann nur noch als Abweichung von der Regel auf.

Während die polar entgegengesetzte Induktion oft sinnlose Beschränkung auf den Einzelfall, im Extrem das »Verbot der Theorie« (wie etwa in einem mißbrauchten Positivismus) bedeuten könne, so verdanke man ihr doch etwa die Entwicklung der Psycho-Analyse, zu der es bei einer »Dämpfung der Entdeckerfreude« am Einzelfall (Weber)[28] möglicherweise nie gekommen wäre.

Mit der Wendung »Das Anschauliche widerspricht sich selbst« leitete Professor Adorno die Betrachtung ein, die Hypostasie der Polarität Allgemeinheit–Besonderheit reflektiere die Situation des Individuums in der gesellschaftlichen Konkurrenz.

Professor Horkheimer sagte abschließend, Comte habe noch den Elan gehabt, »das, worauf es ankommt«, in einem grandiosen Dreistadiengesetz zu formulieren.[29] Weber dagegen habe »nur«-Gesetze im theoretisch-methodologischen Bereich gemacht und das, »worauf es ankommt«, zu einer Sache des ethischen Geschmacks relegiert.

---

28 Vgl. die einschränkenden Bemerkungen Webers ebd., S. 162f.
29 »Jeder Zweig unserer Kenntnisse durchläuft der Reihe nach drei verschiedene theoretische Zustände (Stadien), nämlich den theologischen oder fiktiven Zustand, den metaphysischen oder abstrakten Zustand und den wissenschaftlichen oder positiven Zustand. Mit anderen Worten: Der menschliche Geist wendet in allen seinen Untersuchungen der Reihe nach verschiedene und sogar entgegengesetzte Methoden bei seinem Philosophieren an; zuerst die theologische Methode, dann die metaphysische und zuletzt die positive. Die erste ist der Punkt, an dem die Erkenntnis beginnt; die dritte der feste und endgültige Zustand, die zweite dient nur als Übergang von der ersten zur dritten.« (Auguste Comte, Die Soziologie. Die positive Philosophie im Auszug [1830–1842], hrsg. von Friedrich Blaschke, Leipzig 1933 [Kröners Taschenausgabe; 107], S. 2) – Vgl. NaS, Bd. IV·6, S. 26f.; ebd., S. 64f., NaS, Bd. IV·14, S. 15, sowie NaS, Bd. IV·15, S. 219f.

43 Gerhard Beuter,
24. Juni 1954

Protokoll

der Seminarsitzung vom 24. 6. 1954

In der letzten Sitzung begannen wir mit der Besprechung einer Reihe von Problemen über den Objektivitäts-Aufsatz M. Webers. In ihm wirft M. Weber als grundsätzliches Problem das Verhältnis des Seins zum Seinsollen in der Sozialwissenschaft auf.[30] In seinem Ansatz behandelt er aber gar nicht diese Frage, sondern er berichtet, daß die Sozialwissenschaft ursprünglich von praktischen Gesichtspunkten ausgegangen sei, sie habe Anweisungen geben wollen, wie man mit bestimmten Techniken – z.B. die Wirtschaft – steuern könnte. Da die Problematik der praktischen Verwendbarkeit der Sozialwissenschaft das eigentlich philosophische Problem hier nicht bezeichnet, richtete sich die Kritik in der Diskussion auf den Ansatz seiner grundsätzlichen Frage, der Frage des Verhältnisses von Sein und Seinsollen.

Könnte der unglückliche Ansatz aus seiner Annahme erklärbar sein, daß die Sozialwissenschaft nur die Geeignetheit bestimmter Mittel zu gegebenen Zwecken zu untersuchen habe?[31] An diesem Problem zeigt sich, daß M. Weber der Wis-

---

[30] »Wir alle wissen, daß unsere Wissenschaft, wie mit Ausnahme vielleicht der politischen Geschichte jede Wissenschaft, deren Objekt menschliche Kulturinstitutionen und Kulturvorgänge sind, geschichtlich zuerst von *praktischen* Gesichtspunkten ausging. Werturteile über bestimmte wirtschaftspolitische Maßnahmen des Staates zu produzieren, war ihr nächster und zunächst einziger Zweck. Sie war ›Technik‹ etwa in dem Sinne, in welchem es auch die klinischen Disziplinen der medizinischen Wissenschaften sind. Es ist nun bekannt, wie diese Stellung sich allmählich veränderte, ohne daß doch eine *prinzipielle* Scheidung von Erkenntnis des ›Seienden‹ und des ›Seinsollenden‹ vollzogen wurde.« (MWG, Bd. I/7, S. 145)

[31] »Jede denkende Besinnung auf die letzten Elemente sinnvollen menschlichen Handelns ist zunächst gebunden an die Kategorien: ›Zweck‹ und ›Mittel‹. Wir wollen etwas in concreto entweder ›um seines eigenen Wertes willen‹ oder als Mittel im Dienste des in letzter Linie Gewollten. Der wissenschaftlichen Betrachtung zugänglich ist nun zunächst unbedingt die Frage der Geeignetheit der Mittel bei gegebenem Zwecke. Da wir (innerhalb der jeweiligen Grenzen unseres Wissens) gültig festzustellen vermögen, *welche* Mittel zu einem vorgestellten Zwecke zu führen geeignet oder ungeeignet sind, so können wir auf diesem Wege die Chancen, mit bestimmten zur Verfügung stehenden Mitteln einen bestimmten Zweck überhaupt zu erreichen, abwägen und mithin indirekt die Zwecksetzung selbst, auf Grund der jeweiligen historischen Situation, als praktisch sinnvoll oder aber als nach Lage der gegebenen Verhältnisse sinnlos kritisieren. Wir können weiter, *wenn* die Möglichkeit der Erreichung eines vorgestellten Zweckes gegeben erscheint, (natürlich immer innerhalb der Grenzen unseres jeweiligen Wissens) die *Folgen* fest-

senschaft lediglich eine gutachterliche Tätigkeit für die Gesellschaft zuschreibt. Der Begriff der Praxis ist bei ihm viel zu eng, und daraus erklärt sich auch sein Ansatz. Das Seinsollende ist für M. Weber nur etwas Subjektives. Daß in ein subjektives Urteil objektive Strukturen eingehen, verkennt er. Dabei ist die Annahme, daß die Wertentscheidung unwissenschaftlich sei, willkürlich. Zwar verlangt M. Weber, daß auch die Werte untersucht werden, andererseits aber wieder sagt er, daß die Wissenschaft nur Technik sein könne. Hierin zeigt sich ein antagonistisches Motiv seiner Philosophie.

Besitzt M. Webers Postulat nicht ein berechtigtes Motiv, nämlich, daß man nicht mit bestimmten Begriffen oder Vorurteilen an die Tatsachen herangehen darf? Ohne etwas zu wollen, ist Erkenntnis unmöglich, insofern erscheint M. Webers Trennung von Sein und Seinsollen dogmatisch. Auch kann man die Motivationen rational erfassen. Die Vorstellung, im Erkennen die subjektiven Momente beseitigen zu müssen, ist illusorisch. Seine Residualtheorie der Wahrheit ist aus der Physik übernommen. Allerdings hat M. Weber insofern recht, als er den Versuch macht, die Sozialwissenschaft vom predigerhaften Moralisieren zu befreien. In der Polemik gegen die Werturteile zeigt sich M. Weber inkonsequent: einmal sagt er, über die Werte könne alles mögliche ausgesagt werden – wie z. B. über ihre Widerspruchsfreiheit –, dann aber behauptet er, die Entscheidung für einen Wert ist irrational.[32] Mit diesem Widerspruch geht M. Webers Polemik hier

---

stellen, welche die Anwendung der erforderlichen Mittel *neben* der eventuellen Erreichung des beabsichtigten Zweckes, infolge des Allzusammenhanges alles Geschehens, haben würde. Wir bieten alsdann dem Handelnden die Möglichkeit der Abwägung dieser *ungewollten* gegen die *gewollten* Folgen seines Handelns und damit die Antwort auf die Frage: was ›kostet‹ die Erreichung des gewollten Zweckes in Gestalt der voraussichtlich eintretenden Verletzung *anderer* Werte? Da in der großen Überzahl aller Fälle *jeder* erstrebte Zweck in diesem Sinne etwas ›kostet‹ oder doch kosten kann, so kann an der Abwägung von Zweck und Folgen des Handelns gegeneinander keine Selbstbesinnung verantwortlich handelnder Menschen vorbeigehen, und sie zu ermöglichen ist eine der wesentlichsten Funktionen der *technischen* Kritik, welche wir bisher betrachtet haben.« (Ebd., S. 146 f.)

32 »Aber die wissenschaftliche Behandlung der Werturteile möchte nun weiter die gewollten Zwecke und die ihnen zugrunde liegenden Ideale nicht nur verstehen und nacherleben lassen, sondern vor allem auch kritisch ›beurteilen‹ lehren. *Diese* Kritik freilich kann nur dialektischen Charakter haben, d. h. sie kann nur eine formallogische Beurteilung des in den geschichtlich gegebenen Werturteilen und Ideen vorliegenden Materials, eine Prüfung der Ideale an dem Postulat der inneren *Widerspruchslosigkeit* des Gewollten sein. Sie kann, indem sie sich diesen Zweck setzt, dem Wollenden verhelfen zur Selbstbesinnung auf diejenigen letzten Axiome, welche dem Inhalt seines Wollens zugrunde liegen, auf die letzten Wertmaßstäbe, von denen er unbewußt ausgeht oder – um konsequent zu sein – ausgehen müßte. Diese letzten Maßstäbe, welche sich in dem konkreten Werturteile manifestieren, zum *Bewußtsein* zu bringen, ist nun allerdings das *letzte*, was sie, ohne den Boden der Spekulation zu betreten, leisten kann. Ob sich das ur-

gegen Windmühlen, denn eigentlich sagt er doch nur, daß man etwas wollen muß, um etwas zu erkennen.

Vielleicht könnte man M. Weber damit verteidigen, daß man auf die konkrete geschichtliche Situation verweist, aus der seine Gedanken stammen. Das Prinzip des Laissez-faire, das Prinzip des Seins, der Natur erweist sich nicht mehr als brauchbar, das Seinsollende ist nicht mehr identisch mit dem Sein, und daher die Trennung des Seins vom Seinsollenden.

Während zu Beginn der Diskussion M. Weber heftig kritisiert wurde, und diese Stellungnahme zur Verteidigung herausforderte, zeigten sich im weiteren Verlauf der Diskussion einige Versuche, M. Weber genauer zu verstehen.

Ein Motiv bei M. Weber richtet sich gegen Marx, dessen Kulturkritik er den Boden entziehen will, indem er standpunktfrei zu sein strebt. Ein anderes Motiv bei M. Weber ergibt sich daraus, daß für ihn die Soziologie eine Art empirische Wissenschaft ist, er aber andererseits als Neukantianer und Schüler Rickerts mit einer idealistischen Erkenntnistheorie seinen Empirismus zu begründen versucht. So lassen sich aus seinem Standpunkt Denkmotive aufweisen eines ethischen Irrationalismus, verbunden mit historischem Relativismus und erkenntnistheoretischem Idealismus. Es gibt auch Übergänge zu Jaspers und Kierkegaard – beim Begriff der Entscheidung.[33] Bei M. Weber besteht der Stolz der Wissenschaft in der Versagung. Alle wesentlichen Dinge werden in die Unwissenschaftlichkeit abgeschoben. Im Grunde zeigt sich darin eine Ablehnung der Theorie. Ihm geht es um die Feststellung einmaliger Fakten. Bei ihm gibt es nur den Idealtyp, der etwas vorläufiges ist. Das, was als Wissenschaft übrigbleibt, bekommt pragmatischen Charakter; die Wissenschaft wird so, daß die Verwaltung möglichst viel mit ihr anfangen kann. Da der Eindruck nicht verschwand, daß M. Weber nur kritisiert werde, stellte Prof. Horkheimer die Frage: Ist nun die Trennung von Sein und Seinsollen wirklich so willkürlich? Die Objektivität ist etwas, was lediglich kontemplativ, was theoretisch ist. Das europäische Denken der Neuzeit beruht ja auf der Trennung von Theorie und Praxis. Die praktische Entscheidung soll frei und nicht durch die Theorie beeinflußt sein. M. Weber hat

---

teilende Subjekt zu diesen letzten Maßstäben bekennen *soll*, ist seine persönlichste Angelegenheit und eine Frage seines Wollens und Gewissens, nicht des Erfahrungswissens.« (Ebd., S. 149)

33 »Jene Abwägung selbst nun aber zur Entscheidung zu bringen ist freilich *nicht* mehr eine mögliche Aufgabe der Wissenschaft, sondern des wollenden Menschen: er wägt und wählt nach seinem eigenen Gewissen und seiner persönlichen Weltanschauung zwischen den Werten, um die es sich handelt. Die Wissenschaft kann ihm zu dem *Bewußtsein* verhelfen, daß *alles* Handeln, und natürlich auch, je nach den Umständen, das *Nicht*-Handeln, in seinen Konsequenzen eine *Parteinahme* zugunsten bestimmter Werthe bedeutet, und damit – was heute so besonders gern verkannt wird – regelmäßig *gegen andere*. Die Wahl zu treffen, ist seine Sache.« (Ebd., S. 147 f.)

jedoch beide Sphären verdinglicht. Denn während Theorie und Praxis getrennt und wieder verbundene sind, hebt M. Weber allein das Moment der Nichtidentität hervor.

Ist nicht in M. Weber doch etwas sehr Richtiges ausgesprochen? Verfahren wir nicht alle so, wie M. Weber sagt? Es ist aber ein Unterschied, ob Max Weber den herrschenden Wissenschaftsbetrieb beschreibt oder ob er erkenntnistheoretische Überlegungen anstellt, und sich sein Denken zum Selbstverständnis bringt. Wenn man ein Selbstverständnis seiner Erkenntnisleistungen anstrebt, wird man sehen, daß es bei Max Weber Momente gibt, die er negiert.

Die Diskussion der Idealtypen wurde auf die nächste Sitzung verschoben.

Gerhard Beuter[34]

---

[34] Unterschrift.

44 Helmut Olles,
1. Juli 1954

Protokoll der Seminar-Sitzung vom 1. 7. 1954
(Diskussion über Webers Begriff des »Idealtypus«)

Einleitend wandte sich Prof. Adorno dagegen, daß man Weber den Vorwurf des Atheoretischen und Undialektischen mache. Es sei Weber nicht einfach um Ablehnung der Theorie gegangen. Gewiß enthalte er ein antiphilosophisches, positivistisches Moment; auch seine Erkenntnistheorie sei theoriefeindlich. Aber was er als Forscher geleistet habe, gehe weiter als die Begriffe, in denen er es gedacht habe; was er z. B. über den Zusammenhang von Protestantismus und Kapitalismus oder über die Bürokratie gesagt habe, sei Theorie und befinde sich im Unterschied zu seiner Erkenntnistheorie.

Ebensowenig dürfe man von oben her sagen: Weber sei nicht dialektisch. Mit solchen vorgegebenen Prestige-Begriffen an die Sache heranzugehen, wäre gerade undialektisch; denn Dialektik dürfe nicht als abstrakter Begriff gehandhabt werden, wie etwa G. Lukács undialektisch über Dialektik rede.[35] Es dürften nicht Noten nach dem Maßstab der Dialektik verteilt werden; den Begriff der Philosophie mache es aus, gerade daraus herauszukommen. Man müsse in die Sache selbst hinein und sehen, was an dieser aus sich selbst richtig sei.

Im Objektivitätsaufsatz entwickelt Weber den Begriff des Idealtypus zunächst am Beispiel der »abstrakten Wirtschaftstheorie«.[36] Er meint damit die Idee der

---

35 Im Aufsatz *Erpreßte Versöhnung* [1958] kommt Adorno nochmals auf diesen Punkt zu sprechen: *Am krassesten wohl manifestierte sich in dem Buch ›Die Zerstörung der Vernunft‹ die von Lukács' eigener. Höchst undialektisch rechnete darin der approbierte Dialektiker alle irrationalistischen Strömungen der neueren Philosophie in einem Aufwaschen der Reaktion und dem Faschismus zu, ohne sich viel dabei aufzuhalten, daß in diesen Strömungen, gegenüber dem akademischen Idealismus, der Gedanke auch gegen eben jene Verdinglichung von Dasein und Denken sich sträubte, deren Kritik Lukács' eigene Sache war. Nietzsche und Freud wurden ihm schlicht zu Faschisten, und er brachte es über sich, im herablassenden Ton eines Wilhelminischen Provinzialschulrats von Nietzsches »nicht alltäglicher Begabung« zu reden. Unter der Hülle vorgeblich radikaler Gesellschaftskritik schmuggelte er die armseligsten Clichés jenes Konformismus wieder ein, dem die Gesellschaftskritik einmal galt.* (GS, Bd. 11, S. 252)

36 »Die Frage, wie weit z. B. die heutige ›abstrakte Theorie‹ noch ausgesponnen werden soll, ist schließlich auch eine Frage der Ökonomie der wissenschaftlichen Arbeit, deren doch auch andere Probleme harren. Auch die ›Grenznutzentheorie‹ untersteht dem ›Gesetz des Grenznutzens‹. – *[Absatz]* Wir haben in der abstrakten Wirtschaftstheorie ein Beispiel jener Synthesen vor uns, welche man als ›*Ideen*‹ historischer Erscheinungen zu bezeichnen pflegt. Sie bieten uns ein *Ideal*bild der Vorgänge auf dem Gütermarkt bei tauschwirtschaftlicher Gesellschaftsorganisation, freier Konkurrenz und streng rationalem Handeln. Dieses Gedankenbild vereinigt bestimmte

reinen Tauschwirtschaft, wie sie von Smith und Ricardo ausging und sich bis zur Grenznutzenschule fortgesetzt hat. Weber meint, daß eine solche reine Tauschgesellschaft der abstrakten Wirtschaftstheorie nicht vorkommt. Das ist Historische Schule bei ihm; diese hat ja die tatsächliche Entwicklung in den Vordergrund gestellt gegenüber der begrifflichen Konstruktion. – Die einzelnen Momente dieser Theorie sind nach Weber das rationale Handeln, die freie Konkurrenz, die tauschwirtschaftliche Gesellschaftsorganisation und der Gütermarkt. »Rationales Handeln« heißt, daß die Menschen egoistisch handeln – was nicht psychologisch gemeint ist –, daß sie einen bestimmten Nutzen mit den geringsten Mitteln, den maximalen Nutzen mit den gegebenen Mitteln zu erreichen suchen. »Freie Konkurrenz« heißt, daß das Tauschsystem, in dem jeder einem Kontrahenten gegenübersteht, durch keine staatlichen Eingriffe beeinträchtigt wird, daß jeder die gleichen Chancen hat; der Wert der Produkte wird im Tausch gemessen. »Tauschwirtschaftliche Gesellschaftsorganisation« bedeutet, daß das Prinzip des Tausches von Äquivalenten zum Universalprinzip wird, nach dem sich alle gesellschaftlichen Beziehungen richten. »Gütermarkt« bedeutet: Inbegriff der sämtlichen Tauschakte der Konkurrenten. Durch den Markt wird begrifflich die Einheit zwischen den isolierten Einzelnen hergestellt. Wenn Weber sagt, daß »dieses Gedankenbild (der reinen Tauschgesellschaft) bestimmte Beziehungen und Vorgänge des historischen Lebens zu einem in sich widerspruchslosen Kosmos gedachter Zusammenhänge (vereinigt)«, so meine er damit, sagte Prof. Adorno, daß diese einzelnen Momente logisch zusammengehörten und sich ergänzten. Durch die Universalität des Tauschprinzips werde eine solche Gesellschaft in sich logisch einsichtig. »Widerspruchslos« heiße nichts anderes, als daß diese Begriffe gegenseitig einander forderten und sich gegenseitig durcheinander konstituierten. Diese Einheit des Sinnes, diesen Zusammenhang der Kategorien nenne Weber Idealtypus. Der wichtigste Idealtypus sei bei Weber die Marktwirtschaft. Weber lasse sich aber nur dann richtig verstehen, wenn man sich darüber klar sei, daß alle diese Untersuchungen nur Beispiele darstellten für erkenntnistheoretische oder logische Strukturen, die er daran entwickeln wolle.

Weber strebe eine Art von Synthese aus Historischer Schule und klassischer Ökonomie an. – Denn: halten wir uns bloß an die Gegebenheiten, so kommen wir zu nichts; wir müssen schon einen Begriff von einer Wirtschaftsform bilden, eine Idee, welche, wie Weber betont, »nicht eine Darstellung des Wirklichen ist«[37],

---

Beziehungen und Vorgänge des historischen Lebens zu einem in sich widerspruchslosen Kosmos *gedachter* Zusammenhänge.« (MWG, Bd. I/7, S. 202)

37 »Für die *Forschung* will der idealtypische Begriff das Zurechnungsurteil schulen: er *ist* keine ›Hypothese‹, aber er will der Hypothesenbildung die Richtung weisen. Er *ist* nicht eine *Darstellung* des Wirklichen, aber er will der Darstellung eindeutige Ausdrucksmittel verleihen.« (Ebd., S. 203)

sondern nur eine ideale Konstruktion. Der Idealtypus ist aber auch nicht ein Durchschnitt des empirisch Vorfindlichen. So entsteht der Typus »Mittelstadt« nicht aus einzelnen Untersuchungen, sondern er wird aus dem Begriff Mittelstadt entwickelt. Der entscheidende Satz Webers über die Bildung des Idealtypus besagt, daß der Idealtypus gewonnen wird »durch einseitige Steigerung eines oder einiger Gesichtspunkte und durch Zusammenschluß einer Fülle von Einzelerscheinungen, die sich jenen einseitig herausgehobenen Gesichtspunkten fügen, zu einem in sich einheitlichen Gedankenbilde.«[38]

Der Idealtypus scheint einer Hypothese nahezukommen, aber Weber sagt ausdrücklich, er sei »keine Hypothese«. Der Unterschied ist, daß die Hypothese verifiziert werden will. Sie behauptet, wahr zu sein; der Idealtypus sagt dagegen nicht wie die Hypothese: es ist so, sondern er ist nur ein Versuch, bestimmte Zusammenhänge einsichtig zu machen. Es wird nicht eine Erwartung ausgesprochen, daß die empirischen Gegebenheiten in diesen Zusammenhang fallen.

Nach Weber trägt die idealtypische Konstruktion den Charakter einer Utopie an sich. Aber das Wort Utopie hat bei Weber nicht den Sinn eines ausgedachten, nirgends vorkommenden Idealstaates, wie seit Aristophanes' Vögeln,[39] eines Idealbildes der Menschheit, sondern es bedeutet bei ihm soviel als: Fiktion. Der Idealtypus ist für Weber kein Ideal; er ist aufs schärfste davon geschieden. So kommt etwa die heutige amerikanische Gesellschaft dem Weberschen Idealtyp des Kapitalismus sehr nahe, aber er hätte nie gesagt: das sei ein Ideal. Auch in der Tauschgesellschaft hätte er kein Ideal gesehen; er war vom bürgerlichen Utopismus befreit durch sein historisches Denken, das ihn die Bedeutung der Gewalt für die Entwicklung der Tauschgesellschaft sehen ließ; er betont das besonders im

---

[38] Weber bemerkt, man habe »z.B. die Idee der ›Stadtwirtschaft‹ des Mittelalters als ›genetischen‹ Begriff konstruiert [...]. Tut man dies, so bildet man den Begriff ›Stadtwirtschaft‹ *nicht* etwa als einen *Durchschnitt* der in sämtlichen beobachteten Städten *tatsächlich* bestehenden Wirtschaftsprinzipien, sondern ebenfalls als einen *Idealtypus*. Er wird gewonnen durch einseitige *Steigerung eines* oder *einiger* Gesichtspunkte und durch Zusammenschluß einer Fülle von diffus und diskret, hier mehr, dort weniger, stellenweise gar nicht, vorhandenen *Einzel*erscheinungen, die sich jenen einseitig herausgehobenen Gesichtspunkten fügen, zu einem in sich einheitlichen *Gedanken*bilde. In seiner begrifflichen Reinheit ist dieses Gedankenbild nirgends in der Wirklichkeit empirisch vorfindbar, es ist eine *Utopie*, und für die *historische* Arbeit erwächst die Aufgabe, in *jedem einzelnen Falle* festzustellen, wie nahe oder wie fern die Wirklichkeit jenem Idealbilde steht, inwieweit also der ökonomische Charakter der Verhältnisse einer bestimmten Stadt als ›stadtwirtschaftlich‹ im begrifflichen Sinn anzusprechen ist. Für den Zweck der Erforschung und Veranschaulichung aber leistet jener Begriff, vorsichtig angewendet seine spezifischen Dienste.« (Ebd., S. 203 f.)

[39] Die Komödie des Aristophanes wird zuerst 414 v.Chr. aufgeführt.

Kategorien-Aufsatz[40]. – Damit ist der Idealtypus für Weber absolut wertfrei, es kann einen Idealtypus der Zuhälterei genausogut geben wie einen der Kirche.

Der Idealtypus ist für Weber ein heuristisches Prinzip. Das heißt, da man mit ihm bestimmte Zusammenhänge besser herausbekommen soll. »Für den Zweck der Erforschung und Veranschaulichung«, sagt Weber, »leiste er seine spezifischen Dienste.« Er soll also nur bestimmte Dinge in einen Sinnzusammenhang rücken. Im äußersten Gegensatz zu Hegel habe, sagte Prof. Adorno, der Begriff hier bei Weber keine Substantialität. – Jedes einzelne Moment des Idealtypus fordert seine empirische Einlösung. Was geleistet werden soll, ist die Erkenntnis der einzelnen Faktizität; für diese werden solche Schemata gebraucht. Zwar wendet Weber sich gegen die historischen Stoffhuber seiner Zeit,[41] am Schluß möchte er es aber doch nur besser machen als diese. Denn er interessiert sich nicht für Gesetze, sondern will Einzelnes auffassen, er ist ideographisch gerichtet. Nicht mit Gesetzen, aber mit Begriffen will Weber die Wirklichkeit so durchgehen, daß dadurch das Vieldeutige eindeutig werde. Daher stamme, wie Prof. Adorno sagte, Webers Vertrauen zu Verbaldefinitionen. Schließlich habe bei Weber aber eine juristische Neigung zur Begriffsbestimmung das Interesse überwuchert, wozu die Begriffe eigentlich da seien.

Nach der Erkenntnis des Konkreten soll der Idealtypus wegfallen; er wird dann überflüssig. Weber spricht davon, daß »die reif werdende Wissenschaft immer Überwindung des Idealtypus« als eines empirisch geltenden oder Gattungsbegriffes bedeute.[42] Man nimmt also den Idealtypus, um mit seiner Hilfe die in Frage stehenden Dinge richtig verstehen zu können. Ist das gelungen, dann werden die idealtypischen Konstruktionen zurückgenommen.

Weber stellt sich vor, daß ein Idealtypus sich bewähren soll an seiner Fruchtbarkeit. Wie weit es gelingt, Einzelnes verstehbar zu machen, darauf kommt es an. In diesem Begriff des Verstehens liege, sagte Prof. Adorno, der Ansatz zu dem späteren Kategorien-Aufsatz. Denn es sei die These Webers, daß der Unter-

---

40 Vgl. Max Weber, Über einige Kategorien der verstehenden Soziologie [1913], in: MWG, Bd. I/12, S. 389–440.
41 »Es gibt, um mit F{riedrich} Th{eodor} Vischer zu reden, auch auf unserem Gebiete ›Stoffhuber‹ und ›Sinnhuber‹. Der tatsachengierige Schlund der ersteren ist nur durch Aktenmaterial, statistische Folianten und Enqueten zu stopfen, für die Feinheit des neuen Gedankens ist er unempfindlich. Die Gourmandise der letzteren verdirbt sich den Geschmack an den Tatsachen durch immer neue Gedankendestillate.« (Ebd., S. 233) – Die Unterscheidung von »Stoffhuberei« und »Sinnhuberei« wird 1862 von Vischer in seinem satirischen Stück »Faust. Der Tragödie dritter Teil« in die Literaturgeschichte eingeführt. – Vgl. auch NaS, Bd. IV·6, S. 91 f. und NaS, Bd. IV·15, S. 184.
42 »Die reif werdende Wissenschaft bedeutet also in der Tat immer *Überwindung* des Idealtypus, sofern er als empirisch *geltend* oder als *Gattungsbegriff* gedacht wird.« (MWG, Bd. I/7, S. 223)

schied gesellschaftlicher Gegenstände von naturwissenschaftlichen dadurch bezeichnet werde, daß gesellschaftliche Gegenstände verstehbar seien. Mit diesem von ihm apodiktisch eingeführten Begriff des Verstehens stehe er nicht so sehr Rickert nahe als Simmel (Probleme der Geschichtsphilosophie)[43].

Bei der Arbeit mit dem Idealtypus zeigt sich immer eine Differenz dieser idealtypischen Begriffe von den Daten, die man mit ihnen feststellt. Diese Differenz ist das zu Bestimmende. Weber verlangt, »in jedem einzelnen Falle festzustellen, wie nahe oder wie fern die Wirklichkeit jenem Idealbilde steht ...«. Die Frage ist, ob und wieweit sich Wirklichkeit und Idealtypus decken. Weber sieht in den Idealtypen »begriffliche Mittel zur Vergleichung und Messung der Wirklichkeit.«[44] Die Abweichungen werden erkannt, wenn der Idealtypus durch einen möglichst exakten Begriff repräsentiert wird. Gerade dann soll sich durch Konfrontation mit der diffusen Wirklichkeit etwas über diese ausmachen lassen.

Dazu Prof. Adorno: Hier zeige sich ein Widerspruch bei Weber. Einerseits sage er: Ich konfrontiere die Wirklichkeit mit dem Idealtypus, und andererseits: Ich kann die Wirklichkeit nur mit dem Idealtypus erkennen. Wenn man sich aber nur mit Hilfe des Idealtypus der Wirklichkeit versichern könne, wie weit lasse sich dann noch unabhängig vom Idealtypus von Faktischem reden? Weber sei als Einzelwissenschaftler interessiert an dem, was der Fall sei; als Erkenntniskritiker sage er zugleich, daß dieses An-Sich eine Fiktion sei und daß man davon ohne seine Kategorien nichts wissen könne. Der Historiker oder Ökonom gelte Weber als naiver Realist, der es mit nicht konstituierter Wirklichkeit zu tun habe. Aber bei ihm selbst überkreuze sich das erkenntnistheoretische Motiv, das der einzelnen Wissenschaft eigentlich vorausgehe, mit der Methode, die in der einzelnen Wissenschaft anzuwenden sei. Weber habe die Erkenntnistheorie des Neukantianismus in Methodologie verwandelt.

Auf ein weiteres Moment des Idealtypus führt Webers Gedanke, »die ›Idee‹ des Handwerks in einer Utopie zu zeichnen.«[45] Das neue Moment ist hier die

---

[43] Vgl. Georg Simmel, Die Probleme der Geschichtsphilosophie. Eine erkenntnistheoretische Studie [1892], in: Georg Simmel, Gesamtausgabe, hrsg. von Otthein Rammstedt, Bd. 9, hrsg. von Guy Oakes und Kurt Röttgers, Frankfurt a. M. 1997, S. 227–419.

[44] »Alle Darstellungen eines ›Wesens‹ des Christentums z. B. sind Idealtypen von stets und notwendig nur sehr relativer und problematischer Gültigkeit, wenn sie als historische Darstellung des *empirisch* Vorhandenen angesehen sein wollen, dagegen von hohem heuristischen Wert für die Forschung und hohem systematischen Wert für die Darstellung, wenn sie lediglich als begriffliche Mittel zur *Vergleichung* und *Messung* der Wirklichkeit an ihnen verwendet werden. In dieser Funktion sind sie geradezu unentbehrlich.« (MWG, Bd. I/7, S. 213f.)

[45] Weber schreibt, man könne »die ›Idee‹ des ›Handwerks‹ in einer Utopie zeichnen, indem man bestimmte Züge, die sich diffus bei Gewerbetreibenden der verschiedensten Zeiten und Länder vorfinden, einseitig in ihren Konsequenzen gesteigert{,} zu einem in sich widerspruchslosen

Invariante. Prof. Adorno führte aus, daß hier die Soziologie zum ersten Mal darauf dringe, begriffliche Querschnitte so zu legen, daß sie gegenüber der historischen Mannigfaltigkeit eine Invariante darstellten. Deshalb werde später die Tauschgesellschaft bei Weber, handle es sich nun um die antike oder um die moderne, auf einen gemeinsamen Nenner gebracht. Hier erfolge bei Weber eine Abkehr vom historischen Denken. Geschichte werde damit zu einer Beispielsammlung für den Idealtypus. Weber sagt vom Idealtypus, »daß sehr zahlreiche Utopien dieser Art sich entwerfen lassen, von denen keine der anderen gleicht, von denen erst recht keine in der empirischen Wirklichkeit zu beobachten ist.«[46] Dazu Prof. Adorno: Aus diesem Satz gehe hervor, daß Weber keine Entscheidungsmöglichkeit für die Frage sehe, ob der Kapitalismus zu charakterisieren sei als Verkehrssystem mit Eisenbahnen und Automobilen oder als Tauschsystem. Welches von beidem wesentlicher für das Verständnis sei, das habe Weber ausgelassen. Weber hätte die Frage nach dem objektiv Wesentlichen als außerwissenschaftliche Frage angesehen. Seine Idealtypen seien nicht gebildet, weil sie etwas Wesentliches der Realität zum Ausdruck brächten, das wäre für ihn Metaphysik gewesen. Aufgrund wessen[47] der Idealtypus gebildet werde, überlasse Weber dem Zufall. Hier liege sein entscheidender Fehler. Es mache auch seinen Gegensatz zu Marx aus, daß es Weber gleichgültig sei, ob man die gegenwärtige Gesellschaft verstehe unter dem Idealtypus des Nationalstaates oder unter dem der Tauschgesellschaft. Weber komme nicht die Frage, daß die Wahl des Idealtypus sich nach der Beschaffenheit des Objekts richten könne, daß also in der modernen Gesellschaft die Tauschwirtschaft entscheidend sei.

Dazu Prof. Horkheimer: Man könne über den Idealtypus nur endgültig urteilen, wenn man sich die Gegenposition vorstelle. Diese würde sagen: Es gibt nur

---

Idealbilde zusammenfügt und auf einen *Gedanken*ausdruck bezieht, den man darin manifestiert findet. Man kann dann ferner den Versuch machen, eine Gesellschaft zu zeichnen, in der alle Zweige wirtschaftlicher, ja selbst geistiger Tätigkeit von Maximen beherrscht werden, die uns als Anwendung des gleichen Prinzips erscheinen, welches dem zum Idealtypus erhobenen ›Handwerk‹ charakteristisch ist.« (Ebd., S. 204)
46 Mit Blick auf einen »Versuch der Zeichnung einer ›Idee‹ *der kapitalistischen Kultur*« schreibt Weber: »Nun ist es möglich, oder vielmehr es muß als sicher angesehen werden, daß mehrere, ja sicherlich jeweils sehr zahlreiche Utopien dieser Art sich entwerfen lassen, von denen *keine* der anderen gleicht, von denen erst recht *keine* in der empirischen Wirklichkeit als tatsächlich geltende Ordnung der gesellschaftlichen Zustände zu beobachten ist, von denen aber doch *jede* den Anspruch erhebt, eine Darstellung der ›Idee‹ der kapitalistischen Kultur zu sein, und von denen auch *jede* diesen Anspruch insofern erheben *kann*, als jede tatsächlich gewisse, in ihrer *Eigenart bedeutungsvolle* Züge unserer Kultur der Wirklichkeit entnommen und in ein einheitliches Idealbild gebracht hat.« (Ebd., S. 205)
47 Konjiziert für: »wovon«.

eines. Weber kämpfe zunächst gegen die Vorstellung, man müsse das gegenwärtige Kultursystem unter dem Aspekt des Vor-Systems zum Sozialismus sehen. Weber hätte gesagt: Das ist ungeheuer engstirnig und führt zu Verzeichnungen der Realität. Man müsse vielmehr alles ansehen können einmal unter dem Gesichtspunkt von Huxley oder Orwell,[48] unter dem der sich überschlagenden Technik, oder unter dem Gesichtspunkt des uneingeschränkten technischen Gestaltungswillens. Weber würde sagen, das seien alles Utopien, mit denen die gegenwärtige Kultur zu fassen sei, aber nicht, daß einer dieser Idealtypen die Kultur erschöpfe. Das Unverbundene sei bei Weber schon da. Aber liege nicht etwas Berechtigtes darin, ein gesellschaftliches System pluralistisch, unter verschiedenen Idealtypen anzusehen? Weber stehe einer auf einen Wert bezogenen Geschichtsdeutung gegenüber, wobei er Marx vor Augen habe, den er freilich unrichtig sehe. Heute würde Weber sich bestätigt fühlen und sagen, schon diese Geschichtsdeutung habe die Gerechtigkeit zuungunsten der Freiheit überbetont – und wie Prof. Adorno hinzufügte, würde er vor allem sagen, die Bürokratie werde überbetont. – Gegen Ende seines Lebens habe Weber nur noch in Idealtypen geredet, aber dahinter stecke: womit kann man die Realität am besten fassen. – Der Abschnitt über den Entwurf zahlreicher Idealtypen[49] laufe hinaus auf ein Überflüssigmachen der Soziologie und ihre Überführung in Geschichte.

Prof. Adorno: Aber Weber wolle andererseits geschichtliche Begriffe in formale Soziologie übersetzen (Invariante). Er meine, die Geschichte könne in einem unendlichen Fortschritt immer nur mit dem Idealtypus operieren.

Prof. Horkheimer: Es sei bei den Idealtypen ähnlich wie bei verschiedenen mathematischen Systemen; man habe sich dafür entschieden, das eine und das andere auf die Wirklichkeit anzuwenden. – Die Entscheidung bei dem Entwurf des Idealtypus sei nicht ganz willkürlich: es gebe da den Begriff des wissenschaftlichen Taktes. Bei Weber sei das Problem des Richtigen und des Unrichtigen schon da, wenn er es auch nie gesagt habe. Wohl könne Weber den Begriff des Handwerks zeigen als einen, um unsere Wirklichkeit zu beschreiben; er hätte es aber nie getan. Beim Beispiel mit den Verkehrsformen wären diese auch sehr weit zu fassen.

Prof. Adorno: Ohne Zweifel werde sich Wesentliches aussagen lassen, wenn man von der Verkehrsgesellschaft ausgehe, z. B., daß die Menschen keine Heimat mehr hätten, aber zueinander kamen.

---

48 Vgl. Aldous Huxley, Schöne neue Welt. Ein Roman der Zukunft [1932], übers. von Uda Strätling, mit Nachw. von Tobias Döring, Frankfurt a. M. 2014, sowie George Orwell, 1984 [1949], übers. von Kurt Wagenseil, Rastatt 1950.
49 Vgl. etwa MWG, Bd. I/7, S. 202–227.

Prof. Horkheimer: Lese man heute Darlegungen einer dogmatischen Philosophie, so spüre man, daß es ein Fehler sei, daß Weber mit seinem Relativismus nicht darin aufgegangen sei. Es gebe kein richtiges Denken ohne ein relativistisches Moment. In Deutschland sei der Relativismus zu rasch in die Defensive geraten; er habe sich immer bloß verteidigen müssen, weswegen auch Mannheim kein Relativist sein wollte und sagte, er sei Relationist.[50]

Hellmut Olles[51]

---

[50] So schreibt Mannheim, seine »wertfreie Ansicht von der Geschichte führt nicht unbedingt zu einem Relativismus, sondern zu einem *Relationismus*. Die absolute Fassung des totalen Ideologiebegriffes ist nicht einem Illusionismus gleichzusetzen (Ideologie ist auf dieser Stufe phänomenal nicht identisch mit Illusion); seinsgebundene Erkenntnis greift nicht ins Leere, seinsgebundene Norm ist nicht unverbindlich. Relationismus bedeutet nur die Bezüglichkeit aller Sinnelemente aufeinander und ihre sich gegenseitig fundierende Sinnhaftigkeit in einem bestimmten System.« (Karl Mannheim, Ideologie und Utopie [1929], übers. von Heinz Maus, 3. Aufl., Frankfurt a. M. 1952, S. 77)
[51] Unterschrift.

45 Karl Markus Michel, 8. Juli 1954

Protokoll des Seminars vom 8. VII. 54.

Lektüre: Max Weber: Die »Objektivität« sozialwissenschaftlicher und sozialpolitischer Erkenntnis.[52]
(in: Gesammelte Aufsätze zur Wissenschaftslehre 2. Aufl. Tübingen 1951.) S. 192, Z. 27–S. 194, Z. 27[53]

Die Diskussion der philosophischen Funktion von Max Webers Begriff des Idealtyps, das Thema der Seminarsitzung vom 1. Juli, wurde weitergeführt mit der Frage nach der konkreten Bedeutung der idealtypischen Begriffe für die ideographische Erfahrungswissenschaft. Wie Weber in seinem Aufsatz über die Objektivität sozialwissenschaftlicher Erkenntnis bereits weiter oben betont hatte, ist der Idealtypus ein heuristisches Prinzip mit lediglich dienender Funktion beim Verstehen geschichtlicher Individuen.[54] Als principium medium zwischen begrifflicher Konstruktion und Empirie wird er niemals in Reinheit oder als Medialwert in der Realität angetroffen. Diese Wirklichkeitsferne wird 1921 in dem Aufsatz über soziologische Grundbegriffe noch eindeutiger formuliert: »Je schärfer und eindeutiger konstruiert die Idealtypen sind: je welt*fremder* sie also, in diesem Sinne, sind, desto besser leisten sie ihren Dienst, terminologisch und

---

[52] Der Referatstext von William Simmat, »Über ›Die Objektivität‹ sozialwissenschaftlicher und sozialpolitischer Erkenntnis«, wurde nicht aufgefunden.

[53] Die angegebenen Seiten- und Zeilenzahlen bezeichnen den Absatz von »Was ist nun aber die Bedeutung solcher idealtypsichen Begriffe für eine *Erfahrungs*wissenschaft, wie wir sie treiben wollen?« bis »Solche Begriffe sind Gebilde, in welchen wir Zusammenhänge unter Verwendung der Kategorie der objektiven Möglichkeit konstruieren, die unsere, an der Wirklichkeit orientierte und geschulte *Phantasie* als adäquat *beurteilt*.« (Vgl. Max Weber, Die »Objektivität« sozialwissenschaftlicher und sozialpolitischer Erkenntnis [1904], in: Max Weber, Gesammelte Aufsätze zur Wissenschaftslehre [1922], bes. von Johannes Winckelmann, 2. Aufl., Tübingen 1951, S. 146–214; hier: S. 192–194; vgl. MWG, Bd. I/7, S. 205–208)

[54] »Für die *Forschung* will der idealtypische Begriff das Zurechnungsurteil schulen: er ist keine »Hypothese«, aber er will der Hypothesenbildung die Richtung weisen. Er *ist* nicht eine *Darstellung* des Wirklichen, aber er will der Darstellung eindeutige Ausdrucksmittel verleihen.« (Weber, Die »Objektivität« sozialwissenschaftlicher und sozialpolitischer Erkenntnis, a.a.O. [s. vorige Anm.], S. 190; vgl. MWG, Bd. I/7, S. 204)

klassifikatorisch sowohl wie heuristisch.«[55] (S. 547) Ist ihr »Dienst«, die vergleichende und messende Konfrontation mit der Wirklichkeit, geleistet, werden sie als bloße Mittel verabschiedet –: Sie sind »ideale Gedankenbilder«[56], aber im rein *logischen* Sinn, also wertfrei und – hierin sondert Weber sich nicht von der Historischen Schule ab – *keine* Ideen.

Wie leicht die Idealtypen ins Normative gewendet werden können, sieht Weber selbst, wenn er den Gedanken des Sein*sollenden*, »Vorbildlichen« von ihnen »zunächst sorgsam fernzuhalten« mahnt.[57] Welches Später diesem Zunächst entspricht, wurde in der Diskussion nicht erörtert. Weber jedenfalls verwehrt sich auch weiter unten emsig und gleichsam schlechten Gewissens gegen den Verdacht, seine »idealen Gedankenbilder« seien das Hintertürchen eines nicht ganz konsequenten Nominalisten ins Reich der Ideen. So fordert er, »die logisch *vergleichende* Beziehung der Wirklichkeit auf Ideal*typen* im logischen Sinne von der wertenden *Beurteilung* der Wirklichkeit aus *Idealen* heraus scharf zu scheiden«[58] (S. 200). Der Idealtyp sei in seiner rein logischen Vollkommenheit gegenüber jeder

---

55 Max Weber, Soziologische Grundbegriffe [1922], in: Weber, Gesammelte Aufsätze zur Wissenschaftslehre, a.a.O. (s. Anm. 53), S. 527–565; hier: S. 547; vgl. MWG, Bd. I/23, S. 171.
56 Weber schreibt, der Idealtypus im Sinne der Geschichtserkennung sei »ein Gedankenbild, welches nicht die historische Wirklichkeit oder gar die ›eigentliche‹ Wirklichkeit *ist*, welches noch viel weniger dazu da ist, als ein Schema zu dienen, *in* welches die Wirklichkeit als *Exemplar* eingeordnet werden sollte, sondern welches die Bedeutung eines rein idealen *Grenz*begriffes hat, an welchem die Wirklichkeit zur Verdeutlichung bestimmter bedeutsamer Bestandteile ihres empirischen Gehaltes *gemessen*, mit dem sie *verglichen* wird. Solche Begriffe sind Gebilde, in welchen wir Zusammenhänge unter Verwendung der Kategorie der objektiven Möglichkeit konstruieren, welche unsere, an der Wirklichkeit orientierte und geschulte *Phantasie* als adäquat beurteilt.« (MWG, Bd. I/7, S. 208)
57 »Was ist nun aber die Bedeutung solcher idealtypischen Begriffe für eine *Erfahrungs*wissenschaft, wie wir sie treiben wollen? Vorweg sei hervorgehoben, daß der Gedanke des Sein*sollenden*, ›Vorbildlichen‹ von diesen in rein *logischem* Sinn ›idealen‹ Gedankengebilden, die wir besprechen, hier zunächst sorgsam fernzuhalten ist. Es handelt sich um die Konstruktion von Zusammenhängen, welche unserer *Phantasie* als zulänglich motiviert und also ›objektiv möglich‹, unserem nomologischen Wissen als *adäquat* erscheinen.« (Ebd., S. 205)
58 Es sei, schreibt Weber, »eine *elementare Pflicht der wissenschaftlichen Selbstkontrolle* und das einzige Mittel zur Verhütung von Erschleichungen, die logisch-*vergleichende* Beziehung der Wirklichkeit auf Ideal*typen* im logischen Sinne von der wertenden *Beurteilung* der Wirklichkeit aus *Idealen* heraus scharf zu scheiden. Ein ›Idealtypus‹ in unserem Sinne ist, wie noch einmal wiederholt sein mag, etwas gegenüber der *wertenden* Beurteilung völlig indifferentes, er hat mit irgend einer anderen als einer rein *logischen* ›Vollkommenheit‹ nichts zu tun. Es gibt Idealtypen von Bordellen so gut wie von Religionen, und es gibt von den ersteren sowohl Idealtypen von solchen, die vom Standpunkt der heutigen Polizeiethik aus technisch ›zweckmäßig‹ erscheinen würden, wie von solchen, bei denen das gerade Gegenteil der Fall ist.« (Ebd., S. 215)

wertenden Beurteilung absolut indifferent. (»Es gibt Idealtypen von Bordellen so gut wie von Religionen ...«)

Durch die etwas überraschende Bemühung der Phantasie kommt nun allerdings – wohl unversehens – ein Moment, wenn nicht der Wertung, so doch der Kritik am Bestehenden in die Bestimmung des Idealtyps hinein. Weber definiert ihn als »die Konstruktion von Zusammenhängen, welche unserer *Phantasie* als zulänglich motiviert und also ›objektiv möglich‹, unserem nomologischen Wissen als *adäquat* erscheinen« (S. 192). Dieses Spannungsverhältnis zwischen Wirklichkeit und Möglichkeit in den utopischen Konstruktionen der Idealtypen wird noch evidenter im letzten Satz der besprochenen Textstelle, wo sie als Gebilde bezeichnet werden, »in welchen wir Zusammenhänge unter Verwendung der Kategorie der objektiven Möglichkeit konstruieren, die unsere, an der Wirklichkeit orientierte und geschulte *Phantasie* als *adäquat* beurteilt.« (S. 194)

Herr Professor Adorno wies darauf hin, daß bei Husserl die gleiche Unterscheidung zwischen adäquater und inadäquater Phantasie statthat wie bei Weber. Ganz unabhängig voneinander sprachen beide im Zwang der geschichtlichen Erfahrung der Phantasie die gleiche Stellung zu: Reaktion gegen das Überwuchern des bloßen Daseins. Bei Husserl ist die Phantasiekonstruktion von Wesenheiten das adäquate Mittel, einer Sache sich zu versichern: Bei Weber steht ebenso der empirischen Methode eine der Faktizität weitgehend enthobene Idealkonstruktion gegenüber, dem Positivismus eine Spielart von Idealismus. In Husserls »Wesen«[59], Webers »Idealtyp«, Schelers »Wertethik«[60] zeige sich gleicherweise die Tendenz, durch Phantasiebildung über die diffuse lastende Stoff-

---

[59] Bei Husserl heißt es: »Sagten wir: jede Tatsache könnte ›ihrem eigenen Wesen nach‹ anders sein, so drückten wir damit schon aus, *daß es zum Sinn jedes Zufälligen gehört, eben ein Wesen, und somit ein rein zu fassendes Eidos zu haben*, und dieses steht nun unter *Wesens-Wahrheiten verschiedener Allgemeinstufe*. Ein individueller Gegenstand ist nicht bloß überhaupt ein individueller, ein Dies da!, ein einmaliger, er hat als ›in sich selbst‹ so und so beschaffener seine *Eigenart*, seinen Bestand an *wesentlichen* Prädikabilien, die ihm zukommen müssen (als ›Seiendem, wie er in sich selbst ist‹), damit ihm andere, sekundäre, zufällige Bestimmungen zukommen können. [...] Ebenso hat jedes materielle Ding seine eigene Wesensartung und zu oberst die allgemeine Artung ›materielles Ding überhaupt‹, mit Zeitbestimmung-überhaupt, Dauer-, Figur-, Materialität-überhaupt. *Alles zum Wesen des Individuum Gehörige kann auch ein anderes Individuum haben*, und *oberste* Wesensallgemeinheiten der Art, wie wir sie eben an den Beispielen angedeutet haben, umgrenzen ›Regionen‹ oder ›Kategorien‹ von Individuen.« (HEH, Bd. III, S. 12 f.)
[60] Vgl. Max Scheler, Der Formalismus in der Ethik und die materielle Wertethik. Neuer Versuch der Grundlegung eines ethischen Personalismus [1913/1916], 5. Aufl., in: Max Scheler, Gesammelte Werke, Bd. 2, hrsg. von Maria Scheler, Bern und München 1966.

lichkeit sich hinauszuschwingen, nicht zufällig der versonnenen Willkür von Blumenornamenten des Jugendstils ähnlich.[61]

Mit dieser Kritik hat Herr Professor Adorno genau das Moment berührt, in dem Weber sozusagen den Idealtyp eines Vorwurfs gegen den Idealtyp ankündigte: ein Moment des Spielerischen, des »Gedankenspiels«. Was bei ihm das »Gedankenspiel« als »Gedankenbild« sanktioniert, ist die Fruchtbarkeit des Idealtyps, sein »Erfolg für die Erkenntnis konkreter Kulturerscheinungen in ihrem Zusammenhang«[62] (S. 193). Diese strikte Insistenz auf der Fruchtbarkeit ist aber symptomatisch gerade für die Verengung einer durch die Messung am sterilen Idealtypus gewonnenen Erkenntnis von konkreten Fakten und gemahnt wiederum an die vom Jugendstil präsentierte individuelle Heimkultur mittels Stilisierung organischer Formen nach Rankengesetz. Herr Dr. Maus plädierte für eine Dynamisierung des Idealtyps. Zwar lassen sich laut Weber auch *Entwicklungen* nach Idealtypen konstruieren (S. 203),[63] allein auch diese idealen Entwicklungstypen sind invariante schematische Phantasiekonstruktionen. Wenn nun der Idealtypus seinen logischen Zweck erfüllt, »gerade indem er seine eigene Unwirklichkeit manifestierte« (S. 203)[64], ist sein Erfolg für die Erkenntnis im Grunde ein nega-

---

61 In der Einleitung der *Metakritik der Erkenntnistheorie* schreibt Adorno: *Verschwimmt Seiendes ununterscheidbar mit Sein in dessen oberster Ausweitung, so läßt Seiendes nach Belieben und historischer Opportunität sich verabsolutieren. Das ist das Schema der ontologischen Überwindung des Formalismus. Gegen sie hat Husserls altmodisches Beharren beim Formalismus das höhere Recht bewährt, und schließlich ist die Ontologie reumütig, aber verschämt zu ihm zurückgekehrt, indem sie ein Ritual des reinen Begriffs ausarbeitete, der leugnet, daß er einer ist. Der Schein der Konkretion war das Fascinosum der Schule. Geistiges soll anschaulich, unmittelbar gewiß sein. Die Begriffe werden sinnlich getönt. Das Metaphorische, Jugendstilhafte, bloß Ornamentale solcher Sprache aber wird bei Husserl selbst daran evident, daß die prätendierte Sinnlichkeit des Gedankens im philosophischen Gefüge keine Konsequenzen hat. Worten aus der freilich nach »Sein und Zeit« publizierten »Logik« wie »Bewährung«, »durchherrscht«, »Weckung« ist eine veranstaltete, entfernt an die Georgeschule mahnende Gewähltheit und Distanziertheit anzumerken: die ἐποχή changiert ins Esoterische.* (GS, Bd. 5, S. 43 f.)
62 »Und in der Tat: *ob* es sich um reines Gedankenspiel oder um eine wissenschaftlich fruchtbare Begriffsbildung handelt, kann a priori niemals entschieden werden: es gibt auch hier nur einen Maßstab: den des Erfolges für die Erkenntnis konkreter Kulturerscheinungen in ihrem Zusammenhang, ihrer ursächlichen Bedingtheit und ihrer *Bedeutung*.« (MWG, Bd. I/7, S. 206)
63 »Auch *Entwicklungen* lassen sich nämlich als Idealtypen konstruieren, und diese Konstruktionen können ganz erheblichen heuristischen Wert haben. Aber es entsteht dabei in ganz besonders hohem Maße die Gefahr, daß Idealtypus und Wirklichkeit ineinander geschoben werden.« (Ebd., S. 219)
64 Am Beispiel der Frage, ob »in einer *streng* ›handwerksmäßig‹ organisierten Gesellschaft die einzige Quelle der Kapitalakkumulation die Grundrente sein könne«, möchte Weber verdeutlichen, dass, »wenn der Idealtypus in heuristisch ›*idealer*‹ Weise konstruiert war, [...] er zugleich die Forschung auf den Weg lenken [wird], der zu einer schärferen Erfassung jener *nicht* hand-

tiver, nämlich die Widerlegung oder doch Revision einer Hypothese, und dient nicht der Erkenntnis konkret-historischer Zusammenhänge. Die wäre möglich allein durch die Beziehung des entsprechenden Begriffs (z. B. »proletarisch« oder »bürgerlich«) auf die ganze geschichtliche Periode und die je augenblickliche Frage nach seiner Bedeutung.

Die verdächtige Einschränkung des Begriffs der Fruchtbarkeit, der Produktivität geschieht bei Weber im Zeichen einer gewissermaßen theorielosen Theorie. Er will, wie Herr Professor Horkheimer es formulierte, die Theorie in den Positivismus hineinschmuggeln, um diesen zu retten; er möchte zugleich empirisch verfahren, ohne doch auf Begriffe zu verzichten. Hier liegt ein eklatanter Widerspruch im Denken Max Webers vor und verleiht dieser ganzen Stelle eine innere Spannung. Sie verstehen heißt, wie Herr Professor Adorno betonte, die Statik, in der der Text sich präsentiert, aufzulösen in die Dynamik der widerstreitenden Kräfte, die sich in ihr auswirken. Der geistige Gehalt der Aussage soll nicht als Sein, sondern als geronnenes Werden begriffen werden. – Weber hält grundsätzlich das positive Moment für das allein Reale, sieht aber auch, daß es eigentlich nicht im Begriffe zu fassen ist. Seine ganze Theorie spiegelt das Unbehagen an der Diskrepanz dieser beiden Intentionen. Der vorerkenntnistheoretische Standpunkt des naiven Realismus, auf den auch er als Historiker sich stellt, ist unzulänglich, anderseits aber die metaphysische Rechtfertigung der Wissenschaft dem Positivisten unerlaubt. Mit dem Idealtyp führt nun Weber ein Moment ein, das als Augenaufschlag zum Idealismus den Positivismus sprengen muß, da es in der Faktizität nicht aufgeht, ohne jedoch über die Mittel der Theorie frei verfügen zu können. Indem allerdings die Bildung abstrakter Idealtypen nicht als Ziel, sondern nur als Mittel postuliert wird, nicht ihre Bildung also zur Aufgabe gemacht wird, sondern ihre Konfrontation mit der Faktizität, in der sie als geistige Momente wieder unterzutauchen verdammt sind, verrät sich Webers schlechtes Gewissen wegen jener nicht ganz korrekten Anleihe beim Idealismus. Bei der Rechtfertigung dieser Zwitterstellung des Idealtyps übt Weber eine sehr interessante Kritik an der Begriffsbildung des empirischen Nominalismus. Der Historiker, sagt er, komme schlechterdings ohne Idealtypen nicht aus, falls er sich nicht damit begnüge, bloße Fakten aufzustellen. Die Allgemeinbegriffe, mit denen der naive Positivismus operiert, richten notwendig Unheil an, da sie in der Wirklichkeit nicht aufgehen, sondern – der Struktur der Sprache zufolge – dauernd

---

werksmäßigen Bestandteile der mittelalterlichen Gesellschaft in ihrer Eigenart und historischen Bedeutung führt. Er hat, *wenn* er zu diesem Ergebnis führt, seinen logischen Zweck erfüllt, gerade *indem* er seine eigene *Un*wirklichkeit manifestierte.« (Ebd., S. 219 f.)

über das Einzelne hinausschreiten mit einem Versprechen auf Zukunft, in welcher das Gesagte sich erst erfüllt. Das Besondere konstituiert sich unabhängig vom Allgemeinen und kann nach Weber nur durch den Idealtypus erfaßt werden, der statt des Gattungsmäßigen die *Eigenart* von Kulturerscheinungen zum Bewußtsein bringt. Dem Empirismus rettet er so das Gebiet der individuellen historischen Fakten, das ihm sonst verlorenginge.

Während der abstrakte Allgemeinbegriff das den empirischen Erscheinungen Gemeinsame umfaßt, Merkmale gibt, zur Subsumption dient, dient der konkrete Idealtyp zum Verständnis des ihm niemals ganz entsprechenden Einzelphänomens: Er geht nicht im Historischen auf, sondern hebt ein durch logische Momente fest Definiertes heraus. Seine Aussagen bilden einen Strukturzusammenhang wechselseitig aufeinander verweisender geistiger Konkreta, die im Prozeß des Verstehens empirische Konkreta zur Darstellung bringen sollen. Herr Professor Adorno brachte folgende Beispiele: In Vierzehnheiligen ist die ganze Idee des »Barock« (der Idealtyp »Barock«) adäquat repräsentiert,[65] während der Allgemeinbegriff »Barock« darin aufgeht. Oder: Exemplarische Bedeutung hat der Begriff »Bürger« (als Idealtyp) in dem Satz »Franklin ist Bürger par excellence«; in dem Satz »Alle Leute auf dem Markt sind Bürger« aber ist derselbe Begriff bloße Verbaldefinition. (Zu fragen wäre nur, ob nicht die gedankliche Konstruktion dieser Idealtypen zuvor an eben den Phänomenen gewonnen wurde, zu deren Messung und systematischer Charakterisierung sie dann wieder dienen. Wenn die »an der Wirklichkeit orientierte und geschulte Phantasie« objektiv mögliche Gedankengebilde als adäquat bezeichnet, ist nicht ganz einzusehen, weshalb mit deren Hilfe die Wirklichkeit erst verstanden werden soll, die doch die Phantasiebildung veranlaßte. – In der Praxis dürfte es meist so sein, daß der Idealtypus, der von unserer an einem zufälligen oder ressentimentbedingten Faktum orientierten Phantasie gebildet wurde, bei der Konfrontation mit dem ganzen kulturellen Zusammenhang nicht seine Unwirklichkeit, sondern vielmehr die Unzulänglichkeit der ihm nicht entsprechenden Faktizität zu manifestieren sucht. Das jedenfalls scheint mir seit 30 Jahren die Interpretationsmethode der meisten deutschen Germanisten zu sein. Ihre »Idealtypen« sind in Wahrheit je nachdem aufgedunsene oder geschrumpfte Allgemeinbegriffe mit Affektbesetzung. Das Zwittergebilde »Idealtypus«, das die Wissenschaftlichkeit retten sollte, hat diese an den Feuilletonismus verraten.)

---

65 Die Fassade der Wallfahrtsbasilika Vierzehnheiligen im bayerischen Bad Staffelstein ist im Stil des Spätbarock erbaut.

46 Hans Friedrich Fulda, 15. Juli 1954

stud. phil.
H. F. Fulda

Protokoll der Seminarsitzung vom 15. Juli 1954.

Anschließend an das Protokoll der letzten Sitzung wurde zunächst nochmals die Erkenntnisfunktion der Idealtypen im Umkreis des Postulats der Wertfreiheit erörtert. Dies, so führte Prof. Adorno aus, beschränkt den Gegenstandsbereich idealtypischer Begriffsbildung nicht auf pure Fakten, sondern erlaubt die Konstruktion von Idealtypen auch zur Erkenntnis von faktisch Gewolltem und Gedachtem. Wertfreie Wissenschaft im Sinne Webers läßt daher für kritische Erkenntnis in einem dreifachen Sinne noch Raum: als Aufweis von Antagonismen in einer bestehenden Wirklichkeit, die zu deren Auflösung führen müssen. Ob z. B. der Kapitalismus sich adäquat reproduziert oder selbst zerstört, dies läge als quaestio facti für Weber noch im Bereich möglicher wissenschaftlicher Fragestellung. Zum anderen als Nachweis, daß eine Wirklichkeit dem identischen Begriff, den bestimmte Menschen von ihr haben und der ihr Wollen bestimmt, nicht entspricht; so z. B. als Nachweis der Imperialismustheorie, der zufolge der Monopolkapitalismus einen nichtkapitalistischen Raum, d. h. sein Nicht-Sein voraussetzt, um bestehen zu können. Raum bleibt drittens für die Kritik noch im Sinne einer Art Maieutik[66] des Wertverständnisses, die dem Handelnden zur Klarheit über die letzten Wertaxiome, von denen er konsequenterweise ausgehen müßte, zu verhelfen hat.

Damit trägt Weber die wissenschaftliche Erkenntnis so weit in den Bereich des Seinsollenden hinein, bis nur noch ein Minimales übrigbleibt: die Entscheidung selbst. Ihrer Abstraktheit zum Trotz aber fällt gerade auf sie vom relativistischen Dogma unauflösbarer, disparater Standpunkte her ein besonderes Gewicht: Sie wird zur kategorischen Leerform wählbarer Imperative. Zugleich ist das Dogma letzter Wertaxiome von überhistorischer Faktizität der Grund, weshalb Weber am Ende bei einer abstrakten Scheidung von Sein und Sollen stehenbleibt und weder ihr geschichtliches Miteinander-vermittelt-Sein noch die jederzeit

---

[66] Die ›Hebammenkunst‹ im Sinne des Sokrates, der der Überlieferung Platons gemäß seinen Zuhörern nur das einsichtig macht, was sie bereits wissen, ohne dass ihnen diese Wissen bewusst gewesen wäre.

unlösliche wechselseitige Verschränktheit der Erkenntnis von Seinsollendem mit der des Seienden zu würdigen vermag.

Dem Verhältnis von Sollen und Sein entspricht ein ähnlich starres zwischen außerempirischer Stringenz des Idealtyps und der Wirklichkeit, die durch ihn erkannt werden soll. Dies ist jedoch kein Grund, den Idealtyp zur Erkenntnis historischer Dynamik für völlig unbrauchbar zu erklären. Gerade seine steife Bestimmtheit nämlich dient der Erkenntnis geschichtlicher Entwicklung, weil das Denken der Dynamik nur Herr wird durch Beziehung auf ein Festes, Strukturiertes, während die übermäßige Dynamisierung der Begriffe die Geschichte erstarren läßt. Im Idealtyp steckt vermöge seiner streng definierten Konsistenz etwas von der Hegelschen Forderung, die Begriffe festzuhalten, bis sie von sich aus zum Umschlag treiben. Nicht völlig unbrauchbar, stellt er so der Theorie der Gesellschaft gegenüber lediglich eine komplizierte Veranstaltung dar; nötig aufgrund der Voraussetzung, daß die gegebene Wirklichkeit ein heterogenes Kontinuum ist, aus dem ein dem Material selbst zufälliges Interesse des Forschers das Wissenswerte auszuwählen hat. Damit wird die Wirklichkeit disqualifiziert und verkannt, daß sie an sich bereits etwas Strukturiertes ist, und daß historische Begriffe nicht allein durch die Bedürfnisse der Forschung, sondern zugleich umgekehrt vom Gegenstand her geprägt werden. Davon ist bei Weber lediglich im Begriff der Fruchtbarkeit noch etwas angelegt, insofern fruchtbar ein Begriff dann ist, wenn in der Sache selbst etwas ihn motiviert.

Den zweiten Teil der letzten Sitzung nahmen die Referate von Frau Woeller-Paquet und Herrn Stickforth[67] über Webers Kategorienaufsatz ein, dessen Inhalt hier nicht nochmals referiert werden soll. Das Protokoll beschränkt sich statt dessen auf die Wiedergabe des vorwiegend von Prof. Adorno zu einzelnen Seiten der Thematik Webers Ausgeführten.

In deren Zentrum stand der Begriff des Verstehens; denn Soziologie ist für Weber Wissenschaft vom sozialen Handeln; Handeln aber heißt ihm ein Verhalten zu Objekten, das durch einen subjektiven Sinn bestimmt ist; sozial ein Handeln, das in seinem gemeinten Sinn bestimmt auf das Verhalten anderer bezogen und an ihm orientiert ist. Da nun für Weber der Charakter einer empirischen Wissenschaft davon abhängt, daß sie Kausalanalyse betreibt, hat die Soziologie soziales Handeln aus seiner Ursache zu erkennen: dem motivierenden gemeinten Sinn, der in ihm bewußt oder unbewußt leitend ist und sich der wissenschaftli-

---

[67] Der Referatstext von Wilhelmine Woeller-Paquet und John Stickforth, »Über ›Über einige Kategorien der verstehenden Soziologie‹«, wurde nicht aufgefunden.

chen Erkenntnis im Verstehen erschließt. Durch diesen methodischen Ansatz wird jedoch das Verstehen subjektivistisch eingeschränkt aufs Erfassen der Motivationen sozialen Handelns; Verstehen wird zum verdeutlichenden Nachvollzug mehr oder minder vernünftiger Operationen im Bewußtsein handelnder Menschen. Damit bleibt es dem Problem des objektiven Geistes gegenüber blind. Zum Verständnis eines Artefakts, z. B. einer Sonate, bedarf es nämlich nicht, wie Weber meint (S. 531)[68], des Rekurses auf den subjektiven Sinn, den der Komponist mit ihr verband, sondern einzig des Eingehens auf das, was das Werk als ein aus schon sinnvollem Material produzierter Sinnzusammenhang an sich bedeutet.

Simmel, auf den hier kurz eingegangen wurde, unterschied, um dem Rechnung zu tragen, ein Verstehen des Gesprochenen, Produzierten von dem des Produzierenden.[69]

---

[68] »Sinnfremde Vorgänge und Gegenstände kommen für alle Wissenschaften vom Handeln als: Anlaß, Ergebnis, Förderung oder Hemmung menschlichen Handelns in Betracht. ›Sinnfremd‹ ist nicht identisch mit ›unbelebt‹ oder ›nichtmenschlich‹. Jedes Artefakt, z. B. eine ›Maschine‹, ist lediglich aus dem Sinn deutbar und verständlich, den menschliches Handeln (von möglicherweise sehr verschiedener Zielrichtung) der Herstellung und Verwendung dieses Artefakts verlieh (oder verleihen wollte); ohne Zurückgreifen auf ihn bleibt sie gänzlich unverständlich. Das Verständliche daran ist also die Bezogenheit menschlichen *Handelns* darauf, entweder als ›Mittel‹ oder als ›Zweck‹, der dem oder den Handelnden vorschwebte, und woran ihr Handeln orientiert wurde. *Nur* in diesen Kategorien findet ein Verstehen solcher Objekte statt. Sinnfremd bleiben dagegen alle – belebten, unbelebten, außermenschlichen, menschlichen – Vorgänge oder Zuständlichkeiten ohne *gemeinten* Sinngehalt, soweit sie *nicht* in die Beziehung vom ›Mittel‹ und ›Zweck‹ zum Handeln treten, sondern nur seinen Anlaß, seine Förderung oder Hemmung darstellen.« (Weber, Soziologische Grundbegriffe, a. a. O. [s. Anm. 55], S. 531; vgl. MWG, Bd. I/23, S. 153)

[69] »Die Struktur alles Verstehens ist innerliche Synthese zweier, von vornherein getrennter Elemente. Gegeben ist eine tatsächliche Erscheinung, die als solche noch nicht verstanden ist. Und dazu tritt aus dem Subjekt, dem diese Erscheinung gegeben ist, ein Zweites, entweder diesem Subjekt unmittelbar entsteigend oder von ihm aufgenommen und verarbeitet, eben der verstehende Gedanke, der jenen zuerst gegebenen gleichsam durchdringt, ihn zu einem verstandenen macht; dieses zweite seelische Element ist manchmal für sich bewußt, manchmal nur an seiner Wirkung, eben dem nun verstandenen ersten, spürbar. Dieses Grundverhältnis findet drei typische Ausgestaltungen, all drei aus ihrer geringeren oder größeren vorwissenschaftlichen Durchführung in die Methodik der wissenschaftlichen Geschichte übergehend. *[Absatz]* Zuerst handelt es sich darum, die den äußeren Sinnen gegebenen Erscheinungen und Betätigungen eines Individuums überhaupt dadurch zu verstehen, daß sie seelisch motiviert sind, beziehungsweise die seelischen Ereignisse vermittels solcher ihnen zugeordneter sinnlicher Äußerungen zu verstehen. Für den allerersten Anschein ist uns der andere Mensch eine Summe äußerer Eindrücke. Wir sehen, tasten, hören ihn – aber daß ›hinter‹ all diesem eine Seele lebe, daß all diese Äußerlichkeiten eine seelische Bedeutung, eine mit ihrem Sinnesbilde nicht erschöpfte Innenseite haben, kurz, daß der andere keine Marionette, sondern etwas innerlich Verständliches ist, das sei nicht in gleichem Maße gegebene, sondern bleibe für immer eine nie absolut zu bewahrheitende

Die Theorie des Verstehens steht für Weber in einem Strukturzusammenhang mit dem Begriff der Zweckrationalität. Zweckrationales Sichverhalten besitzt nach ihm den höchsten Evidenzgrad,[70] was freilich nicht seine Dominanz in der Wirklichkeit bedeuten soll. Jedoch, meinte Prof. Adorno, wenn Weber die verstehende Soziologie von der Psychologie abgrenzt, indem er auf die aus psychologischen Sachverhalten gerade nicht ableitbare, vorzügliche Verständlichkeit zweckrationalen Handelns hinweist, so liegt darin sicher weitgehend die Anerkennung der Zweckrationalität als des eigentlichen Maßstabs für die Soziologie beschlossen. Daß ein Verhalten psychologisch motiviert ist, heißt ja gerade, daß es irrationale Momente enthält, die in Triebkonstellationen gründen und nicht in zweckrationalem Erklären aufgehen. Als solches Verhalten aber ist es für Weber nicht Gegenstand soziologischer Erkenntnis.

Da Weber die soziologische Problematik an der Zweckrationalität, diese aber am Meinen des Einzelnen festmacht, wird er unfähig, geschichtliche Entwicklung anders als idealtypisch aus einem durchschnittlich gemeinten Sinn zu verstehen. Er trägt dem Tatbestand keine Rechnung mehr, daß der Gang der Geschichte selbst in weitem Maße unabhängig ist von den Motiven und Intentionen der Handelnden, denen er infolge eines gesellschaftlichen Verblendungszusammenhangs unter Umständen sogar verhüllt sein muß, und daß historische Phänomene verstehen bedeutet, diese von ihrem realen Telos her einzusehen. So wußten z. B. die Nazis nicht, daß ihr Regime von Anfang an in die Katastrophe trieb, und doch war dies Wissen zum Verständnis des Geschehens notwendig.

Im Bemühen, den Anspruch der Psychologie auf Erklärung sozialen Handelns in seine Schranken zu weisen, betont Weber den vergesellschafteten Charakter zweckrationalen Verhaltens (430).[71] Darin zeigt er sich der Psychoanalyse

---

Vermutung.« (Georg Simmel, Vom Wesen des historischen Verstehens [1918], in: Simmel, Gesamtausgabe, hrsg. von Otthein Rammstedt, Bd. 16, hrsg. von Gregor Fitzi und Otthein Rammstedt, Frankfurt a. M. 1999, S. 154)

70 »Das Höchstmaß an ›Evidenz‹ besitzt nun die zweckrationale Deutung. Zweckrationales Sichverhalten soll ein solches heißen, welches ausschließlich orientiert ist an (*subjektiv*) als adäquat vorgestellten Mittel für (subjektiv) eindeutig erfaßte Zwecke.« (Max Weber, Ueber einige Kategorien der verstehenden Soziologie [1913], in: Weber, Gesammelte Aufsätze zur Wissenschaftslehre, a.a.O. [s. Anm. 53], S. 427–474; hier: S. 428; vgl. MWG, Bd. I/12, S. 391f.)

71 In Hinblick auf die »relevanten ›Gefühlslagen‹, wie etwa: ›Würdegefühl‹, ›Stolz‹, ›Neid‹, ›Eifersucht‹«, bemerkt Weber: »Die verstehende Soziologie interessieren daran aber nicht die physiologischen und früher sogenannten ›psychophysischen‹ Erscheinungsformen: Pulskurven z. B. oder Verschiebungen des Reaktionstempos und dergleichen, auch nicht die nackt psychischen Gegebenheiten, z. B. die Kombination der Spannungs-, Lust- und Unlustgefühle, durch die sie charakterisiert werden können. Sondern sie differenziert ihrerseits nach den typischen *sinn*haften (vor allem: Außen-) Bezogenheiten des Handelns, und deshalb dient ihr – wie wir sehen werden –

überlegen. Er weiß, daß sich im sozialen Handeln ein Gemeinsames gegenüber den Differenzen der Individuen durchsetzt. Daher ist er nicht unter die Ideologien zu rechnen, die um so mehr an den Einzelmenschen appellieren, je mehr sich dessen Schicksal von der Gesellschaft her bestimmt. Jedoch weigert sich Weber, auf Grund des methodologischen Ansatzes, die soziale Gemeinsamkeit als wahrhaft gesellschaftliche Allgemeinheit zu begreifen, die sich im Bewußtsein der Einzelnen nur unvollkommen spiegelt. Er betrachtet die Menschen nur, insoweit sie als Einzelmenschen durch soziale Momente determiniert sind, die in ihnen zum Bewußtsein kommen, und übersieht zugunsten der durchs Ich vermittelten Rationalität das durchs Es Vermittelte. Als Konsequenz für die Konstruktion der Soziologie aber ergibt sich daraus, daß die gesellschaftlichen Tendenzen, die über den Köpfen der Menschen sich durchsetzen, aus der Soziologie eigentlich herausfallen. Hegel, Comte und Marx werden durchgestrichen im Sinne der Subjektivierung, die Weber als Kind des lebensphilosophischen Zeitalters ausweist.

Weber führt somit eine doppelte Polemik: Gegen die Psychologie auf der einen Seite, auf der andern gegen die nur objektiv verstehbaren, nicht durchs einzelmenschliche Bewußtsein vermittelten gesellschaftlichen Tendenzen. Als das für die Soziologie Relevante behält er übrig nur die Sozialgesinnung der einzelnen Menschen.

Paradox bewahrt gerade gegen die Webersche Subjektivierung die Rechtslehre, die Weberkritisiert, wo sie die juristische Norm mit der Wirklichkeit verwechselt,[72] das realistische Erbe der Philosophie: Objektivität. Was bei Hegel noch zusammengetreten war: die Analyse des Institutionellen als eines über den

---

das Zweckrationale als Idealtypus, gerade um die Tragweite des Zweck*ir*rationalen abschätzen zu können. Wenn man den (subjektiv gemeinten) Sinn seiner Bezogenheit als die ›Innenseite‹ des menschlichen Verhaltens bezeichnen wollte – ein nicht unbedenklicher Sprachgebrauch! –, *nur* dann würde man sagen können: daß die verstehende Soziologie jene Erscheinungen ausschließlich ›von innen heraus‹, d.h. aber dann: nicht durch Aufzählung ihrer physischen *oder psychischen* Phänomene, betrachtet.« (Weber, Ueber einige Kategorien der verstehenden Soziologie, a.a.O. [s. vorige Anm.], S. 430; vgl. MWG, Bd. I/12, S. 393f.)

72 »*Es gibt keine* schlechthin ›objektive‹ wissenschaftliche Analyse des Kulturlebens oder, – was vielleicht etwas Engeres, *für unsern* Zweck aber sicher nichts wesentlich anderes bedeutet, – der ›sozialen Erscheinungen‹ *unabhängig* von speziellen und ›einseitigen‹ Gesichtspunkten, nach denen sie – ausdrücklich oder stillschweigend, bewußt oder unbewußt – als Forschungsobjekt ausgewählt, analysiert und darstellend gegliedert werden. Der Grund liegt in der Eigenart des Erkenntnisziels einer jeden sozialwissenschaftlichen Arbeit, die über eine rein *formale* Betrachtung der *Normen* – rechtlichen oder konventionellen – des sozialen Beieinanderseins hinausgehen will. [Absatz] Die Sozialwissenschaft, die *wir* treiben wollen, ist eine *Wirklichkeitswissenschaft*.« (MWG, Bd. I/7, S. 174)

Menschen Liegenden und das Flüssigmachen des Institutionellen durch die Erkenntnis seiner Geschichtlichkeit, das polarisiert sich jetzt nach den Richtungen eines bloßen Subjektivismus und eines bloßen Institutionalismus. Die Wahrheit über die Gesellschaft spaltet sich in die beiden getrennt mangelhaften Momente des Juridischen und verstehend Soziologischen. Jedoch kommt das aus der Soziologie verbannte Juridische zurück in Form strenger Begriffskonstruktionen, wie das Referat von Herrn Stickforth zu Kenntnis brachte. Im konträren Gegensatz zum Versuch einer Phänomenologie des Begriffs verschafft Weber vorwiegend der Rechtssphäre entnommenen Bezeichnungen idealtypische Bedeutung, indem er ihren Sprachgebrauch unter der stereotypen Formel: »soll heißen« verbaldefinitorisch verfremdet.[73]

---

[73] Auf diese Verfahrensweise ihres Gatten macht bereits Marianne Weber in ihrem »Lebensbild« Max Webers aufmerksam: »Die definitorischen Akte sind auf den kürzesten Ausdruck gebracht und in eine eigentümliche Formel gekleidet: ›Soziologie soll heißen‹, ›soziales Handeln soll – – heißen‹, ›Betrieb soll – – heißen‹, ›Herrschaft soll – – heißen‹ usf. Dieser Imperativ drückt jedoch nicht etwa einen Anspruch auf Geltung der neuen Konstruktionen außerhalb des Rahmens dieser speziellen Soziologie aus, sondern ihr Sinn ist im Gegenteil: ›In *meiner* Begriffslehre soll es so heißen, zu bestimmten methodischen Zwecken nenne *ich* diese Gebilde so – und nur der wissenschaftliche Ertrag soll mein Verfahren rechtfertigen […].‹« (Weber, Max Weber, a.a.O. [s. Anm. 13], S. 688f.)

47 Horst Helmert, 22. Juli 1954

Helmert, Horst

Philosophisches Seminar über Max Webers wissenschaftstheoretische Schriften. Protokoll vom 22. Juli 1954.

Zu Beginn der Sitzung ließ Herr Professor Adorno das Protokoll der letzten Seminarstunde verlesen. Zum Protokoll wurde mit einigen ergänzenden Bemerkungen, insbesondere zum Problem des Es in der Soziologie Stellung genommen. Daran anknüpfend wurde Herr Rülcker gebeten, kurz Inhalt und Bedeutung der Weberschen Religionssoziologie zu umreißen.[74] Die durch die Ausführungen zu dem bekannten Aufsatz »Die protestantische Ethik und der Geist des Kapitalismus«[75] angeregte Diskussion kreiste zunächst um die Frage, ob die protestantische Religion den Boden für den Kapitalismus ebne oder ob es vielleicht umgekehrt sei.

Dieser Seminarsitzung war im Anschluß an die Referate über Webers Aufsatz »Über einige Kategorien der verstehenden Soziologie« die Aufgabe gestellt worden, den Weberschen »Verstehens«-Begriff herauszuarbeiten und ihn gegen die ähnlichen Begriffe bei Simmel und Dilthey abzuheben. Um dies Ziel nicht ganz aus den Augen zu verlieren, lenkte Professor Adorno mit der Frage, was die eigentliche Aufgabe der verstehenden Soziologie sei, die Diskussion wieder in diese Richtung der wissenschaftstheoretischen Fragestellung. Neben der Diskussion um diese größeren Problemkreise, über die im folgenden noch im systematischen Zusammenhang berichtet wird, wurden auch andere Fragen angeschnitten. So sprach man über die Berührungspunkte der Psychologie und der Soziologie bei Max Weber, auf die man immer wieder in seinem Kategorien-Aufsatz stößt. Weiter ging man noch einmal auf die entgegenstehende Meinung bei Marx und Weber über die Vorherrschaft von Geist und Willen ein.

Es kann in einer anderthalbstündigen Sitzung nicht immer gelingen, zu einer hinreichenden Klärung der aufgeworfenen Fragen zu kommen. Wichtig ist es aber,

---

[74] Der Referatstext von Tobias Rülcker, »»Die protestantische Ethik und der Geist des Kapitalismus««, wurde nicht aufgefunden.

[75] Vgl. Max Weber, Die protestantische Ethik und der »Geist« des Kapitalismus [1904/1905], in: MWG, Bd. I/9, S. 123–215.

wie Herr Prof. Adorno in einer früheren Sitzung darlegte, daß mit den Referaten und Diskussionen Anregungen zu weiterem wissenschaftlichen Arbeiten über die auftauchenden Fragen gegeben werden. Unter diesem Gesichtspunkt war auch sicher der Hinweis zu verstehen, daß die Juristen bei der Interpretation von Gesetzen nur nach dem Willen des Gesetzgebers forschen, ohne die Frage nach dem objektiven Sinn und noch viel weniger die nach dem soziologischen Sinn der Gesetze zu stellen.

1. Zur Frage des »Es« in der Soziologie.

Das Es, im psychologischen Sinne verstanden, ist immer das, was die Menschen vom zweckrationalen Handeln abbringt. Das Es in diesem Sinne kann durch die Richtigkeitsrationalität durchbrechen und so als störendes Moment im gesellschaftlichen Handeln auftreten. Das Es tritt insofern in der Eigenschaft eines asozialen Momentes auf. Das unbewußte Handeln im Sinne eines »vom Es getrieben sein« ist zu unterscheiden von dem Handeln, das sich an der Totalität des richtigkeitsrationalen Handelns orientiert. Der Unterschied zwischen dem psychologischen Es und dem Gesetz des objektiven gesellschaftlichen Handelns ist den Menschen vielleicht nicht immer gegenwärtig. Aber gerade um die Aufdeckung der objektiven Zusammenhänge des menschlichen Handelns muß die Soziologie bemüht sein. Auch Weber habe sich in dieser Richtung abgemüht, sei aber, wie in der Diskussion festgestellt wurde, nicht über das Subjektive hinausgekommen.

2. Zur Weberschen Religionssoziologie.

Weber versucht zu erklären, warum sich im Abendland seit der Reformation eine bestimmte Form des Kapitalismus entwickelt habe. Diese moderne Form hebt er speziell gegen den Konquistadorenkapitalismus (Lujo Brentano)[76] der früheren Zeit ab. Weber versucht die Erklärung mit dem Prinzip des Rationalismus, die

---

76 Nicht gerade die Konquistadoren, wohl aber die Kreuzfahrer stehen im Mittelpunkt der Betrachtung Lujo Brentanos, etwa, wenn er schreibt: »Der moderne Kapitalismus hat also im Handel, der Geldanleihe und dem Kriegswesen seinen Anfang genommen; die auf kapitalistischer Grundlage organisierten Kriegszüge der Kreuzfahrer hatten als Rückwirkung das Eindringen der kapitalistischen Wirtschaftsordnung auch in das Gewerbe und die Landwirtschaft Italiens und anderer Länder mit aufblühendem Städtewesen.« (Lujo Brentano, Die Anfänge des modernen Kapitalismus. Festrede gehalten in der öffentlichen Sitzung der K. Akademie der Wissenschaften am 15. März 1913. Nebst drei Exkursen: I. Begriff und Wandlungen der Wirtschaftseinheit. II. Der vierte Kreuzzug. III. Handel, Puritanismus, Judentum und Kapitalismus, München 1916, S. 48)

Spekulation sei zurückgedrängt und alles wirtschaftliche Handeln sei errechenbar gemacht. Dann weist er weiter an Hand von konfessionsmäßig aufgegliederten Kapitalstatistiken nach, daß die Protestanten wirtschaftlich hervorgetreten seien.[77] Dem entspricht auch der Aufschwung der angelsächsischen Länder. Die Frage, ob es eine Beziehung zwischen der wirtschaftlichen Leistung und der religiösen Ausrichtung dieser Menschen gäbe, lag auf der Hand. Zu ihrer Beantwortung unterzog Weber die protestantische Dogmatik einer eingehenden Analyse.

Weber stieß dabei erstens auf die Berufskonzeption Luthers. Durch Luther erhielt die weltliche Arbeit einen neuen Sinn. Der Mensch habe eine Verpflichtung gegenüber seiner Arbeit. Zum zweiten fällt in der protestantischen Lehre der Unterschied zwischen Praecepta und Consilia fort.[78] (?)[79] Die Gläubigen sind zur innerweltlichen Askese aufgerufen, die einen immer weitergehenden Verzicht auf die Befriedigung der auftauchenden Bedürfnisse bei sich ständig steigernder Arbeitsanstrengung bedeutet. Es entspricht dies etwa der Kantischen Kategorie der unbeschränkten Pflicht.[80]

---

[77] Vgl. MWG, Bd. I/9, S. 125, Anm. 4.

[78] Über die Lutherische Einführung des Begriffs ›Beruf‹ schreibt Weber: »Und wie die Wortbedeutung so ist auch – das dürfte im ganzen ja bekannt sein – der *Gedanke* neu und ein Produkt der Reformation. Nicht als ob gewisse Ansätze zu jener Schätzung der weltlichen Alltagsarbeit, welche in diesem Berufsbegriff vorliegt, nicht schon im Mittelalter vorhanden gewesen wären [...], aber unbedingt *neu* war jedenfalls zunächst eins: die Schätzung der Pflichterfüllung *innerhalb* der weltlichen Berufe als des *höchsten* Inhaltes, den die sittliche Selbstbetätigung *überhaupt* annehmen könne. Dies war es, was die Vorstellung von der *religiösen* Bedeutung der weltlichen Alltagsarbeit zur unvermeidlichen Folge hatte und den Berufsbegriff erzeugte. Es kommt also in dem Begriffe ›Beruf‹ jenes Zentraldogma aller protestantischen Denominationen zum Ausdruck, welches die katholische Unterscheidung der christlichen Sittlichkeitsgebote in ›praecepta‹ und ›consilia‹ verwirft und als das *einzige* Mittel Gott wohlgefällig zu leben, *nicht* eine Überbietung der innerweltlichen Sittlichkeit durch mönchische Askese, sondern ausschließlich die Erfüllung der innerweltlichen Pflichten kennt, wie sie sich aus der Lebensstellung des einzelnen ergeben, die dadurch eben sein ›Beruf‹ wird.« (Ebd., S. 188–190)

[79] Das Fragezeichen bezieht sich auf die Unsicherheit des Verfassers, ob die beiden Begriffe korrekt geschrieben sind. Es hieß zunächst »Praezepta und Konzilia« und wurde dann handschriftlich zu »Praecepta und Koncilia« geändert.

[80] »*Pflicht ist die Notwendigkeit einer Handlung aus Achtung fürs Gesetz*. Zum Objekte als Wirkung meiner vorhabenden Handlung kann ich zwar *Neigung* haben, aber *niemals Achtung*, eben darum, weil sie bloß eine Wirkung und nicht Tätigkeit eines Willens ist. Eben so kann ich für Neigung überhaupt, sie mag nun meine oder eines andern seine sein, nicht Achtung haben, ich kann sie höchstens im ersten Falle billigen, im zweiten bisweilen selbst lieben, d. i. sie als meinem eigenen Vorteile günstig ansehen. Nur das, was bloß als Grund, niemals aber als Wirkung mit meinem Willen verknüpft ist, was nicht meiner Neigung dient, sondern sie überwiegt, wenigstens diese von deren Überschlage bei der Wahl ganz ausschließt, mithin das bloße Gesetz für sich,

Den dritten entscheidenden Antrieb für die Wirtschaftsleistung scheint, wie Weber darlegt, das Prädestinationsdogma geliefert zu haben.[81] Da nach dieser Lehre die dem Menschen gewährte Gnade Gottes im voraus bestimmt ist, müsse den Gläubigen die bange Frage plagen, ob er zur Gnade berufen sei. Die Gnadenwahl aber sei im weltlichen Erfolge des Menschen erkennbar, der nun um so unerbittlicher angestrebt werde.

Wenn Weber so die Herkunft des kapitalistischen Geistes erklären will, so kann er selbst diese Vorstellung nur als einen ideologischen Überbau gedacht haben. Andernfalls hätte das theologische Motiv nicht so schnell verschwinden können. Sicher hat es Erwerbsstreben schon lange vor dem Verkünden des Prädestinationsdogmas gegeben, so daß letzteres jenes nur sanktionieren und fördern konnte.

3. Die Aufgabe der verstehenden Soziologie.

Ihre Aufgabe ist es, die soziologischen Momente im menschlichen Verhalten zu verstehen. Herr Professor Adorno versuchte dies an einem Beispiel zu erläutern: Zwei Kinder tauschen Federhalter gegen Konfekt. Der Soziologe darf hier nicht wie der Psychologe fragen, weshalb will der Klaus lieber Federhalter und der Jürgen lieber Konfekt? Er darf auch nicht wie der Ökonom fragen: Worin besteht die Äquivalenz der Tauschobjekte? Der Soziologe muß vielmehr zu einer Analyse des eigentlich Gesellschaftlichen kommen. Es muß dem Verhalten noch etwas vorgeordnet sein, nämlich ein Drittes, das dem einzelnen Verhalten gegenüber eine Priorität besitzt. Weber glaubt (aber darin ist dieses Dritte eigentlich nicht zu sehen), daß man den Tauschakt aus den Motivationen und den Erwartungen ableiten kann. Dagegen wandte Herr Dr. Maus ein, daß sich wirtschaftliche Akte nicht auf subjektives Handeln reduzieren ließen. Eine über den »Köpfen« stehende Objektivität ist bei Weber zwar nicht klar herausgestellt, aber vermutlich doch von ihm gesehen worden.

---

kann ein Gegenstand der Achtung und hiemit ein Gebot sein. Nun soll eine Handlung aus Pflicht den Einfluß der Neigung, und mit ihr jeden Gegenstand des Willens ganz absondern, also bleibt nichts für den Willen übrig, was ihn bestimmen könne, als, objektiv, das *Gesetz*, und, subjektiv, *reine Achtung* für dieses praktische Gesetz, mithin die Maxime, einem solchen Gesetze, selbst mit Abbruch aller meiner Neigungen, Folge zu leisten.« (KW, Bd. VII, S. 26 f. [B 14 f.; A 14 f.])

81 Vgl. den Abschnitt »Die Berufsethik des asketischen Protestantismus«, MWG, Bd. I/18, S. 257– 492.

Wintersemester 1954/55:
Nietzsche, »Genealogie der Moral«

Philosophisches Hauptseminar mit Max Horkheimer

In diesem Semester hält Adorno zudem die philosophische Vorlesung »Einführung in Kants Kritik der praktischen Vernunft«, gibt »Übungen über sozialwissenschaftliche Forschungsmethoden (Einführung in die Skalenbildung)« und bietet ein »Sozialwissenschaftliches Praktikum (Auswertungsprobleme)« sowie eine »Besprechung größerer Arbeiten« an

Das Seminar findet donnerstags von 18 bis 20 Uhr statt

48–58 Archivzentrum Na 1, 884

48 Elsmarie Schmitz, 18. November 1954

Protokoll der Seminarsitzung vom 18. 11. 1954.

Herr Adler referierte[1] über Nietzsches »Jenseits von Gut und Böse«[2].

Nietzsche gründet kein philosophisches System. Was er aufschreibt, ist nicht das Fertige, Endgültige, sondern jeweils das, was sein nach allen Seiten hin offener Geist wahrnimmt. Es sind Momente seiner Erfahrung, reich an Inkonsequenzen und den Widersprüchen alles Lebendigen, ein Zick-Zack, keine gerade Linie. Dogmen gibt es bei ihm nicht. Das ordnende Prinzip in seinem Werk – in der Methode seines Denkens angewandt – ist die Freiheit. Er mißt die Dinge nach dem Anteil, den sie an ihr haben.

Mit Freiheit meint Nietzsche die innere Unabhängigkeit. Vornehm nennt er den Freien, für den die moralischen Wertunterschiede nicht »gut« und »böse«, sondern »vornehm« und »verächtlich« heißen.[3] Das ist, die Moral gesehen mit den Augen eines Darüberstehenden, nicht eines Sklaven. Der Vornehme hat sich die Werte selbst geschaffen, ohne Schielen nach oben oder unten. Er ist Herr über sich und die Welt, nicht ihr Herrscher. Denn der Herrscher ist unfrei. Der Vornehme bestimmt sein Verhältnis zu den Dingen. Entscheidend dabei ist, daß er nicht seine Erfolgsaussichten vorher berechnet, noch einen außerhalb liegenden Zweck verfolgt. Sein Tun genügt sich selbst. Es geschieht aus Überschwang. Jedes Verfallensein ist dem Vornehmen fremd. Darum finden sich in seinem Porträt

---

[1] Der Referatstext von Wolfgang Adler wurde nicht aufgefunden.

[2] Vgl. »Jenseits von Gut und Böse. Vorspiel einer Philosophie der Zukunft« [1886], NW, Bd. 5, S. 9–243.

[3] »Es giebt *Herren-Moral* und *Sklaven-Moral* [...]. Die moralischen Werthunterscheidungen sind entweder unter einer herrschenden Art entstanden, welche sich ihres Unterschieds gegen die beherrschte mit Wohlgefühl bewusst wurde, – oder unter den Beherrschten, den Sklaven und Abhängigen jeden Grades. Im ersten Falle, wenn die Herrschenden es sind, die den Begriff ›gut‹ bestimmen, sind es die erhobenen stolzen Zustände der Seele, welche als das Auszeichnende und die Rangordnung Bestimmende empfunden werden. Der vornehme Mensch trennt die Wesen von sich ab, an denen das Gegentheil solcher gehobener stolzer Zustände zum Ausdruck kommt: er verachtet sie. Man bemerke sofort, dass in dieser ersten Art Moral der Gegensatz ›gut‹ und ›schlecht‹ so viel bedeutet wie ›vornehm‹ und ›verächtlich‹: – der Gegensatz ›gut‹ und ›böse‹ ist anderer Herkunft. Verachtet wird der Feige, der Ängstliche, der Kleinliche, der an die enge Nützlichkeit Denkende; ebenso der Misstrauische mit seinem unfreien Blicke, der Sich-Erniedrigende, die Hunde-Art von Mensch, welche sich misshandeln lässt, der bettelnde Schmeichler, vor Allem der Lügner: – es ist ein Grundglaube aller Aristokraten, dass das gemeine Volk lügnerisch ist.« (Ebd., S. 208 f.)

nicht Rache, Eitelkeit und irgendeine Art der Sucht, ebenso kein Neid. Auf die Vorzüge eines Anderen antwortet der Vornehme mit Liebe. Er hat Anerkennung und Ehrfurcht für seinesgleichen. Er bejaht die durchsichtige Lüge, nicht den Betrug, der sich vormacht, keiner zu sein, und sich mit falschem Schein umgibt. Ein Zug des Vornehmen ist der Ruhm, welcher auf sich selbst gestellt ist und ohne Echo des Gerühmten oder der Menge besteht. Ruhm ist nicht laut, wie ja überhaupt allem Vornehmen der Lärm abträglich ist. Vornehmheit schließt Dummheit aus. Der Dumme hat keinen Durchblick und keinen Überblick und darum nicht die Möglichkeit der Wahl. In seiner Wirkung kann der Vornehme grausam sein, nicht weil er Gewalt antun will, sondern aus Verachtung des Nichtvornehmen.

Das Verächtliche umfaßt alles, was durch Nützlichkeit beschränkt ist. Es ist das Mittelmäßige, Kriecherische und Feige, das der Wahrheit ausweicht aus Bequemlichkeit. Für Nietzsche ist das Christentum verächtlich. Er sieht darin eine Erleichterung für die Schwachen, die mit der diesseitigen Welt nicht fertig werden und darum ein Jenseits hinzuerfinden.[4] Was er verlangt, ist Aushalten auch im Negativen und ohne Trost. Er will nicht, daß man die Welt so zurechtbiegt, daß sie einem in den Kram paßt. Die gleiche Ablehnung des Schiefen ist in seinen Gedanken über die Frau. Nicht sie geißelt er, sondern das Weib, das entstanden ist unter dem verstümmelnden Druck der Gesellschaft. Die Frau ist Opfer der Rationalisierung, sie ist zum Commis geworden.[5] Dagegen wendet Nietzsche sich,

---

4 So heißt es etwa in der »Geburt der Tragödie« [1872]: »Christenthum war von Anfang an, wesentlich und gründlich, Ekel und Ueberdruss des Lebens am Leben, welcher sich unter dem Glauben an ein ›anderes‹ oder ›besseres‹ Leben nur verkleidete, nur versteckte, nur aufputzte. Der Hass auf die ›Welt‹, der Fluch auf die Affekte, die Furcht vor der Schönheit und Sinnlichkeit, ein Jenseits, erfunden, um das Diesseits besser zu verleumden, im Grunde ein Verlangen in's Nichts, an's Ende, in's Ausruhen, hin zum ›Sabbat der Sabbate‹ – dies Alles dünkte mich, ebenso wie der unbedingte Wille des Christenthums, *nur* moralische Werthe gelten zu lassen, immer wie die gefährlichste und unheimlichste Form aller möglichen Formen eines ›Willens zum Untergang‹, zum Mindesten ein Zeichen tiefster Erkrankung, Müdigkeit, Missmuthigkeit, Erschöpfung, Verarmung an Leben, – denn vor der Moral (in Sonderheit christlichen, das heisst unbedingten Moral) *muss* das Leben beständig und unvermeidlich Unrecht bekommen, weil Leben etwas essentiell Unmoralisches *ist*, – *muss* endlich das Leben, erdrückt unter dem Gewichte der Verachtung und des ewigen Nein's, als begehrens-unwürdig, als unwerth an sich empfunden werden.« (NW, Bd. 1, S. 18f.)

5 »Dass das Weib sich hervorwagt, wenn das Furcht-Einflössende am Manne, sagen wir bestimmter, wenn der *Mann* im Manne nicht mehr gewollt und grossgezüchtet wird, ist billig genug, auch begreiflich genug; was sich schwerer begreift, ist, dass ebendamit – das Weib entartet. Dies geschieht heute: täuschen wir uns nicht darüber! Wo nur der industrielle Geist über den militärischen und aristokratischen Geist gesiegt hat, strebt jetzt das Weib nach der wirtschaftlichen und rechtlichen Selbständigkeit eines Commis: ›das Weib als Commis‹ steht an der Pforte der sich bildenden modernen Gesellschaft.« (NW, Bd. 5, S. 176)

weil er eine hohe Meinung von der Frau hat. Er glaubt, daß in ihr noch etwas heil ist, was beim Mann zerstört und verdinglicht ist. Sie soll nicht der Arbeitsteilung verfallen.

Nietzsches Art zu sehen ist unbeschönigend. Er reißt die Masken ab und macht die Wunden sichtbar. Ohne System gibt er eine exakte Psychologie.

Elsmarie Schmitz.

49 Andreas Donath, 25. November 1954

Im philosophischen Hauptseminar vom 25. November wurde die Vorrede zu Nietzsches »Genealogie der Moral«[6] besprochen, nachdem der Hinweis vorausgeschickt worden war, daß Nietzsches zwar nicht systematisch vorgehe, doch der Ausspruch: »was er aufschreibt, ist nicht endgültig«, mißverständlich sei, da Nietzsches Stilkunst ja nicht von außen zum Denken hinzutritt, sondern vielmehr versucht, mit größter sprachlicher Disziplin die Unmittelbarkeit des Lebendigen durch das Medium der äußersten Reflexion wiederherzustellen, und so das Denken offengehalten wird. »Wir haben kein Recht darauf, irgendwo einzeln zu sein«[7], sagt er selber in der Vorrede, alle Gedanken müssen aus Notwendigkeit miteinander im Zusammenhang stehen.

Die Diskussion kreiste in der Hauptsache um drei Problemkomplexe: den Begriff der Moral, Nietzsches Verhältnis zu Kant sowie die Grundlagen seiner Moralkritik.

Während zum Beispiel in den Vereinigten Staaten das Verhalten der Menschen wesentlich durch zwei Instanzen bestimmt wird, von denen die eine umgangen, die andere befolgt werden kann, nämlich Gesetz und Religion, tritt für uns Europäer noch eine dritte hinzu, die zwar leider auch schon fragwürdig zu werden begonnen hat, aber doch noch nicht so in Frage gestellt ist, wie jenseits des Ozeans. Dieses Dritte, die Moral, die nicht nur die Grundlage aller Rechtsphilosophie abgibt, sondern ohne die das Zusammenleben der Völker in Gefahr steht, nur noch nach den Methoden eines Adolf Hitler geregelt zu werden, scheint auf den ersten Blick unabhängig von allem durch Interesse Hervorgerufenen zu bestehen.

Nur in Gestalt eines reinen Vernunftprinzips, sagt Kant, könne Moral gefunden werden, nicht aber in der Sphäre der Psychologie oder, wie er es nennt, der Anthropologie.[8] Nietzsche treibt diesen Satz, aus dem der Stolz herausgehört

---

6 Vgl. ebd., S. 247–256.

7 »Wir haben kein Recht darauf, irgend worin *einzeln* zu sein: wir dürfen weder einzeln irren, noch einzeln die Wahrheit treffen. Vielmehr mit der Nothwendigkeit, mit der ein Baum seine Früchte trägt, wachsen aus uns unsre Gedanken, unsre Werthe, unsre Ja's und Nein's und Wenn's und Ob's – verwandt und bezüglich allesamt unter einander und Zeugnisse Eines Willens, Einer Gesundheit, Eines Erdreichs, Einer Sonne.« (Ebd., S. 248f.)

8 »Die Metaphysik teilet sich in die des *spekulativen* und *praktischen* Gebrauchs der reinen Vernunft, und ist also entweder *Metaphysik der Natur*, oder *Metaphysik der Sitten*. Jene enthält alle reine Vernunftprinzipien aus bloßen Begriffen (mithin mit Ausschließung der Mathematik) von dem *theoretischen* Erkenntnisse aller Dinge; diese die Prinzipien, welche das *Tun und Lassen* a priori bestimmen und notwendig machen. Nun ist die Moralität die einzige Gesetzmäßigkeit der

werden kann, nicht Sklave der Neigung, als etwas Zufälligen, zu sein, noch weiter, indem er annimmt, daß auch die für Kant selbständige Sphäre der Vernunft erst im Verlauf des Lebensprozesses natürlich entstanden sei und sich allmählich immer weiter entwickelt habe.

Ist es nicht möglich, fragt er, daß nur ein Aberglaube hinter der Idee von Gut und Böse stecke, enthält doch gerade die Idee des guten Willens, wie Kant sie formuliert hat,[9] die verführerische Lockung des Trostes für den, dessen Wille in der realen Welt nichts mehr auszurichten vermag.

Freilich versucht Nietzsche nicht aus Zynismus oder rebellischem Instinkt das Entstehen der Moral bloßzulegen und damit die Moral ihrer Position zu entkleiden, sondern aus der geheimen Angst, wie sehr behutsam interpretiert wurde, vor dem Verfall des Lebens, der sich ihm überall ankündigte, aus der Befürchtung, in der Moral und allem von ihr Ausgehenden eine Hauptursache der décadence vor sich zu haben. So bemüht er sich festzustellen, ob unserer Angewohnheit, moralisch zu urteilen, nicht bloß eine Illusion oder gar eine Ideologie zugrunde liege.

»Wie aber« – und mit dieser Frage schloß das Seminar – »ist Ideologiekritik möglich ohne den Anspruch auf Wahrheit des Urteils, mit dessen Hilfe sie kritisiert? Und woher nimmt die Ideologiekritik den Anspruch auf Gültigkeit der Kritik, d. h., woher weist sie die Ideologiefreiheit der eigenen Voraussetzungen nach?«

Handlungen, die völlig a priori aus Prinzipien abgeleitet werden kann. Daher ist die Metaphysik der Sitten eigentlich die reine Moral, in welcher keine Anthropologie (keine empirische Bedingung) zum Grunde gelegt wird.« (KW, Bd. IV, S. 702)
9 Die Darstellung des guten Willens eröffnet Kants »Grundlegung zur Metaphysik der Sitten« [1786]; vgl. KW, Bd. VII, S. 18f. (BA 1–3).

50 [N.N.],
2. Dezember 1954

Seminar über Nietzsche: Genealogie der Moral Wintersemester 1954/55

*Protokoll der Seminarsitzung
vom 2. Dezember 1954*

Die »neue Forderung«, die Nietzsche in der Vorrede erhob, der Moral-Genealoge müsse mit der Kritik der moralischen Werte beginnen, der Wert der moralischen Werte sei zunächst einmal selbst in Frage zu stellen,[10] findet in der ersten Abhandlung über die Begriffe »Gut und Böse«, »Gut und Schlecht« sogleich ihre Anwendung.[11] Die Interpretation knüpfte hier an das in der vorangegangenen Stunde behandelte Problem absoluter Wahrheit und bloßer Ideologie an. Den eigentlichen Gegenstand der Seminarsitzung bildete der zentrale Begriff der ersten Abhandlung: das »schöpferische Ressentiment«[12].

Vor der Meinung, die Kritik einer Ideologie sei nur dem möglich, der außerhalb dieser Ideologie im Besitz der Wahrheit stehe, wurde gewarnt. Gewinn entsteht nicht allein aus Mehrwert und totem Kapital, sondern aus der implizierten Arbeit, von der Marx sagt, daß sie alle menschlichen Werte schaffe. Diese Arbeit – des Begriffs – aber ist *in* die Sache gebunden. Damit erhält die Ideologie das Stigma des notwendigen Scheins. In der Sache selbst zu sein, anstatt darüber hinaus, ist mit Hegel das erste Anliegen der immanenten Kritik, in der auch die Überwindung ihres apologetischen Charakters angelegt ist. In der »Dialektik der Aufklärung«

---

10 »Dies Problem vom *Werthe* des Mitleids und der Mitleids-Moral (– ich bin ein Gegner der schändlichen modernen Gefühlsverweichlichung –) scheint zunächst nur etwas Vereinzeltes, ein Fragezeichen für sich; wer aber einmal hier hängenbleibt, hier fragen *lernt*, dem wird es gehn, wie es mir ergangen ist: – eine ungeheure neue Aussicht thut sich ihm auf, eine Möglichkeit fasst ihn wie ein Schwindel, jede Art Misstrauen, Argwohn, Furcht springt hervor, der Glaube an die Moral, an alle Moral wankt, – endlich wird eine neue Forderung laut. Sprechen wir sie aus, diese *neue Forderung*: wir haben eine *Kritik* der moralischen Werthe nötig, *der Werth dieser Werthe ist selbst erst einmal in Frage zu stellen* [...]« (NW, Bd. 5, S. 252 f.).
11 Vgl. ebd., S. 257–289.
12 »Der Sklavenaufstand in der Moral beginnt damit, dass das *Ressentiment* selbst schöpferisch wird und Werthe gebiert: das Ressentiment solcher Wesen, denen die eigentliche Reaktion, die der That versagt ist, die sich nur durch eine imaginäre Rache schadlos halten. Während alle vornehme Moral aus einem triumphierenden Ja-sagen zu sich selber herauswächst, sagt die Sklaven-Moral von vornherein Nein zu einem ›Ausserhalb‹, zu einem ›Anders‹, zu einem ›Nichtselbst‹: und *dies* Nein ist ihre schöpferische That.« (Ebd., S. 270 f.)

(S. 294) heißt es: »Unfertig zu sein und es zu wissen, ist der Zug auch jenes Denkens noch und gerade jenes Denkens, mit dem es sich zu sterben lohnt. Der Satz, daß die Wahrheit das Ganze sei, erweist sich als dasselbe wie sein Gegensatz, daß sie jeweils nur als Teil existiert.«[13] Oder Epicharm: »Es geziemt sich für den Sterblichen, daß er Sterbliches denke und nicht, daß er Unsterbliches denke.«[14] Nietzsche war einer der wenigen, die erkannten, daß zwischen Absolutismus und Relativismus die Gedanken schon notwendig so abstrakt angelegt sind, daß sich das Einzelne in Frage stellt. Aus der Kenntnis der Grenzen seiner Wahrheit sieht er sich imstande, die landläufige Fetischisierung des Wahrheitsbegriffs zu enthüllen und in der Einsamkeit dieser Erkenntnis den ganzen falschen Horizont abzuschreiten, der durch die Projektion abgelöster Teile auf den Wahrheitsbegriff entstanden ist.

Die Entstehung des Ressentiments, die Substituierung eines »Sklavenaufstandes in der Moral«, wird von ursächlichen Zusammenhängen abgeleitet. Das alttestamentarische Zeitalter ist eine Präformation von Zarathustras Reich – ausgewiesen durch das Herrenrecht, Namen zu geben.[15] Das zurechnende Einteilen und Absiegeln in der Nomenklatur ist mehr als ein Gestus der Besitznahme, ist ein Akt subtil perfektionierter Beherrschung. Dieses unverlöschliche Siegel bewahrte sich als Brandmal über den Untergang des Herrenreiches hinaus im etymologisch erhaltenen Sinnkern. »Schlicht« bleibt eine Derivation von »schlecht«.[16]

Interessant mögen im Vergleich hierzu die modernen Untersuchungsergebnisse über das Neger-Ressentiment in den USA (Bogardus)[17] erscheinen: die möglichst helle Hautfarbe des Negers als sein besonderer Stolz; die Übernahme

---

13 Max Horkheimer und Theodor W. Adorno, *Dialektik der Aufklärung. Philosophische Fragmente*, Amsterdam 1947, S. 294; vgl. GS, Bd. 3, S. 282.
14 In der Übersetzung von Hermann Diels, Die Fragmente der Vorsokratiker. Griechisch und deutsch [1903], Bd. 1, 2. Aufl., Berlin 1906: »Sterbliche Gedanken soll der Sterbliche hegen, nicht unsterbliche der Sterbliche.« (Ebd., S. 94)
15 »Das Herrenrecht, Namen zu geben, geht so weit, dass man sich erlauben sollte, den Ursprung der Sprache selbst als Machtäusserung der Herrschenden zu fassen: sie sagen ›das *ist* das und das‹, sie siegeln jegliches Ding und Geschehen mit einem Laute ab und nehmen es dadurch gleichsam in Besitz.« (NW, Bd. 5, S. 260)
16 »Das beredteste Beispiel« für eine Entwicklung, die die Begriffe ›gemein‹, ›pöbelhaft‹, ›niedrig‹ in den Begriff »schlecht« übergehen lassen, sei »das deutsche Wort ›schlecht‹ selber: als welches mit ›schlicht‹ identisch ist – vergleiche ›schlechtweg‹, ›schlechterdings‹ – und ursprünglich den schlichten, den gemeinen Mann noch ohne einen verdächtigenden Seitenblick, einfach im Gegensatz zum Vornehmen bezeichnete. Um die Zeit des dreissigjährigen Kriegs ungefähr, also spät genug, verschiebt sich dieser Sinn in den jetzt gebräuchlichen.« (Ebd., S. 261f.)
17 Vgl. Emory S. Bogardus, Immigrants and Race Attitudes, mit Vorw. von Jerome Davis, Boston u. a. 1928.

der weißen Wertskala und die Umwandlung der eigenen Maßstäbe nach dem Muster der weißen »Herrenmenschen«.

Historisch gesehen führt Nietzsche die Entstehung des Ressentiments auf die Pseudo-Überwindung Judäas durch die Römer zurück.[18] In Wirklichkeit siegte Judäa über die Römer, indem es diesen mit dem Christentum nicht nur die Möglichkeit zur Entfaltung eines Herrenbewußtseins nahm, sondern ihnen auch noch die Sklavenmoral eines verlogenen Gewissens injizierte.

In der Struktur des Ressentiments und seiner dämonisch-dynamischen Wirkungsweise und endlich in der schöpferischen Gewalt seines Rachegedankens mischen sich Haß und Liebe. Aus der psychischen[19] Kompensation des Utilitarismus folgt die Selbstdenunziation des Geistes in der Lüge. Der Haß durch die Liebe ist die tödliche Waffe des Ressentiments, der »gefährlichste Köder«[20], die stärkste Verführung zum Mitleid. Der geknechtete Herrenmensch wirft in der schäumenden Qual seiner Ohnmacht das Netz der Verführung aus. Die Verführung dringt als lähmendes Gift in den Willen ein, erstickt die Freiheit des Handelns, unterdrückt den Schrei des Schmerzes, verdrängt und unterjocht die actio zur feigen, passiven reactio und bildet so das Gewissen.

»Liebe deinen Nächsten wie dich selbst« – so lautet nach Nietzsche der »Slogan«, mit dem das Netz der Verführung geknüpft und die Menschheit verdorben worden ist.[21] Und doch ist Nietzsche dem echten Christentum – wie allem, was er bekämpft, ausgenommen die Lüge – sehr nahe. Er ist ihm nahe in der Ehrlichkeit seines frontalen Angriffs, in der actio, dem Bemühen und in der Tat des Jasagens zu sich selbst. Er erkennt, daß Gott nicht nur mächtig ist, sondern auch durch den Tod und Leid hindurchgeht; Herrentum, das von Sklaventum weiß. Dies ist der

---

18 Vgl. NW, Bd. 5, S. 285–288.
19 Konjiziert für: »psychoanalytischen«.
20 »Und wüsste man sich andrerseits, aus allem Raffinement des Geistes heraus, überhaupt noch einen *gefährlicheren* Köder auszudenken? Etwas, das an verlockender, berauschender, betäubender, verderbender Kraft jenem Symbol des ›heiligen Kreuzes‹ gleichkäme, jener schauerlichen Paradoxie eines ›Gottes am Kreuze‹, jenem Mysterium einer unausdenkbaren letzten äussersten Grausamkeit und Selbstkreuzigung Gottes *zum Heile des Menschen?*...« (Ebd., S. 269)
21 »Ein noch geschätzteres Mittel im Kampf mit der Depression ist die Ordinirung einer *kleinen Freude*, die leicht zugänglich ist und zur Regel gemacht werden kann [...]. Die häufigste Form, in der die Freude dergestalt als Kurmittel ordinirt wird, ist die Freude des Freude-*Machens* (als Wohlthun, Beschenken, Erleichtern, Helfen, Zureden, Trösten, Loben, Auszeichnen); der asketische Priester verordnet damit, dass er ›Nächstenliebe‹ verordnet, im Grunde eine Erregung des stärksten, lebensbejahendsten Triebes, wenn auch in der vorsichtigsten Dosirung, – des *Willens zur Macht*.« (Ebd., S. 383)

Stachel. Die Macht Gottes und die »Macht« Nietzsches sind nahe, aber getrenntlebende Verwandte.

Aus dem Bild des versklavten Herrenmenschen deuteten sich so der Typ des neuen Herrenmenschen an, der im reziproken Ressentiment neue Namen und Werte geben wird. »Gut und Böse« ergeben in ihrer Quadratur das Positive; an sich ist nichts gut oder böse; »Gut und Böse« im Sinne der Sklavenmoral aber sind »schlecht«, d. h. das Negative schlechthin.

51 Heinz Eckardt,
9. Dezember 1954

Protokoll vom 9. Dezember 1954

Im Anschluß an das Protokoll der vorliegenden Sitzung wurden einige Anmerkungen gemacht, so über den Begriff des »notwendigen Scheins« bei Marx, der daraus entspringt, daß mit der Stellung des Unternehmers in der Gesellschaft notwendig die Ansicht verbunden ist, daß der Mehrwert das Resultat von totem Kapital und Arbeit ist, während bloß der klassenbewußte Arbeiter frei von Ideologie ist und weiß, daß nichts auf den Markt gelangt, in dem nicht Arbeitsstunden involviert sind, das heißt, daß auch totes Kapital und damit aller Mehrwert ein Produkt von Arbeitsstunden ist.[22]

Zum Verhältnis Judäa–Rom wies Prof. Adorno darauf hin, daß schon bei Horaz ein Wort steht, in dem er sagt, daß die Kultur die Rache der besiegten Griechen an den rauhen Römern war, die nach ihrem Siege dem Prinzip der Unterlegenen verfallen sind.[23]

Nietzsches mit viel Aufwand vorgetragene Ablehnung des Mitleidens ist im Grunde nur eine Wiederholung dessen, was die ganze europäische Philosophie vor ihm schon sagte, bei der – bis auf Schopenhauer – das Gute nie etwas mit dem

---

[22] In den »Grundrissen der Kritik der politischen Ökonomie« schreibt Marx: »Die auf dem Tauschwert basierte Produktion und das auf dem Austausch dieser Tauschwerte basierte Gemeinwesen – sosehr sie, wie wir im vorigen Kapitel vom Geld sahen – das Ansehn haben, das Eigentum als Ausfluß bloß der Arbeit zu setzen, das Privateigentum am Produkt der eignen Arbeit als Bedingung zu setzen – und die Arbeit als allgemeine Bedingung des Reichtums – unterstellt und produziert die Trennung der Arbeit von ihren objektiven Bedingungen. Dieser Austausch von Äquivalenten geht vor, ist nur die oberflächliche Schichte einer Produktion, die beruht auf der Aneignung fremder Arbeit *ohne Austausch*, aber unter dem *Schein des Austauschs*. Dieses System des Austauschs beruht auf dem *Kapital* als seiner Grundlage, und, wenn es getrennt von ihm betrachtet wird, wie es sich an der Oberfläche selbst zeigt, als *selbständiges* System, so ist dies bloßer *Schein*, aber ein *notwendiger Schein*. Es ist daher jetzt nicht länger zu verwundern, daß das System der Tauschwerte – Austausch von durch die Arbeit gemeßnen Äquivalenten – umschlägt oder vielmehr als seinen versteckten Hintergrund zeigt *Aneignung fremder Arbeit ohne Austausch*, völlige Trennung von Arbeit und Eigentum. Das Herrschen nämlich des Tauschwerts selbst und der Tauschwerte produzierenden Produktion *unterstellt* fremdes Arbeitsvermögen selbst als Tauschwert – d.h. Trennung des lebendigen Arbeitsvermögens von seinen objektiven Bedingungen; Verhalten zu denselben – oder zu seiner eignen Objektivität – als fremdem Eigentum; Verhalten zu denselben in einem Wort als *Kapital*.« (MEW, Bd. 42, S. 416f.)

[23] »Griechisch Land ward erobert; erobernd den rauhen Besieger, führt' es die Kunst in Latium ein, beim Volke der Bauern.« (Die Satiren und Briefe des Horaz. Lateinisch und deutsch, übers. von Hans Färber, bearb. von Wilhelm Schöne, 2. Aufl., München 1953/1954, S. 209)

Mitleid zu tun hatte. Nietzsche ist viel einiger mit allen älteren Philosophen, als er selber weiß. Aber er legte nie viel Gewicht auf Philosophiegeschichte, und alle Philosophie sieht er ein wenig so, als ob sie schopenhauerisch sei. Aber auch Schopenhauer selbst ist er nicht ganz gerecht geworden, denn nach diesem ist alles, was in der Welt der Erscheinungen geschieht, bloßer Trug, der nur dann durchbrochen wird, wenn wir uns als Ding an sich, d.h. als Willen, als Drang nach Dasein und Wohlsein erfahren und in anderen unser eigenes Wesen wiedererkennen, und sein Leid, ebenso seine Freude, als eigenes empfinden.[24] – Als Beispiel der anderen Philosophie wurde Spinoza genannt, der mit der Stoa und ihrem »suum esse conservare« verwandt ist. Er verurteilt das Recht des Stärkeren nicht, aber schreibt es auch nicht wie Nietzsche auf sein Banner, sondern sieht es nur als Mittel zur Arterhaltung, die er bejaht, während er das Mitleid ablehnt, weil es in Sektierertum und einer Art von vegetarischem Verein enden würde.[25]

Aus der ersten Abhandlung wurde noch eine Stelle gelesen, die die Selbstbejahung als Gegenteil von Narzißmus und Selbstglorifizierung erkennen ließ.[26] Der Vornehme ist vielmehr bescheiden und selbstvergessen, in gewisser Weise lässig: Er nimmt sich hin, wie er nun einmal ist. Alle Reflexion auf sich selbst, zumal wenn sie sich pharisäisch zum Maß der Welt macht, ist unvornehm. Es fehlt das Aufgehen im Momentanen, die Unmittelbarkeit, derentwegen Nietzsche die spontane Rache nicht ablehnt, wohl aber alles, was mit Unterdrückung und Aufspeicherung von Gefühlen zusammenhängt. Es ist ein Kultus des Naiven des »Lebensphilosophen« Nietzsche, der den Geist als Feind und Krankheit des Lebens sieht. Zur Illustration diente der Tausendfüßler, der plötzlich das Gehen

---

24 Vgl. Arthur Schopenhauer, Die Welt als Wille und Vorstellung. Erster Band. Vier Bücher, nebst einem Anhange, der die Kritik der Kantischen Philosophie enthält [1819], in: Arthur Schopenhauers Werke in fünf Bänden, hrsg. von Ludger Lütkehaus, Bd. I, Zürich 1988, S. 355–528.
25 »[W]ahre Tugend ist nichts anderes als allein nach der Leitung der Vernunft leben, und mithin besteht Ohnmacht allein darin, daß ein Mensch sich von Dingen leiten läßt, die außer seiner selbst sind, daß er also von ihnen bestimmt wird zu tun, was die gemeinsame Beschaffenheit äußerer Dinge ihm abverlangt, nicht aber, was seine eigene Natur, in sich allein betrachtet, fordert. [...] Daraus ist {auch} klar, daß jenes Gesetz, das das Schlachten von Tieren untersagt, mehr in eitlem Aberglauben und weichlichem Mitgefühl als auf gesunder Vernunft basiert. Das rationale Prinzip, das uns unseren eigenen Vorteil suchen läßt, lehrt uns gewiß, eine enge Verbindung mit Menschen einzugehen, nicht aber mit niederen Lebewesen oder mit Dingen, deren Natur von der menschlichen Natur verschieden ist; ihm zufolge haben wir vielmehr auf sie dasselbe Recht, das sie auf uns haben. Weil das Recht eines jeden von genau dessen Tugend oder Macht her definiert ist, ist es sogar so, daß Menschen ein weit größeres Recht auf niedere Lebewesen haben als diese auf Menschen.« (Baruch de Spinoza, Ethik in geometrischer Ordnung dargestellt [1677]. Lateinisch – Deutsch, hrsg., übers. und eingel. von Wolfgang Bartuschat, 4. Aufl., in: Baruch de Spinoza, Sämtliche Werke, Bd. 2, Hamburg 2015 [Philosophische Bibliothek; 92], S. 441–443)
26 Vgl. NW, Bd. 5, S. 270–274.

verlernte, als er anfing zu überlegen, welche Beine immer zur gleichen Zeit auftreten müßten.[27] So stellt sich auch bei Hegel auf jeder Stufe der Dialektik eine neue Unmittelbarkeit her.

Die zweite Abhandlung gibt Nietzsches Theorie der Entstehung des schlechten Gewissens. Im Christentum entsteht es nach dem Sündenfall aus Scham und Angst vor Gott, und übertragen kommt es dann auch gegen Menschen vor, wenn ein Gebot übertreten, eine Pflicht verletzt ist.[28] Hegel sieht den Sündenfall positiv als Schritt in die Subjektivität, zu der das Vergessen als positive Kraft des Erkennens gehört. Die Gefahr eines Lebens ohne Vergessen erkennt man im modernen Drama, in dem die Eumeniden ein Vergessen der Vergangenheit verhindern und den Menschen damit in sein Schicksal treiben.[29] Die Bedeutung des Vergessens bei Nietzsche schließt sich eng an Hegel an. Es darf aber kein Verdrängen daraus werden, man muß darüber weggehen, sich nicht daran klammern.

Das Gefühl der Schuld entsteht nach Nietzsche zuerst im Verhältnis von Käufer und Verkäufer.[30] (Er beruft sich schon auf Anaximander und Heraklit.)[31]

---

[27] Die Geschichte entstammt ursprünglich Gustav Meyrinks Erzählung »Der Fluch der Kröte – Fluch der Kröte«, in der es heißt: »Der Tausendfüßler aber blieb starr an den Boden festgebannt und konnte hinfort kein Glied mehr rühren. *[Absatz]* Er hatte vergessen, welches Bein er zuerst heben solle, und je mehr er darüber nachdachte, desto weniger konnte er sich entsinnen – konnte er sich entsinnen.« (Gustav Meyrink, Der Fluch der Kröte – Fluch der Kröte, in: Gustav Meyrink, Des deutschen Spießers Wunderhorn. Gesammelte Novellen, 3 Bde., Bd. 3, Leipzig, Zürich und München 1913, S. 111–114; hier: S. 114) – Vgl. GS, Bd. 14, S. 113.
[28] Vgl. den Abschnitt »›Schuld‹, ›schlechtes Gewissen‹ und Verwandtes«, NW, Bd. 5, S. 291–337.
[29] »Von diesem Geist findet sich die mythische Darstellung gleich im Anfang der jüdischen Bücher, in der Geschichte des *Sündenfalls*. Der Mensch, nach dem Ebenbilde Gottes geschaffen, wird erzählt, habe sein absolutes Befriedigtsein dadurch verloren, daß er von dem Baume der Erkenntnis des Guten und Bösen gegessen habe. Die Sünde besteht hier nur in der Erkenntnis: diese ist das Sündhafte, und durch sie hat der Mensch sein natürliches Glück verscherzt. Es ist dieses eine tiefe Wahrheit, daß das Böse im Bewußtsein liegt, denn die Tiere sind weder böse noch gut, ebensowenig der bloß natürliche Mensch. Erst das Bewußtsein gibt die Trennung des Ich, nach seiner unendlichen Freiheit als Willkür, und des reinen Inhalts des Willens, des Guten. Das Erkennen als Aufhebung der natürlichen Einheit ist der Sündenfall, der keine zufällige, sondern die ewige Geschichte des Geistes ist.« (HW, Bd. 12, S. 389)
[30] Vgl. NW, Bd. 5, S. 305–307.
[31] Nietzsche bemerkt in seiner Schrift »Ecce homo. Wie man wird, was man ist« [1908], er habe »das Recht, mich selber als den ersten *tragischen Philosophen* zu verstehn – das heisst den äussersten Gegensatz und Antipoden eines pessimistischen Philosophen. Vor mir giebt es diese Umsetzung des Dionysischen in ein philosophisches Pathos nicht: es fehlt die *tragische Weisheit*, – ich habe vergebens nach Anzeichen davon selbst bei den *grossen* Griechen der Philosophie, denen der zwei Jahrhunderte *vor* Sokrates, gesucht. Ein Zweifel blieb mir zurück bei *Heraklit*, in dessen Nähe mir überhaupt wärmer, mir wohler zu Muthe wird als irgendwo sonst. Die Bejahung

Das heißt also, daß die Rechtsvorstellung nicht aus der Moral entsprungen ist, sondern daß es umgekehrt war. Zur Kommentierung las Prof. Horkheimer eine Stelle aus Spencer, nach dem die Integration bis zu den Nationen eine Geschichte von Untaten ist.[32] Einzelne büßen ihren Anteil am Gemeineigentum ein und die hier auftretenden Verhältnisse von Schuld und Verschuldung sind der Ursprung der Moral.

Das schlechte Gewissen entsteht nach Nietzsche aus einer Verinnerlichung der Instinkte,[33] die dann auftritt, wenn eine ungestalte Bevölkerung durch den plötzlichen Gewaltakt und die furchtbare Tyrannei eines Eroberervolkes in eine feste Form gebracht wird, wenn auf wildes Leben und Herumschweifen ein Bruch

---

des Vergehens *und Vernichtens*, das Entscheidende in einer dionysischen Philosophie, das Jasagen zu Gegensatz und Krieg, das *Werden*, mit radikaler Ablehnung auch selbst des Begriffs ›Sein‹ – darin muss ich unter allen Umständen das mir Verwandteste anerkennen, was bisher gedacht worden ist.« (NW, Bd. 6, S. 312f.) Über Anaximander heißt es in der »Philosophie im tragischen Zeitalter der Griechen«: »Während der allgemeine Typus des Philosophen an dem Bilde des Thales sich nur wie aus Nebeln heraushebt, spricht schon das Bild seines großen Nachfolgers viel deutlicher zu uns. *Anaximander* aus Milet, der erste philosophische Schriftsteller der Alten, schreibt so, wie der typische Philosoph eben schreiben wird, so lange ihm noch nicht durch befremdende Anforderungen die Unbefangenheit und die Naivetät geraubt sind: in großstilisirter Steinschrift, Satz für Satz Zeuge einer neuen Erleuchtung und Ausdruck des Verweilens in erhabenen Contemplationen. Der Gedanke und seine Form sind Meilensteine auf dem Pfade zu jener höchsten Weisheit. In solcher lapidarischen Eindringlichkeit sagt Anaximander einmal ›Woher die Dinge ihre Entstehung haben, dahin müssen sie auch zu Grunde gehen nach der Nothwendigkeit; denn sie müssen Buße zahlen und für ihre Ungerechtigkeiten gerichtet werden gemäß der Ordnung der Zeit.‹ Räthselhafter Ausspruch eines wahren Pessimisten, Orakelaufschrift am Grenzsteine griechischer Philosophie, wie werden wir dich deuten?« (NW, Bd. 1, S 817f.)

32 »So lange nur erst kleine herumziehende Gemeinschaften von Menschen existiren, die jeder Organisation entbehren, können die Conflicte dieser Gemeinschaften mit einander kaum irgendwelche Structurveränderungen verursachen. Wenn es aber einmal zu der bestimmten Führerschaft gekommen ist, welche solche Conflicte von selbst zu schaffen streben, und ganz besonders, wenn die Conflicte zu dauernder Unterjochung geführt haben, dann sind auch schon die ersten Anfänge von staatlicher Organisation entstanden, und beim Beginne sowohl wie später üben die Kriege der Gesellschaften mit einander höchst weitreichende Wirkungen hinsichtlich der Weiterbildung des socialen Baues oder vielnehr einer Hälfte desselben aus. Denn ich kann hier im Vorbeigehen kurz einer Thatsache erwähnen, dass nämlich die industrielle Organisation einer Gesellschaft wesentlich durch ihre unorganische und organische Umgebung bedingt wird, während ihre staatliche Organisation hauptsächlich von ihrer überorganischen Umgebung abhängt, d. h. von den Einwirkungen derjenigen benachbarten Gesellschaften, mit denen sie dem Kampf um's Dasein kämpft.« (Herbert Spencer, System der synthetischen Philosophie. VI. Band. Die Principien der Sociologie [1877], Bd. I., übers. von B[enjamin] Vetter, Stuttgart 1877, S. 15)

33 »Alle Instinkte, welche sich nicht nach Aussen entladen, *wenden sich nach Innen* – dies ist das, was ich die *Verinnerlichung* des Menschen nenne: damit wächst erst das an den Menschen heran, was man später seine ›Seele‹ nennt.« (NW, Bd. 5, S. 322)

folgt, der die Menschen in den Bann der Gesellschaft und des Friedens einschließt.[34] Hiergegen wurde eingewendet, daß in jeder Gruppe (sogar im Tierreich) schon von Anfang an eine Rangordnung herrscht und zweitens, daß die Eroberer nach Nietzsche selbst schon vorher organisiert sind. – Diese Organisation wird aber nur eine solche eines Anführers und seiner Horde gewesen sein, während mit dem plötzlichen Ereignis bei Nietzsche der Beginn einer stabilen Hierarchie gemeint ist. Zur Erläuterung wurde auf die plündernden Wikinger hingewiesen, die erst nach der Eroberung des fremden Landes einen festen Staat gründeten. – Zur Verteidigung Nietzsches wurde Rüstow angeführt, nach dem die Domestikation der Triebe und damit die Zivilisation auch ruckartig aus einem Naturzustand der Ungebundenheit hervorgehen, wenn dieser plötzlich durch Eroberer in eine Unterdrückung verändert wird.[35]

Gegen diese ganze Diskussion wurde eingewandt, daß das mehr eine Frage der Ethnologie sei und daß überhaupt eine so frühe Ableitung unnötig sei; das Wesentliche sei der plötzliche Druck und die Verinnerlichung, die erst das Weiterleben ermöglicht, also die Entstehung des Gewissens zur Selbsterhaltung.

Zum Schluß wurde noch darauf hingewiesen, daß man diese Verinnerlichung nicht unbedingt phylogenetisch zu betrachten brauche, zumal sich im Gang des Einzelnen der gesellschaftliche Druck durchsetzt: Der Vater, der sein Kind schlägt, gibt nur den Druck weiter, der von der Gesellschaft her auf ihm liegt.

(Heinz Eckardt)

---

34 »Ich nehme das schlechte Gewissen als die tiefe Erkrankung, welcher der Mensch unter dem Druck jener gründlichsten aller Veränderungen verfallen musste, die er überhaupt erlebt hat, – jener Veränderung, als er sich endgültig in den Bann der Gesellschaft und des Friedens eingeschlossen fand. Nicht anders als es den Wasserthieren ergangen sein muss, als sie gezwungen wurden, entweder Landthiere zu werden oder zu Grunde zu gehn, so gieng es diesen der Wildniss, dem Kriege, dem Herumschweifen, dem Abenteuer glücklich angepassten Halbthieren, – mit Einem Male waren alle ihre Instinkte entwerthet und ›ausgehängt‹.« (Ebd., S. 321 f.)
35 Vgl. Alexander Rüstow, Ortsbestimmung der Gegenwart. Eine universalgeschichtliche Kulturkritik. Erster Band. Ursprung der Herrschaft, Zürich, Stuttgart 1950, S. 224 f.

52 [N.N.],
23. Dezember 1954

Protokoll der Seminarsitzung vom 23. Dezember 1954.

Nietzsche nennt die Vergeßlichkeit »ein aktives, im strengsten Sinne positives Hemmungsvermögen.«[36] Seine Beschreibung des vornehmen Vergessens ist von der Beschreibung der Verdrängung bei Freud kaum zur unterscheiden. Auch hier ist eine psychische Kraft im Spiel, die das Bewußtsein zurückdrängt, eine Zensur an der Schwelle des Unbewußten zum Bewußten. Diese aktive Vergeßlichkeit spricht Nietzsche vor allem der herrschenden Gruppe zu, die zu ihrer Lebensbedingung geradezu ein gewisses Maß von Verdrängung notwendig hat.[37] Die Lebenstechnik des Vergessens ist für Nietzsche eine Form der Gesundheit. Sonst bedeutet ihm die Schwäche des Gedächtnisses Dekadenz, und auch psychologisch ist es so, daß gerade das Schwache das ist, das leicht vergißt und das Starke sich gut besinnen kann. Nietzsche meint nicht Vergeßlichkeit: Der vornehme Mensch trägt nicht nach. Die Tatsache des Nichtnachtragens enthält das Ideal, nicht alles dem Tausch zu überlassen, nicht unter einem verlogenen Ideal von

---

36 »Vergeßlichkeit ist keine bloße vis inertiae, wie die Oberflächlichen glauben, sie ist vielmehr ein aktives, im strengsten Sinne positives Hemmungsvermögen, dem es zuzuschreiben ist, daß was nur von uns erlebt, erfahren, in uns hineingenommen wird, uns im Zustande der Verdauung (man dürfte ihn ›Einverseelung[‹] nennen) ebenso wenig ins Bewußtsein tritt, als der ganze tausendfältige Prozeß, mit dem sich unsre leibliche Ernährung, die sogenannte ›Einverleibung‹ abspielt.« (Friedrich Nietzsche, Zur Genealogie der Moral. Eine Streitschrift dem letztveröffentlichten ›Jenseits von Gut und Böse‹ zur Ergänzung und Verdeutlichung beigegeben [1887], in: Friedrich Nietzsche, Jenseits von Gut und Böse · Zur Genealogie der Moral, mit einem Nachw. von Alfred Baeumler, Stuttgart 1953 [Kröners Taschenausgabe; 76], S. 237–412; hier: S. 285; vgl. NW, Bd. 5, S. 292) – Die Vorlage trägt oben auf der ersten Seite den handschriftlichen Zusatz: »Gelesener Text ›Genealogie der Moral‹ Abschnitt 2«. Darunter folgen auf verschiedener Höhe Literaturangaben zum Fließtext, an dieser Stelle: »1, S. 285–86«. Die erste Ziffer gibt den Aphorismus innerhalb des zweiten Abschnitts an, die Seitenzahlen beziehen sich auf die genannte Stuttgarter Ausgabe.

37 »Die Türen und Fenster des Bewußtseins zeitweilig schließen; von dem Lärm und Kampf, mit dem unsre Unterwelt von dienstbaren Organen für- und gegeneinander arbeitet, unbehelligt bleiben; ein wenig Stille, ein wenig tabula rasa des Bewußtseins, damit wieder Platz wird für Neues, vor allem für die vornehmeren Funktionen und Funktionäre, für Regieren, Voraussehn, Vorausbestimmen (denn unser Organismus ist oligarchisch eingerichtet) – das ist der Nutzen der, wie gesagt, aktiven Vergeßlichkeit, einer Türwärterin gleichsam, einer Aufrechterhalterin der seelischen Ordnung, der Ruhe, der Etikette: womit sofort abzusehn ist, inwiefern es kein Glück, keine Heiterkeit, keine Hoffnung, keinen Stolz, keine *Gegenwart* geben könnte ohne Vergeßlichkeit.« (Nietzsche, Zur Genealogie der Moral, a.a.O. [s. vorige Anm.], S. 285f.; vgl. NW, Bd. 5, S. 292f.)

Gerechtigkeit handeln; mit den Dingen fertig werden. – Demgegenüber steht das Nicht-vergessen-Können – das Phänomen des Zwangsneurotikers. Nietzsche wehrt sich gegen den Zwangscharakter des Gedächtnisses. Er haßt den Kleinbürger, der vom Vergangenen nicht loskommen kann, der »entsetzlich ins Kleine und Kleinste gehende Abschätzungen« unternimmt, um die Äquivalenz einer Schuld zu berechnen.[38]

Er schreibt aus dem Gesichtswinkel der Herrschaft, da er den Unterdrückten verachtet, der sich auf Grund seiner Unterdrückung für den Besseren hält, der aber als Gläubiger eine Art »*Wohlgefühl* als Rückzahlung und Ausgleich« annimmt[39] – »das Wohlgefühl seine Macht an einem Machtlosen unbedenklich auslassen zu dürfen« – »ein Wesen als ein ›Unter-sich‹ verachten und mißhandeln zu dürfen«. Je niedriger der Gläubiger in der Ordnung der Gesellschaft steht, desto höher der Genuß in der Vergewaltigung. Nietzsche wütet gegen den Unterdrückten-Instinkt, fragt aber nicht wer die Unterdrückten so verstümmelt, welche verstümmelnde Macht am Werke war. In der absoluten Verneinung des Unterdrückten verfehlt er gegen seine eigene Theorie der Unbestechlichkeit und Redlichkeit. Eine anti-proletarische Tendenz kommt hierin zum Ausdruck. Er bekämpft das lebensfeindliche Prinzip, das in der Partei der Unterdrückten wirkt. So erscheint ihm »Dührings Kommunisten-Schablone, daß jeder Wille jeden

---

38 Nietzsche, Zur Genealogie der Moral, a. a. O. [s. Anm. 36], S. 294. – An dieser Stelle (s. Anm. 36) steht in der Vorlage die Angabe: »5, S. 294«. – Nietzsche spricht davon, dass »der Gläubiger dem Leibe des Schuldners alle Arten Schmach und Folter antun [konnte], zum Beispiel so viel davon herunterschneiden als der Größe der Schuld angemessen schien: – und es gab frühzeitig und überall von diesem Gesichtspunkte aus genaue, zum Teil entsetzlich ins Kleine und Kleinste gehende Abschätzungen, *zu Recht* bestehende Abschätzungen der einzelnen Glieder und Körperstellen. [...] Die Äquivalenz ist damit gegeben, daß an Stelle eines gegen den Schaden direkt aufkommenden Vorteils (also an Stelle eines Ausgleichs in Geld, Land, Besitz irgend welcher Art) dem Gläubiger eine Art *Wohlgefühl* als Rückzahlung und Ausgleich zugestanden wird, – das Wohlgefühl, seine Macht an einem Machtlosen unbedenklich auslassen zu dürfen, die Wollust ›de faire le mal pour le plaisir de le faire‹, der Genuß in der Vergewaltigung: als welcher Genuß um so höher eingeschätzt wird, je tiefer und niedriger der Gläubiger in der Ordnung der Gesellschaft steht, und leicht ihm als köstlichster Bissen, ja als Vorgeschmack eines höheren Rangs erscheinen kann. Vermittelst der ›Strafe‹ am Schuldner nimmt der Gläubiger an einem *Herren-Rechte* teil: endlich kommt auch er einmal zu dem erhebenden Gefühle, ein Wesen als ein ›Unter-sich‹ verachten und misshandeln zu dürfen – oder wenigstens, im Falle die eigentliche Strafgewalt, der Strafvollzug schon an die ›Obrigkeit‹ übergegangen ist, es verachtet und mißhandelt zu *sehen*. Der Ausgleich besteht also in einem Anweis und Anrecht auf Grausamkeit. –« (Nietzsche, Zur Genealogie der Moral, a. a. O. [s. Anm. 36], S. 293 f.; vgl. NW, Bd. 5, S. 299 f.)
39 An dieser Stelle (s. Anm. 36) steht in der Vorlage die Angabe: »5, S. 294«.

Willen als gleich zu nehmen habe,«⁴⁰ »ein Zeichen von Ermüdung, ein Schleichweg zum Nichts«. Nietzsches Begriff des Vornehmen steht im Gegensatz zu den Arbeitern. Da ihm aber die Möglichkeit einer eingreifenden Kritik der Gesellschaft verstellt war, projizierte er diesen an sich späten ästhetischen Begriff des Vornehmen auf die Menschen der Vorzeit, eine naive Utopie, in der eigentlich verborgen ist: »Besser als der allerchristlichste König ist mir Odoaker.«

Nietzsche bleibt nicht bei der Kritik des Gedächtnisses als Selbstbewußtsein stehen. In einer Art Dialektik wird mit dem Begriff der Autonomie das Ideal der vornehmen Vergeßlichkeit wieder aufgehoben. Die Menschen überwanden durch das schließlich errungene Selbstbewußtsein die Sphäre des Ressentiments.⁴¹ Das Bewußtsein ist geradezu der Garant der Freiheit, denn die Menschen sind nur soweit frei, wie sie autonom sind. Auf dieser Stufe erscheint die Tugend der Freiheit geradezu an das Gedächtnis gebunden.

Gibt es Glück nur so weit, wie es Vergessen gibt?⁴² Wo etwas verdrängt wird, gibt es eine Narbe. Das Verdrängte kommt auf alle mögliche Weise wieder hervor. Nach Freud gibt es Glück nur so weit, wie es sich um die Erfüllung eines alten Wunsches handelt. So scheint das Glück ohne Gedächtnis nicht möglich. Vielleicht gehört ein wenig Sich-Vergessen zum Glück. Aber ist Sich-Vergessen Vergeßlichkeit? Nietzsches Begriff des Glücks hat mit Heiterkeit und Humor wenig zu tun. Glück [ist bei ihm] zutiefst mit Ernst verbunden. Er will loskommen von einer Erbschaft, von dieser Erbschaft, die alles vergiftet durch den Gedanken an Schuld

---

40 An dieser Stelle (s. Anm. 36) steht in der Vorlage die Angabe: »11, S. 308«. – Der entsprechende Passus lautet: »Eine Rechtsordnung souverän und allgemein gedacht, nicht als Mittel im Kampf von Macht-Komplexen, sondern als Mittel *gegen* allen Kampf überhaupt, etwa gemäß der Kommunisten-Schablone Dührings, daß jeder Wille jeden Willen als gleich zu nehmen habe, wäre ein *lebensfeindliches* Prinzip, eine Zerstörerin und Auflöserin des Menschen, ein Attentat auf die Zukunft des Menschen, ein Zeichen von Ermüdung, ein Schleichweg zum Nichts. –« (Nietzsche, Zur Genealogie der Moral, a.a.O. [s. Anm. 36], S. 308; vgl. NW, Bd. 5, S. 313)

41 An dieser Stelle (s. Anm. 36) steht in der Vorlage die Angabe: »2, S. 287«. Der entsprechende Passus lautet: »Stellen wir uns [...] ans Ende des ungeheuren Prozesses, dorthin, wo der Baum endlich seine Früchte zeitigt, wo die Sozietät und ihre Sittlichkeit der Sitte endlich zutage bringt, wozu sie nur das Mittel war: so finden wir als reifste Frucht an ihrem Baum das souveräne Individuum, das nur sich selbst gleiche, das von der Sittlichkeit der Sitte wieder losgekommene, das autonome übersittliche Individuum (denn ›autonom‹ und ›sittlich‹ schließt sich aus), kurz den Menschen des eignen, unabhängigen, langen Willens, der versprechen darf – und in ihm ein stolzes, allen Muskeln zuckendes Bewußtsein davon, was da endlich errungen und in ihm leibhaft geworden ist, ein eigentliches Macht- und Freiheits-Bewußtsein, ein Vollendungs-Gefühl des Menschen überhaupt.« (Nietzsche, Zur Genealogie der Moral, a.a.O [s. Anm. 36, 287; vgl. NW, Bd. 5, S. 293)

42 An dieser Stelle (s. Anm. 36) steht in der Vorlage die Angabe: »1, S. 286«; gemeint ist die oben bereits zitierte Stelle (s. Anm. 37).

– Bezahlen – Wechsel – Erlösen. Er spürt, daß hier Ideologie ist, daß diese Ideologie sich gegen den Menschen selbst kehrt, und daß er davon frei sein muß; er muß loskommen von der Art des heutigen Gewissens und der heutigen Moral, deren er sich schämen müßte.

Raubtierinstinkte gibt es nicht. Die wütende Aggressivität des Löwen entsteht durch den Schmerz des Hungers, der sich nach außen entlädt. Das Ich und [das] Du sind bei dem Tiere nicht getrennt und waren auch anfänglich im Menschen ungeschieden. Aggressivität findet sich nach Freud in jedem Menschen, nur hat sich diese im Laufe einer langen Geschichte nach innen gewandt.[43] So ist durch die Entwicklung der Gesellschaft, der Sitte, der Moral dem Menschen ein Teil seiner Freiheit abhanden gekommen. Die Instinkte aber, die sich nicht mehr nach außen entladen durften, wandten sich nach innen, gegen den Menschen selbst. Hierin liegt der Ursprung des »schlechten Gewissens«, dieses Gewissens, das alle freien Regungen verdirbt, gegen dessen Zwang die Genealogie der Moral sich wehrt. Das Gewissen ist immer negativ – die einzig positive Stelle, wo Nietzsche von dem »stolzen Wissen um das außerordentliche Privilegium der Verantwortlichkeit«[44] spricht, ist eine Parodie des schlechten Gewissens und völlig ironisch gemeint. Dem Gewissen wird die Gerechtigkeit gegenübergestellt, eine stets positive Kraft. Sie ist das Privileg des Starken, der das Strafrecht bestimmt, dessen

---

[43] In Freuds Schrift »Das Unbehagen in der Kultur« [1930] heißt es: »Welcher Mittel bedient sich die Kultur, um die ihr entgegenstehende Aggression zu hemmen, unschädlich zu machen, vielleicht auszuschalten? Einige solcher Methoden haben wir bereits kennengelernt, die anscheinend wichtigste aber noch nicht. Wir können sie an der Entwicklungsgeschichte des Einzelnen studieren. Was geht mit ihm vor, um seine Aggressionslust unschädlich zu machen? Etwas sehr Merkwürdiges, das wir nicht erraten hätten und das doch so naheliegt. Die Aggression wird introjiziert, verinnerlicht, eigentlich aber dorthin zurückgeschickt, woher sie gekommen ist, also gegen das eigene Ich gewendet. Dort wird sie von einem Anteil des Ichs übernommen, das sich als Über-Ich dem übrigen entgegenstellt und nun als ›Gewissen‹ gegen das Ich dieselbe strenge Aggressionsbereitschaft ausübt, die das Ich gerne an anderen, fremden Individuen befriedigt hätte. Die Spannung zwischen dem gestrengen Über-Ich und dem ihm unterworfenen Ich heißen wir Schuldbewußtsein; sie äußert sich als Strafbedürfnis. Die Kultur bewältigt also die gefährliche Aggressionslust des Individuums, indem sie es schwächt, entwaffnet und durch eine Instanz in seinem Inneren, wie durch eine Besatzung in der eroberten Stadt, überwachen läßt.« (FGW, Bd. XIV, S. 482f.)

[44] An dieser Stelle (s. Anm. 36) steht in der Vorlage die Angabe: »2, S. 288«; der entsprechende Passus lautet: »Das stolze Wissen um das außerordentliche Privilegium der *Verantwortlichkeit*, das Bewußtsein dieser seltenen Freiheit, dieser Macht über sich und das Geschick hat sich bei ihm bis in seine unterste Tiefe hinabgesenkt und ist zum Instinkt geworden, zum dominierenden Instinkt: – wie wird er ihn heißen, diesen dominierenden Instinkt, gesetzt, daß er ein Wort dafür bei sich nötig hat? Aber es ist kein Zweifel: dieser souveräne Mensch heißt ihn sein *Gewissen* ...« (Nietzsche, Zur Genealogie der Moral, a.a.O [s. Anm. 36], S. 288; vgl. NW, Bd. 5, S. 294)

Milde geradezu als ein Maßstab seines Machtbewußtseins gelten kann. Das Großartigste wäre, wenn ein Staat nicht mehr bestrafen bräuchte, im Gefühle seiner Stärke auf die Strafe verzichten könnte. Das ist Utopie – dann verschwände das schlechte Gewissen. Die Vorstellung einer Gesellschaft ohne Strafe klingt an Zarathustra an: daß der Mensch erlöst werde von der Rache.[45] Nietzsche will den Menschen erlösen aus der Gewalt des schlechten Gewissens; er will ihm Mut machen zur Wahrheit, daß er nicht aus Ressentiment die Nase rümpfe über Dinge, die er an sich gerne selbst hätte. Die Menschen wissen nicht, daß sie den Luxus gerne hätten, sie schimpfen nur auf das Automobil. Im Kriege schimpfen sie auf die Drückeberger, als ob sie nicht selbst gerne Drückeberger wären. Sie verketzern solche Gefühle, die ein Tabu belastet, weil sie sich nicht eingestehen wollen, daß diese Gefühle in ihnen selbst sich regen, und versuchen auf diese Weise von ihnen loszukommen. Nietzsche will den Menschen wieder Mut machen zur natürlichen Reaktion, daß er auf die erste Intuition achte. Es ist zwar falsch von ihm zu glauben, daß am Anfang dies all viel besser war. Aber darauf kommt es nicht an. Es kommt darauf an, die Gegenwart zu analysieren. Das Großartige ist, daß Nietzsche von diesen Dingen überhaupt spricht.

---

45 »Darum reisse ich an eurem Netze, dass eure Wuth euch aus eurer Lügen-Höhle locke, und eure Rache hervorspringe hinter eurem Wort ›Gerechtigkeit‹. *[Absatz]* Denn *dass der Mensch erlöst werde von der Rache:* das ist mir die Brücke zur höchsten Hoffnung und ein Regenbogen nach langen Unwettern.« (NW, Bd. 4, S. 128)

53 Roland Pelzer, 13. Januar 1955

Roland Pelzer

Protokoll vom 13. 1. 1955.

Bei Verlesung des Protokolls der vorgehenden Stunde wurde einiges aus neuem Blickwinkel ergänzt. Die Idealisierung der Herrschaft enthält bei Nietzsche objektiv die Kritik tatsächlicher Herrschaft. Daß der Unterdrücker sich in Wirklichkeit nichts vergeben darf, wird gerade sichtbar, wenn man ihn mit Nietzsches Darstellung konfrontiert, die ihn als generös beschreibt.[46]

Der Begriff des aktiven Vergessens, der in der letzten Diskussion in die Nähe der Verdrängung gerückt war, wurde jetzt von dieser schärfer unterschieden. Das Vergessen, wie Nietzsche es meint, ist eine aktive Leistung aus Stärke, Verdrängung hingegen widerfährt den Menschen aus Schwäche.

Dem Worte »Mensch« oder »der Mensch« geht bei Nietzsche der weihevolle Klang ab, den es in der neueren Anthropologie hat. Das Menschliche ist allzumenschlich; es ist nicht einfach schon das, was verwirklicht werden soll. Die Lehre vom Gewissen erhält ihre innere Spannung dadurch, daß Nietzsche das Gewissen als krankhafte Selbstquälerei, als Verstümmelung beklagt und es dennoch als Entfaltung neuer, befremdlicher Schönheit, Kompliziertheit und Möglichkeit bejaht. Der Romantik gegenüber, die gleichfalls den Verlust der ursprünglichen ungebrochenen Einheit des Menschen bedauerte, hat Nietzsche so voraus, daß er auf sie bereits reflektiert und die Utopie in der Innerlichkeit entdeckt hat. Das Gewissen muß um seiner Zwanghaftigkeit willen überwunden werden. Aufgehoben ist es bei Nietzsche im Begriff der Souveränität, mit der verglichen noch Kants Autonomie sich als zwanghaft, als heteronom erweist. Nietzsche führt das Gewissen, die Verinnerlichung auf einen ersten Akt gesellschaftlicher Unterdrückung zurück, der bewirkte, daß die nach außen gerichteten Instinkte nach innen umschlugen, sich gegen ihre Träger richteten und so zu Organen der Schuld und der Pflicht wurden. Wenn Nietzsche meint, die ersten Unterdrücker hätten diese Brechung des Individuums bereits systematisch ins Werk gesetzt,[47] verfällt er wohl einer Projektion späterer Verhältnisse auf die Ur-

---

[46] Bei Nietzsche heißt es etwa: »Das Pathos der Vornehmheit und Distanz [...], das dauernde und dominierende Gesammt- und Grundgefühl einer höheren herrschenden Art im Verhältnis zu einer niederen Art, zu einem ›Unten‹ – *das* ist der Ursprung des Gegensatzes ›gut‹ und ›schlecht‹.« (NW, Bd. 5, S. 259)

[47] Vgl. hier und im Folgenden ebd., S. 297–302.

geschichte. Ursprung des Begriffes von Schuld und Sühne ist für Nietzsche das am Handel gebildete Tauschprinzip. Tatsächlich zerfällt dieser Begriff mit dem Zerfall der bürgerlichen Tauschgesellschaft. Als Beispiel diente die KZ-Anordnung: »Häftling 79 muß ausgepeitscht werden.« Dies ist gewissermaßen das Negativ der Gesellschaft, die des Tausches nicht mehr bedarf. Den Tausch früher anzusetzen als die Vergesellschaftung, wie Nietzsche es tut, ist wohl nicht möglich, da die Äquivalente erst an einem Maße (den Urformen des Geldes) gemessen als solche erscheinen.

In einer Erörterung über Ursprung und Zweck der Strafe wendet sich Nietzsche positivistisch gegen die Teleologie und nimmt den Zweck als etwas der Sache in Überwältigungsprozessen gewaltsam Aufgeprägtes. Das ist Spencersche Integration. Aber in demselben Abschnitt verteidigt Nietzsche den Begriff der Aktivität gegen die Lehre, alles Handeln sei eigentlich nur ein Reagieren auf schon Gegebenes, die nun mittlerweile als adjustment nicht mehr nur Lehrmeinung, sondern allmächtige Verhaltensregel geworden ist. Nietzsche, der Kritiker des Subjektaberglaubens, ist hier deutscher Metaphysiker und Anwalt des Subjekts.

Das Vitalistische seiner Philosophie zwingt ihn um einer Rechtfertigung der Grausamkeit willen zu der falschen Gegenüberstellung von sinnvollem und von sinnlosem Leid, welches das eigentliche Elend sei, und stellenweise zu einer an Faschismus grenzenden grundsätzlichen Verleugnung der Gerechtigkeit. Eine Äußerung des Mißbehagens an dem grausamen Humor des Don Quixote[48] verrät, ein wie unwahres Bild man von Nietzsche erhält, wenn man ihn naiv auf solche Stellen festlegt.

Wie geht nun Kant aus der genealogischen Entwertung der Moral hervor? Zunächst bietet sich von Kants Position her die Aufhebung der Genealogie als einer bloß die empirische Sittlichkeit betreffenden Ableitung an. Der kategorische Imperativ ist nicht aus der Empirie genommen, er gründet sich auf die Vernünftigkeit der Vernunft selbst. Diese Vernunft, das Subjekt, in einer äußeren Abhängigkeit darzustellen, ist nach der Kritik nicht mehr möglich. Das Subjekt selbst erzeugt erst Objektivität. Solcher Erzeugung aber haftet die Anschauungsform der Zeit und damit ein Empirisches an, von dem nicht abstrahiert werden kann. Das

---

[48] »Jedenfalls ist es noch nicht zu lange her, dass man sich fürstliche Hochzeiten und Volksfeste grössten Stils ohne Hinrichtungen, Folterungen oder etwa ein Autodafé nicht zu denken wusste, insgleichen keinen vornehmen Haushalt ohne Wesen, an denen man unbedenklich seine Bosheit und grausame Neckerei auslassen konnte (– man erinnere sich etwa Don Quixote's am Hofe der Herzogin: wir lesen heute den ganzen Don Quixote mit einem bittren Geschmack auf der Zunge, fast mit einer Tortur und würden damit seinem Urheber und dessen Zeitgenossen sehr fremd, sehr dunkel sein, – sie lasen ihn mit allerbestem Gewissen als das heiterste der Bücher, sie lachten sich an ihm fast zu Tod).« (Ebd. 5, S. 301 f.)

Subjekt ist also doch nicht jenseits aller empirischen Kritik. Ferner richtet sich gerade gegen die Vorstellung vom Erzeugen, vom Täter, der das Tun tut, Nietzsches Angriff. Er enthüllt an ihr den Rest von Mythologie. So bleibt vom Kantischen Ansatz her nur der phänomenologische Rückzug auf die abstrakte Trennung von Genesis und Geltung. Kant selbst war noch nicht so in die Enge getrieben. Für ihn war die Geltung des kategorischen Imperativs und seine Herkunft aus der Vernunft noch dasselbe.

Die Seminarsitzung endete mit der Aufforderung, an Nietzsche weiterhin Ärgernis zu nehmen und die Diskussion fortzusetzen.

54 [N.N.],
20. Januar 1955

Protokoll der Seminarsitzung
vom 20. I. 55

Die Erörterungen der Seminarsitzung folgten dem Leitfaden eines Referats[49] über die dritte Abhandlung aus Nietzsches »Genealogie der Moral«[50] und ergänzten es in einigen Punkten.

Der Titel der Abhandlung »Was bedeuten asketische Ideale?« setzt voraus, daß Askese subjektiv als Ideal angesehen werden könne oder vielleicht angesehen worden sei, Askese also als möglicherweise angestrebter Zweck und Wert an sich, nicht als Mittel oder Bedingung zur Erreichung eines Zwecks. Eine solche Voraussetzung, die vielleicht auf der Identifizierung eines Tugendbegriffs Kantischer Prägung mit dem Begriff der Askese beruht, ist zum mindesten nicht selbstverständlich, und es sollte darauf geachtet werden, ob Nietzsche diese petitio principii irgendwann im Verlaufe der Abhandlung rechtfertigt. Bei Erörterung des Titels wurde nicht sowohl auf diese Frage eingegangen, als vielmehr auf das im Titel ausgesprochene Thema. Im Aphorismus 23 gibt Nietzsche folgende nähere Erklärung dazu: »Nicht was das Ideal *gewirkt* hat, soll hier von mir ans Licht gestellt werden; vielmehr ganz allein nur, was es *bedeutet*, worauf es raten läßt, was hinter ihm, unter ihm, in ihm versteckt liegt, wofür es der vorläufige, undeutliche, mit Fragezeichen und Mißverständnissen überladne Ausdruck ist. Und nur in Hinsicht auf *diesen* Zweck durfte ich meinen Lesern einen Blick auf das Ungeheure seiner Wirkungen nicht ersparen.«[51] Hier kommt es noch deutlicher heraus, daß Nietzsche unterstellt, daß Askese als Zweck, wenn auch als irrtümlich untergeschobener Zweck gegolten habe. Das angenommene Quidproquo macht nun die von Nietzsche beabsichtigte Bedeutungsanalyse notwendig. Auch die in der zitierten Stelle durchgeführte Trennung von Bedeutung und Wirkung ist, wenn es auch weniger offen zutage tritt, als Abwehr zu verstehen, als Abwehr nämlich einer schon damals praktizierten historischen Methode, die sich in der bloßen

---

49 Der Referatstext von Burkart Groppler wurde nicht aufgefunden.
50 Vgl. Nietzsche, Zur Genealogie der Moral, a.a.O. (s. Anm. 36), S. 334–412; NW, Bd. 5, S. 339–412.
51 Nietzsche, Zur Genealogie der Moral, a.a.O. (s. Anm. 36), S. 394; der letztzitierte Satz lautet korrekt und vollständig: »Und nur in Hinsicht auf *diesen* Zweck durfte ich meinen Lesern einen Blick auf das Ungeheure seiner Wirkungen, auch seiner verhängnisvollen Wirkungen nicht ersparen: um sie nämlich zum letzten und furchtbarsten Aspekt vorzubereiten, den die Frage nach der Bedeutung jenes Ideals für mich hat.« (Ebd.; vgl. NW, Bd. 5, S. 395)

tautologischen (asketischen!) Wiederholung des einmal Geschehenen erschöpft, die, statt zu interpretieren, mit dem bloßen Aufzählen des vernunftlosen Materials sich begnügt (vgl. Aphorismus 24).[52] Bereits der zweite zitierte Satz zeigt, daß Nietzsche im Grunde die Wirkung als konkrete Entfaltung der Bedeutung ansieht und daß die ausgesprochene Trennung jenseits der apagogischen Absicht von ihm nicht anerkannt würde.

Die dritte Abhandlung ist wegen ihres musikalischen Aufbaus zu Recht berühmt geworden. Der erste Aphorismus stellt das Thema auf, das im Folgenden durchgeführt, verarbeitet wird und am Ende in der gleichen Formulierung, aber nunmehr als Resultat, wiedererscheint, nämlich in dem Satz: »Lieber will noch der Mensch *das Nichts* wollen, als *nicht* wollen.«[53] Bei solchen Vorbildern ist die Herkunft Thomas-Mannscher Kompositionstechnik zu suchen.

Nietzsche verfolgt die Bedeutung der asketischen Ideale in verschiedenen menschlichen Bereichen, die in einer Reihe von Ständen repräsentiert erscheinen: Künstler, Philosophen oder Gelehrte, Priester, mehr am Rande auch Frauen, Heilige und solche, die er »physiologisch Verunglückte« nennt.[54] Sehr im Sinne seiner Zeit steht bei Nietzsche häufig ein asketisches Ideal für alle: die Keuschheit. Keuschheit und Sinnlichkeit sind der Zeit Nietzsches konträre Gegensätze. Noch für Kant war Sinnlichkeit nichts anderes als die Fähigkeit der Rezeptivität oder, negativ ausgedrückt, die Endlichkeit des menschlichen Erkenntnisvermögens, seine Angewiesenheit auf Affektion.[55] Diese Bedeutung des Begriffs verändert

---

52 Vgl. Nietzsche, Zur Genealogie der Moral, a.a.O. (s. Anm. 36), S. 397–401; NW, Bd. 5, S. 398–401.
53 »Und, um es noch zum Schluß zu sagen, was ich anfangs sagte: lieber will noch der Mensch *das Nichts* wollen, als *nicht* wollen ...« (Nietzsche, Zur Genealogie der Moral, a.a.O. [s. Anm. 36], S. 412; vgl. NW, Bd. 5, S. 412)
54 »Was bedeuten asketische Ideale? – Bei Künstlern nichts oder zu vielerlei; bei Philosophen und Gelehrten etwas wie Witterung und Instinkt für die günstigsten Vorbedingungen hoher Geistigkeit; bei Frauen, bestenfalls, eine Liebenswürdigkeit der Verführung *mehr*, ein wenig morbidezza auf schönem Fleische, die Engelhaftigkeit eines hübschen fetten Tiers; bei physiologisch Verunglückten und Verstimmten (bei der *Mehrzahl* der Sterblichen) einen Versuch, sich ›zu gut‹ für diese Welt vorzukommen, eine heilige Form der Ausschweifung, ihr Hauptmittel im Kampf mit dem langsamen Schmerz und der Langeweile; bei Priestern den eigentlichen Priesterglauben, ihr bestes Werkzeug der Macht, auch die ›allerhöchste‹ Erlaubnis zur Macht; bei Heiligen endlich einen Vorwand zum Winterschlaf, ihre novissima gloriae cupido, ihre Ruhe im Nichts (›Gott‹), ihre Form des Irrsinns.« (Nietzsche, Zur Genealogie der Moral, a.a.O. [s. Anm. 36], S. 334; vgl. NW, Bd. 5, S. 339)
55 »Die Fähigkeit (Rezeptivität), Vorstellungen durch die Art, wie wir von Gegenständen affiziert werden, zu bekommen, heißt *Sinnlichkeit*. Vermittelst der Sinnlichkeit also werden uns Gegenstände gegeben, und sie allein liefert uns *Anschauungen*; durch den Verstand aber werden sie *gedacht*, und von ihm entspringen *Begriffe*.« (KW, Bd. III, S. 69 [B 33; A 19])

sich dann auf trübem Wege. Sinnlichkeit wird zur professoralen Vokabel für Sexualität, übrigens in allen Sprachen. Wie kommt es zu dieser Bedeutungsänderung? Schon bei Kant führt »die Abhängigkeit des Begehrungsvermögens von Empfindungen«[*1], d.h. seine Bestimmbarkeit durch die Sinnlichkeit zum »pathologischen Interesse am Gegenstande der Handlung« und »beweist jederzeit ein *Bedürfnis*«.[56] Es ist also die Endlichkeit und Bedürftigkeit des menschlichen Subjekts, welche den Gegenstand der Handlung »pathologisch interessant« macht (wobei »pathologisch« kein medizinischer Terminus ist, wie ihn ein Seminarteilnehmer verstehen wollte). Eine spiritualistische Kathederphilosophie folgt aus der Feststellung der Abhängigkeit des Begehrungsvermögens ganz stringent, daß in den Empfindungen das eigentliche Ärgernis zu suchen sei. Das nicht in Vernunft auflösbare factum brutum des Empfindungsvermögens hält das endliche Subjekt in seiner Abhängigkeit fest. Daraus resultiert dann die Sinnenfeindlichkeit jener an Kant anknüpfenden Kathederphilosophie, zu deren asketischem Ideal am Ende das wird, was überhaupt nicht mehr riecht oder schmeckt oder irgendwelche Farbqualität besitzt. Destilliertes Wasser statt Rheingauer Spätlese!

Bedeutete bei Kant der Terminus »Sinnlichkeit« die irrationale Bedingung, die das menschliche Subjekt in seiner Endlichkeit festhielt, so verschärfte sich später die Bedeutung so, daß Sinnlichkeit die Seite des Unwissenschaftlichen, dann aber auch des Unkultivierten, Nursubjektiven, Ungebändigten bezeichnet. »Rohe Sinnlichkeit« erscheint als Gegensatz zu Kultur. Ein befremdlicher Gegensatz, wenn man auf die Etymologie des Wortes »Kultur« achtet, nach der Kultur nicht als Gegensatz, sondern als Bearbeitung des Rohen verstanden sein will. Kultur als veredelte Natürlichkeit. Kultiviertheit des Menschen zeigt sich nicht sowohl im Mangel als vielmehr in der Verfeinerung des Empfindungsvermögens. Nichts steht der Barbarei näher, als die absolute Spiritualität, heißt es bei Valéry;[57] und bei Nietzsche: Der ästhetische Zustand ist transfigurierte Sinnlichkeit (Aphorismus 8)[58].

---

56 »Die Abhängigkeit des Begehrungsvermögens von Empfindungen heißt Neigung, und diese beweiset also jederzeit ein *Bedürfnis*. Die Abhängigkeit eines zufällig bestimmbaren Willens aber von Prinzipien der Vernunft heißt ein *Interesse*. Dieses findet also nur bei einem abhängigen Willen statt, der nicht von selbst jederzeit der Vernunft gemäß ist; beim göttlichen Willen kann man sich kein Interesse gedenken. Aber auch der menschliche Wille kann woran ein *Interesse nehmen*, ohne darum *aus Interesse zu handeln*. Das erste bedeutet das *praktische* Interesse an der Handlung, das zweite das *pathologische* Interesse am Gegenstande der Handlung.« (KW, Bd. VII, S. 42, Anm. [BA 38, Anm.])
57 Bei Valéry heißt es: »Auf die letzte Spitze getrieben oder mit letzter Gründlichkeit verfolgt, führt jede Meinung, These, Empfindung unweigerlich zur Zerstörung des Menschen. *[Absatz]* Würden die Verbrecher den Widerstand leisten, der ihrem Wagnis entspricht ... Wären die ersten

Eine andere Seite des asketischen Ideals hebt Nietzsche hervor, wenn er seiner Bedeutung für den Philosophen nachgeht (Aphorismus 5ff.).[59] Hier erscheint es als Gegensatz zur Ausschweifung im Sinne eines unkonzentrierten, zuchtlosen und betriebsamen Daseins. Hier zeigt sich Nietzsche mit der Askese auf sehr vertrautem Fuß, schon indem er sich selbst unvermerkt mit dem dargestellten Gelehrten und Philosophen identifiziert, diesem Gelehrten, der »für die Wahrheit zu tun hat« (Aphorismus 8).[60] Der Behandlung der Frage liegt die Auffassung zugrunde, daß Enthaltsamkeit leistungssteigernd wirke, eine unerwiesene Annahme.

Die Tatsache, daß Nietzsche den absoluten Anspruch der Askese relativiert und sich zugleich zu ihr bekennt, verleiht in der Weise, wie es geschieht, seiner Darstellung einen seltsam schwebenden Charakter, eine reizvolle Abschattierung des Urteils, das sich jenseits eines Entweder-Oder zu halten weiß. Eine Stelle des Aphorismus 9 könnte als Muster solcher schriftstellerischen Balanciertechnik gelten. Die Stelle charakterisiert von der Anschauungsweise der Alten her die Hybris der modernen Technokratie, der skrupellosen Experimentierfreudigkeit einer Generation von Ingenieuren und unbedenklichen Erfindern.[61] Dabei hat Nietzsche selbst längst für die Seite der Hybris Stellung genommen, ob er gleich

---

Christen mit letzter Kraft Christen gewesen, so gäbe es keine Christen mehr; – und wäre ihnen jedermann gefolgt, so bliebe niemand mehr auf Erden.« (Paul Valéry, Windstriche. Aufzeichnungen und Aphorismen [1926], übers. von Bernhard Böschenstein, Hans Staub und Peter Szondi, Wiesbaden 1959, S. 45)

58 Nietzsche schreibt, daß »die Sinnlichkeit beim Eintritt des ästhetischen Zustandes nicht aufgehoben ist, wie Schopenhauer glaubte, sondern sich nur transfiguriert und nicht als Geschlechtsreiz mehr ins Bewußtsein tritt.« (Nietzsche, Zur Genealogie der Moral, a.a.O. [s. Anm. 36], S. 352; vgl. NW, Bd. 5, S. 356)

59 Vgl. die Stücke 5 bis 12 der Dritten Abhandlung, in: Nietzsche, Zur Genealogie der Moral, a.a.O. (s. Anm. 36), S. 339–362, sowie NW, Bd. 5, S. 344–365.

60 »Es dünkt ihr [scil. dieser ›Art Mensch‹, nämlich den wahren Philosophen] ein schlechter Geschmack, den Märtyrer zu machen; ›für die Wahrheit zu *leiden*‹ – das überläßt sie den Ehrgeizigen und Bühnenhelden des Geistes und wer sonst Zeit genug dazu hat (– sie selbst, die Philosophen, haben etwas für die Wahrheit zu *tun*).« (Nietzsche, Zur Genealogie der Moral, a.a.O. [s. Anm. 36], S. 351; vgl. NW, Bd. 5, S. 355)

61 »Es steht, wie gesagt, nicht anders mit allen guten Dingen, auf die wir heute stolz sind; selbst noch mit dem Maße der alten Griechen gemessen, nimmt sich unser ganzes modernes Sein, soweit es nicht Schwäche, sondern Macht und Machtbewußtsein ist, wie lauter Hybris und Gottlosigkeit aus: denn gerade die umgekehrten Dinge, als die sind, welche wir heute verehren, haben die längste Zeit das Gewissen auf ihrer Seite und Gott zu ihrem Wächter gehabt. Hybris ist heute unsre ganze Stellung zur Natur, unsre Natur-Vergewaltigung mit Hilfe der Maschinen und der so unbedenklichen Techniker- und Ingenieur-Erfindsamkeit [...]« (Nietzsche, Zur Genealogie der Moral, a.a.O. [s. Anm. 36], S. 353; vgl. NW, Bd. 5, S. 357).

sonst an dem »derben, arbeitsamen Geschlecht von Maschinisten und Brückenbauern der Zukunft, die lauter grobe Arbeit zu verrichten haben«[62][*2], nur mit Überwindung einigen Geschmack abgewinnen kann. Nietzsche möchte eine Vivisektion der Natur, ohne ihr Gewalt anzutun, d.h. eine geschickte Vivisektion, die die freigelegten Organe nicht abschnürt, beschädigt oder durcheinanderbringt.

Von besonderem Interesse für das Seminar mußte Aphorismus 10 sein, in dem Nietzsche über die Herkunft des Philosophen und kontemplativen Menschen handelt.[63] Der Aphorismus beabsichtigt eine Dämpfung der welt- und sinnenfeindlichen Philosophen-Attitüde, die sich auf ihre »Abseits-Haltung« etwas zugute tut. Dem Geistesrigoristen soll ihre Ahnentafel vorgewiesen werden.

In Aphorismus 10 sind zwei Gedankengänge ineinander verhäkelt. Die Anstößigkeit des Wahrheitstriebes, »das Inaktive, Brütende, Unkriegerische in den Instinkten kontemplativer Menschen«[64] und das dadurch hervorgerufene Mißtrauen, hatten es notwendig gemacht, daß der erste erworbene Grad von Erkenntnis und Naturbeherrschung zur Vorspiegelung geheimer Kräfte und Künste dienen mußte. Der frühe Philosoph verkleidete sich als Zauberer und Priester. Man sieht, wie bei dieser Betrachtung der Blick zuerst auf den Philosophen gerichtet ist, den er bis zu seiner Verpuppung und Verkleidung in den Priestern verfolgt. In diese Darstellung hineingeschlungen ist die umgekehrte, die mit dem Priester anfängt, der mit einem Male den Philosophen in sich entdeckt und nun diesem Philosophen vor ihm selbst Ehrfurcht und Respekt verschaffen muß. Sie (die Priester), sagt Nietzsche, hatten gegen den ›Philosophen in sich‹ jede Art Verdacht und Widerstand niederzukämpfen. Sie hatten es nötig, in sich selbst erst die Götter und das Herkömmliche zu vergewaltigen, um selbst an ihre Neuerung

---

62 In »Jenseits von Gut und Böse« schreibt Nietzsche: »›Wo der Mensch nichts mehr zu sehen und zu greifen hat, da hat er auch nichts mehr zu suchen‹ – das ist freilich ein andrer Imperativ als der Platonische, welcher aber doch für ein derbes arbeitsames Geschlecht von Maschinisten und Brückenbauern der Zukunft, die lauter *grobe* Arbeit abzutun haben, gerade der rechte Imperativ sein mag.« (Friedrich Nietzsche, Jenseits von Gut und Böse. Vorspiel einer Philosophie der Zukunft, in: Nietzsche, Jenseits von Gut und Böse · Zur Genealogie der Moral, a.a.O. [s. Anm. 36], S. 1–236; hier: S. 21f.; vgl. NW, Bd. 5, S. 28f.)
63 Vgl. Nietzsche, Zur Genealogie der Moral, a.a.O. (s. Anm. 36), S. 355–357, sowie NW, Bd. 5, S. 359–361.
64 »Das Inaktive, Brütende, Unkriegerische in den Instinkten kontemplativer Menschen legte lange ein tiefes Misstrauen um sie herum: dagegen gab es kein anderes Mittel als entschieden *Furcht* vor sich erwecken.« (Nietzsche, Zur Genealogie der Moral, a.a.O. [s. Anm. 36], S. 355f.; vgl. NW, Bd. 5, S. 359)

glauben zu können.⁶⁵ Nietzsche schreibt das eine Mal dem Philosophen (im Priester) Askese als ursprüngliches Merkmal zu, das andere Mal dem Priester, dessen Gebaren der Philosoph übernehmen, an das er glauben mußte, um es darstellen zu können. Am Ende des Aphorismus gewinnt dann die Anschauung die Oberhand, nach der der Priester mit seinen primär asketischen Eigenschaften dem Philosophen als Verpuppung dient. Mit der rührenden Zukunftsgläubigkeit, die Nietzsche mit dem Jugendstil gemein hat, erwartet er sich von der »Entkuttung« des Geistes alles.⁶⁶ Nietzsche verspricht sich von der fröhlichen Aufklärung, die er sich mit dem Jugendstil als eine Art freier Liebe des Geistes, als eine unreglementierte Beziehung des Denkens zu den Dingen vorstellt, eine ungeheure qualitative Bereicherung, ein Farbiger-, Differenzierter-Werden der Welt. Daß solch ein »Positivismus ohne Grauen«, wie er im Seminar genannt wurde, in Wahrheit auf Nivellierung und Standardisierung, den beiden Stationen auf dem Wege zu noch Ärgerem, hinausläuft, dafür gab es damals einfach noch nicht die Erfahrung.

Geist und Philosophie sind unter äußerem und innerem Druck zur Entfaltung gelangt, hörten wir von Nietzsche, und es wurde nun die Frage gestellt, ob man sich nach dieser Vorgeschichte im Ernst geistiges Dasein ohne Druck vorstellen könnte, ob die aus dem Druck resultierende Selbsttäuschung nicht gar ein notwendiges Ingredienz geistiger Werke sei. Aber es ist in der Tat der Utopismus Nietzsches; er glaubt, der Mensch könne sich zu ungeheuer intensiver geistiger Leistung bringen, ohne sich selbst die Hölle heiß machen zu müssen. Raffael und

---

65 »Die ältesten Philosophen wußten ihrem Dasein und Erscheinen einen Sinn, einen Halt und Hintergrund zu geben, auf den hin man sie *fürchten* lernte: genauer erwogen, aus einem noch fundamentaleren Bedürfnisse heraus, nämlich um vor sich selbst Furcht und Ehrfurcht zu gewinnen. Denn sie fanden in sich alle Werturteile *gegen* sich gekehrt, sie hatten gegen ›den Philosophen in sich‹ jede Art Verdacht und Widerstand niederzukämpfen. Dies taten sie, als Menschen furchtbarer Zeitalter, mit furchtbaren Mitteln: die Grausamkeit gegen sich, die erfinderische Selbstkasteiung – das war das Hauptmittel dieser machtdurstigen Einsiedler und Gedanken-Neuerer, welche es nötig hatten, in sich selbst erst die Götter und das Herkömmliche zu vergewaltigen, um selbst an ihre Neuerung *glauben* zu können.« (Nietzsche, Zur Genealogie der Moral, a.a.O. [s. Anm. 36], S. 356; vgl. NW, Bd. 5, S. 359f.)
66 »Anschaulich und augenscheinlich ausgedrückt: der *asketische Priester* hat bis auf die neueste Zeit die widrige und düstere Raupenform abgegeben, unter der allein die Philosophie leben durfte und herumschlich ... Hat sich das wirklich *verändert*? Ist das bunte und gefährliche Flügeltier, jener ›Geist‹, den diese Raupe in sich barg, wirklich, dank einer sonnigeren, wärmeren, aufgehellteren Welt, zuletzt doch noch entkuttet und ins Licht hinausgelassen worden?« (Nietzsche, Zur Genealogie der Moral, a.a.O. [s. Anm. 36], S. 357; vgl. NW, Bd. 5, S. 360f.)

Voltaire wurden von Herrn Prof. Horkheimer zur Illustration dieses Traumes genannt, als Beispiele für einen Fleiß ohne Mühe, als Zeichen für die Möglichkeit, daß sich bedeutende Werke und spielerische Leichtigkeit ihrer Hervorbringung nicht auszuschließen brauchen. Das Seminar schloß mit der Bemerkung, daß in der Tat Geist und Mensch *so* nicht zur Welt kommen, und daß man Nietzsche die Nietzschesche Erkenntnis entgegenhalten könne, nach der sich die Sache von ihrer Genese nicht trennen läßt.

[*1] Vgl. Grundlegung zur Metaphysik der Sitten, Akademie-Ausg. IV,[67] S. 413 Anm.
[*2] Vgl. »Jenseits von Gut und Böse«, Abh. 1, Aphorismus 14.[68]

---

[67] Vgl. Immanuel Kant, Grundlegung zur Metaphysik der Sitten [1785], in: Kant's gesammelte Schriften, hrsg. von der Königlich Preußischen Akademie der Wissenschaften, Bd. I·IV, Berlin 1903, S. 385–463.
[68] Vgl. Nietzsche, Jenseits von Gut und Böse, a.a.O. (s. Anm. 36), S. 21f.; vgl. NW, Bd. 5, S. 28f.

55 Werner Thönnessen, 27. Januar 1955

Protokoll der Sitzung des Philosophischen Seminars vom 27. Jan. 1955

Die Diskussion ging aus von dem Punkt, an dem Nietzsche in seiner historischen und funktionellen Untersuchung des asketischen Ideals der Priester unvermittelt in den Gebrauch biologischer Kategorien verfällt, wo die »Degeneration« als geistesgeschichtliches und soziologisches Phänomen Anlaß gibt zu einer Naturlehre à la mens sana in corpore sano. Besonders prägnante Stellen dieses Inhalts finden sich zum Beispiel im Aphorismus 16: »Wenn jemand mit einem ›seelischen Schmerz‹ nicht fertig wird, so liegt das, grob geredet, *nicht* an seiner ›Seele‹; wahrscheinlicher noch an seinem Bauche (...) Ein starker und wohlgeratner Mensch verdaut seine Erlebnisse (Taten, Untaten eingerechnet), wie er seine Mahlzeiten verdaut, selbst wenn er harte Bisse zu verschlucken hat«[69], oder im Aphorismus 17: »Man kann es von vornherein als wahrscheinlich ansetzen, daß von Zeit zu Zeit an bestimmten Stellen der Erde fast notwendig ein *physiologisches Hemmungsgefühl* über breite Massen Herr werden muß, welches aber, aus Mangel an physiologischem Wissen, nicht als solches ins Bewußtsein tritt, so daß dessen ›Ursache‹, dessen Remedur auch nur psychologisch-moralisch gesucht und versucht werden kann (...). Ein solches Hemmungsgefühl kann verschiedenster Abkunft sein: etwa als Folge der Kreuzung von zu fremdartigen Rassen (...); oder bedingt durch eine fehlerhafte Emigration (...); oder die Nachwirkung von Alter und Ermüdung der Rasse (...); oder einer falschen Diät (...); oder von Blutverderbnis, Malaria, Syphilis und dergleichen«[70].

Solche Zeiten sind für Nietzsche Hochkonjunktur für die Künstler in Schuldgefühlen, die Priester, welche die Unlust geschickt in ein schlechtes Gewissen der also Erkrankten transformieren und so das Leben wieder interessant machen.

Diese kuriose Vorwegnahme einer umgekehrten psychosomatischen Medizin verquickt sich nur schlecht mit der vorher von Nietzsche ausgeführten Theorie des Ressentiments, obwohl auch hierin die physische Entmachtung sich in subtiler Weise in einer neuen, der vornehmen entgegengesetzten Wertskala niederschlug. Indessen ist es nicht weiter verwunderlich, daß Nietzsche gerade an dieser Stelle der Untersuchung der Bedingungen über die Macht der Priester seinen Lieb-

---

69 Nietzsche, Zur Genealogie der Moral, a.a.O. (s. Anm. 36), S. 374; vgl. NW, Bd. 5, S. 376 f.
70 Nietzsche, Zur Genealogie der Moral, a.a.O. (s. Anm. 36), S. 375 f.; vgl. NW, Bd. 5, S. 378.

lingsgedanken von der Indigestion und ihren psychischen Konsequenzen wieder bemüht. In der Tat ist die Versuchung, zu den zwar plausiblen, aber doch diffizilen Erklärungen der Genese des Ressentiments und der unvornehmen Gesinnung, auch einen massiven körperlichen Hintergrund zu ergänzen, recht naheliegend. Letzten Endes beruht der Biologismus Nietzsches aber auf der kruden Identifikation von physischer und psychischer Gesundheit.

In der folgenden Diskussion um den Glücksbegriff bei Nietzsche wurde jedoch deutlich, daß ebendiese Identifikation nicht mit seiner eigenen Herleitung des Ressentiments zusammenstimmt, sondern daß der von ihm eigentlich gemeinte Kranke der Neurotiker ist. Neurose bedeutet ja auch Unfähigkeit zur eigenen Befriedigung. Gezwungen, seine Triebe von ihrem unmittelbaren Ziel zu verdrängen und auf ein anderes zu richten, projiziert der Neurotiker seine Unerfülltheit oder Überspannung auf die Gesunden, rächt sich an ihnen für das, was er nicht tun darf, indem er es ihnen womöglich selbst antut. Hier wurde auf die Praxis verwiesen, Menschen in totalitären Regimen mit der Begründung zu foltern, sie hätten Greuelmärchen verbreitet – oder Klöster wegen der angeblich in ihnen getriebenen Unzucht zu verbrennen. Denselben Sachverhalt meint Nietzsche in Aphorismus 14: »wann würden sie (die Kranken) eigentlich zu ihrem letzten, feinsten, sublimsten Triumph der Rache kommen? Dann unzweifelhaft, wenn es ihnen gelänge, ihr eignes Elend, alles Elend überhaupt den Glücklichen *ins Gewissen zu schieben:* so daß diese sich eines Tages ihres Glücks zu schämen begönnen und vielleicht untereinander sich sagten ›es ist eine Schande, glücklich zu sein! *es gibt zu viel Elend!*‹ ... Aber«, fährt er fort, »es könnte gar kein größeres und verhängnisvolleres Mißverständnis geben, als wenn die Glücklichen, die Wohlgeratenen, die Mächtigen an Leib und Seele anfingen, an ihrem *Recht auf Glück* zu zweifeln. (...) Daß die Kranken *nicht* die Gesunden krank machen – und dies wäre eine solche Verweichlichung –, das sollte doch der oberste Gesichtspunkt auf Erden sein«[71].

Offenbar kommt es auch an dieser Stelle wieder darauf an, nach einem Wort von Husserl,[72] die eigentliche philosophische Anstrengung in das Eingehen auf

---

71 Nietzsche, Zur Genealogie der Moral, a.a.O. (s. Anm. 36), S. 367f.; vgl. NW, Bd. 5, S. 370f.
72 Bei Husserl heißt es: »Daß die im Wesensschauen gefaßten ›Wesen‹ sich in festen Begriffen, in sehr weitem Umfange mindestens, fixieren lassen und damit Möglichkeiten für feste und in ihrer Art objektiv und absolut gültige Aussagen abgeben, ist für jeden Vorurteilslosen selbstverständlich. Die niedersten Farbdifferenzen, die letzten Nuancen mögen der Fixierung spotten, aber ›Farbe‹ im Unterschied von ›Ton‹ ist ein so sicherer Unterschied, wie es in aller Welt nichts noch Sichereres gibt. Und solche absolut unterscheidbare bzw. fixierbare Wesen sind nicht nur die der sinnlichen ›Inhalte‹ und Erscheinungen (›Sehdinge‹, Phantome u. dgl.), sondern nicht minder die

die Nuance des Konkreten zu legen. Nietzsche kann nicht meinen, der Glückliche solle mit geschlossenen Augen und Ohren die pathologische Welt draußen halten und nur mit seinesgleichen Gemeinschaft pflegen. Im Gedanken des Glücks in einer entmenschten Welt steckt etwas Borniertes. Es gibt kein richtiges Leben in der falschen Gesellschaft. Auch Nietzsche kann von keinem verlangen, daß er sich in dieser Welt fraglos glücklich fühlt. So steht denn auch jener Sentenz: Es gäbe kein größeres Mißverständnis, als wenn die Glücklichen an ihrem Recht auf Glück zweifelten – die andere gegenüber: Ich liebe den, welcher sich schämt, wenn der Würfel zu seinem Glück fällt[73] – und: Man kann in einer dummen Welt nicht weise und in einer elenden nicht glücklich sein[74].

Weder excelliert der Glückliche in moralischen Tugenden, noch hat der Unglückliche sein Unglück selbst verschuldet. Beider Lage hat mit Moral gar nichts zu schaffen. Der Glückliche soll sich seines Glücks freuen dürfen, der Unglückliche zur Gesundung streben. Aber die Hinneigung des einen zum anderen soll nicht geschehen aus schlechtem Gewissen, ebensowenig wie das Streben des Unglücklichen dem Bevorzugten die Gunst des Glücks neiden soll. Allzuoft steckt in den sich philanthropisch gebenden Weltverbesserern nicht der Wunsch, vielen das Glück erreichbar zu machen, sondern der Haß gegen die, welche sich in der Sonne befinden. Der Ausgleich wird von ihnen nicht im Sinne einer Steigerung des Lebenswillens und der Macht verfolgt, es sollen nicht alle befreit, sondern die Glücklichen ebenfalls in das Asyl der Kranken hineingesperrt werden. Es soll, mit einem Wort, den Unglücklichen nicht darum geholfen werden, weil man selber ihren Anblick nicht ertragen kann; vielmehr ist gerade der zum Glück fähiger, der sich den Anblick des Unglücks nicht verbietet. Ein Glück, das aus der Be-

---

von allem Psychischen im prägnanten Sinne, von allen Ich-›Akten‹ und Ich-Zuständen, die bekannten Titeln entsprechen wie z. B. Wahrnehmung, Phantasie, Erinnerung, Urteil, Gefühl, Wille mit all ihren unzähligen Sondergestalten. Ausgeschlossen bleiben dabei die letzten ›Nuancen‹, die dem Unbestimmbaren des ›Flusses‹ angehören, während zugleich wieder die beschreibbare Typik des Fließens ihre ›Ideen‹ hat, die, schauend gefaßt und fixiert, absolute Erkenntnis ermöglichen.« (HEH, Bd. XXV, S. 33)

73 »Ich liebe Den, welcher sich schämt, wenn der Würfel zu seinem Glücke fällt und der dann fragt: bin ich denn ein falscher Spieler? – denn er will zu Grunde gehen.« (NW, Bd. 4, S. 17)

74 »Man kann nicht glücklich sein, so lange um uns herum Alles leidet und sich Leiden schafft; man kann nicht sittlich sein, so lange der Gang der menschlichen Dinge durch Gewalt, Trug und Ungerechtigkeit bestimmt wird; man kann nicht einmal weise sein, so lange nicht die ganze Menschheit im Wetteifer um Weisheit gerungen hat und den Einzelnen auf die weiseste Art in's Leben und Wissen hineinführt.« (NW, Bd. 1, S. 452)

schränktheit käme, wäre nicht nach Nietzsches Geschmack. Es verfiele seinem Spott über das Winkelglück.⁷⁵

Nietzsche perhorresziert nicht die Nächstenliebe schlechthin. Aber der Gedanke, das Glück müsse angesichts des Leidens notwendig den »Gewissenswurm« erwecken,⁷⁶ scheint ihm eine Sünde wider das Leben selbst. Professor Adorno bemerkte hier, es sei heute keine Kunst mehr zu ertragen, die nicht durch die Erfahrung des äußersten Grauens hindurchgegangen sei.⁷⁷ Nur daraus ließe sich der Erfolg eines Picassos und [eines] Kafkas erklären. Nietzsches Angriff richtet sich kaum gegen eine effektive Besserung der Lebensverhältnisse der leidenden Menschheit, sondern gegen jenen moralisierenden Anspruch, der das wenige Glück noch durch den zwanghaften Blick auf die Leidenden vergällen möchte.

Man darf keinen Menschen seines Glücks wegen anklagen, aus dem Verzicht auf Glück keine Moral machen. Die tieferen Motive für die Verketzerung des Glücks liegen nicht in dem Verlangen nach dem Glück für die vielen, sondern in dem Ärgernis des Schauspiels der Glücklichen.

Der Unterschied zwischen einer moralisierenden Anpreisung der Demut und dem Verbot der Freude einerseits, Nietzsches Eloge des Glücks andererseits, liegt darin, daß jene die Frustration zur Regel machen wollen, während es Nietzsche einzig darum geht, das Glück zu retten.

Werner Thönnessen

---

75 So heißt es etwa in der »Fröhlichen Wissenschaft« [1822]: »Ach, wie wenig wisst ihr vom *Glücke* des Menschen, ihr Behaglichen und Gutmüthigen! – denn das Glück und das Unglück sind zwei Geschwister und Zwillinge, die miteinander gross wachsen oder, wie bei euch, miteinander – *klein bleiben!*« (NW, Bd. 3, S. 567)

76 Das Wort vom Gewissenswurm gebraucht Nietzsche in seiner nachgelassenen Schrift »Der Antichrist. Fluch auf das Christenthum« [1895]: *Was* ist jüdische, *was* ist christliche Moral? Der Zufall um seine Unschuld gebracht; das Unglück mit dem Begriff ›Sünde‹ beschmutzt; das Wohlbefinden als Gefahr, als ›Versuchung‹; das physiologische Übelbefinden mit dem Gewissens-Wurm vergiftet ...« (NW, Bd. 6, S. 194)

77 Schon in den *Minima Moralia* [1951] formuliert Adorno: *Noch der Baum, der blüht, lügt in dem Augenblick, in welchem man sein Blühen ohne den Schatten des Entsetzens wahrnimmt; noch das unschuldige Wie schön wird zur Ausrede für die Schmach des Daseins, das anders ist, und es ist keine Schönheit und kein Trost mehr außer in dem Blick, der aufs Grauen geht, ihm standhält und im ungemilderten Bewußtsein der Negativität die Möglichkeit des Besseren festhält.* (GS, Bd. 4, S. 26)

56 Claus Behnke,
3. Februar 1955

Protokoll über die Seminarsitzung am 3. 2. 1955

Die Diskussion ging von der Voraussetzung aus, die Nietzsche allen seinen Betrachtungen über den kranken Menschen, Priester und Herde impliziert, daß die Sündhaftigkeit am Menschen kein objektiver ursprünglicher Tatbestand ist, noch der »seelische Schmerz«, sondern nur als Interpretation und Kausal-Auslegung eines Tatbestandes aus moralisch-religiöser Perspektive gilt. Für Nietzsche sind Sünde und seelisches Leid Krankheiten, die auf dem Boden der Selbstverachtung und des Selbstüberdrusses wachsen und die an seinem Typ des Kranken so mächtig heraustreten, daß sie zu Fesseln dessen gesamten Verhaltens werden, zu Fesseln, die »als das Verlangen des Kranken nach Betäubung von Schmerz durch Affekt«[78] die Basis bilden für alle späteren Erörterungen über die Medikationsmöglichkeiten durch den Priester. Nietzsche unterscheidet in diesem Zusammenhang zunächst die Reaktion ähnlich der Reflexbewegung eines Frosches ohne Kopf, um eine ätzende Säure loszuwerden, also die Schutzmaßregel bei plötzlicher Gefährdung, von der reaktiven Handlung zur Milderung eines dauernden heimlichen Schmerzes. In der ersten stellt sich mit den Worten der Psychoanalyse der Selbsterhaltungstrieb als Gegensatz zum Todestrieb, zur Neigung zum Einschlafen dar, während die reaktive Handlung ihren Grund in der Verdrängung des Rachetriebes für einen alten Schmerz oder ein längst vergangenes Mißgeschick hat, d.h., sie ist ein Verhalten aus Ressentiment. Nietzsche kenn-

---

[78] »Jeder Leidende nämlich sucht instinktiv zu seinem Leid eine Ursache; genauer noch, einen Täter, noch bestimmter, einen für Leid empfänglichen *schuldigen* Täter, – kurz irgend etwas Lebendiges, an dem er seine Affekte tätlich oder in effigie auf irgendeinen Vorwand hin entladen kann: denn die Affekt-Entladung ist der größte Erleichterungs-, nämlich *Betäubungs*-Versuch des Leidenden, sein unwillkürlich begehrtes Narkotikum gegen Qual irgend welcher Art. Hierin allein ist, meiner Vermutung nach, die wirkliche physiologische Ursächlichkeit des Ressentiment, der Rache und ihrer Verwandten, zu finden, in einem Verlangen also nach *Betäubung von Schmerz durch* Affekt: – man sucht dieselbe gemeinhin, sehr irrtümlich, wie mich dünkt, in dem Defensiv-Gegenschlag, einer bloßen Schutzmaßregel der Reaktion, einer ›Reflexbewegung‹ im Falle irgendeiner plötzlichen Schädigung und Gefährdung, von der Art, wie sie ein Frosch ohne Kopf noch vollzieht, um eine ätzende Säure loszuwerden. Aber die Verschiedenheit ist fundamental: im einen Falle will man weiteres Beschädigtwerden hindern, im anderen Falle will man einen quälenden, heimlichen, unerträglich werdenden Schmerz durch eine heftigere Emotion irgendwelcher Art *betäuben* und für den Augenblick wenigstens aus dem Bewußtsein schaffen, – dazu braucht man einen Affekt, einen möglichst wilden Affekt und, zu dessen Erregung, den ersten besten Vorwand.« (Nietzsche, Zur Genealogie der Moral, a.a.O. (s. Anm. 36), S. 370f.; vgl. NW, Bd. 5, S. 373f.)

zeichnet sie mit der Suche nach dem Schuldigen für ein eigenes Schlecht-Befinden; durch den Priester, sagt er, würde diese Suche gegen das Ich selbst gewendet und damit der Grund gelegt für dessen Heilmethoden.[79] Nietzsches Kritik an dieser Stelle richtet sich nicht eigentlich gegen Selbstinfragestellung und Selbstbesinnung überhaupt, sondern dagegen, daß bei krankhafter Selbstreflexion die Ratio in den Dienst der Lüge tritt, dadurch daß Emotionales hinzutritt und sie einen Affekt gegen sich selbst erzeugt, da sie nicht imstande ist, die Erlebnisse ganz zu bewältigen und zu verarbeiten. Aus dem daraus resultierenden Unlustgefühl, Nietzsche nennt es Indigestion,[80] leiten sich Erlösungsbedürftigkeit des Menschen und die Ursprünge der Religionen her. Die produktive Anwendung dieser Kritik ist die Selbstreflexion des Subjekts zum Zweck der Ursachenforschung und nicht der Schuldsuche, denn Schuld ist bei ihm immer schon ein aus Irrationalität produziertes Gefühl. In Aphorismus 19, S. 384, sagt er: »Die eigentliche Lüge, die echte resolute ehrliche Lüge wäre für sie (die modernen Gebildeten) etwas bei weitem zu Strenges, zu Starkes; es würde verlangen, daß sie die Augen gegen sich selbst aufmachten, daß sie zwischen ›wahr‹ und ›falsch‹ bei sich selber zu unterscheiden wüßten«.[81]

Für das Bedürfnis des Kranken nach reaktiver Handlung hat nun bei Nietzsche der Priester fünf Medikationsmöglichkeiten erfunden, die aber nur das Leiden selbst bekämpfen, die Krankheit hingegen zu einem Dauerzustand machen. Das erste Mittel ist die Herabsetzung des Lebensgefühls auf ein Minimum. Nietzsche, Aphorismus 17, S. 376: »Womöglich überhaupt kein Wollen, kein Wunsch mehr, allem, was Affekt macht, was ›Blut‹ macht, auszuweichen; nicht lieben; nicht hassen; Gleichmut; nicht sich rächen; nicht sich bereichern; nicht arbeiten; betteln; womöglich kein Weib – das Resultat ist psychologisch-mora-

---

79 »›Ich leide: daran muß irgend jemand schuld sein‹ – also denkt jedes krankhafte Schaf. Aber sein Hirt, der asketische Priester, sagt zu ihm: ›Recht so, mein Schaf! Irgend wer muß daran schuld sein: aber du selbst bist dieser Irgend-Wer, du selbst bist daran allein schuld – *du selbst bist an dir allein schuld!*‹ ... Das ist kühn genug, falsch genug: aber Eins ist damit wenigstens erreicht, damit ist, wie gesagt, die Richtung des Ressentiment – *verändert.*« (Nietzsche, Zur Genealogie der Moral, a.a.O. [s. Anm. 36], S. 372.; vgl. NW, Bd. 5, S. 375)
80 Vgl. Nietzsche, Zur Genealogie der Moral, a.a.O. (s. Anm. 36), S. 374; vgl. NW, Bd. 5, S. 377.
81 Der Satz lautet vollständig: »Die eigentliche Lüge, die echte resolute ›ehrliche‹ Lüge (über deren Wert man Plato hören möge) wäre für sie etwas bei weitem zu Strenges, zu Starkes; es würde verlangen, was man von ihnen nicht verlangen *darf*, daß sie die Augen gegen sich selbst aufmachten, daß sie zwischen ›wahr‹ und ›falsch‹ bei sich selber zu unterscheiden wüßten.« (Nietzsche, Zur Genealogie der Moral, a.a.O. [s. Anm. 36], S. 384; vgl. NW, Bd. 5, S. 386)

lisch ausgedrückt: Entselbstung, Heiligung«[82], d.h. die eigentliche Askese im landläufigen Sinne.

Das zweite Mittel, das Nietzsche anführt, ist die machinale Tätigkeit und »was zu ihr gehört – wie die absolute Regularität, der pünktliche besinnungslose Gehorsam, das Ein-für-allemal der Lebensweise, die Ausfüllung der Zeit, eine gewisse Erlaubnis, ja eine Zucht zur ›Unpersönlichkeit‹, zum Sich-selbst-Vergessen ...«[83] Das Phänomen des »doing things and going[84] places« im Dienst der Bewußtseinsfüllung, um keinen Raum darin zu lassen für das Leiden – es wurde nur möglich dadurch, daß mit der Heraufkunft der bürgerlichen Gesellschaftsordnung die Arbeit zur Tugend gemacht wurde, losgelöst von ihrem Resultat zu einem Tun um des Tuns willen, vorgeschrieben von den gesellschaftlichen Schemata des Verhaltens. Für den einzelnen liegt darin das Moment der Unfreiheit in der eigenen Tätigkeit, das er masochistisch sucht – er trägt dabei die Züge des zwangshaften, von einer Instanz beherrschten Menschen mit der Tendenz zu wachsender Ich-Fremdheit. Heute liegt in der Bereitschaft der Menschen zu dieser Art der Befriedigung eines der wirksamsten Mittel zur Aufrechterhaltung der Herrschaft totalitärer Systeme.

Als drittes Mittel nennt Nietzsche die Bekämpfung der Depression durch Ordinierung einer »kleinen Freude«, am häufigsten in der Form des »kleine Freude-Machens«. Nietzsche sieht darin eine vorsichtige Dosis »Wille zur Macht«, ein Glück »der kleinsten Überlegenheit«, das in jedem gegenseitigen Wohltun liegt.[85]

Machinale Tätigkeit und der Wille zur Gegenseitigkeit bilden zusammen die Grundlage für das vierte Mittel, die Herdenbildung, in der der Gegensatz »Wille

---

82 Das Zitat lautet korrekt und vollständig: »Womöglich überhaupt kein Wollen, kein Wunsch mehr; allem, was Affekt macht, was ›Blut‹ macht, ausweichen (kein Salz essen: Hygiene des Fakirs); nicht lieben; nicht hassen; Gleichmut; nicht sich rächen; nicht sich bereichern; nicht arbeiten; betteln; womöglich kein Weib, oder so wenig Weib als möglich; in geistiger Hinsicht das Prinzip Pascals ›il faut s'abêtir‹. Resultat, pschologisch-moralisch ausgedrückt, ›Entselbstung‹, ›Heiligung‹; physiologisch ausgedrückt, ›Hypnotisierung‹ [...]« (Nietzsche, Zur Genealogie der Moral, a.a.O. [s. Anm. 36], S. 376; vgl. NW, Bd. 5, S. 379).
83 Nietzsche, Zur Genealogie der Moral, a.a.O. (s. Anm. 36), S. 380; vgl. NW, Bd. 5, S. 382.
84 Konjiziert für: »doing«.
85 »Ein noch geschätzteres Mittel im Kampf mit der Depression ist die Ordinierung einer *kleinen Freude*, die leicht zugänglich ist und zur Regel gemacht werden kann [...]. Die häufigste Form, in der die Freude dergestalt als Kurmittel ordiniert wird, ist die Freude des Freude-*Machens* (als Wohltun, Beschenken, Erleichtern, Helfen, Zureden, Trösten, Loben, Auszeichnen); der asketische Priester verordnet damit, daß er ›Nächstenliebe‹ verordnet, im Grunde eine Erregung des stärksten, lebensbejahendsten Triebes, wenn auch in der vorsichtigsten Dosierung, – des *Willens zur Macht*.« (Nietzsche, Zur Genealogie der Moral, a.a.O. [s. Anm. 36], S. 380f.; vgl. NW, Bd. 5, S. 383)

zur Gegenseitigkeit, Gleichheit, Erhaltung und Wille zur Macht und Freiheit« seine Versöhnung findet. Am Herden-Priester hat Nietzsche diesen Antagonismus der Herde deutlich gemacht, da dieser beide Eigenschaften der Herde in sich vereinigen muß. Der Wille zur Macht des einzelnen wird in der Herde nur noch gemeinsam mit dieser wirksam – die Ich-Schwäche wird kollektiviert, und aus dem Kollektiv zieht der Einzelne als Gewinn einen Schein von Selbst-Ich und Subjektivität. Ich-Schwäche und Sehnsucht nach einer starken Organisation also prädestinieren die Menschen zur Masse, die ein bestimmtes Verhältnis zwischen Macht- und Freiheitswillen und objektiver Ohnmacht jedes einzelnen Gliedes darstellt. Entscheidungen werden dem Subjekt abgenommen, es wird entpersönlicht und erhält seinen Wert dadurch, daß es einem Schema Mensch gemäß und vergleichbar ist; es empfindet diesen Zustand als tugendhaft und gut, weil es das Wohlgefühl dabei aus sich hinaus in den Zustand hineinprojiziert und ihm als Wert zurechnet.

Das fünfte Mittel ist die Ausschweifung des Gefühls. Nietzsche meint damit im Grunde alles, was er als »große Affekte« bezeichnet, hier allerdings mit der Voraussetzung, »daß sie sich plötzlich entladen, Zorn, Furcht, Wollust, Rache, Hoffnung, Triumph, Verzweiflung, Grausamkeit.«[86]

An dieser Stelle schließt sich der Ring, denn Nietzsche kommt hier zu den Indizien seines kranken Menschen zurück, zur introjizierten, verinnerlichten Aggression, zur rückwärts, gegen das eigene Ich gewendeten Grausamkeit als den Voraussetzungen für »Sündhaftigkeit und schlechtes Gewissen«[87].

---

86 »*Das asketische Ideal im Dienste einer Absicht auf Gefühls-Ausschweifung:* [...] Im Grunde haben alle großen Affekte ein Vermögen dazu, vorausgesetzt, daß sie sich plötzlich entladen, Zorn, Furcht, Wollust, Rache, Hoffnung, Triumph, Verzweiflung, Grausamkeit; und wirklich hat der asketische Priester unbedenklich die *ganze* Meute wilder Hunde im Menschen in seinen Dienst genommen und bald diesen, bald jenen losgelassen, immer zu dem gleichen Zwecke, den Menschen aus der langsamen Traurigkeit aufzuwecken, seinen dumpfen Schmerz, sein zögerndes Elend für Zeiten wenigstens in die Flucht zu jagen, immer auch unter einer religiösen Interpretation und ›Rechtfertigung‹.« (Nietzsche, Zur Genealogie der Moral, a.a.O. [s. Anm. 36], S. 385f.; vgl. NW, Bd. 5, S. 388)
87 Gemeint ist der Titel der »Zweiten Abhandlung«: »›Schuld‹, ›schlechtes Gewissen‹ und Verwandtes« (s. oben, Anm. 28).

57 Wolfgang Pehnt, 10. Februar 1955

Protokoll der Seminarsitzung vom 10. 2. 1955

Seminarleitung: Prof. Horkheimer und Prof. Adorno
Protokollant: Wolfgang Pehnt

In der ›Genealogie der Moral‹ stellt Nietzsche in den letzten Aphorismen der dritten Abhandlung die Frage nach den vermeintlichen Gegnern des asketischen Ideals, den »Gegen-Idealisten«[88]. Sie, die Skeptiker, Atheisten, Immoralisten, die Wissenden, sind eingeübt darauf, aus der Stärke eines Glaubens auf die Unwahrscheinlichkeit des Geglaubten zu schließen. Die religiöse Leidenschaft ist ihnen verdächtig, weil sie fürchten, daß jene übertäuben soll, was die Vernunft gegen den Glauben einzuwenden hat. Aber selbst diese »freien, sehr freien Geister« unterliegen dem asketischen Ideal, und zwar seiner sublimsten Verführung.[89] Indem sie sich asketische Ideale verbieten, üben sie selber Abstinenz; noch die Askese von der Askese ist Askese. Der positivistische Verzicht auf Interpretation, das Stehenbleiben-Wollen vor dem puren Faktum, hat seinen Impuls im Glauben an einen Wert-an-sich der Wahrheit. An diesem Punkte richtet sich die Aufklärung gegen sich selbst, indem sie ihre eigenste Kategorie, die Wahrheit, sich gegen sich selbst kehren läßt und sie als Metaphysik entlarvt. Der Satz des Positivismus, daß jedes Urteil in und von der Erfahrung bestätigt werden müsse, kann selbst nicht in und von der Erfahrung bestätigt werden; er ist ein metaphysischer Satz.

---

[88] Vgl. NW, Bd. 5, S. 398–401.
[89] »Diese Verneinenden und Abseitigen von Heute, diese Unbedingten in Einem, im Anspruch auf intellektuelle Sauberkeit, diese harten, strengen, enthaltsamen, heroischen Geister, welche die Ehre unsrer Zeit ausmachen, alle diese blassen Atheisten, Antichristen, Immoralisten, Nihilisten, diese Skeptiker, Ephektiker, *Hektiker* des Geistes (letzteres sind sie samt und sonders, in irgend einem Sinne), diese letzten Idealisten der Erkenntniss, in denen allein heute das intellektuelle Gewissen wohnt und leibhaft ward, – sie glauben sich in der That so losgelöst als möglich vom asketischen Ideale, diese ›freien, *sehr* freien Geister‹: und doch, dass ich ihnen verrathe, was sie selbst nicht sehen können – denn sie stehen sich zu nahe – dies Ideal ist gerade auch *ihr* Ideal, sie selbst stellen es heute dar und Niemand sonst vielleicht, sie selbst sind seine vergeistigtste Ausgeburt, seine vorgeschobenste Krieger- und Kundschafter-Schaar, seine verfänglichste, zarteste, unfasslichste Verführungsform: – wenn ich irgend worin Räthselrather bin, so will ich es mit *diesem* Satze sein! ... Das sind noch lange keine *freien* Geister: *denn sie glauben noch an die Wahrheit* ...« (Ebd., S. 398f.)

Welches Verhalten kann vor Nietzsche bestehen, wenn er sowohl das der westlichen Positivisten wie das der deutschen Metaphysiker, das der »Faitalisten« wie das der »Hinterweltler« abwertet?[90] Das »freie Verhalten«, das Nietzsche will, kann nicht eindeutig und positiv wie das vom asketischen Ideal besessene Verhalten bestimmt werden. Hegel, der wie Nietzsche weder eine »Hinterwelt« konstruiert noch sich an das factum brutum klammert, steht ihm nahe, wenn er, Hegel, – gegen Ästhetiker wie Mendelssohn polemisierend[91] – es ablehnt, den Wert eines Kunstwerks aus dessen Wirkung auf den Betrachter zu ermitteln, sondern sich der Gesetzmäßigkeit der Sache selbst, der Eigenbewegung des Begriffes, anvertraut. Die Haltung, die Nietzsche angemessen wäre, bestünde darin, in den Phänomenen die Symptome eines Sachzusammenhanges zu sehen, ein Denken, das Dankbarkeit hat, zu pflegen – ein Sich-der-Sache-selbst-Öffnen, dessen Ergebnisse sich in der Art und Weise, nicht in den Thesen des Philosophierens niederschlagen. Allerdings finden sich bei Nietzsche auch Äußerungen, die das Urteilen als bloße Projektionen des Subjektes bezeichnen.

Während die europäische Geistesgeschichte das Bedürfnis nach Wahrheit voraussetzungslos akzeptiert hatte, ist Nietzsche die Wahrheit als Selbstzweck,

---

90 Nietzsche benennt »jene verehrenswürdige Philosophen-Enthaltsamkeit [...], der sich das Nein zuletzt ebenso streng verbietet wie das Ja, jenes Stehenbleiben-*Wollen* vor dem Thatsächlichen, dem factum *brutum*, jener Fatalismus der ›petits faits‹ (ce petit faitalisme, wie ich ihn nenne)« als »Ascetismus der Tugend [...]. Was aber zu ihm *zwingt*, jener unbedingte Wille zur Wahrheit, das ist der *Glaube an das asketische Ideal selbst*, wenn auch als sein unbewusster Imperativ, man täusche sich hierüber nicht, – das ist der Glaube an einen *metaphysischen* Werth, einen Werth *an sich der Wahrheit*, wie er allein in jenem Ideal verbürgt und verbrieft ist (er steht und fällt mit jenem Ideal).« (Ebd., S. 399f.) Im zweiten Teil seiner Schrift »Menschliches, Allzumenschliches« [1886] spricht Nietzsche zum ersten Mal von den »spitzfindigen Metaphysiker[n] und Hinterweltler[n]« (NW, Bd. 2, S. 386).

91 »Betrachteten wir nun bisher am Kunstwerk die Seite, daß es vom Menschen gemacht sei, so haben wir jetzt zu der zweiten Bestimmung überzugehen, daß es für den Sinn des Menschen produziert und deshalb auch aus dem Sinnlichen mehr oder weniger hergenommen werde. [...] Diese Reflexion hat zu der Betrachtung Veranlassung gegeben, daß die schöne Kunst die Empfindung, und näher zwar die Empfindung, die wir uns gemäß finden – die angenehme –, zu erregen bestimmt sei. Man hat in dieser Rücksicht die Untersuchung der schönen Kunst zu einer Untersuchung der Empfindungen gemacht und gefragt, welche Empfindungen denn nun wohl durch die Kunst zu erregen seien: Furcht z. B. und Mitleid – wie diese aber angenehm sein, wie die Betrachtung eines Unglücks Befriedigung gewähren könne. Diese Richtung der Reflexion schreibt sich besonders aus Moses Mendelssohns Zeiten her, und man kann in seinen Schriften viele solcher Betrachtungen finden. Doch führte solche Untersuchung nicht weit, denn die Empfindung ist die unbestimmte dumpfe Region des Geistes; was empfunden wird, bleibt eingehüllt in der Form abstraktester einzelner Subjektivität, und deshalb sind auch die Unterschiede der Empfindung ganz abstrakte, keine Unterschiede der Sache selbst.« (HW, Bd. 13, S. 52f.)

das »Märtyrersein am Stoff« suspekt geworden.[92] Gegenüber jener Disziplin des abendländischen Denkens, die Geist und Wahrheit korreliert – Wahrheit als Vereinbarkeit des Denkens mit den Fakten –, wirft Nietzsche die Frage nach der Utopie als ursprünglicher Bestimmung des Geistes auf. Damit greift er nicht den Geist selbst an, sondern dessen Einengung durch den Begriff der Wahrheit, jener »social control«[93] des Geistes, die zur Abspaltung der Kunst als Reservat der Utopie geführt und etwa Kant zur Enthaltung jeder Überschwenglichkeit bewogen hat. Noch Spinozas Motivierung des Philosophierens als Suche nach der wahren dauernden Glückseligkeit im Besitze des ewigen Gutes[94] würde für Nietzsche »Hinterwelt«[95] bedeutet haben.

Nietzsches Wahrheitsdrang empfängt seine Antriebe aus dem Stolz, nicht mit schlechten Begriffen leben zu wollen. Verfälscht wird Nietzsche in dem Augenblicke des Übergangs von der Negativität zur Positivität. Die Lüge wird installiert in dem scheinbar tautologischen Vorgang, in dem Nietzsches Impuls, sich »nicht dumm machen zu lassen«, in einen Wahrheitsbegriff überführt wird. Das, was Nietzsche tut, als Prinzip zu formulieren, heißt nichts anderes, als sich an ihm zu versündigen.

---

92 »Sie verlangen zuletzt wenig genug, diese Philosophen, ihr Wahlspruch ist ›wer besitzt, wird besessen‹ –: *nicht*, wie ich wieder und wieder sagen muss, aus einer Tugend, aus einem verdienstlichen Willen zur Genügsamkeit und Einfalt, sondern weil es ihr oberster Herr *so* von ihnen verlangt, klug und unerbittlich verlangt: als welcher nur für Eins Sinn hat und Alles, Zeit, Kraft, Liebe, Interesse nur dafür sammelt, nur dafür aufspart. Diese Art Mensch liebt es nicht, durch Feindschaften gestört zu werden, auch durch Freundschaften nicht: sie vergisst oder verachtet leicht. Es dünkt ihr ein schlechter Geschmack, den Märtyrer zu machen; ›für die Wahrheit zu *leiden*‹ – das überlässt sie den Ehrgeizigen und Bühnenhelden des Geistes und wer sonst Zeit genug dazu hat (– sie selbst, die Philosophen, haben Etwas für die Wahrheit zu *thun*).« (NW, Bd. 5, S. 354f.)
93 Der Begriff wird von Edward Alsworth Ross in die sozialwissenschaftliche Diskussion eingeführt; vgl. Edward Alsworth Ross, Social Control, in: American Journal of Sociology, 1. Jg., 1896, H. 5, S. 513–535.
94 »Im Leben ist es deshalb besonders nützlich, unseren Verstand in Gestalt der Vernunft, soviel wir können, zu vervollkommnen, worin allein des Menschen höchstes Glück, d.h. seine Glückseligkeit, besteht, In der Tat, Glückseligkeit ist nichts anderes als jene Zufriedenheit des Gemüts, die der intuitiven Erkenntnis Gottes entspringt. Und den Verstand vervollkommnen, ist nichts anderes als Gott, Gottes Attribute und Gottes Handlungen, die aus der Notwendigkeit seiner Natur folgen, einsehen. Deshalb ist des vernunftgeleiteten Menschen letztes Ziel, d.h. seine höchste Begierde, mit der er alle übrigen zu mäßigen sucht, diejenige, die ihn dahin bringt, sowohl sich wie alle Dinge, die unter seine Einsicht fallen können, adäquat zu begreifen.« (Spinoza, Ethik in geometrischer Ordnung dargestellt, a.a.O. [s. Anm. 25], S. 507–509)
95 Vgl. etwa das Stück »Von den Hinterweltlern« im ersten Teil des »Zarathustra« [1883], NW, Bd. 4, S. 35–38.

Die asketische historische Geschichtsschreibung wie die gesamte positivistische Wissenschaft seiner Zeit kommen so für Nietzsche als Antagonisten des asketischen Ideals nicht in Betracht. Da sie sich von jedem Ideal nur im Dienste eines letzten Ideals, nämlich der Wahrheit, enthalten, anstatt selbst Werte zu schaffen, beseitigen sie nur das Exoterische, nicht aber den esoterischen Kern des asketischen Ideals. Auch die Lebensphilosophie würde Nietzsche nicht ausgenommen haben, die, wie Bergson, aus dem Leben einen Begriff gemacht und den »lieben Gott« auf dem Umweg über die Biologie wieder eingeführt hat. Viel grundsätzlicher ist dem asketischen Ideal die Kunst entgegengestellt, wenngleich der Künstler korruptibel ist, die Kunst, da sie über den Begriff nicht verfügt, den Verführungen der Ideologie leichter erliegt als die Wissenschaft.

Das Philosophieren Nietzsches, das in einer Kritik von generöser Verächtlichkeit auftritt, aggressiv, aber nicht mit Ressentiment belastet, stellt die Frage nach dem Warum der Philosophie neu, die bei ihm zugleich eine Frage nach den individualpsychologischen wie den gesellschaftlichen Zusammenhängen der Philosophie ist. Ein solches Organ dafür zu entwickeln, warum philosophiert wird, kann philosophischer sein, als es selber zu tun. Nietzsche entwickelt kein philosophisches System, ein Grund, weshalb sein Avancement zum »offiziellen Philosophen« erst spät, mit dem Irrationalismus (Bertram)[96] erfolgte. Nietzsche will sich den Begriff der Philosophie nicht einengen lassen, sondern dessen Bedeutung verändert wissen nach dem, was in ihm geschieht.

---

96 Vgl. Ernst Bertram, Nietzsche. Versuch einer Mythologie, Berlin 1918.

58 [N.N.],
17. Februar 1955

Protokoll der Seminarsitzung vom 17. Februar 1955.

Gegenstand der Seminarsitzung war die Besprechung von Einzelstellen aus Jenseits von Gut und Böse und der Abhandlung über das asketische Ideal.

Im letzten Aphorismus von Jenseits von Gut und Böse spricht Nietzsche die Tatsache aus, daß, rein durch den Prozeß der Niederschrift, die Gedanken in Gefahr stehen, zu »ewigen Wahrheiten« zu werden.[97] Dieser Konsequenz zu begegnen, ist das vielleicht wichtigste Ziel seiner Schriften. Aber ist man ihr nicht unausweichlich verfallen? Die Sprache scheint nur für Mittelmäßiges und Spätes, Verblaßtes erfunden. Ähnliches kehrt als Problem (und in immer stärkerem Maße) in allen Spätschriften Nietzsches wieder.

An dem Ausdruck »Haß auf Erkenntnis, Geist und Sinnlichkeit« (Aphorismus 3)[98] kann man eine Gleichstellung von Geist und Sinnlichkeit ablesen, die zunächst befremdlich ist. Es ist jedoch eine in der Religions- und Philosophiegeschichte durchaus nicht seltene Erscheinung, daß beide gleichermaßen verboten werden. Schon der Bericht vom Sündenfall drückt diese Tendenz aus. – Luther predigt ebenso gegen die »Hure Vernunft«[99] wie gegen das Fleisch. – Bei Kant (Nietzsche

---

[97] »Ach, was seid ihr doch, ihr meine geschriebenen und gemalten Gedanken! Es ist nicht lange her, da wart ihr noch so bunt, jung und boshaft, voller Stacheln und geheimer Würzen, dass ihr mich niesen und lachen machtet – und jetzt? Schon habt ihr eure Neuheit ausgezogen, und einige von euch sind, ich fürchte es, bereit, zu Wahrheiten zu werden: so unsterblich sehn sie bereits aus, so herzbrechend rechtschaffen, so langweilig!« (NW, Bd. 5, S. 239)

[98] Gemeint ist Aphorismus 3 der »Dritten Abhandlung« aus der »Genealogie der Moral«, in dem es heißt: »Ist der ›Parsifal‹ Wagner's sein heimliches Überlegenheits-Lachen über sich selbst, der Triumph seiner errungenen letzten höchsten Künstler-Freiheit, Künstler-Jenseitigkeit? Man möchte es, wie gesagt, wünschen: denn was würde der *ernstgemeinte* Parsifal sein? Hat man wirklich nöthig, in ihm (wie man sich gegen mich ausgedrückt hat) ›die Ausgeburt eines tollgewordenen Hasses auf Erkenntniss, Geist und Sinnlichkeit‹ zu sehn?« (Ebd., S. 342)

[99] Bei Luther heißt es etwa: »Wir Christen lassen uns nicht anfechten, daß die Vernunft, des Teufels Hure, ihrer Blindheit nach, sich dünken lässet, es sei kein ungereimterer, törichterer Glaube als eben der Christen, die an einen gekreuzigten Juden, Jesus Christus, glauben.« (Martin Luther, Tischreden, in: Martin Luther, Luther deutsch. Die Werke Martin Luthers in neuer Auswahl für die Gegenwart, hrsg. von Kurt Aland, Göttingen 1991 [UTB für Wissenschaft, Uni-Taschenbücher; 1656], Bd. 9, S. 41)

macht an anderer Stelle, im Aphorismus 12, darauf aufmerksam)[100] findet sich die Lehre, der raisonnierenden Vernunft sei der Zugang zum Sittengesetz versperrt, dieses müsse vielmehr durch das unmittelbare Bewußtsein erfahren werden.[101] Der Verstand darf die ihm gesetzten Grenzen nicht überschreiten, die Sinnlichkeit andererseits wird als das Pathologische verworfen. Von Kant nun strahlt die Verachtung der Vernünftelei auf die ihm nachfolgenden Philosophen aus. – Schließlich sei, als letzte Parallele, noch die Faustsage[102] erwähnt.

---

100 »Anbei gesagt: selbst noch in dem Kantischen Begriff ›intelligibler Charakter der Dinge‹ ist Etwas von dieser lüsternen Asketen-Zwiespältigkeit rückständig, welche Vernunft gegen Vernunft zu kehren liebt: ›intelligibler Charakter‹ bedeutet nämlich bei Kant eine Art Beschaffenheit der Dinge, von der der Intellekt gerade soviel begreift, dass sie für den Intellekt – *ganz und gar unbegreiflich ist*.« (NW, Bd. 5, S. 364)
101 In der »Grundlegung zur Metaphysik der Sitten« heißt es: »Der Mensch fühlt in sich selbst ein mächtiges Gegengewicht gegen alle Gebote der Pflicht, die ihm die Vernunft so hochachtungswürdig vorstellt, an seinen Bedürfnissen und Neigungen, deren ganze Befriedigung er unter dem Namen der Glückseligkeit zusammenfaßt. Nun gebietet die Vernunft, ohne doch dabei den Neigungen etwas zu verheißen, unnachlaßlich, mithin gleichsam mit Zurücksetzung und Nichtachtung jener so ungestümen und dabei so billig scheinenden Ansprüche (die sich durch kein Gebot wollen aufheben lassen), ihre Vorschriften. Hieraus entspringt aber eine *natürliche Dialektik*, d.i. ein Hang, wider jene strenge Gesetze der Pflicht zu vernünfteln, und ihre Gültigkeit, wenigstens ihre Reinigkeit und Strenge in Zweifel zu ziehen, und sie, wo möglich, unsern Wünschen und Neigungen angemessener zu machen, d.i. sie im Grunde zu verderben und um ihre ganze Würde zu bringen, welches denn doch selbst die gemeine praktische Vernunft am Ende nicht gutheißen kann. [Absatz] So wird also die *gemeine Menschenvernunft* nicht durch irgend ein Bedürfnis der Spekulation (welches ihr, so lange sie sich genügt, bloße gesunde Vernunft zu sein, niemals anwandelt), sondern selbst aus praktischen Gründen angetrieben, aus ihrem Kreise zu gehen, und einen Schritt ins Feld einer *praktischen Philosophie* zu tun, um daselbst, wegen der Quelle ihres Prinzips und richtigen Bestimmung desselben in Gegenhaltung mit den Maximen, die sich auf Bedürfnis und Neigung fußen, Erkundigung und deutliche Anweisung zu bekommen, damit sie aus der Verlegenheit wegen beiderseitiger Ansprüche herauskomme, und nicht Gefahr laufe, durch die Zweideutigkeit, in die sie leicht gerät, um alle echte sittliche Grundsätze gebracht zu werden. Also entspinnt sich eben sowohl in der praktischen gemeinen Vernunft, wenn sie sich kultiviert, unvermerkt eine *Dialektik*, welche sie nötigt, in der Philosophie Hülfe zu suchen, als es ihr im theoretischen Gebrauche widerfährt, und die erstere wird daher wohl eben so wenig, als die andere, irgendwo sonst, als in einer vollständigen Kritik unserer Vernunft, Ruhe finden.« (KW, Bd. VII, S. 32f. [BA 23 f.])
102 Bereits die Eröffnungsszene des Goetheschen »Faust« exponiert das folgende Thema der Versagungen durch die Vernunft, wenn der Protagonist anhebt: »Habe nun, ach! Philosophie, / Juristerei und Medizin, / Und leider auch Theologie! / Durchaus studirt, mit heißem Bemühn. / Da steh' ich nun, ich armer Thor! / Und bin so klug als wie zuvor / [...]« (Johann Wolfgang Goethe, Faust. Eine Tragödie [1808], in: Goethes Werke, hrsg. im Auftrage der Großherzogin Sophie von Sachsen, Bd. I·14, Weimar 1887, S. 27).

Ihren Ursprung dürfte diese Erscheinung in dem Verbot der sexuellen Neugier durch den Vater haben. Es wird ja von der Psychoanalyse die Entstehung jedes Forschungstriebes aus sexueller Wißbegierde angenommen. Dieses Verbot wendet sich später asketisch gegen den Geist überhaupt, sogar dehnt es seinen Einfluß so weit aus, daß der Geist auch aus der sexuellen Betätigung verbannt wird. Sinnlichkeit ist nur mehr erlaubt, wenn sie bewußtlos geschieht.

Man muß sich allerdings klar darüber sein, daß Nietzsche selbst teilnimmt an der Feindschaft gegen den Geist, die er hier angreift. Diese Parteilichkeit, in der er sich befindet, verhindert aber nicht die Zuverlässigkeit seiner Kritik. Er verliert sich in seinem Denken an die Sache.

Man müsse einen Künstler von seinem Werk trennen, verlangt Nietzsche in Aphorismus 4.[103] Diese Bemerkung richtet sich gegen ein Verständnis der Kunst aus dem Biographischen und der Empfindung, wie es Dilthey vertritt.[104] Freilich wird man auch den andern Vorwurf Nietzsches, die Philosophen verfügten über kein richtiges Urteil in Kunstsachen,[105] eine Berechtigung nicht absprechen können. Kant und Hegel beschreiben von oben, aus dem Begriff, das Einzelne. Doch ist dies Verfahren immer noch vorzuziehen einer trüben ästhetischen Ein-

---

[103] Nietzsche schreibt, man tue »gewiss am besten, einen Künstler in so weit von seinem Werke zu trennen, dass man ihn selbst nicht gleich ernst nimmt wie sein Werk.« (NW, Bd. 5, S. 343)
[104] Vgl. etwa die »Entwürfe zur Kritik der historischen Vernunft« Diltheys, in: Wilhelm Dilthey, Der Aufbau der geschichtlichen Welt in den Geisteswissenschaften, in: Wilhelm Diltheys Gesammelte Schriften, Bd. VII, hrsg. von Bernhard Groethuysen, Leipzig und Berlin 1927, S. 191–291.
[105] Nietzsche bemerkt, »dass Kant, gleich allen Philosophen, statt von den Erfahrungen des Künstlers (des Schaffenden) aus das ästhetische Problem zu visiren, allein vom ›Zuschauer‹ aus über die Kunst und das Schöne nachgedacht und dabei unvermerkt den ›Zuschauer‹ selber in den Begriff ›schön‹ hineinbekommen hat. Wäre aber wenigstens nur dieser ›Zuschauer‹ den Philosophen des Schönen ausreichend bekannt gewesen! – nämlich als eine grosse *persönliche* Thatsache und Erfahrung, als eine Fülle eigenster starker Erlebnisse, Begierden, Überraschungen, Entzückungen auf dem Gebiete des Schönen! Aber das Gegentheil war, wie ich fürchte, immer der Fall: und so bekommen wir denn von ihnen gleich von Anfang an Definitionen, in denen, wie in jener berühmten Definition, die Kant vom Schönen giebt, der Mangel an feinerer Selbst-Erfahrung in Gestalt eines dicken Wurms von Grundirrthum sitzt. ›Schön ist, hat Kant gesagt, was *ohne Interesse* gefällt.‹ Ohne Interesse! Man vergleiche mit dieser Definition jene andre, die ein wirklicher ›Zuschauer‹ und Artist gemacht hat – Stendhal, der das Schöne einmal une promesse de bonheur nennt. Hier ist jedenfalls gerade das *abgelehnt* und ausgestrichen, was Kant allein am ästhetischen Zustande hervorhebt: le désintéressement. Wer hat Recht, Kant oder Stendhal?« (NW, Bd. 5, S. 346 f.) – In der »Kritik der Urteilskraft« [1790] heißt es: »*Schön* ist das, was in der bloßen Beurteilung (also nicht vermittelst der Empfindung des Sinnes nach einem Begriffe des Verstandes) gefällt. Hieraus folgt von selbst, daß es ohne alles Interesse gefallen müsse.« (KW, Bd. X, S. 357 [B 114 f.; A 113])

fühlung, die überhaupt dem Seelischen die Erklärbarkeit abspricht. Es ist auch nicht anzunehmen, daß die Künstler gerade die besten Interpreten ihrer Werke abgäben, und wenn Nietzsche dieser Meinung zuneigt, so dürfte er allenfalls an Stendhal sich halten können.[106]

Das Werk ist mehr als der Künstler, in ihm hat sich unendlich viel niedergeschlagen, was über das Persönliche hinausgeht und den objektiven Verhältnissen entstammt. Äußerst fragwürdig ist aber auch der Begriff der Intuition, den hier anzuwenden man versucht sein könnte. Abgesehen von seiner Verwendung als Schlagwort durch geschäftstüchtige Verleger dürfte die damit bezeichnete Sache vielmehr Erfahrung sein, die, ohne aktualisiert zu werden, über lange Zeiten hin ruht und plötzlich sich freigibt. Vernunft und müheloses Finden sind nicht zwei Welten, in Wahrheit sind beide Kategorien miteinander vermittelt. So wurden die ersten Takte von Beethovens Hammerklaviersonate[107], die den Anschein der Intuition in sich tragen, erst später der Sonate vorgesetzt, als das Ergebnis des Ganzen.

Hier ist übrigens, wie immer bei Nietzsche, die Trennung in Logik, Ethik und Ästhetik, wie sie die traditionelle Philosophie vollzogen hat, aufgegeben. Scheler und sogar Heidegger sind hierin von Nietzsche abhängig. Daß er nicht seine Schriften dem (für die Gedanken von außen kommenden) Formprinzip eines gradlinigen Fortschreitens in einem System und dem Schließen aus obersten, feststehenden Prinzipien unterwarf, macht neue, bisher unzugängliche Gebiete der Erkenntnis frei. Das von dieser Denkweise geforderte Ausdrucksmittel ist der Aphorismus, der es erlaubt, die Einheit in jedem Augenblick herzustellen. Der Einwand der Kritik gegen Nietzsche, mit der Synthese bleibe es bei der Intention, doch sie werde nicht vollzogen, ist unrichtig.

---

106 Ein Fragment der *Ästhetischen Theorie* Adornos kommt auf dieses Thema zurück: *Stendhals Diktum von der promesse du bonheur sagt, daß Kunst dem Dasein dankt, indem sie akzentuiert, was darin auf die Utopie vordeutet. Das aber wird stets weniger, das Dasein gleicht immer mehr bloß sich selber. Kunst kann darum immer weniger ihm gleichen. Weil alles Glück am Bestehenden und in ihm Ersatz und falsch ist, muß sie das Versprechen brechen, um ihm die Treue zu halten. Aber das Bewußtsein der Menschen, vollends der Massen, die durchs Bildungsprivileg in der antagonistischen Gesellschaft vom Bewußtsein solcher Dialektik abgeschnitten sind, hält am Glücksversprechen fest, mit Recht, doch in seiner unmittelbaren, stofflichen Gestalt. Daran knüpft die Kulturindustrie an. Sie plant das Glücksbedürfnis ein und exploitiert es. Kulturindustrie hat ihr Wahrheitsmoment daran, daß sie einem substantiellen, aus der gesellschaftlich fortschreitenden Versagung hervorgehenden Bedürfnis genügt; aber durch ihre Art Gewährung wird sie zum absolut Unwahren.* (GS, Bd. 7, S. 461)
107 Beethovens Klaviersonate Nr. 29 B-Dur op. 106 wird 1836 in Paris uraufgeführt.

Nietzsche weist hin auf die ungeheuren Zeiträume der Menschheits-Entwicklung, die dem, was wir Weltgeschichte nennen, vorausliegen (Aphorismus 9).[108] Weiterhin spricht er von der Erde als einem Stern unter zahllosen Gestirnen, als einem abgelegenen Winkel im Weltall. (Aphorismus 11.)[109] Er greift damit Motive aus dem früheren Aufsatz »Über Wahrheit und Lüge im außermoralischen Sinne« wieder auf.[110]

Das philosophische Denken, dessen Geltung wir allzuleicht als selbstverständlich voraussetzen, hat nur eine kurze Geschichte und darf nicht überschätzt werden. Nietzsche arbeitet hier mit an der Erschütterung des anthropozentrischen Weltbildes. Er greift die traditionelle Form der Geschichte an, das Material dazu liefert ihm die Aufdeckung der Vorgeschichte, die in jener Zeit vor sich geht. Während noch Goethe glaubte, mit den Zahlen der Bibel auskommen zu können,[111] rechnet man zur Zeit Nietzsches mit einem Alter des Menschengeschlechtes von mehreren hunderttausend Jahren.

Auch der Einfluß Schopenhauers ist zu spüren, der von der Nichtigkeit des Daseins schreibt, sie finde ihren Ausdruck »an der ganzen Form des Daseins, an der Unendlichkeit der Zeit und des Raumes, gegenüber der Endlichkeit des In-

---

108 Nietzsche zitiert an der angegebenen Stelle seine eigene Schrift, die »Morgenröthe« [1881], wenn er von »jenen ungeheuren Zeitstrecken der ›Sittlichkeit der Sitte‹« schreibt, »welche der ›Weltgeschichte‹ vorausliegen, als die wirkliche und entscheidende Hauptgeschichte, welche den Charakter der Menschheit festgestellt hat [...]« (NW, Bd. 5, S. 359; vgl. NW, Bd. 3, S. 32).
109 »Von einem fernen Gestirn aus gelesen, würde vielleicht die Majuskel-Schrift unsres Erden-Daseins zu dem Schluss verführen, die Erde sei der eigentlich *asketische Stern*, ein Winkel missvergnügter, hochmüthiger und widriger Geschöpfe, die einen tiefen Verdruss an sich, an der Erde, an allem Leben gar nicht loswürden und sich selber so viel Wehe thäten als möglich, aus Vergnügen am Wehethun: – wahrscheinlich ihrem einzigen Vergnügen.« (NW, Bd. 5, S. 362)
110 In der nachgelassenen Schrift »Ueber Wahrheit und Lüge im aussermoralischen Sinne« [1896] schreibt Nietzsche einleitend: »In irgend einem abgelegenen Winkel des in zahllosen Sonnensystemen flimmernd ausgegossenen Weltalls gab es einmal ein Gestirn, auf dem kluge Thiere das Erkennen erfanden. Es war die hochmüthigste und verlogenste Minute der ›Weltgeschichte‹: aber doch nur eine Minute. Nach wenigen Athemzügen der Natur erstarrte das Gestirn, und die klugen Thiere mussten sterben. – So könnte Jemand eine Fabel erfinden und würde doch nicht genügend illustrirt haben, wie kläglich, wie schattenhaft und flüchtig, wie zwecklos und beliebig sich der menschliche Intellekt innerhalb der Natur ausnimmt; es gab Ewigkeiten, in denen er nicht war; wenn es wieder mit ihm vorbei ist, wird sich nichts begeben haben.« (NW, Bd. 1, S. 875)
111 Zu denken ist etwa an die Verse aus dem »West-östlichen Divan« [1819]: »Wer nicht von dreitausend Jahren / Sich weiß Rechenschaft zu geben, / Bleib' im Dunkeln unerfahren, / Mag von Tag zu Tage leben.« (Johann Wolfgang Goethe, West-östlicher Divan, in: Goethes Werke, a. a. O. [s. Anm. 102], Bd. I·6, Weimar 1888, S. 110)

dividuums in beiden«[112] (Nachträge zur Lehre von der Nichtigkeit des Daseins). Man kann auch Kant hier anführen mit seiner Forderung, die Logik müsse nicht nur für die Menschen allein, sondern für alle vernünftigen Wesen gelten.[113]

Solange das Christentum dem Menschen eine metaphysische Wichtigkeit zusprach, wurde er zugleich im asketischen Sinn entwertet; die Verwirklichung von Freiheit wird allererst möglich durch die Abkehr vom Anthropozentrischen.

In der zweiten Hälfte von Aphorismus 12 gibt Nietzsche eine Theorie des Erkennens und der Wahrheit.[114] Keineswegs müsse man Interpretationen meiden. Der Grundsatz sine ira et studio, der zu einem reinen Denken führen soll, wird von ihm verworfen. Die Wahrheit ist nicht der Rest, der von einer Erkenntnis übrigbleibt, nachdem man den Trug aus ihr entfernt hat; zur einstmaligen Objektivität wird man nur gelangen, wenn man sich die Verschiedenheit der Perspektiven und Affektinterpretationen nutzbar zu machen weiß. Zur Wahrheit führt nur das richtige Wollen, den Begriff des Wollens allerdings erweitert gedacht. Dieses ist zugleich die Schranke, die Nietzsche vom Relativismus trennt. Das Gleiche wurde

---

[112] Das XI. Kapitel des zweiten Bandes von Schopenhauers »Parerga und Paralipomena« [1851] mit »Nachträgen zur Lehre von der Nichtigkeit des Daseyns« beginnt wie folgt: »Diese Nichtigkeit findet ihren Ausdruck an der ganzen Form des Daseyns, an der Unendlichkeit der Zeit und des Raumes, gegenüber der Endlichkeit des Individuums in Beiden; an der dauerlosen der Abhängigkeit und Relativität aller Dinge; am steten Werden ohne Seyn; am steten Wünschen ohne Befriedigung; an der steten Hemmung des Sterbens, durch die das Leben besteht, bis dieselbe ein Mal überwunden wird.« (Arthur Schopenhauer, Parerga und Paralipomena: Kleine Philosophische Schriften. Zweiter Band [1851], in: Arthur Schopenhauers Werke in fünf Bänden, hrsg. von Ludger Lütkehaus, Bd. V, Zürich 1988, S. 258)
[113] Die genannte Forderung Kants ergeht nicht an die Logik, wohl aber an mehreren Stellen an die Moral- und Sittengesetze, so etwa in der »Grundlegung zur Metaphysik der Sitten«: »Setzet man hinzu, daß, wenn man dem Begriffe von Sittlichkeit nicht gar alle Wahrheit und Beziehung auf irgend ein mögliches Objekt bestreiten will, man nicht in Abrede ziehen könne, daß sein Gesetz von so ausgebreiteter Bedeutung sei, daß es nicht bloß für Menschen, sondern alle *vernünftige Wesen überhaupt,* nicht bloß unter zufälligen Bedingungen und mit Ausnahmen, sondern *schlechterdings notwendig* gelten müsse: so ist klar, daß keine Erfahrung, auch nur auf die Möglichkeit solcher apodiktischen Gesetze zu schließen, Anlaß geben könne. Denn mit welchem Rechte können wir das, was vielleicht nur unter den zufälligen Bedingungen der Menschheit gültig ist, als allgemeine Vorschrift für jede vernünftige Natur, in unbeschränkte Achtung bringen, und wie sollen Gesetze der Bestimmung unseres Willens für Gesetze der Bestimmung des Willens eines vernünftigen Wesens überhaupt, und, nur als solche, auch für den unsrigen gehalten werden, wenn sie bloß empirisch wären, und nicht völlig a priori aus reiner, aber praktischer Vernunft ihren Ursprung nähmen?« (NW, Bd. VII, S. 35 f. [BA 28 f.])
[114] Vgl. NW, Bd. 5, S. 364 f.

von Marx gemeint, als er schrieb, der Mensch müsse erst zur Totalität gelangt sein, ehe er richtig erkennen könne.[115]

Gegen den Positivismus hat Nietzsche das Fehlen des Moments der Spontaneität, der Freiheit in der Erkenntnis. Deren Wesen hat Nietzsche durch den Ausdruck »seine Affekte aus- und einhängen« gekennzeichnet.[116]

Dagegen, daß in der Wissenschaft der Wert der Wahrheit bisher nicht zum Problem werden durfte, daß der Intellekt unwiderruflich höher eingeschätzt wurde als das Leben, wendet er sich in Aphorismus 24.[117] Das Denken ist ein Moment im Ablauf des Lebens. Man darf es nicht fetischisieren, und aus der Gesellschaft losgelöst es zum Absoluten machen, oder gar, was noch stärker gegen die Wirklichkeit verstößt, aus dem Denken heraus das Sein erklären.

---

115 So bei Marx nicht nachzuweisen. Ein Passus aus den »Ökonomisch-philosophischen Manuskripten aus dem Jahre 1844« [1932] weist gleichwohl in die entsprechende Richtung: »Der *Kommunismus* als *positive* Aufhebung des *Privateigentums* als *menschlicher Selbstentfremdung* und darum als wirkliche *Aneignung* des *menschlichen* Wesens durch und für den Menschen; darum als vollständige, bewußt und innerhalb des ganzen Reichtums der bisherigen Entwicklung gewordne Rückkehr des Menschen für sich als eines *gesellschaftlichen*, d.h. menschlichen Menschen. Dieser Kommunismus ist als vollendeter Naturalismus = Humanismus, als vollendeter Humanismus = Naturalismus, er ist die *Wahrhafte* Auflösung des Widerstreites zwischen dem Menschen mit der Natur und mit dem Menschen, die wahre Auflösung des Streits zwischen Existenz und Wesen, zwischen Vergegenständlichung und Selbstbestätigung, zwischen Freiheit und Notwendigkeit, zwischen Individuum und Gattung. Er ist das aufgelöste Rätsel der Geschichte und weiß sich als diese Lösung.« (MEW, Bd. 40, S. 536)

116 »Seien wir zuletzt, gerade als Erkennende, nicht undankbar gegen solche resolute Umkehrungen der gewohnten Perspektiven und Werthungen, mit denen der Geist allzulange scheinbar freventlich und nutzlos gegen sich selbst gewüthet hat: dergestalt einmal anders sehn, anders-sehn-*wollen* ist keine kleine Zucht und Vorbereitung des Intellekts zu seiner einstmaligen ›Objektivität‹ – letztere nicht als ›interesselose Anschauung‹ verstanden (als welche ein Unbegriff und Widersinn ist), sondern als das Vermögen, sein Für und Wider *in der Gewalt zu haben* und aus- und einzuhängen: so dass man sich gerade die *Verschiedenheit* der Perspektiven und der Affekt-Interpretationen für die Erkenntniss nutzbar zu machen weiss.« (NW, Bd. 5, S. 364 f.)

117 Vgl. ebd., S. 398 – 401, vor allem S. 400 f.

Sommersemester 1955:
Hegel, »Enzyklopädie der philosophischen Wissenschaften«

Philosophisches Hauptseminar mit Max Horkheimer

In diesem Semester hält Adorno zudem die philosophische Vorlesung »Kants transzendentale Logik«, gibt soziologische »Übungen zur Soziologie von Gruppen«, die soziologische »Übung über Umfragemethoden II« und hält das ebenfalls soziologische Privatissimum über »Erkenntniskritische Fragen der empirischen Sozialforschung«

Das Seminar findet donnerstags von 18 bis 20 Uhr statt

59–67 Archivzentrum Na 1, 884

59 Rudolf Lilie,
5. Mai 1955

Protokoll der Sitzung vom 5. V. 1955

Kant erweitert die formale Logik als die Lehre von den Begriffen vom Urteilen und Schließen zur transzendentalen Logik, die den Gegenstand der Erkenntnis in den Begriff der Logik mit einbezieht. Bei ihm besteht die Wahrheit im Urteilen, das heißt, der Begriff wird an die Sache, auf die er sich bezieht, herangebracht. Bei Hegel hingegen ist der Begriff kein dem Gegenstand des Erkennens äußerliches Moment, sondern ein mit dem Wesen der Sache identisches. Das Ding an sich und die Erscheinung sind bei Kant ontologisch geschieden; dem erkennenden Verstand ist immer nur die Erscheinung zugänglich, während das Ding an sich jenseits möglicher Bestimmbarkeit bleibt.

In seiner »Encyclopädie der philosophischen Wissenschaften« nimmt Hegel die Einteilung vor in die Wissenschaft der Logik, die Philosophie der Natur und die Philosophie des Geistes, wobei die Logik nicht nur einen Teil des Systems bildet, sondern zugleich das System ist. Da im Prozeß des Erkennens das Subjekt sich der Bewegung der Sache überläßt und das Wesen des Objekts mit seiner logischen Bestimmung identisch ist, fallen Metaphysik und Logik – strenggenommen – zusammen.

Während bei Kant der Begriff ein der Wahrheit nur äußerliches Moment ist, kann bei Hegel nicht mehr zwischen Begriff und Wahrheit unterschieden werden. Der Begriff ist das zu sich gekommene Subjekt und Objekt zugleich. Das denkende Subjekt ist, indem es die Bewegung der Sache mitvollzieht, nichts anderes als der Gedanke, in dem es sich aktualisiert.

Vorgelegt von Rudolf Lilie

60 Nebel,
12. Mai 1955

Protokoll der Seminarsitzung vom 12. 5. 1955

Thema: Hegels Encyclopädie der philosophischen Wissenschaften

Die Encyclopädie der philosophischen Wissenschaften bietet in verkürzter Darstellung das System Hegels. Der Begriff der Philosophie wird darin zunächst formal definiert als »*denkende Betrachtung* der Gegenstände« (§ 2).[1] Diese formale Definition bleibt sehr abstrakt, zeigt noch nicht den Unterschied der Philosophie zu den Einzelwissenschaften.

Die Philosophie unterscheidet sich von den Einzelwissenschaften dadurch, daß sie nicht wie diese in abgesteckten Bezirken arbeitet, sondern daß sie die ganze Wirklichkeit zu ihrem Gegenstande hat. (»Alles Wirkliche ist als solches vernünftig, alles Vernünftige wirklich«[2], Vorwort zur Rechtsphilosophie[3]). Die Philosophie darf auch keine Voraussetzungen machen wie die Einzelwissenschaften. Außerdem hat sie im Gegensatz zu anderen Wissenschaften keine vorgegebene Methode. Dem scheinen viele philosophische Systeme zu widersprechen, vor allem Descartes verstand die Methode doch als Voraussetzung des Philosophierens. Aber der Begriff der Methode muß hier bei Hegel in seiner spezifischen Differenz zu dem anderer Philosophen verstanden werden. Auch Hegel bestreitet nicht die Notwendigkeit der Methode in der Philosophie, doch will er philosophische Methode von der der Einzelwissenschaften unterschieden wissen; seine Auffassung von Methode weicht auch von der anderer Philosophen ab, die Methode als Instrument des Denkens betrachten. Denn da und in den Einzelwissenschaften sind Methode und Gegenstand getrennt, in der Weise bloßen Daseins, »bloßer Positivität« gegeben. Aufgabe der Philosophie ist es, die Entfremdung zwischen Methode und Gegenstand in der Identität beider aufzuheben. Es ist Aufgabe der Philosophie, ihre Methode im Philosophieren zu gewinnen. Ein Teilnehmer des Seminars wandte ein, daß doch auch in den Wissenschaften Methode und Gegenstand aufeinander bezogen seien. – Sie sind es dort aber nur in der Weise eines äußerlichen Aufgelegtseins, ihr Allgemeines, z. B. ein Gesetz, abstrahiert stets vom Besonderen (mathematische Gleichungen). So-

---

1 Vgl. HW, Bd. 8, S. 41.
2 Der Satz lautet wörtlich: »Was vernünftig ist, das ist wirklich; *[Absatz]* und was wirklich ist, das ist vernünftig.« (HW, Bd. 7, S. 24) Hegel zitiert diesen Satz in der »Enzyklopädie« [1817]; vgl. HW, Bd. 8, S. 47 (§ 6).
3 Konjiziert für: »Realphilosophie«.

mit bleiben Allgemeines und Besonderes, Gesetz und einzelner Fall, Methode und Gegenstand voneinander getrennt.

Wie aber kann die Philosophie ihre Methode aus sich herausholen, wenn die Methode nicht in ihr liegt? Philosophie darf nicht als ein Corpus von Sätzen und Erkenntnissen verstanden werden, aus dem die Methode nur herausgenommen werden bräuchte, sie ist vielmehr ein ständiges Werden, ein Prozeß. Die Philosophie entwickelt ihre Methode im eigenen Werden. Sie gewinnt dabei die Methode nicht rein aus sich, sondern entwickelt sie in der Arbeit an den Methoden der Wissenschaften, die sie, zusammen mit deren Gegenständen, zum Gegenstand ihres Denkens macht. So aufsteigend durchdringen Methode und Gegenstand einander, bis sie zur Einheit wiedererstellt sind. Dabei braucht die Philosophie das Nicht-Identische, um daran, als an ihrem Gegensatz, im dialektischen Prozeß ihre eigene Identität zu entwickeln.

Auch dem wissenschaftlichen Begriff mangelt die Einheit, er beläßt das Allgemeine und das Besondere in einem äußerlichen und zufälligen Verhältnis; der philosophische Begriff dagegen tut der Form der Notwendigkeit Genüge; die Notwendigkeit der Philosophie ist die innere Aufeinander-Bezogenheit von Sache und Begriff, von Besonderem und Allgemeinem.

Im Verlaufe der Seminarsitzung wurde wiederholt auf Unterschiede der Kantschen und Hegelschen Philosophie verwiesen:

1. Die Transzendentalanalyse der kritischen Philosophie ist selbst schon Philosophie, denn auch dort geht es um Erkenntnis. So ist die Rechtfertigung philosophischer Erkenntnisse stets selbst schon Philosophie. Hegels Kritik der kritischen Philosophie[4] gilt deren Trennung von Form und Inhalt des Erkennens; die Dialektik hebt diese Trennung auf: auf jeder neuen Stufe des Erkennens wird die Form zum Inhalt geschlagen (wie der Zins zum Kapital), das Formale ist damit schon nicht mehr formal, sondern als Gegenstand des Erkennens Inhalt des Denkens.

2. Nach Kant gerät Denken, sofern es das Ding an sich erkennen will, notwendig in Widersprüche (Antinomien). Hegel betrachtet es als Aufgabe der Philosophie, diese Widersprüche zu überwinden. So liegt Hegels Begriff der Erkenntnis die Auffassung zugrunde, daß im Begriff die Sache, das Objektive gedacht wird, während Kants Begriff der Erkenntnis auf die Erscheinung gerichtet ist, die von der Subjektivität des Erkennenden abhängig bleibt.

3. Zum Schluß wurde die Frage gestellt, ob Kants Kritik der reinen Vernunft nach Kants eigener Terminologie Erkenntnis genannt werden könne. Einem Diskussionsbeitrag, der nachzuweisen versuchte, daß nach Kant nur Urteile, die auf

---

4 Vgl. den Abschnitt »Kritische Philosophie«, ebd., S. 112–147.

wirkliche oder mögliche Erfahrung sich beziehen, d.h. synthetische Urteile, im strengen Sinne Erkenntnis seien, entgegnete Herr Professor Adorno, daß Erkenntnis der Bedingungen der Möglichkeit von Erfahrung nicht weniger Erkenntnis genannt werden dürfe. Die Diskussion wurde mit dem Hinweis abgeschlossen, daß man die Analyse von Funktionen des Verstandes nicht mit analytischen Urteilen verwechseln dürfe.

61 [N.N.],
26. Mai 1955

Frankfurt am Main, den 14. Juni 1955.

Bericht über die Sitzung des philosophischen Hauptseminars der Professoren Horkheimer und Adorno über den Abschnitt »die Wissenschaft der Logik« aus der Enzyclopädie Hegels[5] vom 26. 5. 55.

Das vorige Protokoll[6] gab Anlaß, noch einmal den Momenten und Motiven nachzugehen, durch die sich die Philosophie Hegels von derjenigen Kants unterscheidet. Anschließend machte Prof. Adorno einige grundsätzliche Bemerkungen über die Anfertigung von Protokollen. Schließlich wurde anhand einiger einleitender Paragraphen aus der Hegelschen Enzyclopädie das Verhältnis des begreifenden und, wie Hegel sagt, reinen Denkens zum Gefühl und zur Anschauung erörtert.[7]

Die Diskussion über das Verhältnis der Hegelschen zur Kantischen Philosophie erfuhr ihren Anstoß durch eine Bemerkung des Protokollanten, der zufolge die kritische Untersuchung des Erkenntnisvermögens, wie Kant sie vornimmt, auch bei Hegel bereits Philosophie sei. Demgegenüber wies Prof. Adorno darauf hin, daß nach Hegel die Formen der Erkenntnis gerade nicht für sich analysiert werden können, da sie hier ihre starre, veräußerlichte Funktion der Erkenntnis einer ebenso starr angesetzten Gegenständlichkeit verloren hätten. Es erhebe sich nun die Frage, ob dieses unkritische Verhalten Hegels einen Rückfall hinter die von Kant erreichte Reflexionsstufe bedeute. Darin aber, daß die aus der Kantischen Philosophie sich ergebenden Widersprüche von Hegel nicht einfach unterschlagen, sondern aus seiner dialektischen Methode wahrhaft begriffen wür-

---

5 Das ist der erste Teil der »Enzyklopädie«; vgl. ebd., S. 65–393.
6 Das entsprechende Protokoll wurde nicht aufgefunden.
7 »Die Philosophie kann zunächst im allgemeinen als *denkende Betrachtung* der Gegenstände bestimmt werden. Wenn es aber richtig ist (und es wird wohl richtig sein), daß der *Mensch* durchs Denken sich vom *Tiere* unterscheidet, so ist alles Menschliche dadurch und allein dadurch menschlich, daß es durch das Denken bewirkt wird. Indem jedoch die Philosophie eine eigentümliche Weise des Denkens ist, eine Weise, wodurch es Erkennen und begreifendes Erkennen wird, so wird ihr Denken auch eine *Verschiedenheit* haben von dem in allem Menschlichen tätigen, ja die Menschlichkeit des Menschlichen bewirkenden Denken, so sehr es identisch mit demselben, *an sich nur ein Denken ist. Dieser Unterschied knüpft sich daran, daß der durchs Denken begründete, menschliche Gehalt des Bewußtseins zunächst nicht in Form des Gedankens erscheint, sondern als Gefühl, Anschauung, Vorstellung, – Formen, die von dem Denken als Form zu unterscheiden sind.«* (HW, Bd. 8, S. 41 f.)

den, zeige sich die Überlegenheit Hegels gegenüber Kant. Herr Dr. Maus[8] meinte, daß die Hegelsche Philosophie die äußerste Konsequenz des Kantischen Prinzips der Subjektivität darstelle, indem bei Hegel die durch die Kantische Konzeption der Gegenständlichkeit als einer transzendenten, der Vernunft äußerlichen sich auftuenden radikalen Kluft zwischen Subjektivität und Objektivität aufgehoben werde, indem Hegel die Sache selbst als ein Geistiges und vom Geiste Produziertes begreife. Prof. Adorno ergänzte, daß Hegel hier ein Fichtesches Motiv aufgegriffen habe und nun auf einer höchsten Reflexionsstufe die Kantische Unterscheidung des Subjektiven und des Objektiven wegfalle. Herr Dr. Maus stellte hier die grundsätzliche Frage, ob nicht die Konzeption der Materie als eines Geistigen allererst die Möglichkeit eines dialektischen Verfahrens sei und sich eine Dialektik ohne diese Voraussetzung nicht jedes Grundes begebe. Mit Rücksicht auf das geringe Maß des bisher vom Seminar erarbeiteten Stoffs schlug Prof. Adorno vor, die Diskussion dieser Frage auf einen späteren Zeitpunkt zu verschieben.

Die Verschiedenartigkeit der Atmosphäre der Kantischen und Hegelschen Philosophie betonte Prof. Horkheimer. Zentral bei Kant sei im Grunde nicht das Problem der Metaphysik, sondern die Frage nach der Gültigkeit von Urteilen. Das gleiche Problem liege aber bereits bei Locke vor, und Hegel tue Kant viel zu viel Ehre an, wenn er das erkenntniskritische Motiv Kant allein zuschiebe. Erst in zweiter Linie, nach der Frage nach der Gültigkeit von Urteilen, stelle sich für Kant das Problem der Subjektivität. Wichtig sei auch die Verschiedenheit der gedanklichen Implikationen des Subjektbegriffs bei Kant und Hegel, durch die sich, wie Prof. Adorno es nannte, ihr existentieller Unterschied bekunde. Während für Kant das Subjekt Bedeutung lediglich als Bedingung der Möglichkeit von Erkenntnis gewinne, stelle es für Hegel – im Anschluß an Fichte – die Aktivität des Lebens, überhaupt das Spontane und Tätige im Gegensatz zur toten Materie dar. Bei Hegel sei das Subjekt das in der Geschichte sich Entfaltende und Geschichte überhaupt erst Konstituierende.

Prof. Adorno übte sodann am Protokoll Kritik und sagte, es sei sehr auf Flaschen gezogen gewesen und habe in zu hohem Maße Gemeinplätzen Raum gegeben. Er erhob für Protokolle generell die Forderung nach größerer Lebendigkeit. In der starren Form, in der die Diskussionsbeiträge im Protokoll referiert würden, gewännen sie den Anschein einer Absolutheit, die sie in der Diskussion selbst nicht besessen hätten. Ein den lebendigen Zusammenhang der Diskussion unterschlagendes Referat fixiere das Gesagte in einer Weise, die vom Diskussi-

---

[8] Heinz Maus wird 1941 mit der Schrift »Kritik am Justemilieu. Eine sozialphilosophische Studie über Schopenhauer« in Kiel promoviert.

onsteilnehmer selbst nicht beabsichtig gewesen sei. Prof. Adorno sagte, daß er wenigstens beim Anhören solcher Referate immer ein schlechtes Gewissen habe.

Bei der nun sich anschließenden Interpretation der einleitenden Paragraphen 3–5 der Enzyclopädie[9] wurde insbesondere das Verhältnis des Gedankens und des Begriffs zum Gefühl und zur Anschauung diskutiert, soweit dies auf Grund des vorliegenden Textes möglich war, der die Gedanken Hegels eher in programmatischen Thesen als in begründeter Ausführung bringt. Zunächst erhob sich die Frage, warum Hegel sich so sehr gegen das mit Anschauungen, Gefühlen und Vorstellungen durchsetzte und vermischte Denken wendet, da er selbst Vorstellungen als Metaphern der Gedanken und Begriffe gelten läßt. Hegel selbst zufolge aber eröffnet sich eben diese Bedeutung der Vorstellungen als Metaphern erst dem begreifenden Denken. Und Prof. Adorno verwies auf den prinzipiellen Vorrang, den das Denken bei Hegel gegenüber den sonstigen Verhaltensweisen des Bewußtseins habe. In ähnlicher Weise wie bei Husserl, wo der sinnliche Stoff zu einer bloßen Erfüllung des Gemeinten wird, stelle für Hegel das Sinnliche nur eine Bebilderung des eigentlich Seienden, des unanschaulichen Begriffs, dar. Das Medium des Denkens sei der Gedanke, und je mehr man einen Gedanken durch Versinnlichung zu veranschaulichen trachte, um so mehr entferne man sich von diesem Gedanken.

Dann wurde die Frage gestellt, inwieweit sich bereits an den einleitenden Bemerkungen des § 3, in denen Hegel den Inhalt der verschiedenen Verhaltensweisen des Bewußtseins als Bestimmtheiten deren Form von dieser unterscheidet,[10] die Verschiedenheit gegenüber der Kantischen Philosophie aufweisen lasse. Herr Rülcker[11] meinte, daß es sich an dieser Stelle bloß um die spezifisch subjektive Bestimmung handle, in welcher Weise das Bewußtsein überhaupt einen Inhalt haben könne. Dagegen liege hier noch keine erkenntnistheoretische Intention vor und die eigentliche Subjekt-Objekt-Problematik trete noch gar nicht auf. Es handle sich um eine einfache Beschreibung des naiven Bewußtseins; darum lasse diese Stelle sich noch nicht mit Kant konfrontieren.

Prof. Adorno erinnerte sodann daran, daß jeder scheinbar unmittelbare Ausgangspunkt bei Hegel bereits das Produkt einer Vermittlung sei. So impli-

---

[9] Vgl. HW, Bd. 8, S. 44–46.
[10] »Der *Inhalt*, der unser Bewußtsein erfüllt, von welcher Art er sei, macht die *Bestimmtheit* der Gefühle, Anschauungen, Bilder, Vorstellungen, der Zwecke, Pflichten usf. und der Gedanken und Begriffe aus. Gefühl, Anschauung, Bild usf. sind insofern *die Formen* solchen Inhalts, welcher *ein und derselbe* bleibt, ob er gefühlt, angeschaut, vorgestellt, gewollt und ob er *nur* gefühlt oder aber mit Vermischung von Gedanken gefühlt, angeschaut usf. oder ganz *unvermischt* gedacht wird.« (Ebd., S. 44)
[11] D. i. Tobias Rülcker.

zierten einfache Wahrnehmungsurteile schon viele Kategorien – und darin liege der Unterschied zur traditionellen Logik. Prof. Horkheimer entgegnete, daß auch für die traditionelle Logik eine Reihe Kategorien die Voraussetzung für ein einfaches Wahrnehmungsurteil sei, daß aber bei Hegel ein solches Urteil bereits die ganze menschliche Praxis enthalte; in jeder Wahrnehmung stecke bereits die ganze menschliche Arbeit und Produktion, die ganze Auseinandersetzung mit der Natur, der ganze Prozeß der menschlichen Geschichte. Eine Abstraktion des Sinnlichen sei praktisch nicht durchführbar, oder in den Worten Schelers: Das rein Sinnliche für sich betrachtet stelle die letzte und leerste Abstraktion dar.[12] Prof. Adorno erinnerte an die Erfahrung, daß sich bei längerer Krankheit die Artikulation der Wahrnehmung verändere, und machte auf die Folgen aufmerksam, die sich aus dem Hegelschen Begriff der Erfahrung für die Kantische Trennung des als vernünftig schlechthin Gültigen vom Genetischen ergeben: Auch diese Trennung sei streng gar nicht möglich und lasse das Verfahren Kants als willkürlich offenbar werden.

Weiterhin warf Herr Nagel[13] die zentrale Frage nach der Berechtigung des Hegelschen dialektischen Verfahrens auf, indem er es für problematisch hielt, ob eine Aufhebung der Sinnlichkeit und der Anschauung durch das Denken und den Begriff tatsächlich möglich sei und nicht vielmehr der Sinnlichkeit Gewalt antue. Herr Nagel unterstellte, daß die Polemik Hegels gegen Gefühl und Anschauung ihr Motiv in der Absicht Hegels habe, die Wahrheit ganz für das Denken zu sichern, und damit alle Momente der Sinnlichkeit gewaltsam abwehren und unterdrücken müsse, die nicht im Begriff aufgehen. Prof. Adorno zog die Folgerung, daß Hegel somit die Sinnlichkeit im Begriff nicht aufgehoben, sondern sich einer Eskamotierung schuldig gemacht habe. Die Problemstellung Herrn Nagels sei aber bereits falsch, weil sie die unhegelische Trennung des sinnlichen Inhalts von seiner Kategorisierung voraussetze. Bei Hegel aber seien beide Momente stets ineinander verflochten.

---

12 So heißt es etwa bei Scheler: »Ein Gefühl, wie z.B. das der Reue, vermag [...] ein negatives Selbstwertgefühl auf Grund einer schlechten Handlung aufzuheben. Hier liegt ein offenbarer Sinnzusammenhang vor. Furcht und Hoffen (zwei vitale Gefühlsfunktionen) werden in besonderen Gefühlen erfüllt, und nicht erfüllt, und verschwinden eben mit diesen ›Erfüllungen‹. Ein rein sinnliches Gefühl aber ›fordert‹ nichts und ›erfüllt‹ höchstens ein Streben nach ihm, niemals aber eine andere *emotionale* Funktion. Es ›deutet‹ weder vor noch zurück, es ist ohne mögliche Erlebniskonsequenz, und selbst keine ›erlebte‹ Konsequenz aus anderen emotionalen Erlebnissen.« (Max Scheler, Der Formalismus in der Ethik und die materielle Wertethik. Neuer Versuch der Grundlegung eines ethischen Personalismus [1913/1916], 5. Aufl., in: Max Scheler, Gesammelte Werke, Bd. 2, hrsg. von Maria Scheler, Bern und München 1966, S. 347)
13 D.i. Ivan Nagel.

Schließlich stellte sich das Problem, was denn unter dem reinen Gedanken, der als unvermischt mit Anschauungen, Gefühlen und Vorstellungen bestimmt ist, zu verstehen sei. Prof. Horkheimer sagte, daß es einen solchen reinen unvermischten Begriff ehrlicherweise gar nicht geben könne. Herr Dr. Haag[14] maß dem Worte »unvermischt« ironische Bedeutung bei und meinte, daß Hegel hier auf den Glauben, im Gefühl einen besonderen, sonst nicht erfaßbaren Inhalt zu besitzen, habe anspielen wollen. Prof. Adorno betonte die Absicht Hegels, gegen die Denkfeindschaft und das schlechthin unphilosophische Verhalten Front zu machen, das die Sphäre des Gefühls als eine autonome neben und über dem Denken anerkannt haben möchte. Hierin komme der Äußerung Hegels eine gesellschaftskritische Bedeutung zu: Indem Hegel hier den Kultus des vom Gedanken dispensierten Gefühls brandmarke und die nüchterne Vernünftigkeit, die sich die Scheuklappen des gesunden Menschenverstandes angelegt habe, als ein regressives, die Aufklärung hintertreibendes Moment entlarve, stoße er auf die Wundmale des bürgerlichen Bewußtseins. Da, wo es ums Höchste gehe, höre der Bürger zu denken auf und fühle. Philosophiegeschichtlich habe Hegel mit seinen Thesen wohl vor allem die Philosophie Jacobis, vielleicht auch die Schellings, treffen wollen. Es handle sich hier nicht einfach um eine Entgegensetzung des Standpunktes des Rationalismus gegen das Gefühl, sondern um die Abwehr des Anspruchs des Gefühls, dem Denken Einhalt zu gebieten. Auf eine Frage Herrn Molitors[15], ob dieser Kritik auch die Schleiermachersche Theologie verfalle, antwortete Prof. Adorno, daß die Hegelsche Aufhebung des Gefühls im Wissen zugleich seinen Ausbruch aus der protestantischen Scheidung von Wissen und Glauben und deren Überwindung bedeute. –

---

14 Karl Heinz Haag wird 1951 mit der Schrift »Die Seinsdialektik bei Hegel und in der scholastischen Philosophie« in Frankfurt a. M. promoviert.
15 D. i. Jacob Molitor.

62 A. Maria Schreff, 16. Juni 1955

Seminarsitzung vom 16. Juni 1955

§ 6.[16]

Der erste Satz, der zum Ausdruck bringt, daß der Inhalt der Philosophie der zum Bewußtsein gebrachte Gehalt der äußeren und inneren Erfahrung, die Wirklichkeit ist,[17] ist durchaus unkantisch. Kant wertet das Empirische als das Zufällige ab, Hegel macht einen Unterschied zwischen dem Zufälligen und dem Wirklichen, wobei das Wirkliche ein starkes Pathos erhält. Das Zufällige kennzeichnet Hegel als »eine Existenz, die keinen größeren Wert als den eines *Möglichen* hat, die so gut *nicht sein* kann als sie ist.«[18] Bei Kant hat der Begriff der Wirklichkeit selber etwas Zufälliges, weil er vom Inhalt der Erkenntnis, der Empfindung abhängt. Bei Hegel ist er im Gegensatz dazu das Sein, das im Prozeß nicht anders sein könnte, als es ist.

Frage: Warum ist das Vorübergehende bedeutungslos? Gerade die schönsten und wertvollsten Dinge sind nicht von ewiger Dauer. Ist in der Philosophie tatsächlich nur das Notwendige und Allgemeine zu betrachten? Das ist die Ansicht der philosophischen Tradition, in der auch Hegel steht. Der Inhalt der Philosophie ist gleich dem Inhalt der Erfahrung, soweit sie sich ihrer selbst bewußt wird. Momente, die sonst unter den Tisch fallen, die ephemeren Momente, kommen damit wieder zu Ehren. Die Philosophie verliert bei Hegel den Hochmut, mit dem sie sonst die Erfahrung als minderwertige Quelle abtut, soweit man darunter die volle, bewußt gewordene Erfahrung versteht.

Kant: Die Philosophie muß nach Prinzipien Ausschau halten, die nicht aus der Erfahrung stammen, weil sie nicht in der Geschichte die herrschenden sind.

Hegel: Die Philosophie hat das, was erfahren wird, als das Vernünftige zu begründen. Der Begriff der Erfahrung hat bei ihm eine andere Bedeutung als bei Kant. Er knüpft an die Phänomenologie des Geistes an.

---

16 Vgl. HW, Bd. 8, S. 47–49.
17 »Von der andern Seite ist es ebenso wichtig, daß die Philosophie darüber verständigt sei, daß ihr Inhalt kein anderer ist als der im Gebiete des lebendigen Geistes ursprünglich hervorgebrachte und sich hervorbringende, zur *Welt*, äußeren und inneren Welt des Bewußtseins gemachte Gehalt, – daß ihr Inhalt die *Wirklichkeit* ist.« (Ebd., S. 47)
18 Ebd., S. 48.

Kant: Die Erfahrung ist unreflektiert das, was wir wahrnehmen. Das sinnliche Material wird, kategorial gefaßt und bearbeitet, zum constitutum.[19]

Zu § 7, Satz 1 – § 8, Satz 1.[20]

Was im Bewußtsein ist, wird erfahren. Die Begriffe »Gott« – »Tisch« sind beide kategorial geformte Bewußtseinsinhalte. Es findet sich bei Hegel Identifikation von Wirklichkeit und Vernunft, sie ist extremer Idealismus.

Das Dasein aber ist nur zum Teil Wirklichkeit, zum Teil ist es bloße Erscheinung. Aufgabe der Philosophie ist es nun, herauszufinden, was das Wirkliche ist, das kann die Wissenschaft allein nicht leisten.

Einwand: (Adorno.) Gerade in der verkümmerten Existenz steckt ein Wesensgesetz der Gesellschaft, sie kann also für die Erkenntnis der Welt wichtiger sein als die Existenz des Entfalteten. Beispiel: Kinderarbeit in England. Am scheinbar Ephemeren und Gleichgültigen kann das Wesentliche unter Umständen besser erkannt werden.

Ist der Satz: »Was vernünftig ist, das ist wirklich, und was wirklich ist, das ist vernünftig«[21] – eine Tautologie? In gewissem Sinne ist die gesamte Philosophie Hegels tautologisch, weil sie eine Identitätsphilosophie ist.

Beispiel: Wirklich *ist* im Mittelalter die Freiheit, aber nur an sich, sie hat sich noch keine Existenz gegeben. Die Philosophie hat die Aufgabe, Wirklichkeit in diesem Sinne zu begreifen als das Vernünftige, das sich selber realisiert. Im Vernünftigen liegt die Kraft, die Form nicht zu dulden, die der Wahrheit nicht angemessen ist. Heine interpretiert jenen Satz durch. »Was vernünftig ist, das soll wirklich werden.«[22] Heine, der bei Hegel gehört hat, sagt, das Auffallendste an den Hegelschen Vorlesungen sei für ihn gewesen, mit welcher Kraft die Subjek-

---

19 In der »Kritik der reinen Vernunft« [1781] heißt es: »Wir können uns keinen Gegenstand *denken*, ohne durch Kategorien; wir können keinen gedachten Gegenstand *erkennen*, ohne durch Anschauungen, die jenen Begriffen entsprechen. Nun sind alle unsere Anschauungen sinnlich, und diese Erkenntnis, so fern der Gegenstand derselben gegeben ist, ist empirisch. Empirische Erkenntnis aber ist Erfahrung. Folglich *ist uns keine Erkenntnis a priori möglich, als lediglich von Gegenständen möglicher Erfahrung.*« (KW, Bd. III, S. 157 [B 165 f.])
20 Vgl. HW, Bd. 8, S. 49–51.
21 Siehe oben, Anm. 2.
22 Heine bemerkt: »Als ich einst unmuthig war über das Wort: ›Alles, was ist, ist vernünftig‹, lächelte er sonderbar und bemerkte: ›Es könnte auch heißen: ‹Alles, was vernünftig ist, muß seyn›‹. [...] Später erst verstand ich solche Redensarten.« (Heinrich Heine, Geständnisse. Geschrieben im Winter 1854 [1854], in: Heinrich Heine, Historisch-kritische Gesamtausgabe der Werke, hrsg. von Manfred Windfuhr, Bd. 15, bearb. von Gerd Heinemann, Hamburg 1982, S. 9–219; hier: S. 170)

tivität deutlich gemacht wurde.[23] Dies muß also auch zum Ausdruck gebracht worden sein, gegenüber der sonst herrschenden Geringschätzung des Individuellen.

Hegel verlangt, daß, wer Geschichtliches ansieht, beweist, was und warum es vernünftig ist. Er ist radikal gegen den Positivismus. Er ist andererseits anti-utopistisch und wendet sich gegen die, die ihre begrifflichen Konstruktionen gegen die Wirklichkeit ausspielen und ein abstraktes »Soll« aufstellen wollen. Hier spricht der Wirtschafts-Liberale im Sinne der aufkommenden Konkurrenzwirtschaft, nicht gegen Sozialismus, den es ja noch nicht gab, aber gegen die Burschenschaftler, die über die Übel jammern, die der beginnende Liberalismus dem Volk zufüge. Von Marx wurden die anti-utopistischen Ideen im vollen Umfang übernommen.

A. Maria Schreff[24]

---

[23] Heine besucht zwar während seiner Berliner Studentenzeit mehrere Vorlesungen Hegels im Zeitraum von 1821 bis 1823, berichtet aber das Genannte nicht von Hegel, wohl aber von Fichte: »In seinen früheren Schriften bleibt Fichte, wie gesagt, der Kantschen Methode ganz treu, so daß man seine erste Abhandlung, als sie anonym erschien, für ein Werk von Kant halten konnte. Da Fichte aber später ein System aufstellt, so gerät er in ein eifriges, gar eigensinniges Konstruiren, und wenn er die ganze Welt konstruirt hat, so beginnt er eben so eifrig und eigensinnig von oben bis unten herab seine Konstrukzionen zu demonstriren. In diesem Konstruiren und Demonstriren bekundet Fichte eine so zu sagen abstrakte Leidenschaft. Wie in seinem System selbst, so herrscht bald die Subjektivität auch in seinem Vortrag.« (Heinrich Heine, Zur Geschichte der Religion und Philosophie in Deutschland [1834], in: Heine, Historisch-kritische Gesamtausgabe der Werke, a.a.O. [s. vorige Anm.], Bd. 8/I, bearb. von Manfred Windfuhr, Hamburg 1979, S. 9–120; hier: S. 92)
[24] Unterschrift.

63 Wilfried Wenzel, 23. Juni 1955

Protokoll der Sitzung vom 23. Juni 1955.

Zur Erweiterung des Verständnisses der besprochenen Paragraphen der Einleitung zur Encyclopädie zogen wir Abschnitte aus Hegels Rechtsphilosophie und der Philosophie der Weltgeschichte[25] heran. Wichtig ist es, das Pathos und den Stand des Hegelschen Philosophierens sich zu verdeutlichen, der den Entwurf und die Entfaltung der Begriffe und des Systems erst ermöglichte.

Das Verhältnis zum Anderssein und zur Welt ist bei Hegel ein produktiv begreifendes; nicht *Kenntnis* der Natur und der Welt des Geistes und der Geschichte, sondern »spekulative *Erkenntnis*«[26] derselben wird angestrebt, und d.h. Erkenntnis des Zusammenhangs des Ganzen, in dem auch das Einzelne aufgehoben ist.

»Damit, daß das Selbstbewußtsein Vernunft ist«, so heißt es in der Phänomenologie des Geistes, (S. 175 f. Lasson) – »damit, daß das Selbstbewußtsein Vernunft ist, schlägt sein bisher negatives Verhältnis zu dem Anderssein in ein positives um. Bisher ist es ihm nur um seine Selbständigkeit und Freiheit zu tun gewesen, um sich für sich selbst auf Kosten der Welt oder seiner eignen Wirklichkeit, welche ihm beide als das Negative seines Wesens erschienen, zu retten und zu erhalten. Aber als Vernunft, seiner selbst versichert, hat es die Ruhe gegen sie empfangen und kann sie ertragen; denn es ist seiner selbst als der Realität gewiß, oder daß alle Wirklichkeit nichts anderes ist als es; sein Denken ist unmittelbar selbst die Wirklichkeit.«[27] »Die Vernunft ist die Gewißheit des Bewußtseins, alle Realität zu sein.«[28]

---

25 Vgl. HSW, Bd. VIII.

26 »Der einzige Gedanke, den die Philosophie mitbringt, ist aber der einfache Gedanke der Vernunft, daß die Vernunft die Welt beherrsche, daß es also auch in der Weltgeschichte vernünftig zugegangen sey. Diese Ueberzeugung und Einsicht ist eine *Voraussetzung* in Ansehung der Geschichte überhaupt; in der Philosophie selbst ist dieß keine Voraussetzung. Durch die spekulative Erkenntniß in ihr wird es erwiesen, daß die Vernunft [...] die *Substanz* wie die *unendliche Macht*, sich selbst der *unendliche Stoff* alles natürlichen und geistigen Lebens, wie die *unendliche Form*, die Bethätigung dieses ihres Inhalts ist.« (HVA, Bd. 9, S. 12)

27 Georg Wilh. Friedr. Hegel, Phänomenologie des Geistes [1807], in: Georg Wilh. Friedr. Hegel, Sämtliche Werke. Neue kritische Ausgabe, hrsg. von Johannes Hoffmeister, Bd. V, 6. Aufl., Hamburg 1952 (Philosophische Bibliothek; 114), S. 157 f.; vgl. HW, Bd. 3, S. 178 f.

28 »Die Vernunft ist die Gewißheit des Bewußtseins{,} alle Realität zu sein; so spricht der Idealismus ihren Begriff aus.« (Hegel, Phänomenologie des Geistes, hrsg. von Johannes Hoffmeister [s. vorige Anm.], S. 176; vgl. HW, Bd. 3, S. 179)

Aufgabe der Philosophie muß es somit sein, das Wirkliche, das vernünftig ist, ja die Vernunft selbst ist, zu begreifen. Voraussetzung dieses Begriffs der Philosophie ist die Überzeugung Hegels, daß die bürgerliche Gesellschaftsverfassung die letzte und höchste Gestalt der Freiheit sei und diese garantiere. Den Begriff der Freiheit des Geistes nennt Hegel z. B. in der Einleitung zur Geschichte der Philosophie (S. 63, vgl. 105) einen »Hauptbegriff«.[29] Im Altertum wußte man noch nicht, daß der »Mensch *als* Mensch« frei ist – der Mensch als Mensch, d. i. »der *allgemeine* Mensch, der Mensch, wie ihn der Gedanke und er sich im Gedanken erfaßt«[30]. Das Christentum brachte den großen Fortschritt, daß die Freiheit vor Gott als unabhängig von Geburt, Stand und Bildung erkannt wurde. Aber erst in neuerer Zeit machte es »die ungeheure Veränderung des weltgeschichtlichen Zustandes aus« – und – wie wir hinzusetzen können – damit auch des Standes des Philosophierens –, »daß der Mensch nicht mehr nur an sich frei ist, sondern, daß er weiß, daß es sein Begriff, seine Bestimmung, seine Natur ist, als freies Individuum zu sein, und zu wissen, was er ist.«[31] »Und mit diesem Wissen erst ist

---

29 »Um von der *Langsamkeit* und dem ungeheuren Aufwande und Arbeit *des Geistes*, sich zu erfassen, einen *konkreten Fall* anzuführen, brauche ich mich nur auf den *Begriff seiner Freiheit*, – einen Hauptbegriff zu berufen. Die Griechen und Römer – die Asiaten ohnehin nicht – wußten nichts von diesem Begriff, daß der *Mensch als Mensch* freigeboren, daß er frei ist.« (Georg Wilh. Friedr. Hegel, System und Geschichte der Philosophie [1940], in: Hegel, Sämtliche Werke. Neue kritische Ausgabe, a. a. O. [s. Anm. 27], Bd. XVa, 2. Aufl., Leipzig 1944 [Philosophische Bibliothek; 166] S. 63; vgl. HW, Bd. 20, S. 507); »Die Menschen sind alle vernünftig; das Formelle dieser Vernünftigkeit ist, daß der Mensch frei sei; dies ist seine Natur, dies gehört zum Wesen des Menschen. Und doch ist bei vielen Völkern Sklaverei gewesen und zum Teil noch vorhanden; und die Völker sind es zufrieden. Die Orientalen z. B. sind Menschen und als solche an sich frei; aber sie sind es dennoch nicht, weil sie das Bewußtsein der Freiheit nicht haben, sondern sich jeden Despotismus der Religion und der politischen Verhältnisse gefallen lassen. Der ganze Unterschied zwischen den orientalischen Völkern und den Völkern, wo keine Sklaverei herrscht, ist, daß diese wissen, daß sie frei sind, daß es für sie ist, frei zu sein.« (Hegel, System und Geschichte der Philosophie, a. a. O., S. 105; vgl. HW, Bd. 18, S. 40)

30 »Plato und Aristoteles, Cicero und die römischen Rechtslehrer hatten diesen Begriff nicht, obgleich er allein *die Quelle des Rechts* ist, noch viel weniger die Völker. Sie wußten wohl, daß *ein Athener, ein römischer* Bürger ein *ingenuus*, frei ist, daß es Freie *und* Unfreie gibt; ebendarum wußten sie nicht, daß der Mensch *als* Mensch *frei* ist – der Mensch als Mensch, d. i. der *allgemeine* Mensch, der Mensch, wie ihn der Gedanke und er sich im {Gedanken} erfaßt.« (Hegel, System und Geschichte der Philosophie, a. a. O. [s. Anm. 29], S. 63; vgl. HW, Bd. 20, S. 507)

31 »In der christlichen Religion kam die Lehre auf, daß vor *Gott* alle Menschen frei {sind}, daß Christus die Menschen befreit hat, vor Gott gleich {gemacht}, zur christlichen Freiheit befreit {hat}. Diese Bestimmungen machen die Freiheit unabhängig von Geburt, Stand, Bildung usf. und es ist ungeheuer viel, was damit vorgerückt worden ist; aber sie sind noch verschieden von dem, daß es den *Begriff* des Menschen ausmacht, ein Freies zu sein. Das *Gefühl* dieser Bestimmung hat Jahrhunderte, Jahrtausende lang getrieben; die ungeheuersten Umwälzungen hat dieser Trieb

die Freiheit Recht«, »ein Recht an und für sich, – ein identischer Begriff mit Leben.«

Die Wirklichkeit nun, in der das Individuum seine Freiheit hat und genießt, ist die bürgerliche Gesellschaftsordnung, ist der Staat. Er ist die Einheit des allgemeinen und des subjektiven Willens, die Verwirklichung der sittlichen Idee und die Realität des objektiven Geistes. Der Einzelmensch ist in dessen überindividuelle, objektive Realität hineingenommen und hat die verdammte Pflicht und Schuldigkeit – und hiermit wendet sich Hegel an die unzufriedenen Hofmeister und an die Intellektuellen schlechthin –, sich im Bestehenden zurechtzufinden, nicht nur ein guter Citoyen (der französisch-englische Einfluß ist unverkennbar) zu sein und seiner Arbeit und seinem Beruf nachzugehen, sondern auch womöglich den wahrhaften Gehalt jener Realität einzusehen und zu begreifen.[32] Der Bürger hat sich des »unruhigen Treibens der Reflexion und der Eitelkeit«[33], das dem Zufall anheimgegeben [ist], jeder »Rabulisterei der Willkür«[34] und »einseitigen leeren Räsonierens« zu enthalten.[35] Die Arbeit der Vernunft besteht nicht

---

hervorgebracht, aber *(der Gedanke)* der Begriff, daß der Mensch frei ist von Natur, das hat nicht den Sinn: nach seinem natürlichen Leben, sondern Natur im Sinne des Wesens oder Begriffs; diese Erkenntnis, dies Wissen seiner selbst *ist nicht sehr alt* – wir haben ihn als Vorurteil; {er} versteht sich von sich selbst. Der Mensch soll kein Sklave sein; {es} fällt keinem Volke, {keiner} Regierung ein, Krieg zu führen, um Sklaven zu machen –; und mit diesem Wissen erst ist die Freiheit *Recht*, nicht ein positives, durch Gewalt, Not usf. abgedrungenes Privilegium, sondern das Recht an und für sich, – identischer Begriff mit Leben.« (Hegel, System und Geschichte der Philosophie, a. a. O. [s. Anm. 29], S. 63 f.; vgl. HW, Bd. 20, S. 507 f.)

32 Vgl. die Ausführungen in § 258 der »Philosophie des Rechts« (HW, Bd. 7, S. 399–404), denen zufolge der Einzelnen *»höchste Pflicht* es ist, Mitglieder des Staates zu sein« (ebd., S. 399) und »das Affirmative zu begreifen« (ebd., S. 404).

33 »Nun geschieht es freilich, daß diejenigen, welche in dieser Wirklichkeit des Staats leben und ihr Wissen und Wollen darin befriedigt finden – und deren sind viele, ja mehr als es meinen und wissen, denn im *Grunde* sind es *alle* –, daß also wenigstens diejenigen, welche mit *Bewußtsein* ihre Befriedigung im Staate haben, jener Anläufe und Versicherungen lachen und sie für ein bald lustigeres oder ernsteres, ergötzliches oder gefährliches, leeres Spiel nehmen. Jenes unruhige Treiben der Reflexion und Eitelkeit, sowie die Aufnahme und Begegnung, welche sie erfährt, wäre nun eine Sache für sich, die sich auf ihre Weise in sich entwickelt; aber es ist *die Philosophie* überhaupt, welche sich durch jenes Getriebe in mannigfaltige Verachtung und Mißkredit gesetzt hat.« (Ebd., S. 16 f.)

34 »Indem nun die Rabulisterei der Willkür sich des Namens der *Philosophie* bemächtigt und ein großes Publikum in die Meinung zu versetzen vermocht hat, als ob dergleichen Treiben Philosophie sei, so ist es fast gar zur Unehre geworden, über die Natur des Staats noch philosophisch zu sprechen; und es ist rechtlichen Männern nicht zu verargen, wenn sie in Ungeduld geraten, sobald sie von philosophischer Wissenschaft des Staats reden hören.« (Ebd., S. 20 f.)

35 »Es ist eben *diese Stellung der Philosophie zur Wirklichkeit*, welche die Mißverständnisse betreffen, und ich kehre hiermit zu dem zurück, was ich vorhin bemerkt habe, daß die Philosophie,

darin, Ideale, wie etwa das Schöne, Wahre, Gute der Wirklichkeit entgegenzuhalten (Schiller)[36]. Aufgabe der Philosophie ist es vielmehr, nicht zu trösten, sondern das Wirkliche zu begreifen, zu versöhnen und zu dem Vernünftigen zu verklären.

Unrecht, Kränkung, Unzufriedenheit, die dem Individuum widerfahren, und mangelndes Glück erscheinen Hegel unter diesem Aspekt eines »wahrhaften Ideals« als bloß zufällig, endlich und unbedeutend.[37] Er sagt, daß seine »Betrachtung insofern eine Theodizee sei, eine Rechtfertigung Gottes, welche Leibniz metaphysisch auf seine Weise in noch abstrakten, unbestimmten Kategorien versucht habe, in dem das Übel in der Welt überhaupt begriffen werden und der denkende Geist mit dem Negativen versöhnt werden solle«. »Die Rechtfertigung

---

weil sie das *Ergründen des Vernünftigen* ist, eben damit das *Erfassen des Gegenwärtigen und Wirklichen*, nicht das Aufstellen eines Jenseitigen ist, das Gott weiß wo sein sollte – oder von dem man in der Tat wohl zu sagen weiß, wo es ist, nämlich in dem Irrtum eines einseitigen, leeren Räsonierens.« (Ebd., S. 24)

36 In seiner Abhandlung »Über den Grund des Vergnügens an tragischen Gegenständen« [1792] schreibt Schiller etwa: »Das Vergnügen ist frei, wenn wir uns die Zweckmäßigkeit vorstellen und die angenehme Empfindung die Vorstellung begleitet; alle Vorstellungen also, wodurch wir Übereinstimmung und Zweckmäßigkeit erfahren, sind Quellen eines freien Vergnügens und insofern fähig, von der Kunst zu dieser Absicht gebraucht zu werden. Sie erschöpfen sich in folgenden Klassen: Gut, Wahr, Vollkommen, Schön, Rührend, Erhaben. Das Gute beschäftigt unsre Vernunft, das Wahre und Vollkommene den Verstand; das Schöne den Verstand mit der Einbildungskraft, das Rührende und Erhabene die Vernunft mit der Einbildungskraft.« (Friedrich Schiller, Sämtliche Werke, hrsg. von Gerhard Fricke und Herbert G. Göpfert in Verb. mit Herbert Stubenrauch, Bd. 5, 3. Aufl., München 1962, S. 361)

37 »Ein welthistorisches Individuum hat nicht die Nüchternheit, dies und jenes zu wollen, viel Rücksichten zu nehmen, sondern es gehört ganz rücksichtslos dem *einen* Zwecke an. So ist es auch der Fall, daß sie andere große, ja heilige Interessen leichtsinnig behandeln, welches Benehmen sich freilich dem moralischen Tadel unterwirft. Aber solche große Gestalt muß manche unschuldige Blume zertreten, manches zertrümmern auf ihrem Wege. *[Absatz]* Das besondere Interesse der Leidenschaft ist also unzertrennlich von der Betätigung des Allgemeinen; denn es ist aus dem Besonderen und Bestimmten und aus dessen Negation, daß das Allgemeine resultiert. Es ist das Besondere, das sich aneinander abkämpft und wovon ein Teil zugrunde gerichtet wird. Nicht die allgemeine Idee ist es, welche sich in Gegensatz und Kampf, welche sich in Gefahr begibt; sie hält sich unangegriffen und unbeschädigt im Hintergrund. Das ist die *List der Vernunft* zu nennen, daß sie die Leidenschaften für sich wirken läßt, wobei das, durch was sie sich in Existenz setzt, einbüßt und Schaden leidet. Denn es ist die Erscheinung, von der ein Teil nichtig, ein Teil affirmativ ist. Das Partikuläre ist meistens zu gering gegen das Allgemeine, die Individuen werden aufgeopfert und preisgegeben. Die Idee bezahlt den Tribut des Daseins und der Vergänglichkeit nicht aus sich, sondern aus den Leidenschaften der Individuen.« (HW, Bd. 12, S. 49)

geht darauf hinaus, das Übel gegenüber der absoluten Macht der Vernunft begreiflich zu machen«[38] (Philosophie der Weltgeschichte, S. 24 f.).

»Die absolute Macht der Vernunft« hat sich in der Welt konkretisiert, sich offenbart und entfaltet: sie ist das Göttliche, das sich in der Weltgeschichte planvoll realisiert hat. »Die Philosophie will den Inhalt, die Wirklichkeit der göttlichen Idee erkennen und die verschmähte Wirklichkeit rechtfertigen.«[39] (L.c. 55)

Karl Marx wollte hiergegen erst einmal der Geburtshelfer jenes göttlichen Planes sein – er wäre in den Augen Hegels ein verlorener Utopist gewesen; Marx war überzeugt, daß nur mit dem absoluten Bruch die Befreiung der Menschen und damit das Ende der Vorgeschichte, in der die Menschen noch die Opfer von Manipulationen und Praktiken der Wirtschaft sind, und der Anfang der wahren Geschichte sich einleiten ließe.

Im Gegensatz zu dem New Deal, dem Wirtschaftsplan, der in Amerika in der Krisenzeit der 30er Jahre unter dem Einfluß F. D. Roosevelts aufgestellt wurde, und der die bürgerlichen Prinzipien nicht verletzen und doch eine größere Freiheit entfalten wollte, – im Gegensatz zu dem New Deal sah Marx erst in der sozialistischen Gesellschaft, welche die Wirtschaft beherrsche, die wahre Befreiung der Menschen.

Unser durch bittere Erfahrung aufgerütteltes Bewußtsein sympathisiert unzweifelhaft mit den Gedanken von Marx. Gleichwohl aber gerade deswegen empfiehlt es sich, sich zu vergegenwärtigen, daß die bürgerliche Gesellschafts- und Wirtschaftsform das Leben der Bürger produziert und reproduziert und den Menschen nicht die Möglichkeit gegeben ist, aus dieser herauszuspringen.

Und es liegt ja auch ein sehr humaner Zug in dem Gedanken Hegels, daß die »faule Existenz«[40] des Einzelnen im Allgemeinen zwar untergeht und verschwindet, jedoch in diesem auch geborgen ist, in ihm aufgeht und das Ganze und Allgemeine sogar begreifen und mit ihm eins werden kann. Wenn der Mensch

---

[38] »Unsere Betrachtung ist insofern eine *Theodizee*, eine Rechtfertigung Gottes, welche *Leibniz* metaphysisch auf seine Weise in noch abstrakten, unbestimmten Kategorien versucht hat: das Übel in der Welt überhaupt, das Böse mit inbegriffen, sollte begriffen, der denkende Geist mit dem Negativen versöhnt werden; und es ist in der Weltgeschichte, daß die ganze Masse des konkreten Übels uns vor Augen gelegt wird.« (HSW, Bd. VIII, S. 24 f.)
[39] Ebd., S. 55.
[40] »Die Einsicht nun, zu der, im Gegensatz jener Ideale, die Philosophie führen soll, ist, daß die wirkliche Welt ist, wie sie sein soll, daß das wahrhaft Gute, die allgemeine göttliche Vernunft auch die Macht ist, sich selbst zu vollbringen. Dieses Gute, diese Vernunft in ihrer konkretesten Vorstellung ist Gott. Gott regiert die Welt, der Inhalt seiner Regierung, die Vollführung seines Plans ist die Weltgeschichte. Diesen will die Philosophie erfassen; denn nur was aus ihm vollführt ist, hat Wirklichkeit, was ihm nicht gemäß ist, ist nur faule Existenz.« (HW, Bd. 12, S. 53)

sich nicht selber schaden und die vernünftige Ordnung gefährden will, dann darf nach Hegel sich die Vernunft nicht gegen die Wirklichkeit stellen wollen. Seine Intention ist es, die dualistische Denkweise, die Vernunft und Wirklichkeit, Subjekt-Objekt, Allgemeines und Besonderes auseinanderreißt und gegeneinander gleichgültig macht, in einer Kritik des Subjekt-Objekt Gegensatzes zu überwinden. Das ist um so bedeutsamer, wenn man einsieht und festhält, daß der Unterschied zwischen subjektivem und objektivem Begriff selbst ein begrifflicher ist.

Der bürgerlichen Sehnsucht nach vollkommener Sicherung und Geborgenheit schenkt Hegel sozusagen absolute Befriedigung, indem er durch den Versuch eines großartigen philosophischen Systems die subjektive Vernunft befriedigt, die nun überall, in der Welt, in der Natur, in der Geschichte heimisch ist und sich wiederfindet.

Dagegen herrscht in den Wissenschaften gemeinhin ein formaler Mechanismus der Begriffsbildung, in dem die Addition des Einzelnen das Allgemeine ergeben soll. Das Allgemeine und das Besondere stehen dabei aber fremd, zufällig, gleichgültig, kalt und tot sich gegenüber; es besteht kein notwendiger und sinnvoller Zusammenhang zwischen beiden.

In der Phänomenologie des Geistes bemerkt Hegel (S. 220f.)[41], daß die organische Natur keine Geschichte habe und von ihrem Allgemeinen, dem Leben, unmittelbar in die Einzelheit des Daseins herunterfiele.[42] Und wenn die Vernunft das müßige Interesse habe, dieses Meinen zu beobachten, dann ist sie auf das Beschreiben und Hererzählen von Meinungen und Einfällen der Natur beschränkt[43] und gelangt nicht zum Wissen der Notwendigkeit. Die spekulative

---

41 Vgl. HSW, BD. II, S. 220f.; vgl. HW, Bd. 3, S. 225f.
42 »So hat das *Bewußtsein*, zwischen dem allgemeinen Geiste und seiner Einzelheit oder dem sinnlichen Bewußtsein, zur Mitte das System der Gestaltungen des Bewußtseins, als ein zum Ganzen sich ordnendes Leben des Geistes, – das System, das hier betrachtet wird, und welches als Weltgeschichte sein gegenständliches Dasein hat. Aber die organische Natur hat keine Geschichte; sie fällt von ihrem Allgemeinen, dem Leben, unmittelbar in die Einzelheit des Daseins herunter, und die in dieser Wirklichkeit vereinigten Momente der einfachen Bestimmtheit und der einzelnen Lebendigkeit bringen das Werden nur als die zufällige Bewegung hervor, worin jedes an seinem Teile tätig ist und das Ganze erhalten wird; aber diese Regsamkeit ist *für sich* selbst nur auf ihren Punkt beschränkt, weil das Ganze nicht in ihm vorhanden ist, und dies ist nicht darin vorhanden, weil es nicht als Ganzes hier *für sich* ist.« (HSW, Bd. II, S. 220; vgl. HW, Bd. 3, S. 225)
43 »Indem also in seiner Wirklichkeit die *Allgemeinheit des organischen Lebens* sich, ohne die wahrhafte fürsichseiende Vermittlung, unmittelbar in das Extrem der *Einzelheit* herunterfallen läßt, so hat das beobachtende Bewußtsein nur das *Meinen* als Ding vor sich; und wenn die Vernunft das müßige Interesse haben kann, dieses Meinen zu beobachten, ist sie auf das Beschreiben und Hererzählen von Meinungen und Einfällen der Natur beschränkt. [...] Aber die

Wissenschaft sucht hingegen das Besondere als Erscheinung des Allgemeinen zu begreifen, und d. h., auch die Naturgeschichte als notwendige und in ihrer Ableitung einsichtige Momente des Ganzen zu verstehen. Der Geist tritt sich als Natur entgegen und das Gesetz ist in der Selbstwerdung des Geistes nachzuweisen und muß seine Notwendigkeit erhalten im philosophischen System. Das Allgemeine und jede einzelne Erfahrung, als notwendig gedacht, ist zugleich das Göttliche. Hegel wollte damit auch den Streit zwischen Vernunft und Theologie entscheiden und er ist so nicht allein der große Versöhner der gegensätzlichen Realität, sondern auch der Versöhner der vielfach gespaltenen und auseinanderstrebenden Tendenzen der bürgerlichen Gesellschaft. – – – – – – – – – – –

Wilfried Wenzel[44]

---

artigen *Bemerkungen* sind kein *Wissen der Notwendigkeit*, die *interessanten* Beziehungen bleiben bei dem *Interesse* stehen, das Interesse ist aber nur noch die Meinung von der Vernunft; und die *Freundlichkeit* des Individuellen, mit der es an einen Begriff anspielt, ist eine kindliche Freundlichkeit, welche kindisch ist, wenn sie an und für sich etwas gelten will oder soll.« (HSW, Bd. II, S. 220 f.; vgl. HW, Bd. 3, S. 225 f.)

44 Unterschrift.

64 Jacob Molitor, 30. Juni 1955

stud. jur.
Jacob Molitor

Frankfurt am Main, den 5. Juli 1955

Protokoll

der

Seminarsitzung vom 30. Juni 1955

Die Diskussion bewegte sich anhand des im § 11 der Einleitung zur Encyclopädie der Philosophischen Wissenschaften dargebotenen Textes[45] um das so ungeheuer wichtige Problem der Ableitung des Prinzips der Dialektik.

Dem Geiste sind Inhalte wie Sinnliches in der Form von Gefühl und Anschauung, Bilder in der Form von Phantasie, Zwecke in der Form von Wille als Gegenstände gegenwärtig. Diese Elemente stehen im Gegensatz zum Denken, denn sie sind noch nicht unter eine begriffliche Einheit gebracht. Erst die denkerische Synthetisierung dieser mannigfaltigen Elemente führt zu ihrer Zusammenfassung unter den Begriff der Wahrheit. Das Denken wird zunächst hier im Sinne Kants als synthetisch funktionierend angenommen, indem seine urteilende Funktion im Scheiden von Wahrem und Unwahrem gesehen wird.

Im Denken ist der Geist bei sich selbst.
　Der Geist aber weiß sich in seinem Bei-sich-Sein als zweierlei:
　als etwas Zufälliges, Kontingentes und
　als etwas Notwendiges, Absolutes.
　Zufällig ist ihm jeder von außen her auf ihn zukommende Inhalt,
　notwendig ist ihm das Denken selbst als Gegenstand.
　Der Geist kann diese Nichtidentität mit sich selbst nur aufheben, wenn er in den von außen her auf ihn zukommenden, zufälligen Momenten das darin enthaltene Notwendige, d. h. sein Denken selbst erfaßt.

Im Denken kommt der Geist zu sich selbst und gewinnt seine Befriedigung. Doch steht hier das Denken dem Seienden nicht [in] der Rolle eines bloßen Primats

---

[45] Vgl. HW, Bd. 8, S. 54 f.

befriedigt gegenüber, sondern das bloß Seiende wird selbst zum Absoluten gemacht. Der bloße Primat des Denkens würde noch einen Dualismus von Verstand und mannigfaltigem Bewußtseinsinhalt und damit die Verlorenheit des Denkens in die Nichtidentität der Gedanken beinhalten. Die bloß begriffliche Überformung des zufällig vorgefundenen Stoffes im Sinne des verstandlichen Reflexionsdenkens würde ein starres Festhalten an einem einzigen Bewußtseinsakt, ein Stehenbleiben bei dem Begriff des jeweils zufallenden Bewußtseinsinhaltes bedeuten.

Die Befangenheit des Denkens in seinem Gegenteil, das Auseinanderklaffen des zufälligen Bewußtseinsinhaltes und der notwendigen Form des Denkens wird nur aufgehoben, wenn dieser einzelne Inhalt als schon vom Denken gesetzter, als vom Denken schon vermittelter und nicht unmittelbar vorgefundener, als aus dem unendlichen Geiste heraus produzierter begriffen wird. Das Sein darf nicht in seiner vermeintlichen Unmittelbarkeit stehen gelassen werden.

Der Primat des Denkens kann aber dies nicht leisten. Hier wird ein Monismus, Universalismus und Totalitarismus des Geistes wirkmächtig. Das ist absoluter Idealismus, wo alles Vernünftige wirklich und alles Wirkliche vernünftig ist. Alles ist mit dem Geist identisch.

Das Sein muß in seiner Vermitteltheit, die durch den Geist erfolgt, begriffen werden.

Das Wissen ist das Selbstbewußtsein des Absoluten selbst. Man hat dies einen Panlogismus genannt.[46]

---

[46] Die zumeist despektierlich gebrauchte Rede vom Panlogismus der Hegelschen Philosophie beruft sich auf dessen absoluten Idealismus, wie er ihn bündig in der Einleitung zur »Wissenschaft der Logik« darlegt: »Als *Wissenschaft* ist die Wahrheit das reine sich entwickelnde Selbstbewußtsein und hat die Gestalt des Selbsts, daß *das an und für sich Seiende gewußter Begriff, der Begriff als solcher aber das an und für sich Seiende ist.* Dieses objektive Denken ist denn der *Inhalt* der reinen Wissenschaft. Sie ist daher so wenig formell, sie entbehrt so wenig der Materie zu einer wirklichen und wahren Erkenntnis, daß ihr Inhalt vielmehr allein das absolute Wahre oder, wenn man sich noch des Worts Materie bedienen wollte, die wahrhafte Materie ist – eine Materie aber, der die Form nicht ein Äußerliches ist, da diese Materie vielmehr der reine Gedanke, somit die absolute Form selbst ist. Die Logik ist sonach als das System der reinen Vernunft, als das Reich des reinen Gedankens zu fassen. *Dieses Reich ist die Wahrheit, wie sie ohne Hülle an und für sich selbst ist.* Man kann sich deswegen ausdrücken, daß dieser Inhalt *die Darstellung Gottes ist, wie er in seinem ewigen Wesen vor der Erschaffung der Natur und eines endlichen Geistes ist.«* (HW, Bd. 5, S. 43 f.)

Das Denken hat eben sein innerstes Prinzip am Widerspruch an sich selbst. Dialektik ist die Natur des Denkens selber, die das kontingent Unsrige zum absolut Anderen und das notwendig Andere zum zufällig Unsrigen macht.

Das Problem, ob kategoriale Immanenz oder Transzendenz des Unendlichen in der verstandesmäßigen Reflexionsphilosophie [waltet], wird in der Sicht der Dialektik des spekulativen Vernunftdenkens eigentlich zur Farce einer kleinbürgerlichen Kontroverse.

Aus der synthetischen Einheit der Apperzeption des Mannigfaltigen des Bewußtseins war das Prinzip der Dialektik entwickelt worden.
    Es wäre aber grundfalsch, nun eine Ableitung aus festen Prämissen im Sinne der traditionellen Logik zu fordern.

Es kann eben nur aufgezeigt werden, wie das Denken auf seinen verschiedenen Stufen direkt zur Dialektik getrieben wird. Deshalb redet auch eine Misologie des Denkens[47], die das Denken an sich selbst verzweifeln läßt und zur Pose des Existentialismus führt, total an dem Problem vorbei, daß sich nämlich das innerste Prinzip des Denkens eben am Widerspruch an sich selbst überhaupt erst entzündet.

Es soll nur ein Programm der Dialektik gegeben werden; dieses jedoch erfährt seine Begründung aus der Ganzheit des Hegelschen Systems.

---

47 Das meint den Widerwillen an der Vernunft. Hegel selbst sagt in der »Enzyklopädie«: »Die Einsicht, daß die Natur des Denkens selbst die Dialektik ist, daß es als Verstand in das Negative seiner selbst, in den Widerspruch geraten muß, macht eine Hauptseite der Logik aus. Das Denken, verzweifelnd, *aus sich* auch die Auflösung des Widerspruchs, in den es sich selbst gesetzt, leisten zu können, kehrt zu den Auflösungen und Beruhigungen zurück, welche dem Geiste in anderen seiner Weisen und Formen zuteil geworden sind. Das Denken hätte jedoch bei dieser Rückkehr nicht nötig, in die *Misologie* zu verfallen, von welcher *Platon* bereits die Erfahrung vor sich gehabt hat, und sich polemisch gegen sich selbst zu benehmen, wie dies in der Behauptung des sogenannten *unmittelbaren Wissens* als der *ausschließenden* Form des Bewußtseins der Wahrheit geschieht.« (HW, Bd. 8, S. 55)

65 Roland Pelzer, 7. Juli 1955

Protokoll[48] vom 7. Juli 1955.

Nach Hegel wird »dieselbe Entwicklung des Denkens, welche in der Geschichte der Philosophie dargestellt wird, in der Philosophie selbst dargestellt.«[49]

Hierin spricht sich die Denkerfahrung aus, daß die Aufeinanderfolge der Systeme die Kontinuität des Problems hat, daß die Notwendigkeit vom einen System zum nächsten fortzuschreiten in der bloßen Beschäftigung mit dem in Frage stehenden Gegenstande nachvollziehbar ist, daß etwa die auf Descartes folgenden Theorien über die Beziehung zwischen Denken und Ausdehnung notwendige Versuche darstellen, die Schwierigkeiten zu beheben, die aus der unvermittelten Entgegensetzung der beiden Elemente hervorgingen.

Darüber hinaus beansprucht Hegel mit seiner These für die Philosophie den Vorzug, die Wahrheit, wie sie sich in der Geschichte der Gesellschaft entfaltet und in der Philosophiegeschichte ihre Entsprechung hat, unter Absehung vom äußeren Geschichtsverlauf in Logik, Naturphilosophie und Philosophie des Geistes erfassen zu können.

Hegel sagt, die der Zeit nach letzte Philosophie sei auch die entfaltetste, reichste und konkreteste.[50] Das Ausbleiben einer weiteren Entfaltung der Philosophie in diesem Sinne nach Hegels Tode und die Beschränkung des Fortschritts auf eine Schärfung der Begriffe, die von Hegel her gesehen als eine die Bewegung der Sache verfehlende Verhärtung des Denkens kritisiert werden kann, hätte Hegel selbst damit erklären können, daß eben, wie er meinte, der geschichtliche Gang des Geistes zu sich selbst schon abgeschlossen sei. Plausibler scheint es zunächst, die Vorstellung von der Gradlinigkeit des gesellschaftlichen Fortschritts aufzugeben.

---

48 Der Text der Vorlage ist, womöglich schreibmaschinenbedingt, vollständig in Majuskeln abgefasst.

49 »Dieselbe Entwicklung des Denkens, welche in der Geschichte der Philosophie dargestellt wird, wird in der Philosophie selbst dargestellt, aber befreit von jener geschichtlichen Äußerlichkeit, *rein im Elemente des Denkens.*« (Ebd., S. 59)

50 »Die der Zeit nach letzte Philosophie ist das Resultat aller vorhergehenden Philosophien und muß daher die Prinzipien aller enthalten; sie ist darum, wenn sie anders Philosophie ist, die entfaltetste, reichste und konkreteste.« (Ebd., S. 58)

Die mit Hegels Meinung, wahre Philosophie müsse System sein, aufgeworfenen Fragen konnten nur angeschnitten werden.[51] Um den jeweils erreichten Grad von Systematik im Sinne Hegels als Kriterium des Ranges von späteren Philosophien, etwa der Nietzsches, anwenden zu können, müßte man die besondere, von der landläufigen abweichende Bedeutung berücksichtigen, die das Wort System bei Hegel hat. Er meint damit nicht einfach einen in sich stimmigen, in sich wechselseitig definierten Begriffsapparat, sondern eine Einheit von in sich geschlossenen Elementen, die sich dadurch zusammenschließen, daß jedes Einzelne über sich selbst hinaustreibt. Dies ist die Weise, in der sich bei Hegel Logik, Naturphilosophie und Philosophie des Geistes aneinanderfügen. Die logischen Formen müssen, um solche wahrhaft zu sein, die Natur, von der sie gelten, eigentlich schon mit einschließen, und die Naturphilosophie ist unwahr, solange in ihr die Natur vom Geist, als welcher sie sich im Menschen erweist, getrennt gedacht wird. Wenn Hegel meint, systematisch in diesem Sinne müsse Philosophie sein, um Wissenschaft zu sein, so entspricht dies einem Verhältnis von Philosophie und Wissenschaft, das mit Hegel selbst gerade zu Ende ging. Seither ist der Philosophie ein Spannungsverhältnis zur Wissenschaft wesentlich geworden.

Der Übergang von der Einleitung zum System selbst kündigt sich in dem Wort »konkret« in § 14 an. Konkret ist für Hegel die Totalität, abstrakt das aus der Totalität Losgelöste. Hegels Glaube, konkret denken zu können, d. h. Organ des sich selbst denkenden Absoluten zu sein, verlangt ein Selbstbewußtsein, das heute verlorengegangen ist und der wissenschaftlichen Bescheidenheit Platz gemacht hat, die sich auf das unmittelbar Nachprüfbare beschränkt und damit hinter ihrem eigenen unvermeidlichen Anspruch, wahr, d. h. nach Hegel das Ganze zu sein,[52] zurückbleibt. Die von ihr vorausgesetzte sensualistische Philosophie hält daher einer Analyse ihrer Begriffe nicht stand, so daß das schweigende Einverständnis darüber, daß es gar nicht um die Wahrheit, sondern um die Naturbeherrschung gehe, die eigentliche Grundlage des Verfahrens zu sein scheint.

Über den Anfang in der Philosophie sagt Hegel, er sei durch eine besondere Freiheit in der Wahl des Gegenstandes charakterisiert.[53] Zwar wird in traditio-

---

51 »Der freie und wahrhafte Gedanke ist in sich *konkret*, und so ist er *Idee*, und in seiner ganzen Allgemeinheit *die* Idee oder *das Absolute*. Die Wissenschaft desselben ist wesentlich *System*, weil das Wahre als *konkret* nur als sich in sich entfaltend und in Einheit zusammennehmend und -haltend, d. i. als *Totalität* ist und nur durch Unterscheidung und Bestimmung seiner Unterschiede die Notwendigkeit derselben und die Freiheit des Ganzen sein kann.« (Ebd., S. 59)
52 »Das Wahre ist das Ganze.« (HW, Bd. 3, S. 24)
53 »Für den *Anfang*, den die Philosophie zu machen hat, scheint sie im allgemeinen ebenso mit einer subjektiven Voraussetzung wie die anderen Wissenschaften zu beginnen, nämlich einen

neller Weise das Denken als Gegenstand, das heißt die Logik, an den Anfang gestellt. Ebensogut soll aber dieser Anfang des Systems auch sein letztes Ergebnis sein, denn wie das Denken beschaffen sei, erweist sich, indem es seinen Prozeß durchläuft, nicht durch eingangs getroffene definitorische Festlegung. Insofern ist Philosophie im Sinne Hegels voraussetzungslos und frei, denn schon wo sie anfängt, kann und muß sie sich eigentlich vorwegnehmen auf sich selbst berufen, statt auf eine gesellschaftlich schlechthin vorgegebene Aufgabe.

Professor Horkheimers Bemerkung, wenn Hegels System sich als falsch erweisen sollte, stehe es schlecht um den Zugang zu begrifflicher Wahrheit; wenn das Absolute sich nicht selbst denken könne, sei Erkenntnis nicht möglich, könnte Anlaß zu der Frage geben, ob nicht der damit angedeutete quasi hypothetische Gebrauch der Philosophie Hegels aus ihr ein Experiment zur Rettung der Wahrheit machen würde, das als zweckvoll veranstaltetes nicht aus sich selbst verbindlich wäre und damit gerade die Aufgabe, die ihm so gestellt werden soll, nicht erfüllen könnte.

---

besonderen Gegenstand, wie anderwärts Raum, Zahl usf., so hier das *Denken* zum Gegenstande des Denkens machen zu müssen. Allein es ist dies der freie Akt des Denkens, sich auf den Standpunkt zu stellen, wo es für sich selber ist und *sich* hiermit *seinen Gegenstand selbst erzeugt* und *gibt*.« (HW, Bd. 8, S. 62f.)

66 Rudolf Walter,
21. Juli 1955

Protokoll über die Seminarsitzung vom 21. Juli 1955.

In einem Referat[54] wurde über die Paragraphen 20–28 der Encyclopädie[55] berichtet. In diesen Paragraphen gibt Hegel als erstes thesenhaft seine Erkenntnistheorie, die sich gegen die Kantsche Konzeption richtet. Hier schloß sich die Frage an, worin genau der Unterschied Hegels zu Kant liege, und wie Kant ihm wohl geantwortet hätte. Das Problem, das den im folgenden erwähnten Anschauungen bei beiden zugrunde liegt, ist dies, wie ein transzendentes Äußeres erkannt werden könne.

Bei Kant kommen verschiedene Begriffe von Ding vor. Wir werden bei einem Ding zunächst an Natur denken. Hier nun sagt Kant, daß das Subjekt die Natur mit hervorgebracht habe. Letztlich durch die Apparatur des menschlichen Erkennens ist Natur das, was sie ist. Dagegen bemerkt Hegel, daß die Dinge nicht ins Bewußtsein eingehen könnten, wenn in ihnen nicht schon die Allgemeinheit angelegt wäre.[56]

Doch muß man hier einwenden, daß bereits bei Kant den Dingen Kategoriales zukommt, wenn auch nur in Bemerkungen, die nicht im Mittelpunkt seiner Philosophie stehen, sondern mehr den Charakter des Gelegentlichen an sich tragen. Bereits die Wahrnehmung ist kategorial konstituiert. Meinen Sinnen sind Elemente gegeben, die ich in einer Synthesis zusammenfasse, aber diese Synthesis ist es, welche die Elemente hervorbringt. Das meiner Wahrnehmung Gegebene als Chaos zu bezeichnen, hat nur dann Sinn, wenn in diesem Chaos Unterschiedenes sich vorfindet.

Hegels Kritik an Kant geht darauf nicht ein. In ihr wird Kant zu primitiv aufgefaßt. Das ist der Kant aus den späteren Schulbüchern. Man kann also Hegel mit einem gewissen Recht den Vorwurf machen, er habe sich anstelle Kants einen Strohmann zurechtgemacht und kritisiere den.

---

54 Fritz Vilmar, »Referat über Einleitung und Teil A des Vorbegriffs der Logik in der Hegelschen Enzyklopädie«, Archivzentrum Na 1, 884.
55 Vgl. HW, Bd. 8, S. 71–96.
56 »Aber so viel ist auch vorläufig einzusehen, daß, indem der Gedanke sich von Dingen einen *Begriff* zu machen sucht, dieser Begriff (und damit auch dessen unmittelbarste Formen, Urteil und Schluß) nicht aus Bestimmungen und Verhältnissen bestehen kann, welche den Dingen fremd und äußerlich sind. Das Nachdenken, ist oben gesagt worden, führt auf das *Allgemeine* der Dinge; dies ist aber selbst eines der Begriffsmomente.« (Ebd., S. 81)

Über das, was bei Kant schon an Hegel anklingt, darf freilich das Trennende nicht vergessen werden. Wenn er somit auch vielleicht zugäbe, daß einzelnes vom Ding an sich erkannt werden könne, so würde er doch einwenden, daß diese Erkenntnis nicht mit Notwendigkeit geschehe, und somit könne sie zu keiner Wissenschaft werden. Nicht zu zweifeln ist jedenfalls daran, daß Kant niemals in einem Wesentlichen von seiner Lehrmeinung, das Subjekt stifte die Dinge, die in unserer Erkenntnis vorkommen, abgewichen ist. Er kennt im Unterschied zu Hegel ein radikal verschiedenes Äußeres, auf welches das mittelbar oder unmittelbar Gegebene keinen Schluß zuläßt. Dennoch behauptet er (wenn auch die Kenntnis davon immer vermittelt sei) das Dasein eines Mannigfaltigen, das unabhängig von den Kategorien besteht. Die Sache treibt ihn hier weiter als er wollte.

Hegel nun beseitigt das transzendente Ding an sich, doch übernimmt bei ihm dessen Rolle die Erscheinung als eine immanente. Damit würde er für Kant geradezu zu dem Typus eines realistischen Denkers und zum Dogmatiker. Wogegen Hegel vielleicht seinerseits Kant als dogmatisch bezeichnen würde, da er die Annahme des Dinges an sich macht, von dem er nach seiner eigenen Aussage nichts weiß, und er würde ihn auffordern, sich an das zu halten, was er weiß.

Während Hegel, der damit Fichte nachfolgt, die Differenz zwischen Ding und Ding an sich auflöst, beseitigt Kant den Gegensatz nicht und hat hierin sicher ein Moment der Wahrheit. Hegel tut dem dann damit Genüge, daß er vom Identitätsdenken her wieder einen Unterschied zwischen Ding und Subjekt setzt. Hier kann nun alles von zwei Blickpunkten aus gesehen werden. Jedes könnte aus dem Anderen erklärt werden. Für Hegel kann mit dem zu schmalen Begriff der Konstitution die Beziehung zwischen Ding und Subjekt nicht erschöpft werden; zudem hängt bei Kant, der selbst diese Schwierigkeit gesehen hat, die Konstitution von einem Konstituierten, nämlich dem einzelnen Subjekt ab.

Als einen Beweis gegen Kants Auffassung, die Dinge seien so, wie wir sie erkennen, könnte man die Entwicklung der Naturwissenschaft anführen, welche die Kategorien nicht mehr ohne weiteres anerkennt. Das Apriori der Kausalität z. B. kann nach den Ergebnissen der modernen Wissenschaft nicht mehr aufrechterhalten werden, wenn auch viele Wissenschaftler sich weigern, diese Konsequenz zu ziehen. Dadurch zeigt sich, daß die Kategorien subjektiv in dem beschränkten Sinne waren.

Weiterhin führte das Referat auf den Wahrheitsbegriff, wie ihn Hegel hat. Von der allgemein akzeptierten Definition der Wahrheit nämlich, als einer Übereinstimmung zwischen der subjektiven Meinung und den Tatsachen, weicht Hegel wohl als der einzige ab. Diese angebliche Wahrheit gilt ihm als bloße Richtigkeit,[57] die von der Wahrheit in etwa der gleichen Weise unterschieden ist, wie die Kultur von der Zivilisation. Wahrheit tritt nur an Wesentlichem und Gerechtfertigtem auf, alles Endliche ist dem Begriff unangemessen. Kritik an unwürdigen Zuständen im Staat z. B. kann normalerweise nicht die Wahrheit sein, abgesehen von der einen Möglichkeit, daß die Kritik sich als Moment des Ganzen erweist, dann wird sie damit zu einem Substantiellen. Überspitzt kann man formulieren: Die Frage, ob richtig oder wahr, wird durch den Erfolg entschieden. So wird Hegels Philosophie zu einer Rechtfertigung des Bestehenden. Dieser sein Konservatismus steckt in seinem Wahrheitsbegriff. Könnte man wohl zur Verteidigung Hegels in diesem Punkte anführen, daß nur die Wahrheit die Kraft habe, gegen das Seiende zu stehen? Sind es doch auch gerade die großen Kritiker, die einen objektiven Wahrheitsbegriff haben. Der Begriff der Gesellschaft z. B., wie ihn Marx gebraucht, wäre sonst nicht möglich. Andererseits spricht vieles in der Erfahrung dagegen; Plato etwa erreichte bei den Tyrannen weniger als diejenigen, die sich aufs oberflächlich Praktische eingestellt hatten.

Auf jeden Fall aber muß man festhalten, daß eine vernünftige Praxis keinen Sinn hat ohne wahre Begriffe.

---

[57] Über die Ontologie als »Lehre von den *abstrakten Bestimmungen des Wesens*« sagt Hegel: »Für diese in ihrer Mannigfaltigkeit und endlichem Gelten mangelt es an einem Prinzip; sie müssen darum *empirisch* und *zufälligerweise* aufgezählt, und ihr näherer *Inhalt* kann nur auf die *Vorstellung*, auf die *Versicherung*, daß man sich bei einem Worte gerade dies denke, etwa auch auf die Etymologie gegründet werden. Es kann dabei bloß um die mit dem Sprachgebrauch übereinstimmende *Richtigkeit* der Analyse und empirische *Vollständigkeit*, nicht um die *Wahrheit und Notwendigkeit* solcher Bestimmungen an und für sich zu tun sein.« (Ebd., S. 99 f.)

67 Horst Dimenstein, 28. Juli 1955

Horst Dimenstein:

Protokoll der letzten Sitzung
im Philosophischen Hauptseminar von Herrn Prof. Adorno
und Horkheimer, Sommersemester 1955

Nach Hegel ist die »vormalige Metaphysik« gegenüber dem »späteren kritischen Philosophieren höher zu bewerten«, weil jene überzeugt war, durch abstrakte Denkbestimmungen zur Erkenntnis des Absoluten gelangen zu können.[58] Das Absolute könne durch Beilegung von Prädikaten bestimmt werden. – Die Metaphysik nahm ihre Vorstellungen von »Seele, Welt, Gott«, legte sie als »fertig gegebene Subjekte«[59] zugrunde und bestimmte sie erst durch das Prädikat. Es konnten und wurden so dem Subjekt die verschiedensten Prädikate beigelegt, so daß als Folge konträr zueinander stehende Urteile zustande kamen, die »einseitig und insofern falsch waren.«[60]

---

[58] Hegel schreibt in der Behandlung der Metaphysik als »Erste Stellung des Gedankens zur Objektivität«: »Hier in der Einleitung kann es nur das Interesse sein, diese Stellung des Denkens [scil. als unbefangenes Verfahren] nach seiner Grenze zu betrachten und daher das letztere *Philosophieren* zunächst vorzunehmen. – Dieses in seiner bestimmtesten und uns am nächsten liegenden Ausbildung war die *vormalige Metaphysik*, wie sie vor der Kantischen Philosophie bei uns beschaffen war. Diese Metaphysik ist jedoch nur in Beziehung auf die Geschichte der Philosophie etwas *Vormaliges*, für sich ist sie überhaupt immer vorhanden, die *bloße Verstandesansicht* der Vernunftgegenstände. Die nähere Betrachtung ihrer Manier und ihres Hauptinhaltes hat daher zugleich dies nähere präsente Interesse.« (Ebd., S. 93) Im folgenden Paragraphen fährt er fort: »Diese Wissenschaft betrachtete die Denkbestimmungen als die *Grundbestimmungen der Dinge*; sie stand durch diese Voraussetzung, daß das, was *ist*, damit daß es *gedacht* wird, *an sich* erkannt werde, höher als das spätere kritische Philosophieren.« (Ebd., S. 94 [§ 28])

[59] »Ihre *Gegenstände* waren zwar Totalitäten, welche an und für sich der *Vernunft*, dem Denken des in sich *konkreten* Allgemeinen angehören, – Seele, Welt, Gott, aber die Metaphysik nahm sie aus der *Vorstellung* auf, legte sie als *fertige gegebene Subjekte* bei der Anwendung der Verstandesbestimmungen darauf zugrunde und hatte nur an jener Vorstellung den *Maßstab*, ob die Prädikate passend und genügend seien oder nicht.« (Ebd., S. 97)

[60] »In dem Satze ›Gott ist ewig usf.‹ wird mit der Vorstellung »Gott« angefangen; aber was er *ist*, wird noch nicht *gewußt*, erst das Prädikat sagt aus, was er *ist*. Es ist deswegen im Logischen, wo der Inhalt ganz allein in der Form des Gedankens bestimmt wird, nicht nur überflüssig, diese Bestimmungen zu Prädikaten von Sätzen, deren *Subjekt* Gott oder das vagere Absolute wäre, zu machen, sondern es würde auch den Nachteil haben, an einen anderen Maßstab, als die Natur des Gedankens selbst ist, zu erinnern. – Ohnehin ist die Form des Satzes oder bestimmter des

Die Grenze dieses Denkens, das durchaus »seinem Gehalte nach echtes spekulatives Philosophieren sein kann«[61], liegt u. a. darin, daß es den Gegensatz nicht auflösen kann, der in der Endlichkeit der einzelnen Denkbestimmung liegt, die einerseits in der Subjektivität verharrt und »den bleibenden Gegensatz am Objektiven hat« und andererseits »als beschränkter Inhalt gegeneinander und gegenüber dem Absoluten« in Widerspruch steht.[62] Der Metaphysik ermangelt es, diese endlichen, abstrakten Denkbestimmungen in die »Spannung ihrer Widersprüche« zu bringen, sie dialektisch aufzulösen, sie als »vermittelte Realität« zu erfassen.[63] Durch Verabsolutierung einseitiger Urteile führt sie zum Dogmatismus.

Hegel expliziert gegenüber den fixierten Prädikaten der Metaphysik das »unendliche Denken«. Dieses Denken ist unendlich, 1) weil »es sich mit seinem Gegenstand identisch weiß«[64] und 2) weil es andererseits gleichzeitig auch bestim-

---

Urteils ungeschickt, das Konkrete – und das Wahre ist konkret – und Spekulative auszudrücken; das Urteil ist durch seine Form einseitig und insofern falsch.« (Ebd., S. 97 f.)
61 »Dieses Denken *kann* wegen der Bewußtlosigkeit über seinen Gegensatz ebensowohl seinem Gehalte nach echtes *spekulatives* Philosophieren sein, als auch in *endlichen* Denkbestimmungen, d.i. in dem *noch unaufgelösten* Gegensatze verweilen.« (Ebd., S. 93)
62 »Das Denken, nur *endliche* Bestimmungen hervorbringend und in solchen sich bewegend, heißt *Verstand* (im genaueren Sinne des Wortes). Näher ist die *Endlichkeit* der Denkbestimmungen auf die gedoppelte Weise aufzufassen: die eine, daß sie *nur subjektiv* sind und den bleibenden Gegensatz am Objektiven haben, die andere, daß sie, als *beschränkten Inhaltes* überhaupt, sowohl gegeneinander als noch mehr gegen das Absolute im Gegensatze verharren.« (Ebd., S. 91)
63 Es handelt sich hier nicht um Zitate Hegels, sondern um eine Paraphrase aus einem Zusatz zu § 28 der »Enzyklopädie«: »Das Denken der alten Metaphysik war *endliches* Denken, denn dieselbe bewegte sich in solchen Denkbestimmungen, deren Schranke ihr als etwas Festes galt, welches nicht wieder negiert wurde. So wurde z. B. gefragt: hat Gott *Dasein*?, und das *Dasein* wurde hierbei als ein rein Positives, als ein Letztes und Vortreffliches betrachtet. [...] Man fragte ferner nach der Endlichkeit oder Unendlichkeit der Welt. Hier wird die Unendlichkeit der Endlichkeit fest gegenübergestellt, und es ist doch leicht einzusehen, daß, wenn beide einander gegenübergestellt werden, die Unendlichkeit, die doch das Ganze sein soll, nur als *eine* Seite erscheint und durch das Endliche begrenzt ist.« (Ebd., S. 95)
64 Auch dies ist eine Paraphrase desselben Zusatzes: »Der Ausdruck *unendliches Denken* kann als auffallend erscheinen, wenn man die Vorstellung der neueren Zeit, als sei das Denken immer beschränkt, festhält. Nun aber ist in der Tat das Denken seinem Wesen nach in sich unendlich. Endlich heißt, formell ausgedrückt, dasjenige, was ein Ende hat, was *ist*, aber da aufhört, wo es mit seinem Anderen zusammenhängt und somit durch dieses beschränkt wird. Das Endliche besteht also in Beziehung auf sein Anderes, welches seine Negation ist und sich als dessen Grenze darstellt. Das Denken aber ist bei sich selbst, verhält sich zu sich selbst und hat sich selbst zum Gegenstand. Indem ich einen Gedanken zum Gegenstand habe, bin ich bei mir selbst. Ich, das Denken, ist demnach unendlich, darum, weil es sich im Denken zu einem Gegenstand verhält, der es selbst ist.« (Ebd.)

mend und begrenzend ist, jedoch in seiner begrenzen Form über sich selbst hinausweist auf das negierte Andere und somit im Übergreifen diesen Mangel wieder aufhebt.

Hegels Auffassung vom »frei sein« der griechischen Philosophen gegenüber der Scholastik wird im darauffolgenden als ein »Vorurteil« interpretiert, das sich daraus erklärt, daß Hegel »... den zentralen Mythos des griechischen Denkens, die Vorstellung der in sich geschlossenen kosmisch-logischen Immanenz« seinem System zugrunde legen mußte.[65] – Diese Behauptung ist richtig insoweit, als Hegel mit der Antike in der Immanenz des Denkens einig ist, gleichzeitig jedoch falsch, weil der griechische Mythos keine idealistische Identitätslehre war und man der griechischen Philosophie nicht etwas zuschreiben kann, was diese nicht reflektiert hat.

Wohl steht die These von der Identität von Sein und Denken mit am Anfang der griechischen Philosophie, bei Parmenides;[66] sie wird jedoch in der Antike nicht mehr aufgegriffen und erscheint erst wieder bei Spinoza.

»Frei ist letzten Endes nur die Hegel'sche Philosophie«, in der nur der Gedanke am Gedanken selbst sich mißt. »Der allgemeinste und zugleich leerste Begriff, der des Seins, wird entkleidet zum Nichts« und mit dem Denken dieses Seins bzw. Nichts setzt die Hegel'sche Logik ein und baut folgerichtig auf.

In der Polemik gegen die Verdinglichung endlicher Bestimmungen, z. B. der Seele oder des Geistes in der Psychologie spricht Hegel von der metaphysischen Geistlehre, die Geist als nur »Inneres und Introvertiertes mißversteht.« –

---

[65] Im Zusatz zu § 31 der »Enzyklopädie« sagt Hegel: »Diese Metaphysik war kein freies und objektives Denken, da sie das Objekt sich nicht frei aus sich selbst bestimmen ließ, sondern dasselbe als fertig voraussetzte. – Was das freie Denken anbetrifft, so dachte die griechische Philosophie frei, die Scholastik aber nicht, da diese ihren Inhalt gleichfalls als einen gegebenen, und zwar von der Kirche gegebenen aufnahm. – Wir Modernen sind durch unsere ganze Bildung in Vorstellungen eingeweiht, welche zu überschreiten höchst schwierig ist, da diese Vorstellungen den tiefsten Inhalt haben. Unter den alten Philosophen müssen wir uns Menschen vorstellen, die ganz in sinnlicher Anschauung stehen und weiter keine Voraussetzung haben als den Himmel droben und die Erde umher, denn die mythologischen Vorstellungen waren auf die Seite geworfen.« (Ebd., S. 98)

[66] Ein Fragment des Parmenides erklärt, »*das Seiende* denken und sein ist dasselbe.« (Zitiert nach Hermann Diels, Die Fragmente der Vorsokratiker. Griechisch und deutsch [1903], Bd. 1, 2. Aufl., Berlin 1906, S. 117)

*»Geist ist Tätigkeit«*⁶⁷. – »Geist ist wesentlich Energie, und man kann bei ihm nicht von der Erscheinung abstrahieren.«

»Das Erscheinen des Geistes ist sein Sichbestimmen, und das ist das Element seiner konkreten Natur: der Geist, der sich nicht bestimmt, ist Abstraktum des Verstandes. Die Erscheinung des Geistes ist seine Selbstbestimmung, und diese Erscheinung haben wir in der Gestalt von Staaten und Individuen (zu betrachten).«⁶⁸

Das ist einer der größten Gedanken in der Hegel'schen Philosophie. Geist in seiner konkreten Wirklichkeit ist der Staat, ist die gesamte Geschichte, die Gesellschaft, in den sich der Geist äußert und zu seiner Bestimmung kommt. – Hegels Konzeption von der Vernunft im Geschichtsablauf läßt keine völlige und dauernde Versklavung der Menschheit in einer »totalen Sonnenfinsternis«, in einer Weltdiktatur zu. – »Das Absolute ist das Gute – das Schlechte einschließend – und kommt zu sich selbst.«⁶⁹

Wenn es nicht im wesentlichen bei einer Gesellschaft bleibt, in der die Freiheit existiert, wenn die Weltgeschichte nicht schließlich zur Versöhnung führt, dann ist die Philosophie falsch, nach der der Geist zu seiner äußeren Bestimmung kommt.

---

67 »Der Geist ist Tätigkeit in dem Sinn, in welchem schon die Scholastiker von Gott sagten, er sei absolute Aktuosität. [...] Der Geist ist wesentlich in seiner konkreten Wirklichkeit, in seiner Energie zu betrachten, und zwar so, daß die Äußerungen derselben als durch seine Innerlichkeit bestimmt erkannt werden.« (HW, Bd. 8, S. 101)

68 HSW, Bd. VIII, S. 114.

69 »Indem das Böse *dasselbe* ist, was das Gute, ist eben das Böse nicht Böses noch das Gute Gutes, sondern beide sind vielmehr aufgehoben, das Böse überhaupt das insichseiende Fürsichsein und das Gute das selbstlose Einfache. Indem so beide nach ihrem Begriffe ausgesprochen werden, erhellt zugleich ihre Einheit; denn das insichseiende Fürsichsein ist das einfache Wissen; und das selbstlose Einfache ist ebenso das reine in sich seiende Fürsichsein. – Sosehr daher gesagt werden muß, daß nach diesem ihrem Begriffe das Gute und Böse, d. h. insofern sie nicht das Gute und das Böse sind, *dasselbe* seien, ebensosehr muß also gesagt werden, daß sie *nicht* dasselbe, sondern schlechthin *verschieden* sind, denn das einfache Fürsichsein oder auch das reine Wissen sind gleicher Weise die reine Negativität oder der absolute Unterschied an ihnen selbst. – Erst diese beiden Sätze vollenden das Ganze, und dem Behaupten und Versichern des ersten muß mit unüberwindlicher Hartnäckigkeit das Festhalten an dem anderen gegenübertreten; indem beide gleich recht haben, haben beide gleich unrecht, und ihr Unrecht besteht darin, solche abstrakte Formen, wie *dasselbe* und *nicht dasselbe*, die *Identität* und die *Nichtidentität*, für etwas Wahres, Festes, Wirkliches zu nehmen und auf ihnen zu beruhen. Nicht das eine oder das andere hat Wahrheit, sondern eben ihre Bewegung, daß das einfache Dasselbe die Abstraktion und damit der absolute Unterschied, dieser aber, als Unterschied an sich, von sich selbst unterschieden, also die Sichselbstgleichheit ist.« (HW, Bd. 3, S. 567 f.)

Diese Anschauung liegt zum Teil begründet in der Konzeption des Liberalismus, des »laisser faire, laisser passer«. Die Erfahrung des Liberalismus zeigt, es gäbe keine Sittlichkeit, wenn nicht Versöhnung und Harmonie des Ganzen (in der Gesellschaft) vorhanden wären. – Bei Kant, in einem Beamtenstaat, kann die Immanenz des Geistes in der Realität nicht in derselben Weise gedacht werden. Kant konnte sich nicht vorstellen, daß die Gesellschaft aus sich selbst heraus funktioniere (obwohl auch bei Hegel einige Zweifel hierüber auftauchen)[70]. Bei Hegel geht die »Weltgeschichte« (als Buch) nicht ganz auf. Eine wirkliche Versöhnung ist so nicht denkbar; denn wenn die Gesellschaft vollendet wäre, wäre sie doch wohl flach. Die Widersprüche der Gesellschaft wachsen durch ihre eigenen Dynamik über sich hinaus. Sie erzeugen und werden immer in dialektischer Entwicklung neue Widersprüche erzeugen.

---

[70] In den »Grundlinien der Philosophie des Rechts« schreibt Hegel in § 185: »Die Besonderheit für sich, einerseits als sich nach allen Seiten auslassende Befriedigung ihrer Bedürfnisse, zufälliger Willkür und subjektiven Beliebens, zerstört in ihren Genüssen sich selbst und ihren substantiellen Begriff; andererseits als unendlich erregt und in durchgängiger Abhängigkeit von äußerer Zufälligkeit und Willkür sowie von der Macht der Allgemeinheit beschränkt, ist die Befriedigung des notwendigen wie des zufälligen Bedürfnisses zufällig. Die bürgerliche Gesellschaft bietet in diesen Gegensätzen und ihrer Verwicklung das Schauspiel ebenso der Ausschweifung, des Elends und des beiden gemeinschaftlichen physischen und sittlichen Verderbens dar.« (HW, Bd. 7, S. 341) In § 243 heißt es: »Wenn die bürgerliche Gesellschaftlich in ungehinderter Wirksamkeit befindet, so ist sie innerhalb ihrer selbst in *fortschreitender Bevölkerung* und *Industrie* begriffen. – Durch die *Verallgemeinerung* des Zusammenhangs der Menschen durch ihre Bedürfnisse und der Weisen, Mittel für diese zu bereiten und herbeizubringen, vermehrt sich die *Anhäufung der Reichtümer* – denn aus dieser gedoppelten Allgemeinheit wird der größte Gewinn gezogen – auf der einen Seite, wie auf der andern Seite die *Vereinzelung* und *Beschränktheit* der besonderen Arbeit und damit die *Abhängigkeit* und *Not* der an diese Arbeit gebundenen Klasse, womit die Unfähigkeit der Empfindung und des Genusses der weiteren Freiheiten und besonders der geistigen Vorteile der bürgerlichen Gesellschaft zusammenhängt.« (Ebd., S. 389) In § 244 begründet Hegel die daraus resultierende Entstehung des Pöbels (vgl. ebd.) und in § 246 den Kolonialismus: »Durch diese ihre Dialektik wird die bürgerliche Gesellschaft über sich hinausgetrieben, zunächst *diese bestimmte* Gesellschaft, um außer ihr in anderen Völkern, die ihr an den Mitteln, woran sie Überfluß hat, oder überhaupt an Kunstfleiß usf. nachstehen, Konsumenten und damit die nötigen Subsistenzmittel zu suchen.« (Ebd., S. 391)

Sommersemester 1955:
Erkenntniskritische Fragen
der empirischen Sozialforschung

Soziologisches Privatissimum mit Max Horkheimer und Bruno Bettelheim

In diesem Semester hält Adorno zudem die philosophische Vorlesung »Kants transzendentale Logik«, gibt das philosophische Hauptseminar »Hegel, ›Enzyklopädie der philosophischen Wissenschaften‹« sowie die »Übungen zur Soziologie von Gruppen« und die soziologische »Übung über Umfragemethoden II«

Das Privatissimum findet dienstags von 17 bis 19 Uhr statt

68 UAF Abt. 139 Nr. 10 sowie IfS-Archiv, Ordner »Lehrveranstaltungen / Privatissimum / Prof. Adorno / Adorno« (Doublette); **69** IfS-Archiv, Ordner »Lehrveranstaltungen / Privatissimum / Prof. Adorno / Adorno«; **70–78** UAF Abt. 139 Nr. 10 sowie IfS-Archiv, Ordner »Lehrveranstaltungen / Privatissimum / Prof. Adorno / Adorno« (Doublette)

68 Klaus Liepelt,
3. Mai 1955

Protokoll
der Sitzung vom 3. 5. 1955

Die Grunddisposition, von der das Bemühen um die erkenntnistheoretischen Grundlagen der empirischen Sozialforschung getragen ist, postuliert ein ständiges Spannungsverhältnis zwischen Theorie und Empirie und stellt sich damit in Gegensatz zu Parsons' These, daß eine bruchlose Einheit zwischen beiden möglich ist.[1]

Die Diskussion wurde angeregt durch die Referate Teschner und Wagner über Meinung und Meinungsforschung.[2]

Der Auseinandersetzung voraus ging Einstimmigkeit darüber, daß es so etwas wie »Meinung« gibt, sei es auch nur in einem empirisch verifizierbaren Sinn, und daß der alte Positivismus in der Meinungsforschung, der Meinungen »zu ernst« nimmt, intelligenteren Fragestellungen weichen muß.

Die Diskussion beschäftigte sich mit der im Referat Wagner angerührten und von Professor Adorno näher erläuterten These, daß die wissenschaftliche Bearbeitung eines Objektes nicht unabhängig ist von der Natur des Objektes selbst.

Jede Meinung besteht in Urteilen, die einem Sachverhalt adäquat oder inadäquat sein können. Damit enthält jede Meinung immanent eine Beziehung zur Sache. Eine Meinung ist also nur dort konsistent, wo eine ungestörte Beziehung zwischen Urteil und Sache vorliegt. Bei Fehlurteilen gibt es eine Meinung in diesem strengen Sinne nicht. Setzt doch der Prozeß des Meinungsvollzugs die Synthesis voraus. So kann es bei inadäquaten Sachen keine adäquate Meinung

---

[1] Im Aufsatz *Soziologie und empirische Forschung* [1957] schreibt Adorno: *Weder nach oben noch nach unten entsprechen soziologische Abstraktionsniveaus einfach dem gesellschaftlichen Erkenntniswert. Deswegen ist von ihrer systematischen Vereinheitlichung durch ein Modell wie das »funktionelle« von Parsons so wenig zu erhoffen. Noch weniger aber von den seit soziologischen Urzeiten immer wieder gegebenen und vertagten Versprechungen einer Synthese von Theorie und Empirie, welche fälschlich Theorie mit formaler Einheit gleichsetzen und nicht Wort haben wollen, daß eine von den Sachgehalten gereinigte Gesellschaftstheorie sämtliche Akzente verrückt. [...] Gesellschaftliche Theorienbildung nach dem Muster klassifikatorischer Systeme substituiert den dünnsten begrifflichen Abhub für das, was der Gesellschaft ihr Gesetz vorschreibt: Empirie und Theorie lassen sich nicht in ein Kontinuum eintragen.* (GS, Bd. 8, S. 198)

[2] Manfred Teschner, »Begriff der Meinung. Zum Begriff der Meinung und der Meinungsforschung in der Soziologie« und Erhard Wagner, »Zum Thema Meinung und Meinungsforschung« (beide UAF Abt. 139 Nr. 10).

geben, da die Sache selbst einen adäquaten Vollzug der Synthesis verbietet. Für die Meinungsforschung stellt sich damit die Frage, ob sich falsches Bewußtsein erfassen läßt. Oder, mit einer etwas extremeren Formulierung: Kann man Wahres aussagen über das, was mit der Wahrheit nichts zu tun hat?

Dr. v. Friedeburgs[3] Frage nach der Möglichkeit, zwischen Gegenständen zu unterscheiden, die sich mit den Methoden der Meinungsforschung untersuchen lassen (z. B. Meinungen zur Relativitätstheorie), und solchen, bei denen dies nicht möglich ist (z. B. Meinungen über die Rassentheorie), veranlaßte Professor Adorno zur Kritik an einem statischen Meinungsbegriff. Die Meinungsforschung darf sich nicht auf die Erfassung dessen beschränken, was in geronnenem Aggregatzustand vorliegt, sondern sollte die Meinungen in Ihrem Verhältnis zwischen adäquater Synthesis und logischer Ablenkung erfassen können. Versuchte man jedoch, Meinungen mit dynamischen Kategorien zu erfassen, so wird die Unterscheidung in adäquate (Relativitätstheorie) und inadäquate Meinungen (Rassentheorie) sinnvoll, ja unentbehrlich. Natürlich lassen sich diese Kraftfelder der Meinungen nur mit einer wissenschaftlichen Theorie über bestimmte gesellschaftliche Sachverhalte aufschließen.

Dr. v. Friedeburg regte Überlegungen darüber an, wie man durch empirische Untersuchungen Punkte gewinnen kann, die sich analog an den Eisenteilchen im Magnetfeld zueinander ordnen und damit das soziale Kraftfeld indizieren. Diese Frage blieb bis zum Ende unbeantwortet.

Dem von Dr. Becker[4] gegen die Theorie über gesellschaftliche Sachverhalte erhobenen Einwand der allgemeinen Relativität widersprach Professor Adorno unter Hinweis auf das Vorhandensein von Kriterien, die zwischen fundierter Erkenntnis und bloßer Meinung unterscheiden lassen.

Professor Adorno kritisierte an der empirischen Sozialforschung, daß sie sich zu sehr Gedanken über die Reaktionen ihrer Untersuchungseinheiten macht und dabei die Sache selbst (die den Stimulus einschließt) aus den Augen verliert. Beispiel: Die mechanistische Interpretation von Eignungstests.

Dr. v. Friedeburgs Einwand, daß die Meinungsforschung ja gar keine Auskunft über die Sache selbst geben wolle, sondern daß ihr Verifizierungsverfahren ja erst dort ansetze, wo Aussagen über die Bewußtseinsinhalte der Gesellschaft gemacht werden, stieß auf Widerspruch.

---

3 Ludwig von Friedeburg wird 1952 mit der Schrift »Die Umfrage als Instrument der Sozialwissenschaften. Zur Methode und Verwendung der Umfrage unter besonderer Berücksichtigung der Umfrage in der Intimsphäre« in Freiburg i. Br. promoviert.
4 Egon Becker wird 1951 mit der Schrift »Die Grundlagen und Erscheinungsformen der öffentlichrechtlichen Entschädigung in ihrer Entwicklung bis zur Gegenwart« in Hamburg promoviert.

Professor Adorno betonte noch einmal, daß die von ihm geforderte Theorie über den Gegenstand nichts mit background information zu tun habe, sondern in das Zentrum der Sache gehe. Man kann bei der Erforschung einer Sache also unter keinen Umständen davon absehen, was die Sache selbst ist.

Hieraus entwickelte sich eine allgemeine Debatte zwischen Theoretikern und Empirikern über die Aufgaben der Empirie angesichts der notwendigen Unvollkommenheit gesellschaftlicher Theorien. Dr. v. Friedeburgs Analogie des magnetischen Kraftfeldes diente der Erläuterung der verschiedenen Positionen. Professor Adorno bestritt, daß man Aussagen über ein magnetisches Feld machen könne, ohne etwas über die Theorie der Elektrodynamik zu wissen. Dr. Weltz[5] hielt dem entgegen, daß gerade die Beobachtung der Feldlinien Anregung zu einer Formulierung weitergehender Theorien hätte sein können.

Dr. Weltz glaubt, daß die Theorie der empirischen Forschung dann am meisten dienen kann, wenn sie ihre Aussagen auf bestimmte, jeweils relevante Aspekte der gesellschaftlichen Wirklichkeit beschränkt. Professor Adorno stimmte dem zu, wies jedoch nochmals darauf hin, daß man an der von der Theorie angebotenen Unterscheidung zwischen Relevantem und Irrelevantem in der empirischen Forschung nicht vorbeikommt.

Klaus Liepelt

---

5 Friedrich Weltz wird 1953 mit der Schrift »Vier amerikanische Erzählungszyklen: J. London, ›Tales of the Fishpatrol‹, Sh. Anderson, ›Winesburg, Ohio‹, J. Steinbeck, ›The Pastures of Heaven‹, E. Hemingway, ›In Our Time‹« in München promoviert.

69 Erhard Wagner, 10. Mai 1955

Protokoll
der Sitzung vom 10. 5. 1955

In der Sitzung kamen erneut die außerordentlich vielfältigen Probleme einer Theorie der Gesellschaft zur Sprache: Wie sie durch die Struktur soziologischer Forschung gefordert und zwischen den beiden Polen der Entartung (Wahnsystem und Stoffhuberei[6]) möglich sei, welchen Bezug zur Objektivität sie habe, insbesondere aber, ob, wie und wie weit sie der Forderung der Operationalisierung und Verifikation genügen könne und ihrer Natur nach überhaupt müsse.

Das Problem der Objektivität der Theorie stand im Mittelpunkt; das engere soziologische Sachgebiet, an dem es erörtert wurde, war das der Meinungsforschung; der engere wissenschaftstheoretische Problemkreis der des Verhältnisses von Empirie und Theorie. Dabei wurden beide Richtungen dieses Verhältnisses, der Übergang von empirischen Analysen zur Theorie (induktive Theorie) wie der umgekehrte von der Theorie zu empirischen Analysen (experimentum crucis) kritisch untersucht.

Die Möglichkeit, durch fortschreitende Konsequenz von den empirischen Befunden zu einer adäquaten Theorie zu gelangen, wurde verneint. Die antagonistische Struktur der gegenwärtigen Gesellschaft, der sie durchherrschende Gegensatz von Besonderem und Allgemeinem, läßt eine gesamtgesellschaftliche Extrapolation der Ergebnisse von Sektorenanalysen nicht zu. Es gehört zum Wesen dieser Gesellschaft, daß sie ihren eigenen Schleier erzeugt, und über diesen kommt der Soziologe nicht hinaus, wenn er sich rein an das empirisch Vorfindliche hält. Der gesamtgesellschaftliche Prozeß ist durch den Rückgriff auf das Individuum nicht zu ergründen, er spielt sich über den Köpfen der einzelnen ab. Der Bruch zwischen der empirisch erreichbaren Wirklichkeit und einer adäquaten Theorie ist also keine durch fortschreitende Induktion überwindbare Insuffizienz der Erkenntnis, sondern liegt im Gegenstand einer antagonistischen Gesellschaft selber begründet. Erst das Wissen von den Wesensgesetzen der gegenwärtigen Gesellschaft ermöglicht unter Umständen die Anlage von Untersuchungen, in denen die verschleiernde Unmittelbarkeit des Vorfindlichen durch-

---

[6] Die Unterscheidung von »Stoffhuberei« und »Sinnhuberei« wird 1862 von Friedrich Theodor Vischer in seinem satirischen Stück »Faust. Der Tragödie dritter Teil« in die Literaturgeschichte eingeführt. Vgl. auch NaS, Bd. IV·6, S. 91f. und NaS, Bd. IV·15, S. 184.

stoßen und im emphatischen Sinne theoretische Problemstellungen einer Verifikation zugeführt werden könnten.

Aber auch in dieser Richtung ist eine sinnvolle Verbindung von Theorie und Empirie außerordentlich schwierig. Über ihre Möglichkeit kann allgemein überhaupt nicht, sondern nur anhand spezifischer Versuche befunden werden. Als Beispiel eines Versuchs, der mißlang, führte Prof. Adorno eine Untersuchung über das Verhältnis der Radiohörer zur »ernsten Musik« an.[7] In dieser Untersuchung sollte aufgewiesen werden, daß die Menschen, entgegen der Behauptung, sie werde durch das Radio zum allgemeinen Kulturgut, von der Musik nur eine relativ unzulängliche Erfahrung haben und tatsächlich einem »atomistischen Hören« verfallen sind. Zu diesem Zweck wurden Publikum und Experten nach der Rangordnung einiger Komponisten befragt. Die Abweichung der Publikums-ratings von den Experten-ratings, obwohl statistisch exakt ausgewertet, kann aber die These weder beweisen noch widerlegen. Denn einmal sind die Expertenaussagen selber mit gesellschaftlichen Standards durchsetzt, schon darum, weil die Anerkennung der Expertenschaft weitgehend gesellschaftliche Konformität voraussetzt; und dann wird in den operational terms[8] nur etwas über die Rangordnung der Komponisten, aber nichts über die musikalischen Qualitäten ihrer

---

[7] Es handelt sich um Untersuchungen, wie sie Adorno im Rahmen des Princeton Radio Research Project 1938–1941 unter der Leitung von Paul F. Lazarsfeld entwickelt hat, und deren Ergebnisse Adorno in einer *Music Study* präsentieren will. Der Plan scheitert, Fragmente sowie Fortentwicklungen dessen lassen sich den nachgelassenen Texten in *Current of Music. Elements of a Radio Theory* (NaS, Bd. I·3) entnehmen. Über die Gründe des seinerzeitigen Scheiterns äußert sich Adorno im Vortrag über *Wissenschaftliche Erfahrungen in Amerika* [1968]: *Mir ist nicht gelungen, eine systematisch ausgeführte Soziologie und Sozialpsychologie der Musik im Radio zu geben. Was vorlag, waren eher Modelle als ein Entwurf jenes Ganzen, zu dem ich mich verpflichtet fühlte. Der Mangel dürfte wesentlich den Grund haben, daß mir der Übergang zur Hörerforschung nicht glückte. Er wäre dringend notwendig: vor allem zur Differenzierung und Korrektur der Theoreme. Es ist eine offene, tatsächlich nur empirisch zu beantwortende Frage, ob, wieweit, in welchen Dimensionen die in musikalischer content analysis aufgedeckten gesellschaftlichen Implikationen von den Hörern auch aufgefaßt werden, und wie sie darauf reagieren. Naiv wäre es, wollte man ohne weiteres eine Äquivalenz zwischen den gesellschaftlichen Implikationen der Reize und der »responses« unterstellen, nicht weniger naiv allerdings, beides solange als unabhängig voneinander zu betrachten, wie ausgeführte Forschungen über die Reaktionen nicht vorliegen.* (GS, Bd. 10·2, S. 718)

[8] Zur Kritik jener ›operational terms‹ vgl. Adornos Abhandlung über *Kulturkritik und Gesellschaft* [1951], in der es heißt: *Kein Satz mehr wird zu denken gewagt, dem nicht explizit, in allen Lagern, eben der Hinweis, für wen er gut sei, fröhlich beigegeben wäre, den einmal die Polemik herauszuschälen suchte. Unideologisch ist aber der Gedanke, der sich nicht auf operational terms bringen läßt, sondern versucht, rein der Sache selbst zu jener Sprache zu verhelfen, welche ihr die herrschende sonst abschneidet.* (GS 10·1, S. 24)

Werke ausgesagt, aus dem man Folgerungen über typische Deformationen des musikalischen Verständnisses ziehen könnte.

Worum es bei allen Erörterungen über das Verhältnis von Empirie und Theorie eigentlich geht, ist also die Frage, wie man Untersuchungen wie die über das Verhältnis von Radio und »ernster Musik« mit der kritischen Theorie in einer Weise kombinieren kann, daß der Empiriker nicht sagen kann: Die Theorie ist unverifizierbar; der Theoretiker nicht: Die Untersuchung ist falsch. Die Schwierigkeiten einer solchen Kombination dürfen nicht dazu verleiten, zwischen Empirie und Theorie einen Schnitt zu legen und ihnen getrennte Erkenntnisbereiche mit voneinander unabhängigen Kriterien zuzuweisen. In Erinnerung an den Hegelschen Versuch einer spekulativen Bestimmung der Reflexionsbestimmungen gilt es vielmehr, eine soziologische Forschungsweise zu entwickeln, in der die Spannung zwischen dem empirisch je Entscheidbaren und seiner totalgesellschaftlichen Bestimmung fruchtbar werden kann.

Diese Spannung zwischen Theorie und empirischer Forschung läßt sich nicht aus der Soziologie eliminieren. Die Operationalisten, indem sie Theorie durch die Forderung definieren, daß ihr eine Anweisung beigegeben sei, wie sie sich verifizieren läßt, schränken sie auf die bloße Hypothese ein. Die Forderung der Umsetzbarkeit in research terms[9] gilt aber nicht schlechthin für alle Stücke der Theorie, und es gibt eine Sphäre des Denkens über Gesellschaft, die nicht beansprucht, empirisch verifiziert zu werden. Die Frage der Klasse z.B. ist nur aufgrund einer Analyse des gesellschaftlichen Tauschvorgangs zu lösen, nicht durch eine Liste sämtlicher in der Gesellschaft getätigter Tauschakte. Die uneingeschränkte Forderung des experimentum crucis entspringt einer falschen Erkenntnistheorie, der zufolge sich in der empirischen Forschung die ganze Theorie verflüssigen soll. Es gibt aber Empirie nur, soweit es einen Pol des theoretischen Denkens gibt, der sich nicht ganz in sie auflöst. Die Empiriker verstehen unter Theorie nichts anderes als die Formulierung einer beschränkten Erwartung. Theorie ist aber nicht bloß eine Anweisung auf die Zukunft der Empirie, in der sie

---

[9] Adorno erzählt in seinem Bericht über seine *Wissenschaftlichen Erfahrungen in Amerika* auch von jenen research terms, mit denen er konfrontiert wurde: *Insgesamt sträubte ich mich gegen die undifferenzierte Anwendung des damals auch in den Sozialwissenschaften noch wenig kritisierten Grundsatzes science is measurement. Das Gebot des Vorrangs quantitativer Erhebungsmethoden, denen gegenüber die Theorie ebenso wie die qualitativen Einzelstudien bestenfalls supplementären Charakter haben sollten, brachte es mit sich, daß man eben jenes Paradoxe unternehmen mußte. Die Aufgabe, meine Erwägungen in research terms umzusetzen, kam einer Quadratur des Zirkels gleich. Wieviel dabei zu Lasten meiner persönlichen Gleichung geht, bin sicherlich nicht ich die rechte Person zu beurteilen; tatsächlich jedoch sind die Schwierigkeiten gewiß* auch objektiver Art. (GS, Bd. 10·2, S. 712)

ganz und gar aufgehen müßte. Sie enthält in sich selbst etwas wie die Bestimmung von beobachteten Fakten durch Wesensgesetze der Gesellschaft. Ohne je von den Kriterien der Empirie unabhängig zu sein, legitimiert sie sich weithin aus sich selbst. So gilt sie nicht, wenn sie nicht die gesellschaftlich-konkreten Vorgänge reflektiert, wenn in ihr z. B. nicht die Frage zur Beantwortung steht, warum die Menschen heute von einem Atombombenkrieg bedroht sind; und gilt auch nicht, wenn sie nicht die Beziehung zur Praxis hat, die ihrem Begriffe immanent ist.

Einige prinzipielle Bemerkungen zum Problem der Meinungsforschung machte Prof. Adorno in Erwiderung einer Frage von Herrn Oehler[10] nach der Methode, mit der man den gesellschaftlichen Schleier seines Schleiercharakters überführen kann. Der Schleier, so Oehler, könne logischerweise nur in der Gegenüberstellung mit dem wahren Sachverhalt, den er verschleiert, als solcher erkannt und abgetan werden, also von der Position der Wahrheit aus. Die Frage sei dann, ob das Individuum den Verblendungszusammenhang, der doch gesellschaftlich-objektiver Natur ist, nur als Exponent wiederum objektiver gesellschaftlicher Bewegungen oder kraft einer möglichen anderen, gesellschaftstranszendenten, rein sachlichen Beziehung zu den Objekten zu durchdringen vermag. Dazu wies Prof. Adorno auf die Wahrheit und Logik der Sache selbst hin, in die es einzudringen gelte. Ein Urteil wie das über die Rangfolge von Komponisten falle nicht der Willkür bloßer Privatüberzeugungen anheim, sondern habe seine Kriterien in den musikalischen Werken selbst. Das Argument der cultural anthropology[11], demzufolge alles subjektiv ist und in der amerikanischen Kultur etwas anderes gilt als in der europäischen, ist dagegen nicht triftig. Meinungsforschung ist letzlich nur möglich, wenn in sie das Urteil über den Gegenstand der Meinung selber eingeht. Die kritische Analyse dessen, was gemeint ist, gehört zur Feststellung der Meinung ihrem eigenen Sinne nach, [sie ist kein][12] hinzutretendes anderes Verfahren. Dort, wo es Unwahrheit gibt, macht eben bereits der Begriff der dabei zu ermittelnden Wahrheit Schwierigkeiten. Die Meinung zwingt ihrer eigenen Natur nach, sie nicht zu nehmen als was sie sich gibt; und es gilt, was Hegel über die öffentliche Meinung sagte: Die Meinungen sind als Bewußtsein der Menschen zu achten, aber indem man dabei wissen muß, daß die Menschen gar

---

10 D.i. Christoph Oehler.
11 Während die Kulturanthropologie ihren Anfang mit der Volkskunde nahm und bemüht ist, empirische Fakten festzustellen, entsteht, vornehmlich in den USA, die Cultural Anthropology, die Gesellschaft mit ethnologischen Theorien untersuchen will und in den 1960er Jahren die Cultural Studies entwickelt. – Vgl. Adornos auf ca. 1951 datierten und erst postum veröffentlichten Aufsatz »Kulturanthropologie« (GS 20·1, S. 135–139).
12 Ersetzt für: »nicht als«.

kein adäquates Bewußtsein haben, sind sie zugleich zu verachten.[13] Daß die communis opinio auch das Sachliche irgendwie enthält, macht die besondere Schwierigkeit dieses Komplexes aus. Aber das Aufdecken von Verschleierungen übersteigt die Möglichkeiten der empirischen Forschung nicht prinzipiell. Man kann exakte Untersuchungen über social control[14], kulturellen Konsum und kulturelles Angebot anstellen; so sind z. B. nachweislich die populärsten Schlager die, welche am häufigsten gespielt werden. Vor allem kann man in denselben Gegenstand von mehreren Seiten aus, in mehreren Richtungen und mit verschiedenen Instrumenten eindringen und an widersprechenden Befunden das Scheinhafte und Oberflächliche des je unmittelbar Vorgefundenen aufweisen.

E. Wagner

---

13 Vgl. Hegels »Grundlinien der Philosophie des Rechts« [1820], HW, Bd. 7, S. 482–490, vor allem § 318, in dem es heißt: »Die öffentliche Meinung verdient daher ebenso *geachtet* als *verachtet* zu werden, dieses nach ihrem konkreten Bewußtsein und Äußerung, jenes nach ihrer wesentlichen Grundlage, die, mehr oder weniger getrübt, in jenes Konkrete nur scheint.« (Ebd., S. 485)
14 Der Begriff wird von Edward Alsworth Ross in die sozialwissenschaftliche Diskussion eingeführt; vgl. Edward Alsworth Ross, Social Control, in: American Journal of Sociology, 1. Jg., 1896, H. 5, S. 513–535.

70 Jutta Thomae, 17. Mai 1955

Protokoll
der Sitzung vom 17. 5. 1955

In der vergangenen Seminarsitzung referierte Herr Oehler über das Thema: Die Angemessenheit der Methode der empirischen Sozialforschung an ihrem Gegenstand.[15]

Wegen der Fülle des Stoffes konnten leider vorerst nur wenige Thesen wahllos herausgegriffen werden.

Zu Oehlers These, daß das Experiment zur Tautologie wird, wenn die erste, der Quantifizierung zugrundeliegende Gleichsetzung mit dem Gegenstand eine Fiktion bleibe, wandte Prof. Adorno ein, daß mit open definitions, die nicht identisch mit dem Sinnzusammenhang zu sein brauchen, sehr wohl synthetische Urteile gefällt und etwas Neues gesagt werden können. Von einer Tautologie an dieser Stelle zu sprechen sei nicht angebracht und könne von jedem logischen Positivisten widerlegt werden. Wieweit jedoch die open definitions selber dem eigentlichen Ziel, etwas über die Gesellschaft auszusagen, angemessen seien, bleibe eine andere Sache.

Zu einer Folgerung Oehlers, daß auch die den Gegenstand zu untersuchenden Institutionen, also die herrschende Sozialwissenschaft, dem gesellschaftlichen Schein unterliege, führte Prof. Adorno aus:
Erkenntnis gäbe es nur dort, wo sie in Beziehung zur Totalität der Gesellschaft gesetzt würde und überall, wo das nicht der Fall sei, habe die Erkenntnis selber den Charakter des Scheins, d. h., der metaphysische Begriff der Wahrheit im Sinne des richtigen Lebens und der Begriff der richtigen Erkenntnis könnten im Grunde nicht voneinander getrennt werden. Diese Motivationen des Erkennens sei den Sozialwissenschaften so ferngerückt, daß in sie eigentlich nicht mehr eingehen kann, daß sie es nur mit einer verdinglichten Sphäre zu tun habe. Vielleicht wäre der einzige Weg, den die Sozialwissenschaft gehen könne, diese Selbstentfremdung zu ihrem Gegenstand zu machen; indem sie darauf reflektiere, würde sie darüber hinauskommen – damit wäre eine Beziehung zum Absoluten hergestellt.

---

15 Der Referatstext von Christoph Oehler, »Die Angemessenheit der Methode der empirischen Sozialforschung an ihren Gegenstand«, wurde nicht aufgefunden.

Herr Oehler führte in seinem Referat aus, daß der gesellschaftliche Schein auf die Vorstellung einer richtigen Gesellschaft bezogen werden muß. Dieser Begriff sei jedoch abstrakt und könne nur stufenweise erkannt werden, indem bestimmte avancierte Positionen in der Gesellschaft selbst ausgebildet werden. Herr Teschner[16] stellte dazu folgende Fragen: 1. Warum der gesellschaftliche Schein nicht an den Ursachen gemessen werden könne, die diesen Schein der Entfremdung herbeiführen? 2. Wie könne man die Positionen, nach denen die stufenweise Entfaltung der richtigen Gesellschaft gemessen werden soll, selber bestimmen, wenn der Begriff der richtigen Gesellschaft ein abstrakter sei?

Oehler gab zu, daß man ein Kriterium brauche, um die Stufen der Entwicklung einer stärkeren Entfremdung zu einer richtigen Gesellschaft hin feststellen zu können.

Oehler sah vorerst keinen anderen Ausweg als den Begriff des Leidens einzuführen. Eine gewisse Abstufung des Leidens des Individuums in der Gesellschaft könne man feststellen. In bezug auf bestimmte Situationen könne man sagen, hier sind die Leiden der Individuen vermindert, d. h. in dem Sinne, daß die Individuen in einem stärkeren Grade sich identisch mit der Gesellschaft fühlen können.

Von Prof. Bettelheim[17] und Herrn Mangold[18] wurde der Behauptung widersprochen, daß z. B. die Skalenbildung eine Quantifizierung voraussetze. Gleiche Maßeinheiten seien nicht notwendig, man könne ohne weiteres Aussagen über »mehr oder weniger« machen, man könne aber auch die metrischen Einheiten als ob setzen und trotzdem zu Ergebnissen kommen. Prof. Bettelheim betonte, daß die Psychologie und Soziologie heute noch mathematische und statistische Methoden benutzen müsse, die ihr nicht angemessen seien. Er wies darauf hin, daß u. a. Prof. Stevenson (Chicago) auf dem Wege sei, adäquatere Methoden für die beiden Wissenschaften zu finden.[19]

Prof. Adorno demonstrierte an dem Beispiel einer angenommenen Wahlvorhersage zu den letzten Wahlen vor der Machtübernahme der Nationalsozialisten, daß die Abstraktion von gefundenen Einzeldaten zu allgemeinen Gesetzen der Gesellschaft nicht gradlinig möglich sei. Man könne z. B. ohne weiteres durch eine

---

16 D. i. Manfred Teschner.
17 Bruno Bettelheim gibt im Sommersemester 1955 zudem als Gastdozent ein Seminar über »Gruppenpsychologie« am IfS.
18 D. i. Werner Mangold.
19 Nicht ermittelt.

Poll-Befragung die Resultate einer Wahl vorhersagen. Man könne aber nicht ohne weiteres von diesem Resultat gesamtgesellschaftliche Tendenzen und Bewegungen ablesen, weil in keiner Weise gesagt sei, daß sich die gesellschaftlichen Bewegungen in derselben Weise abspielen, wie es die quantitative Verteilung erwarten ließe.

Herr Thönnessen[20] wandte dazu später ein, daß gerade das Beispiel der Wahl die Richtigkeit der Oehlerschen These, der 1. Gleichsetzung zwischen Gegenstand und Maßeinheit zeigen könne. Die in diesem Falle 1. Gleichsetzung zwischen 1% Wählerstimmen [und] 1% Macht sei halt die falsche. Und weil diese erste Gleichsetzung falsch sei, müßten auch die Ableitungen falsch sein.

Prof. Adorno ging später noch einmal auf die Ausführungen Prof. Bettelheims ein. Die Wahl elementarer statistischer Einheiten könne zu Ergebnissen führen, wenn diese noch am Begriff der biologischen Einzelperson des Befragten orientiert seien. Die Übersetzung des gesellschaftlich Gegebenen in eine Maßeinheit sei hier im allgemeinen nicht so schwer. Erst wenn es sich darum handele, aus den Ergebnissen der statistischen Analyse gesellschaftliche Tendenzen zu interpretieren, zeige sich die Schwierigkeit. Oehler setze die Schwierigkeit schon in die erste Gleichsetzung, welches zu früh sei und er verschiebe damit das Problem. Er habe allerdings insofern recht, denn auch ein dynamisches Maßsystem, wenn es das gäbe, müsse notwendig immer ein entfremdetes sein.

Zu den bewußt etwas überspitzt vorgetragenen Gedanken Oehlers, daß die Quantifizierung kein Problem mehr sei, wenn die Präformation in der Gesellschaft soweit fortgeschritten wäre, daß sie ihre eigene Inadäquatheit gar nicht mehr erkennen könne, bemerkte Prof. Adorno, es sei doch etwas zu dogmatisch, denn solange es eine antagonistische Gesellschaft gebe, habe sie ja notwendig ihren Widerspruch in sich (Huxley)[21]. Gesellschaft sei ja insofern eine antagonistische, weil ja die Menschen auch als Selbstentfremdete nicht aufhören, Menschen zu sein.

Jutta Thomae

---

20 D. i. Werner Thönnessen.
21 Vgl. Aldous Huxley, Schöne neue Welt. Ein Roman der Zukunft [1932], übers. von Uda Strätling, mit Nachw. von Tobias Döring, Frankfurt a. M. 2014. – Vgl. *Aldous Huxley und die Utopie*, GS, Bd. 10·1, S. 97–122, sowie die entsprechenden Passagen in den »{Diskussionen aus einem Seminar über die Theorie der Bedürfnisse}« von 1942, die Adorno mit Günther Anders, Bertolt Brecht, Hanns Eisler, Max Horkheimer, Herbert Marcuse, Ludwig Marcuse, Friedrich Pollock, Hans Reichenbach und Berthold Viertel führt (vgl. HGS, Bd. 12, S. 559–586; hier: S. 571–579).

71 Ingeborg Ptasnik, 24. Mai 1955

Protokoll
der Sitzung vom 24. 5. 1955

Zu Beginn der vorigen Sitzung wurden zunächst von Prof. Adorno 2 Fragen von Herrn Teschner beantwortet, die noch im Zusammenhang mit dem Referat von Herrn Oehler standen. Sie werden als Anhang[22] diesem Protokoll beigegeben.

Im Anschluß an das Referat von Herrn Weltz[23] wurden von Prof. Adorno die beiden Referate zur Angemessenheit der Methoden einander gegenübergestellt. Prof. Adorno stellte dabei zunächst fest, daß es in diesem Seminar bisher noch nicht zu dem gekommen sei, was man ein echtes Gespräch nennen könnte.[24] Einstweilen stünden der mehr theoretisch und der mehr empirisch orientierte Sektor einander noch unvermittelt gegenüber.

Nach dem Referat von Herrn Oehler sehe es so aus, als ob die empirische Forschung nur insoweit einen Wahrheitsanspruch haben könne, als sie selber Ausdruck der falschen Verfassung sei, in der die Gesellschaft sich befinde, daß also eigentlich die Mehrheit der empirischen Sozialforschung nur im Bereich des Scheins liege. Damit seien dann aber für die wirkliche Erkenntnis der Gesellschaft die empirischen Methoden unbrauchbar. Das könne nicht befriedigen.

Demgegenüber gehe aus den Ausführungen von Herrn Weltz der Glaube hervor, daß man mit den Mitteln der empirischen Sozialforschung ein in nicht statistischem Sinn wahrhaft Repräsentatives, also etwas vom Wesen der Sache fassen könne. Hier liege die Gefahr aber darin, die Schwierigkeiten zu leicht zu nehmen. Man trage dem Spannungsverhältnis, das zwischen Theorie und Empirie zweifellos bestehe, nicht Rechnung, wenn ein Gegensatz zwischen beiden mit der Begründung geleugnet werde, daß es keine empirische Untersuchung ohne Hypothese geben könne, [und daß][25] eine Theorie, die sich nicht an der Erfahrung messe, sinnlos sei. Bisher jedenfalls sei es noch so, daß das, worauf es den

---

22 Ein »Anhang« wurde nicht aufgefunden.
23 Friedrich Weltz, »Untersuchungsgegenstand und Untersuchungsmethode«, UAF Abt. 139 Nr. 10.
24 Kaum anzunehmen, dass Adorno sich selbst jenes Vokabulars bedient, ist ihm doch die Rede vom ›echten Gespräch‹ ein Paradebeispiel des Jargons der Eigentlichkeit (vgl. GS, Bd. 6, S. 417 und S. 473), *jener Phraseologie, der zufolge es nur auf den Menschen und das Konkrete ankomme, und die es immerzu mit dem echten Gespräch, der Begegnung, dem Auftrag und ähnlichen ausverkauften Eigentlichkeiten zu tun hat.* (GS, Bd. 20·1, S. 331)
25 Eingefügt für: »ebensowenig wie«.

Theoretikern wesentlich ankomme, aus einer Untersuchung nicht wirklich herauskomme, jedenfalls aus dem Material nicht evident hervorgehe.

Die Ansicht von Herrn Teschner, man könne sicherlich etwas von dieser Spannung zwischen Empirikern und Theoretikern dadurch auflösen, daß sich der Theoretiker auch bei der Anlage der Studie ausreichend beteilige, weil er dann die Ergebnisse eher auf die Konzeption, mit der er herangegangen sei, beziehen könne – bezweifelte Prof. Adorno aufgrund gegenteiliger Erfahrungen.

Im einzelnen führte Prof. Adorno zu der These von Herrn Weltz, es bestehe kein echter Gegensatz zwischen quantitativer und qualitativer Forschung, unter anderem am Beispiel einer Arbeit von Lazarsfeld über den Gebrauch von qualitativem Material in »Social Research«[26] aus, daß bei genauem Hinsehen die qualitative Analyse heute weitgehend nur noch die Rolle des heuristischen Prinzips spiele und nicht als eigenständige Quelle der Erkenntnis anerkannt werde. Man habe das Gefühl, daß sie nur mehr toleriert werde.

Zum Begriff der Methode wies Prof. Adorno weiter darauf hin, daß es nicht nur darauf ankomme, eine durchgebildete und saubere Methode zu haben, also nicht unkontrolliert oder improvisatorisch zu verfahren, vielmehr müsse man sich fragen, ob die im Begriff der Methode scheinbar implizit enthaltene Annahme einer relativen Unabhängigkeit der Verfahrensweise der Forschung von ihrem spezifischen Gegenstand haltbar sei. Denn wenn der Begriff der Methode so eng gefaßt werde, daß sie gleichsam als eine Art fertiger Rahmen erscheine, in den die Untersuchungen gepreßt würden, anstatt die Methode selber bis ins einzelne aus ihrem Gegenstand zu entwickeln, so bestehe die Gefahr, daß überhaupt nur noch das untersucht werde, was den einmal vorhandenen Methoden am ehesten zugänglich sei und sich mit ihnen darstellen lasse.

Auch die Forderung der Kontrollierbarkeit habe in diesem Sinne ihre zwei Seiten: Denn wenn es auch plausibel erscheine, die angebliche Zufälligkeit des subjektiven Faktors zu eliminieren, so ließe sich dem doch entgegenhalten, daß auf Gebieten wie dem der Psychoanalyse es sich herausgestellt habe, daß man vom Unbewußten des Patienten im Grunde nur in dem Grade etwas herausbekomme, wie man sein eigenes Unbewußtes ins Spiel bringe.

Von Herrn Teschner wurde nun als nächster Schritt zur Vermittlung der beiden Positionen vorgeschlagen, zu prüfen, ob es mit empirischen Methoden möglich sei, das, was als Schleier bezeichnet wurde, zu durchdringen, indem man z. B. eine objektive Gegebenheit mit der über sie bestehenden Meinung konfrontiere.

---

26 Vgl. Paul F. Lazarsfeld, Some Remarks on the Typological Procedures in Social Research, in: Zeitschrift für Sozialforschung, VI. Jg., 1937, H. 1, S. 119–139.

Die Notwendigkeit eines solchen Schrittes wurde von Prof. Adorno bestätigt, wenngleich man sich dabei auch gewisser Schwierigkeiten bewußt sein müsse. Denn daß es bisher noch in der ganzen Welt zu so gut wie keiner Untersuchung über den Schleier gekommen ist, sei wohl kein Zufall, sondern selber für das Wesen des Schleiers bezeichnend. So ließe sich z. B. vom Betriebsklima sagen, daß einerseits sein Begriff im Grunde Ideologie sei, daß es aber andererseits wirklich existiere. Nur stellt es sich dem Menschen so dar, als ob Verhältnisse, die objektiv gesetzt sind, menschliche Verhältnisse wären. Da es also Betriebsklima als Phänomen gebe und nur insofern nicht gebe, als es Schleier sei, werde der Beweis, daß es nur Schleier sei, mit empirischen Mitteln auf Schwierigkeiten stoßen; und zwar seien, z. B. in der Mannesmann-Studie,[27] Indices in dieser Richtung zu finden, diese könnten aber nach den Standards der empirischen Sozialforschung nicht als konklusiv betrachtet werden.

Abschließend wurde festgestellt, das Problem könne nur empirisch geklärt werden. Herr v. Friedeburg, Herr Weltz und Herr Teschner, die ja der Ansicht seien, daß man das Relevante mit empirischen Methoden in den Griff bekommen könne, wurden daher gebeten, in diesem Sinne eine Untersuchung auf einem beliebigen Sektor, gleichsam als experimentis crucis, zu entwerfen. Als Beispiel schlug Prof. Adorno vor, man solle versuchen nachzuweisen, daß der Glaube, in einer harmonischen, spannungsarmen Gesellschaft zu leben, in der alles sich zum Besseren hin entwickle, ein Schein sei, und zwar selbst dann, wenn die Menschen, die ihm unterliegen – wie z. B. in der Kulturindustrie – an ihn glauben.

Inge Ptasnik

---

[27] Gemeint ist die Studie über »Betriebsklima«, die 1954 in fünf Werken der Mannesmann AG durchgeführt und deren Ergebnisse ein Jahr später veröffentlicht werden; vgl. Betriebsklima. Eine industriesoziologische Untersuchung aus dem Ruhrgebiet, Frankfurt a. M. 1955 (*Frankfurter Beiträge zur Soziologie*; 3). Im Vorwort Adornos heißt es: *Die Leitung der Studie lag in den Händen von Ludwig von Friedeburg*. Als *Mitarbeiter der Studie in all ihren Sektoren bis zur abschließenden Redaktion* werden genannt: *Egon Becker, Walter Dirks, Volker von Hagen, Lothar Herberger, Armin Höger, Christian Kaiser, Margarete Karplus* [das ist der Mädchenname Gretel Adornos], *Werner Mangold, Christoph Oehler, Diedrich Osmer, Ingeborg Ptasnik, Manfred Teschner, Erhard Wagner* und *Friedrich Weltz*. (Ebd., S. 8; vgl. GS, Bd. 20·2, S. 643) – Zum Zeitpunkt des Seminars liegt die Publikation noch nicht vor, der hektographierte Hauptbericht datiert vom Sommer 1954. (Institut für Sozialforschung an der Johann Wolfgang Goethe-Universität · Frankfurt am Main, Betriebsklima. Eine Industriesoziologische Untersuchung im Mannesmann-Bereich [Bibliothek des IfS, IfS 105787/1])

72 Helge Pross,
7. Juni 1955

Protokoll
der Sitzung vom 7. 6. 1955

Zu Beginn der letzten Zusammenkunft wurde beschlossen, die von Herrn Weltz erarbeiteten Thesen zum Forschungsprojekt über »Die Vorstellungen von Sozialversicherten über ihre Daseinsform im Alter«[28] in einer besonderen Seminarsitzung durchzudiskutieren. In dieser Diskussion wäre das für unsere Fragestellung entscheidende Problem das der Umsetzbarkeit theoretischer Konzeptionen in empirische Fragen. Die Untersuchung würde uns dazu dienen, das Verhältnis von Theorie und Empirie anhand von konkretem Material zu erörtern.

Aus dem Referat von Herrn Mangold über »Verschiedene Formen des Messens«[29] wurden einige Einzelfragen herausgegriffen und ergänzt. Es wurde zuerst geklärt, was operational terms sind. Diese sind, wie Prof. Adorno darlegte, Begriffe der Kategorisierung, Festlegung dessen, was der Forscher und Befrager sich darunter vorstellt oder was objektiv darunter zu verstehen sei. Die Formulierung von operational terms bedeutet einen Verzicht, eine Einschränkung des Begriffs auf das vom Forscher Gemeinte. Dadurch wird in die Begriffe ein subjektives Element hineingetragen, das der moderne Positivismus durch den Anspruch der Objektivität seiner Begriffe zu verdecken sucht. Auf den Einwand, ob es angesichts des historischen Wandels von Begriffen überhaupt möglich sei, von einem Begriff an sich zu sprechen, erwiderte Prof. Adorno, daß die Begriffe zwar sich wandeln, aber doch ein identisches Moment beinhalten.

Da die operational terms einen Sachverhalt einschränken, in der Interpretation aber doch wieder auf den weiter gefaßten Begriff eingegangen werden sollte, wäre es nur konsequent, wenn man überhaupt auf den sprachlichen Ausdruck quantitativer Ergebnisse verzichten und sich lediglich mit der Wiedergabe von Tabellen begnügen würde. Diese Konsequenz würde jedoch bedeuten, daß es unmöglich ist, empirische Ergebnisse in Theorie zu übersetzen. Die Relevanz der Empirie für die Theorie könnte dann gar nicht mehr festgestellt werden. Genau an diesem Punkt liegt das Zentralproblem unseres Seminars.

Herr Teschner fragte, ob der Positivismus, der sich nicht um Sinn und Bedeutung seiner Ergebnisse kümmere, überhaupt berechtigt sei, einen Auftrag

---

[28] Der Referatstext von Friedrich Weltz, »Umsetzung von Hypothesen in experimentellen Anordnungen einer Umfrage«, wurde nicht aufgefunden.
[29] Werner Mangold, »Problem der Messung in der empirischen Soziologie«, UAF Abt. 139 Nr. 10.

anzunehmen. Die Entscheidung darüber ist eine moralische und als solche außerhalb der von uns diskutierten Probleme. Der Positivist, sagt Herr Adorno, stehe auf dem Standpunkt, er habe seine Pflicht getan, wenn er seine Resultate abliefere und seine Begriffe sauber definiere. Was dritte Personen damit machen, sei ihm uninteressant. Ihn gingen nur die operational terms an und nicht die Frage, ob seine Begriffe auch in einem weiteren Sinn richtig seien.

Herr Mangold illustrierte die Problematik der Definition von operational terms im Zusammenhang mit der Skalenbildung. Als Beispiel wählte er den Begriff der Arbeitsplatzzufriedenheit, wie er in der Mannesmann-Untersuchung verwendet wurde. Herr Bettelheim wies darauf hin, daß das Geschick des Forschers in der Wahl von Begriffen bestehe, die eine Maximierung von Unterschieden erlauben. Diese ist das Problem und nicht die Festlegung des Nullpunkts auf der Skala. Es wäre z.B. durch Ausscheidung des Alternativbegriffes »Unzufriedenheit« eine schärfere Graduierung des Begriffes »Zufriedenheit« möglich.

Im Anschluß an Herrn Mangolds Darstellung verschiedener Skalen beschrieb Herr Bettelheim eine neue, in Chicago entwickelte attitude scale[30]. Diese war ursprünglich als Test zur Feststellung von social attitudes und social distance gedacht. Im Verlauf einer Untersuchung stellte sich heraus, daß mit dieser Methode auch Verschiebungen der Aussagen vom Ich auf einen Mr. X gemessen werden können, welche eine psychologische Diagnose der Persönlichkeit erlauben. Dagegen ist es in diesem Fall schwieriger, die scheinbar so viel einfachere Frage nach den sozialen Verhaltensweisen zu beantworten. Dies Beispiel zeigt erstens, daß sich kaum in abstracto bestimmen läßt, was gezählt werden kann und was nicht, und zweitens, daß psychologische Phänomene, die zunächst als die subtileren erscheinen, unter Umständen leichter meßbar sind als die, wie man meinte, oberflächlicheren des sozialen Verhaltens. Herr Adorno wies darauf hin, daß dies Ergebnis auch mit der Theorie übereinstimmt. Denn es leuchte ein, daß das – nach Freud – relativ undifferenzierte Unbewußte mit Standardmethoden verhältnismäßig leichter erreichbar sei, als der Ich-Bereich.

Dr. Helge Pross

---

30 Vermutlich ist die sogenannte Bogardus-Skala gemeint. Der Beitrag *Empirische Sozialforschung*, den Adorno 1954 gemeinsam mit Jacques Décamps, Lothar Herberger, Heinz Maus, Diedrich Osmer, I. Rauter und Hans Sittenfeld verfasst, erklärt: *Die Bogardus-Skala (social distance scale) gilt einer spezifischen soziologischen Fragestellung. Sie gründet sich auf Angaben der Befragten über ihre Gefühle anderen Bevölkerungsgruppen gegenüber. Daraus läßt sich eine verschiedene sozialpsychologische Distanz zu jenen Gruppen ablesen.* (GS, Bd. 9·2, S. 348)

73 Hans Friedrich Fulda, 21. Juni 1955

Protokoll
der Sitzung vom 21. 6. 1955

Während des ersten Teils der Sitzung wurden im Anschluß an das Referat von Herrn Mangold nochmals Fragen der Skalenbildung besprochen.

Zu einer von Prof. Bettelhelm erwähnten Skala, die Zufriedenheit mißt durch Skalierung verschiedener Unzufriedenheitsgrade, führte Prof. Adorno aus: Daß die scharfe Bestimmung eines negativen Begriffs wie dem der Unzufriedenheit das adäquateste Instrument zur Messung der Zufriedenheit sei, habe insofern allgemeine theoretische Bedeutung, als darin auf die Wichtigkeit korrektiver Gegensatzbegriffe in der Sozialforschung verwiesen werde. Wenn man zum Beispiel unvoreingenommen die Dinge bezeichnen wolle, durch die die Individuen heute gespalten und unidentisch mit sich selber sind, so geschähe das am besten dadurch, daß man zuerst den Begriff des in sich einheitlichen Subjekts einführe und dann die Wirklichkeit mit ihm konfrontiere.

Während es heute entwickeltere Verfahren als Ja–Nein-, Mehr–Weniger- und Vierpunktskalen, die Prof. Bettelheim als die einfachsten weil historisch frühesten kennzeichnete, längst gebe, übten gerade in Deutschland auf das regredierte Bewußtsein vieler die grobschlächtigen um ihrer Primitivität willen eine gewisse Faszination aus.

Herr Mangold verwies darauf, daß bei jeder Umfrage aus technischen Gründen komplexe Sachverhalte auf einzelne Fragegegenstände und die Antworten auf wenige Antwortkategorien reduziert werden müssen.

Demzufolge ist es unmöglich, wie Prof. Adorno zeigte, die Methoden unabhängig vom Ermittlungsgegenstand zu diskutieren; denn wo eine methodisch bedingte Vergröberung des Sachverhaltes nicht schadet und wo sie tödlich ist, läßt sich nur am Verhältnis der Methode zu ihrem Gegenstand entscheiden. Das bedeutet aber von Seiten der Umfragetechnik, daß sie nicht generell gut oder schlecht zu nennen ist, sondern daß nur ihre einzelnen Methoden in Anwendung auf bestimmte Gegenstände als adäquat oder inadäquat bezeichnet werden können.

So hat auch die Guttman-Skala[31] ebenso ihren bedenklichen wie positiven Aspekt. Dem Vorteil der exakten Meßbarkeit qualitativ in sich eindeutiger Phä-

---

31 Im selben Beitrag (s. vorige Anm.) heißt es: *Bei der* Guttmann-Skala [sic!] *(scalogram analysis) sollen die »items« eindimensional sein, d. h. die Zustimmung zu einem bestimmten »item« muß die*

nomene steht die Unerfaßbarkeit komplexer und daher meist theoretisch relevanter Einheiten gegenüber. Deshalb hat eine weniger rigorose Skala wie die Likerts[32], die unter Berufung auf die Guttman'sche Skalenkritik angegriffen wurde, unter Umständen größeren Erkenntniswert, gerade weil sie vieldimensional ist. Die aus ihr entwickelte F-Skala[33] zum Beispiel gestattet es, einen Gesamtkomplex von Einstellungen einheitlicher Grundstruktur nach theoretischen Erwägungen in seinen verschiedenen Facetten indirekt zu studieren und so im ganzen Reichtum seiner Manifestationen adäquat zu erkennen. Der Fortschritt, den Guttman methodisch in bezug auf die Exaktheit der Skalen erreicht, ist bezahlt mir der inhaltlichen Fülle ihrer Ergebnisse, weil beide sich nicht auf eine Formel bringen lassen.

Zweites Hauptthema des Kolloquiums bildeten die von Herrn Dr. v. Friedeburg formulierten Diskussionspunkte zum Verhältnis zwischen Theorie und Empirie.

Beide lassen sich, wie Prof. Adorno ausführte, nicht absolut voneinander trennen. Doch müssen sie zunächst im Groben unterschieden werden, da ihre Übergänge ineinander nur zu fassen sind, wenn man ihre Differenz festhält.

So ist ein System wie zum Beispiel das der klassischen Nationalökonomie aus einem Prinzip entwickelt, das sich in der Gesellschaft unzählige Male realisiert findet, also eine empirische Basis hat: dem Tauschakt. Bei der Entwicklung des Systems aber wird auf die Beschreibung seiner einzelnen Erscheinungen weitgehend verzichtet und versucht, aus ihren begrifflich reinen Formen zu Aussagen über das Funktionieren des gesellschaftlichen Ganzen zu kommen. Lazarsfelds

---

Zustimmung zu allen anderen weniger extremen »items« einschließen und mit der Ablehnung aller extremeren »items« zusammengehen. Größere methodische Strenge wird um den Preis der inhaltlichen Breite erkauft. (GS, Bd. 9·2, S. 348)

32 *In der Likert-Skala (method of summated ratings) werden die »items« ausgewählt, die am besten mit den Gesamtwerten korrelieren [...] und die größte Trennschärfe aufweisen. Die Befragten werden um eine meist in fünf Stufen qualifizierte Stellungnahme zu den »items« gebeten. Die gewichteten individuellen Ergebnisse werden nach Art der Punktwertung im Sport summiert, die Skalenpositionen der Einzelnen oder Gruppen dann nach der Höhe der jeweils erreichten Punktzahl bestimmt.* (Ebd.)

33 Die F-Skala – mit ›F‹ für ›Faschismus‹ – ist ein Fragebogen, der an der University of California in Berkeley für das Forschungsprojekt zur Untersuchung autoritätsgebundener Persönlichkeiten entwickelt wurde, an dem neben Guttman auch Adorno mitgearbeitet hat; vgl. R. Nevitt Sanford, T[heodor] W. Adorno, Else Frenkel-Brunswik und Daniel J. Levinson, *The Measurement of Implicit Antidemocratic Trends*, in: T[heodor] W. Adorno, Else Frenkel-Brunswik, Daniel J. Levinson und R. Nevitt Sanford, unter Mitw. von Betty Aron, Maria Hertz Levinson und William Morrow, *The Authoritarian Personality*, New York 1950 (Studies in Prejudice; 1), S. 222–279; vgl. GS, Bd. 9·1, S. 185–261.

Untersuchung der Faktoren, nach denen sich der Ausgang einer Wahl richtet,[34] dagegen organisiert ohne zugrundeliegende Konzeption eines tragend Gesetzmäßigen lediglich Fragen, aus deren Ergebnissen sie die im einzelnen relevanten Zusammenhänge ermittelt.

Die Empirie läßt sich daher grob charakterisieren als Erfassung gesellschaftlicher Erscheinungen. Ausgehend von Einzelfällen steigt sie durch deren Klassifikation zu Begriffen auf, die ihr als bloße Abbreviaturen eines unmittelbar zu Registrierenden gelten, das sie bezeichnen.

Die Theorie dagegen entfaltet Allgemeinbegriffe, denen sie Substantialität und logische Priorität vor dem Besonderen zuspricht. Sie geht davon aus, daß die einzelnen gesellschaftlichen Beziehungen unter bestimmten, ihnen vorgeordneten Wesensgesetzen stehen, deren Kenntnis den Schlüssel zur Erkenntnis gesellschaftlicher Vorgänge liefert, während die bloße Rezeption von Daten bei den Epiphänomenen stehen bleibt.

Der Konflikt zwischen Theorie und Empirie hat demzufolge eine gewisse Verwandtschaft mit dem Universalienstreit. Keineswegs jedoch ist die Theorie der Gesellschaft rationalistisch im Sinn einer freischwebenden Begriffskonstruktion; denn in ihrer begrifflichen Bewegung ist immer zugleich die Beziehung auf das Inhaltlich-Gesellschaftliche mitenthalten, dem Unterschied der Denkstruktur Hegels zu der Leibniz' entsprechend, zwischen denen sonst eine formale Analogie besteht. Nur ist bis heute wenigstens das Organon der Theoriebildung nicht so sehr die empirische Sozialforschung als die unreglementierte Erfahrung des Wissenschaftlers, die freilich wie die klinische Erfahrung eines Arztes unter anderem von der Zahl der beobachteten Fälle abhängt, wie Prof. Bettelheim bemerkte.

Da alle Begriffe letztlich in Erfahrung fundiert sind, ist keine Theorie aufgrund ihrer eigenen Gestalt davor gefeit, in ein Wahnsystem umzuschlagen; wie es umgekehrt keine Empirie gibt, die a priori gefeit wäre gegen die Gefahr des Schwachsinns, der in der theoretischen Belanglosigkeit ihrer Ergebnisse zum Ausdruck kommt.

Hinsichtlich der Theorie legitimiert sich daraus die Forderung nach Kriterien ihrer Wahrheit, wenngleich die innerhalb der Empirie gültigen – Auswechselbarkeit, Wiederholbarkeit, Kontrollierbarkeit – nicht einfach als verbindlich für sie unterstellt werden dürfen. Prof. Adorno nannte als genuine Kriterien der Theorie: ob in ihrem Lichte Fakten, die sonst undurchsichtig bleiben, verständlich

---

34 Vgl. Paul F. Lazarsfeld, Bernard Berelson und Hazel Gaudet, Wahlen und Wähler. Soziologie des Wahlverhaltens [1944], hrsg. von Heinz Maus und Friedrich Fürstenberg, übers. von R. F. Schorling, Neuwied und Berlin 1969 (Soziologische Texte; 49).

werden; ob sie wie ein Kraftfeld alle möglichen, sonst exzentrischen und miteinander unvereinbaren Dinge in sich hineinzuziehen und aus einem Prinzip abzuleiten vermag; und ob es ihr gelingt, richtige Prognosen über allgemeine Vorgänge in der Gesellschaft zu stellen. Prof. Bettelheim fügte dazu die Desiderate der Ökonomie und Eleganz, denen zufolge die Theorie durch möglichst wenig Untertheorien belastet sein und keine inneren Widersprüche aufweisen soll, es sei denn daß sie aus dem System selbst folgen.

Aus der Verschiedenartigkeit theoretischer und empirischer Kriterien darf jedoch ebensowenig auf die strikte Autonomie beider Erkenntnisweisen voneinander geschlossen wie aus ihrer prinzipiellen Einheit, auf die Herr Dr. Weltz hinwies, die Forderung nach einen gemeinsamen Kriterium beider erhoben werden; denn die Behauptung jener, die von der Aufgabe der Vermittlung dispensieren soll, ist unsinnig, weil Theorie und Empirie wesensmäßig sich aufeinander beziehen, solange es nicht zwei Wahrheiten gibt; diese aber bleibt dogmatisch, solange beide in der wissenschaftlichen Erfahrung auseinandertreten, weil der Hinweis auf ein in ihnen prinzipiell Identisches – die Erfahrung – nicht ihre faktische Disproportionalität aufhebt. Aus ihm eingibt sich daher lediglich, daß die Dichotomie nicht so sehr im Gegensatz von Denken und Erfahrung besteht. Bei der Frage, ob man jener wissenschaftlichen Rang zubilligen könne, brach die Diskussion ab.

H. Fulda

74 Kurt Lenk,
28. Juni 1955

Protokoll
der Sitzung vom 28. Juni 1955

Zu Beginn der Sitzung unternahm es Prof. Adorno, den Begriff der Theorie, welcher in unseren Diskussionen immer wieder auftaucht, einer näheren Bestimmung zu unterziehen, um dadurch etwaigen Mißverständnissen zu begegnen. Es gibt eine Vorstellung von theoretischer Soziologie, die deren Aufgabe darin sieht, die jeweils beobachteten gesellschaftlichen facts unter formale begriffliche Einheiten zu befassen. In einer solchen formalen Soziologie wird der Theoriebegriff als der logisch systematische Zusammenhang aller durch die Wirklichkeit gelegten Abstraktionsschnitte gefaßt. Theorie meint hier eine Art formaler und allgemeiner Einsicht, der die inhaltlichen Erkenntnisse gegenüberstehen. Als der Inbegriff der definitorisch gefundenen obersten Allgemeinheiten bleibt ein Theoriebegriff dieser Art den gesellschaftlichen Tatsachen äußerlich.

(Seine Unfruchtbarkeit kommt überall da zum Vorschein, wo er sich dem stumpfsinnigen Betrieb der Empirie widerstandslos und unkritisch verschreibt.)

Unser Begriff von Theorie hat mit dem hier kursorisch beschriebenen nichts zu tun. In ihn gehen nicht nur immer schon Erfahrungen ein, sondern er meint auch etwas durchaus Inhaltliches. Der unter diesem Theoriebegriff befaßte gesellschaftliche Prozeß soll auf die ihn beherrschenden tatsächlichen Machtverhältnisse hin untersucht werden. Theorie soll also die komplexen Machtkonstellationen und die aus ihnen sich herleitenden Abhängigkeitsstufen innerhalb der Gesellschaft zum Gegenstand der Analyse haben. Das Geflecht der Verfügungsgewalten und der gesellschaftlichen Machtverteilung, das den einzelnen Menschen nicht zum Bewußtsein kommen kann, wird in den Kategorien dieser Theorie greifbar. Gegenüber der lediglich klassifikatorischen Funktion des formalen Theoriebegriffs besitzt unser Begriff eine *kritische* Erkenntniskraft, in welcher auch der Prüfstein seiner Suffizienz und Echtheit gesehen werden kann. Nur in dem Maß hat Theorie einen Sinn, wie sie es vermag, das Verständnis komplizierter gesellschaftlicher Zusammenhänge zu erschließen und *die* Kräfte beim Namen zu nennen, von denen alle gesellschaftlichen Verhältnisse bedingt werden. Sie muß erklären können, aufgrund welcher Prinzipien sich die Totalität der Gesellschaft entfaltet, welche Machtgruppen den Ausschlag geben, was die gesellschaftlichen Apparaturen in Gang hält usw.

Die Frage nach einem allgemeinen Kriterium für die Entscheidung darüber, ob ein theoretischer Begriff realen, weil kritischen oder einen rein formalen Sinn besitzt, läßt sich nur schwer beantworten. Sicher ist, daß unser Theoriebegriff auch von bestimmten positivistischen und idealistischen Entwürfen und Systemen erfüllt werden kann (z. B. Spencer, Hegel). Entscheidend bleibt immer, daß die Theorie von der Gesellschaft dazu befähigt, den über die realen Machtverhältnisse gebreiteten Schleier zu durchstoßen und dadurch das alle Vorgänge beherrschende Gesetz sichtbar werden zu lassen. Das heißt konkret: Die gesellschaftlichen Akte sind heute z. B. von den Gesetzen des Tausches, den Marktgesetzen und der Verfügungsgewalt über die Arbeit her zu begreifen. Von da aus erscheinen alle Versuche, die gesellschaftlichen Prozesse etwa von der Eliten- oder Gruppenbildung her erklären zu wollen, als zutiefst ideologisch.

Wie wichtig diese Klärung des Theoriebegriffs für unsere Thematik ist, ließ die Diskussion erkennen, die sich im Anschluß an einige von Herrn Fulda vorgetragene Thesen[35] ergab. Obgleich jeder Empiriker einräumen würde, daß die Theorie schon in die Hypothesenbildung hineinspielt und andererseits die aufbereiteten und geordneten Daten in einer Theorie von der Gesellschaft terminieren sollen, bleibt für ihn die Herkunft der Hypothese selbst im allgemeinen uninteressant. Er sieht seine Aufgabe lediglich darin, die unstrukturierten Daten in operationelle Termini zu übersetzen. Insofern bleibt auch das von Herrn Fulda idealtypisch gemeinte Modell der empirischen Sozialforschung – wenn auch bedingt – gültig. Herr Fulda behandelte eine Reihe von Schwierigkeiten, die sich aus der Anwendung mathematischer Methoden in der Soziologie herleiten. Der Anspruch auf wissenschaftliche Exaktheit dürfe sich nicht auf die Verifikation quantifizierender Verfahrensweisen stützen, da die Auflösung der gesellschaftlichen Momente in Zahlen zwar ein Weg sein könne, zu richtigen Erkenntnissen zu gelangen, doch sei die Exaktheit der angewandten mathematischen Methoden noch kein Indiz auf Wahrheit der gewonnenen Resultate. Auch die subtilsten Quantifizierungstechniken könnten oftmals nur eine Scheinexaktheit hervorrufen, nämlich dann, wenn die Auflösung in Zahl und Maß dem Untersuchungsgegenstand nicht adäquat ist.

In der zwischen dem Referenten und Prof. Bettelheim sich anbahnenden Kontroverse ging es in der Hauptsache darum, ob die Verwendung mathematischer Verfahrensweisen in der heutigen Sozialforschung den Aberglauben verbreiten helfe, daß die Gesellschaft mathematisierbar sei und das Vorurteil unterstütze, wonach die Exaktheit quantifizierender Methoden auch die der soziologischen Erkenntnisse gewährleisten könne. Wenngleich diejenigen Schulen, welche das Ideal der Soziologie in deren Mathematisierung sehen, nicht als repräsentativ für die empirische Sozialforschung anzusehen sind, bleibt doch

---

35 Hans Friedrich Fulda, »Quantifizierung, Meßbarkeit und das Ideal exakter Erkenntnis in der empirischen Sozialforschung«, UAF Abt. 139 Nr. 10.

Herrn Fuldas Frage zu Recht bestehen, wie einige Soziologen dazu kommen, aus der Verwendung mathematischer Methoden so etwas wie ein Ideal zu machen. Damit soll die mögliche Anwendbarkeit quantifizierender Verfahren selbst nicht bezweifelt werden.

Eine generelle Entscheidung über die Legitimität mathematischer Operationen in der empirischen Forschung ist nicht möglich. Vielmehr läßt sich sagen, daß die Gründe für die Anwendung der Mathematik im konkreten Fall in der Erfahrung liegen und vom Untersuchungsgegenstand her bestimmt sein müssen. Keinesfalls dürfe die Soziologie einem Methodenfetischismus verfallen, der sich z. B. dort einstellt, wo die Auswahl der Untersuchungsobjekte sich an den bereits vorhandenen Methoden orientiert, nach denen man Themen sucht, auf die sich jene Methoden anwenden lassen. Die Mathematik muß als ein nützliches Hilfsmittel vom Empiriker dazu benutzt werden, rascher und rationeller gewisse Resultate zu erzielen. Daß diese Einstellung für die Mehrzahl der Soziologen verbindlich ist, geht schon aus der Tatsache hervor, daß die von ihnen verwandten mathematischen Techniken es im allgemeinen auch einem Nichtmathematiker gestatten, den Gang der Untersuchung zu verstehen. Höhere Mathematik bleibt in der Regel der Lösung bestimmter Spezialprobleme vorbehalten.

Prof. Horkheimer warnte davor, das Verdikt gegen die in der empirischen Sozialforschung angewandten quantifizierenden Methoden zu allgemein und abstrakt auszusprechen, da man sonst Gefahr laufen könnte, unter dieses Verdikt selbst zu fallen. Im selben Maße, wie die Entscheidung der Frage, inwieweit man zum Zweck der Ordnung der gesammelten Daten auf mathematische Operationen angewiesen sei, nur von der Sache selbst her bestimmt sein dürfe, sei die von Herrn Fulda behandelte Thematik strenggenommen erst dann in ihrer ganzen Kompliziertheit auszubreiten, wenn die Kritik an einer bestimmten Untersuchung ansetze. Es kann nicht geleugnet werden, daß den Kategorisierungsmethoden der empirischen Sozialforschung oftmals eine Tendenz eignet, die wirkliche Erfahrung gesellschaftlicher Vorgänge zugunsten einer reglementierten abzuschneiden. Wie die Denunziation der kritischen Theorie als metaphysischer Spekulation, so läuft auch die Diktatur verdinglichter Methoden und Verfahrensweisen auf bloße Apologie des positiv Bestehenden hinaus, da sie die Menschen von den entscheidenden Fragen ablenkt und ihnen statt dessen vorgeprägte Begriffe aufzwängen möchte. Beiden Versuchungen zu entgehen, ist eine der zentralen Aufgaben einer Sozialforschung, die mit Hilfe der kritischen Theorie sich jeder reglementierten Erfahrung widersetzt.

Kurt Lenk

75 Jutta Thomae und Christoph Oehler, 5. Juli 1955

Protokoll
der Sitzung vom 5. 7. 1955

1. Die formale Soziologie hat in den letzten 50 Jahren dadurch an Erkenntniswert verloren, daß sich ihre Funktion grundlegend gewandelt hat: Eben das, was unter der Vorherrschaft der wertfreien Soziologie progressiv war, wird gegenwärtig apologetisch, indem es von den eigentlichen gesellschaftlichen Phänomenen ablenkt. Denn die Abstraktionsschnitte, die die formale Soziologie vermittels ihre Klassifikationen legt, bleiben notwendig an den Epiphänomenen, also den Charaktermasken dessen orientiert, was sich in ihnen verschleiert und nur durch eine wirkliche Theorie der Gesellschaft ans Licht gebracht werden könnte.

Wenn Simmel z. B. das Phänomen der gesellschaftlichen Entfremdung nach dem formalen Kriterium der Größe einer Gruppe zu bestimmen sucht,[36] so kann dies durchaus zutreffend sein, aber trotzdem den eigentlichen Sachverhalt verdecken, nämlich dann, wenn man hierdurch davon abgelenkt wird, die Bedeutung der Größe der Gruppe für die gesellschaftliche Entfremdung selber wieder abzuleiten von konkreten gesellschaftlichen Verhältnissen wie der Organisation der Produktivkräfte, dem Ausbau des Verkehrs und ähnlichem.

Ebenso bleibt die These Karl Mannheims, die Krise der modernen Gesellschaft rühre daher, daß es nicht mehr zur Bildung geschlossener Eliten komme,[37] dann

---

36 In der Schrift »Soziologie. Untersuchungen über die Formen der Vergesellschaftung« [1908] bemerkt Simmel, es lasse sich feststellen, »daß ganz oder annähernd sozialistische Ordnungen bisher nur in ganz kleinen Kreisen durchführbar waren, in großen aber stets gescheitert sind. Die innere Tendenz solcher nämlich: die Gerechtigkeit in der Verteilung des Leistens und des Genießens – kann wohl in einer kleinen Gruppe realisiert und, was sicher ebenso wichtig ist, von den Einzelnen überblickt und kontrolliert werden. Was jeder für die Gesamtheit leistet, und womit die Gesamtheit es ihm vergilt, das liegt hier ganz nahe beieinander, so daß sich Vergleichung und Ausgleichung leicht ergibt. In einem großen Kreise hindert dies insbesondere die in ihm unvermeidliche Differenzierung der Personen, ihrer Funktionen und ihrer Ansprüche. Eine sehr große Zahl von Menschen kann eine Einheit nur bei entsprechender Arbeitsteilung bilden [...]. Deshalb muß, eine je engere Einheit derselben [scil. der Gruppe] gefordert wird, die Spezialisierung der Individuen eine um so genauere, um so unbedingter also den Einzelnen an das Ganze und das Ganze an den Einzelnen verweisende sein.« (Georg Simmel, Gesamtausgabe, hrsg. von Otthein Rammstedt, Bd. 11, hrsg. von Otthein Rammstedt, Frankfurt a. M. 1992, S. 63 f.)
37 »Die Krise der Kultur in der liberalen Demokratie geht zunächst einmal auf die Tatsache zurück, daß die fundamentalen Sozialprozesse, denen früher die kulturschaffenden Eilten zur Entfaltung verhalfen, infolge der Vermassung des gesellschaftlichen Lebens geradezu in ihr Ge-

formal, wenn man darin nicht ein Epiphänomen dessen erkennt, daß in dieser modernen Gesellschaft bestimmte Herrschaftsformen aufrechterhalten werden, die inzwischen in Widerspruch zu ihrer ökonomischen Struktur getreten sind.

Übrigens findet sich schon bei Pareto die dem zugrundeliegende Tendenz, an einem bestimmten gesellschaftlichen Modell gefundene Derivate als allgemeingültig zu setzen.[38]

Damit ist natürlich nicht gesagt, daß man insofern hinter den Standpunkt der formalen Soziologie zurückfallen solle, als man ihre Begriffe nicht mehr verwendete, zumal da sich ohne solche, wie dem von Sumner entwickelten der »ingroup« und »outgroup«,[39] kaum noch arbeiten läßt. Es wäre nur unzutreffend, wenn man glaubte, in ihnen schon eine Theorie des gesellschaftlich Wesentlichen und Unwesentlichen zu besitzen.

2. Auch in der Art, wie die von der empirischen Soziologie entwickelten mathematischen Kategorien angewendet werden, scheint sich ein Moment der Sterilität abzuzeichnen.

Sicherlich ist die Sprache ebensowohl den Fakten inadäquat, weil sie immer ein Stück Konvention enthält, wie es die Mathematik als Abstraktionsvorgang ist. Daraus kann aber nicht die Konsequenz gezogen werden, sich dem mathematischen Ideal anzunähern, indem man die Unabhängigkeit von Sache und Ausdruck postuliert, wie es die positivistische Logik tut. Vielmehr sollte man umgekehrt die Möglichkeit nutzen, die darin liegt, daß die Sprache den Fakten verhältnismäßig weniger adäquat sein kann, als die mathematische Abstraktion. Denn wenn man Hegel folgt, kann eine Erkenntnis erst dann als wahr bezeichnet werden, wenn das Bewußtsein ihr nicht als einem Fremden, Vergegenständlichten gegenübersteht, sondern sich in ihr wiederfindet; und diese Vermittlung scheint

---

genteil umschlagen, d. h. die Elitenbildung hindern.« (Karl Mannheim, Mensch und Gesellschaft im Zeitalter des Umbaus, Leiden 1935, S. 63)

38 Vgl. Vilfredo Pareto, Allgemeine Soziologie [1916], bes. von Hans Wolfram Gerhard, übers. und eingel. von Carl Brinkmann, Tübingen 1955, S. 161–231.

39 Vgl. William Graham Sumner, Folkways. A Study of the Sociological Importance of Usages, Manners, Customs, Mores, and Morals, Boston u. a. 1906. Sumner beschreibt Gewohnheiten und Bräuche, mit denen Gruppen unbewusst ihre Interessen sowohl gegenüber der Natur als auch anderen Gruppen gegenüber durchzusetzen versuchen. Adorno arbeitet mit beiden Begriffen in seiner 1943 fertiggestellten, jedoch erst postum veröffentlichten Schrift über den faschistischen Agitator Martin Luther Thomas (vgl. GS, Bd. 9.1, S. 7–141), so etwa, wenn er nach Zitation des Propagandisten schreibt: *The theological dualism is used to invest the political fight, in which Thomas is involved, with the dignity of a conflict taking place within the absolute. No proof is given that the Communists are devils or that Thomas is the partisan of God, except that he carries God's name in his mouth. He simply relies on the distinction of in- and outgroup.* (Ebd., S. 96)

in bezug auf gesellschaftliche Zusammenhänge die Sprache noch am ehesten leisten zu können.

Scheidet man demgegenüber eine Soziologie als Erlebnis von einer Soziologie als Wissenschaft und ordnet der ersten als Darstellungsmittel die Sprache, der zweiten die Mathematik zu, so verfällt man damit schon der Entfremdung des Subjekts von seinem Objekt in der Gestalt der Trennung von Weltanschauung und Wissenschaft, um deren Aufhebung es eben der sich der Sprache bedienenden Erkenntnis geht.

Dem Einwand allerdings, daß eine im Wesen irrationale Gesellschaft nicht mit den rationalen Methoden der Naturwissenschaften dargestellt werden könne, weil man damit der Gesellschaft mehr Vernunft zubillige als sie besitze, läßt sich einiges entgegenhalten: Die Mathematik hat es ebenso wie die Soziologie vor allem mit Relationen zu tun; die Irrationalität, z. B. im Glücksspiel, kann in der Mathematik mit der Wahrscheinlichkeitsberechnung erfaßt werden; und es ist durchaus nicht ausgeschlossen, solche Methoden auf kompliziertere Zusammenhänge in der Gesellschaft anzuwenden.

3. Auch von der Themenstellung her besteht die Gefahr der Sterilität für die Soziologie, wenn man sich dem Betrieb der empirischen Wissenschaften kritiklos einordnet: Zwar sind Wissenschaft und Philosophie auf wechselseitige Impulse angewiesen; auch Hegel bezeichnet die Wissenschaften als die Voraussetzung der Philosophie.[40] Aber gegenwärtig scheint sich in der Soziologie sowohl in Deutschland als auch in den USA eine ähnliche Entwicklung wie in der Filmindustrie abzuzeichnen: Hier wie dort kann nur derjenige noch Hervorragendes produzieren, der bedeutende Mittel investieren kann. Damit werden die soziologischen Untersuchungen aber – jedenfalls in der Themenstellung – abhängig von den auftraggebenden Institutionen, die über diese Mittel verfügen. Diese Institutionen sind jedoch nur an bestimmten Themen interessiert und ebensosehr daran, daß bestimmte andere Themen nicht zum Gegenstand einer Untersuchung werden; Untersuchungen auf dem Gebiet des Rundfunks und im Konsumgüterbereich bieten hierfür Beispiele. Da man aber auf der anderen Seite gesellschaftskritische Thesen ohne den Beweis mit Hilfe der einmal entwickelten empirischen Methoden nicht akzeptiert, besteht die Gefahr, daß so die Forderung

---

40 »Die wahre Gestalt, in welcher die Wahrheit existiert, kann allein das wissenschaftliche System derselben sein. Daran mitzuarbeiten, daß die Philosophie der Form der Wissenschaft näherkomme – dem Ziele, ihren Namen der *Liebe* zum *Wissen* ablegen zu können und *wirkliches Wissen* zu sein –, ist es, was ich mir vorgesetzt.« (HW, Bd. 3, S. 14)

nach wissenschaftlicher Strenge dahin umschlägt, das Denken über die für die Gesellschaft wesentlichen Dinge mundtot zu machen.

Jutta Thomae
Chr. Oehler[41]

---

[41] Unterschrift.

76 Christoph Oehler, 12. Juli 1955

Protokoll
der Sitzung vom 12. 7. 55

Nach der Verabschiedung von Prof. Bettelheim referierten Herr Kaiser und Herr Liepelt über »Das Verhältnis von Sektor und Totalität in der Sozialforschung«[42].
Im Zusammenhang mit den Referaten wurden von Prof. Adorno folgende Bemerkungen gemacht:

1. Zumindest für die Mannesmann-Studie läßt sich sagen, daß die uns hier beschäftigenden Schwierigkeiten, die sich aus der Begrenzung auf einen Sektor des gesellschaftlichen Ganzen ergeben, nicht unmittelbare Folge der Abhängigkeit der Studie von den Wünschen ihrer Auftraggeber sind; gewiß hängen die verwendeten Kategorien mit der Anpassung der Forschung an die Markterfordernisse zusammen, aber doch auf eine viel vermitteltere Weise.

2. Im Nachwort der Mannesmann-Studie werden nicht, wie unterstellt wurde, Konsequenzen für die Theorie der Gesellschaft gezogen;[43] eher wird hier versucht aufzuweisen, daß und warum Ergebnisse einer Einzelstudie nicht ohne weiteres Schlüsse auf die objektiven Bewegungen in der Gesellschaft zulassen. Insofern hat es in bezug auf das Verhältnis von Sektor und Totalität lediglich eine kritische Funktion.

---

42 Horst Helmut Kaiser, »Sektor und Totalität«, UAF Abt. 139 Nr. 10, und Klaus Liepelt: »Sektorenanalyse«, ebd.
43 Die publizierte ›Betriebsklima-Studie‹ enthält kein Nachwort, ist auch zum Zeitpunkt des Seminars noch nicht veröffentlicht; vermutlich bezieht sich die Bemerkung auf den vorläufigen Hauptbericht (s. oben, Anm. 27), genauer auf dessen Zusammenfassung. Sie schließt mit einer Bemerkung, wie sie sich fast wortgleich in der Publikation findet: »Wiederholt sei, dass die Studie zunächst nur danach fragte, wie sich im Bewusstsein des Arbeiters der herrschende Zustand widerspiegelt. Es würde ihren Rahmen überschreiten, die relative Zufriedenheit, den erheblichen Fonds an Vertrauensbereitschaft und gutem Willen, wirtschafts- und sozialpolitisch zu bewerten. Erst wenn man die objektive Situation der Arbeiterschaft – im Betrieb und gesamtgesellschaftlich – hinzunimmt, wären solche Schlussfolgerungen möglich.« (Institut für Sozialforschung an der Johann Wolfgang Goethe-Universität · Frankfurt am Main, Betriebsklima, a.a.O. [s. Anm. 27], S. 369; vgl. Betriebsklima. Eine industriesoziologische Untersuchung aus dem Ruhrgebiet, a.a.O. [s. Anm. 27], S. 81)

3. Im Grunde war mit der Themenstellung folgendes naheliegende Phänomen gemeint: Wenn man in verbindlicher Weise eine empirische Untersuchung durchführen will, muß man sich auf einen Sektor der gesellschaftlichen Totalität beschränken, weil diese als der Zusammenhang, der das Getriebe zugleich gefährdet und erhält, sich nicht nur als ein quantitativ Überdimensionales, sondern auch als ein von den Einzelphänomenen grundsätzlich Verschiedenes dem direkten Zugang entzieht. Und hieraus ergibt sich die Gefahr, Wesentliches zugunsten des Partiellen zu vernachlässigen oder bestimmte Momente fälschlich dem Sektor anstatt der Totalität zuzurechnen.

Ein Beispiel bietet in der Mannesmann-Studie die Abhängigkeit der Lohnzufriedenheit einmal vom innerbetrieblichen Sektor, zum anderen von übergreifenden Zusammenhängen; weiter in der Gruppenstudie[44] die Frage, wie die sich aufdrängende Dignität der Ergebnisse mit ihrer notwendigen Beschränkung auf den Teilnehmerkreis wegen mangelnder Repräsentativität zu vereinbaren sei.

4. Herr Liepelt veranschaulichte am Beispiel der Studie von Robert C. Angell, »The Moral Integration of American Cities«, 1951,[45] die allgemeinsten, rein als Arbeitshypothesen eingeführten Kategorien, die sich in der amerikanischen Soziologie als am brauchbarsten erwiesen haben, das vorkommende Material zu ordnen. Es muß aber fraglich erscheinen, ob eine solche rhapsodistische Einteilung möglich ist, oder ob nicht vielmehr in der Sache selber, also der Gesellschaft, eine Struktur vorgegeben ist, die eine Ableitung der Kategorien aus einer Theorie er-

---

44 Die Ergebnisse dieser Studie sind dargelegt in: *Gruppenexperiment. Ein Studienbericht*, bearb. von Friedrich Pollock, mit Geleitw. von Franz Böhm, Frankfurt a. M. 1955 (*Frankfurter Beiträge zur Soziologie*; 2). Im Vorwort von Horkheimer und Adorno heißt es: *Monographien lagen vor von den folgenden Mitarbeitern: Theodor W. Adorno, Helmuth Beyer, Volker von Hagen, Peter von Haselberg, Lothar Herberger, Margarete Karplus – das ist der Mädchenname Gretel Adornos –, Rainer Köhne, Heinz Maus, Harald Mehner, Ivan Nagel, Diedrich Osmer, Karl Sardemann, Hans Joachim Sell, Gerhard Schmidtchen, Hermann Schweppenhäuser, Hans Sittenfeld, Jutta Thomae, Kurt Wolff.* [...] *Außer den Genannten waren an der Untersuchung beteiligt: Fritz Beck, Jacques Décamps, Günther Flüs, Ludwig von Friedeburg, Paul Freedman, Rudolf Holzinger, Werner Kanz, Herbert Limmer, Monika Plessner, Christa von Ravenstein, Fritz Rudolph, F. R. Spieldiener, Hans Peter Stolberg.* (Ebd., S. VII; vgl. GS, Bd. 9·2, S. 129) Zum Inhalt der Studie berichtet die Einleitung: »Der Band [...] bietet einen Arbeitsbericht über Untersuchungen, die 1950–51 durchgeführt und in den darauf folgenden Jahren ausgewertet wurden. Sie beziehen sich auf Meinungen, Einstellungen und Verhaltungsweisen der Bevölkerung der Bundesrepublik zu wesentlichen gesellschaftlichen und politischen Fragen. Die Absicht des Ganzen mag bezeichnet werden als Beitrag zur Erforschung der ›öffentlichen Meinung‹. [...] Trotz ihres erheblichen Umfanges entsprechen die Untersuchungen dem Begriff der ›pilot study‹.« (Gruppenexperiment, a. a. O., S. 3)
45 Vgl. Robert Cooley Angell, The Moral Integration of American Cities, in: The American Journal of Sociology, 57. Jg., 1951, H. 1, S. 115–122.

forderlich macht, in der sie erst sinnvoll zueinander vermittelt wären – so z. B. die natürlichen und gesellschaftlichen Faktoren. Sonst besteht die Gefahr, daß die Kategorien als Sektoren die Totalität gerade verfehlen, wie sich an den Beispielen der Stellung der Menschen im Produktionsprozeß und der social control zeigte. Es werden dann unter Umständen nur die Epiphänomene und nicht die sie produzierenden objektiven Verhältnisse der Gesellschaft erfaßt, die die einzelnen Phänomene auch erst im Verhältnis zueinander relevant machen.

Christoph Oehler

77 Manfred Teschner, 19. Juli 1955

Protokoll
der Sitzung von 19. 7. 1955

Gegenstand der Sitzung waren die Probleme der Sektorenanalyse, die im Anschluß an die beiden vorhergehenden Referate über dieses Thema im Mittelpunkt standen.

Die Kritik Prof. Adornos setzte an dem Denkmodell an, das allgemein hinter den Entwürfen amerikanischer Soziologen steht: Das Funktionieren eines Sektors wird als Maßstab gesetzt und die Durchvergesellschaftung als ein positives Kriterium aufgefaßt. Dabei wird aber nicht gesehen, daß die Durchvergesellschaftung der Ausdruck einer im wesentlichen durch den Tausch zur Totalität zusammengefaßten Gesellschaft ist, und ob man sich nicht eine höher organisierte Gesellschaft vorstellen könnte, die sich gerade dadurch auszeichnet, daß sie nicht so vergesellschaftet ist.

Entscheidend charakterisiert sind diese Versuche durch die Trennung von Methode und Sache, die sie voraussetzen. Diese Trennung kommt aus dem Bereich der Naturbeherrschung: Auf der einen Seite ist die Sache etwas Chaotisches, von der man nichts weiß, die kein bestimmtes Wesen hat; auf der anderen Seite ist der Forscher, der nun versuchen muß, das so in Ordnung zu bringen, um damit etwas anfangen zu können.

Dieses Denkmodell, das hinter den Entwürfen steht, führte dann leicht dazu, Begriffe so auszuwählen, daß entscheidende Kategorien, die im sozialen System selber enthalten sind, dabei herausfallen. So tritt z. B. das Problem Führer und Geführte an [die] Stelle der durch die Gesellschaft reproduzierten Machtverhältnisse. Wird diese Beziehung nicht aus dem Strukturgesetz der Gesellschaft abgleitet, sondern nimmt man sie so, wie sie einem einmal entgegentritt, zum Ausgangspunkt einer Theorie, dann geht das Entscheidende, der objektive gesellschaftliche Ursprung, verloren. Er wird zugunsten bloßer Ordnungsbegriffe vergessen, mit denen die Realität überspannt wird. Indem die Kategorien nicht aus dem Zusammenhang des Gegenstandes abgeleitet werden, sondern – nach der Devise: Ich kann es so machen, wie ich es will, denn die Wahrheit beanspruche ich nicht, und durch diesen Verzicht kann ich das Denkmodell so wählen, wie es mir paßt – dem Belieben des einzelnen Forschers überlassen werden, sind die Entwürfe viel subjektivistischer als sie sich gebärden.

Eine solche Theorie als ein Mixtum von Ordnungsbegriffen kann nicht die Theorie der Gesellschaft sein, weil die Gesellschaft nicht als etwas Chaotisches dem Menschen gegenübersteht, sondern selbst das Organ ist, aus dem die Kategorien stammen, die wir selber haben. Es ist eine präsoziologische Betrachtungsweise, die glaubt, Erkenntnis wäre das, was der Professor zu einer solchen Sache hinzusetzt, und Gesellschaft sei ein Stoff wie die amorphe Natur. Mit solchen subjektiven Ordnungsbegriffen können dann leicht ideologische Geschäfte besorgt werden, wenn sie nicht an den im objektiven gesellschaftlichen Prozeß angelegten Kategorien gemessen werden. Auch der Lasswell'sche Versuch: die obersten Kategorien von irgendwelchen Disziplinen des wissenschaftlichen Betriebs zu übernehmen und durch die Addition der Ergebnisse der verschiedenen sozialwissenschaftlichen Departments zur gesellschaftlichen Totalität zu gelangen,[46] entspricht nicht dem Betriff einer Theorie der Gesellschaft. Hier wird die Arbeitsteilung der Wissenschaft hypostasiert, anstatt daß über den Zusammenhang der Kategorien in der Theorie darüber reflektiert würde.

Gegenüber diesen Versuchen wird dagegen der Begriff der Theorie dadurch bestimmt, daß man – mit Hegel – die Sache selbst als etwas Bestimmtes auffaßt, der soziale Prozeß also seine eigenen Kategorien hervorbringt, und somit unsere Kategorien, wenn sie wahr sein sollen, ebenso aus der Sache selbst hervorgehen müssen. Eine solche Theorie ist dadurch charakterisiert, daß in ihr die Kategorien in einen Zusammenhang gebracht und aus ihrem Produziertsein abgeleitet und begriffen werden können. Sie erweist ihre Berechtigung, wenn es ihr gelingt, möglichst viel an einem Phänomen aufzuschließen und wenn exzentrische und sonst nicht verständliche Phänomene durch sie »zu sprechen anfangen«, d. h. einen Sinn erhalten.

Besonders zeigt es sich daran, in welchem Maß es einer Theorie möglich ist, Widersprüche in der Realität nicht hinter einem begrifflichen Apparat verschwinden zu lassen. Eine Theorie von der Gesellschaft ist um so näher bei der Sache, je mehr sie von den Antagonisten weiß. Gesellschaftliche Begriffe müssen möglichst viel von der Spannung in sich aufnehmen können. Weiterhin gehört dazu die Erfahrung der Relevanz, die die einzelnen Kategorien in der Realität einnehmen. Die Frage nach dem, was wichtig und was unwichtig ist, darf nicht hinter den Begriffssystemen verschwinden.

Die Entscheidung über diese Frage liegt im Grunde bei der Beziehung einer solchen Theorie auf eine sich ihrer selbst mündig werdende Gesellschaft. Wo diese Beziehung vorliegt, da enthüllt sich auch zugleich das Nichtige solcher Verfah-

---

46 Vgl. hierzu die Ausführungen Adornos in dessen Vorlesung zur *Einleitung in die Soziologie (1968)*, NaS, Bd. IV·15, S. 148 f.

rensweisen. Gegenüber der Beziehung auf das Leiden und auf sein Gegenteil zeigt sich das Epiphänomen, das gar nichts damit zu tun hat. Nützlich jedoch können die Entwürfe für die empirische Forschung sein, und zwar dann, wenn die Theorie selbst nicht in der Lage ist, an die empirische Forschung heranzureichen. Dabei stellt sich dann für die Entwürfe als wichtigstes Problem, die Schnitte durch die Sektoren so zu legen, daß das, was sinngemäß zusammengehört, auch sinngemäß aufeinander bezogen bleibt und nicht durch die Sektorengrenzen auseinandergerissen wird.

M. Teschner

78 Christoph Oehler, 26. Juli 1955

Dr. Weltz berichtete über die bis zum Pretest fortgeschrittene Untersuchung der Vorstellungen von Sozialversicherten über ihre Daseinsform im Alter.[47]

Unter anderem geht die Studie von folgender Analyse der Situation der alternden Menschen aus:

Durch die mit der Industrialisierung einhergehende Verschiebung der Produktionseinheit von der primären Gruppe auf größere Einheiten ist auch die Altersversorgung durch die primäre Gruppe (Familie, Handwerksbetrieb) problematisch geworden. Das Schwergewicht der Altersversorgung hat sich bei den Sozialrentnern von der primären Gruppe zum Staat hin verschoben.

Diese durch den historischen Prozeß entstandenen Veränderungen des Trägers der materiellen Sicherung für das Alter bedingen Änderungen in der gesamten Daseinsform im Alter. Durch die Trennung von Träger der materiellen Sicherung und primärer Gruppe haben sich aber auch die Funktionen der Alten innerhalb der Gruppe überhaupt verschoben.

Es kommt folgendes hinzu: In der bäuerlichen und handwerklichen Arbeit spielte die Erfahrung eine große Rolle. Die Art der Arbeit, in der die Erfahrung gesammelt wurde, veränderte sich nur unwesentlich. So konnte der alte Mensch, auch nach seinem Ausscheiden aus dem unmittelbaren Produktionsprozeß, als Erfahrungsreservoir weiterhin für seine Umgebung von Wert sein. Selbst wenn seine Erfahrung nicht unmittelbar benutzt wurde, genoß er doch durch sein Alter ein gewisses Ansehen.

Mit der Technisierung der Arbeit verlor einmal die Erfahrung ganz allgemein an Bedeutung, da der Anteil der rein repetitiven Arbeiten stieg, zum anderen veränderte sich der Arbeitsprozeß mit der schnellen technischen Entwicklung dauernd, so daß auch in den nicht rein repetitiven Arbeiten die Möglichkeit der Auswertung früherer Erfahrungen sank.

Durch beide Momente, also die Verschiebung des Trägers der materiellen Sicherung der Alten, die Verschiebung ihrer Funktionen sowie der Anforderungen, die durch die Produktionsbedingungen an den arbeitenden Menschen gestellt werden, hat sich die Stellung der alten Menschen in der Gesellschaft verschoben: Sie sind im Endeffekt in eine Stellung am Rande der Gesellschaft gedrängt worden.

Das gesellschaftliche Bild vom Alter hat diesen Wandel noch nicht mitvollzogen. Das heute noch als öffentliche Meinung dominierende Bild vom Alter wird

---

47 S. oben, Anm. 28.

sehr wesentlich von traditionellen Anschauungen bestimmt, in denen die Erfahrung und das Alter positiv bewertet werden. Die gesellschaftliche Konzeption vom »guten Arbeiter« ist viel stärker mit den veränderten Bedingungen mitgegangen.

Dadurch ist eine gewisse Diskrepanz zwischen der Konzeption des produktiven Menschen und dem Bild vom Alter entstanden. Auf der einen Seite wird Anpassungsfähigkeit, Schnelligkeit, Umstellungsbereitschaft, technisches Verständnis verlangt, auf der anderen Seite Erfahrung und Kontinuität noch immer hoch bewertet.

Das durch diesen Widerspruch gestörte gesellschaftliche Gleichgewicht wird auf Kosten der Alten, nämlich durch ihre Isolierung, wiederhergestellt. Indem man die Alten sozusagen auf sich selbst verweist, ihnen keine neuen gesellschaftlichen Funktionen zuweist, sondern die Funktion des Alters allein in der Bedeutung für den Alternden selber sieht, wird der Konflikt scheinbar gelöst.

Mit der Realisierung einmal der tatsächlichen gegenwärtigen Alterssituation, zum anderen der Diskrepanz zwischen ihr und der sonstigen gesellschaftlichen Orientierung, und weiter mit der Verbindung der Alterssituation mit der eigenen Person aufgrund eines Parallelerlebnisses zum Altgeworden-Sein wird das gesellschaftliche Altersklischee ersetzt durch Vorstellungen über das Alter, die bestimmt werden durch Erfahrungen, durch die persönliche Situation und durch die Gruppenzugehörigkeit. Für die Jüngeren gilt dies am stärksten, da bei ihnen einmal das gesellschaftliche Altersbild am schwächsten ausgebildet sein wird, zum anderen ihnen die Diskrepanz zwischen Alterssituation und sonstiger gesellschaftlicher Orientierung besonders deutlich werden wird.

Die Diskussion der hieraus abzuleitenden Untersuchungshypothesen führte zu folgenden Feststellungen:

1. Die Annahme, daß das gesellschaftlich vorgegebene Altersbild erst unter dem Einfluß eines Parallelerlebnisses bzw. nur im Bereich konkreter Vorsorge zugunsten realistischer Vorstellungen fallengelassen wird, entspräche gewissen Ergebnissen der Berkeley-Studie;[48] denn hier hat sich gezeigt, daß die weitgehend konservative – und d. h. im amerikanischen Sinn: streng liberalistische – Ideologie dann fallengelassen wird, wenn Sektoren berührt werden, die mit den unmittelbaren Interessen der Menschen zusammenhängen, andererseits sich aber gleichsam abgekapselt weiter erhält, soweit ein solcher Zusammenhang entweder nicht besteht oder nicht realisiert wird.

---

[48] Gemeint ist die Studie, deren Resultate die *Authoritarian Personality* darlegt (s. oben, Anm. 33).

2. Man könnte darüber hinaus sogar erwarten, daß das Ideal des Alters unversehrt erhalten bleibt, und zwar aufgrund des sozialpsychologisch bereits erkannten Phänomens, daß Widersprüche zwischen Realität und Ideologie nicht mehr ausgetragen werden, sondern vielmehr dem Nebeneinander der Funktionen eines Individuums infolge der Arbeitsteilung nun auch ein Nebeneinander der Wertsysteme entspricht.

3. Eine der Hypothesen lautet, daß die Vorstellungen über das eigene Alter sich teilen lassen in die Gruppe der mehr konkreten, von denen erwartet wird, daß sie stärker abhängig sind von der Einschätzung der eigenen Situation, und die Gruppe der mehr unartikulierten, von denen vermutet wird, daß sie stärker durch die vorherrschende Ideologie bestimmt werden. Wenn nun beide Gruppen ihrem objektiven Wahrheitsgehalt nach unvereinbar sind, so könnte diese Unvereinbarkeit doch sehr wohl subjektiv nicht erscheinen, also nicht ausgetragen werden, nämlich aufgrund der schon angedeuteten trieb-ökonomischen Tendenz. Das leidvolle Bewußtsein von Antagonismen aufzuweisen, könnte Empirie und Theorie hingegen eher einanander näherbringen, als die in sonstigen Studien gängige Tendenz, sie auszuklammern bzw. aufzulösen.[49]

4. Es kann weiter erwartet werden, daß aufgrund gewisser Schutzmechanismen, die psychologisch wohl mit dem Narzißmus zusammenhängen (ähnlich wie bei sehr schweren Krankheiten), das Altwerden aller anderen Menschen, nur nicht das eigene realisiert wird, und daß dementsprechend für das eigene Altsein das in Anspruch genommen wird, was hier als Ich-Ideal bezeichnet wurde, für das der anderen aber das ideologische Allgemeine.

Daran anknüpfend wurde anhand der Ergebnisse des Pretestes diskutiert, inwieweit es gelungen ist, einzelne Hypothesen in Fragen umzusetzen. Hierbei wurde auf die Schwierigkeit hingewiesen, daß in vielen Fällen ein der Erwartung entsprechendes Ergebnis zwar für den Beweis der Hypothesen in Anspruch genommen werden kann, ein ihr widersprechendes aber sie deswegen nicht zu widerlegen braucht, weil die Reaktionen der Befragten vielschichtiger als vorausgesetzt sind, d.h. also z.B., weil die Befragten ihr eigenes Verhalten in bestimmten Situationen nicht so weit reflektieren, daß es in ihre Antwort eingehen könnte; damit würde die Untersuchung insoweit – z.T. auch durch die Begren-

---

49 Die letzten beiden Sätze wurden konjiziert für: »Wenn nun beide Gruppen ihrem objektiven Wahrheitsgehalt nach unvereinbar sind, so könnte diese Unvereinbarkeit doch sehr wohl subjektiv nicht erscheinen, also nicht ausgetragen werden, nämlich aufgrund der schon angedeuteten trieb-ökonomischen Tendenz, sich das leidvolle Bewußtsein von Antagonismen aufzuweisen, könnte Empirie und Theorie eher einander näherbringen, als die sonstigen Studien gängige Tendenz, sie auszuklammern bzw. aufzulösen.«

zung der Forschungsmittel bedingt – auf ein Adiaphoron hinauslaufen, d. h. die Hypothese unterfiele keinem »experimentum crucis«.

Christoph Oehler

Wintersemester 1955/56:
Die Platonische Ideenlehre

Philosophisches Hauptseminar

In diesem Semester hält Adorno zudem die philosophische Vorlesung »Probleme der Ästhetik« und gibt das soziologische Hauptseminar »Amerikanische Texte zur Theorie der Gesellschaft« sowie die soziologischen Übungen »Über neuere industriesoziologische Untersuchungen« und »Übungen zur sozialen Gebildelehre (Gemeindestudien)«

Das Seminar findet donnerstags von 18 bis 20 Uhr statt

79 TWAA Pr 10/19 – 21

79 Jacob Molitor,
1. Dezember 1955

stud. jur. et phil.   Frankfurt am Main-Höchst, den 5. Dez. 1955
Jacob Molitor
Frankfurt am Main-Höchst
Kasinostr. 6b

Protokoll
der
Seminarsitzung vom 1. Dezember 1955

In Fortführung des Referates[1] über den Begriff der ἀνάμνησις in Platons Dialog »Menon«[2] wurde das Problem der Lehrbarkeit der Tugend durch die Heranziehung eines Beispieles über die Lehrbarkeit als solche in ihrer Verbindung mit der Wiedererinnerung als solcher verdeutlicht.

Die Lösung eines geometrischen Sachverhaltes, welchen Sokrates einem ungebildeten Sklaven aufgibt, wird von jenem in der Weise dadurch bewältigt, daß dieser Sachverhalt als etwas unmittelbar sinnlich Evidentes einsichtig ist.[3] Über die sinnliche Erfahrung hinaus leuchtet eine Evidenz von absoluter Dignität auf.

Dieses Apriori ist etwas Unmittelbares und nicht durch logisch-denkerisches Schließen Vermitteltes, es ist ein unmittelbares Wissen von der Sache selbst, von etwas An-sich-Seiendem, das der Anschauung gegenüber unabhängig ist und ihr vorausgeht. Zur Erklärung dieses Apriorismus wird hier von Platon der Begriff der ἀνάμνησις aporetisch eingeführt, und wie jede Aporie etwas Offenes ist, kann die Transzendenz ins Mythologische hier im Sinne der Wiedererinnerung auf Grund einer prä-existenten Ideen-Schau in ihrer Gegenwart legitim erscheinen. Auch ohne diese mythologische Transzendenz harrt die Immanenz des Problems der

---

1 Der entsprechende Referatstext wurde nicht aufgefunden.
2 In der nach Platon unsterblichen Seele ist alles Wissen bereits angelegt. Da sie bereits oftmals geboren wurde und gestorben ist, gibt es nichts, was sie nicht schon geschaut hätte. Allerdings wird das Wissen bei jeder Geburt vergessen, so dass es sich beim Lernen um ἀνάμνησις, Wiedererinnerung, und nicht um wirkliches Neuerlernen handelt (vgl. Platon, Menon, in: Platon, Sämtliche Werke, hrsg. von Ursula Wolf, Bd. 1, übers. von Friedrich Schleiermacher, Reinbek bei Hamburg 1994 [Rowohlts Enzyklopädie; 561], S. 453–500; hier: S. 471–475 [80d–82e]).
3 Platon lässt Sokrates einen Dialog mit einem Sklaven so führen, dass der allein durch das Nachfragen von Sokrates zur Lösung einer mathematischen Überlegung, die Verdoppelung eines Quadrates betreffend, gelangt. Auf diese Weise soll die ἀνάμνησις bewiesen werden, sofern der Sklave dieses Wissen bereits besessen und lediglich vergessen habe.

Sinnlichkeit einer Lösung entgegen, insofern eben das Sinnliche das Modell für die Idee abgibt in der Richtung auf ein urbildliches Wissen hin.

Der folgende Teil der Seminarsitzung war ausgefüllt durch das Referat[4] über Aristoteles und die Platonische Ideenlehre.

Aristoteles sieht in seiner Metaphysik (A, 6)[5] zunächst die Entstehung und den Sinn der Ideenlehre als Fazit des Widerspruches zwischen den Herakliteern,[6] insbesondere dem Kratylos und dem Sokrates. So ist für Platon im Anschluß an Heraklit die Welt der Sinne die des sich ständigen Veränderns der Dinge. Dagegen stellen sich ihm die Allgemeinbegriffe des Sokrates als Ausdruck des sich immer gleichbleibenden Wesens der Dinge dar. Damit ergibt sich, daß die Allgemeinbegriffe sich nicht auf Sinnliches beziehen können und ihnen als Allgemeingültigkeiten eine vollständig andere Art des Seienden entsprechen, nämlich die Ideen. Diese neue Welt hat Platon entdeckt. Ihr Sinn ist das wissenschaftstheoretische Anliegen schlechthin, insofern es ohne die Ideen gar kein Wissen geben kann, was gleichzeitig bedeutet, daß eben nur das wahre Sein begrifflich gedacht werden kann. Wissen und Begriff sowie Idee und Sein sind Korrelate.

Die Platonische Idee ist für Aristoteles ein hypostasierter sokratischer Allgemeinbegriff, dem aber entgegen Sokrates bei Platon ein Sein zukomme, das von der Erfahrungswelt getrennt sei, während Sokrates gerade die Allgemeinbegriffe in der Raumzeitlichkeit belassen habe. Aristoteles beruft sich in seiner Polemik gegen Platon also auf Sokrates; dies ist symptomatisch für jeden Fortschritt, der sich in der Tradition zu legitimieren versucht, ohne vielleicht zu beachten, daß er seinen Standpunkt eben rückwärts in die Vergangenheit projiziert.

Die Kritik des Aristoteles in seiner Metaphysik (A, 6 und 9; M, 9)[7] gegenüber der Platonischen Ideenlehre wird mit fünf Argumenten belegt.

---

4 Der entsprechende Referatstext wurde nicht aufgefunden.
5 Vgl. Aristoteles, Metaphysik, nach der Übers. von Hermann Bonitz bearb. von Horst Seidl, in: Aristoteles, Philosophische Schriften in sechs Bänden, Bd. 5, Hamburg 1995, S. 19–21 (987a–988a).
6 Heraklit zählt insofern zu den ›vereinzelten‹ Philosophen, als er keine Schüler im eigentlichen Sinne hat. Immerhin stehen aber die Herakliteer, als deren bekanntester Kratylos gilt, als seine Anhänger in einer gewissen philosophischen Abhängigkeit zu ihm. Kratylos soll nach Aristoteles die Aussage des Heraklit, man könne nicht zweimal in denselben Fluss steigen, radikalisiert haben zu der Annahme, dass dies nicht einmal ein einziges Mal möglich sei (vgl. ebd., S. 80f. [1010a]), weil Identität absoluter Dynamik unmöglich sei. Nach Aristoteles wiederum verhindert diese Annahme des Kratylos, irgendein Wissen über Dinge zu erlangen bzw. gültige Aussagen über sie zu treffen.
7 Vgl. ebd., S. 19–21 (987a–988a), ebd., S. 27–34 (990a–993a), sowie ebd., S. 291–296 (1085a–1086b).

1.) Aus den für die Wissenschaft notwendigen Allgemeinbegriffen als Ideen folgt nicht die substantielle Existenz der Ideen. Denn diese sind nicht neben, sondern in den Dingen, von woher sie der Geist als Allgemeines heraushebt. Die Allgemeinheit ist also nicht ontologisch, sondern logisch.[8]

2.) Die Eigenständigkeit der Ideen stellt eine Verdoppelung der Dinge dar.[9]

3.) Wenn aber die Ideen nicht in den Dingen sind, dann erklären sie ja gar nicht, was sie erklären sollen, nämlich das Wesen der Dinge.[10]

4.) Den Grund für den Ursprung der Bewegung aber vermögen die Ideen als etwas Statisches überhaupt nicht abzugeben.[11]

5.) Wegen des Fehlens einer ursprungshaften Dynamik kann es bei den Ideen nur einen regressus ad infinitum geben, insofern über einem Ding und der Idee, an der es teilhat, nur wieder eine höhere Idee usf. (Argument vom »dritten Menschen«) steht und man niemals zu einer ersten und damit letzthöchsten Idee gelangen kann.[12]

An diesem Punkt des Referats, nämlich der Darstellung der festgestellten Standpunkte des Aristoteles gegenüber Platon, wird die Anregung des Seminarleiters, nämlich über die Feststellung der Standpunkte hinauszuschreiten, aufgegriffen werden müssen.

Die Platonische Idee ist nämlich als ὑπόθεσις[13], als Voraussetzung Seinsgrund schlechthin und damit über ihre Charakterisierung als λόγος (Allgemein-

---

[8] Vgl. ebd., S. 27–30 (990b–991b).
[9] Vgl. ebd., S. 26 f. (990a–b).
[10] Vgl. ebd., S. 19 f. (987b), sowie ebd., S. 29 (991a).
[11] Vgl. ebd. sowie ebd., S. 32 f. (992a–b).
[12] Soll etwa die Frage beantwortet werden, ob die Idee des Menschen selbst zur Klasse der Menschen gehört, so ergibt sich der genannte regressus ad infinitum, da man dann eine dritte Idee, z.B. einen dritten Menschen (vgl. ebd., S. 28 [990b]) annehmen muss, die der Idee vom Menschen die Eigenschaft verleiht, menschlich zu sein. Zudem impliziert die Annahme, Idee und Abbild seien in einer bestimmten Sache einander ähnlich, dass sie in anderer Hinsicht unähnlich seien, und für diesen Unterschied zwischen Idee und Abbild wäre ebenfalls eine Idee dieses Unterschieds vonnöten, woraus sich wiederum ein regressus ad infinitum ergibt.
[13] In der Einleitung zur *Metakritik der Erkenntnistheorie* [1956] schreibt Adorno über jene Hypostasis: *Was arglose Pfarrer in entlegenen Landgemeinden noch predigen mögen: daß die Ewigkeitswerte ein Sparpfennig seien, davon hat alle prima philosophia etwas [...]. Wenn aber seit der Platonischen Hypostasis der ewigen Ideen von der Metaphysik was zeitlich ist eskamotiert wird und die Residuen des Zeitlichen verdinglicht, so ist das am Ende wohl dem zuzuschreiben, daß Metaphysik unterm Mangel gedieh, unter der steten Furcht, das Wenige zu verlieren. Befangen bildete sie ihre Ewigkeit einem Zeitlichen nach, den Eigentumsverhältnissen, die von Menschen gemacht sind und entfremdet über ihnen walten.* (GS, Bd. 5, S. 24)

begriff) auch οὐσία¹⁴ (Wesenheit), somit αὐτὸ τὸ πρᾶμα (das Ding selbst in seinem wahren Sein) und deshalb auch αἰτία¹⁵ (Ursache) und ein οὗ ἕνεκα, τέλος (*Ziel*)¹⁶.

Ein Streben und Sehnen (ὀρέγεσθαι, προθυμεῖσθαι) nach dem Höheren waltet im Seienden.

Damit kann die Platonische Seinsbetrachtung und somit die Ideenlehre ihres teleologisch-dynamischen Charakters nicht entkleidet werden. Der Fortschritt über die Konfrontierung der Positionen des Platon und des Aristoteles scheint in der Einsichtbarmachung jener Problematik von der μεθέξις und παρουσία,¹⁷ d. h. von der Präsenz des Apriorischen im Aposteriorischen zu liegen.

---

14 Die platonische Idee stellt das Wesen ihrer Abbilder dar, die im Gegensatz zu jener nicht ewig und unveränderlich, sondern durch das Werden und Vergehen und damit durch Veränderung geprägt sind. Mit ›οὐσία‹ ist hingegen das unveränderliche Wesen der Ideen bezeichnet.

15 Aristoteles selbst unterscheidet sehr differenziert zwischen unterschiedlichen Arten von αἰτία: die Bewegungsursache und die Formursache (vgl. Aristoteles, Metaphysik, a. a. O. [s. Anm. 5], S. 167 [1041a]), die Stoffursache (vgl. ebd., S. 167 f. [1041b], sowie Aristoteles, Physik, übers. von Hans Günter Zekl, in: Aristoteles, Philosophische Schriften in sechs Bänden, Bd. 6, Hamburg 1995, S. 1–258; hier: S. 30 f. [194b]), sowie die Finalursache (ebd., S. 31 f. [194b–195a]).

16 ›οὗ ἕνεκα‹ und ›τέλος‹ werden in allgemeinen synonym für das ›Ziel‹ bzw. den ›Endzweck‹ gebraucht.

17 ›μεθέξις‹ meint die Teilhabe der vergänglichen Dinge an den ewigen Ideen, ›παρουσία‹ die Anwesenheit der Ideen in den vergänglichen Dingen.

Wintersemester 1955/56:
Amerikanische Texte zur Theorie der Gesellschaft

Soziologisches Hauptseminar

In diesem Semester hält Adorno zudem die philosophische Vorlesung »Probleme der Ästhetik« und gibt das philosophische Hauptseminar »Die Platonische Ideenlehre« sowie die soziologischen Übungen »Über neuere industriesoziologische Untersuchungen« und »Übungen zur sozialen Gebildelehre (Gemeindestudien)«

Das Seminar findet dienstags von 17 bis 19 Uhr statt

80–82 UAF Abt. 139 Nr. 1

80 Hans Friedrich Fulda, 10. Januar 1956

Protokoll
des Seminars über Veblens »Theory of the Leisure Class«[1]
Sitzung vom 10. Jan. 1956
(H. F. Fulda)

Prof. Adornos Ausführungen während der letzten Sitzung hatten – veranlaßt durch eine kritische Bemerkung zum Protokoll Wagners[2] – zu ihrem ersten Thema den Begriff des Äquivalententauschs bei Marx, an dem sich der dialektische Charakter des Marx'schen Denkens angemessener erfassen lasse als an den vielberufeneren Gegensätzen zwischen Seins- und Bewußtseinsfaktoren, Produktivkräften und Produktionsverhältnissen; denn der Tausch trägt für Marx in der bürgerlichen Gesellschaft streng dialektisches Gepräge, insofern er zugleich einer von Äquivalenten ist und nicht ist, wie sich am Austauschverhältnis von Lohn und Arbeit demonstrieren läßt. Da sich nämlich der Wert einer Ware aus der zu ihrer Produktion gesellschaftlich notwendigen Arbeitszeit bestimmt, die Produktion der Ware Arbeit[3] aber in ihrer gesellschaftlichen Reproduktion besteht, wird sie ihrem Wert entsprechend bezahlt, auch wo der Arbeiter nur ihre Reproduktionskosten zurückerhält, während er ihren vollen Gebrauchswert hingibt. Die Tauschgegenstände: das vom Arbeiter verausgabte Arbeitsquantum und die in Geld ausbezahlten Mittel zu seiner Reproduktion, sind also nach dem Maß des Arbeitswertes gleich. Andererseits aber, da die Arbeit als einzige Ware nicht nur Wert hat, sondern auch Wert schafft, sind sie ungleich insofern, als der durchschnittliche Aufwand an Arbeitszeit, den der Arbeiter zur Produktion seiner Reproduktionsmittel nötig hat, kleiner ist als derjenige, den er tatsächlich an den Unternehmer verkauft.[4]

---

1 Vgl. Thorstein Veblen, Die Theorie der feinen Leute. Eine ökonomische Untersuchung der Institutionen [1899], übers. von Suzanne Heintz und Peter von Haselberg, Köln und Berlin [1958].
2 Das entsprechende Protokoll von Erhard Wagner wurde nicht aufgefunden.
3 Nicht die Arbeit, sondern die Ware Arbeitskraft ist nach Marx die Voraussetzung für die Mehrwertproduktion. Im ersten Band des »Kapitals« [1867] heißt es: »Um aus dem Verbrauch einer Ware Wert herauszuziehn, müßte unser Geldbesitzer so glücklich sein, innerhalb der Zirkulationssphäre, auf dem Markt, eine Ware zu entdecken, deren Gebrauchswert selbst die eigentümliche Beschaffenheit besäße, Quelle von Wert zu sein, deren wirklicher Verbrauch also selbst Vergegenständlichung von Arbeit wäre, daher Wertschöpfung. Und der Geldbesitzer findet auf dem Markt eine solche spezifische Ware vor – das Arbeitsvermögen oder die Arbeitskraft.« (MEW, Bd. 23, S. 181)
4 Vgl. den Abschnitt »Die Produktion des absoluten Mehrwerts«, ebd., S. 192–330.

Aus der Tatsache, daß der dem Unternehmer zukommende, Tauschwerte produzierende Gebrauchswert der Arbeit höher ist als ihr Warenwert, ergibt sich der Mehrwert. Er hat daher seinen Grund im Moment der Ungleichheit des Äquivalententauschs selbst und nicht einfach in Appropriation als dessen abstrakten Gegensatz; und er fällt dem Unternehmer aus dem gerechten Tausch selbst zu, weil sich in ihm noch Machtverhältnisse verbergen, denen zufolge der Arbeiter nicht als ein seine Vertragsbedingungen frei vereinbarendes Subjekt, sondern als Objekt von Herrschaft, nicht als Ansich, sondern als Für-Andere bezahlt wird.

Eine zweite Bemerkung, die sich auf den während der vorletzten Sitzung[5] durchgeführten Vergleich zwischen Marx und Veblen bezog, galt dem Thema Arbeitsteilung. Ihr Begriff, stellte Adorno fest, beginne heute in dem Maße, in dem sie selbst von ihrer technischen und sachlichen Notwendigkeit einbüße, etwas von seiner alten Selbstverständlichkeit zu verlieren, die er im Denken von Marx und Veblen besitze. Bei ihnen fungiere er als unbezweifelt positiv, weil sie die Wiederherstellung einer Art Naturzustandes als illusorisch erkannten. Aber mit der im technischen Fortschritt liegenden Tendenz zur Entqualifizierung und Quantifizierung der Arbeit, der eine Art Fusionierung der Sozialwissenschaften in Statistik und Methode entspreche, würden allmählich die Verrichtungen der Arbeit einander so angeähnelt, daß schließlich die meisten von den Menschen ausgeführt werden könnten, die einigermaßen auf dem Stand der Produktivkräfte sich befinden. Im Gegensatz dazu aber werde die Arbeitsteilung gerade heute, da sie überflüssig zu werden beginnt, aus Bedürfnissen des gesellschaftlichen Prinzips im Namen der Experten fetischisiert. Mit der Weigerung, sie in ein gesellschaftliches Gut zu verwandeln, mache man sich daher noch nicht der romantischen Ideologie der Naturwüchsigkeit schuldig.

Veblens Ansicht, es werde mit der fortschreitenden Versachlichung der Arbeit das Unheil der Gesellschaft repariert und deren Ordnung hergestellt werden,[6] bot

---

5 Ein Protokoll jener Sitzung wurde nicht aufgefunden.
6 »Veränderungen und Verbesserungen der institutionalisierten Struktur der geschäftlichen und finanziellen Konventionen verfolgen zunächst unmittelbar das Ziel, die friedliche und geordnete Ausbeutung zu erleichtern; darin aber erschöpft sich ihre Wirkung bei weitem nicht. Die Erleichterungen bei der Führung von Geschäften verhindern nämlich nicht nur Störungen im Arbeitsprozeß und im Leben außerhalb des Arbeitsplatzes, sondern das allmähliche Verschwinden solcher Störungen und Komplikationen – die zu beheben einst Verschlagenheit und eine genaue Kenntnis der Verhältnisse und Umstände voraussetzte – macht mit der Zeit die reiche Klasse selbst überflüssig. Wenn die finanziellen Transaktionen zur Routine werden, benötigt man keine Industriekapitäne mehr. Daß dieses Ergebnis noch der Zukunft angehört, braucht wohl kaum betont zu werden.« (Veblen, Theorie der feinen Leute, a. a. O. [s. Anm. 1], S. 204 f.)

sodann Anlaß zu einigen Ausführungen über die Zusammenhänge zwischen gesellschaftlichen Rationalisierungstendenzen und der Kristallisation des Ich. Veblen nimmt an, und darin zeigt er sich mit dem frühen Positivismus und seiner Idee eines das Metaphysische ablösenden rationalen Zeitalters verwandt, daß mit der fortschreitenden Technisierung der Arbeitsprozesse die an ihnen Beteiligten vernünftiger würden.[7] Die geschichtliche Erfahrung seit dem Ende der frühbürgerlichen Ära hat aber gezeigt, nicht nur, daß die Rationalisierung weitgehend auf die Arbeitswelt beschränkt blieb, während deren Bedingungen mit dem Anwachsen der Widersprüche zwischen der materiellen Entwicklung der Produktion und ihrer gesellschaftlichen Form (der Produktivkräfte und Produktionsverhältnisse) selbst irrationaler wurden; sondern auch, daß die Individuen im privaten und politischen Leben keinesfalls von derselben Vernunft sich leiten lassen, die die Technik im Beruf ihnen diktiert. Nicht deshalb freilich, weil ihre Irrationalität aller Rationalisierung äußeren Verhaltens zum Trotz im Grunde stets dieselbe bliebe, sondern weil diese nach der Einsicht der dynamischen Psychologie, gerade in ihrer Resistenz selbst die Folge der nur partikularen Vernunft ist, die sich der Unterdrückung des Trieblebens verdankt; und deren Leistung, der technisch-zivilisatorische Fortschritt, daher mit dem Preis der neurotischen Organisation seiner Subjekte bezahlt werden muß. So erklärte Freud das Unbehagen in der Kultur, wenige Jahre bevor es in Deutschland seinen kollektiven Ausdruck sich verschaffte.[8] Da ihm aber die Erhaltung der zivilisierten Gesellschaft mit dem Fortbestand der Versagung tragisch-unlösbar verknüpft schien, optierte er selbst noch für diese als gesellschaftlichen Wert,[9] anstatt zu fragen, ob nicht durch die Verwandlung der partikularen Rationalität der Arbeit in die universale der Gesellschaft deren zwanghaftes Moment weggenommen werden könnte.

Veblen hält im Unterschied zu Freud an einer undialektischen Auffassung von der Einheit der Menschen fest. Nachdem der Behaviorismus die Person als Reflexbündel faßte, Allport die personal phenomena aufdeckte[10] und unter andern Sartre die Begriffe der Rolle und der Situation untersuchte[11], wird jedoch die Berechtigung des nüchternen Common-sense-Arguments, daß Inkonsistenzen im

---

[7] Vgl. den Abschnitt »Archaische Züge der Gegenwart«, ebd., S. 206–235, in dem Veblen die Veränderungen der Menschen in der Moderne allerdings ambivalenter fasst, als es hier im Protokoll anklingt.
[8] Vgl. Freuds Schrift »Das Unbehagen in der Kultur« [1930], FGW, Bd. XIV, S. 419–506.
[9] Vgl. ebd., S. 482–493.
[10] Vgl. Gordon W. Allport, Persönlichkeit. Struktur, Entwicklung und Erfassung der menschlichen Eigenart [1937], hrsg. und übers. von Helmut von Bracken, Stuttgart 1949.
[11] Vgl. Jean-Paul Sartre, Das Sein und das Nichts. Versuch einer phänomenologischen Ontologie [1943], hrsg. und übers. von Justus Streller, Hamburg 1952.

Subjekt unerträglich seien, leicht unterschätzt; es ist in der Tat schwer vorzustellen, wie auf die Dauer in einem Subjekt, das unter dem Begriff des Ich gedacht wird, sich absolut divergente Elemente sollen finden können. Das Ich ist ja nicht nur eine Instanz gegenüber dem Es und dem Über-Ich, sondern Prinzip der Vereinheitlichung, ohne die der Lebensprozeß nicht stattfände. Die Notwendigkeit einer Einheit, von der aus das Divergente noch umschlossen wird, spricht sich darin aus, daß die Irrationalität immer etwas vom Charakter des in Anführungszeichen Gesetzten an sich hat. Wenn daher gesagt wird, daß im Faschismus die verdrängten Antriebe als Irrationales wieder zum Vorschein kommen, so heißt das nicht, daß dieses in seinen Subjekten auch wirklich geglaubt würde;[12] und die Wut in ihnen hat ihren Grund gerade darin, daß sie es mit Regungen zu tun haben, die durch den Druck des Ich entstehen, andererseits aber vor ihm als Instanz nicht standhalten. Weil der Nazi nicht daran glaubt, daß alle Juden Verbrecher sind, bringt er sie um. Er überschreitet die Kritik des Ich und erkennt damit auf seine pervertierte Weise die Vernunft in der Geschichte an. So macht sich unter den gegenwärtigen Bedingungen der Depersonalisierung das Moment der Ichbildung auch da noch geltend, wo Irrationalität durch den Schrecken übertönt wird.

Im zweiten Teil der Sitzung kamen die Referate von Walter[13] und Hochleitner[14] über das 5. und 6. Kapitel Veblens[15] zum Vortrag. Daneben bot sich nur noch Gelegenheit zu kürzeren Anmerkungen, die insbesondere den Zusammenhang von Rauschgift und Arbeit betrafen.[16]

Während dem Gebrauch von Rauschgift da, wo er unter feudalen Verhältnissen wie bei den chinesischen Kulis und südamerikanischen Indios zum Mas-

---

12 Zu einer ähnlichen Einschätzung gelangt Adorno 1960 in seiner Vorlesung über *Philosophie und Soziologie: Ich glaube, daß das Bewußtsein, daß das, was Herr Goebbels gesagt hat, die einfache Lüge war, daß dieses Bewußtsein eigentlich außerordentlich allgemein in Deutschland gewesen ist und daß man den Denunziationen des Goebbels mit einer Art von Augenzwinkern überhaupt nur zugehört hat, das bedeutet hat: ›Na, das hat er wieder mal gut gemacht, das ist doch ein schlaues Köpfchen, wie er das alles macht!‹ – aber doch mit dem Einverständnis eben, daß er aus rein machtpolitischen Gründen lügt. In einer Welt, in der überhaupt die Instanz der Rationalität gegenüber dem unmittelbaren Gebrauch von Macht und der unmittelbaren Unterdrückung außer Kurs gesetzt ist, verliert der Geist jenes Moment der Selbständigkeit, was ihn zu einem notwendig falschen Bewußtsein macht* [...] (NaS IV·6, S. 233).
13 Rudolf Walter, »Referat über das fünfte Kapitel der Theory of Leisure Class: The Pecuniary Standard of Living« UAF Abt. 139 Nr. 1.
14 Der Referatstext von Erna Hochleitner wurde nicht aufgefunden.
15 Vgl. die Abschnitte »Der Aufwand für die Lebenshaltung«, in: Veblen, Theorie der feinen Leute, a.a.O. (s. Anm. 1), S. 108–118, sowie »Die Normen des Geschmacks«, ebd., S. 119–163.
16 Im Abschnitt »Der demonstrative Konsum« behandelt Veblen die »konventionelle Differenzierung von Nahrungsmitteln«, die sich »am deutlichsten für berauschende Getränke und Narkotika nachweisen« lasse. (Ebd., S. 80 f.)

senphänomen wird, vor allem eine kompensatorische Funktion gegen die unerträgliche Qual der Arbeit zukommt, scheint er, wie Fräulein Serfling[17] meinte, für den Primitiven wesentlich religiöse Bedeutung zu haben. Dem entspräche – nach dem Nietzscheschen Wort, daß alle Dinge, die heute für besonders böse gelten, einst für besonders gut galten[18] – zum einen das außerordentlich strenge Tabu, das unsere Gesellschaft über ihn verhängt: Denn gerade die vormals sakral befriedigten Bedürfnisse, die man den Menschen unter der Herrschaft des Arbeitsethos abgewöhnt hat, sind besonders verpönt und verlockend; zum anderen die affektbesetzte Verurteilung dessen, der gegen das Tabu verstößt, die sich aus dem Wissen von der abscheulichen Wirkung des Gifts allein nicht erklären läßt. In der Wut gegen den Süchtigen dürfte eher der verdrängte Wunsch, es ihm gleichzutun, zum Ausdruck kommen, den man durch die Rache am Verfolgten imaginär befriedigt und durch den Hinweis auf den bedenklichen Effekt der Sucht rationalisiert.

Bemerkenswert ist, daß die Kompromißformen, unter denen Narkotica heute zugelassen sind, wie Alkohol und Tabak, Lizenz in erster Linie für den kollektiven Gebrauch haben. So sanktioniert die Gesellschaft das eigentlich sozial Tabuierte, wo es gemeinschaftsbildend wirkt in gewissen Grenzen; sie wünscht und fördert zum Beispiel gemeinschaftliches Trinken und Rauchen als Akte der Verbundenheit, um sie desto eher verpönen zu können, wo sie die gesetzten Grenzen überschreiten.

In Anknüpfung an das Referat Fräulein Hochleitners machte Adorno zum Schluß auf eine Inkonsequenz Veblens in Beurteilung der Conspicuous Consumption[19] aufmerksam. Während Veblen nämlich auf der einen Seite versucht, Religion und Kunst bis in ihre Inhalte hinein aus dem Prinzip der Ostentation abzuleiten und von daher zu kritisieren, führt er auf der anderen Seite das zuvor Kritisierte als positive Nebenprodukte der Conspicuous Consumption wieder ein, indem er darauf hinweist, daß diese auch religiöse und ästhetische Verfeinerung

---

17 D. i. Tamara Serfling.
18 »Was eine Zeit als böse empfindet, ist gewöhnlich ein unzeitgemäßer Nachschlag dessen, was ehemals als gut empfunden wurde, – der Atavismus eines älteren Ideals.« (NW, Bd. 5, S. 99)
19 Vgl. den Abschnitt »Der demonstrative Konsum«, in dem der »spezialisierte Güterkonsum als Zeugnis finanzieller Macht« (Veblen, Die Theorie der feinen Leute, a. a. O. [s. Anm. 1], S. 79), also Konsum als Inszenierung eines Privilegs, untersucht wird: *Veblens »Theory of the Leisure Class« ist berühmt geworden durch die Lehre von der conspicuous consumption. Ihr zufolge soll der Güterkonsum von einem sehr frühen Stadium der Geschichte an, das durch das Prinzip des Beutemachens bezeichnet ist, bis heute in weitem Maße nicht der Befriedigung der wahren Bedürfnisse der Menschen dienen oder dem, was Veblen mit Vorliebe die Fülle des Lebens nennt, sondern der Aufrechterhaltung von gesellschaftlichem Prestige, von »Status«.* (GS 10·1, S. 72)

mit sich bringe.[20] An diesem Widerspruch, so Adorno, zeichne sich die Einsicht ab, daß man nicht den Inhalt all dessen, was Kultur ist, durch den Gedanken an seine Genese als Ausdruck von Gewalt abtun kann. Daraus Konsequenzen zu ziehen, habe Veblen sich aber durch seinen Ansatz abgeschnitten.

Hierzu ließe sich fragen, ob Veblens positivistische Kritik so radikal angelegt ist, wie die Interpretation eines dialektischen Denkens anzunehmen neigt, oder ob nicht die Denunziation des Ostentativen für Veblen immer auf Einzelne, nie aber auf das Totum des jeweiligen Kulturbereichs geht.

---

20 »Der müßige Herr [...] spezialisiert seinen Verbrauch auch im Hinblick auf die Qualität der konsumierten Güter. Frei und ungehemmt genießt er das Beste, was an Eßwaren, Getränken, Narkotika, Häusern, Bedienung, Schmuck, Bekleidung, Waffen, Vergnügen, Amuletten, Idolen und Gottheiten zu haben ist. Den wesentlichsten Grund für die allmähliche Verbesserung der Verbrauchsartikel und das nächstliegende Ziel einer jeden Neuerung bildet ohne Zweifel das erhöhte persönliche Wohlbehagen.« (Veblen, Die Theorie der feinen Leute, a.a.O. [s. Anm. 1], S. 83f.)

81 Erich Faßbender, 31. Januar 1956

Soziologisches Hauptseminar

Veblen: The Theory of the Leisure Class

Protokoll der Sitzung vom 31. Jan. 1956
(Erich Faßbender)

Im Kapitel über »Industrial Exemption and Conservatism«[21] entwickelt Veblen eine Theorie der Klassen und – überkommenen Anschauungen folgend[22] – eine Theorie der Anpassung. Beide sind in ein antagonistisches Verhältnis verstrickt. Als Soziologe darwinistischer Tradition faßt er das Leben der Menschen als Existenzkampf auf, als Kampf ums Dasein. Den menschlichen Fortschritt erklärt er durch einen Prozeß der Anpassung der Einzelwesen an die Umwelt, die sich mit dem Wachstum der Gruppen und mit dem Wandel gesellschaftlicher Formen (institutions), unter denen die Menschen gelebt haben, selber verändert.

Entfaltung und Umgestaltung der Gesellschaft geschehen unter dem Druck ökonomischer Kräfte. Veblen glaubt, daß sich die Individuen an die Produktionsverhältnisse anpassen, während ihr Bewußtsein noch an den vorausgegangenen Formen festhält und dadurch konservativ wird. Die Anpassungslehre, selber dialektisch, begreift die Gesellschaft als ein Ganzes, wogegen die Klassentheorie eben diese Gesellschaft in zwei große Gruppen, in Arme und Reiche geteilt sieht. Diese wie jene verhindern den Fortschritt (den die Anpassungslehre postuliert), d. h., sie verhalten sich konservativ: Die Armen sind so sehr mit ihrem Existenzkampf beschäftigt, daß ihnen die Energie fehlt, um die Verhältnisse zu ändern; die Reichen aber haben keinen Anlaß, mit den bestehenden Verhältnissen unzufrieden zu sein. Arme und Reiche tendieren somit gleicherweise zum

---

[21] Vgl. den Abschnitt »Die Befreiung von der Arbeit und die konservative Einstellung«, ebd., S. 184–205.
[22] In seiner Vorlesung über *Philosophie und Soziologie* von 1960 bemerkt Adorno, dass die Anpassungstheorie, die sich bereits bei August Comte findet, *in der amerikanischen Soziologie bis heute eigentlich das Feld beherrscht* (NaS, Bd. IV·6, S. 42), wenngleich der *Anpassungsbegriff* [...] *wissenschaftlich ganz sicher in der Biologie in einem handgreiflicheren Sinn als in der Soziologie gilt* [...] (ebd.).

Konservatismus.[23] Indem sie vor Reformen zurückschrecken, machen sie den Fortschritt durch Anpassung unmöglich.

Der Antagonismus von Fortschritt und Konservatismus läßt sich besonders an dem Beispiel der leisure class[24] demonstrieren.[25] Wenn sie sich im Produktionsbereich der geforderten Anpassung an die modernen Produktionsverhältnisse enthält – weil sie konservativ ist –, so gerät sie ökonomisch ins Hintertreffen und hat den Konkurs zu gewärtigen. Stillstand ist Gefahr. Deshalb ist sie also zur Rationalität *gezwungen*. M.a.W.: Die Theorie von der Anpassung, die ja in erster Linie progressiv ist, hat mit der Klassentheorie kein verträgliches Auskommen. Die Anpassung wird durch die beiden Klassen verhindert.

Gegen die synonyme Verwendung der Begriffe »leisure class« und »ruling class« zielte der Einwand, Kapitalisten könnten, nur weil sie keine nützliche Arbeit verrichten, nicht zur leisure class gerechnet werden. Da Kapitalisten aber alles aus dem Mehrwert zufließt und sie von nützlicher Arbeit dispensiert sind, wären sie ohne weiteres der leisure class zuzuordnen. Mit Absicht verwischt Veblen die Grenzen zwischen leisure class und ruling class. Im modernen »captain of industry« sieht er so etwas wie einen mittelalterlichen Pachtherrn, für dessen Unterhalt die Bauern sorgen.[26] Veblen kümmert sich wenig um die Geschichte, die für ihn nur die stets gleichen Vorgänge repetiert (»Es ist immer dasselbe«). Er setzt Ältestes und Neuestes in die Gleichung ein, und am Ende entpuppt sich das Neueste als das Älteste.

Daß er die Unterschiede des Sozialcharakters von Feudalherrn und heutigem Unternehmer vernachlässigt, hat seinen Grund in der Aversion Veblens gegen Dialektik. Positivistischem Denken ist dialektisches fremd; dementsprechend faßt er die Gesellschaft denn auch als statische auf. Er wendet sich gegen den Ge-

---

[23] »Die unendlich Armen und alle jene, deren Energien im täglichen Kampf ums Dasein vollständig aufgezehrt werden, sind konservativ, weil sie sich die Anstrengung nicht leisten können, über den morgigen Tag nachzudenken; die Reichen aber sind konservativ, weil sie nie Gelegenheit haben, mit dem Status quo unzufrieden zu sein.« (Veblen, Theorie der feinen Leute, a.a.O. [s. Anm. 1], S. 198)

[24] Das meint die müßige Klasse, deren Mitglieder aufgrund materiellen Reichtums ausgiebig über freie Zeit verfügen.

[25] Nach Veblen ist die müßige Klasse »konservativ, da sie von den allgemeinen wirtschaftlichen Forderungen nur mittelbar betroffen wird. Von ihren Mitgliedern wird nicht unter Androhung von Sanktionen verlangt, daß sie ihre Lebensgewohnheiten ändern und ihre theoretischen Ansichten über die äußere Welt den Forderungen einer neuen industriellen Technik anpassen, weil sie nicht eigentlich einen organischen Bestandteil der industriellen Gesellschaft bilden.« (Ebd., S. 193)

[26] Thorstein Veblen, The Industrial System and the Captains of Industry [1919], in: Thorstein Veblen, The Engineers and the Price System, New York 1921, S. 27–51

danken einer historischen Vermittlung, vielleicht deshalb, weil er als Protestant überhaupt alle Formen von Vermittlung ablehnt. Dieser zieht er die karikierende Gleichsetzung von Dingen vor, die ungleich sind.

Auch die Bedeutung des revolutionären Klassenbewußtseins wird von Veblen anders beurteilt als von Marx. Bei Marx sind die Arbeiter, die sich aus Handwerkern, Gewerbetreibenden und expropriierten Bauern rekrutieren, der kapitalistischen Welt noch nicht immanent. In ihnen ist noch die Erinnerung an den alten Zustand der Gesellschaft lebendig. Unmittelbar mit der Drohung konfrontiert, selbst in die Reservearmee abzusinken, war es einem Teil der Arbeiter möglich, sich über die ökonomischen Gegebenheiten zu erheben, die sie gefangenhielten. Gerade dazu ist aber der Arbeiter bei Veblen nicht mehr fähig. Der wird völlig beherrscht von der Maschinerie, von den »economic instructions«, die zum Schluß der Sitzung definiert wurden als »gegebene Einrichtungen der Wirtschaft«. Oder mit Marx: Produktionsverhältnisse, d. h. objektive Gegebenheiten der Wirtschaft, an die das Bewußtsein sich anzupassen hat.

Während Marx noch daran glaubte, der Arbeiter könne sich über seine eigenen Interessen erheben, wußte Lenin, daß der Arbeiter mehr zu verlieren hat als seine Ketten.[27] Er formulierte die Theorie der Avantgarde, die die Diktatur der Partei etablieren half.[28]

Vermutlich waren auch schon zu Lebzeiten von Marx die Arbeiter in der Minderheit, die von seiner Theorie überzeugt waren. Konsolidierung der bürgerlichen Gesellschaft und Integration der Arbeiter in diese bedeuteten Schwächung des revolutionären Klassenbewußtseins, das, wollte man es empirisch nachweisen, sich ohnehin als Mythos herausstellen würde. Um so zweifelhafter wird die Annahme eines revolutionären Klassenbewußtseins, als ja die proletarischen

---

27 In den *Reflexionen zur Klassentheorie*, geschrieben 1942, sagt Adorno: *Die Stelle der marxistischen Klassenlehre, die der apologetischen Kritik am offensten sich darbietet, scheint die Verelendungstheorie. Das gemeinsame Elend macht die Proletarier zur Klasse. Es folgt als Konsequenz aus ihrer Stellung im Produktionsprozeß der kapitalistischen Wirtschaft und wächst mit dem Prozeß ins Unerträgliche an. So wird Elend selber zur Kraft der Revolution, die das Elend überwinden soll. Die Proletarier haben nichts zu verlieren als ihre Ketten und alles zu gewinnen: die Wahl soll ihnen nicht schwer werden, und die bürgerliche Demokratie ist soweit progressiv wie sie den Spielraum zur Klassenorganisation gewährt, deren numerisches Gewicht den Umsturz herbeiführt. Dagegen läßt sich alle Statistik ins Feld führen. Die Proletarier haben mehr zu verlieren als ihre Ketten.* (GS, Bd. 8, S. 383 f.)
28 Vgl. W. I. Lenin, Was tun? Brennende Fragen unserer Bewegung [1902], in: W. I. Lenin, Werke, hrsg. vom Institut für Marxismus-Leninismus beim ZK der KPdSU, übers. vom Institut für Marxismus-Leninismus beim Zentralkomitee der SED, Bd. 5, 3. Aufl., Berlin 1959, S. 355–551.

revolutionären Bemühungen um die Mitte des 19. Jahrhunderts mit den bürgerlichen fusioniert waren.

Veblen und Marx gemeinsam ist die radikale Scheidung der physischen von aller übrigen Arbeit. Tätigkeit oder Arbeit, die Nachdenken erfordert, ist nicht produktiv, so daß am Ende der Arbeit im nur-technischen Bezirk das Wort geredet wird. Mit Saint-Simon vertritt Veblen die Suprematie der Experten, der Technokraten. In der Technokratie ist die soziale Rationalität in der industriellen mitgesetzt. Hier ist – nach Prof. Adorno – die Möglichkeit einer faschistischen Wendung angelegt: daß die Spezialisten der Technik alle Herrschaft über die Gesellschaft, und zwar über Kapitalisten wie über Arbeiter, erhalten. Der Fortschritt der Technik ist von der Progression der Gesellschaft nicht abzutrennen. Technische Rationalität zieht gesellschaftliche nach sich.

82 Elfriede Zink, 21. Februar 1956

Protokoll

der Seminarsitzung über W. G. Sumners »*Folkways and Mores*«[29].

21. 2. 1956. Elfr. *Zink*.

===

Zu Beginn der Sitzung hob Herr Professor Adorno im Zusammenhange mit dem Protokoll des Herrn Globig[30] hervor, daß *Veblen* in gewissem Sinne eine Art »Rassentheorie mit umgekehrtem Akzent« aufnahm. Diese besagte: »Herrenrasse (lt. nazistischem Jargon) sind diejenigen, welche nur mit äußerster Brutalität Herrschaft ausüben können.« Obwohl Veblen hauptsächlich der langschädeligen Rasse die Prädestination zur Herrschaft zugesteht, hebt er diese durch jenen *ironischen Akzent* wieder auf.[31]

Hierauf referierte Mr. Carlin über W. G. Sumner,[32] welcher die Begriffe »*Folkways and Mores*« in die amerikanische Soziologie einführte. Obwohl Sumner als Advokat eines nützlichen Individualismus gelten kann, räumt er doch den irrationalen, kollektiven sozialen Formen der *Sitten* und *Gebräuche* große Bedeutung im gesellschaftlichen Leben ein. Er gilt als einer der Begründer der amerikanischen Soziologie. Sein Hauptwerk »Folkways« erschien 1906[33]. Hierin wird wie-

---

29 Vgl. William Graham Sumner, Folkways. A Study of the Sociological Importance of Usages, Manners, Customs, Mores, and Morals, Boston u. a. 1906.
30 Das entsprechende Protokoll von Eckart Globig wurde nicht aufgefunden.
31 Veblen bemerkt, »der langschädlig Blonde« besitze »mehr Merkmale des räuberischen Temperaments – jedenfalls eine stärker ausgebildete Anlage zur Gewalttätigkeit – als der kurzschädlig Dunkle und vor allem als der Mediterrane. Wenn sich nun die Institutionen oder die vorherrschende geistige Beschaffenheit einer Gesellschaft vom räuberischen Charakter entfernen, kann man daher unmöglich mit Sicherheit feststellen, ob dieses Abweichen einen Rückfall in die vor-räuberische Variante bedeutet. Es mag nämlich auch durch die Zunahme eines ›niedrigen‹ ethnischen Bevölkerungselementes bedingt sein. Obgleich zwar die Beweise nicht ganz schlüssig sind, so gibt es doch Anzeichen dafür, daß sich die Variationen im vorherrschenden Temperament moderner Gesellschaften nicht völlig auf die Auslese zwischen stabilen ethnischen Typen zurückführen lassen, sondern viel eher auf eine Auswahl zwischen der räuberischen und der friedlichen Variante der verschiedenen Typen.« (Veblen, Theorie der feinen Leute, a. a. O. [s. Anm. 1], S. 210 f.)
32 Der entsprechende Referatstext wurde nicht aufgefunden.
33 Korrigiert aus: »1907«.

derholt der Begriff »*societal*« verwendet.³⁴ Professor Adorno bemerkte, daß es für unser »gesellschaftlich« im prägnanten Sinne ursprünglich im Amerikanischen kein Äquivalent gegen hätte. Diese Lücke suchte man durch den Begriff »societal« auszufüllen.

In den »Folkways« unterscheidet Sumner zwischen »*usages and mores*« (Gebräuchen und Sitten).³⁵ Die usages sind primär auf Nützlichkeit basierende Formen zur Bedürfnisbefriedigung, während unter *mores* solche Volkssitten verstanden werden, welche einen sakralen, moralisch-obligatorischen Charakter haben.

Der bezeichnende Charakterzug der »mores« geht nach Sumner auf das *irrationale Element* in der menschlichen Erfahrung zurück. Er nennt es »Goblinism or ghost fears«³⁶. In der Folge kommt es zu täuschenden, imaginären Schlüssen in der Lebensanschauung und letztlich zwangsweise auch zur Strukturierung unzweckmäßiger Sitten, also zu Unsitten.

Das Ritual sieht Sumner als den Mechanismus der Sitten an, der ihren spezifischen Charakter zum Ausdruck bringt und als eine andere Form von *kollektiver Suggestion* definiert werden kann.³⁷

Ein großer Teil der »mores« besteht nach Sumner aus *Tabus*, welche nach ihm die Dinge bezeichnen, die nicht getan werden dürfen und teilweise von mystischer Geisterfurcht diktiert werden, aber auch aus der Erfahrung herrühren, daß alle Anstrengungen oft nur zu unvollkommenen Resultaten führen.³⁸ Dazu ergänzte Professor Adorno, daß die Bestimmung des Tabus nach *Veblen* nicht exakt sei.³⁹

---

34 In den »Fundamental Notions« heißt es etwa: »The folkways are a societal force. The operation by which folkways are produced consists in the frequent repetition of petty acts, often by great numbers acting in concert or, at least, acting in the same way when face to face with the same need. The immediate motive is interest. It produces habit in the individual and custom in the group. It is, therefore, in the higher degree original and primitive.« (Sumner, Folkways, a. a. O. [s. Anm. 29], S. 3)

35 Vgl. ebd., S. 57 f.

36 »When pain, loss, and ill were experienced and the question was provoked, Who did this to us? the world philosophy furnished the answer. When the painful experience forced the question, Why are the ghosts angry and what must we do to appease them? the ›right‹ answer was the one which fitted into the philosophy of ghost fear. All acts where therefore constrained and trained into the forms of the world philosophy by ghost fear, ancestral authority, taboos, and habit. The habits and customs created a practical philosophy of welfare, and they confirmed and developed the religious theories of goblinism.« (Ebd., S. 29 f.)

37 Vgl. ebd., S. 60–62.

38 Vgl. ebd., S. 30 f.

39 Den Begriff des Tabus gebraucht Veblen an mehreren Stellen seiner Schrift, so auch im Abschnitt »Der demonstrative Konsum«, wenn er schreibt: »Der unproduktive Konsum ist zunächst als Zeichen der Tapferkeit und der Menschenwürde, später an und für sich ehrenvoll, vor allem

Nach *Freud* könne für das Tabu überhaupt kein Motiv angegeben werden, seine Quelle sei nicht einzusehen, sie liege im *Irrationalen*.[40]

Sumner kümmert sich nicht nur um den dynamischen Prozeß in der Bildung der »Folkways and Mores«, sondern auch um die zwingende, stabilisierende Kraft der Sitten als sozialer Produkte. Dazu wurde im Seminar ausgeführt, daß die Sitten vom soziologischen Standpunkt aus Bahnen sind, innerhalb derer sich der gesellschaftliche Entwicklungsprozeß mit einer gewissen *Starrheit* bewegt.

Dabei tauchte die Frage auf: »Steht diese Motivation in einer Beziehung zu Veblen?« Die Antwort lautete: »Nicht in der These, aber in einer gewissen Weltanschauung.«

Veblen erschütterte diese Selbstverständlichkeit, mit der wir unsere Bedürfnisse betrachten. Er sagte, daß die gesamte *Konsumsphäre* gesellschaftlich bestimmt wird. Wir meinen, wir tun etwas selbständig, aber sind in Wahrheit nicht freie Subjekte, sondern gesellschaftlich determinierte Objekte. *Wir sind befangen in den Gebräuchen der Gesellschaft!*

»*Die ungeschriebenen Gesetze*« sind mit rationalen Motiven verfilzt und enthalten auch das eigene Interesse an der Selbsterhaltung, welches uns meist nicht zu Bewußtsein kommt.

Mr. Carlin erinnerte in diesem Zusammenhange daran, daß Sumner den *Fortschritt* vom unrationalen zum rationalen Handeln sowohl beim Einzelwesen als auch bei der Gesellschaft herausstellt und dabei an die *naturrechtliche Tradition* anknüpft, welche besagt, wenn das Individuum rational handele, käme auch die Gesellschaft wieder in Ordnung und es würde ein Zustand der Unmittelbarkeit wiederhergestellt.

Professor Adorno stellte hierauf die Frage, ob es heute noch einen Fond von ungeschriebenen Gesetzen gebe, wie sie Sumner unter den mores versteht. Sie

---

was den Verbrauch besonders wünschenswerter Dinge betrifft. So werden bestimmte ausgewählte Nahrungsmittel oder seltener Schmuck für Frauen und Kinder und – wenn es sie gibt – für jene Männer tabu, die zu den Frauen gerechnet werden. Mit dem Fortschritt der Kultur kann sich dieses Tabu in eine mehr oder weniger strenge Sitte verwandeln.« (Veblen, Theorie der feinen Leute, a. a. O. [s. Anm. 1], S. 80)

40 In seiner Schrift »Totem und Tabu. Einige Übereinstimmungen im Seelenleben der Wilden und der Neurotiker« [1913] schreibt Freud: »Die Tabubeschränkungen sind etwas anderes als die religiösen oder moralischen Verbote. Sie werden nicht auf das Gebot eines Gottes zurückgeführt, sondern verbieten sich eigentlich von selbst; von den Moralverboten scheidet sie das Fehlen der Einreihung in ein System, welches ganz allgemein Enthaltungen für notwendig erklärt und diese Notwendigkeit auch begründet. Die Tabuverbote entbehren jeder Begründung; sie sind unbekannter Herkunft; für uns unverständlich, erscheinen sie jenen selbstverständlich, die unter ihrer Herrschaft stehen.« (FGW, Bd. IX, S. 27)

wurde bejaht für solche Gesellschaften, in denen noch eine mächtige Tradition herrscht.

Weber und *Sombart* bemerken hierzu, daß mit zunehmender rationaler Organisation der Gesellschaft die »Folkways« abnehmen.[41]

Tatsächlich finden wir in der bäuerlichen Welt noch ein lebendiges Brauchtum, während der Städter, dessen Devise »time is money« ist, meist den Brauch als lästig empfindet und ihn ablehnt.

In Amerika, dem typischen Lande der Rationalisierung, gelte heute schon vielfach der Händedruck als »hinterwäldlerisch«, erwähnte Professor Adorno dazu.

Auf den Einwurf Dr. von Friedeburgs[42] wurde hierauf die Frage diskutiert, ob eine allgemeine Abnahme oder nur eine *Umschichtung der Sitten* stattfinde. Professor Adorno meinte, daß die Folkways in einer rational organisierten Gesellschaft weiterbestehen, insofern, als man so tut, als bestünden sie nicht. Aber gerade in dieser Negation leben die Sitten weiter. *Die Resistenzkraft der Sitten ist viel stärker, als man allgemein annimmt. Das gesamte gesellschaftliche Leben ist von schwer kontrollierbaren Irrationalitäten durchsetzt!*

Darauf wurde die Frage laut, wie das Modell einer reinen *Rationalität* zu denken sei.

Herr Professor Adorno äußerte dazu, es lasse sich keine Gesellschaft ohne Sitten denken, aber man könne sagen, daß *in einer befreiten Menschheit die Sitten ihren bösen Charakter* verlören. Das Grauenvolle müsse aufhören, aber nicht die konventionellen Formen, z. B. das Grüßen usw.

McDougall hat die negativen Phänomene auf massenpsychologische Ursachen und Wirkungen zurückgeführt.[43]

---

41 Bei Weber heißt es etwa: »*Eine* wesentliche Komponente der ›Rationalisierung‹ des Handelns ist der Ersatz der inneren Einfügung in eingelebte Sitte durch die planmäßige Anpassung an Interessenlagen. Freilich erschöpft dieser Vorgang den Begriff der ›Rationalisierung‹ des Handelns nicht. Denn außerdem kann diese positiv in der Richtung der bewußten Wertrationalisierung, negativ aber außer auf Kosten der Sitte auch auf Kosten affektuellen Handelns, und endlich auch zugunsten eines wertungläubigen, rein zweckrationalen auf Kosten von wertrational gebundenem Handeln verlaufen.« (MWG, Bd. I/23, S. 182) – Vgl. den Abschnitt »Die Gestaltung des wirtschaftlichen Prozesses in der Geschichte«, in: Werner Sombart, Das Wirtschaftsleben im Zeitalter des Hochkapitalismus, 2. Halbbd., in: Werner Sombart, Der moderne Kapitalismus. Historisch-systematische Darstellung des gesamteuropäischen Wirtschaftslebens von seinen Anfängen bis zur Gegenwart [1902], Bd. III·2, Berlin 1986, S. 594–948.
42 Ludwig von Friedeburg wird 1952 mit der Schrift »Die Umfrage als Instrument der Sozialwissenschaften. Zur Methode und Verwendung der Umfrage unter besonderer Berücksichtigung der Umfrage in der Intimsphäre« in Freiburg i. Br. promoviert.
43 Vgl. William McDougall, The Group Mind. A Sketch of the Principles of Collective Psychology With Some Attempt to Apply Them to the Interpretation of National Life and Character, Cambridge 1920; dort vor allem den Abschnitt »The Mental Life of the Crowd« (ebd., S. 21–47).

Beim Beispiel des »Haberfeldtreibens«[44] ließe sich untersuchen, welche *Typen* die Rädelsführer repräsentieren. Man wird dabei feststellen, daß die Sitte hier im Dienste höchst partieller Interessen steht, daß sie geradezu manipuliert wird.

Sumner gibt den »Mores« in der Regel einen positiven Akzent. Man könnte höchstens in dem »Klasseninteresse«, das speziell bei den »classes« (den Oberklassen) auftritt, ein Äquivalent jenes negativen Phänomens des Manipulierten sehen, d. h., die classes haben die Tendenz, die Sitten zu konservieren, da diese ihrem eigenen Interesse dienen.

Hierher gehört auch die amerikanische »Wohltätigkeitshyäne«, die durch ihre Tätigkeit die Lieblosigkeit der eigenen Klasse kaschieren will und gleichzeitig deren Führungsanspruch betont.

Zur gesellschaftlichen Stellung des Autors wurde bemerkt, daß er sich selbst zwar als Angehöriger der »upper class« betrachtet, aber mehr als Nonkonformist gelten kann.

Das Wort »*Soziologie*« hatte schon immer mehr oder weniger den Beigeschmack des Oppositionellen. Die Nationalsozialisten haben es geradezu diffamiert.[45] In Amerika ist seit Veblen, dem Schüler Sumners, das Aufdecken, Schockieren und Konfrontieren mit der bestehenden gesellschaftlichen Ordnung charakteristisch für die Soziologie geworden.

Wer einen »*soziologischen Blick*« bekommen wolle, müsse die *Fähigkeit und den Mut zu unvoreingenommenen Schauen und Kritisieren* haben, unterstrich abschließend Professor Adorno.

=========================

---

[44] Eine Art des Femegerichts, wie es bis zum Ende des 19. Jahrhunderts in einigen Gegenden Oberbayerns abgehalten wurde. Bei dieser Form der Selbstjustiz wurden die Delinquenten mit Gewalt von vermummten Dorfbewohnern für Vergehen bestraft – zumeist abweichendes Sozialverhalten –, die nicht unter die allgemeine Rechtsprechung fielen.

[45] Diese Tatsache bemerkt Adorno in seinem Aufsatz *Zum gegenwärtigen Stand der deutschen Soziologie* [1952]: *Nicht mehr drückt der Haß der Nationalsozialisten gegen die Soziologie aus als die schlichte Angst vor Erkenntnissen, die an die wahrhaft bestimmenden Mächte der Gesellschaft, an Herrschaftsverhältnisse und Interessendifferenzen rühren könnten. Diese hat man um so verstockter geleugnet, je sturer man selber herrschte. Soziologie erschien gefährlich, weil sie gerade die propagandistischen Thesen, welche das Regime verfocht, ohne je anders sie ernst zu nehmen denn als bloßes Machtinstrument, als Ideologie hätte enthüllen können. Kurz, die Soziologie galt den Machthabern, nach deren Sprachgebrauch, für zersetzend.* (GS, Bd. 8, S. 500f.)

Sommersemester 1956:
Fichtes Wissenschaftslehre

Philosophisches Hauptseminar mit Max Horkheimer

In diesem Semester hält Adorno zudem die philosophische Vorlesung »Darstellung und Kritik der reinen Phänomenologie« und gibt das soziologische Seminar »Durkheim« sowie die soziologischen Übungen »Probleme der neueren Industriesoziologie« und »Über Probleme der Gesellschaftsstruktur«

Das Seminar findet donnerstags von 18 bis 20 Uhr statt

83 TWAA Pr 13/1; **84–85** Archivzentrum Na 1, 884

83 Jacob Molitor, 21. Juni 1956

Jacob Molitor
Frankfurt-Höchst
Kasinostr. 6b

den 26. Juni
1956

Protokoll der Seminarsitzung vom 21. Juni 1956

Im Verlauf der Lektüre des Abschnitts 5 der Ersten Einleitung in die Wissenschaftslehre von Fichte[1] ging die Diskussion zunächst um das Problem der Vorstellung. Vorstellung ist bei Fichte im Sinne von Bewußtseinserscheinung überhaupt gefaßt. In dem Begriff der Vorstellung aber ist die Beziehung auf ein Vorgestelltes mitzudenken: »es muß hinzugedacht werden, das der Vorstellung unabhängig vom Vorstellen entspreche.«[2]

Hier drängt sich zunächst die Vermutung des naiven Realismus bei Fichte auf, dennoch liegt hier die entscheidende Wende zum absoluten Idealismus vor: die Notwendigkeit, mit der das Ich das Nicht-Ich »setzt«. Das Subjekt schafft die Welt, es ist artifex mundi. Diese Notwendigkeit, mit der die Spontaneität und Aktivität des Subjekt-Demiurgen die Objekt-Welt schafft, ist der absolute Prozeß einer logisch notwendigen creatio ex nihilo. Das Ich ist Gott, und die Anklage des Atheismus gegenüber Fichte scheint von hier aus wie ein Gewitter aufziehen zu können.

Dieser Punkt der Divinisierung des Ichs bei Fichte macht auch die von Fichte unbarmherzig verfolgte Konsequenz verständlich, mit der er die Notwendigkeit der Reduktion von allem auf eines postuliert. Wohl sind Ich und Dinge untereinander bezogen, so wie Gott die Dinge der Welt zu seiner Ehre erschafft, aber so wenig, wie die geschaffenen Dinge die Ehre Gottes vermehren und Gott damit von sich abhängig machen können, ist das Ich in Abhängigkeit von den Dingen.

Das Ich ist vielmehr das Bedingende für das Ding als Bedingtes.

---

[1] Vgl. FGA, Bd. I/4, S. 191–195.
[2] »Der Philosoph findet auf dem angegebenen Gesichtspunkte, in welchen er sich nothwendig stellen muß, wenn er für einen Philosophen gelten soll, und in welchen beim Fortgange des Denkens der Mensch auch ohne sein wissentliches Zuthun über kurz oder lang zu stehen kommt, nichts weiter, *als daß er sich vorstellen müsse*, er sey frei, und es seyen außer ihm bestimmte Dinge. Bei diesem Gedanken ist es dem Menschen unmöglich stehen zu bleiben; der Gedanke der bloßen Vorstellung ist nur ein halber Gedanke, ein abgebrochenes Stück eines Gedankens; es muß etwas hinzugedacht werden, das der Vorstellung unabhängig vom Vorstellen entspreche.« (Ebd., S. 193)

Das Ich ist das Alpha und das Omega. Das Ich ist das Numinose, ist mysterium fascinans et tremendum.

Das Erste, Anfangende, Unabhängige hat somit den Charakter des absolut ersten Aktes: actus purus, die »reine Tätigkeit«. Das Paradoxon des »Ineffabile«, des »Unaussagbaren«, vor dem jede Theorie vom Absoluten steht, kann Fichte nicht beseitigen: So mag dieser »actus purus« eine Chiffre bleiben für das Absolute selbst und für die Unauflösbarkeit des Problems, ob die »reine Tätigkeit« einer unbedingten Dinglichkeit zugeordnet werden muß. Das Prinzip, das Ich, »ist« nicht, sondern »tut«, aber dieses »Tun« bleibt eben die Aporie. Auf jeden Fall hat die Philosophiegeschichte gezeigt, daß ein »reiner Akt« ohne entsprechendes Dingliches nicht gedacht werden kann: Hegels Philosophie besonders hat die Hypostasierung des Absoluten als Prozeß der unausweichlichen Verdinglichung aufgewiesen. Bei Fichte aber gibt es keine Theorie des objektiven Geistes wie bei Schelling und Hegel.

Im Begriff des Fichte'schen Interesses stehen Neigung und Zwang unvermittelt nebeneinander: Die irrationale Entscheidung ist von massivem Druck: Es drängt sich einem hier Jean-Paul Sartres »Zur Freiheit verdammt«[3] auf: Diese Freiheit, das Selbst, das poursoi ist die immer wieder zwingende Verflüssigung der Verdinglichung des ensoi.

Hier wird bei Fichte das Heroische und Titanische seines Philosophierens sichtbar. Die sogenannten »realistischen«, also auf die Dinge bezogenen, also von den Dingen, den res externae abhängigen Menschen, sind im Grunde ganz »schwache« Menschen[4]. Damit will er besonders die Materialisten des 18. Jahrhunderts treffen.

---

[3] »Der Mensch ist dazu verurteilt, frei zu sein. Verurteilt, weil er sich nicht selbst erschaffen hat, anderweit aber dennoch frei, da er, einmal in die Welt geworfen, für alles verantwortlich ist, was er tut.« (Jean-Paul Sartre, Ist der Existentialismus ein Humanismus? [1946], [ohne Übersetzerangabe], 2. Aufl., Zürich 1947, S. 25)

[4] »Nun giebt es zwei Stufen der Menschheit; und im Fortgange unsers Geschlechts, ehe die letztere allgemein erstiegen ist, zwei HauptGattungen von Menschen. Einige, die sich noch nicht zum vollen Gefühl ihrer Freiheit, und absoluten Selbstständigkeit erhoben haben, finden sich selbst nur im Vorstellen der Dinge; sie haben nur jenes zerstreute, auf den Objecten haftende, und aus ihrer Mannichfaltigkeit zusammen zu lesende Selbstbewußtseyn. Ihr Bild wird ihnen nur durch die Dinge, wie durch einen Spiegel, zugeworfen; werden ihnen diese entrissen, so geht ihr Selbst zugleich mit verloren; sie können um ihrer selbst willen den Glauben an die Selbstständigkeit derselben nicht aufgeben: denn sie selbst bestehen nur mit jenen. Alles, was sie sind, sind sie wirklich durch die AußenWelt geworden. Wer in der That nur ein Product der Dinge ist, wird sich auch nie anders erblicken; und er wird recht haben, so lange er lediglich von sich, und seines gleichen redet. Das Princip der Dogmatiker ist Glaube an die Dinge, um ihrer selbst willen: also, mittelbarer Glaube an ihr eignes zerstreutes, und nur durch die Objecte getragenes Selbst.« (FGA, Bd. I/4, S. 194)

Der von Fichte gezeichnete absolute Idealist ist nicht derjenige, der glühend sich einer »Sache« verschrieben hat, sondern der sich eigentlich nur »sich selbst« verschrieben hat, denn der Idealist hat keine Beziehung zur Sache, zum Nicht-Ich. Der Idealist kennt keine Liebe zu dem Nicht-Ich, ob es sich nun um ein Es oder ein Du handelt.

Die Kälte des Idealisten ist das imperativisch Kategorische: Die Neigung wird durch das Allgemeingültige ausgelöscht.

Eine männlich-kriegerische Sicht der Welt ist dieser Idealismus. Hinter seiner Härte und seinem metallischen Klang steht das Wort »Männer machen Geschichte«[5].

Etwas Untergründiges erhebt sich aus dieser philosophischen Lebenshaltung: Die Wahrheit ist nicht nur eine Angelegenheit, die dem Sachverhalt angemessen ist. Wahrheit bringt einen Prozeß zwischen Denken und Sein in Fluß: einen dialektischen Prozeß.

Das Gefährliche innerhalb dieser Dialektik aber besteht in der Negation des Moments, daß von der Sache weiter Zwang ausgeübt wird. Damit wird die Philosophie zur Gesinnung, zur Weltanschauung, zur Parteidoktrin.

---

5 Anspielung auf das Wort Heinrich von Treitschkes: »Dem Historiker ist nicht gestattet, nach der Weise der Naturforscher das Spätere aus dem Früheren einfach abzuleiten. Männer machen die Geschichte. Die Gunst der Weltlage wird im Völkerleben wirksam erst durch den bewußten Menschenwillen, der sie zu benutzen weiß.« (Heinrich von Treitschke, Deutsche Geschichte im Neunzehnten Jahrhundert. Erster Theil. Bis zum zweiten Pariser Frieden, Leipzig 1879, S. 28)

84 Willi Frick, 28. Juni 1956

Willi Frick Frankfurt-Süd
  Schadowstraße 10

*Protokoll der Sitzung des philosophischen Hauptseminars
vom 28. Juni 1956*

Wir versuchten in der vergangenen Woche die Frage zu klären, wen Fichte in seiner ersten Einleitung zur Wissenschaftslehre unter der Bezeichnung Materialisten und Dogmatiker laufend angreift.[6]

Allgemein richten sich diese Angriffe wohl gegen die damaligen Kantianer und Popularphilosophen. Es lag jedoch die Vermutung nahe, daß er, obwohl keine Namen genannt werden, ganz bestimmte Personen damit angriff. In diesem Zusammenhang waren die nachfolgenden Ausführungen von Herrn Prof. Dr. Horkheimer sehr aufschlußreich.

Fichte lebte, als er die vorliegende Schrift veröffentlichte (1797), in Jena und stand in engem Kontakt zu Schelling.

Schelling veröffentlichte im Jahre 1795[7] seine »Philosophischen Briefe über Dogmatismus und Kritizismus«,[8] in denen er ausführt, daß die Grenzen zwischen beiden Anschauungen noch immer nicht scharf genug gezogen seien.[9] Er macht diese Ausführungen also, obwohl ihm die Schriften (Fichtes Lehre) ja zu dieser Zeit bereits bekannt waren.

Im Jahre 1798, also etwa ein Jahr nach dem Erscheinen von Fichtes »Erste und zweite Einleitung in die Wissenschaftslehre«, veröffentlicht Schelling seine Schrift »Weltseele«, in der er das Subjektive und das Objektive als zwei sich fordernde Pole bezeichnet,[10] und sich damit offen gegen Fichte stellt. Es ist wohl anzu-

---

6 S. oben, Anm. 4.
7 Korrigiert aus: »1796«.
8 Vgl. SW, Bd. 1, S. 205–265.
9 Schellings Schrift beginnt mit dem Satz: »Mehrere Phänomene haben den Verfasser dieser Briefe überzeugt, daß die Grenzen, welche die Kritik der reinen Vernunft zwischen Dogmatismus und Kritizismus gezogen hat, für viele *Freunde* dieser Philosophie noch nicht scharf genug bestimmt seyen.« (Ebd., S. 207)
10 Schelling will mit seiner Metapher von der Weltseele das Prinzip benennen, nach dem organische und anorganische Natur aufeinander wirken: »In der Natur strebt alles continuirlich *vorwärts*; daß dieß so ist, davon müssen wir den Grund in einem Princip suchen, das, eine unerschöpfliche Quelle *positiver* Kraft, die Bewegung immer von neuem anfaht und ununterbrochen unterhält. Dieses *positive* Princip ist die *erste Kraft der Natur*. [Absatz] Aber eine unsichtbare

nehmen, daß Fichte bei der Veröffentlichung seiner Schrift über diese Entwicklung Schellings und über seine Ideen und Gedanken unterrichtet war.

Etwas von diesen Gedanken Schellings finden wir wohl im 5. Abschnitt der zweiten Einleitung in die Wissenschaftslehre.[11] Aber die Polarität von Subjekt und Objekt finden wir hier bei Fichte nur noch in der Bestimmung, d. h. *zur* Bestimmung des Subjektes.

Wir dürfen daher wohl mit Recht annehmen, daß ein großer Teil der Kritik Fichtes sich gerade gegen Schelling richtet.

Wir stießen dann auf den Begriff der intellektuellen Anschauung bei Fichte. Während noch bei Kant *nur* außermenschlicher Verstand unmittelbarer Anschauung fähig ist, gibt Fichte diese Kraft seinem »Ich« bei. Gott ist in uns, das Subjekt ist Gott. –

Nachdem die Grenze, auf der sich Kant bewegte, weggefallen ist, wird die Notwendigkeit dieser Entwicklung von Kant zu Fichte sehr groß. Kant läßt Erkenntnis als Faktum bestehen. Bei Kant sehen wir uns zu bei der Kategorisierung der sinnlichen Eindrücke. Wir sehen uns zu, wie Erkenntnis zustande kommt. Bei Fichte dagegen setzen wir die Dinge durch unsere freihandelnde Intelligenz.

Im Abschnitt 6 der ersten Einleitung erklärt Fichte, oder vielmehr setzt Fichte diesen Begriff der Intelligenz.[12] Intelligenz ist sich notwendig Subjekt und Objekt,

---

Gewalt führt alle Erscheinungen in der Welt in den ewigen Kreislauf zurück. Daß dieß so ist, davon müssen wir den letzten Grund in einer *negativen* Kraft suchen, die, indem sie die Wirkungen des positiven Princips continuirlich beschränkt, die allgemeine Bewegung in ihre Quelle zurückleitet. Dieses *negative* Prinzip ist die *zweite* Kraft der Natur. *[Absatz]* Diese beiden streitenden Kräfte zugleich in der Einheit und im Conflict vorgestellt, führen auf die Idee eines *organisirenden*, die Welt zum *System* bildenden *Princips*. Ein solches wollten vielleicht die Alten durch die *Weltseele* andeuten.« (Ebd., S. 449)

11 Vgl. FGA, Bd. I/4, S. 216–221.

12 »Die Intelligenz, als solche, *sieht sich selbst zu*; und dieses sich selbst Sehen, geht unmittelbar auf alles, was sie ist, und in dieser *unmittelbaren* Vereinigung des Seyns, und des Sehens, besteht die Natur der Intelligenz. Was in ihr ist, und was sie überhaupt ist, ist sie *für sich selbst*; und nur in wie fern sie es für sich selbst ist, ist sie es, als Intelligenz. Ich denke mir dieses oder jenes Object: was heißt denn das, und wie erscheine ich mir denn in diesem Denken? Nicht anders als so: ich bringe gewisse Bestimmungen in mir hervor, wenn das Object eine bloße Erdichtung ist; oder sie sind ohne mein Zuthun vorhanden, wenn es etwas wirkliches seyn soll; *und ich sehe, jenem Hervorbringen, diesem Seyn, zu.* Sie sind in mir, nur in wie ferne ich ihnen zusehe: Zusehen und Seyn sind unzertrennlich vereinigt. – Ein Ding dagegen soll gar mancherlei seyn: aber sobald die Frage entsteht: *für Wen* ist es denn das? wird niemand, der das Wort versteht, antworten: für sich selbst; sondern es muß noch eine Intelligenz hinzugedacht werden, *für* welche es sey: da hingegen die Intelligenz nothwendig für sich selbst ist, was sie ist, und nichts zu ihr hinzugedacht zu werden braucht. Durch ihr Gesetztseyn, als Intelligenz, ist das, für welches sie sey, schon mit gesetzt. Es ist sonach in der Intelligenz – daß ich mich bildlich ausdrücke – eine doppelte Reihe,

das Ding nur Objekt. Die Intelligenz besitzt zwei Reihen, die des Seins und Zusehens, das Ding ist ein bloßes Gesetzt-Sein.

---

des Seyns, und des Zusehens, des Reellen, und des Idealen; und in der Unzertrennlichkeit dieses Doppelten besteht ihr Wesen (sie ist synthetisch) da hingegen dem Dinge nur eine einfache Reihe, die des Reellen (ein bloßes Gesetztseyn) zukommt. Intelligenz und Ding sind also geradezu entgegengesetzt: sie liegen in zwei Welten, zwischen denen es keine Brücke giebt.« (Ebd., S. 196)

85 Peter Gorsen, 19. Juli 1956

Peter Gorsen

Protokoll

der Seminarsitzung v. 19. 7.

In der Beschreibung des 5. Abschnittes der zweiten Einleitung in die Wissenschaftslehre handelt es sich darum, den absolut unbedingten Grundsatz zu finden, der allem Bewußtsein zugrunde liegt und es allein möglich macht. Das in jeder Erkenntnistheorie im Zentrum der Untersuchung stehende Ich, nämlich ich, der Erkennende, der auf sein Erkenntnisvermögen reflektiert, was zunächst vom sensualistischen Empirismus im Sinne einer zergliedernden Psychologie als das sensuelle, animale Menschenindividuum entwickelt worden war – darüber hinaus sprach Kant durch Herausstellung der Funktionen und Tätigkeiten des Ich der Sinnlichkeit ihr ausschließliches Privilegium, Erkenntnisstoff zu liefern, ab – dieses Ich[13] im weitesten Sinne erfährt bei Fichte eine weitere Wendung durch die Radikalisierung des Gedankens der Apperzeption: Von dem empirischen Selbst rekurriert Fichte auf ein absolutes Ich, daß alles produziert, was das empirische Ich empfängt und reproduziert, einschließlich dieses Ich selber. Indem Bewußtsein sich vor sich hinstellt, sich aus sich selbst produziert, setzt es sich selbst – die Selbsttätigkeit aber ist das Wesen des Ich. Die Selbstreflektion nimmt den Charakter der Freiheit an und hat damit ihre metaphysische Dignität.

Den Begriff der Tätigkeit nimmt Fichte von Leibniz (die Monade ist reine Aktivität, »die Substanz ist ein der Tätigkeit fähiges Wesen«[14]) und verflicht ihn mit Kants Kritizismus.

Die in Abschnitt 5 der Wissenschaftslehre gemachte Beobachtung, daß die Forderung, die intellektuelle Anschauung durch Begriffe zu demonstrieren, noch

---

13 Umgestellt und ergänzt aus: »[...] worden war und darüber hinaus von Kant durch Herausstellung seiner Funktionen und Tätigkeiten der Sinnlichkeit ihr ausschließliches Privilegium, Erkenntnisstoff zu liefern, absprach – dieses Ich [...]«.

14 »Die *Substanz* ist ein Sein, das der Handlung fähig ist.« (Gottfried Wilhelm Leibniz Principes de la nature et de la grâce fondés en raison/Auf Vernunft gegründete Prinzipien der Natur und der Gnade [1714], in: Gottfried Wilhelm Leibniz, Monadologie und andere metaphysische Schriften. Discours de métaphysique. La monadologie. Principes de la nature et de la grâce fondés en raison. Französisch – deutsch, hrsg. und übers. von Ulrich Johannes Schneider, Hamburg 2002 [Philosophische Bibliothek; 537], S. 152–173; hier: S. 153)

um vieles wunderbarer sei als die, einem Blindgeborenen die Farben zu erklären,[15] trifft nicht so unbedingt zu, wie es zunächst den Anschein haben könnte, denn Handeln und Selbstwahrnehmung können nicht auf eine Stufe gestellt werden. Eher könnte man meinen, daß Fichte hier an die somatische Sphäre gedacht hat, also an ein Anschauen seiner selbst noch im Sinne eines Innewerdens von Impulsen, etwa so: Wenn ich mir das Denken des Objekts denke, ist mir ›anders zumute‹ als wenn ich das Objekt des Denkens denke – der ›Gefühlszustand‹ der Selbstreflexion ist ein eigenartiger.

Diese somatisch durchfärbte Stufe hat Fichte aber über diesen besonderen zweifelhaften Fall hinaus prinzipiell nicht im Sinn. Mit der unmittelbaren Anschauung, die intellektuell ist, meint er keineswegs die Reflexion auf ein empirisches Ich, das selbst erst aus dem in sich handelnden Ich deduziert werden soll. Der Begriff der intellektuellen Anschauung stand im Verlaufe des Seminars im Mittelpunkt der Diskussion. Wie ist dieses Handeln auf uns selbst, das uns ja nicht bewiesen werden kann, zu vollziehen? Und ist es überhaupt zu vollziehen? Da das angemutete Anschauen seiner selbst nach Fichte nicht begrifflich zu fassen ist, beginnt seine Philosophie mit dem schlechthin Unbegreiflichen.

In einem Brief Fichtes an Reinhold vom 2. Juli 1795[*1] – der Deutlichkeit halber eingefügt – wird so formuliert: »Jedes *Begreifliche* setzt eine höhere Sphäre voraus, in der es *begriffen* ist, und ist daher gerade darum nicht das Höchste, weil es begreiflich ist.«[16]

Wir finden – jeder für sich – das Höchste in uns: uns selbst setzen als setzend. Das Ich, das handelt, wird sich seiner selbst unmittelbar bewußt; ich handele und bin mir meines Handelns bewußt. Es ist ein und ebendasselbe. Es ist die Identität von Setzendem und Gesetztem. Die innere Verdoppelung vom Ich meint nichts weiter als das Verhältnis der beiden Subjekte zueinander, und darin liegt der unterscheidende Charakter der Wissenschaftslehre, worin sie von allen vorausgegangenen philosophischen Systemen unterschieden ist, daß sie kein Ich setzt ohne ein Nicht-Ich. Das Nicht-Ich ist nur eine andere Ansicht des Ich. Jedes von beiden nämlich an sich betrachtet, behält immer noch das Kriterium seines Ursprungs: Wenn man ein jedes für sich betrachten will, so kann man dies nicht tun ohne Beziehung auf ein Entgegengesetztes. Auf diese Wechselwirkung kommt es an; sie bildet das innere Scharnier, woran das Ganze befestigt ist.[17] Durch die

---

15 S. oben, Anm. 1.
16 Johann Gottlieb Fichte's Leben und literarischer Briefwechsel. Zweiter Band. Actenstücke und literarischer Briefwechsel [1831], hrsg. von Immanuel Hermann Fichte, 2. Aufl., Leipzig 1862, S. 214; vgl. FGA, Bd. III/2, S. 344f.
17 »Was ist nun, um zuförderst auf das beobachtete Ich zu sehen, dieses sein Zurückgehen in sich selbst; unter welche Classe der Modificationen des Bewusstseyns soll es gesetzt werden? Es ist

Identität von Ich und Nicht-Ich glaubt Fichte die »ungeheure Lücke«[18] zwischen Dogmatismus, dem Ding an sich und Idealismus, dem Geist als Substanz an sich, zu überwinden; der Dualismus von Materie und Geist, wie wir ihn behaupten könnten, ist sonach erst hinterher und nachträglich gesetzt.

Das Seminar kam darin überein, daß die von Fichte entwickelte Selbstreflexion in ihrer Schwierigkeit in keinem Verhältnis steht zu der Selbstverständlichkeit der Forderung, diesen Akt nachzuvollziehen. Die begriffliche Fassung dessen, was sich da bei einer Blickwendung in ein ›Inneres‹ bietet, machte noch deutlicher, mit welcher Sublimität vorgegangen werden muß, um überhaupt dem gerecht zu werden, was für Fichte das schlechthin Unbegreifliche der intellektuellen Anschauung ist. Versuchen wir, die intellektuelle Anschauung zu vollziehen, so zögern wir und zweifeln, ob das Ich, was da in der Selbstreflexion gegeben sein soll, mit dem von Fichte geforderten eins ist. Was ist überhaupt in einer solchen Anschauung vorzufinden?

Wir verstehen doch zunächst eine Subjektivität, aus deren dynamischen Strukturen der Denkprozeß in der explizierten Dreitaktform der Deduktion erwächst und die Reflexion auf diese Gesetzlichkeit; dabei könnten wir (entgegen Fichte) mitdenken, daß ›im‹ Ich schon ein Moment des Gestifteten, eben diese Gesetzlichkeit als ein Auferlegtes vorgegeben ist, oder, gröber gefaßt, es wird in der Reflexion etwas gewonnen, was an sich schon da ist. Und ist es nicht tatsächlich so, daß das Ich schon *vor* dem Zurückgehen in sich selbst auf eine gewisse Weise vorhanden ist und unabhängig vor diesem existierend für sich, um sich überhaupt erst zum Ziele seines Handelns zu machen? Gegen diese Erfah-

---

kein Begreifen: Dies wird es erst durch den Gegensatz eines NichtIch, und durch die Bestimmung des Ich in diesem Gegensatze. Mithin ist es eine bloße Anschauung. – Es ist sonach auch kein Bewusstseyn, nicht einmal ein SelbstBewusstseyn; und lediglich darum, weil durch diesen bloßen Act wodurch ein NichtIch für uns entsteht; lediglich dadurch wird ein Fortschritt des philosophischen Räsonnements, und die verlangte Ableitung des Systems der Erfahrung möglich.« (FGA, Bd. I/4, S. 214)

18 »Zuförderst der Idealismus kann den Dogmatismus nicht widerlegen. [...] Eben so wenig kann der Dogmatiker den Idealisten widerlegen. *[Absatz]* Das Princip des Dogmatikers, das Ding an sich, ist nichts, und hat, wie der Vertheidiger desselben selbst zugeben muss, keine Realität, außer diejenige, die es dadurch erhalten soll, daß nur aus ihm die Erfahrung sich erklären lasse. Diesen Beweis vernichtet der Idealist dadurch, daß er die Erfahrung auf andere Weise erklärt, also gerade dasjenige, worauf der Dogmatismus baut, abläugnet. Das Ding an sich wird zur völligen Chimäre, es zeigt sich gar kein Grund mehr, warum man eins annehmen sollte; und mit ihm fällt das ganze dogmatische Gebäude zusammen. *[Absatz]* Aus dem Gesagten ergiebt sich zugleich die absolute Unverträglichkeit beider Systeme, indem das, was aus dem einen folgt, die Folgerungen aus dem zweiten aufhebt; sonach die nothwendige Inconsequenz ihrer Vermischung zu Einem. Allenthalben, wo so etwas versucht wird, passen die Glieder nicht aneinander, und es entsteht irgendwo eine ungeheure Lücke. –« (Ebd., S. 192f.)

rung geht Fichte mit immer neuen Formulierungen vor: Das Vorstellende darf nicht als Substrat gedacht werden; von einem Sein des Ich, als Substanz, Seele ist nicht die Rede – »Das Ich ist alles, was es ist, nur darum, weil es sich selbst setzt.«[19][*2]

Für Fichte ist nicht erst ein Denkendes, das hinterher durch irgendwelche Operationen und Veranlassungen zum Selbstbewußtsein kommt: Tätigkeiten, die ein Sein voraussetzen, sondern alles Sein ist nur Produkt des ursprünglichen Aktes. Das Ich ist ein »Schaffen aus nichts«[20][*3], eine »Funktion ohne funktionierendes Sein«[21] (Windelband), was das metaphysische Prinzip abgibt.

Diese Doppeldeutigkeit der Unmittelbarkeit und Selbstevidenz auf der einen, und daß etwas Transzendentes sei auf der anderen Seite, blieben dann auch im Verlauf des Seminars die eigentliche Fessel für den Vollzug der intellektuellen Anschauung.

Denn wenn wir gleich den Satz ›Ich setze mich als setzend‹ hinnehmen, haben wir im Grunde den Fichteschen Idealismus akzeptiert, um nicht zu sagen ›gefressen‹ und die intellektuelle Anschauung ›verstanden‹ als ein Selbstbewußtsein, in dem Anschauung und Begriff, Subjekt und Objekt, das Findende und Gefundene koinzidieren. An diesem Punkt, wo wir den ersten und folgereichsten, weil die sich anschließende deduzierte Kette restlos bestimmenden Fehler sehen, da die Vorteile von Mittelbarkeit und Unmittelbarkeit zusammen beansprucht sind, wird der überzeugte (um nicht zu sagen ›gläubige‹) Fichteaner auf das Unbegreifliche hinweisen. An dieser entscheidenden Stelle wird ausgemacht, ob die

---

19 »[D]as Vorstellende ist{,} was es nur immer ist{,} lediglich durch *Selbstthätigkeit*; daß man an kein erschaffen der Vorstellungen, an kein *Substrat* denkt; sondern das *Ich* setzt sich selbst, d. h. eine in sich zurückgehende Thätigkeit ist sein Wesen, dadurch entsteht der Begriff des *Ichs*; das *Ich* ist alles das, was es ist, nur darum, weil es sich selbst setzt.« (FGA, Bd. IV/2, S. 24)
20 »Durch Gründe können wir hier abermals nichts beweisen, sondern wir müssen uns wieder an das *beobachten*{,} an das *zusehen* halten. Allein auch hier erblicken wir *nichts* vermit*telndes*. Das Ich geht hier *absolut* zu werke, – *es ist ein durch sich selbst begründeter Akt der Freiheit*, es ist ein *absolutes Anfangen*, ein *herausbringen* eines *neuen Akts, ein Schaffen* aus *nichts*.« (Ebd., S. 44)
21 »Das naive Bewußtsein kann sich eine Funktion nur denken als den Zustand oder die Tätigkeit eines funktionierenden Wesens. Wie man sich auch dies Verhältnis vorstellen mag, immer denkt das nach den gewöhnlichen Kategorien sich vollziehende Denken zuerst Dinge und dann erst Funktionen, welche diese ausführen. Die Fichtesche Lehre stellt dies Verhältnis auf den Kopf. Was wir Dinge nennen, betrachtet sie als Produkte von Tätigkeiten. Wenn man sonst die Tätigkeiten als etwa ansieht, was ein Sein voraussetzt, so ist für Fichte *alles Sein nur ein Produkt des ursprünglichen Tuns*. Die Funktion ohne ein funktionierendes Sein ist für ihn das metaphysische Urprinzip.« (Wilhelm Windelband, Die Geschichte der neueren Philosophie in ihrem Zusammenhange mit der allgemeinen Kultur und den besonderen Wissenschaften. Zweiter Band. Von Kant bis Hegel und Herbart. Die Blütezeit der deutschen Philosophie [1880], 6. Aufl., Leipzig 1919, S. 221)

Unendlichkeit der Selbstreflexion festzubannen ist und man sich ihrer als Prinzip eines zu erwartenden objektiven Seins bedienen kann.

Ein den romanischen Nationen angehöriger gottwohlgefälliger und frommer Mensch muß sich bei diesem Gedanken aufs Tiefste erregen. Was Fichte von ihm wie selbstverständlich fordert, ist ein ungeheurer Akt, nämlich der Urakt der Spontaneität: eine Tätigkeit, die kein Objekt voraussetzt, sondern es selbst hervorbringt. Dieses ›Ich mache die Welt‹, ich finde in mir Fähigkeit zu einem Tun, das weltschöpfend ist, wäre dem mittelalterlichen Menschen religiös wie politisch als eine ungeheure Perversion erschienen; man hätte von ihm verlangt, daß er zu sich sage, ich bin wie der Papst, mehr noch – ich bin wie Gott.

Nietzsche würde in diesem Fall von Unredlichkeit gesprochen haben, denn es wird ja doch behauptet, daß das sich selbst vollziehende Selbstbewußtsein den Garanten für die gesamte Wirklichkeit abgibt und ich diesen geforderten Akt des Sich-nach-innen-Wendens nur zu vollziehen habe. Es bleibt aber die große Frage, ob aus dieser verhältnismäßig bescheidenden Prämisse eine solch gewaltige Konsequenz hervorgeht.

Die Wissenschaftslehre beginnt zwar durch eine Handlung der Freiheit; es hängt von der Willkür des Denkens ab, ob die Operation der intellektuellen Anschauung vollzogen wird oder nicht: ob Bewußtsein sich als Selbsttätigkeit vor sich hinstellt; ist aber ein solches Vermögen der intellektuellen Anschauung unmittelbar in sich selbst gefunden und durch den Nachvollzug bestätigt, so hat auch das sich selbst setzende Ich als absolut anfangendes seine bestimmte Richtung der in der Wissenschaftslehre entwickelten Bestimmungen gefunden und besitzt insofern Notwendigkeit. Der Akt des Sichselbstsetzens ist an sich frei, aber unter der Bedingung, daß ein Ich, ein Sinnenwesen, ein Individuum werden soll, notwendig. Freiheit ist, inwiefern absolut angefangen wird – Notwendigkeit, inwiefern nur *so* angefangen werden kann.

Bereits in der »Kritik der praktischen Vernunft« wird der Gedanke der Notwendigkeit mit dem der Freiheit zusammengebracht. »Der *Wille* ist eine Art von Kausalität lebender Wesen, so fern sie vernünftig sind, und *Freiheit* würde diejenige Eigenschaft dieser Kausalität sein, da sie unabhängig von fremden sie *bestimmenden* Ursachen wirkend sein kann.«[22][*4] Wenn auch das vernünftige Wesen nicht einem fremden naturgesetzlichen Willen unterliegt, sondern sich die Kausalität der Erscheinungen selbst zurechnet, so ist es darum nicht überhaupt

---

22 Nicht in der »Kritik der reinen Vernunft« [1781] findet sich diese Willensbestimmung, sondern in der »Grundlegung zur Metaphysik der Sitten« [1785] (vgl. KW, Bd. VII, S. 81 [BA 97]).

gesetzlos, sondern als Kausalität nach »unwandelbaren Gesetzen« bestimmt.[23] Die Antinomie von Freiheit und Notwendigkeit, die sich in dem Satz »der Wille ist in allen Handlungen sich selbst ein Gesetz« ausdrückt, bezeichnet für Kant das Prinzip, »nach keiner anderen Maxime zu handeln, als die sich selbst auch als ein allgemeines Gesetz zum Gegenstande haben kann. Dies ist aber gerade die Formel des kategorischen Imperativs und das Prinzip der Sittlichkeit: also ist ein freier Wille und ein Wille unter sittlichen Gesetzen einerlei.«[24][*5]

Freiheit und Notwendigkeit sind zwei gewaltige Pole in der Geschichte der Philosophie; wo von Freiheit die Rede ist, da ist das Gesetz mit im Spiel. Die Frage aber, was man unter den Gesetzlichkeiten zu verstehen habe, steht in keinem Vergleich zu dem Schwierigkeitsgrad des Freiheitsproblems.

Kehren wir *nun* zu der entscheidenden Frage zurück, ob das sich selbst vollziehende Selbstbewußtsein den Grund für die Genesis der ganzen Welt abgeben kann oder ob das Universum als bloß versinnlichte Ansicht meiner selbst ein Hirngespinst ist, so muß hier einschränkend gesagt werden, daß, so gewiß der kategorische Imperativ Ausdruck einer soziologischen Erkenntnis ist: daß die Sittlichkeit nicht als individueller Wert, sondern als Form des gesellschaftlichen Zusammenhanges verstanden werden muß, so richtig ist auch der Fichtesche Gedanke, daß in der Vernunft überhaupt die »einzelnen Wesen zusammenfallen«, die »Einzelheit und Individualität verschwindet und bloß auf das Allgemeine gesehen wird.«[25][*6]

Die Individualität ist im Allgemeinen aufgehoben. Wenn ich denke, so ist das nicht ausschließlich mein privater Spaß, sondern ein Urteil mit dem Anspruch materieller Wahrheit bezieht sich als individuelles Denken immanent auf einen Inhalt, der allgemeinverbindlich für eine unbestimmte Vielzahl von Wesen ist. (Die geistige Vergesellschaftung oder die ›Gesellschaft als metaphysisches Prin-

---

23 »Da der Begriff einer Kausalität den von *Gesetzen* bei sich führt, nach welchen durch etwas, was wir Ursache nennen, etwas anderes, nämlich die Folge, gesetzt werden muß: so ist die Freiheit, ob sie zwar nicht eine Eigenschaft des Willens nach Naturgesetzen ist, darum doch nicht gar gesetzlos, sondern muß vielmehr eine Kausalität nach unwandelbaren Gesetzen, aber von besonderer Art, sein; denn sonst wäre ein freier Wille ein Unding.« (Ebd. [BA 97f.])
24 Ebd., S. 81f. (BA 98).
25 »Jeder hat sein eigenes Sittengesetz{,} seine Pflichten. Aber die Weise wie das Vernunftgesez allen gebiethe, läßt sich *in abstra{c}to* wohl aufstellen. Eine solche Untersuchung wird aufgestellt auf einem höhern Gesichtspuncte, wo die einzelnen Wesen zusammen fallen, wo die Einzelheit oder Individualität verschwindet, und bloß auf das Allgemeine gesehen wird.« (FGA, Bd. IV/2, S. 283)

zip‹, wie wir sagten, wird um viele Nuancen erhellt im praktischen Teil der Wissenschaftslehre, in der »Religionslehre« im Bewußtsein von der sittlichen Tat.[26])

Reichen wir jetzt eine Hand tiefer in das Problem, das mit der intellektuellen Anschauung verknüpft ist, und fragen noch hinter die Konstitution von Empirie und Welt zurück, so stehen wir wieder am Ausgangspunkt unserer Überlegungen, der Frage, ob denn nun in uns als dem empirischen Ich so etwas von diesem Absoluten anzutreffen ist. Denn verwahren wir uns dagegen, das Fichtesche System als bloße Spiegelfechterei aufzufassen, so müssen wir ernst machen mit der Identität von empirischem und überempirischem Ich.

Ist in uns etwas von der Würde des Absoluten? Können wir das auf Grund der intellektuellen Anschauung wahrhaben? Sind denn nicht die Formulierungen, die in diese Richtung weisen, wie das ›völlige Aufgehen in sich‹[27], die ›in sich zurückgehende Tätigkeit‹, das ›Sicherscheinen‹[28], die ›Quelle des Lebens‹[29] eine Art mystischer Terminologie oder Ausdruck einer ›säkularisierten unio mystica‹?

Und wenn es so wäre – haben wir dann das Recht zu räsonieren darüber, was nicht begriffen, sondern nur angeschaut werden kann?

An dieser Stelle könnte man folgende aufschlußreiche Worte von Fichte selbst einflechten: »Philosophischer Geist und Genie ist dasselbe. Es ist Erhebung über den gemeinen Gesichtspunkt. Auf dem gemeinen Gesichtspunkte hat man nicht Geist, diesen hat bloß der Philosoph, der Dichter und Künstler. Diese beide allein erheben sich über den gemeinen Gesichtspunkt, der Künstler, ohne es zu wissen, der Philosoph mit seinem guten Wissen.«[30][*7]

---

26 »Oder soll das seelige Leben etwa in tugendhaften Thaten und Handlungen bestehen? [...] Aber zu der wahrhaftigen Tugend, zu den ächt göttlichen, das wahre und gute in der Welt aus Nichts erschaffenden, Handeln, wird sich nie einer erheben, der nicht im klaren Begriffe, die Gottheit liebend umfaßt; wer sie aber also erfaßt, wird, ohne allen seinen Dank und Wollen, anders handeln gar nicht können, denn also.« (FGA, Bd. I/9, S. 63)
27 Bei Fichte heißt es etwa: »Ich sage: Verstehen ist Seyn Bild eines Bildes, absolut vereinigt mit dem Bilde jenes *Seyns* (des Bildseyns.) *[Absatz]* Zwei Hauptbestandtheile. Seyn = Beruhen und aufgehen in sich selbst, absolute –.« (FGA, Bd. II/15, S. 138)
28 So heißt es etwa über das Sehen bei Fichte: »Die Erscheinung *erscheint sich:* dies ist ihr Seyn: sie wird ein *Sicherscheinen*{.}« (FGA, Bd. II/13, S. 72)
29 So heißt es in der »Anweisung zum seeligen Leben« [1806]: »Die Liebe daher ist höher, denn alle Vernunft, und sie ist selbst die Quelle der Vernunft und die Wurzel der Realität, und die einzige Schöpferin des Lebens, und der Zeit; und ich habe dadurch, E[hrwürdige] V[ersammlung], den höchsten Gesichtspunkt einer Seyns- und Lebens- und Seeligkeitslehre, d.i. der wahren Spekulation, zu welchem wir bis jetzt hinaufstiegen, endlich klar ausgesprochen.« (FGA, Bd. I/9, S. 167)
30 Johann Gottlieb Fichte, Fichtes Vorlesungen über Logik und Metaphysik als populäre Einleitung in die gesamte Philosophie. Nach Platners philosophischen Aphorismen. Erster Teil · 1793. Im Sommerhalbjahr 1797 Jena, in: Fichte, Schriften aus den Jahren 1790–1800, in: Johann

Vielleicht kann man Fichte ein Genie nennen, das zum ersten Mal sich selbst durchdrang und in sich den berückenden Kern eines unermeßlichen Universums fand. –

Der gewaltige Gedanke – das sei hier einfügend angemerkt –, daß im Sich-selbst-Denken des Ich sein In-der-Welt-Denken einbeschlossen ist, findet seine letzten Rudimente in der Philosophie Heideggers, wo uns ein »In-der-Welt-Sein« serviert wird.[31] –

Ist nun aber die Anschauung durch sich selbst, die ein ›Ich setzt sich schlechthin‹ möglich macht, eine bloße Fiktion, so ist der Fichtesche Idealismus entseelt, entleert, eine Konstruktion wie ein noch so handwerklich perfekt ausgeführtes Gemälde leer ist, wenn ihm das fehlt, was wir unvollkommen das Schöpferische, Unendliche und Absolute nennen. Jedenfalls scheint es doch, als ob das Absolute sterben müßte, wenn der Mensch zu der geforderten Spontaneität nicht fähig ist. Denn das Absolute ist ja nicht ein Sein an sich, sondern kann dies nur sein, *weil* es gedacht wird und insofern es *gedacht* wird.

Hier wird in einer gewaltigen Kraftanstrengung versucht, das Absolute zu retten, ohne daß der Mensch als abhängiger erfahren wird – und das zum ersten Mal. Es ist ein neuer atemberaubender Anfang wie bei Descartes, nur in andere Richtung.

Und die eigentliche Schwierigkeit ist dabei, daß der Begriff allein das Absolute nicht begreift, aber auf ihn sind wir angewiesen, uns dem Absoluten zu nähern, das seine Verbrämung durch jedwede noch so sublime Fassung erst verliert, wenn der Eingang und Ausgang dieser Philosophie im Setzen des eigenen Seins vollzogen ist.

Und als abschließender Beleg dafür, daß Fichte um unsere Schwierigkeit einer begrifflichen Formung und die damit auftretenden Doppeldeutigkeiten wußte, sei noch eine Stelle aus dem schon zitierten Brief an Reinhold angeführt:

»Wer meine Schriften studiren will, dem rathe ich, Worte Worte sein zu lassen und nur zu suchen, daß er irgendwo in die Reihe meiner Anschauungen eingreife; fortzulesen, auch wenn er das Vorgehende nicht ganz versteht, bis irgendwo an einem Ende ein Lichtfunken herausspringt. Dieser, wenn er ganz und nicht halb ist, wird ihn auf einmal in der Reihe meiner Anschauungen auf den Gesichtspunkt

---

Gottlieb Fichte, Nachgelassene Schriften, Bd. 2, hrsg. von Hans Jacob, Berlin 1937, S. 1–339; hier: S. 9; vgl. FGA, Bd. IV/1, S. 180.

31 So behauptet etwa der Titel des zweiten Kapitels von »Sein und Zeit« [1927] »Das In-der-Weltsein überhaupt als Grundverfassung des Daseins« (Martin Heidegger, Sein und Zeit, 9. Aufl., Tübingen 1960, S. 52–62).

setzen, aus welchem das Ganze angesehen werden muß.«[32] (Leben und Literarischer Briefwechsel Bd. II, S. 213)

[*1] Fichte's Leben und Literarischer Briefwechsel von Im. H. Fichte II. Bd. (2. Aufl.) S. 211 ff.[33]
[*2] Wissenschaftslehre 1798 nova methodo, nachgelassene Schriften Bd. II,[34] S. 350
[*3] Wissenschaftslehre ebenda, S. 372
[*4][35]
[*5]
[*6] nova methodo, S. 607
[*7] nova methodo, S. 9 (§ 3)[36]

---

32 Johann Gottlieb Fichte's Leben und literarischer Briefwechsel, a.a.O. (s. Anm. 16), S. 213; vgl. FGA, Bd. III/2, S. 344.
33 Der Brief Fichtes an Karl Leonard Reinhold, auf den hier verwiesen wird, findet sich in: Johann Gottlieb Fichte's Leben und literarischer Briefwechsel, a.a.O. (s. Anm. 16), S. 211–221; vgl. FGA, Bd. III/2, S. 342–352.
34 Johann Gottlieb Fichte, Wissenschaftslehre nach den Vorlesungen von Hr. Pr. Fichte, in: Johann Gottlieb Fichte, Nachgelassene Schriften, Bd. 2, hrsg. von Hans Jacob, Berlin 1937, S. 341–612.
35 Diesem und dem folgenden Fußnotenzeichen folgt in der Vorlage kein Text.
36 Die herangezogene Stelle bezieht sich nicht auf die »Wissenschaftslehre« Fichtes, sondern auf dessen »Vorlesungen über Logik und Metaphysik« (s. Anm. 30).

Sommersemester 1956: Durkheim

Soziologisches Hauptseminar

In diesem Semester hält Adorno zudem die philosophische Vorlesung »Darstellung und Kritik der reinen Phänomenologie« und gibt das philosophische Hauptseminar »Fichtes Wissenschaftslehre« sowie die soziologischen Übungen »Probleme der neueren Industriesoziologie« und »Über Probleme der Gesellschaftsstruktur«

Das Seminar findet dienstags von 17 bis 19 Uhr statt

86 TWAA Pr 12/34–37; **87** UAF Abt. 139 Nr. 1 sowie TWAA Pr 12/38–40 (Doublette); **88** UAF Abt. 139 Nr. 1 sowie TWAA Pr 12/41–42 (Doublette); **89** UAF Abt. 139 Nr. 1; **90** UAF Abt. 139 Nr. 1 sowie TWAA Pr 12/43–46 (Doublette); **91–96** UAF Abt. 139 Nr. 1

86 Alfred Müller, 15. Mai 1956

Protokoll

der Seminarsitzung am 15. Mai 1956
vorgelegt von Alfred Müller

Im Anschluß an das Protokoll der letzten Seminarsitzung[1] schien die Frage nach dem Verhältnis der positivistischen Soziologie Durkheims zur modernen empirischen Sozialforschung einer Präzisierung zu bedürfen. Es galt, über das Übereinstimmende hinaus die spezifischen Unterschiede herauszuarbeiten. Durkheim setzt voraus, alle subjektiven Einzelintentionen ließen sich durch objektive gesellschaftliche Mächte erklären. Die subjektiven Elemente sind als solche irrelevant, er reduziert sie auf objektive Gegebenheiten; im vorgefundenen Subjektiven spiegeln sich objektive Gesetzmäßigkeiten wider. Demgegenüber versucht die moderne empirische Sozialforschung, soziale Tatbestände festzustellen, zusammenzufassen und im Sinne des Gesetzes der großen Zahl zu Verallgemeinerungen zu kommen. Sie sucht, mit anderen Worten, Abbreviaturen für vorgefundene Einzelerscheinungen herzustellen. Ihr wohnt nicht der Anspruch inne, die Existenz vorausgesetzter Gesetze nachzuweisen, darin ist sie nominalistisch. Daraus folgt auch die verschiedene Bedeutung, die der Statistik bei Durkheim und in der empirischen Sozialforschung zukommt; Durkheim sucht mit ihr, objektiven Gesetzen auf die Spur zu kommen, während sie in der empirischen Sozialforschung die Zusammenfassung der Vielfalt der Einzelerscheinungen besorge.

In der Folge kam dann noch einmal die Beziehung der Durkheimschen Soziologie zum älteren Positivismus zur Sprache. Gemeinsam ist beiden die Voraussetzung des naturwissenschaftlichen Gesetzesbegriffes im Gesellschaftlichen. Durkheim aber vollzieht insofern eine Korrektur des älteren Positivismus von Comte und Spencer, als er, im Gegensatz zu diesem, der universalgeschichtlich bestimmt war, indem er Systeme zu schaffen suchte, sich darauf beschränkt, Modelle zu konstruieren.

Durkheim teilt, wie schon gesagt, mit dem älteren Positivismus die Voraussetzung objektiv gegebener, sozialer Gesetze und meint, allein durch Einsicht in diese Gesetze zur friedlichen Lösung sozialer Konflikte beitragen zu können im

---

[1] Das Protokoll von Eggert vom 8. Mai 1956 wurde nicht aufgefunden. – In jener Sitzung wurde das Referat, »Durkheim, Émile« gehalten, dessen Verfasser nicht ermittelt ist; sein Text ist teilweise erhalten (TWAA Pr 12/1–4).

Gegensatz zu den Theorien der Gesellschaft von Saint-Simon und Marx. Zwar setzen auch diese Theorien die Erfahrung objektiver gesellschaftlicher Gesetzmäßigkeit voraus, sie fassen sie aber als Resultat eines Entfremdungsprozesses, d. h., daß die Gesellschaft dem jeweiligen gesellschaftlichen Subjekt als etwas Äußerliches entgegentritt; gleichwohl gestehen sie dem gesellschaftlichen Subjekt, sofern es sich seiner Rolle bewußt wird, die Möglichkeit des Eingriffes zu. Womit zum Ausdruck gebracht ist, daß Durkheim den kollektiven Strukturen den Vorrang vor dem subjektiven Bewußtsein gibt und ihnen somit normativen Charakter zuordnet, während Saint-Simon und Marx diese Strukturen im Hinblick auf ihre Auflösung angehen.

Mit Max Weber teilt Durkheim die Vorliebe für Spezialuntersuchungen, zieht es also, wie schon erwähnt, vor, Modelle zu konstruieren und nicht, Systeme zu schaffen. Sucht etwa Max Weber mit seinen religionssoziologischen Untersuchungen die materialistische Geschichtsauffassung zu widerlegen, so trachtet Durkheim mit seinen Untersuchungen über den Selbstmord,[2] die Sozialpsychologie zu überwinden. Die Übereinstimmung zwischen Durkheim und Weber ist jedoch rein formal.

Repräsentativ für die Durkheim'sche Intention ist die Studie über den Selbstmord, in der er zeigt, wie das vermeintlich Individuellste, daß sich das Individuum doch mit dem Selbstmord dem gesellschaftlichen Zwang zu entziehen sucht, noch eben diesem Zwang unterliegt, wie er sich in der regelmäßig wiederkommenden Selbstmordrate durchsetzt. Durkheim unterscheidet drei Typen von Selbstmord:

1. suicide égoïste[3]: den Selbstmord, dem fehlende Konformität mit den gesellschaftlichen Normen zugrunde liege;
2. suicide altruiste[4]: der sich durch ein Übermaß an Konformität durch extreme Verinnerlichung mit den gesellschaftlichen Normen erkläre;
3. suicide anomique[5]: der zu Zeiten fehlender sozialer Organisation, so etwa nach wirtschaftlichen Krisen oder nach Revolutionen eintrete (während Revolutionen gehen die Selbstmordanteile zurück, weil man sich mit den bestehenden Kollektiven in hohem Maße identifiziert).

---

2 Vgl. Émile Durkheim, Der Selbstmord [1897], hrsg. von Heinz Maus, Friedrich Fürstenberg und Frank Benseler, übers. von Sebastian Herkommer und Hanne Herkommer, eingel. von Klaus Dörner, Nachw. von René König, Neuwied und Berlin 1973 (Soziologische Texte; 32).
3 Vgl. den Abschnitt »Der egoistische Selbstmord«, ebd., S. 162–241.
4 Vgl. den Abschnitt »Der altruistische Selbstmord«, ebd., S. 242–272.
5 Vgl. den Abschnitt »Der anomische Selbstmord«, ebd. S. 273–318.

Im Anschluß an das Referat[6] kam die Rede zunächst auf die zentrale Bedeutung, die von Durkheim der Methode zugemessen wird. Dieser Zug geht einmal auf die von Descartes herkommende Tradition zurück, die der richtigen Methode zutraue, den richtigen Zugang zur Bewältigung der Sache zu schaffen. Sodann kommt in ihr auch der von Comte herrührende Anspruch der Soziologie, das Erbe der »prima philosophia« angetreten zu haben,[7] zum Ausdruck, denn wenn Durkheim so methodisch die Definition des Erkenntnisobjektes der Soziologie betreibe, so gehe es ihm ja darum, diesen Anspruch zu rechtfertigen. Eigentlich aber spiegele sich aber in der Bemühung, das Erkenntnisobjekt zu definieren, die vorgegebene Arbeitsteiligkeit des Wissenschaftsbetriebes, d. h., der Wissenschaft zuliebe wird die Welt zurechtgebogen. Andererseits gehe mit der gesellschaftlichen Arbeitsteilung real die Tendenz einher, die Gesellschaft zu vergesellschaften, derart, daß das individuelle Verhalten bis in die Intimsphäre hinein der Determination durch die Gesellschaft verfällt. So habe die Berufung auf die unternehmerische Freiheit etwas Chimärisches an sich angesichts der auf dem Wege über die Konkurrenz wirksamen Kontrollen der hochliberalistischen Gesellschaft. Sie überläßt es zwar dem Unternehmer, abweichende Praktiken zu wählen, doch setzt sich gerade gegenüber solchen abweichenden Praktiken der Marktmechanismus durch und schränkt sie mit der Drohung des Bankrotts ein. Ebenso sei die individuelle Freiheit der Entscheidung in der Bürokratie, abgesehen von dem allgemeinen Alpdruck der verwalteten Welt, eingeengt durch die Präformation der Verhaltensweisen bis zu denen eines Ministers.

Im Gegensatz zu pluralistischen Soziologien, die festgestellten sozialen Tatbeständen »Personale Werte« entgegensetzen zu müssen glauben,[8] vermochte

---

6 Hans-Joachim Borries, »Emile Durkheim: *Suicide*«, TWAA Pr 12/14–26.
7 Comte formuliert in seinem sogenannten ›Dreistadiengesetz‹, die Metaphysik sei ein Durchgangsstadium der menschlichen Gattung, wahres, nämlich positives Wissen zu erlangen: »Jeder Zweig unserer Kenntnisse durchläuft der Reihe nach drei verschiedene theoretische Zustände (Stadien), nämlich den theologischen oder fiktiven Zustand, den metaphysischen oder abstrakten Zustand und den wissenschaftlichen oder positiven Zustand. Mit anderen Worten: Der menschliche Geist wendet in allen seinen Untersuchungen der Reihe nach verschiedene und sogar entgegengesetzte Methoden bei seinem Philosophieren an; zuerst die theologische Methode, dann die metaphysische und zuletzt die positive. Die erste ist der Punkt, an dem die Erkenntnis beginnt; die dritte der feste und endgültige Zustand, die zweite dient nur als Übergang von der ersten zur dritten.« (Auguste Comte, Die Soziologie. Die positive Philosophie im Auszug [1830–1842], hrsg. von Friedrich Blaschke, Leipzig 1933 [Kröners Taschenausgabe; 107], S. 2)
8 Der Begriff spielt bei Simmel eine große Rolle, vgl. etwa den Abschnitt »Das Geldäquivalent personaler Werte«, in: Georg Simmel, Philosophie des Geldes [1900], in: Georg Simmel, Gesamtausgabe, hrsg. von Otthein Rammstedt, Bd. 6, hrsg. von David P. Frisby und Klaus Christian Köhnke, Frankfurt a. M. 1989, S. 482–590.

sich Durkheim Einsicht zu verschaffen in diese Vergesellschaftung der Individualität; nur daß sich sein Positivismus gerade insofern überschlägt, als er sich zu ihrem Anwalt macht und sie so zu verewigen sucht.

Es erhob sich der Einwand, daß mit fortschreitender Entwicklung in der bürgerlichen Gesellschaft gegenüber unmittelbaren Herrschaftsverhältnissen der soziale Zwang doch zurückgetreten sei. Dazu sei zu sagen, daß sozialer Zwang sich nicht notwendig in Gestalt unmittelbar empfundenen Druckes durchsetze, sondern gerade mit zunehmender Vergesellschaftung sich der Mechanismen der Verinnerlichung bediene. Dieser Sachverhalt sei so darzustellen, daß mit zunehmender Vergesellschaftung die organische Zusammensetzung (in Anlehnung an Marx)[9] des Subjekts sich ändere, daß der Anteil des gesellschaftlichen Apparates im Menschen anwachse.[10] Was nun die Vorstellung eines Persönlichkeits-

---

9 »Die Zusammensetzung des Kapitals ist in zweifachem Sinn zu fassen. Nach der Seite des Werts bestimmt sie sich durch das Verhältnis, worin es sich teilt in konstantes Kapital oder Wert der Produktionsmittel und variables Kapital oder Wert der Arbeitskraft, Gesamtsumme der Arbeitslöhne. Nach der Seite des Stoffs, wie er im Produktionsprozeß fungiert, teilt sich jedes Kapital in Produktionsmittel und lebendige Arbeitskraft; diese Zusammensetzung bestimmt sich durch das Verhältnis zwischen der Masse der angewandten Produktionsmittel einerseits und der zu ihrer Anwendung erforderlichen Arbeitsmenge andrerseits. Ich nenne die erstere die Wertzusammensetzung, die zweite die technische Zusammensetzung des Kapitals. Zwischen beiden besteht enge Wechselbeziehung. Um diese auszudrücken, nenne ich die Wertzusammensetzung des Kapitals, insofern sie durch seine technische Zusammensetzung bestimmt wird und deren Änderungen widerspiegelt: die organische Zusammensetzung des Kapitals.« (MEW, Bd. 23, S. 640)

10 In den *Minima Moralia* [1951] heißt es: *Wenn die Integration der Gesellschaft, zumal in den totalitären Staaten, die Subjekte immer ausschließlicher als Teilmomente im Zusammenhang der materiellen Produktion bestimmt, dann setzt die »Veränderung in der technischen Zusammensetzung des Kapitals« in den durch die technologischen Anforderungen des Produktionsprozesses Erfaßten und eigentlich überhaupt erst Konstituierten sich fort. Es wächst die organische Zusammensetzung des Menschen an. Das, wodurch die Subjekte in sich selber als Produktionsmittel und nicht als lebende Zwecke bestimmt sind, steigt wie der Anteil der Maschinen gegenüber dem variablen Kapital. Die geläufige Rede von der »Mechanisierung« des Menschen ist trügend, weil sie diesen als ein Statisches denkt, das durch »Beeinflussung« von außen, Anpassung an ihm äußerliche Produktionsbedingungen gewissen Deformationen unterliege. Aber es gibt kein Substrat solcher »Deformationen«, kein ontisch Innerliches, auf welches gesellschaftliche Mechanismen von außen bloß einwirkten: die Deformation ist keine Krankheit an den Menschen, sondern die der Gesellschaft, die ihre Kinder so zeugt, wie der Biologismus auf die Natur es projiziert: sie »erblich belastet«. Nur indem der Prozeß, der mit der Verwandlung von Arbeitskraft in Ware einsetzt, die Menschen samt und sonders durchdringt und jede ihrer Regungen als eine Spielart des Tauschverhältnisses a priori zugleich kommensurabel macht und vergegenständlicht, wird es möglich, daß das Leben unter den herrschenden Produktionsverhältnissen sich reproduziert. Seine Durchorganisation verlangt den Zusammenschluß von Toten.* (GS, Bd. 4, S. 261 f.)

kernes angehe, der selbst diesem Eindringen sozialen Zwanges entzogen bleibe, so liege ihr das Modell eines starren Gegensatzes von Individuum und Gesellschaft zugrunde, in Wirklichkeit aber sei das Individuum durch die bestehende Gesellschaft vermittelt. Gleichwohl, lautete ein Einwand, sei sozialer Zwang doch jeweils bezogen auf die Idee einer freien Persönlichkeit, werde gleichsam an ihr gemessen. Historisch sei gerade der Begriff der Individualität in der bürgerlichen Gesellschaft mit fortschreitender Vergesellschaftung entstanden. Es muß jedoch festgehalten werden, daß der soziale Zwang, eben weil er verinnerlicht ist, sehr weitgehend nicht im individuellen Bewußtsein abgebildet ist, er trete allenfalls dem nichtintegrierten Individuum in Gestalt der Strafe entgegen. Es sei nun der Begriff einer integrierten Gesellschaft[11] keinesfalls mit einer harmonischen zu verwechseln, vielmehr verdecke die vordergründige, teuflische Harmonie der Gesellschaft deren antagonistischen Charakter.

Wenn bei Durkheim kollektiven Strukturen indirekt normativer Charakter zugestanden werde, so sei das jedoch nicht dahin mißzuverstehen, als enthalte seine Theorie eine Teleologie; er beschränkt sich ausdrücklich darauf, soziale Phänomene zu klassifizieren, um gesellschaftliche Naturgesetze festzustellen; er sehe ab von jeglicher Zweckbestimmtheit des gesellschaftlichen Prozesses.

---

11 Adorno bemerkt in seinem Aufsatz *Jene zwanziger Jahre* [1962], die gegenwärtige Kunst habe *zum gesellschaftlichen Schauplatz nicht mehr den sei's auch zerfallenen Spätliberalismus sondern eine gesteuerte, überdachte, integrierte Gesellschaft, die »verwaltete Welt«.* (GS, Bd. 10·2, S. 505 f.)

87 Gerhard Beuter, 29. Mai 1956

Protokoll
der Seminarsitzung am 29. 5. 1956

In der letzten Seminarsitzung beschäftigten wir uns nach der Verlesung des Protokolls mit einigen entscheidenden Stellen des 1. Kapitels.[12] Die Erörterungen sollten neben der Erhellung der soziologischen Theorie Durkheims auch seine Besonderheiten gegenüber anderen Positivisten herausheben.

Für Durkheim ist die Soziologie eine Naturwissenschaft; gleich dieser hat sie ihre Phänomene, die sozialen, wie äußere Dinge zu untersuchen.[13] Soweit zeigt Durkheim sich ganz positivistisch. Bei der Erklärung dessen aber, was die sozialen Phänomene sind, stellt er eine für einen Positivisten ungewöhnliche Theorie auf. Wohl ist die Soziologie eine Naturwissenschaft, aber sie unterscheidet sich deutlich von anderen Naturwissenschaften dadurch, daß die charakteristischen sozialen Tatsachen, die kollektiv sind, außerhalb des individuellen Bewußtseins existieren, vom Individuum getrennt, also immaterieller Natur sind. Mit gebieterischer Macht drängen sich die sozialen Tatsachen dem Einzelnen auf, ob er es will oder nicht. Durkheim untersucht die sozialen Tatbestände, die das Individuum anerkennen muß, er sieht den Zwang, der von der Gesellschaft ausgeht. Sein Interesse gilt jenen Zonen, in denen das Individuum durch die Macht der Gesellschaft seine Nichtigkeit erfährt. Da er von dem Phänomen des sozialen Zwangs stark gefesselt ist, übersieht er, daß Individuum und Gesellschaft wechselseitig voneinander abhängen, und daß die objektiven sozialen Tatsachen vergegenständlichte Verhaltensweisen sind.

Um die Eigenständigkeit der Soziologie als Wissenschaft zu sichern, geht Durkheim von der Annahme aus, daß jede Wissenschaft ihr spezifisches Objekt haben müsse. Daß in dieser Annahme etwas Willkürliches steckt, daß die Aufteilung der Sachverhalte in verschiedene Gebiete vermittelt ist, wird ihm nicht bewußt, der ganze Branchenbetrieb einer aufgeteilten Wissenschaft ist ihm in

---

12 Vgl. den Abschnitt »Was ist ein soziologischer Tatbestand?«, in: Emile Durkheim, Die Regeln der soziologischen Methode [1895], hrsg. und eingel. von René König, 11. Aufl., [Frankfurt a.M.] 2007 (suhrkamp taschenbuch wissenschaft; 464), S. 105–114.
13 Durkheim zieht aus dem ersten Kapitel seiner Schrift das Fazit: »*Ein soziologischer Tatbestand ist jede mehr oder minder festgelegte Art des Handelns, die die Fähigkeit besitzt, auf den Einzelnen einen äußeren Zwang auszuüben; oder auch, die im Bereiche einer gegebenen Gesellschaft allgemein auftritt, wobei sie ein von ihren individuellen Äußerungen unabhängiges Eigenleben besitzt.*« (Ebd., S. 114)

Fleisch und Blut übergegangen. Um den Beweis für die Eigenständigkeit der Soziologie zu liefern, ist es für ihn wichtig, die spezifische Eigenart der sozialen Tatsachen nachzuweisen, die, wenn sie immaterieller Natur sind, die Soziologie von den anderen Naturwissenschaften abgrenzen. Er findet nun, daß neue Gesetzmäßigkeiten dann entstehen, wenn mehrere Individuen zusammen handeln. Mit einem organizistischen Motiv schließt nun Durkheim, daß genau so, wie die Gesetzmäßigkeiten der lebenden Zelle noch nicht den Mineralstoffen innewohnen, aus denen die Zelle besteht, genau so wenig die Gesetzmäßigkeiten der Gesellschaft bereits den Individuen innewohnen.[14] Erst wenn mehrere Individuen zusammen handeln, entstehen zwischen den Individuen neue Gesetzmäßigkeiten. Die Selbstmordquoten stellen einen Index für derartige Gesetze dar, mit denen die Soziologie sich zu beschäftigen hätte.[15] Die Konstanz der Quoten ist nicht aus dem Verhalten der Individuen erklärbar, sondern aus den kollektiven Erscheinungen. Durkheims Untersuchungen erschöpfen sich nicht in der Aufstellung von Quoten, an denen man auch die Über- oder Unterintegration einer Gesellschaft ablesen kann, sondern sie sind [daran][16] interessiert herauszufinden, welche Bedingungen für die Selbstmordquote bestimmend sind.

Durkheim ist von der deutschen Gesellschaftswissenschaft beeinflußt. Was bei Hegel der objektive Geist ist, das sind bei ihm die kollektiven Verhaltensweisen, nur werden sie bei ihm nicht mehr abgeleitet, sondern als Tatsachen genommen, wodurch bei ihm eine sonderbare Symbiose deutscher Metaphysik mit westlichem Positivismus entsteht.

---

14 Im Vorwort zur zweiten Auflage der »Regeln der soziologischen Methode« schreibt Durkheim: »Jedesmal, wenn irgendwelche Elemente eine Verbindung eingehen und damit neue Erscheinungen hervorbringen, läßt sich wohl einsehen, daß diese Erscheinungen ihren Sitz nicht in den Elementen, sondern in dem durch deren Vereinigung hervorgebrachten Ganzen haben. Die lebende Zelle enthält nur mineralische Bestandteile, ebenso wie die Gesellschaft nichts außer den Individuen enthält; und dennoch ist es offensichtlich unmöglich, daß die charakteristischen Erscheinungen des Lebens den Atomen des Wasserstoffs, Stickstoffs, Kohlenstoffs und Sauerstoffs innewohnen.« (Ebd., S. 93)
15 Durkheim spricht von »Meinungsströmungen, die je nach der Zeit und dem Orte in ungleicher Stärke den einen beispielsweise zur Ehe, den anderen zum Selbstmord drängen, die Zahl der Geburten beeinflussen usw. Das sind gewiß soziale Phänomene. Auf den ersten Blick scheinen sie von der Form, die sie im einzelnen Fall annehmen, nicht zu trennen. Aber die Statistik liefert uns das Mittel, sie zu isolieren. Sie sind mit ziemlicher Genauigkeit durch die Häufigkeiten der Geburten, Ehen und Selbstmorde bestimmt, d. h. durch die Zahl, die man erhält, wenn man den Jahresdurchschnitt der Ehen, Geburten und Selbstmorde durch die Anzahl der Menschen dividiert, die in dem zur Ehe, Zeugung oder Selbstmord geeigneten Alter stehen. [...] Was die Ziffern ausdrücken, ist [...] ein bestimmter Zustand des Kollektivgeistes.« (Ebd., S. 110)
16 Ersetzt für: »an den Fragen«.

Das Charakteristische für die Soziologie bei Durkheim ist, daß von ihr aus gesehen alle individuellen Tatsachen nur zufällig sind und daß allein das, was sich mit mathematischer Regelmäßigkeit durchsetzt, für die Soziologie wichtig ist.

Nach seiner Definition müßte demnach eine Gesellschaft, die keine festen Regelmäßigkeiten und Strukturen zeigt, auf die Soziologie verzichten. Auch werden durch seine Definition viele soziale Verhaltensweisen, besonders die subtilsten, wie z. B. der Takt,[17] nicht getroffen.

Wenn die sozialen Tatsachen auch dadurch charakterisiert sind, daß sie sich mit mathematischer Regelmäßigkeit durchsetzen und allgemein verbreitet sind, so ist doch die Allgemeinheit eines sozialen Phänomens allein noch kein Beweis dafür, daß es sich um eine soziale Tatsache handelt. Nur das zählt Durkheim zu den sozialen Tatsachen, was sich in konkreten Fällen ereignet. Die Sitten als ein Ansich hat die Soziologie nicht zu untersuchen, auch nicht, wie die Sitten sich im individuellen Bewußtsein spiegeln, denn da können sie verschieden sein von ihrer tatsächlichen Ausführung, und lediglich mit dieser hat sich die Soziologie zu beschäftigen.

Durkheim ist nicht in dem Sinne Positivist, daß ihm der Gedanke an alles Wesen eine Chimäre ist. Er sagt nur, im Gegensatz zu Bergson – von dem ihn auch das Motiv trennt, daß Wissenschaft gleich Messen ist –, daß man das Wesen nicht unmittelbar erkennen könne,[18] sondern Fakten brauche und zu Ergebnissen

---

17 Vgl. den Aphorismus *Zur Dialektik des Takts* in den *Minima Moralia* (GS, Bd. 4, S. 38–41).
18 In seiner Vorlesung über *Philosophie und Soziologie (1960)* sagt Adorno, es tendiere der *losgelassene Positivismus, wie er von Durkheim reklamiert worden ist, dazu, den Begriff der ›données‹, den Begriff der Fakten zu hypostasieren; also sie so zu behandeln, als ob wir überhaupt in irgendeinem Maß fähig wären, ohne Vermittlung, ohne begriffliche Apparaturen der Fakten selbst mächtig zu werden. Sowenig es aber Begriffe gibt oder sowenig Begriffe wahr sind, die nicht sich erfüllen, die sich nicht an ihrer Beziehung auf Material prüfen und sich an ihm regenerieren, so wenig gibt es andererseits auch solche Fakten, deren wir schlechterdings unabhängig von den Begriffen mächtig werden könnten. Ich möchte Sie hier doch darauf aufmerksam machen [...], daß diese ganze, in gewisser Weise sehr extreme Theorie von Durkheim seiner eigenen Praxis, die schließlich auf eine große Theorie, nämlich auf die Erklärung der sozialen Phänomene durch den Kollektivgeist herausgelaufen ist, widerspricht. Sie können wahrscheinlich die Entstehung dieser Theorie oder die ungeheure Wirkung, die sie ausgeübt hat, geistesgeschichtlich überhaupt nur verstehen, wenn Sie sich vergegenwärtigen, daß es hier eine Spannung gegeben hat, die für die französische Geistesgeschichte etwa um das Jahr 1900 oder 1890 – sagen wir 1900 – die schlechterdings entscheidende gewesen ist, nämlich die zwischen Bergson und Durkheim; wobei Bergson eben die Gegenposition eines metaphysischen Intuitionsbegriffs einnimmt, der nun genau diesen Begriff des starren, festen Faktums, wie ihn die Naturwissenschaften voraussetzen, kritisiert hat, und infolgedessen auch ein anderes Erkenntnismoment stipuliert hat, während Durkheim sozusagen das ganze Gewicht der*

durch Vergleich kommen müsse. Das äußere Ding, die soziale Tatsache, ist für ihn dabei immer nur Durchgangsgröße.

Durkheims Theorie ist, wie jede, von ihrem Angriffspunkt her zu verstehen. Seine Konzeption ist gegen die Vorstellung gerichtet, daß das gesellschaftliche Geschehen durch individuelle Bewußtseinsinhalte bestimmt wird. Seine Kritik ist auch gegen die naiv-rationalistische Vorstellung gerichtet, daß dem Individuum ein Trieb zum Fortschritt inne sei. Hier berührt er sich wiederum mit der deutschen Soziologie, z. B. mit M. Weber. Nach Durkheims Theorie über die gesellschaftliche Dynamik gibt es keinen einstimmigen Fortschritt. Er glaubt an eine pflanzenhafte Entwicklung der einzelnen sozialen Gebilde, die sich blind, ohne sinnhaftes Ziel, vollzieht. Wenn Durkheim auch gegen Spencer polemisiert,[19] so ist seine Vorstellung über die gesellschaftliche Dynamik jedoch manchmal wie bei jenem.

---

spezifisch naturwissenschaftlichen Tradition gegen Bergson selbst angeführt hat [...] (NaS, Bd. IV·6, S. 81f.).
19 Durkheims Kritik an Spencer läuft darauf hinaus, daß für diesen »die Gesellschaft nichts anderes ist und sein kann als die Verwirklichung einer Idee, und zwar der Idee der Kooperation, durch die er sie definiert.« (Durkheim, Die Regeln der soziologischen Methode, a. a. O. [s. Anm. 12], S. 120)

88 Roland Pelzer,
5. Juni 1956

Roland Pelzer

Protokoll der Seminarsitzung am 5. 6. 1956.

Die in der letzten Seminarsitzung gemachte Bemerkung, daß man brauchbare Aussagen über ein soziales Phänomen wie den Takt nicht machen könne, ohne erfahren zu haben, in diesem Falle etwa durch eigenes Erröten, was es subjektiv bedeute, mußte zur Vermeidung von Mißverständnissen ergänzt werden durch einen Hinweis auf das objektive, gesellschaftliche Wesen auch von etwas so Subtilem wie dem Takt. Auch *seine* Inhalte sind gesellschaftlich bedingt und unterliegen der sozialen Relativität, was jeder erfährt, der den falschen Takt im falschen Kreise geltend macht.

Durkheims Forderung, alle nicht genau definierten Begriffe aus der Wissenschaft zu entfernen,[20] gab Anlaß zu einer Erörterung des Problems der Definition.

Über den bloß formalen, operativen Charakter der Definition, über ihre Untauglichkeit als Erkenntnismittel sind sich Kant, Hegel und Nietzsche einig,[21] wie die hier herangezogenen Zitate zeigten.

Einschränkung oder Erweiterung einer im Sprachgebrauch vermittelten Wortbedeutung hätte erst aus der konkreten wissenschaftlichen Erkenntnis selbst hervorzugehen. Wo bloß zu Verfahrenszwecken eine Wortbedeutung durch Definition beschnitten wird, geht der weggeschnittene Bedeutungsinhalt der Erkenntnis selber verloren. Was in der Realität auf ihn Bezug hat, wird dadurch dem

---

20 Durkheim äußert sich weniger über Begriffe, als vielmehr über »Tatsachen im eigentlichen Sinne des Wortes [...]«. Sie seien »uns in dem Augenblicke, da wir sie wissenschaftlich zu untersuchen beginnen, unbekannt«, nämlich »*Dinge, von denen wir nichts wissen;* denn die Vorstellungen, die man sich im Laufe des Lebens über sie zurecht macht, sind ohne Methode und Kritik entstanden und darum jedes wissenschaftlichen Wertes bar. Sie müssen daher beiseite geschoben werden.« (Ebd., S. 90)

21 In der Vorlesung über *Philosophie und Soziologie* sagt Adorno: *Ich kann mich hier in dieser Vorlesung auf eine Kritik des Definitionsbegriffs nicht einlassen, ich habe in anderen, vor allem in dialektischen und erkenntnistheoretischen Vorlesungen darüber viel gesagt. Sie können im übrigen, wenn Sie in den Registern zu Kant, zu Hegel und wenn Sie im Nietzsche nachschlagen, zur Kritik gerade des Definitionsbegriffs so viel und so Triftiges finden, daß ich es mir jetzt ersparen kann, darüber zu reden.* (NaS, Bd. IV·6, S. 120) So etwa in der Vorlesung zur *Einführung in die Dialektik* von 1958 (vgl. NaS, Bd. IV·2, S. 275 – 290). Die wohl umfangreichste Einführung in die Problematik der Definition sowie des Definierens hat Adorno in einer Vorlesung über *Philosophische Terminologie* im Sommersemesters 1962 gegeben; vgl. NaS, Bd. IV·9, S. 12 – 35.

Blick entzogen. Die relative Willkür der Definition haftet dann auch den Aussagen über das Definierte an. Der ausschließende Charakter der Definition macht sie zum geeigneten Versteck einer Absicht, kritische Gedanken zu unterbinden, indem man ihre Worte oder Wortbedeutungen abschafft. Selbst vom Antisemitismus ist gesagt worden, er sei zu verschiedenen Zeiten und an verschiedenen Orten etwas sehr Verschiedenes, sein Begriff sei daher nicht hinreichend definiert und treffe nichts Bestimmtes.

Andererseits bedarf es zur Verhütung simplen Wortmißbrauchs weniger der Definitionen, als der Erklärung von Sachverhalten. Unvermeidlich ist die Aufstellung definierter Merkmaleinheiten für statistische Zwecke. Welcher statistischen Rubrik eine Person jeweils zuzuschlagen ist, muß von einer eng begrenzten Anzahl kenntlicher Merkmale abhängig gemacht werden, weil sonst eine zuverlässige, kontrollierbare Gewinnung von Zahlenmaterial unmöglich ist. Die Genauigkeit der so gewonnenen Ergebnisse geht aber leicht auf Kosten ihrer Relevanz; für statistische Zwecke definierte Begriffe können daher nicht als eigentlich soziologische Kategorien angesehen werden. Durkheim aber tendiert zur Ineinssetzung von Statistik und sozialer Gestalt.

Nach dieser Erörterung wandte sich das Seminar Durkheims Begriff der sozialen Fakten zu, die ihm zufolge durch ihren Sachcharakter, ihre Gegebenheit, durch den Widerstand, den sie bieten, und den Zwang, den sie ausüben, gekennzeichnet und insofern von der Subjektivität unterscheidbar sein sollen.[22] Dieser Begriff des Sozialen enthält eine von der Tradition der französischen Literatur getragene Sensibilität, welche die auf dem Grunde der Gesellschaft liegende Gewalt noch zu erfahren vermag. Zuspitzend wurde gesagt, daß Durkheim im Begriff der »chose« die Erfahrung des Gesellschaftlichen als Schmerzempfindung identifiziere.

---

22 In der Vorlesung *Philosophie und Soziologie* bemerkt Adorno über den Begriff der Fakten bzw. der Tatsachen bei Durkheim: ›[Tat]sachen‹ *bedeutet dabei [...] also Tatsachen, die vor allem dadurch charakterisiert sind, daß sie einen gewissen Charakter der Undurchdringlichkeit und des Widerstands gegenüber dem Subjekt haben, ebensowohl was das Verständnis des Subjekts anlangt, wie auch, und das ist für Durkheim noch entscheidender, was das Handeln des Subjekts anlangt – also ›des choses‹ oder ›des faits sociaux sont les choses‹ im Sinn von Durkheim –, dann, wenn in diesen Tatsachen, in diesen Sachen der einzelne Mensch auf einen Widerstand, auf harte Masse stößt, über die er nichts vermag und die stärker ist als der subjektive Wille und das subjektive Verstehen. Und bei Durkheim ist also geradezu, damit Sie das gleich von Anfang an gegenwärtig haben, das Kriterium dessen, was er überhaupt sozial nennt, eben dieser eigentümliche Charakter des Inpenetrablen, uns Entgegengesetzten, in dem sich das manifestiert, was wir, im Gegensatz vor allem zur Psychologie, nun eigentlich für den Gegenstand der Soziologie erachten.* (NaS, Bd. IV·6, S. 74)

Ein weiteres Motiv des »chosisme[23]«, das Durkheim mit Pareto und Max Weber gemein hat, ist die Idee der wertfreien Wissenschaft, die ihren Gegenstand erst zu Gesicht bekommt, indem sie überkommene Wertungen in ihrem Bereich außer Kraft setzt. In seiner Konsequenz würde der Gedanke der wertfreien Theorie darauf hinauslaufen, daß die von der Theorie ausgeschlossene Wertung ihrerseits ebenso von Theorie gereinigt und schließlich zur autonomen Dummheit eines grundlosen Ja- oder Neinsagens verurteilt wäre.

Gegen Ende der Stunde wurde jedoch schon darauf vorgedeutet, daß Durkheim bereits zur Erkenntnis der Untrennbarkeit von Wert und Sache gelangt sei.

xxxxxxxxxxxxxxxxxx

---

23 Durkheim vertritt, mit den Worten Adornos, die Ansicht, *daß das eigentlich Soziologische, eben das der soziologischen Wissenschaft spezifisch Zugehörige, gerade dadurch sich unterscheidet von vor allem der Psychologie [...], daß die eigentlich sozialen Tatsachen, die ›faits sociaux‹, sich nicht verstehen lassen, daß sie undurchdringlich sind, daß sie opak sind oder daß sie, wie er es ausdrückte, ohne der Implikationen ganz selber sich bewußt zu sein, daß man sie wie ›Dinge‹, wie ›des choses‹ behandeln soll; weswegen man dann auch die Durkheimsche Soziologie als ›Chosisme‹ bezeichnet hat.* (NaS, Bd. IV·15, S. 132f.)

89 Gerhard Brandt, 12. Juni 1956

Protokoll vom 12. Juni 1956

Den ersten Teil der Sitzung nahm die Besprechung zweier Probleme in Anspruch, die in engem Zusammenhang mit dem Inhalt des 2. Kapitels, den Regeln zur Beobachtung sozialer Tatsachen,[24] stehen.[25]

Eine Woche zuvor war schon von den Schwierigkeiten die Rede gewesen, in die definitorische Verfahren die Wissenschaft notwendig verstricken. Nun wäre ja gerade die empirische Sozialforschung, zu deren Handwerkszeug operational definitions[26] gehören, verpflichtet, eben diesen Schwierigkeiten sich bewußt zu werden und sich mit ihnen auseinanderzusetzen. Ganz ausdrücklich werde mit dem Verfahren der operational definition zunächst die Tendenz verfolgt, aus einem je vorliegenden Sachverhalt vermittels einer Definition eine bestimmte Bedeutung zu extrapolieren. Der Anspruch, der diesem Verfahren innewohne, bestehe darin, der Sache näherzukommen, ihr auf dem Wege über die Eingrenzung ihres begrifflichen Umfangs gerecht zu werden. Gerade insofern aber der Hof von Bedeutungen, der ihren Begriff ausmache, abgeschnitten werde, werde ihr Gewalt angetan. Das Verfahren, das der Sache nahezukommen beanspruche, entferne zugleich von ihr, indem es Termini und Begriff voneinander trenne. Darüber hinaus setze die operational definition den Begriff, der der Sache in der Sprache noch bewahrt geblieben sei, der Gefahr aus, gegen seine definitorische Verkürzung ausgewechselt zu werden.

Dabei gehe die Bildung von operational definitions nicht ohne weiteres auf die subjektive Willkür des Forschers zurück. Als notwendige Bedingung sozialwissenschaftlicher Forschung lasse sie vielmehr den Widerspruch zutage treten, dem sich der Empiriker ausgeliefert sehe. Um einen Gegenstand fassen zu können, sei er gezwungen, ihn zu fixieren. Gerade indem er die Sache fixiere, verfehle er aber deren inneres Leben.

---

24 Vgl. den Abschnitt »Regeln zur Betrachtung der soziologischen Tatbestände«, in: Durkheim, Die Regeln der soziologischen Methode, a. a. O. (s. Anm. 12), S. 115–140.
25 Das Referat der Sitzung stammt von Ehrhard Wagner: »Emile Durkheim, Les Règles de la Méthode Sociologique, Chapitre II: Règles relatives à l'observation des faits sociaux«, UAF Abt. 139 Nr. 1, sowie TWAA Pr 12/5–13 (Doublette).
26 Der Begriff geht zurück auf den Physiker Percy Williams Bridgman und bezeichnet den Versuch, Begriffe, die ausgehend von subjektiver Erfahrung gebildet werden, zu quantifizieren und messbar zu machen, um sie so als allgemeingültige Aussage operationalisieren zu können.

So habe sich etwa im Verlauf der Untersuchung über die »Authoritarian Personality«[27] gezeigt, wie das notwendige Interesse am Instrument der Einsicht in den eigentlichen Sachverhalt widerstreben könne. Statistische Kriterien, wie das der Trennschärfe, hätten etwa dazu gezwungen, Feststellungen, die dem Begriff des Faschismus enger verwandt gewesen seien als andere, auszuscheiden. Die im Verlauf der Arbeit vorgenommenen Korrekturen hätten also eher zu einer Vergröberung als zu einer genaueren Bestimmung des Begriffs des Faschismus geführt. Die statistische Insuffizienz einer Feststellung tue noch nicht ihrer sachlichen Triftigkeit Abbruch.

Sodann kam die Rede auf den Begriff des Verstehens, der der Erkenntnistheorie der älteren deutschen Soziologie zugrunde liegt. Verstehen zu können, setze die Möglichkeit der Identifikation des Subjekts mit seinem Erkenntnisgegenstand voraus. Diese Identifikation aber sei, Simmel zufolge, möglich, als sich das menschliche Subjekt in seinem Objekt einem anderen Menschlichen, letzten Endes einem anderen Subjektiven, gegenübersehe.[28] – Durkheims wissenschaftstheoretisches Programm, in dem ja definitorisch mit der Fremdheit und Äußerlichkeit sozialer Tatsachen streng von aller Subjektivität abstrahiert sei, scheine nun zunächst in schroffem Gegensatz zur verstehenden Soziologie zu stehen. Genaugenommen sei ihm aber ein erkenntnistheoretisches Motiv mit der Wissenschaftslehre Max Webers und damit mit der verstehenden Soziologie gemeinsam. Ohne daß es sich bei ihm ausgesprochen fände, bedeutete nämlich für Durkheim der Zugang zur Totalität aller Fakten, die ihm zufolge durch das Moment des Zwanges gekennzeichnet seien, sie zu verstehen. – Andererseits hebe

---

27 Vgl. T[heodor] W. Adorno, Else Frenkel-Brunswik, Daniel J. Levinson und R. Nevitt Sanford, unter Mitw. von Betty Aron, Maria Hertz Levinson und William Morrow, *The Authoritarian Personality*, New York 1950 (Studies in Prejudice; 1).

28 Bei Simmel heißt es etwa im »Exkurs über das Problem: Wie ist Gesellschaft möglich?«: »Es ist eine bloße Titelfrage, ob die Untersuchung dieser Bedingungen des Sozialisierungsprozesses erkenntnistheoretisch heißen soll oder nicht, da doch das aus ihnen sich erhebende, von ihren Formen normierte Gebilde nicht Erkenntnisse, sondern praktische Prozesse und Seinszustände sind. Allein dennoch ist, was ich hier meine und was als der generelle Begriff der Vergesellschaftung auf seine Bedingungen geprüft werden soll, etwas erkenntnisartiges: das Bewußtsein, sich zu vergesellschaften oder vergesellschaftet zu sein. Vielleicht würde man es besser ein Wissen als ein Erkennen nennen. Denn das Subjekt steht hier nicht einem Objekt gegenüber, von dem es allmählich ein theoretisches Bild gewönne, sondern jenes Bewußtsein der Vergesellschaftung ist unmittelbar deren Träger oder innere Bedeutung. Es handelt sich um die Prozesse der Wechselwirkung, die für das Individuum die – zwar nicht abstrakte, aber doch des abstrakten Ausdrucks fähige – Tatsache bedeuten, vergesellschaftet zu sein.« (Georg Simmel, Soziologie. Untersuchungen über die Formen der Vergesellschaftung [1908], in: Georg Simmel, Gesamtausgabe, hrsg. von Otthein Rammstedt, Bd. 11, hrsg. von Otthein Rammstedt, Frankfurt a. M. 1992, S. 42–61; hier: S. 47)

Max Weber soziologische Erkenntnis streng ab von aller Psychologie, von jedem Rekurs auf das Innenleben der an der Gesellschaft beteiligten Menschen. Der Zugang zum Erkenntnisobjekt der Soziologie eröffne sich ihm mit der Voraussetzung der Zweckrationalität menschlichen Handelns. – So überbrückten Durkheim und Weber die Kluft zwischen Subjekt und Erkenntnisgegenstand mit Modellen verstehbarer Instanzen: Durkheim mit dem Modell des Zwanges, Weber mit dem der Zweckrationalität. Wie diskreditiert, wie fragwürdig geworden der Begriff des Verstehens aber auch immer erscheinen möge, es bleibe die Frage, ob, ohne verstehen zu können, Einsicht in soziale Tatbestände, ob ohne Verstehen soziologische Erkenntnis überhaupt möglich sei.

Verstehen trete wohl, so hieß es darauf, zunächst psychologisch verkleidet als Sich-Einfühlen auf. Dieser Verkleidung ledig aber könne es seine Unabhängigkeit von subjektiv Zufälligem ausweisen. Es sei auf in einer Situation enthaltene Elemente zu beziehen, von denen jeweils zu entscheiden sei, ob ihnen verstehende Elemente im Subjekt entsprächen, diese Interpretation folge der Simmelschen Theorie, die menschliche Subjektivität als angemessenen Gegenstand verstehenden Wissens bezeichnet habe.

So verstanden aber, wurde demgegenüber eingewandt, stelle doch Verstehen nur eine besondere Form des seinem Gegenstande entfremdeten Bewußtseins dar, dem nur noch die Erinnerung des Verhältnisses geblieben sei, das den Zusammenhang von Subjekt und Objekt begründe: der Praxis, die ihr Objekt kennt, weil sie an ihm gearbeitet hat.

Gleichwohl finde sich aber das Subjekt, so wurde geschlossen, einer entfremdeten Welt gegenüber und der Objektivität dieser entfremdeten Welt habe Erkennen Rechnung zu tragen. Kennzeichnend für diese objektive Welt aber sei, daß das, was dem Erkennenden an ihr aufgehe, nicht auf subjektiven Sinn reduzibel sei. Wie denn etwa in die Produkte der Filmindustrie zwar subjektive Intentionen eingingen, der objektive Sinn der Produkte sich aber nicht aus den subjektiven Intentionen zusammensetze, sondern über diese jeweils hinausgehe. Auf die objektive gesellschaftliche Totalität bezogen aber hole Erkennen seinen eigentlichen Anspruch ein. Wobei dahingestellt bleiben möge, ob die auch auf gesellschaftliche Totalität bezogene Theorie Talcott Parsons' eben solcher objektiven Erkenntnis entspreche. – Der Blick des Soziologen vermöchte es, die dem Menschen entfremdete gesellschaftliche Welt, die gleichwohl sein Werk sei, zu erwecken.

Im zweiten Teil der Sitzung wurde über das 3. Kapitel, über die Unterscheidung des Normalen vom Pathologischen,[29] referiert.[30]

In diesem Kapitel mehr noch als in den anderen komme die Durkheim zuweilen eigene Rabulistik zum Ausdruck. So, wenn es ihm darum gehe, um jeden Preis den Begriff des Normalen in Übereinstimmung zu bringen mit dem aus der Biologie übersetzten und ebenso fragwürdigen der Gesundheit,[31] ohne dabei gegen die Absage an jeglichen Finalismus zu verstoßen.

Er versäume darüber, auf den rudimentären Charakter einer Erscheinung wie des Verbrechens aufmerksam zu werden, das als Rückstand physischer Gewalt abzuleiten wäre.

Eine paradoxe Konsequenz seiner Theorie wäre, daß kollektiver Wahnsinn sich mit den Merkmalen legitimieren könnte, die nach Durkheim die Normalität kennzeichneten. Eine Konsequenz, die nur zu genau geschichtliche Realität geworden sei.

Dabei halte sich nun Durkheim allerdings eine Tür offen, um sich im Ernstfall aus der Affäre ziehen zu können, indem er als die eigentliche Schwierigkeit der Soziologie die Geschichtlichkeit ihres Gegenstandes hervorhebe (3. Regel).[32] Und insofern verbiete sich auch der Verdacht, Durkheim würde, um zu einer formalen

---

29 Vgl. den Abschnitt »Regeln für die Unterscheidung des Normalen und des Pathologischen«, in: Durkheim, Die Regeln der soziologischen Methode, a. a. O. (s. Anm. 12), S. 141–164.
30 Der Referatstext wurde nicht aufgefunden.
31 »Wir werden diejenigen Tatbestände normal nennen, die die allgemeinsten Erscheinungsweisen zeigen, und werden den anderen den Namen krankhaft oder pathologisch beilegen. Kommt man überein, als Durchschnittstypus jenes schematische Gebilde zu bezeichnen, das man erhält, indem man die in der Art häufigsten Merkmale mit ihren häufigsten Erscheinungsformen zu einem Ganzen, zu einer Art abstrakter Individualität zusammenfaßt, so wird man sagen können, daß der normale Typus mit dem Durchschnittstypus in eins zusammenfließt und daß jede Abweichung von diesem Schema der Gesundheit eine krankhafte Erscheinung ist. Es ist richtig, daß der Durchschnittstypus nicht mit derselben Reinheit festgestellt werden kann wie der individuelle Typus, da seine konstitutiven Eigenschaften nicht schlechterdings fest, sondern veränderungsfähig sind. Daß er aber festgestellt werden kann, steht schon deshalb außer Zweifel, weil er den unmittelbaren Stoff der Wissenschaft bildet und mit dem Typus der Gattung übereinstimmt. Das, was der Physiologe studiert, sind die Funktionen des Durchschnittsorganismus, und bei dem Soziologen ist es nicht anders.« (Ebd., S. 148)
32 Im Abschnitt »Regeln zur Unterscheidung des Normalen und des Pathologischen« formuliert Durkheim drei Regeln: »*1. Ein soziales Phänomen ist für einen bestimmten sozialen Typus in einer bestimmten Phase seiner Entwicklung normal, wenn es im Durchschnitt der Gesellschaften dieser Art in der entsprechenden Phase ihrer Evolution auftritt. [Absatz] 2. Die Ergebnisse dieser Methode kann man verifizieren, indem man nachweist, daß bei dem betrachteten sozialen Typus die Allgemeinheit des Phänomens in den allgemeinen Bedingungen des Kollektivlebens begründet ist. [Absatz] 3. Diese Verifikation ist notwendig, wenn sich die Tatsache auf eine soziale Art bezieht, die ihre Entwicklung noch nicht vollständig abgeschlossen hat.*« (Ebd., S. 155)

Unterscheidung des Normalen vom Pathologischen zu gelangen, Kulturen als soziale Gattungen unvermittelt nebeneinandergestellt wissen wollen.

Die Allgemeinheit aber, auf die sich Durkheim bei der Kennzeichnung des Normalen berufe, bleibe abstrakt. Den Schwierigkeiten, die einer Konkretisierung im Wege stünden, suche er mit Subdefinitionen zu entgehen. Zu charakterisieren aber wäre das Allgemeine als das Normale erst, wenn seine kausale Beziehung, wenn die Frage »Cui bono?« beantwortet wäre.

Wenn aber Durkheim als Merkmal des Abnormen seine Minderheit bezeichne, so deute er doch, wenn auch unfreiwillig, dessen Herkunft an: die Herrschaft, die die einen im Licht und die andere im Dunkel sein läßt.

Im 3. Abschnitt[33] schließlich gebe sich Durkheim, wenn er auf das Verbrechen als einen integrierenden Bestandteil der gesellschaftlichen Normalität zu sprechen komme, als Opfer der eigenen Unnachgiebigkeit zu erkennen. Gerade weil er sich an den Zwang als Merkmal der faits sociaux klammere, bleibe ihm der Blick dafür verstellt, daß in einer Gesellschaft ohne Zwang Verbrechen und Abnormität ihren Rechtsgrund und ihre Notwendigkeit verlieren würden. So aber müßten ihm Verbrechen wie Bedürfnis als Konstante gelten.[34]

Ebenso zwinge ihn die Starrheit seiner Definitionen zu der Behauptung von der Überfeinerung des moralischen Gefühls in klösterlichen Gemeinschaften.[35] In Wirklichkeit aber sei diese ›Überfeinerung‹ eher auf die Ordensregeln und auf die klösterliche Zucht zurückzuführen.

---

33 Vgl. ebd., S. 155–164.
34 »Das Verbrechen ist also eine notwendige Erscheinung; es ist mit den Grundbedingungen eines jeden sozialen Lebens verbunden und damit zugleich nützlich. Denn die Bedingungen, an die es geknüpft ist, sind ihrerseits für eine normale Entwicklung des Rechtes und der Moral unentbehrlich.« (Ebd., S. 159)
35 Durkheim spricht an der gemeinten Stelle allerdings nicht von der Genese klösterlicher Regeln, sondern benutzt eine Fiktion, um seine These zu erläutern: »Man stelle sich eine Gesellschaft von Heiligen, ein vollkommenes und musterhaftes Kloster vor. Verbrechen im eigentlichen Sinne des Wortes werden hier freilich unbekannt sein; dagegen werden dem Durchschnittsmenschen verzeihlich erscheinende Vergehen dasselbe Ärgernis erregen wie sonst gewöhnliche Verbrechen in einem gewöhnlichen Gewissen. Befindet sich diese Gesellschaft im Besitze der richterlichen und Strafgewalt, so wird sie jene Handlungen als Verbrechen erklären und demgemäß behandeln. Dieselben Gründe sind dafür entscheidend, daß ein vollständig ehrenhafter Mensch über seine geringfügigsten moralischen Entgleisungen mit einer Strenge urteilt, welche die große Masse nur bei eigentlich verbrecherischen Handlungen aufbringt.« (Ebd., S. 158)

Endlich trete auch in diesem Kapitel wiederum das Bild des Arztes, dessen Aufgabe es sei, Krankheiten als Auswüchse zu bekämpfen,[36] als das positivistische Modell des Soziologen zutage.

---

[36] »Die Pflicht des Staatsmannes besteht nicht mehr darin, die Gesellschaft gewaltsam einem ihm verführerisch erscheinenden Ideal zuzutreiben, sondern seine Rolle ist vielmehr die des Arztes: er verhütet den Ausbruch von Krankheiten durch eine angemessene Hygiene und sucht sie zu heilen, wenn sie ausgebrochen sind.« (Ebd., S. 163 f.)

90 Werner Wilkening, 12. Juni 1956

Werner Wilkening

Soziologisches Seminar
Prof. Th. W. Adorno
Durkheim: »Regeln«
Sitzung vom 12. Juni 1956

Regeln zur Unterscheidung des Normalen und Pathologischen
3. Kapitel, Absätze I und II.[37]

Durkheim beginnt seine Darstellung mit einer Polemik gegen die herrschende soziologische Schule seiner Zeit. Er nennt sie in einem Atemzug »ideologisch« und »rationalistisch«; denn: Es »wurde in der rationalen Soziologie die Zuhilfenahme von Begriffen, welche der Vergleichung von Tatsachen vorausgingen, unumgänglich. Wir wissen aber, das ein Denken nicht wissenschaftlich ist, wenn es unter solchen Voraussetzungen die Praxis zum Gegenstand der Reflexion macht.« (49)[38]

Seine eigene Stellung zu diesem methodologischen Fragekreis formuliert er in folgendem Programm: »Das Problem, an dessen Untersuchung wir nun herangehen, soll uns ermöglichen, die Rechte der Vernunft zurückzuerobern, ohne der Ideologie zu verfallen.« (49)[39]

Anfangs bezieht Durkheim seine Modellvorstellungen vom Normalen und Pathologischen aus der Physiologie, allgemeiner der Biologie. Er benutzt zuerst die Analogie Gesundheit–Krankheit. Er kritisiert an diesen den Umstand, daß sie Individuen zukommen, die jedoch den Methoden der Soziologie unerreichbar sind.[40]

---

[37] Vgl. ebd., S. 143–155.
[38] Die in der Vorlage gegebene deutsche Übersetzung, deren erste Auflage erst fünf Jahre später erscheint, hat, nach Umstellung des Nebensatzes, denselben Wortlaut wie die Übersetzung durch den Protokollanten: »Daher wurde in der rationalen Soziologie die Zuhilfenahme von Begriffen unumgänglich, welche der Sammlung der Tatsachen vorausgingen, anstatt daraus abgeleitet zu werden. Wir wissen aber, daß ein Denken nicht wissenschaftlich ist, wenn es unter solchen Voraussetzungen die Praxis zum Gegenstande der Reflexion macht.« (Ebd., S. 142) Offenkundig liegt dem Seminar eine Vorfassung der endgültigen Übersetzung vor, die allerdings nicht mehr ermittelt werden konnte.
[39] »Das Problem, an dessen Aufstellung wir nun herangehen, soll uns ermöglichen, die Rechte der Vernunft zurückzuerobern, ohne der Ideologie zu verfallen.« (Ebd.)
[40] »Tatsächlich ist für die Gesellschaften wie für den Einzelnen die Gesundheit das Gute und Wünschenswerte, die Krankheit dagegen das Schlechte und zu Meidende. Wenn wir also ein

Die Suche nach den Merkmalen des Gesunden und des Kranken in der Gesellschaft trifft auf Schwierigkeiten. Im Gegensatz zu vulgären Auffassungen, ist der *Schmerz* selbst in der Physiologie kein schlüssiger Anhaltspunkt für die Krankheit. Während zum Beispiel bei der Entbindung Schmerzen auftreten, die man nicht als Manifestationen einer Krankheit bezeichnen kann, so gibt es andererseits sogar Empfindungslosigkeit, die als krankhaft anzusprechen ist.[41]

Die *Vollkommenheit der Anpassung* verwirft Durkheim als Kriterium des Gesunden, da zum Urteil darüber, welche »Wahl« des Anpassungsweges die »vollkommenste« (50) sei, das nötige maßgebende Prinzip fehlt.[42]

Die *Chance zu überleben* wird als Kriterium zur Ermittlung des »Gesunden« ebenfalls zurückgewiesen, soweit der individuelle Organismus angesprochen ist. Die Fortpflanzung gewisser Tierarten zieht beispielsweise den Tod des Organismus nach sich.[43]

---

objektives, den Erscheinungen immanentes Kriterium auffinden, das bei ihren verschiedenen Arten die Krankheit von der Gesundheit wissenschaftlich zu scheiden gestattet, so wird die Wissenschaft imstande sein, der Praxis Aufklärung zu bieten, ohne der ihr eigenen Methode untreu zu werden. Da es ihr gegenwärtig nicht glückt, dem Individuum nahezukommen, so kann sie uns nur allgemeine Hinweise bieten, die man einzig dann einwandfrei konkreter ausgestalten kann, wenn man auf dem Wege der Wahrnehmung unmittelbar mit dem einzelnen Fall in Kontakt tritt.« (Ebd., S. 142 f.)

41 »Hergebrachterweise wird der Schmerz als Anzeichen einer Krankheit betrachtet, und es ist sicher, daß im allgemeinen eine Beziehung zwischen diesen beiden Zuständen besteht, die aber der Beständigkeit und Bestimmtheit ermangelt. Es gibt schwere Krankheiten, die schmerzlos verlaufen, während unbedeutende Störungen, wie etwa wenn uns ein Rußkörnchen ins Auge gerät, wahre Pein verursachen. In manchen Fällen ist es sogar das Fehlen des Schmerzes oder vielmehr noch das Wohlbefinden, das ein Krankheitssymptom bildet. Es gibt eine gewisse Empfindungslosigkeit gegen Schmerz, die pathologisch ist.« (Ebd., S. 143)

42 »Sollen wir sagen, die Gesundheit bestehe in einer glücklichen Entwicklung der Lebenskräfte und werde an der vollkommenen Anpassung des Organismus an sein Milieu erkannt, und sollen wir dagegen Krankheit nennen, was diese Anpassung stört? Es ist zunächst durchaus nicht bewiesen [...], daß jeder Zustand des Organismus mit einem äußeren Zustande in Verbindung stehe. Ferner würde dieses Merkmal, sofern es wirklich für den Zustand der Gesundheit kennzeichnend wäre, selber wieder eines anderen Merkmals bedürfen, um erkannt werden zu können; denn in jedem Falle wäre die Angabe erforderlich, nach welchem Prinzip entschieden werden kann, daß eine Art, sich anzupassen, vollkommener ist als eine andere.« (Ebd., S. 143 f.)

43 »Oder müssen wir dies nach der Art entscheiden, wie die eine oder die andere [scil. Anpassungsart] unsere Chancen des Überlebens beeinflußt? [...] Tatsächlich ist es nicht zweifelhaft, daß die Krankheit im allgemeinen eine Schwächung des Organismus bewirkt. Nur führt sie dieses Ergebnis nicht allein herbei. Die Funktion der Fortpflanzung zieht bei gewissen niederen Tierarten unentrinnbar den Tod nach sich und schafft selbst für die entwickelteren Arten Gefahren. Trotzdem ist sie normal.« (Ebd., S. 144)

Auch die *Nützlichkeit* scheint sich nach Durkheim durchaus nicht mit dem Gesunden (Normalen) zu decken: »Doch ist gerade im Gegenteil die Annahme richtig, daß gewisse anatomische oder funktionelle Anordnungen unmittelbar zu nichts weiter nutze sind und einfach da sind, weil sie da sind.«[44] (51) Ist doch nach Durkheim die Krankheit in gewisser Weise nützlich, etwa, indem sie Überwindung, »Immunität« bewirkt.[45]

Zwar gibt Durkheim zu, daß die *Erhaltung der Art* im Gebiet des biologischen Lebens Kriterium der Gesundheit sein kann, aber: »so ist er (der Begriff) in der Soziologie nicht anwendbar«[46]. (53) Nach Durkheim kann der Gegenstand der Soziologie nicht wie in der Biologie zur Beobachtung experimentell isoliert werden.

Für die Gesellschaft ist der »Normalzustand« schwieriger zu bestimmen. Die Möglichkeit, den »Normalzustand« einfach zu konstruieren, wird als verlockend bezeichnet – muß jedoch stets im Syllogismus enden, hinter dem sich »die persönlichen Stimmungen der Forscher«[47] (54) verbergen.

Anstelle von Konstruktionen sieht Durkheim den Ausweg in einem »äußeren, unmittelbar faßbaren, aber objektiven Kennzeichen«[48] (55): »Wir werden normal

---

44 Durkheim bezweifelt, dass »in einem gesunden Organismus sozusagen jedes Detail eine nützliche Rolle zu spielen hätte«: »Doch ist gerade im Gegenteil die Annahme richtig, daß gewisse anatomische oder funktionelle Anordnungen unmittelbar zu nichts nutze sind und einfach da sind, weil sie sind, weil sie nicht anders als vorhanden sein können, sobald die allgemeinen Bedingungen des Lebens gegeben sind.« (Ebd.)

45 »Die Impfpocken sind eine richtige Krankheit, der wir uns freiwillig aussetzen, und doch steigern sie unsere Aussicht auf längeres Leben.« (Ebd., S. 145)

46 »Tatsächlich gibt es nur ein einziges objektives Verfahren, um zu beweisen, daß Lebewesen, in bestimmte Bedingungen versetzt, eine geringere Aussicht auf längeres Leben haben als andere, nämlich zu zeigen, daß die Mehrzahl von ihnen wirklich nur kürzere Zeit lebt. Wenn nun bei rein individuellen Krankheiten dieser Beweis häufig möglich erscheint, so ist er in der Soziologie nicht anwendbar. Denn wir verfügen hier nicht über das Auskunftsmittel, das der Biologie zu Gebote steht, nämlich die Durchschnittsziffern der Sterblichkeit. Wir können auch nicht mit annähernder Genauigkeit unterscheiden, zu welchem Zeitpunkt eine Gesellschaft entsteht oder zugrunde geht. Alle diese Probleme, die auch in der Biologie von einer endgültigen Lösung weit entfernt sind, sind für den Soziologen noch in Dunkel gehüllt.« (Ebd., S. 146)

47 »Soll man es versuchen, den Normalzustand in allen Stücken a priori zu konstruieren? Welcher Wert einer solchen Konstruktion zukommen könnte, muß nicht erst nachgewiesen werden. Diesem Verfahren ist es ja zuzuschreiben, daß in der Soziologie wie in der Geschichte je nach der persönlichen Stimmung der Forscher die Geschehnisse bald als heilsam, bald als verderblich hingestellt wurden.« (Ebd., S. 147)

48 »Anstatt mit einem Schlage die Beziehungen des normalen und des entgegengesetzten Zustandes zur Lebenskraft feststellen zu wollen, suchen wir einfach ein äußeres, unmittelbar faßbares, aber objektives Kennzeichen, das uns diese zwei Arten von Tatsachen auseinanderzuhalten gestattet.« (Ebd.)

die Tatsachen nennen, die die allgemeinsten Formen zeigen, und werden den anderen den Namen krankhaft oder pathologisch beilegen. Kommt man überein, als Durchschnittstypus das schematische Gebilde zu bezeichnen, welches man derart zusammenstellt, daß auf ein und dasselbe Ganze eine Art abstrakte Individualität, die in einer Gattung häufigsten Eigenschaften in ihren verbreitetsten Formen aufgetragen werden, so wird man sagen können, daß der normale Typus mit dem Durchschnittstypus zusammenfließt und daß jede Abweichung von dieser Form der Gesundheit eine krankhafte Erscheinung ist. Es ist richtig, daß der Durchschnittstypus nicht mit derselben Reinheit festgestellt werden kann wie der individuelle Typus, da seine konstitutiven Eigenschaften nicht schlechterdings fest, sondern veränderungsfähig sind. Daß er aber festgestellt werden kann, steht schon deshalb außer Zweifel, weil er den unmittelbaren Stoff der Wissenschaft bildet und mit dem Typus der Gattung übereinstimmt. Das, was der Physiologe studiert, sind die Funktionen des Durchschnittsorganismus, und bei dem Soziologen ist es nicht anders.«[49] (56)

Dabei ist einzuschränken, daß eine soziale Tatsache für eine bestimmte Gattung nur in einer ebenfalls bestimmten Phase ihrer Entwicklung als normal bezeichnet werden kann. Trotzdem bleibt Durkheim dabei: »Die Gattung ist die Norm par excellence.«[50] (58)

In merkwürdiger Weise ist bei Durkheim das Starke und das Allgemeine verknüpft. »Die größere Häufigkeit der am meisten verbreiteten Organisationsformen stellt demnach den Beweis ihrer Überlegenheit dar.«[51] (58)

Durkheim versucht die Identität von Allgemeinem und Normalem zu beweisen: »Die normale Beschaffenheit eines Phänomens wird daher dadurch allein erklärt sein, daß es mit den Lebensbedingungen der untersuchten Gattung verknüpft ist, sei es als notwendiges mechanisches Produkt dieser Bedingungen, sei es als Mittel, das dem Organismus die Anpassung an diese (Bedingungen) ermöglicht.«[52] (60)

---

49 Siehe oben, Anm. 31.
50 »Die Gattung ist die Norm kat'exochen und kann daher nichts Anormales enthalten.« (Ebd., S. 150)
51 »Die größere Häufigkeit der ersteren [scil. der verbreitetsten Organisationsformen] stellt demnach den Beweis ihrer Überlegenheit dar.« (Ebd., S. 150)
52 »So wäre es vielleicht vorteilhaft, wenn die Niederkunft im weiblichen Organismus nicht so heftige Störungen hervorrufen würde. Doch ist die Möglichkeit dafür nicht gegeben. Die Normalbeschaffenheit dieses Phänomens wird daher dadurch allein erklärt sein, daß es mit den Lebensbedingungen der untersuchten Gattung verknüpft ist, sei es als notwendiges mechanisches Produkt dieser Bedingungen, sei es als Mittel, das dem Organismus die Anpassung an diese ermöglicht.« (Ebd., S. 151)

Zwar ist Norm auch Gattung, aber die Gattung ist in Entwicklung begriffen. Der vorliegende Normaltypus ist der der Vergangenheit, stimmt nicht notwendig mit neuen Lebensbedingungen überein (Marx – Cultural Lag)[53]. So kann der Schein des Normalcharakters von einer sozialen Tatsache wie eine trügerische Etikette getragen werden, da er sich nur durch die blinde Macht der Gewohnheit behauptet. »Diese Schwierigkeit« ist die eigentliche »Besonderheit der Soziologie«[54] (61).

Aus dem Dargelegten resümiert Durkheim nun die folgenden Regeln:

1. Eine soziale Tatsache ist in Bezug auf einen bestimmten sozialen Typus – betrachtet in einer bestimmten Phase seiner Entwicklung – normal, sobald sie im Durchschnitt der Gesellschaft dieser Art – betrachtet in der entsprechenden Phase ihrer Evolution – auftreten.

---

53 Der Begriff des ›cultural lag‹, im Deutschen üblicherweise mit ›kulturelle Phasenverschiebung‹ übersetzt, wird 1922 von William Fielding Ogburn in dessen Buch »Social Change with Respect to Culture and Original Nature« (New York) in die Soziologie eingeführt. Über den Zusammenhang von Marxscher Theorie und der vom ›cultural lag‹ äußert sich Adorno in der Vorlesung über *Philosophie und Soziologie*, wenn er bemerkt, *daß die bürgerliche Gesellschaft nicht mit der Veränderung der Stellung der bürgerlichen Klasse innerhalb der Klassenkämpfe die Ideologie wechselt, sondern daß sie die gleiche Ideologie [...] an den entgegengesetzten Zweck wendet, dem sie ursprünglich einmal gedient hat. Daß das so ist, ist ausgesprochen worden in einem soziologischen Gesetz, das die merkwürdige Eigentümlichkeit besitzt – es ist wohl eines der wenigen –, daß es eigentlich geteilt wird von den Marxisten und den sogenannten bürgerlichen Soziologen. Das ist das Gesetz, das ich hier doch wenigstens erwähnen möchte, das in der Sprache der Marxisten besagt, daß der Überbau sich langsamer umwälzt als der Unterbau, während die amerikanische, also nichtmarxistische Soziologie – ich glaube, zum ersten Mal war es Ogburn [...] – hier den Begriff des ›cultural lag‹ eingeführt hat, also der kulturellen Lücke, das heißt, daß das Bewußtsein und die kulturellen Formen, wie man das in der angelsächsischen Welt bezeichnet, nicht ohne weiteres, nicht bruchlos angepaßt sind dem Unterbau und den Bedingungen der materiellen Produktion und auch nicht einmal den Produktionsverhältnissen, sondern daß die Ideologien und der Überbau diesem Unterbau eine gewisse Zähigkeit, ein gewisses Eigenleben, eine gewisse Schwerfälligkeit entgegensetzen.* (NaS, Bd. IV·6, S. 184 f.)
54 »Ein soziales Phänomen kann also im Gesamtbereiche einer Gattung fortdauern, trotzdem es den Forderungen der Lage nicht mehr entspricht. Es zeigt dann nur mehr den Schein des Normalcharakters; denn die Allgemeinheit, die es zur Schau trägt, ist nicht mehr als eine trügerische Etikette, da sie sich nur durch die blinde Macht der Gewohnheit behauptet und kein Anzeichen mehr dafür ist, daß die beobachtete Erscheinung mit den allgemeinen Existenzbedingungen des Kollektivs eng verbunden ist. Diese Schwierigkeit ist übrigens eine Besonderheit der Soziologie.« (Durkheim, Die Regeln der soziologischen Methode, a. a. O. [s. Anm. 12], S. 152)

2. Die Ergebnisse dieser Methode kann man verifizieren, indem man nachweist, daß bei dem betrachteten sozialen Typus die Allgemeinheit des Phänomens in den allgemeinen Bedingungen des Gemeinschaftslebens begründet ist.

3. Diese Verifikation ist notwendig, wenn sich die Tatsache auf eine soziale Art bezieht, welche ihre Entwicklung noch nicht vollständig abgeschlossen hat.[55]

---

[55] S. oben, Anm. 32.

91 Jo Dieckmann, 19. Juni 1956

stud. phil. Jo Dieckmann

Protokoll über die Sitzung des Hauptseminars am 19. 6. 1956

Im Verlauf der Sitzung wurde im Zusammenhang mit dem 3. Kapitel im wesentlichen diskutiert über die Probleme der Wertfreiheit und des Normalen. Der Diskussion über die Frage, ob es überhaupt reine Wertfreiheit gibt, lagen zugrunde die Thesen Max Webers und der zweite Absatz[56] des 3. Kapitels aus Durkheims »Regeln der soziologischen Methode«

Die Wertfreiheit ist ein sehr ernstes und zentrales Problem der Soziologie. Durch den großen Einfluß Max Webers in Deutschland und in den USA, ist die Diskussion um die Wertfrage äußerst aktuell. Es ist sinnvoll, das Wertproblem von neuem aufzurollen.

Durkheim vertritt zu dieser Fragestellung den folgenden Standpunkt. Wenn die Wissenschaft uns nicht bei der Wahl des besten Zwecks behilflich sein kann, wie kann sie uns Auskunft geben, welches der beste Weg ist, auf dem man dazu gelangt? Wenn die Wissenschaft uns bei der Feststellung *höherer* Zwecke nicht leiten kann, so ist sie desto ohnmächtiger, sobald es sich um die *untergeordneten* Zwecke handelt, welche man *Mittel* nennt. Wenn die Wissenschaft darauf verzichten soll, höhere Zwecke zu wählen, so ist sie folglich von jeder praktischen Wirksamkeit fast ausgeschlossen und ohne beträchtliche Lebensberechtigung.

Die Diskussion über diese beiden Standpunkte führte zu den folgenden Ergebnissen. Wenn Max Weber Zweck und Mittel voneinander trennt, so ist das eine abstrakte Erfindung. Weber verabsolutiert die Mittel. Mit Durkheim ist darauf zu erwidern: Jedes Mittel ist doch in einer Hinsicht selbst *Zweck*; denn um das Mittel anzuwenden, muß man es ebenso wollen wie den Zweck, dessen Verwirklichung es vorbereitet. Das heißt aber mit anderen Worten, die Mittel sind gar nicht vom Zweck unabhängig, sondern mit ihm verbunden. Dieses äußerst tiefgehende philosophische Argument besagt: Letztlich sagt die Angemessenheit von Mitteln etwas über den gewählten Zweck aus. Wenn die Mittel z. B. absurd sind, werden wir doch gewisse Schlüsse auf den dahinterstehenden Zweck ziehen können. Der Gehalt steckt in der Zusammengesetztheit der Dinge.

---

56 Als Marginalie handschriftlich zugefügt: »steht im einleitenden Absatz zum III. Kap. (Règles, p. 47–50)«. – Vgl. Émile Durkheim, Les Règles de la méthode sociologique, Paris 1894, S. 47–50; vgl. Durkheim, Die Regeln der soziologischen Methode, a. a. O. (s. Anm. 12), S. 141–143.

Bei Durkheim führt die Verwobenheit der Dinge dahin, daß das Spannungsverhältnis zwischen Wertewelt und faktischer Welt kurzschlußartig gelöst wird, indem er die bedingungslose Immanenz der Wertewelt in der Faktenwelt postuliert. Durkheim vermeidet also die Webersche Divergenz von Wertewelt und Faktenwelt. Bei ihm ist der Wert die quellende Allgemeinheit faktischer Momente. Der Wert ist nicht abstrahiert und absolut. Dadurch, daß WeberZweck und Mittel trennt und für den Bereich des Mittels die Wissenschaft als zuständig erklärt, für den Bereich des Zweckes dagegen die Ethik, muß der Wissenschaftler bei jeder der ständig neuen Entscheidungen den Ethiker herbeiholen; denn ohne ihn darf er ja keinen neuen Zweck wählen. Das ist ein *ethischer* Entwurf Max Webers, der zeigt, daß er sich abgefunden hat, ohne in die Analyse des Problems einzutreten. Durkheim hat diese Schwierigkeit gesehen.

Die Frage, ob es überhaupt wertfreie Soziologie gibt, muß damit – strenggenommen – verneint werden; denn Wertfragen werden in großer Zahl in die Soziologie hereingezogen. Die Ethnologie z. B. ist infolge der größeren Distanz zu den Untersuchungsobjekten weniger wertbezogen als die Soziologie. Das Postulat, die Soziologie habe dem Ideal der Wertbezogenheit näherzukommen, ist eine welthistorische Angelegenheit von weittragender Bedeutung.

Die *Vernunft* als Instrument der wissenschaftlichen Forschung leistet – bei Weber – untergeordnete Arbeit gegenüber der übergeordneten Arbeit des sittlichen Wollens. So läuft die Rationalität bei Max Weber auf einen Defaitismus der Vernunft hinaus. Die Wissenschaft wird zum Fetisch, indem sie losgelöst wird. Sie wird zum »Bildungsprogramm«.[57]

Auf diesem Wege läuft die Soziologie Gefahr, bloßes Hilfsmittel der Verwaltung zu werden. Wenn etwa die Frage akut wird, wie eine bestimmte Menschengruppe rational ausgerottet werden kann, so hat die Soziologie nicht adäquate Mittel nachzuweisen, sondern sie hat zuerst den Widersinn dieses Programms aufzuzeigen. Dieses Beispiel zeigt, daß die Vernunft nicht (gegenüber dem Wollen) zu resignieren hat, sondern daß sie sich selber und der Sache die Bestimmung zu geben hat. Die Vernunft reicht weiter, als Max Weber es zugibt. Durkheim als Rationalist und Franzose glaubt an die Zukunft der Erkenntnis. Was zu wählen ist, ist mit der *Vernunft* zu entscheiden. Auch die Entscheidung darüber, was Ideologie ist oder nicht, obliegt der Vernunft. Andererseits soll nicht verkannt werden, daß die Vernunft Grenzen hat und nicht die Welt beherrscht.

---

57 Als Marginalie handschriftlich hinzugefügt: »Nachtrag: [Nach] M. Weber erfolgt die Auswahl e[ntspr]echend dem [Int]eresse [des] Forschers. [Ge]wissen Vorgängen ›haftet‹ [ein] Interesse an. Dadurch [wi]rd der Gegenstand der [For]schung jeweils bestimmt. [Dies] ist der Kern der Weberschen Wertbeziehung.« (Konjekturen aufgrund von Beschädigungen der Vorlage durch Lochung und Bindung.)

Anschließend wurde der Begriff des *Normalen* erörtert. Bei Durkheim ist das Normale das quantitativ Überwiegende. Durkheim übernimmt die auf die Soziologie angewandten Begriffe *gesund* und *krank* im *Analogieschluß aus der Biologie*. Er übersieht die große Frage, ob man die Kategorie des Todes überhaupt auf die Gesellschaft anwenden kann. Entsprechend seiner Auffassung von der sozialen Tatsache, müßte er doch den Begriffen Geburt und Tod für die Soziologie eine andere Bedeutung zusprechen als diesen Begriffen in der Biologie zukommt. An diesem Beispiel wird offensichtlich, wie fragwürdig die Übertragung naturwissenschaftlicher Modelle auf die Soziologie ist. Auch Spengler, der vieles gemeinsam hat mit Durkheim, richtet Unheil an, indem er den Begriff der Kulturseele hypostasiert.[58] Damit gerät er in das Gebiet der Mythologie. Andererseits muß Durkheim zugute gehalten werden, daß er weiß, die Geschichte ist eine ständig Auseinandersetzung mit der Natur.

Der Durkheimsche Begriff des Normalen weist weitere Besonderheiten auf. Das Normale, das ja nach der Auffassung Durkheims das quantitativ Überwiegende ist, wird geprägt durch die jeweiligen Herrschaftsverhältnisse. So ist die zur Norm erhobene Normalität der Mrs. Average Housewife selber nur Ausdruck der blinden Anpassung an die jeweils herrschenden Verhältnisse.

---

58 »Eine Kultur wird in dem Augenblick geboren, wo eine große Seele aus dem urseelenhaften Zustande ewig-kindlichen Menschentums erwacht, sich ablöst, eine Gestalt aus dem Gestaltlosen, ein Begrenztes und Vergängliches aus dem Grenzenlosen und Verharrenden. Sie erblüht auf dem Boden einer genau abgrenzbaren Landschaft, an die sie pflanzenhaft gebunden bleibt. Eine Kultur stirbt, wenn diese Seele die volle Summe ihrer Möglichkeiten in der Gestalt von Völkern, Sprachen, Glaubenslehren, Künsten, Staaten, Wissenschaften verwirklicht hat und damit wieder ins Urseelentum zurückkehrt.« (Oswald Spengler, Der Untergang des Abendlandes. Umrisse einer Morphologie der Weltgeschichte. Vollständige Ausgabe in einem Band [1918/1922], München 1963, S. 143) – Bei Adorno heißt es: *Um dem Zauberkreis der Spenglerschen Morphologie zu entrinnen, genügt es nicht, die Barbarei zu diffamieren und auf die Gesundheit der Kultur sich zu verlassen – eine Vertrauensseligkeit, in deren Angesicht Spengler hohnlachen könnte. Vielmehr ist das Element der Barbarei an der Kultur selber zu durchdringen. Nur solche Gedanken haben eine Chance, das Spenglersche Verdikt zu überleben, welche die Idee der Kultur nicht weniger herausfordern als die Wirklichkeit der Barbarei. Die pflanzenhafte Kulturseele Spenglers, das vitale »In-Form-Sein«, die unbewußte archaische Symbolwelt, an deren Ausdruckskraft er sich berauscht – all diese Zeugnisse selbstherrlichen Lebens sind Sendboten des Verhängnisses, wo sie wirklich in Erscheinung treten. Denn sie alle zeugen von Zwang und Opfer, die Kultur den Menschen auferlegt. Auf sie sich verlassen und den Untergang verleugnen, heißt nur ihrer tödlichen Verstrickung um so tiefer verfallen. Es heißt zugleich wiederherstellen wollen, worüber bereits Geschichte jenes Verdikt aussprach, das für Spengler das letzte bleibt, während Weltgeschichte, indem sie ihr Urteil vollstreckt, das mit Recht Verurteilte gerade in seiner Unwiederbringlichkeit ins Recht setzt.* (GS, Bd. 10·1, S. 71)

Auf der anderen Seite ist Durkheim rechtzugeben, wenn er unter Verzicht auf die abstrakte Utopie das konkret Normative dem abstrakt Normativen deshalb vorzieht, weil es die Kraft besitzt, sich gesellschaftlich durchzusetzen.

92 Karl Dettmar, 26. Juni 1956

Dettmar

Protokoll der Seminarsitzung vom 26. 6. 1956

An das Protokoll schloß sich unmittelbar das Referat von Herrn Fulda über die »Brauchbarkeit der Wissenschaften für praktische Zwecke« an,[59] das die Positionen von Max Weber und Durkheim zum Problem der Zweck-Mittel-Relation analysierte.

In der Diskussion wurde noch einmal darauf hingewiesen, daß Durkheim und Weber verschiedene Auflassungen der Soziologie vertreten:

Weber setzt die Scheidung von Naturwissenschaften – als den Gesetzeswissenschaften – und Geisteswissenschaften, zu denen er die Soziologie zählt, voraus und ist an der Aufstellung von Naturgesetzen der Gesellschaft desinteressiert.

Dagegen begreift Durkheim die Soziologie, wie schon wiederholt festgestellt wurde, als Naturwissenschaft, die Gesetze erkennen will. Nach seiner Auffassung vom Verhältnis zwischen Zweck und Mittel sagt das Mittel schon etwas über den Zweck, ist ersteres nicht isoliert von letzterem zu betrachten. Das Verhältnis des Mittels zu seinem *eigenen* Zweck wird von ihm deutlicher und eindringlicher gesehen, der Versuch, die Mittel zu neutralisieren, pointierter abgewehrt als von Weber, der sich hier als der Naivere erweist.

Das Referat von Herrn Welteke über die »Regeln zur Bildung sozialer Typen«[60] gab Anlaß zur Erörterung der Durkheim'schen Terminologie, die – in diesem Zusammenhang reichlich lax – keine Unterscheidung zwischen Typus, Art und Gattung vornimmt. Der Begriff des Typus bezeichnet bei ihm ein Individuelles, das aber fiktiv ist und als Durchschnitt gewonnen wurde. Der Begriff Typus enthält sowohl ein Allgemeines wie das Individuelle. Beides in sich vereinend, betont der Begriff doch stärker die Individuation.

Es ist Durkheims Intention, Typen aufzuzeigen, die repräsentativ sind für die Mannigfaltigkeit einer Kultur. Er glaubt, daß die richtige Methode die Phänomene als repräsentative Typen und nicht als abstrakte Begriffe hervorbringen wird. Der Begriff des Typus fungiert bei ihm als Vermittlungskategorie, die die Spannung

---

59 Hans Friedrich Fulda, »Das Individuum als soziales Phänomen«, TWAA Pr 022.
60 Reinhart Welteke, »Emile Durkheim, Les Règles de la Méthode Sociologique, Chapitre IV – Règles relatives à la constitution des types sociaux«, TWAA Pr 12/27–33 sowie UAF Abt. 139 Nr. 1 (Doublette; erste Seite fehlt). – Vgl. den Abschnitt »Regeln der Aufstellung der sozialen Typen«, in: Durkheim, Die Regeln der soziologischen Methode, a.a.O. (s. Anm. 12), S. 165–175.

zwischen den unqualifizierten Tatsachen und den abstrakten Begriffen überwinden soll. Er sah, daß das bloße Sammeln von Fakten nicht gleichsam von selbst zum Begriff führt und daß es eines Zwischengliedes bedarf. Sein Postulat, daß eine Methode nur nützlich sein könne, wenn sie mehr leistet, als lediglich Ordnung in schon gewonnene Erkenntnisse zu bringen und diese zusammenzufassen,[61] verdient gerade heute Beachtung. Denn der gegenwärtig regierende Formalismus verbietet geradezu, daß eine Untersuchung mehr zutage bringt, als in der Definition schon enthalten ist. Die so häufig applaudierten Begriffssysteme und Formalismen sind illegitim, wenn sie nur das ohnehin Evidente in technische Termini übersetzen, wie es z.B. in der Symbolik von K. Lewin[62] oder in den Betrachtungen von S. Groth[63] geschieht. Lewins topographische Methode bringt keine neuen inhaltlichen Einsichten über die seelische Dynamik hervor. Der Beifall, der derartiger Symbolik heute zuteil wird, hätte eher Gegenstand, niemals jedoch Verfahrensweise der Soziologie zu sein.

Im Zusammenhang mit Durkheims Anschauungen über Klassifikation und Erklärung der wesentlichen Tatsachen wurde insbesondere auf die *Diskrepanz* zwischen seiner kritischen *Einsicht*, daß Kriterien für die Auswahl des Wesentlichen möglich und notwendig sind, und der *Entscheidung* über das Wesentliche, die er selbst trifft, hingewiesen. Er bezeichnet ein wichtiges Problem, begnügt sich jedoch mit der primitiven Antwort, daß es darauf ankäme, die nicht mehr teilbaren Elemente zu untersuchen, unkritisch übernimmt er auch hier biologische Begriffe und überträgt sie auf die Gesellschaft, in der die Horde etwa der Amöbe als letzte urteilbare Einheit entspricht.[64] Das nicht weiter teilbare soziale Gebilde

---

61 »Tatsächlich hat die Klassifikation vor allem den Zweck, die wissenschaftliche Arbeit dadurch abzukürzen, daß sie an Stelle der unendlichen Menge von Individuen eine beschränkte Anzahl von Typen setzt. Sie verliert aber diesen Vorzug, wenn die Typen erst gebildet werden können, nachdem alle Individuen untersucht und durchwegs analysiert wurden. Sie kann die Forschung nicht fördern, wenn sie einzig bereits durchgeführte Untersuchungen zusammenfaßt. Wirklich nützlich kann sie uns nur werden, wenn sie uns andere Eigenschaften zu klassifizieren gestattet als diejenigen, die ihr zur Grundlage dienten, wenn sie den Rahmen für neue Tatsachen schafft.« (Ebd., S. 168)
62 Vgl. Kurt Lewin, Grundzüge der topologischen Psychologie [1936], hrsg. und übers. von Raymond Falk und Friedrich Winnefeld, unter Mitarb. von Hans Ahrenbeck, Bern, Stuttgart und Wien 1969.
63 Vgl. Sepp Groth, Das Altern im Dasein des Aufbruchs, Frankfurt a. M. 1954.
64 »Der Ausdruck Einfachheit kann nur dann einen bestimmten Sinn gewinnen, wenn er die vollständige Abwesenheit von Teilen bezeichnet. Unter einer einfachen Gesellschaft muß also jede Gesellschaft verstanden werden, die keine anderen einfacheren einschließt; die nicht nur aus einem einzigen Segment besteht, sondern auch keine Spuren früherer Segmentierung zeigt. Die *Horde* [...] entspricht genau dieser Definition. Sie ist ein soziales Aggregat, das in seinem Inneren kein elementareres Aggregat umfaßt noch auch je eines umfaßt hat und das unmittelbar in In-

wird demnach ein Typus, Basis der Klassifikation, von der dann eine ganze Stufenleiter weiterer sozialer Typen konstruiert wird. Diese seine Einteilungsprinzipien und die Untersuchung des Grades der Zusammengesetztheit einer Gesellschaft sind kaum geeignet, das tatsächlich Wesentliche ans Licht zu bringen. Die qualitativen Differenzen kommen so nicht zu ihrem Recht, und das Wesentliche ergibt sich nicht nach rein quantitativen Kriterien.

Zusammenfassend wurde gesagt, daß Durkheim unter sozialem Typ die einer bestimmten Phase zugeordnete Form der Vergesellschaftung versteht, die politische Relevanz besitzt, d.h. in der Dimension der Herrschaftsverhältnisse sich abspielt. – Das Problem der Auswahl des Wesentlichen und der wesentlichen Unterscheidung von sozialen Typen sollte in der nächsten Sitzung noch eingehender erörtert werden. Dagegen verzichtete das Seminar auf eine weitere Diskussion der Begriffe Horde und Clan, über deren Bestimmung in der heutigen Ethnologie Fräulein Serfling kurz berichtet hatte.[65]

---

dividuen zerfällt. Die letzteren bilden innerhalb der Gesamtgruppe keine engeren von jener unterschiedenen Gruppen; sie sind einander wie Atome nebengeordnet. Eine einfachere Gesellschaft kann es offensichtlich nicht geben; sie ist das Protoplasma des sozialen Lebens und infolgedessen die natürliche Grundlage einer jeden Klassifikation.« (Durkheim, Die Regeln der soziologischen Methode, a.a.O. [s. Anm. 12], S. 170)
65 Ein entsprechender Referatstext von Tamara Serfling wurde nicht aufgefunden.

93 Ursula Bottenberg,
   3. Juli 1956

Protokoll. 3. Juli 1956.

Thema unserer Diskussion in der letzten Seminarsitzung war der Begriff des sozialen Typus, der bestimmt worden war als ein Individuelles, dem die wesentlichen Eigenschaften einer Allgemeinheit zukommen.

Professor Adorno stellte nun die Frage, ob für die Soziologie, anders als für die Psychologie, die Konstruktion sozialer Typen überhaupt sinnvoll sei. Eine solche Entscheidung kann nicht abstrakt, sondern erst nach gründlicher Prüfung der für die gesellschaftliche Erkenntnis relevanten Tatbestände getroffen werden. Als Beispiel, das die Problematik der Typenbildung in der Soziologie besonders klar herausstellt, wurde der Typ des Kleinbürgers gewählt und zunächst einige ihn charakterisierende Merkmale, wie Ordnungsliebe, Sparsamkeit, Mittelmäßigkeit, genannt. Interessant ist in diesem Zusammenhang der devot-subalterne Habitus eines »Babbitt«[66].

Zum Teil erwiesen sich diese Merkmalsbestimmungen als Abstraktionen aus der Literatur. Einmal sind in sie, unter anderem, die, wenn auch etwas anders gearteten, polemischen Argumente der Arbeiterbewegung zu Ende des 19. Jahrhunderts eingegangen, zum anderen haben die Ambivalenz des Bewußtseins der bürgerlichen Klasse und die Begriffsbildung innerhalb der großbürgerlichen Sphäre hier ihren Niederschlag gefunden. In dieser Zeit entwickelten auch Nietzsche und Marx ihre Theorien des Kleinbürgers. Beide hatten eine bemerkenswert enge Verbindung zur sozialen Realität. Nietzsches Herrenmenschen[67] sind auch insofern freie Geister, als sie vom Tauschprinzip unabhängig sind, während dieses System des »do ut des« vom Kleinbürger verinnerlicht wird und sich als Ressentiment gesellschaftlich objektiviert. Nicht zuletzt entstand dieser ganz spezielle Typenbegriff »Kleinbürger« auch aus dem Angriff des Sozialismus auf die Bourgeoisie, die ihn jedoch geschickt auf eine bestimmte Gruppe innerhalb der eigenen Klasse abzulenken wußte. Der psychologische Begriff des Kleinbürgers entspricht dem in der analytischen Charakterologie gebildeten des analen Charakters.

---

66 Nach der Figur George Follanbee Babbitt in Sinclair Lewis' Roman »Babbitt« [1922], die einen engstirnigen und geistig anspruchslosen Vertreter der amerikanischen Mittelklasse darstellt.

67 Nicht vom »Herrenmenschen«, sondern vom Übermenschen spricht Nietzsche an mehreren Stellen; exemplarisch im »Zarathustra«, wenn es etwa heißt: *Ich lehre euch den Übermenschen. Der Mensch ist Etwas, das überwunden werden soll.* [...] *Der Übermensch ist der Sinn der Erde. Euer Wille sage: der Übermensch sei der Sinn der Erde!«* (NW, Bd. 4, S. 14)

Wichtig ist in diesem Zusammenhang auch die Diskrepanz zwischen der Identifikation bestimmter Gruppen mit dem Bürgertum und ihrer ökonomischen Unfähigkeit, mit dessen Lebensgewohnheiten Schritt zu halten. Der Kleinbürger geriet dadurch in den Maelstrom zwischen der Übernahme der noch bürgerlichen Sexualtabus und seiner eignen materiellen Seinsgrundlage, die bereits weitgehend proletarisch ist. Nach Freud erzeugte diese Zwiespältigkeit Konflikte, die entscheidend zur Neurose des heutigen Menschen beigetragen haben.[68]

Aus dem Vorhergehenden ergeben sich notwendig zwei Voraussetzungen zur methodischen Genese des Typenbegriffs: einmal die oben erwähnte Abstraktion, vor allem jedoch die Existenz einer Theorie, die unumgänglich ist für die Strukturierung der einzelnen Merkmale, welche die Struktur des gesamten Typs selbst darstellen werden; so erhalten die bisher lediglich akkumulierten Bestimmungen Kohärenz. Der Begriff des sozialen Typus setzt also eine starke Spannung zwischen der Erfahrung der Faktizität und der Bezogenheit auf eine Theorie voraus, wobei die Allgemeinheit der Merkmale übergeht in die Bestimmung des Phänomens. Eine Typologie würde demnach auf die Physiognomik der Gesellschaft abzielen.

Die Soziologie als empirische Wissenschaft kann wohl kaum auf Typen verzichten, und all die vorhin erwähnten Gesichtspunkte sollten die Erkenntnis der unerhörten Wichtigkeit solcher Typenbildung für die Soziologie demonstrieren. Man denke nur einmal daran, daß beispielsweise der Faschismus nicht ohne die Existenz des Kleinbürgers möglich gewesen wäre. Hier ist – worauf immer wieder mit größter Eindringlichkeit hingewiesen wurde – der Punkt, an dem einem in der Soziologie wirklich Entscheidendes aufgehen kann. Es wäre für die empirische Forschung zum Beispiel eine interessante Aufgabe, zu untersuchen, wie weit die sozialtypischen subjektiven Vorstellungen der Menschen mit ihrer objektiven Rolle in der Gesellschaft übereinstimmen. Oft erweisen sich die nur objektiven Merkmale – wie Einkommens- und Wohnverhältnisse – als zu sehr vom wirklichen sozialen Hintergrunde abstrahiert und daher zur Erkenntnis gesellschaftlich relevanter Daten als zu äußerlich. Auch die Stellung der Individuen im Produktionsprozeß und ihr politisches Bewußtsein müßten, neben vielem anderen, einer kritischen Analyse unterworfen werden. Aber bei der Untersuchung solcher Werte treten leicht Äquivokationen auf, da sich schwer feststellen läßt, wie weit die Indices das Bewußtsein bereits verobjektiviert haben. Die amerikanische Methode, nach dem Besitz von Autos, Kühlschränken oder Fernsehapparaten zu

---

68 Vermutlich ist hier an das gedacht, was Freud als »›Kulturversagung‹« bezeichnet; vgl. FGW, Bd. XIV, S. 457.

klassifizieren, degradiert den Menschen zum bloßen Konsumenten und wäre, auf Europa angewandt, völlig unergiebig.

Bei der Aufstellung der sozialen Typen ergibt sich auch das Problem der Selektion der für die Soziologie wesentlichen sozialen Schlüsselgestalten. Den besten Anhaltspunkt in dieser Hinsicht gibt Platon im »Timaios«, wo er empfiehlt, bei der Teilung der Begriffe darauf zu achten, daß die zwischen sie gelegten Schnitte sich der Sache »anschmiegen«, das heißt »natürlich« sind.[69] Auf unser Beispiel übertragen soll das nichts anderes bedeuten, als daß der Begriff des kleinbürgerlichen Typus große Kristallisationskraft besitzt. Als Gegensatz dazu seien Lloyd Warners Kategorien der »upper middle class« und »upper upper middle class« usw. genannt,[70] die für die Soziologie in dieser Form ohne großen Erkenntniswert sind. Ähnlich unergiebig ist die Einteilung in Individuen mit optimistischem und solche mit pessimistischem Sozialcharakter, oder, unter bestimmten Bedingungen, die Konfrontierung von progressiv und reaktionär. Das Begriffspaar Konventionalismus–Autonomie dagegen regt bei entsprechender Auswertung des empirischen Materials zu wesentlichen soziologischen Erkenntnissen an. Selbst den Kategorien Parsons', den Begriffen des »functional« und »dysfunctional«, haftet etwas willkürlich Gewähltes und allzu Formales an.[71] Bei

---

[69] »Nun sind die dem Göttlichen in uns verwandten Bewegungen die Gedanken und Umschwünge des Weltganzen; diese muß demnach jeder zum Vorbilde nehmen, indem er die bei unserem Eintritt in das Leben irregeleiteten Umläufe in unserem Kopfe dadurch auf die richtigen zurückführt, daß er den Einklang und die Umläufe des Weltganzen erkennen lernt, und muß so dem Erkannten das Erkennende seiner ursprünglichen Natur gemäß ähnlich Machen, durch diese Verähnlichung aber das Ziel jenes Lebens besitzen, welches den Menschen von den Göttern als bestes für die gegenwärtige und die künftige Zeit ausgesetzt wurde.« (Platon, Timaios, in: Platon, Sämtliche Werke, hrsg. von Ursula Wolf, Bd. 4, übers. von Hieronymus Müller und Friedrich Schleiermacher, Reinbek bei Hamburg 1994 [Rowohlts Enzyklopädie; 564], S. 11–103; hier: S. 100 [90c-d])

[70] Vgl. W. Lloyd Warner und Paul S. Lunt, The Social Life of a Modern Community, New Haven 1941 (Yankee City Series; 1).

[71] Parsons untersucht in seiner Schrift »The Social System« (vgl. Talcott Parsons, The Social System [1951], London 1964) die Gesellschaft ausgehend von Handlungen, die sich als entweder funktional oder dysfunktional für deren Fortbestand beurteilen lassen. Auf die Äußerlichkeit dieses theoretischen Ansatzes macht Adorno im Aufsatz *Zum gegenwärtigen Stand der deutschen Soziologie* aufmerksam: *Im Verzicht auf übergreifendes, das je Feststellbare überschreitendes und damit unabdingbar kritisches Denken willfahrt sie* [scil. die neutral gesonnene soziologische Forschung] *allzu sehr jenem beschränkten Bewußtseinsstand, den sie registriert, und den gesellschaftlich abzuleiten ihr obläge. Er verzaubert sich unterm Gesichtspunkt des besseren Funktionierens der sozialen Maschinerie in ein Wünschbares. Nicht umsonst ist die Dichotomie von functional und dysfunctional die höchste, zu der das Werk von Talcott Parsons sich erhebt, das heute in Deutschland vielerorten zu wirken beginnt.* (GS, Bd. 8, S. 507)

diesen methodologischen Problemen entscheidet letzten Endes allein der Takt wissenschaftlicher Terminologie.

Es wurde erwähnt, daß es den heutigen soziologischen Arbeiten, im Gegensatz zu den Werken Webers, Schelers oder Sombarts, dessen »Bourgeois« auch einer sozialen Schlüsselgestalt gilt,[72] – meist an Blick für die sozialen Typen fehle. Bei diesem Mangel an Phantasie sind die Typen in Gefahr, bloße heuristische Konstruktionen zu sein, und es bleibt die Frage, ob sich dann überhaupt noch etwas erkennen läßt.

Im weiteren Verlauf der Diskussion erhob sich der Einwand, die Typen seien zur Zeit Sombarts und Webers leichter erkennbar gewesen. Darauf ist zu erwidern, daß auch heute noch die beschreibende Analyse von sozialen Typen aufschlußreich ist für den, der mit etwas »Intuition« und Blick für soziale Realitäten an die Sache herangeht. Die moderne Gesellschaft bietet eine Fülle von Typen, die es nur zu sehen gilt, wie z. B. in bestimmten Schichten Gestalten, die Freud als »orale« Charaktere (Handlungsreisende, Vertreter) bezeichnet hätte,[73] oder den in alles sich fügenden Menschen, der seine Situation, sein So-Sein, mit der Notwendigkeit: »Die Wirklichkeit ist einmal so, man muß sich eben anpassen«, entschuldigt.

Freilich sollte man dem oben gebrauchten Begriff der Intuition gegenüber recht skeptisch sein: Nur, wenn von vornherein ein realer Begriff von der Gesamtgesellschaft vorliegt, ist die Vorstellung, daß der Begriff selbst nichts anderes ist, als die Merkmale der darunter befaßten Details, für die Soziologie wirklich relevant. Fehlt dagegen der konkrete Begriff, bleibt auch die Intuition unfruchtbar. Diese soziologische Blindheit wurde mit dem veränderten Verhältnis von theoretischer Soziologie und empirischer Sozialforschung verteidigt; man sei so nah am empirischen Material, daß man aus ihm kaum noch eine Theorie zu konstruieren sich bemühe und die apriorische Existenz des gesuchten Typs aus den Augen verliere. Die Tabula-rasa-Theorie des Empirismus[74] ist aber inzwischen

---

72 Vgl. Werner Sombart, Der Bourgeois. Zur Geistesgeschichte des modernen Wirtschaftsmenschen, München und Leipzig 1913.
73 Zusammenhang nicht ermittelt.
74 So heißt es bei Locke etwa: »Nehmen wir [...] an, der Geist sei, wie man sagt, ein unbeschriebenes Blatt, ohne alle Schriftzeichen, frei von allen Ideen; wie werden ihm diese dann zugeführt? Wie gelangt er zu dem gewaltigen Vorrat an Ideen, womit ihn die geschäftige schrankenlose Phantasie des Menschen in nahezu unendlicher Mannigfaltigkeit beschrieben hat? Woher hat er all das *Material* für seine Vernunft und für seine Erkenntnis? Ich antworte darauf mit einem einzigen Worte: aus der *Erfahrung*. Auf sie gründet sich unsere gesamte Erkenntnis, von ihr leitet sie sich schließlich her. Unsere Beobachtung, die entweder auf äußere sinnlich wahrnehmbare Objekte gerichtet ist oder auf innere Operationen des Geistes, die wir wahrnehmen und über die wir nachdenken, liefert unserm Verstand das gesamte *Material* des Denkens. Dies sind die beiden Quellen der Erkenntnis, aus denen alle Ideen entspringen, die wir haben oder na-

unhaltbar geworden. Die Forscher machten sich nämlich künstlich zu einem »unbeschriebenen Blatt«, weil alles über das gerade ermittelte Datum Hinausreichende verdächtig sei, – selbst die Erinnerung. Mit der Breite ihrer Verifizierbarkeit hängt jedoch die Relevanz der sozialen Typen nicht zusammen; unterwirft man, um die These, der Kleinbürger habe analen Charakter, zu stützen, eine bestimmte Schicht statistischen Erhebungen, und es ergeben sich nur 28 %, die die empirisch auswertbaren Merkmale aufweisen, so ist das kein ausreichendes Gegenargument. Das Biertischidyll existiert trotzdem.

Einer der Diskussionsbeiträge galt auch dem Generationsproblem in der Definition des Zusammenpralls zweier Denkstile. Konservativismus und die Vorliebe für Theorienbildung auf der einen Seite, auf der andern quantitatives Denken neben Mangel an historischer Kontinuität kennzeichnen die Antinomie der Generationen. Es kann ohne Zögern zugestanden werden, daß Typen nicht allein phänomenologische, sondern auch historische Probleme sind. Vorsichtiger aber sollte man in der Beurteilung des »Generationsproblems« sein, da leicht von »der Zeit« in abstracto geredet wird ohne Berücksichtigung des eigentlich historischen Moments. Bereits das Nachdenken über die eigne Generation bedeutet Kritik an ihr.

Unter diesem geschichtlichen Aspekt – und damit kehren wir zum Ausgangspunkt unserer Diskussion zurück – sind Durkheims ethnologische Typen nicht auf die kapitalistische Gesellschaft anwendbar, da diese nicht aus einfachsten sozialen Verbänden konstituiert ist, vielmehr ist die Abhängigkeit vom Tauschprinzip für die modernen Formen der Vergesellschaftung charakteristisch.

– – – – – – – – – –

Ursula Bottenberg.[75]

---

turgemäß haben können.« (John Locke, Versuch über den menschlichen Verstand [1690]. In vier Büchern. Band I: Buch I und II, übers. von Carl Winckler, Hamburg 2006 [Philosophische Bibliothek; 75], S. 107 f.)
75 Unterschrift.

94 Liselotte Dilcher, 10. Juli 1956

Lieselotte Dilcher
Frankfurt/Main

Protokoll der Seminarsitzung vom 10. Juli 1956

Graf Kinsky referierte über die Teile 1 und 2 des V. Kapitels von »Les Règles de la Méthode Sociologique«,[76] in denen Durkheim die Wege zur direkten Erkenntnis der sozialen Tatsachen behandelt.[77] Die Ausführungen des Referenten wurden durch besondere Betonung bzw. kritische Einfügung der nachfolgend angeführten Punkte ergänzt.

Den grundlegenden Gedankengang, daß zwischen der Ursache und der Funktion eines sozialen Phänomens unterschieden werden müsse, daß also die der rein teleologischen Betrachtungsweise anhaftende Konzentration und Beschränkung auf den Zweck eines Phänomens dessen vollständiges Erfassen verhindere, hat Durkheim aus der Hegelschen Geschichtsphilosophie übernommen. Schon Hegel ging davon aus, daß die objektiven Gesetze der Vergesellschaftung sich über den Willen und die Köpfe der Individuen hinweg, d.h. über deren Zwecksetzung hinweg, durchsetzen;[78] auch Marx hat das Funktionieren des Kapitalismus nicht aus dem Gewinnstreben der Einzelnen, sondern aus dem Zusammenhang der Tauschgesellschaft erklärt. Hier zeigt sich die Tendenz Durkheims, gewisse Motive des Idealismus mit materialistischen Motiven zu integrieren. – Die sozialen Phänomene, von Durkheim als »choses«, Dinge, bezeichnet – wegen der Verdinglichung der sozialen Phänomene hat man später diese Art der Erkenntnis sozialer Zusammenhänge als »chosisme« bezeichnet –, können nach Durkheim also nur in der Weise erfaßt werden, daß man sie als

---

[76] Ferdinand Kinsky, »Emile Durkheim, Les Règles de la Méthode Sociologique, Chapitre V, 1. u. 2. Teil«, UAF Abt. 139 Nr. 1.
[77] Vgl. Durkheim, Die Regeln der soziologischen Methode, a.a.O. (s. Anm. 12), S. 176–194.
[78] Bei Hegel heißt es etwa: »Das absolute Ziel, daß er [scil. der Geist] sich erkennt, sich faßt, sich Gegenstand ist, wie er an sich selbst ist, zur vollkommenen Erkenntnis seiner selbst kommt, dies Ziel ist erst sein wahrhaftes Sein. Dieser Prozeß nun des sich produzierenden Geistes, dieser Weg desselben enthält *unterschiedene Momente*. Aber der Weg ist noch nicht das Ziel, und der Geist ist nicht am Ziel, ohne den Weg durchlaufen zu haben, er ist nicht von Hause aus am Ziel; das Vollkommenste muß den Weg zum Ziel durchlaufen, um es zu erringen. In diesen Stationen seines Prozesses ist der Geist noch nicht vollkommen, sein Wissen, Bewußtsein über sich selbst ist nicht das wahrhafte, und *er ist sich noch nicht offenbar.*« (HW, Bd. 16, S. 79 f.)

unabhängig von den Einzelspontaneitäten der Menschen sich durchsetzend begreift.

Zum Beweis für die These, daß »die historische Entwicklung nicht im Hinblick auf gewisse klar oder dunkel empfundene Zwecke vor sich« gehe, führte Durkheim an, daß die Vielfalt der gesellschaftlichen Phänomene unerklärlich wäre, wenn die zweckbestimmten Handlungen in ihnen das Übergewicht besäßen. Dagegen ist darauf hinzuweisen, daß Zwecke sehr wohl ihren Niederschlag in sozialen Tatsachen finden können (so kann z. B. zum Zweck der Selbsterhaltung auf der Flucht vor Feinden eine Brücke errichtet werden). Ein solches teleologisch determiniertes Phänomen kann sich keineswegs unabhängig vom Bewußtsein der beteiligten Individuen durchsetzen.

Damit ist ein zentrales Problem der Soziologie berührt, nämlich die Frage, wie weit Finalität und Kausalität überhaupt streng voneinander zu trennen sind. Diese wichtige Frage soll noch erörtert werden.

Die nächste Anmerkung galt Durkheims Forderung nach einem streng eigenständigen soziologischen Erkenntnisweg, der von den psychologischen Erkenntniswegen losgelöst und unabhängig ist. Durkheims Antipsychologismus erklärt sich wahrscheinlich als Reaktion auf die Zurückgebliebenheit der Psychologie seiner Zeit; die Lehren von der Vergesellschaftung auf der Grundlage der Psychologie waren damals unbefriedigend, sodaß es nicht verwunderlich ist, daß Durkheim sich dagegen wehrte, sie in die Soziologie zu übernehmen. Auch die These, der Geselligkeitstrieb sei ein Produkt des sozialen Lebens[79] und seine Auffassung vom Herdeninstinkt und ähnlichen Phänomenen, d. h. generell von der Agglomeration der Gesellschaft,[80] berührt sich mit seinem Antipsychologismus.

Prof. Dr. Adorno führte weiter aus, im heute üblichen Denken verstehe man unter dem psychologischen Bereich den nicht rationalen, wobei rational das Verhalten aufgrund objektiver gesellschaftlicher Determinanten bedeute. Rationales Verhalten sei in diesem Sinne der Realität entsprechend und damit nicht psychologisch, während psychologische Motivationen aus dem Unterbewußtsein entsprängen, jedenfalls nicht rational seien. Bei Durkheim dagegen wird der Begriff »pathologisch« nicht in dieser Art gebraucht, vielmehr umfaßt er die

---

79 »Es ist [...] keineswegs erwiesen, daß der Geselligkeitstrieb von allem Anfang an ein angeborener Instinkt des menschlichen Geschlechtes gewesen ist. Es ist viel natürlicher, in ihm ein Erzeugnis des sozialen Lebens zu sehen, das sich allmählich in uns herangebildet hat; denn es ist eine Tatsache der Erfahrung, daß die Tiere gesellig sind oder nicht, je nachdem die Beschaffenheit ihrer Umwelt sie zum Gemeinschaftsleben zwingt oder sie davon abhält.« (Durkheim, Die Regeln der soziologischen Methode, a. a. O. [s. Anm. 12], S. 190)
80 Vgl. ebd., S. 186–191.

»gesamte Sphäre der subjektiven Vernunft«[81][*1], das, was das Subjekt sich an höheren Zwecken rational von seinem Handeln verspricht.

Durkheims Aussage, daß die »Gesellschaft nicht bloß eine Summe von Individuen« sei, sondern daß das »durch deren Verbindung gebildete System eine spezifische Realität« darstelle, die einen eigenen Charakter habe,[82] wurde durch den Hinweis erweitert, daß heute, in Anlehnung an Freuds Erkenntnisse, äußerer und verinnerlichter sozialer Zwang unterschieden werden könne. Der verinnerlichte Zwang tritt dann auf, wenn die Menschen das für eigene Notwendigkeit halten, was die Gesellschaft von ihnen fordert.

Zur Entstehung der Gruppen und der Gesellschaft ist Durkheims Satz, daß »die individuellen Psychen, indem sie aneinandertreten, sich durchdringen und verschmelzen, ein neues, wenn man will psychisches Wesen hervorbringen, das eine psychische Individualität einer neuen Gattung darstellt« (S. 103)[83], Ausdruck der Auffassung, daß die universalia post rem, das heißt in diesem Falle, daß die Einzelmenschen dem sozialen Verbande vorausgehen. Andererseits jedoch hat

---

[81] »Vernunft gilt im täglichen Leben, und nicht nur dort, als die abstrakte, formale Funktion des Denkmechanismus. Die Regeln, nach denen er arbeitet, sind die Gesetze der formalen und diskursiven Logik: das Prinzip der Identität, des Widerspruchs, des ausgeschlossenen Dritten, der Syllogismus; sie werden gegenüber dem Einfluß der wechselnden Erfahrung als die Form, gleichsam das Gerippe des Denkens festgehalten. Insofern dieser Vernunftbegriff, dessen Vorherrschaft von der bürgerlichen Gesellschaft gar nicht ablösbar ist und ganz besonders die Gegenwart kennzeichnet, um die Frage eines An sich, also objektiv Vernünftigen, sich nicht bekümmert, sondern ausschließlich das für den Denkenden, für das Subjekt Vernünftige im Auge hat, darf er der Begriff der subjektiven Vernunft heißen.« (HGS, Bd. 7, S. 22f.)
[82] »Welche Unterschiede bestehen zwischen den niederen Organismen und den andern, zwischen dem organisierten Lebewesen und dem einfachen Plasma, zwischen diesem und den anorganischen Molekülen, die es zusammensetzen, wenn nicht Verschiedenheiten der Assoziation? Alle diese Wesen lösen sich bei letzter Analyse in Elemente ein und derselben Natur auf; allein diese Elemente sind hier bloß gehäuft, dort assoziiert; hier in einer Art, dort in einer anderen assoziiert. Es ist sogar die Frage berechtigt, ob sich dieses Gesetz nicht bis in das Mineralreich hinein erstreckt und ob die Unterschiede, welche die unorganischen Körper voneinander trennen, nicht den gleichen Ursprung besitzen. *[Absatz]* Kraft dieses Prinzipes ist die Gesellschaft nicht bloß eine Summe von Individuen, sondern das durch deren Verbindung gebildete System stellt eine spezifische Realität dar, die einen eigenen Charakter hat. Zweifellos kann keine kollektive Erscheinung entstehen, wenn kein Einzelbewußtsein vorhanden ist; doch ist diese notwendige Bedingung allein nicht ausreichend. Die einzelnen Psychen müssen noch assoziiert, kombiniert und in einer bestimmten Art kombiniert sein; das soziale Leben resultiert also aus dieser Kombination und kann nur aus ihr erklärt werden. Indem sie zusammentreten, sich durchdringen und verschmelzen, bringen die individuellen Psychen ein neues, wenn man will psychisches Wesen hervor, das jedoch eine psychische Individualität neuer Art darstellt.« (Durkheim, Die Regeln der soziologischen Methode, a.a.O. [s. Anm. 12], S. 187)
[83] Zur Seitenzählung innerhalb der Vorlage s. oben, Anm. 38

Durkheim auch organizistische Theorien übernommen; so benutzt er einen Gruppenbegriff, der dem von Spann und Vierkandt[84] ähnlich ist. – Während Hegel annahm, daß beim Zusammenschluß der Individuen zu Gruppen der Gruppengeist entstehe, der sich schließlich verselbständige und auf die Individuen zurückwirke,[85] stellt sich Durkheim einen verselbständigten Gruppengeist vor, der nach seiner Konzeption nicht auf die Individuen zurückwirkt, also nicht das dialektische Moment des Gesamtprozesses ausdrückt. Dies wäre evtl. dem von Hegel dargestellten Prozeß der Entfremdung der Menschen von den Institutionen zu vergleichen, der sich in den Menschen nur widerspiegele.[86]

Die weitere Auffassung Durkheims, die isolierten Einzelmitglieder einer Gruppe dächten anders als die Gruppe selbst, erwies sich deshalb als fraglich, weil zu einer Zeit, in der sich eine Gruppe bildet, die Personen aus[87]

[*1] Max Horkheimer, Zum Begriff der Vernunft. Frankfurt/Main, 1952[88]

---

84 Entsprechend heißt es in den *Soziologischen Exkursen* des Instituts für Sozialforschung: *Das Bild der Gruppe als einer ihren Mitgliedern nach Sinn und Genesis vorgeordneten, eigenständigen Wesenheit hält sich besonders bei romantischen und organizistischen Soziologen, bei älteren wie Gumplowicz und Ratzenhofer ebenso wie bei manchen neueren: Othmar Spann, Alfred Vierkandt und Karl Dunkmann.* (Institut für Sozialforschung, *Soziologische Exkurse. Nach Vorträgen und Diskussionen*, Frankfurt a. M. 1956 [*Frankfurter Beiträge zur Soziologie*; 4], S. 60) – Vgl. auch die Nachweise ebd., S. 60 f. und ebd., S. 68.
85 Vgl. etwa HW, Bd. 3, S. 31–34.
86 Vgl. etwa die folgende Stelle aus den »Grundlinien der Philosophie des Rechts« [1820]: »Zunächst ist die Familie das substantielle Ganze, dem die Vorsorge für diese besondere Seite des Individuums sowohl in Rücksicht der Mittel und Geschicklichkeiten, um aus dem allgemeinen Vermögen sich {etwas} erwerben zu können, als auch seiner Subsistenz und Versorgung im Falle eintretender Unfähigkeit angehört. Die bürgerliche Gesellschaft reißt aber das Individuum aus diesem Bande heraus, entfremdet dessen Glieder einander und anerkennt sie als selbständige Personen; sie substituiert ferner statt der äußeren unorganischen Natur und des väterlichen Bodens, in welchem der Einzelne seine Subsistenz hatte, den ihrigen und unterwirft das Bestehen der ganzen Familie selbst, der Abhängigkeit von ihr, der Zufälligkeit. So ist das Individuum *Sohn der bürgerlichen Gesellschaft* geworden, die ebensosehr Ansprüchen an ihn, als er Rechte auf sie hat.« (HW, Bd. 7, S. 386)
87 Hier bricht der Text der Vorlage ab.
88 Vgl. Max Horkheimer, Zum Begriff der Vernunft. Festrede bei der Rektoratsübergabe der Johann Wolfgang Goethe-Universität am 20. November 1951, in: Frankfurter Universitätsreden, 1952, H. 7.

95 Günther Hepp,
17. Juli 1956

Soziologisches Hauptseminar
Protokoll der Sitzung vom 17. Juli 1956

Im Mittelpunkt der Sitzung stand die Erörterung der Frage, ob und in welchem Maße das Finalitätsprinzip den Erklärungsgrund sozialer Sachverhalte abgeben könne. Durkheim, der eine extreme Position besetzt, bestreitet seiner Anwendung innerhalb der Soziologie jegliches Recht: Die contrainte sociale setze sich durch, ohne daß individuelle Spontaneität etwas über sie vermöchte; der Rekurs aufs Bewußtsein verstelle nur die Einsicht in die Dinghaftigkeit der faits sociaux, denen auf wissenschaftlich angemessene Weise einzig beizukommen sei, sofern man von der Härte und Strenge des aus den Naturwissenschaften transponierten Kausalbegriffs keinen Augenblick ablasse. – Wird indessen der Funktion von Bewußtsein und Denken im gesellschaftlichen Lebensprozeß entschieden genug nachgesonnen, so erweist sich die Trennung als abstrakt und geübt allein um der Methode willen. Schwerlich ist eine spezifische Differenz der menschlichen Gesellschaften von instinktgeregelten Insektenstaaten auszumachen, solange ihre Gesetzmäßigkeiten nicht als durchs Bewußtsein vermittelte, rationale Verhaltensweisen, nicht als Antwort der Finalität auf die Kausalität können verstanden werden. Denken, als realitätsprüfende, nicht bloß individuierte Instanz, geht im Immanenzzusammenhang des Seelischen oder gar in der blinden Naturkausalität nicht bruchlos auf, sondern hat, kraft der Angemessenheit seiner Urteile an Sachverhalte, die Möglichkeit an sich, den objektiven Zwang zu reflektieren, die Kausalität in die Zweckkonstruktion umzusetzen. Ein Indianerstamm etwa, dem auf der Flucht vor einem zweiten, ihm weitaus überlegenen, ein Flußlauf Einhalt gebietet, vermag der zwangshaft drohenden Gefahr sich zu entwinden, indem er die unmittelbare Preisgegebenheit in die Absicht der Rettung, die Absicht der Rettung in die überlegte Indienstnahme der Naturmacht wendet; er schlägt die Brücke und gewinnt das andere Ufer. Freilich reicht der idealtypisch konstruierte Modellfall an das Wesensgesetz des realen Ganzen nur von ferne heran: In der Vorgeschichte, solange, als die Gesellschaft ihrer selbst nicht mächtig ist, waltet der soziale Zwang in der Tat so unwiderstehlich, daß die Ratio, die über ihn hinausgeht, kaum anderes, kaum mehr ausrichtet als die Anpassung der Menschen an verdinglichte Verhältnisse. Während subjektive Vernunft das Abwenden des äußersten Verhängnisses vollbringt, bleibt sie, in ihrer von den Herrschenden – letztlich den Produktionsverhältnissen – geforderten Gestalt, unvermögend, die ganze Erfüllung heraufzuführen. In diesem Umstand gründet das relative Recht, das der Durkheimschen Verfemung des teleologischen Gedankens innewohnt;

welches Recht sich jedoch allsogleich in trübe Resignation vor der verdinglichten Erscheinungsform der Realität verkehrt, will es als allgemeingültiges sich aufspielen. Aus objektiver Verzweiflung vergißt Durkheim das in der Vernunft angelegte Potential des Besseren; die Einsicht, daß – wie es im Sprachgebrauch des Sozialismus heißt – »die Theorie zur materiellen Gewalt wird, sobald sie die Massen ergreift« (Marx)[89], muß er sich verbieten. Vielmehr würde er auf die Befunde der Statistik verweisen, welche regelhafte Abläufe feststellt, die sich durchsetzen, gleichgültig, welche Erwägungen die ihnen unterliegenden Subjekte auch anstellen mögen. Doch die aufgefundenen Gesetzmäßigkeiten widersprechen nicht durchaus der Erkenntnis, gemäß derer Denken die Wirklichkeit reproduziert. Gerade einer Theorie der Gesellschaft, die es bei dem Verhältnis von Statistik und verstehender Soziologie als einem ewig feindlichen nicht belassen will, obliegt es, auch noch angesichts etwa der Selbstmordrate im irrationalen Verhalten des Selbstmörders eine irgend einsichtig motivierte Beziehung zur Umwelt aufzudecken. Dazu genügt nicht allein der Hinweis darauf, daß – relativ konstante Bedingungen von Gesellschaft und Ratio vorausgesetzt – gleiche Situationen die gleichen Reaktionsweisen hervorrufen; vielmehr ist die Theorie zur Einsicht in den antagonistischen Charakter des Systems verhalten, welches die Dialektik von Rationalität und Irrationalität aus sich hervortreibt. Die neurotischen Verfassungen der Menschen sind nur das Widerspiel der Realitätsgerechtheit[90] derer, denen die Gesellschaft erlaubt, vernünftig zu sein; und beide nicht zufällig gegen das Ganze, das sie prägt. »Jeder gelungene Selbstmord ist ein mißlungener Selbstmordversuch« (Landauer)[91]; – aber Durkheim muß, damit nur ja die Vernunft des Ganzen nicht in Frage gestellt werde, immanent unvernünftigem Gebaren, wie kriminellem und pathologischem, Normalität zuschreiben, während doch die zwangshaften Abläufe, welche Statistik aufweist, ebensowenig wie das Bewußtsein der Individuen, durch welches hindurch sie sich verwirklichen, Absolutheitscharakter beanspruchen dürfen, sondern einzig in der Konstellation eines übergreifenden, der Wandlung unterworfenen Systems ihre Geltung haben. Die statistische Erfahrung, daß in revolutionären Epochen die Selbstmordziffern sinken, zeigt den Sachverhalt an. – – –

---

89 »Die Waffe der Kritik kann allerdings die Kritik der Waffen nicht ersetzen, die materielle Gewalt muß gestürzt werden durch materielle Gewalt, allein auch die Theorie wird zur materiellen Gewalt, sobald sie die Massen ergreift.« (MEW, Bd. 1, S. 385)
90 Konjiziert für: »Realitätsgerechtigkeit«.
91 Karl Landauer wirkt von 1919 bis 1933 als Psychoanalytiker in Frankfurt a. M., wo er 1927 und 1929 auch Horkheimer analysiert. Landauer, nach 1933 nach Schweden und in die Niederlande geflohen, wird 1943 von den Deutschen ins Durchgangslager Westerbork verbracht und ein Jahr später ins Konzentrationslager Bergen-Belsen deportiert, wo er im Januar 1945 verhungert.

96 Tamara Serfling, 24. Juli 1956

Protokoll

des Seminars vom 24. 7. 1956 –

Die Diskussion entspann sich um das Verhältnis von Soziologie und Psychologie,[92] wie es sich in der Ausdrucksform unserer heutigen Gesellschaftsordnung widerspiegelt.

Das Verhalten einer Gesellschaft hängt nicht von den zwischenmenschlichen Beziehungen und somit dem psychologischen Faktor der gesellschaftlichen Determinanten ab, sondern von den Sekundär-Gruppen, die die Kräfteverteilung in der Gesellschaft weitgehend bestimmen.

Am Beispiel der Arbeiter, in deren Charakter sich das spiegelt, was sie in ihrem Leben durchmachen müssen, zeigt sich die Einheit in der Differenz dieses Problems.

Bei einer Betrachtung der Gesellschaft in ihrem zeitgeschichtlichen Ablauf läßt sich deutlich erkennen, daß die gesellschaftliche Objektivität wichtiger ist als die psychische Beschaffenheit der Menschen, von der sich das menschliche Verhalten wiederum sehr unterscheidet, wie auch in einem gesellschaftlichen Handlungszusammenhang nicht von der Handlung als soziales Phänomen auf eine Handlung psychischer Art geschlossen werden kann.

Diese Zwiespältigkeit läßt sich am Beispiel des Faschismus als Denkmodell auf folgende Weise demonstrieren:

Die konkreten Fakten im Faschismus, wie zum Beispiel die Konzentrationslager, lassen sich nicht nur durch die wirtschaftlichen Faktoren erklären, noch kann sich der Faschismus einfach im Sinn der Interessenlagen installieren; es bedürfte eines anderen Moments: des Agitators in Verbindung mit einer Massenbasis; mit der Konsequenz, daß die Menschen zum »Mitmachen« gezwungen waren. Um an die Macht zu kommen, bedurfte es bestimmter psychologischer Dispositionen, die bei den Menschen vorliegen. Diese müssen reaktiviert werden. Man appellierte an Dinge des Unbewußten, und durch willkürliche Wertsetzungen wird eine Selbstbesinnung verhindert. Die Massenbasis ist geschaffen, weil das Unbewußte in Aktion gesetzt wird.

---

92 Der Referatstext von Kurt Trautmann über Adornos Aufsatz *Zum Verhältnis von Soziologie und Psychologie* wurde nicht aufgefunden. – Vgl. GS, Bd. 8, S. 42–85.

Vorangegangene Massenbewegungen in der Geschichte wie: die Kreuzzüge oder die Französische Revolution zeigen ähnliche Momente. Die ökonomischen Faktoren einerseits und die psychischen Faktoren andererseits werden also durch die Massenbasis vermittelt, wie auch die psychischen Momente durch das Gesellschaftliche vermittelt sind.

Freuds Antwort auf diesen Problemkomplex wird bereits mit der Frage gegeben: Ob eine unmittelbare Wirkung der Triebstruktur vorliegt? – – – Sie geht als Moment in das gesellschaftliche Geschehen ein, sonst könnte man Menschen nicht immer wieder für Dinge einspannen, die nicht in ihrem Interesse liegen; darin liegt auch heute noch die Gefahr. Sie tritt aus dem latenten Zustand in den akuten, sobald eine Krisensituation in der Geschichte einsetzt, wo die Triebdispositionen aktiv werden und durch einen Agitator vermittelt sind. Das Beispiel der Gesellschaft mit Vollbeschäftigung zeigt, daß hier ein Appell zu agitieren zwecklos ist, da in solcher Zeit das Unbewußte durch die Gesellschaft blockiert, und somit der latente Zustand prägend ist.

Wie Freud es formuliert, ist das Unbewußte eine archaische und somit konstante Größe.[93] Das Unbewußte ist nicht eine einzige Instanz, sondern ein Kraftfeld von entgegenwirkenden Kräften: der Kraft des Bewußtseins und anderen Faktoren.

Die Konstante des Triebverzichtes muß demnach immer wieder durchbrechen – dieses ist ganz im Sinne Durkheims.

Das Kräfteverhältnis zwischen Rationalität und Unbewußtem variiert in der Geschichte. In verzweifelten (also Krisen-) Situationen machen sich archaische Dinge geltend, und somit gibt die Realität die Stimuli, die die Kräfte des Unbewußten in Reaktion setzen. Die Vermittlung liegt bei der Ich-Instanz – wo das Ich nicht funktioniert, treten die sogenannten »Entbergungen« auf.[94]

Das Ich und das Es sind Konstanten im Freudschen Sinn, obwohl das Maß an Ich und Es nicht konstant ist. Das Es steht so weit unter Kontrolle des Ich, daß es sich an die Realität anpaßt, die wiederum das Es reproduziert.

Der Prozeß des Verzichtes auf das Es soll als bewußter Prozeß stattfinden, obwohl man für den Verzicht nicht die Befriedigung zurückbekommt, die die Gesellschaft verspricht.

---

93 Bei Freud heißt es etwa: »Die auf Beobachtung gestützte psychoanalytische Theorie hält fest daran, daß die Motive der Verdrängung nicht sexualisiert werden dürfen. Den Kern des seelisch Unbewußten bildet die archaische Erbschaft des Menschen, und dem Verdrängungsprozeß verfällt, was immer davon beim Fortschritt zu späteren Entwicklungsphasen als unbrauchbar, als mit dem Neuen unvereinbar und ihm schädlich zurückgelassen werden soll.« (FGW, Bd. XII, S. 25f.)
94 Zusammenhang nicht ermittelt.

Wo liegt nun der Unterschied zwischen Verdrängung und Sublimierung? Nach Freud bedeutet Sublimierung ein Aufgehen in gesellschaftlicher Nützlichkeit, das bei der Verdrängung nicht vorliegt.

Da es eine Welt, wo man Trieberfüllung findet, nicht gibt, verwandeln sich die Triebe in kulturell nützliche Produkte. Der Zwang, der dabei ausgeübt wird, geschieht in dem Bewußtsein, diese Sublimierung zur eigenen Sache zu machen und geschieht somit in Freiheit.

Frankfurt/Main, am 6. 8. 1956.
Tamara Serfling –[95]

---

95 Unterschrift.

Wintersemester 1956/57:
Begriff der Ideologie [I]

Soziologisches Hauptseminar

In diesem Semester hält Adorno zudem die philosophische Vorlesung »Probleme der Moralphilosophie«, vertritt Horkheimer ab Januar 1957 in dessen Vorlesung zur »Einführung in die Philosophie« und gibt ein philosophisches Hauptseminar »Dialektik der Aufklärung«

Das Seminar findet dienstags von 17 bis 19 Uhr statt

97–108 UAF Abt. 139 Nr. 2

97 Werner Wilkening, 20. November 1956

Werner Wilkening Soziologisches Seminar
Sitzung vom 20. 11. 56.

Protokoll

Im Anschluß an den zweiten Teil des Referates von Herrn Pelzer[1] über Bacon, Helvétius und die Ideologen[2] erhob sich die Frage, ob die Auffassungen der letzteren fortschrittlicher seien als die der ersteren oder umgekehrt.

Am Beispiel Bacons und seines Begriffs vom Idol als Hindernis des Fortschritts von Wissenschaft und Technik,[3] wie auch am Beispiel der Vorurteile, die bei Helvétius als Hürden für die gesellschaftliche Entwicklung gesehen werden,[4] wurde als gemeinsame aufklärerische Tendenz der Wille zur bewußten Umgestaltung der Welt – in einem grundlegenden Sinn – konstatiert.

Die Ideologen seien in ihrem Bemühen bereits zur bloßen Branche im Wissenschaftsbetrieb degeneriert und typische Repräsentanten eines nach-revolutionären Bürgertums. Ihre Forderung, alles Denken auf die Empfindung zurückzuführen, verharmlost notwendig die Funktion des Denkens. Es ist deshalb bezeichnend und so paradox wie richtig, daß ausgerechnet Napoleon sie als

---

1 Der Referatstext von Roland Pelzer, »Die Geschichte des Ideologiebegriffs bis Marx«, wurde nicht aufgefunden.
2 Der Begriff der Ideologie geht zurück auf Antoine Louis Claude Destutt de Tracy. Er gebraucht diesen Begriff in seinem Werk »Éléments d'idéologie« (Paris 1801–1815) als Bezeichnung für die Lehre von den Ideen (als Vorstellungen). Seine aufklärerische Theorie wird von der philosophischen ›Schule der Ideologen‹ übernommen.
3 Die Idolenlehre, wie sie Francis Bacon im »Novum Organum« [1620] darlegt, ist eine Reaktion auf den von Bacon bemängelten Zustand der Wissenschaften, so etwa, wenn er im schreibt: »So, wie die gegenwärtigen Wissenschaften für die Erfindungen von wirklichen Werken nutzlos sind, so ist auch die jetzige Logik nutzlos für die Entdeckung wahrer Wissenschaft.« (Francis Bacon, Neues Organon. Teilband 1. Lateinisch – deutsch, hrsg. und eingel. von Wolfgang Krohn, übers. von Rudolf Hoffmann, bearb. von Gertraud Korf, Hamburg 1990 [Philosophische Bibliothek; 400a], S. 85)
4 In seiner Abhandlung »Vom Geist« [1758] behandelt Helvétius zunächst den »Geist an sich«, um »zu beweisen, daß das *physische Empfindungsvermögen* und das *Gedächtnis* die Ursachen sind, die alle unsere Ideen hervorbringen, und daß alle unsere *falschen Urteile* entweder die Wirkung unserer *Leidenschaften* oder die Wirkung unserer *Unwissenheit* sind.« (Claude-Adrien Helvétius, Vom Geist, in: Claude-Adrien Helvétius, Philosophische Schriften, hrsg. von Werner Krauss, Bd. I, übers. von Theodor Lücke, Berlin und Weimar 1973, S. 556)

»welt-fremde« Ideologen denunzierte.[5] Dabei mochte das seinem Naturell wie seinen Ambitionen adäquate Gefühl mitwirken, daß der ohnmächtige Gedanke sich nicht aufspielen soll. Dennoch stammt der machtpolitische Begriff der Ideologie von Napoleon.

In jedem Fall bedeutet die tatsächliche Neutralisierung der Ideologen im gesellschaftlichen »Betrieb« einen eindeutigen Rückschritt. Ihr Versuch, die Wahrheit konstruktiv zurückzugewinnen, muß scheitern. Sie befinden sich hier auch in einem notwendigen Kontrast zu Marx, für den der Widerspruch die Wahrheit ist. Während jene zur »Versöhnung« der »Wahrheiten« tendieren, sucht dieser sie durch die bewußte Parteiung aus der Verschüttung zu befreien. Dieses Element ist schon in Hegel angelegt, der das Ziel so formulierte: »Aus den Objekten müssen Subjekte werden.«[6] – Mit Marx gesprochen: Das falsche Bewußt-

---

[5] Eine Passage aus den *Soziologischen Exkursen* erläutert, auf welche Weise die ›Schule der Ideologen‹ von Napoleon Bonaparte diskreditiert worden ist: Er habe, *obgleich seine Diktatur selbst in so vielem der bürgerlichen Emanzipation verbunden war, gegen die idéologues bereits, wenn auch auf subtilere Weise, jenen Vorwurf des Zersetzenden erhoben, der dann wie ein Schatten die gesellschaftliche Analyse des Bewußtseins begleitete. Dabei hat er, in von Rousseau gefärbter Sprache, jene irrationalen Momente hervorgehoben, auf die man sich später immerfort gegenüber dem sogenannten Intellektualismus der Ideologiekritik berief [...]. Die Sätze Napoleons lauten:* »Es ist die Lehre der Ideologen – diese verschwommene Metaphysik, die spitzfindig die primären Ursachen aufsucht und auf deren Grundlage die Gesetzgebung der Völker aufbauen will, anstatt die Gesetze der Kenntnis des menschlichen Herzens und den Lehren der Geschichte anzupassen –, der man alles Mißgeschick zuschreiben muß, das unser schönes Frankreich getroffen hat. Ihre Fehler mußten, wie es in der Tat der Fall war, das Regime der Schreckensmänner herbeiführen. In der Tat, wer hat das Prinzip des Aufstandes proklamiert wie eine Pflicht? Wer hat das Volk verführt, indem er es zu einer Souveränität erhob, die es unfähig war auszuüben? Wer hat die Heiligkeit der Gesetze und die Achtung vor ihnen zunichte gemacht, indem er sie nicht mehr von den geheiligten Prinzipien der Gerechtigkeit, dem Wesen der Dinge und der bürgerlichen Rechtsordnung herleitete, sondern ausschließlich von der Willkür einer Volksvertretung, die aus Männern ohne Kenntnis der zivilen, strafrechtlichen, administrativen, politischen und militärischen Gesetze zusammengesetzt war? Wenn man berufen ist, einen Staat zu erneuern, so muß man ständig sich widersprechenden Prinzipien {des principes constamment opposés} folgen. Die Geschichte zeigt das Bild des menschlichen Herzens; in der Geschichte muß man Vorteile und Übelstände der verschiedenen Gesetzgebungen zu erkennen suchen.« (Institut für Sozialforschung, Soziologische Exkurse. Nach Vorträgen und Diskussionen, Frankfurt a. M. 1956 [*Frankfurter Beiträge zur Soziologie*; 4], S. 166f.) Zugleich wird in den *Soziologischen Exkursen* deutlich, daß die im Protokoll genannte Redeweise nicht von Napoleon selbst stammt: *Auch jener spätere Sprachgebrauch, der im Namen von* »Realpolitik« *den Ausdruck* »weltfremde Ideologen« *gegen angeblich abstrakte Utopisten wendet, zeichnet sich in Napoleons Pronunciamento ab. Aber er hat verkannt, daß die Bewußtseinsanalyse der idéologues keineswegs mit Herrschaftsinteressen so unvereinbar war. Ihr war bereits ein technisch-manipulatives Moment beigesellt.* (Ebd., S. 167)

[6] Vgl. etwa Hegels Bemerkungen zur Lehre vom Begriff, HW, Bd. 6, S. 269–271.

sein verschwindet, wenn es nicht mehr gebraucht wird, nämlich, wenn es keine Herrschaft mehr gibt.

98 Anne-Margret Scheuch, 27. November 1956

Protokoll der Sitzung vom 27. 11. 56

Zunächst wurde ein in der vorangehenden Sitzung aufgetretener scheinbarer Widerspruch durch Herrn Prof. Adorno geklärt. Eine Ablehnung der Schelsky'schen positiven Normen,[7] die aus der Ausnahmesituation des Notstandes abgeleitet wurden, widerspricht nicht einer Kritik, die die Welt aus dem KZ zu erklären sucht. Der verschiedene Inhalt einer Verallgemeinerung, der einmal eine Rechtfertigung, das andere Mal eine Kritik sein will, gibt auch der Methode des Verallgemeinerns unterschiedlichen Charakter.

Vor dem Referat des Herrn Schmidt über den Begriff der Ideologie in den Marx'schen Frühschriften[8] wies Herr Prof. Adorno darauf hin, daß es für die Erkenntnis des richtigen Stellenwertes des Begriffes der Ideologie bei Marx wichtig sei, über allem Detail die These Marx', daß das Bewußtsein von Sein abhängig ist,[9] richtig aufzufassen. Die vulgäre Übernahme, die diesen Satz dogmatisiert – gegen sie wendet sich auch die Kritik vor allem Webers – übersieht die Ratio der Marx'schen Arbeiten, der bei aller Polemik gegen die Neuhegelianische Selbstentwicklung des Geistes keine umgekehrte ontologische Priorität aufstellen wollte. »Materialistisch« ist Marx' Philosophie nicht in dem Sinne, daß sie ontologische Abhängigkeit einer höheren von einer niederen Schicht behauptet, sein Materialismus bezieht sich vielmehr darauf, alle Erscheinungen, auch die sogenannten »geistigen«, aus der Totalität des gesellschaftlichen Lebenszusammenhanges zu begreifen. Insofern wendet er sich gegen die Selbstgenügsamkeit »reiner Theorie«; er spricht vielmehr das praktische Interesse jeder Theorie offen aus und macht die Angewiesenheit der eigenen Theorie auf die Praxis genau zu

---

7 Vgl. Helmut Schelsky, Über die Stabilität von Institutionen, besonders Verfassungen. Kulturanthropologische Gedanken zu einem rechtssoziologischen Thema, in: Jahrbuch für Sozialwissenschaft, hrsg. von Carl Brinkmann, Andreas Predöhl und Reinhard Schaeder, Göttingen 1952, Bd. 3, H. 1, S. 1–21.

8 Der Referatstext von Alfred Schmidt, »Der Begriff der Ideologie in den Marxschen Frühschriften«, wurde nicht aufgefunden.

9 In der »Kritik der politischen Ökonomie« [1859] schreibt Marx: »Die Gesamtheit dieser Produktionsverhältnisse bildet die ökonomische Struktur der Gesellschaft, die reale Basis, worauf sich ein juristischer und politischer Überbau erhebt, und welcher bestimmte gesellschaftliche Bewußtseinsformen entsprechen. Die Produktionsweise des materiellen Lebens bedingt den sozialen, politischen und geistigen Lebensprozeß überhaupt. Es ist nicht das Bewußtsein der Menschen, das ihr Sein, sondern umgekehrt ihr gesellschaftliches Sein, das ihr Bewußtsein bestimmt.« (MEW, Bd. 13, S. 8f.)

deren wesentlichen Impuls. – Daher unterscheidet sich Marx von Hegel nicht in erster Linie durch bestimmte theoretische Inhalte, sondern durch die Kritik der Philosophie und einer Kontemplation, deren Abgeschlossenheit wesentlich eine dem Kern der Dialektik widersprechende Abschließung gegen die Praxis ist.

Das Referat stellte zunächst heraus, daß es im Gegensatz zu den vorher behandelten Theoretikern Marx in seiner Ideologienlehre nicht darauf ankommt, allgemein menschliche Eigenheiten oder besondere Interessen, die die reine Erkenntnis verfälschen, festzuhalten, sondern die objektiven gesellschaftlichen Bedingungen zu analysieren, die ein falsches, aber relativ berechtigtes Bewußtsein hervorbringe. Indem Feuerbach – noch abstrakt im Sinne von isoliert – die Selbstentfremdung des menschlichen Geistes in der Gottesvorstellung als eine Bewußtseinseigenschaft des realen Menschen erkennt, ebnet er den Weg für eine sogenannte materialistische Geschichtsbetrachtung. Beim frühen Hegel ist diese Selbstentfremdung viel konkreter dargestellt. (Feuerbach selbst hat in einem Brief an Hegel seine Wendung gegen ihn aus Hegels Denken abgeleitet.)[10] Wenn Marx sich in den erst 1932 entdeckten ökonomisch-philosophischen Manuskripten[11] mit Feuerbach einig ist in der Abkehr vom Idealismus der linken Hegelianer, so sucht er doch die Hegelsche dialektische Methode als dessen »rationellen Kern«[12] zu

---

10 Feuerbach schreibt Hegel einen Brief am 22. November 1828, mit dem er seine Dissertation, »De ratione, una, universali, infinita«, schickt. Zugleich äußert er, durchaus kritisch gegen Hegel, es komme »jetzt nicht auf eine Entwicklung der Begriffe in der Form ihrer Allgemeinheit, in ihrer abgezognen Reinheit und abgeschlossnem Insichsein an, sondern darauf an, die bisherigen weltgeschichtlichen Anschauungsweisen von Zeit, Tod, Diesseits, Jenseits, Ich, Individuum, Person und der außer der Endlichkeit im Absoluten und als absolut angeschauten Person, nämlich Gott u.s.w., in welchen der Grund der bisherigen Geschichte und auch der Quelle des Systems der christlichen sowohl orthodoxen als rationalistischen Vorstellungen enthalten ist, wahrhaft zu vernichten, in den Grund der Wahrheit zu bohren und in ihre Stelle als unmittelbar gegenwärtige weltbestimmende Anschauung die Erkenntnisse einrücken zu lassen, die sich in der neuern Philosophie als im Reich des Ansich und Jenseits, in der Form der nackten Wahrheit und Allgemeinheit eingewickelt finden.« (Briefe von und an Hegel, hrsg. von Johannes Hoffmeister, Bd. III, 3. Aufl., Hamburg 1969 [Philosophische Bibliothek; 237], S. 247)

11 Diese Schrift, von Marx 1844 in Paris verfasst, wird bereits in den 1920er Jahren von Dawid Rjasanow und Siegfried Landshut entdeckt; vgl. Karl Marx, Ökonomisch-philosophische Manuskripte aus dem Jahre 1844, in: Karl Marx und Friedrich Engels, Historisch-kritische Gesamtausgabe. Werke · Schriften · Briefe, Bd. I·3, hrsg. von V[ladimir] Adoratskij, Berlin 1932, S. 29–172; vgl. MEW, Bd. 40, S. 465–588.

12 »Die mystifizierende Seite der Hegelschen Dialektik habe ich vor beinah 30 Jahren, zu einer Zeit kritisiert, wo sie noch Tagesmode war. Aber grade als ich den ersten Band des ›Kapital‹ ausarbeitete, gefiel sich das verdrießliche, anmaßliche und mittelmäßige Epigonentum, welches jetzt im gebildeten Deutschland das große Wort führt, darin, Hegel zu behandeln, wie der brave Moses Mendelssohn zu Lessings Zeit den Spinoza behandelt hat, nämlich als ›toten Hund‹. Ich bekannte mich daher offen als Schüler jenes großen Denkers und kokettierte sogar hier und da im

erhalten. Feuerbach hatte die Dialektik aufgegeben, weil er das sich in sich selbst entwickelnde Bewußtsein, das geschichtliche, aufgegeben hatte; Marx sucht diesen Materialismus und die Dialektik zu vereinen. In einer »Kritik der Hegelschen Dialektik und Philosophie überhaupt«[13] untersucht Marx hauptsächlich den Begriff der Selbstentfremdung in der »Phänomenologie«. Die Selbstentfremdung und die Überwindung der Selbstentfremdung bleiben bei Hegel nur im Begrifflichen, Subjekt und Objekt sind nur verschiedene Seiten des in sich webenden Geistes. Zwar wird die Selbsterzeugung des Menschen als Prozeß gefaßt, der wirkliche Mensch als Resultat seiner eigenen Arbeit, doch Arbeit ist nur in einem abstrakt-geistigen Sinn zu verstehen; wo die Entfremdung aufgehoben wird, wird im Grund Gegenständlichkeit selbst aufgehoben. Doch es gilt, die reale Trennung der Produkte vom Produzenten aufzuheben, denn die Entfremdung des Selbstbewußtseins ist im Wissen und Denken sich abspiegelnder Ausdruck der wirklichen Entfremdung des menschlichen Wesens. Die Kritik Marx' tut dem frühen Hegel oft unrecht, denn bei ihm sind alle theoretischen Elemente schon gebildet, nur die entscheidende Zuwendung zur Praxis, das Verändernwollen, ist neu. So ist für Marx in dem Manuskript »die entfremdete Arbeit«[14] die Geschichte der Industrie die sinnlich vorliegende Psychologie. Wie der Arbeitsprozeß sich differenziert, differenziert sich die Menschennatur. Unter den Bedingungen privater Aneignung treten die Arbeiter ihrem Produkt als einem fremden Wesen gegenüber, die Arbeiter verlieren ihr eigentliches Wesen, das Leben wird zum Lebensmittel, das Geld wird zum Fetisch derart, wie es Feuerbach für die Vorstellung Gottes gezeigt hatte. Im Bewußtsein denkt und wiederholt der Mensch nur sein reales gesellschaftliches Leben, sein reales Sein. In der »Heiligen Familie« wird gemeinsam mit Engels den Linkshegelianern vorgeworfen, Geschichte nur als Geschichte abstrakter Haupt- und Staatsaktionen der Philosophie, Literatur, Theologie usw. zu sehen, ohne die unmittelbare Produktionsweise des Lebens zu kennen.[15] Die »Deutsche Ideologie« setzt die Kritik fort: Man kann nicht den Menschen ihr falsches Bewußtsein ausreden, wenn man die Wirklichkeit umgestalten will; dazu ist es nötig, die tatsächlichen Verhältnisse der materiellen

---

Kapitel über die Werttheorie mit der ihm eigentümlichen Ausdrucksweise. Die Mystifikation, welche die Dialektik in Hegels Händen erleidet, verhindert in keiner Weise, daß er ihre allgemeinen Bewegungsformen zuerst in umfassender und bewußter Weise dargestellt hat. Sie steht bei ihm auf dem Kopf. Man muß sie umstülpen, um den rationellen Kern in der mystischen Hülle zu entdecken.« (MEW, Bd. 23, S. 27)

13 Vgl. den Abschnitt »{Kritik der Hegelschen Dialektik und Philosophie überhaupt}«, MEW, Bd. 40, S. 568–588.
14 Vgl. den Abschnitt »{Die entfremdete Arbeit}«, ebd., S. 510–522.
15 Vgl. MEW, Bd. 2, S. 7–223.

Produktion zu erforschen, die das Bewußtsein erst bedingen, auch die scheinbare Unabhängigkeit des Bewußtseins. Es ist nötig, diese materiellen Verhältnisse zu ändern, wenn man Illusionen aufheben will.[16] Alle Ideologie hat keine eigene Geschichte, keine Entwicklung. Nur die ihre materielle Produktion und ihren materiellen Verkehr entwickelnden Menschen ändern damit auch ihr Denken und die Erzeugnisse ihres Denkens. Es wurde darauf hingewiesen, daß für Marx auch die moderne »radikale Frage« Ideologie wäre. Schon die Entstehung des Bewußtseins ist an die Sprache gebunden, die eine gesellschaftliche Funktion ist.[17] Die primitive Naturaneignung bewirkt ein primitives Naturbewußtsein. Mit der Arbeitsteilung in geistige und materielle Tätigkeit emanzipiert sich das Bewußtsein scheinbar von der Welt zur reinen Geistigkeit. Aber selbst Gegensatz zu dem Bestehenden, ist das Bewußtsein noch der Ausdruck des Gegensatzes zwischen Verkehrsform und Produktionskraft, die beim späteren Marx Produktionsverhältnisse und Produktivkräfte genannt werden. Im Kapital, ergab die Debatte, verschlingen sich die Produktivkräfte (das sind die technischen Möglichkeiten der Naturaneignung) und die Produktionsverhältnisse (das sind die tatsächlichen Herrschaftsverhältnisse in der Produktion) miteinander, um sich, im Maße der sich entfaltenden Dialektik, immer mehr zu Gegensätzen zu verhärten. Diese dialektische Verschlungenheit und sich doch entfaltende Antinomie kann man nicht so auffassen, daß die Produktivkräfte als »Faktor« die übrigen gesellschaftlichen Faktoren determinieren. Die jeweils herrschenden Gedanken sind der ideelle Ausdruck der jeweils herrschenden Klasse, auch wenn ein scheinbarer und nur temporärer Gegensatz gelegentlich die Arbeitsteilung in der herrschenden Schicht zwischen »konzeptiven Ideologen«[18] und ökonomisch Verfügende widerspiegelt. Betrachtet man die Ideologien losgelöst von ihrer Klassengebundenheit, so zeigt sich, daß die herrschenden Gedanken immer abstrakter und

---

16 Vgl. MEW, Bd. 3, S. 11–530.
17 Über Heideggers eigentümliche Art der sprachlichen Destruktion bemerkt Adorno in der *Negativen Dialektik* [1966], sie verstumme *vor der unbesehenen philologischen Bildung, die er zugleich suspendiert. Solches Bewußtsein bejaht, was es umgibt, oder findet wenigstens damit sich ab; genuiner philosophischer Radikalismus, wie immer er historisch auftrat, ist Produkt des Zweifels. Scheinhaft ist die radikale Frage selber, die nichts als jenen zerstört.* (GS, Bd. 6, S. 118)
18 »Die Teilung der Arbeit, die wir schon oben [...] als eine der Hauptmächte der bisherigen Geschichte vorfanden, äußert sich nun auch in der herrschenden Klasse als Teilung der geistigen und materiellen Arbeit, so daß innerhalb dieser Klasse der eine Teil als die Denker dieser Klasse auftritt (die aktiven konzeptiven Ideologen derselben, welche die Ausbildung der Illusion dieser Klasse über sich selbst zu ihrem Hauptnahrungszweige machen), während die Andern sich zu diesen Gedanken und Illusionen mehr passiv und rezeptiv verhalten, weil sie in der Wirklichkeit die aktiven Mitglieder dieser Klasse sind und weniger Zeit dazu haben, sich Illusionen und Gedanken über sich selbst zu machen.« (MEW, Bd. 3, S. 46 f.)

allgemeiner werden, da jede neue Klasse ihre Interessen als die der ganzen Gesellschaft ausgeben möchte. Doch immer setzen revolutionäre Gedanken eine entsprechende Klasse voraus, deren Potenz sich in der Dialektik der ökonomischen Verhältnisse entfaltet.

Bei der abschließenden Frage nach dem Kernproblem der frühen Marx'schen Arbeiten bietet sich das Problem der Selbstentfremdung an. Doch nicht als losgelöstes theoretisches Problem ist es für Marx interessant, sondern als Theorie, die die konkreten Leiden der lebendigen Menschen erfaßt. Im übrigen bezweifelte Herr Prof. Horkheimer, daß dem Begriff der Entfremdung bei Marx wirklich die Bedeutung zukomme, die ihm heute von Leuten, die Marx als Klassiker entschärfen möchten, zugeschrieben wird. Horkheimer warf die Frage auf, ob nicht im Zusammenhang mit der Entstehung der Ideologie der Begriff der Herrschaft von größerer Tragweite sei.

99 [N.N.],
11. Dezember 1956

Protokoll vom 11. Dezember 1956.

Nähert sich wissenschaftliches Denken der Marx'schen Lehre, ist es verpflichtet, das Kriterium der Wahrheit anzulegen. Die kann, gemäß der Methode, nur am Partikularen geschehen. Was sich als Triumph widerlegenden Denkens am einzelnen zeigt: Das Aufzeigen die Aussage einschränkender begrifflicher Momente wird für das Ganze verhängnisvoll, insofern es [sich] als Ausgangsposition einer Betrachtung gewertet wissen will. Der Impuls, entgegen positivistischer Praxis, muß sich dem Denken zuneigen[19]. Nur so kann auch ein Zentrieren der Aussagen vorgenommen werden, wie es für unser Ideologienproblem notwendig ist.

Suchen wir im Marx'schen Philosophieren einen fixen Punkt, so kann er nur im Verzicht auf Spekulation und im Stellen seiner Theorie unter das empirische Korrektiv gefaßt werden. Ihm ging es um Einsicht in den wirklichen Lebensprozeß, so weit er sich wissenschaftstheoretisch fassen läßt. Aussagen zu geben, ohne sich hierbei des realen Bezuges der Begriffe versichert zu haben, überläßt Marx Leuten, die ihr Denken nicht [mit Blick][20] auf die politische Praxis betätigen. Marx würde einen eng gefaßten pragmatistischen Wahrheitsbegriff ablehnen und mit der Hegel'schen Grundposition übereinstimmen, wonach das Willensmoment Theorie und Praxis vermittelt. Die Emanzipierung vom Willen läuft auf eine Nachkonstruktion und Verfestigung der antagonistischen Gesellschaft hinaus. Der Wille zur Aktion weist immer schon über das je Vorfindliche hinaus. Für Marx wie für Hegel hat eine Idee historische Wahrheit nur, soweit sie sich verwirklichen kann, und nur das Wahre läßt sich verwirklichen. Die objektive Tendenz der Entfaltung der Produktivkräfte entscheidet, was an den Ideen wahr ist und was zur Ideologie bestehender Herrschaftsverhältnisse wird. Nur unter dem Aspekt der rationalen praktischen Weltveränderung kann ich Wissenschaft treiben. Eben weil die Interessenlage des Proletariats die Änderung der gesellschaftlichen Verhältnisse erfordert, ist es objektiv befähigt, die Wahrheit zu erkennen. So wie in der klassenlosen Gesellschaft ideologiefreies Denken entstehen kann. Wird der Marx'sche Wahrheitsbegriff konzipiert als Kongruenz von Sein und Bewußtsein, so ist dies fehlerhaft, da die Wahrheit eben darin besteht, daß bis jetzt keine Übereinstimmung von Sein und Bewußtsein vorlag.

---

19 Konjiziert für: »zueignen«.
20 Ersetzt für: »unter die Anweisung«.

Die Frage etwa, ob alle Antagonismen nach der proletarischen Revolution aufgehoben seien, würde Marx mit einem Fragezeichen versehen. Desgleichen die Antwort, wie sich das Faktum der Entfremdung auf die proletarische Bewußtseinslage auswirke und eine Verkennung der Interessenlage herbeiführe. In Marxens Terminologie war ausgemacht, daß objektiv kein Widerspruch bestehen kann zwischen dem Gesamtinteresse der Gesellschaft und dem Interesse des Proletariats. Herrschaft und Entfremdung sind nach der Revolution als Möglichkeiten aufgehoben. Bürgertum und Proletariat sind nach unverkleidetem Hervortreten ihrer Interessen in der Lage, selbige ins Bewußtsein zu heben.

Die »Deutsche Ideologie« wurde von Marx mit dem Ziel geschrieben,[21] »den Gegensatz unserer Ansicht gegen die ideologische der deutschen Philosophie auszuarbeiten«, und zwar in der Form »einer Kritik der nachhegelschen Philosophie«[22]. Feuerbach findet hierbei besondere Beachtung. In der Feuerbach-Kritik nimmt Marx Hegels Dialektik gegen den Feuerbach'schen statischen Materialismus auf.[23] Es gelingt zwar Feuerbach die Auflösung der Religion in ihre weltliche Grundlage und das Erreichen einer sinnlich gewissen auf sich selbst begründeten philosophischen Position, aber die geplante »Realisation der Hegel'schen Philosophie, die zugleich ... die widerspruchslose Negation derselben ist, müssen an der Geschichtslosigkeit Feuerbach'schen Denkens scheitern.«[24] »Denn«, so sagt Marx, »Feuerbach setzt seine sinnlich gewisse materialistische Position gegen den konkreten Begriff der Negation der Negation Hegels, ohne zu sehen, daß diese Negation der Negation der spekulative Ausdruck für die Entstehungsgeschichte des Menschen ist.«[25] Wenn sich Feuerbach die Korrektur des Bewußtseins zur

---

21 Das Textkonvolut, das als »Deutsche Ideologie« erstmals 1932 veröffentlicht wird (vgl. MEW, Bd. 3, S. 9 – 530), ist von Marx und Engels unter Beteiligung von Moses Hess u. a. verfasst.
22 Im Vorwort der »Kritik der politischen Ökonomie« [1859] berichtet Marx, er und Engels hätten mit der Abfassung der »Deutschen Ideologie« beschlossen, »den Gegensatz unsrer Ansicht gegen die ideologische der deutschen Philosophie gemeinschaftlich auszuarbeiten, in der Tat mit unserm ehemaligen philosophischen Gewissen abzurechnen. Der Vorsatz ward ausgeführt in der Form einer Kritik der nachhegelschen Philosophie.« (MEW, Bd. 13, S. 10)
23 Vgl. MEW, Bd. 3, S. 17–78.
24 Bei Feuerbach heißt es: »Die neue Philosophie hat, ihrem historischen Ausgangspunkt nach, *dieselbe* Aufgabe und Stellung der *bisherigen Philosophie* gegenüber, welche *diese* der *Theologie* gegenüber hatte. Die neue Philosophie ist die *Realisation* der Hegelschen, überhaupt bisherigen Philosophie, – aber eine Realisation, die zugleich die *Negation*, und zwar *widerspruchslose* Negation, derselben ist.« (Ludwig Feuerbach, Grundsätze der Philosophie der Zukunft [1843], in: Ludwig Feuerbach, Kleine philosophische Schriften (1842–1845), hrsg. von Max Gustav Lange, Leipzig 1950 [Philosophische Bibliothek; 227], S. 79 – 170; hier S. 120)
25 Das Protokoll bezieht sich, ohne allerdings direkt zu zitieren, auf folgenden Passus aus den »Ökonomisch-philosophischen Manuskripten aus dem Jahre 1844« [1932]: »Feuerbach faßt also die Negation der Negation nur als Widerspruch der Philosophie mit sich selbst auf, als die Phi-

Aufgabe macht und ein richtiges Bewußtsein über ein »bestehendes Faktum hervorbringen will, ist er gezwungen, dieses Faktum ideologisch zu untermauern«[26]. Da es in der Form des Objekts oder der Anschauung gefaßt wird. Nicht aber die sinnliche Tätigkeit als gegenständliche – sprich reale physische Arbeit.

Feuerbach konzipiert einen anthropologischen Begriff vom Menschen. Der Widerspruch, daß Natur und Gesellschaft gleichermaßen die Menschen bestimmen sollen, ohne anderes als durch Empfindung oder Anschauung, nötigt Feuerbach den Begriff des menschlichen Wesens auf. Der als Gattungsbegriff »eine natürlich verbindende Allgemeinheit der Individuen« vorstellt.[27] Restitution der Harmonie in der Natur und eines idealisierten Verhältnisses des »Menschen mit dem Menschen« innerhalb der bürgerlichen Gesellschaft ist das erstrebte Ziel.[28]

---

losophie, welche die Theologie (Transzendenz etc.) bejaht, nachdem sie dieselbe verneint hat, also im Gegensatz zu sich selbst bejaht. *[Absatz]* Die Position oder Selbstbejahung und Selbstbestätigung, die in der Negation der Negation liegt, wird für eine ihrer selbst noch nicht sichere, darum mit ihrem Gegensatz behaftete, an sich selbst zweifelnde und darum des Beweises bedürftige, also nicht durch ihr Dasein sich selbst beweisende, als nicht eingestandne Position gefaßt und darum ihr direkt und unvermittelt die sinnlich gewisse, auf sich selbst gegründete Position entgegengestellt. *[Absatz]* Aber indem Hegel die Negation der Negation – der positiven Beziehung nach, die in ihr liegt, als das wahrhaft und einzig Positive, der negativen Beziehung nach, die in ihr liegt, als den einzig wahren Akt und Selbstbetätigungsakt alles Seins – aufgefaßt hat, hat er nur den *abstrakten, logischen, spekulativen* Ausdruck für die Bewegung der Geschichte gefunden, die noch nicht *wirkliche* Geschichte des Menschen als eines vorausgesetzten Subjekts, sondern erst *Erzeugungsakt, Entstehungsgeschichte* des Menschen ist.« (MEW, Bd. 40, S. 570)

26 In der »Deutschen Ideologie« heißt es: »Feuerbachs ganze Deduktion in Beziehung auf das Verhältnis der Menschen zueinander geht nur dahin, zu beweisen, daß die Menschen einander nötig haben und *immer gehabt haben*. Er will das Bewußtsein über diese Tatsache etablieren, er will also, wie die übrigen Theoretiker, nur ein richtiges Bewußtsein über ein *bestehendes* Faktum hervorbringen, während es dem wirklichen Kommunisten darauf ankommt, dies Bestehende umzustürzen.« (MEW, Bd. 3, S. 42)

27 Die sechste der »{Thesen über Feuerbach}« [1888] lautet: »Feuerbach löst das religiöse Wesen in das *menschliche* Wesen auf. Aber das menschliche Wesen ist kein dem einzelnen Individuum inwohnendes Abstraktum. In seiner Wirklichkeit ist es das ensemble der gesellschaftlichen Verhältnisse. *[Absatz]* Feuerbach, der auf die Kritik dieses wirklichen Wesens nicht eingeht, ist daher gezwungen: *[Absatz]* 1. von dem geschichtlichen Verlauf zu abstrahieren und das religiöse Gemüt für sich zu fixieren, und ein abstrakt – *isoliert* – menschliches Individuum vorauszusetzen. *[Absatz]* 2. Das Wesen kann daher nur als ›Gattung‹, als innere, stumme, die vielen Individuen *natürlich* verbindende Allgemeinheit gefaßt werden.« (Ebd., S. 6)

28 »Die Gleichheit ist das Bewußtsein *des* Menschen von sich selbst im Element der Praxis, d. h. also das Bewußtsein des Menschen vom andern Menschen als dem ihm Gleichen und das Verhalten des Menschen zum andern Menschen als dem ihm Gleichen. Die Gleichheit ist der französische Ausdruck für die menschliche Wesenseinheit, für das Gattungsbewußtsein und Gattungsverhalten des Menschen, für die praktische Identität des Menschen mit dem Menschen, d. h. also für die gesellschaftliche oder menschliche Beziehung des Menschen zum Menschen. Wie

Ohne zu sehen, daß dieser Gattungsbegriff den Menschen aus dem praktisch-geschichtlichen Verlauf heraushebt und von der Aufgabe suspendiert, die als Faktum vorgefundenen Verhältnisse zu ändern. Denn in der Verdoppelung des Menschen in ein empirisches Individuum und ein dazugehöriges Wesen ist die Rechtfertigung des Bestehenden angelegt. Der Mensch tut sich im Medium des Begriffes noch einmal an, was in der Gesellschaft bereits vollzogen ist.

Hiergegen antwortet Marx mit einer Emphase des Gesellschaftlichen. Das menschliche Wesen ist kein Abstraktum, das sich durch die zeitliche Genesis konstant durchhält und objektiviert werden könnte; weder in einer Theorie noch konkret in Wirklichkeit umgesetzt werden kann. Vielmehr läßt sich das Wesen des Menschen nur angehen, sofern es als Totalität der gesellschaftlichen Verhältnisse gefaßt wird: ein Ensemble, das subjektive wie objektiv notwendige Momente enthält und das stets außerhalb des je einzelnen Menschen liegt. Den Mangel bei Hegel, »daß das Wesen des Menschen außer den Menschen gesetzt ist«, will Feuerbach korrigieren, indem ihm das Wesen in seiner Wirklichkeit und Totalität unmittelbar Gegenstand wird.[29] Er geht dem Bruch von Wesen und Erscheinung direkt an und verfällt der Hypostasis der antagonistischen Gesellschaft. Marx erschließt sich das Wesen des Menschen aus der Einsicht in den Antagonismus der Gesellschaft. Seine Bestimmung ist die gesellschaftliche Praxis. Was Feuerbach als Wesen erscheint, ist die sich antagonistisch betrachtende Gesellschaft im Bewußtsein selbst.

Feuerbachs Entwurf zu einer Philosophie der Zukunft plant die widerspruchslose »Auflösung der Theologie in die Anthropologie«[30]. Er geht aus von dem Faktum der religiösen Selbstentfremdung, der Verdopplung der Welt in eine religiöse und eine weltliche. Seine Arbeit besteht darin, die religiöse Welt in ihre weltliche Grundlage aufzulösen. Die These, daß sich uns im Wesen Gottes nichts

---

daher die destruktive Kritik in Deutschland, ehe sie in *Feuerbach* zur Anschauung des *wirklichen Menschen* fortgegangen war, alles Bestimmte und Bestehende durch das Prinzip des *Selbstbewußtseins* aufzulösen suchte, so die destruktive Kritik in Frankreich durch das Prinzip der *Gleichheit*.« (MEW, Bd. 2, S. 40 f.)

29 »Abstrahieren heißt das *Wesen* der Natur *außer die Natur*, das *Wesen* des Menschen *außer den Menschen*, das *Wesen* des Denkens *außer den Denkakt* setzen. Die Hegelsche Philosophie hat den Menschen *sich selbst entfremdet*, indem ihr ganzes System auf diesen Abstraktionen beruht. Sie identifiziert zwar wieder, was sie trennt, aber nur auf eine selbst wieder *trennbare, mittelbare* Weise. Der Hegelschen Philosophie fehlt *unmittelbare Einheit, unmittelbare Gewißheit, unmittelbare Wahrheit*.« (Ludwig Feuerbach, Vorläufige Thesen zur Reform der Philosophie [1842], in: Feuerbach, Kleine Schriften, hrsg. von Karl Löwith, Frankfurt 1966, S. 124–144; hier: S. 128)

30 »Die Aufgabe der neueren Zeit war die Verwirklichung und Vermenschlichung Gottes – die Verwandlung und Auflösung der Theologie in die Anthropologie.« (Feuerbach, Grundsätze der Philosophie der Zukunft, a. a. O. [s. Anm. 24], S. 87; vgl. ebd., S. 165)

anderes als das Wesen des Menschen offenbare, steht ihm als Leitmotiv seiner Betrachtungen. Versteht man Marx als restlos Aufgeklärten, dem es allein auf die Liquidierung der Religion ankäme, so ist das nur die halbe Wahrheit. Er ersetzt nicht das religiöse Bild, beispielsweise die heilige Familie durch den Begriff der Menschlichen, sondern enthüllt das Bild als Schrift.[31] Die Bannkraft dieser Schrift läßt sich nur brechen durch das Aufzeigen des Eingeständnisses der Unwahrheit. Dieses Eingeständnis der Falschheit ist so zwangshaft wie die Herrschaftsverhältnisse, dem es entsprungen. [Jegliche] Schrift der Religion hat als Verfasser nicht die Existenz eines abstrakten religiösen Gemüts, sondern die antagonistische Weltgesellschaft selbst und das ohnmächtige Individuum in ihr. Kritik an Religion qua Religion bedeutet Kritik an der Religion als Äußerung von Herrschaftsformen. Anders als in der Rückweisung auf die gesellschaftliche Praxis ist Religion nicht zu rationalisieren. Religion kann nicht einseitig analysiert werden als Sublimat von Herrschaftsverhältnissen. Wahrheit liegt in der Aufweisung der Entstellung, die dem Individuum angetan wird und selbst noch in den Religionen sakriert wird, insofern sie Supplemente sind. Nehme ich nun jegliches Denken als Funktion antagonistischer Herrschaftsverhältnisse, so wäre dies undialektisch und würde die Nichtexistenz von Wahrheit bedeuten. Denn so lange Denken an Herrschaft in der Gesellschaft verfallen bleibt, erkennt es sich nicht als von Herrschaft Verschiedenes: als denkendes Subjekt, das in seiner Entfremdung rebelliert. Mit der Aufdeckung der Ursachen der Entfremdung, nämlich der Klassengesellschaft, gewinnt Marx den Ansatzpunkt ihrer Überwindung, das ist die revolutionäre Praxis. »Das Zusammenfallen des Änderns der Umstände und der menschlichen Tätigkeit kann nur als revolutionäre Praxis gefaßt und rationell verstanden werden.«[32] Die Trennung von Theorie und Praxis ist eine Selbsttäuschung, weil ich stets in der Theorie die Praxis und in der Praxis die Theorie mitnehmen muß. Der Vorwurf eines einseitigen Praktizismus ist für Marx nicht zutreffend. »Das höchste, wozu der anschauende Materialismus kommt, ist die

---

31 Die Figur vom Bild als Schrift findet sich in der *Dialektik der Aufklärung*, wenn deren Autoren über die Dialektik schreiben, sie offenbare *jedes Bild als Schrift. Sie lehrt aus seinen Zügen das Eingeständnis seiner Falschheit lesen, das ihm seine Macht entreißt und sie der Wahrheit zueignet. Damit wird die Sprache mehr als ein bloßes Zeichensystem.* (GS, Bd. 3, S. 41)
32 Die dritte der »{Thesen über Feuerbach}« lautet: »Die materialistische Lehre von der Veränderung der Umstände und der Erziehung vergißt, daß die Umstände von den Menschen verändert und der Erzieher selbst erzogen werden muß. Sie muß daher die Gesellschaft in zwei Teile – von denen der eine über ihr erhaben ist – sondieren. *[Absatz]* Das Zusammenfallen des Ändern{s} der Umstände und der menschlichen Tätigkeit oder Selbstveränderung kann nur als *revolutionäre Praxis* gefaßt und rationell verstanden werden.« (MEW, Bd. 3, S. 5 f.)

Vorstellung der bürgerlichen Gesellschaft«[33]. Dies ist wieder ein Rückfall hinter Hegel, nach dessen Dialektik die bürgerliche Gesellschaft sich transzendiert. Für Marx liefert die Negation der bürgerlichen Gesellschaft die gesellschaftliche Menschheit. In seiner 11. These ad Feuerbach[34] zieht Marx das Résumé seiner Darlegungen: Die Wahrheit setzt sich von der Unwahrheit nicht durch philosophische Interpretation, sondern durch Verwirklichung ab. Dies kann aber nicht die Aufgabe der Philosophen, sondern die Tätigkeit der lebendigen Menschheit insgesamt sein.

---

[33] Die neunte der »{Thesen über Feuerbach}« lautet: »Das Höchste, wozu der anschauende Materialismus kommt, d. h. der Materialismus, der die Sinnlichkeit nicht als praktische Tätigkeit begreift, ist die Anschauung der einzelnen Individuen und der bürgerlichen Gesellschaft.« (Ebd., S. 7)

[34] »Die Philosophen haben die Welt nur verschieden *interpretiert*, es kömmt drauf an, sie zu *verändern*.« (Ebd.)

100 Herta Jung, 18. Dezember 1956

Soziologisches Hauptseminar

Protokoll 18. 12. 56.

Zu Beginn ging Herr Prof. Adorno auf den »Begriff der Praxis« ein, der nicht derart verabsolutiert werden darf, daß man zwar jede theoretische Anstrengung auf ihre Erfüllung in der praktischen Veränderung des Bestehenden bezieht, daß man aber vergißt, auch umgekehrt die Praxis an die verbindliche Einsicht der Kritik zu binden. Zudem setzt die Betonung »der Praxis« bei Marx die zeitgenössische Situation, vor allem der 40er Jahre des 19. Jahrhunderts voraus. Wenn man versuche, den Begriff der Praxis davon loszulösen, führe dies zur Fetischisierung der Praxis. In diesem Zusammenhang wird auf Rußland verwiesen, wo der Begriff heute selbst zu einer Ideologie geworden ist und allein zur Rechtfertigung der Interessen der Machthaber dient.

Zum Referat von Herrn Molitor, »Zur Kritik der Politischen Ökonomie«,[35] wurden folgende Erläuterungen gegeben:

Marx gliedert Produktion, Distribution, Zirkulation und Konsumtion als Teile *einer* Totalität, sie stellen »Unterschiede innerhalb einer Einheit« dar.[36] Hier wurde darauf hingewiesen, daß Marx nicht der Sphäre der Produktion isoliert einen Primat zuschreibt, sondern daß er den Gesamtprozeß als solchen hervorhebe; der sei aber nur richtig zu verstehen, wenn als Quelle gesellschaftlichen Lebens die materielle Produktion gilt.

In der Methode, deren sich die politische Ökonomie bedient, sieht Marx den Weg vom Abstrakten zum Konkreten als den wissenschaftlich richtigen an. »Das Konkrete ist konkret, weil es die Zusammenfassung vieler Bestimmungen ist, also Einheit des Mannigfaltigen. Im Denken erscheint es daher als Prozeß der Zusammenfassung, als Resultat, nicht als Ausgangspunkt, obgleich es der wirkliche Ausgangspunkt und daher auch der Ausgangspunkt der Anschauung und der

---

35 Jacob Molitor, »Die Kritik der Politischen Ökonomie – eine illusionäre Desillusionierung? Darstellung und Interpretation des Vorworts und der Einleitung des Werkes ›Zur Kritik der Politischen Ökonomie‹ von Karl Marx«, UAF Abt. 139 Nr. 2.
36 »Das Resultat, wozu wir gelangen, ist nicht, daß Produktion, Distribution, Austausch, Konsumtion identisch sind, sondern daß sie alle Glieder einer Totalität bilden, Unterschiede innerhalb einer Einheit.« (MEW, Bd. 13, S. 630)

Vorstellung ist.«³⁷ – Auf dem von Marx vorgeschlagenen Wege »führen die abstrakten Bestimmungen zur Reproduktion des Konkreten im Weg des Denkens.«³⁸

Ausgehend von dem Zitat, daß das Verhältnis zwischen politischen, rechtlichen und künstlerischen und philosophischen Bewußtseinsformen und die Entwicklung der materiellen Produktion unegal sei³⁹, wurde von Herrn Prof. Adorno betont, daß der Überbau keineswegs als Epiphänomen, als Schlechtes, Einflußloses anzusehen sei. Auch der Geist, in Form der Wissenschaft sogar zur Produktivkraft geworden, greife in den geschichtlichen Prozeß ein. Man müsse sich gegen die wenden, die Marx unterschieben, er habe den Geist als Hirngespinst abgetan.

Der unmittelbare Bezug griechischer Kunst auf die Mythologie wird abgeschwächt, weitgehend ist griechische Kunst erst entstanden, als Mythologie als solche schon problematisch war.⁴⁰ Herr Prof. Adorno wies darauf hin, daß gerade

---

37 Ebd., S. 632.
38 »Im ersten Weg wurde die volle Vorstellung zu abstrakter Bestimmung verflüchtigt; im zweiten führen die abstrakten Bestimmungen zur Reproduktion des Konkreten im Weg des Denkens.« (Ebd.)
39 »Als Kategorie führt [...] der Tauschwert ein antediluvianisches Dasein. Für das Bewußtsein daher – und das philosophische Bewußtsein ist so bestimmt –, dem das begreifende Denken der wirkliche Mensch und daher die begriffne Welt als solche erst das Wirkliche ist, erscheint daher die Bewegung der Kategorien als der wirkliche Produktionsakt – der leider nur einen Anstoß von außen erhält –, dessen Resultat die Welt ist; und dies ist – dies ist aber wieder eine Tautologie – soweit richtig, als die konkrete Totalität als Gedankentotalität, als ein Gedankenkonkretum, in fact ein Produkt des Denkens, des Begreifens ist; keineswegs aber des außer oder über der Anschauung und Vorstellung denkenden und sich selbst gebärenden Begriffs, sondern der Verarbeitung von Anschauung und Vorstellung in Begriffe. Das Ganze, wie es im Kopfe als Gedankenganzes erscheint, ist ein Produkt des denkenden Kopfes, der sich die Welt in der ihm einzig möglichen Weise aneignet, einer Weise, die verschieden ist von der künstlerischen, religiösen, praktisch-geistigen Aneignung dieser Welt. Das reale Subjekt bleibt nach wie vor außerhalb des Kopfes in seiner Selbständigkeit bestehn; solange sich der Kopf nämlich nur spekulativ verhält, nur theoretisch. Auch bei der theoretischen Methode daher muß das Subjekt, die Gesellschaft, als Voraussetzung stets der Vorstellung vorschweben.« (Ebd., S. 632f.)
40 »Bekannt, daß die griechische Mythologie nicht nur das Arsenal der griechischen Kunst, sondern ihr Boden. Ist die Anschauung der Natur und der gesellschaftlichen Verhältnisse, die der griechischen Phantasie und daher der griechischen {Mythologie} zugrunde liegt, möglich mit Selfaktors und Eisenbahnen und Lokomotiven und elektrischen Telegraphen? Wo bleibt Vulkan gegen Roberts et Co., Jupiter gegen den Blitzableiter und Hermes gegen den Crédit mobilier? Alle Mythologie überwindet und beherrscht und gestaltet die Naturkräfte in der Einbildung und durch die Einbildung: verschwindet also mit der wirklichen Herrschaft über dieselben. Was wird aus der Fama neben Printinghouse Square? Die griechische Kunst setzt die griechische Mythologie voraus, d.h. die Natur und die gesellschaftlichen Formen selbst schon in einer unbewußt künstlerischen Weise verarbeitet durch die Volksphantasie. Das ist ihr Material.« (Ebd., S. 641)

auf solche Stellen sich ein »sozialistischer Realismus« berufen konnte, in dessen Namen Kunstwerke unterdrückt und Künstler liquidiert wurden. Die aktiven Sozialisten hätten nirgends ein rechtes Verhältnis zur fortschrittlichen Kunst gefunden. Marx hat recht, wenn er sagt, daß mythologische Vorstellungen in der Moderne keinen Platz mehr haben – aber damit ist die Kunst nicht aufgehoben.

Im Anschluß an den Satz (bei Marx): »Eine Gesellschaftsformation geht nie unter, bevor alle Produktivkräfte entwickelt sind, für die sie weit genug ist, und neue höhere Produktionsverhältnisse treten nie an die Stelle, bevor die materiellen Existenzbedingungen derselben im Schoß der alten Gesellschaft selbst ausgebrütet worden sind«[41], wird die Frage gestellt, ob dieser Optimismus berechtigt sei. Man müßte ihn anzweifeln, wenn man z.B. an *die* Kulturen in der Geschichte denkt, die in der Barbarei versunken sind. In den Jahrhunderten der Völkerwanderung sei der Rückschritt offensichtlich: Sie habe eine Zivilisation zerstört, die ihren Mitgliedern immerhin gewisse Bedingungen menschenwürdiger Existenz garantiert habe. Ergänzend wurde hierzu bemerkt, daß die Intention dieses Satzes bei Marx weniger dahingeht, eine fortschrittlich-liberale Geschichtsauffassung vorzutragen, als sich gerade gegen das *utopische* Element in ihr zu wenden; indem er betont, daß der Mensch nicht beliebig und zu beliebigem Zeitpunkt, irgend etwas manipulieren könne, sondern dann nur einen wirklichen Fortschritt erreichen kann, wenn die Entwicklung selbst in der alten Gesellschaft alle Elemente für die neue Gesellschaftsform bereits angesammelt hat.

Herr Prof. Adorno betonte zu Schluß des Seminars, daß (im Grunde) Marx'schen Theorien das Modell der Französischen Revolution zugrunde liegt, wo das Bürgertum bereits entscheidende ökonomische Machtstellungen besetzt hatte, bevor noch die Herrschaft des bankrotten Adels auch politisch gestürzt wurde.[42] Die Analogie für die proletarische Revolution ist aber zu grob und unrichtig, da das Proletariat effektiv machtlos war und nicht den Einfluß auf Machtstellungen innehatte, wie das Bürgertum zu Ende des »Ancien Régime«.

Herta Jung –

---

41 MEW, Bd. 13, S. 9.
42 In seiner Vorlesung *Zur Lehre von der Geschichte und von der Freiheit* erläutert Adorno, es sei so gewesen, daß um die Zeit als die große Französische Revolution stattgefunden hat, die entscheidenden wirtschaftlichen Positionen bereits von dem Bürgertum besetzt waren; das heißt also, daß das manufakturelle und bereits das beginnende industrielle Bürgertum die Produktion beherrschte, während demgegenüber, wie es ja zu eben jener Epoche von dem großen Soziologen Saint-Simon ausgesprochen worden ist, die feudale Klasse und die mit ihr assoziierten und in der absolutistischen Sphäre zusammengefaßten Gruppen eigentlich an Produktivität im Sinne der gesellschaftlich nützlichen Arbeit kaum mehr einen Anteil gehabt haben. (NaS, Bd. IV·13, S. 53f.)

101 Hildegard Berz, 8. Januar 1957

Hildegard Berz
stud. phil.

Seminarprotokoll vom 8. 1. 1957

Im Anschluß an das Protokoll vom 18. 12. 1956 legte Herr Dr. Habermas[43] die Verbindung dar, die zwischen dem Ideologiebegriff im Werk des frühen und dem des reifen Marx besteht. (Auf die Wiedergabe der Ausführungen von Herrn Dr. Habermas möchte ich verzichten, da sie allen zugänglich sind.)[44] Eine Diskussion ergab sich im Anschluß an die Warnung, Marx' Darstellung der Ideologienlehre im Vorwort zur Kritik der politischen Ökonomie[45] im Sinne einer Schichtenlehre mißzuverstehen. Herr Schmidt[46] glaubte, Marx hatte zu dieser Annahme Anlaß gegeben, indem er seine dialektische Methode nicht *nur* als von der Hegels verschieden, sondern als ihr direktes *Gegenteil* ansah. Zitat: »Bei mir ist umgekehrt das Ideelle nichts andres als das im Menschenkopf umgesetzte und übersetzte Materielle«[47]. So entsteht der Eindruck, als seien die Ideologien doch nicht viel mehr als Epiphänomene des Unterbaues. Professor Adorno begegnete diesem Einwand damit, daß in einer starren Gegenüberstellung von Unterbau und Überbau, von Materie und Geist, bereits ein Moment der Statik und eben *der* Verdinglichung enthalten sei, die Marx als ideologisch kritisiert. Freilich habe die offizielle marxistische Tradition ebensoviel wie deren Kritiker dazu beigetragen, die Ideologiekritik in ein Schema zu pressen, das selbst die Züge des Kritisierten annimmt. Marx wendet sich gegen eine Übersetzung von Praxis in Sein und versteht die von der Praxis abgespaltene Ideologie noch von dieser her als einen, wenn auch merkwürdig verkehrten, Teil des gesellschaftlichen Lebenszusammenhangs selbst. Herr Molitor griff die Frage noch einmal unter genetischem Aspekt auf, was denn nun aus was entstanden und was das dem Sein nach Erste sei: der Geist oder die Materie.

---

[43] Jürgen Habermas wird 1954 mit der Schrift »Das Absolute und die Geschichte im Denken Schellings« in Bonn promoviert.
[44] Jürgen Habermas, »Bemerkungen zum Ideologiebegriff bei Marx«, TWAA Pr 16/43–49.
[45] Vgl. MEW, Bd. 13, S. 8f.
[46] D.i. Alfred Schmidt.
[47] MEW, Bd. 23, S. 27.

Diese Fragestellung jedoch ist eine metaphysische und gehört somit *der* Sphäre an, die Marx abgelehnt hat. Der Begriff der Materie kommt bei Marx nur im Zusammenhang mit »materielle Verhältnisse« vor.[48] Die Trennung von Materie und Geist im metaphysischen Sinne wird bei ihm nicht gemacht. Es sind getrennte Momente eines Ganzen. Der Schlüssel zu ihm liegt in der Arbeit, denn schon im Reproduktionsprozeß ist das vernünftige, rationale Prinzip enthalten. Freilich liege bei Marx über allem noch ein Hauch des Metaphysischen, so führte Professor Adorno aus, eine Art Bekenntnis zu der Hinfälligkeit des menschlichen Geistes und seiner Ohnmacht vor dem kosmischen Ganzen und seinem gleichgültigen Gang.

Im Mittelpunkt des Seminars stand das Referat von Herrn Thomssen über den Ideologiebegriff im Spätwerk von Marx.[49] Am Fetischcharakter der Ware verdeutlicht sich der Begriff der Ideologie. Die Entstehung der Ideologie leitet Marx aus der Form der Produktionsverhältnisse ab. Die Ware setzt sich zusammen aus dem Gebrauchswert und dem Tauschwert. Entscheidend für den Fetischcharakter der Ware ist der Tauschwert. Er ist reduzierbar auf die zur Herstellung der Ware benötigte durchschnittliche gesellschaftliche Arbeitszeit. Damit bestimmt sich der Wert der Ware und wird vergleichbar. Die abstrakte Arbeitszeit ist eine vom Menschen entfremdete, sie hat sich verselbständigt, und es entsteht der objektive Schein einer Arbeit an sich. Die Ware erscheint als ein Unmittelbares. Professor Adorno wies darauf hin, daß die Ideologie gerade darin besteht, daß ein Vermitteltes als ein von Natur her Bestehendes, ein θέσει als ein φύσει (naturhaft Seiendes) erscheint. Durch das Moment des Vergessens, der Abstraktion von der eigentlichen Herkunft der Waren aus der Arbeit erscheinen diese als Produkte an sich.

Das falsche Bewußtsein ergibt sich mit Notwendigkeit aus dem Gesamtprozeß. Man kann deshalb nicht von Lüge sprechen. Aufhebbar wäre diese Ideologie nach Marx nur, wenn der Tauschwert der Produkte und die Tauschverhältnisse insgesamt hinfällig würden. Hier zeigt sich der Zusammenhang der Ideologienlehre mit dem Sozialismus.

Die Seminarstunde schloß mit einer Diskussion der Mehrwerttheorie und ihres Beitrags zur Ideologienlehre.

---

48 Eine Ausnahme bildet allerdings die Dissertation »Differenz der demokritischen und epikureischen Naturphilosophie« [1902], mit der Marx 1841 in Jena promoviert wird (vgl. MEW, Bd. 40, S. 257–372).
49 Wilke Thomssen, »Über die Ideologie von Marx im ›Kapital‹«, UAF Abt. 139 Nr. 2.

102 Joachim Bergmann,
15. Januar 1957

Joachim Bergmann, stud. phil.

Protokoll der Seminarsitzung vom 15. 1. 1957

In dem zu Beginn der letzten Seminarsitzung verlesenen Referat über den Marx'schen Ideologiebegriff im »Kapital« wurde u.a. dargelegt, daß sich die Menschen in der Tauschgesellschaft als ökonomische Charaktermasken, d.h. als Personifikationen ökonomischer Verhältnisse gegenübertreten.[50] Prof. Adorno führte diesen Gedanken noch weiter aus: Bis in die Privatsphäre hinein zeigen sich die Menschen als Funktionen von Tauschvorgängen, in deren Dienst sie stehen. Die lebendigen Menschen sind nur noch Masken des entfremdeten Interesses. Dieser Sachverhalt, der von Marx mit großartiger Schärfe gesehen wurde, wird heute in zunehmendem Maße von den human relations-Bestrebungen[51] verdeckt, womit diese selbst zu einem Element der bürgerlichen Ideologie werden.

Marx hat mit dem Fetischcharakter der Ware den Ideologiebegriff in seiner strengsten Fassung aus den Gesetzen der Tauschgesellschaft gewonnen: Eine arbeitsteilige Gesellschaft verlangt den Austausch der hergestellten Produkte, deren Gemeinsames die geronnene Arbeitszeit ist.[52] Diese Bezugsbasis des Tauschs geht dem bürgerlichen Bewußtsein verloren, und die Produkte erhalten als Waren einen Wert an sich; insofern ist das bürgerliche Bewußtsein ein trügerisches und falsches Bewußtsein. Den Charakter der gesellschaftlichen Not-

---

50 Im Vorwort zur ersten Auflage des »Kapitals« bemerkt Marx: »Die Gestalten von Kapitalist und Grundeigentümer zeichne ich keineswegs in rosigem Licht. Aber es handelt sich hier um die Personen nur, soweit sie die Personifikation ökonomischer Kategorien sind, Träger von bestimmten Klassenverhältnissen und Interessen.« (MEW, Bd. 23, S. 16)
51 Ausgehend von Untersuchungen einer Gruppe von Sozialforschern um Elton Mayo und deren Untersuchungen von Arbeitsprozessen in der US-amerikanischen Howthorne-Fabrik von 1927 bis 1939, entsteht die sogenannte Human-Relations-Bewegung. Ihr Ziel ist die Verbesserung der ›menschlichen‹ Beziehungen zwischen den Arbeitern einerseits sowie zwischen Arbeitern und deren Vorgesetzten andererseits, um so den Produktionsprozess ökonomisch effektiver zu gestalten.
52 »Es ward vorhin bemerkt, daß die Äquivalentform einer Ware die quantitative Bestimmung ihrer Wertgröße nicht einschließt. Weiß man, daß Gold Geld, daher mit allen andren Waren unmittelbar austauschbar ist, so weiß man deswegen nicht, wieviel z.B. 10 Pfund Gold wert sind. Wie jede Ware kann das Geld seine eigne Wertgröße nur relativ in andren Waren ausdrücken. Sein eigner Wert ist bestimmt durch die zu seiner Produktion erheischte Arbeitszeit und drückt sich in dem Quantum jeder andren Ware aus, worin gleichviel Arbeitszeit geronnen ist.« (Ebd., S. 106)

wendigkeit erhält es dadurch, daß der Warenproduktion die Trennung der Produktionsmittel von den Produzenten zugrunde liegt. In dem Fetischcharakter der Ware erscheint als ein Naturverhältnis, was eigentlich ein Klassenverhältnis ist. Damit verschwindet das Bewußtsein der Klassengesellschaft hinter dem Schein einer Gesellschaft freier Menschen.

Mit der Herleitung des Ideologiebegriffs aus der Ökonomie der Tauschgesellschaft exemplifiziert Marx ein allgemeines Phänomen: die Verfälschung des Verhältnisses von physei und thesei Seiendem im Bewußtsein des Einzelnen. Die Menschen unterwerfen nur allzuleicht das gesellschaftlich Vermittelte einer Hypostasierung. So erscheint einem Menschen, der im Bewußtsein erzogen wurde, es gebe immer Reiche und Arme, die Existenz von Reich und Arm als natürlich und gottgewollt. Der Ideologiebegriff bei Marx erfaßt diesen Sachverhalt in seiner ganzen Strenge: Die bestehende Gesellschaft zwingt uns das Bewußtsein auf, daß die gegebenen Verhältnisse natürliche Verhältnisse sind und gar nicht anders sein können. Bei Marx bedeutet Ideologie nicht eine lügenhafte Weltanschauung, was heute oft als Ideologie bezeichnet wird, sondern den Schein, die Welt könne nicht anders sein als sie ist. Ideologie ist die gesellschaftlich notwendige Rechtfertigung des Seienden im Bewußtsein der Einzelnen. Dieses ideologische Bewußtsein kann nur durch die theoretische Besinnung gebrochen werden.

Marx unterscheidet sich von der modernen Ideologienlehre dadurch, daß er dem ideologischen Bewußtsein die Wahrheit gegenüberstellt. In der totalen Ideologienlehre wird das Moment der Wahrheit ausgelöscht, das kritische Korrektiv verschwindet. Umgekehrt führt der Mythos der Sachlichkeit in der neuesten Soziologie dahin, daß die Wissenschaft die Welt reproduziert, wie sie ist. Beschränkt sich aber die Wissenschaft auf eine Verdoppelung der Welt, so wird sie selbst ideologisch.

In der Diskussion wurde der Einwand vorgebracht, die Marx'sche Theorie des Ideologiebegriffs impliziere das geschlossene System eines metaphysischen Determinismus. Diese Annahme widerspräche aber seiner Auffassung vom gesellschaftlichen Sein, womit Marx nicht konsequent geblieben wäre; seine Lehre sei daher falsch. Dem wurde entgegengehalten: Marx steht in der Geschichte, nicht über ihr oder außerhalb ihrer; durch die immanente Kritik, die der Wirklichkeit »ihre eigene Melodie vorsingt«[53], erklärt er der Tauschgesellschaft ihre eignen Aktionen; er analysiert sie mit ihren eignen Mitteln. Der deterministische Aspekt der Marx'schen Theorie rührt von dem Gegenstand der Analyse her; denn die

---

53 »Man muß jede Sphäre der deutschen Gesellschaft als die *partie honteuse* der deutschen Gesellschaft schildern, man muß diese versteinerten Verhältnisse dadurch zum Tanzen zwingen, daß man ihnen ihre eigne Melodie vorsingt!« (MEW, Bd. 1, S. 381)

Signatur der bestehenden Gesellschaft ist eben jener metaphysische Determinismus, durch den der lückenlose Mechanismus verursacht ist, der den Schein notwendig hervorbringt. Marx konnte die widersprüchlichen Verhältnisse nicht in einer widerspruchsfreien Theorie darstellen. Daß sie nicht deterministisch ist, ergibt sich aus dem Stellenwert, den Marx dem Klassenbewußtsein zumißt: zwar entsteht es mit gesellschaftlicher Notwendigkeit; aber gerade indem das ausgebildete Klassenbewußtsein der Proletarier die Verhältnisse der bestehenden Gesellschaft durchschaut, gelangt es zu der Freiheit, sie aufzuheben. Die Revolution kann sich nur mit Willen und Bewußtsein vollziehen; sie geschieht nicht mit der Naturnotwendigkeit, die innerhalb eines deterministischen Systems ausschließlich gilt.

Die Frage, wie in einer solchen deterministischen Gesellschaft das Bewußtsein einer besseren Welt aufkommen könne, ist radikaler als Marx selbst. In dieser Problemstellung wird übersehen, daß der gesellschaftliche Prozeß ein antagonistischer Prozeß ist. Zwar ist es nur bei schweren Strafen möglich, sich dem durch die Tauschverhältnisse vermittelten Zwang zu entziehen. Aber andererseits wächst durch den gesellschaftlichen Antagonismus die Möglichkeit, die Gesellschaftsverfassung in ihren Widersprüchen zu erkennen und schließlich zu überwinden.

Gegen Ende des Seminars begann die Erörterung der Wissenssoziologie Durkheims,[54] der schon vor Mannheim und Scheler eine sehr radikale und grundlegende Theorie konzipierte. Hierbei geht Durkheim aus von ethnologischen Arbeiten über australische Eingeborenenstämme.[55]

Nach Durkheim ist das Bewußtsein bis in die Formen der Anschauung und die Kategorien hinein Produkt der Vergesellschaftung. Diese sind Derivate und Spiegelungen von materiellen gesellschaftlichen Bedingungen, nämlich Eigentumsverhältnissen und hierarchischen Gliederungen. Dadurch, daß die Stämme und Clans ihre Gebiete aufteilen, bilden sie entsprechende, noch ganz am Konkreten haftende Teilvorstellungen vom Raum, die im Laufe der Zeit erweitert und schließlich zu dem allgemeinen Begriff ›Raum‹ werden.[56] Der soziale Rhythmus

---

54 Erich Harmuth, »Die wissenssoziologischen Schriften der Durkheimschule«, UAF Abt. 139 Nr. 2.
55 Vgl. Émile Durkheim, Die elementaren Formen des religiösen Lebens [1912], übers. von Ludwig Schmidts, Berlin 2007 (Verlag der Weltreligionen Taschenbuch; 2).
56 »In Australien und in Nord-Amerika gibt es Gesellschaften, in denen man sich den Raum unter der Form eines ungeheuren Kreises vorstellt, weil das Lager selbst eine kreisrunde Form hat. Der Raumkreis ist nach dem Bild des Stammeskreises unterteilt.« (Ebd., S. 28)

sich wiederholender Feste und Riten führt zu einem System der Zeiteinteilung.[57] Die logischen Klassifizierungen leitet Durkheim ab von der auf Eigentum beruhenden hierarchischen Gliederung der Stämme und Clans.[58] Das Prinzip der Kausalität ist eine Projektion des Verhältnisses des einzelnen zur Gesellschaft, da der einzelne seine ganze Kraft für die Auseinandersetzung mit Feinden und mit der Natur aus der Unterstützung durch die gesamte Gruppe beziehe.[59]

Fixiert finden sich diese Begriffe und Kategorien zuerst in der Religion, deren höchstes unpersönliches Prinzip sich darstellt in dem ›Mana‹[60], dem Absoluten, das zugleich gefürchtet und verehrt wird. Nach Durkheim ist die Religion das vergegenständlichte Kollektivbewußtsein, in dem sich die gesellschaftlichen Verhältnisse spiegeln.[61]

---

57 »Die Einteilung in Tage, Wochen, Monate, Jahre usw. entspricht der Periodizität der Riten, der Feste, der öffentlichen Zeremonien. Ein Kalender drückt den Rhythmus der Kollektivtätigkeit aus und hat zugleich die Funktion, deren Regelmäßigkeit zu sichern.« (Ebd., S. 26)
58 »Weil die Menschen in Gruppen eingeteilt waren, konnten sie die Dinge gruppieren. Um die Dinge einzuteilen, genügt es, sie in die Gruppen, die sie selber bildeten, einzubeziehen.« (Ebd., S. 216)
59 Vgl. ebd., S. 532–542.
60 Durkheim zitiert Robert Henry Codrington: »Die Melanesier glauben an die Existenz einer Kraft, die ganz deutlich von jeder materiellen Kraft unterschieden wird, die auf alle mögliche Weise wirkt, entweder zum Guten oder zum Bösen, und die zu unterwerfen und zu beherrschen für den Menschen von größtem Vorteil ist. Das ist das *mana*.« (Ebd., S. 289) – Das von Durkheim gewählte Zitat stammt aus R[obert] H[enry] Codrington, The Melanesians. Studies in their Anthropology and Folk-Lore, Oxford 1891, S. 118 f.
61 »Das allgemeine Ergebnis des Buches ist, daß die Religion eine eminent soziale Angelegenheit ist. Die religiösen Vorstellungen sind Kollektivvorstellungen, die Kollektivwirklichkeiten ausdrücken; die Riten sind Handlungen, die nur im Schoß von versammelten Gruppen entstehen können und die dazu dienen sollen, bestimmte Geistzustände dieser Gruppen aufrechtzuerhalten oder wieder herzustellen.« (Durkheim, Die elementaren Formen des religiösen Lebens, a. a. O. [s. Anm. 55], S. 25)

103 Hans-Joachim Borries, 22. Januar 1957

Protokoll über die Sitzung des soziologischen Seminars vom 22. Januar 1957.

Zu Anfang der Sitzung wurde die Frage des Verhältnisses der Durkheimschen Theorie zur Ideologiekritik Marxens erörtert, dann wurden die ethnologischen Thesen Durkheims mit dem Stand der modernen Wissenschaft konfrontiert; im zweiten Teil des Seminars war die Theorie Sorels über den Mythos[62] Gegenstand eines Referats[63] und einer anschließenden Diskussion.

In Beantwortung der Frage, in welchem Verhältnis die Theorie Durkheims über Raum, Zeit und Kausalität zur Marxschen Ideologienlehre stehe, wurden das Gemeinsame und das Auseinanderweisende bei Marx und Durkheim herausgestellt. Beide kommen darin überein, daß die geistigen Inhalte von den realen gesellschaftlichen Verhältnissen abhängig sind. Während jedoch für Marx nur der Inhalt des Bewußtseins gesellschaftlich determiniert ist, gelten die Reflexionen Durkheims auch der Konstitution der Form des Bewußtseins. Nicht nur sind alle Inhalte des Denkens gesellschaftlich bestimmt, sondern auch die Kategorien und Anschauungsformen des Bewußtseins sind Produkte des gesellschaftlichen Prozesses. Indem Durkheim so konsequenter ist als Marx, bringt er sich zugleich auch um die Möglichkeit, mit Marx wahres Wissen vom scheinhaften, ideologischen zu unterscheiden. Für Marx nämlich sind im Gegensatz zu einem wahren Wissen, das nur in einer gerechten Gesellschaft möglich ist, die Ideologien bloßer Überbau

---

62 Vgl. die Schrift von Georges Sorel, Über die Gewalt [1908], übers. von Ludwig Oppenheimer, mit Nachw. von George Lichtheim, Frankfurt a. M. 1969, der ein Brief von Sorel an Daniel Halévy vom 15. Juli 1907 vorangestellt ist, in dem es heißt: »*Sie* wissen, ebenso gut wie ich, daß das Allerbeste an dem modernen Gewissen der Stachel des Unendlichen ist; Sie gehören keineswegs zur Zahl derjenigen, die die Methoden, mittels derer man seine Leser durch Worte täuschen kann, als glückliche Funde ansehen. Und daher werden Sie mich nicht dafür verdammen, daß ich einem Mythos einen so hohen Preis zugemessen habe, der dem Sozialismus einen so hohen moralischen Wert und eine so große Ehrlichkeit (loyauté) verleiht. Sehr viele Leute würden auch mit der Theorie der Mythen gar keinen Streit suchen, wenn diese nicht zu so schönen Folgen führten. [...] Der Geist des Menschen ist so beschaffen, daß er sich nicht mit Feststellungen zu bescheiden weiß und den Grund (la raison) der Dinge begreifen will; ich frage mich daher, ob es nicht am Platze sein möchte, eine Vertiefung dieser Mythentheorie zu versuchen, unter Verwertung der Einsichten, die wir der Bergsonschen Philosophie verdanken; der Versuch, den ich Ihnen hier unterbreiten will, ist zwar zweifellos recht unvollkommen; doch scheint es mir, daß er noch der Methode entworfen ist, die man verfolgen muß, um dieses Problem zu lösen.« (Ebd., S. 36)
63 Der Referatstext von Schultheiß, »Mythos und Ideologie in G. Sorels ›Réflexions sur la violence‹«, wurde nicht aufgefunden.

zugrundeliegender mangelhafter gesellschaftlicher Verhältnisse. Dagegen ist Durkheims Ideologiebegriff total, das Bewußtsein insgesamt unterliegt dem gesellschaftlichen Determinationsprozeß. Hierbei gerät Durkheim in die Schwierigkeit, daß er die Anschauungsformen und Kategorien des Bewußtseins, deren Genese aus gesellschaftlichen Bedingungen er dartun will, hierbei immer schon in ihrer Geltung voraussetzen muß. Ferner hat die Praxis für das Ideologieproblem nicht die gleiche Bedeutung wie bei Marx; während bei Marx die Ideologiekritik auf eine ideologiefreie Gesellschaft hinweist, gibt es für Durkheim keine revolutionäre Praxis mit dem Ziele der Etablierung einer gerechten Gesellschaft, sondern er gibt nur für Einzelsituationen praktische Ratschläge; z. B. empfiehlt er die Bildung von Berufsgruppen als integrierendes Moment für eine auseinanderfallende Gesellschaft.[64] Das Problem einer richtigen Gesellschaft stellt sich für ihn gar nicht erst.

Was nun die Wahrheit der Durkheimschen Theorie anlangt, so könnte man sagen, daß Durkheim seine eigenen Ergebnisse in Frage stellt, wenn er alle Kategorien des Bewußtseins aus den gesellschaftlichen Verhältnissen ableitet. Durkheim selbst gehört einer Gesellschaft an, und so ist, wendet man seine Theorie auf ihn selbst an, sein eigenes Bewußtsein gesellschaftlich vermittelt. Auf Grund seiner Theorie wäre Durkheim kaum in der Lage, die Gültigkeit der von ihm benutzten Kategorien auszuweisen.

Dieses Problem um Genesis und Geltung führte zu erkenntnistheoretischen Erörterungen, die nicht weiter zu behandeln sich für ein soziologisches Seminar empfahl.

Danach wandte sich das Seminar den ethnologischen Problemen der Durkheimschen Theorie zu. Fräulein Serfling[65] kritisierte Durkheims These von der Entstehung der Religion aus dem Clan-Totemismus, denn die Australier, an denen Durkheim seine Theorie entwickelt hatte, sind nicht die ältesten Völker, und ihre Form des Totemismus ist eine unter anderen. Zudem gibt es Völker, die eine Religion haben, ein Totem aber nie kannten. Auch nimmt die Ethnologie an, daß bereits die Primitiven ein Gefühl von Raum, Zeit und Kausalität besitzen.

Hierauf folgte ein Referat von Herrn Schultheiß über Sorels Ideologiebegriff.

---

64 Vgl. den Abschnitt »{Der Fall, in dem die Funktion der Arbeitsteilung darin besteht, Gruppen hervorzurufen, die ohne sie nicht existieren würden. Daraus die Hypothese, daß sie die gleiche Rolle in den höheren Gesellschaften spielt; daß sie die Hauptquelle ihres Zusammenhaltes ist}«, in: Emile Durkheim, Über soziale Arbeitsteilung. Studie über die Organisation höherer Gesellschaften [1893], übers. von Ludwig Schmidts, durchges. von Michael Schmid, eingel. von Niklas Luhmann, mit Nachw. von Hans-Peter Müller und Michael Schmid, 2. Aufl., Frankfurt a. M. 1988, S. 101–110.
65 D. i. Tamara Serfling.

Sorel trennt drei Arten von Vorstellungen über den Verlauf gesellschaftlicher Entwicklungen: Ideologie, Utopie und Mythos. Zentraler Begriff für Sorel ist der Mythos; in Durkheimschen Termini ausgedrückt wäre der Mythos eine Inkarnation des Kollektivbewußtseins; Sorel spricht von Intuition, einer höheren Anstrengung des Geistes. Dagegen bedeutet für ihn die Ideologie eine rationale Rechtfertigungslehre und die Utopie eine Projektion gegenwärtiger Wunschbilder in die Zukunft. Beide kritisiert er als niedere Geistestätigkeiten, die irgendwelche Bilder außerhalb ihrer wirklichen Zusammenhänge zu willkürlichen Einheiten zusammenfügen, wie sie für eine vorgestellte Zukunft, eine Bewegung, eine Tat gerade zweckmäßig sind. Dagegen verdankt sich der Mythos einer Intuition, durch die der Denker sich in eine Gesamtvorstellung vom Lebensstrom versenken kann. Mythen sind irrational und lassen sich begrifflich nicht fassen, jedoch sind nur durch sie Vorstellungen von Gesamtzusammenhängen möglich, die frei und wahr Handlungen entstehen lassen, die etwas Neues auslösen.[66]

Beispiel für einen Mythos ist die revolutionäre Tat des Generalstreiks, denn er erzeugt »die kriegerischen Tugenden, die eine Klasse von Eroberern braucht«.[67] Der Mythos vermag die Menschen in Marsch zu setzen.

Sorel stand den Anarchosozialisten nahe. Der Anarchosozialismus ist eine Bewegung gewerkschaftlicher Gruppen, die besonders in Italien und Spanien sowie in den lateinamerikanischen Ländern verbreitet ist. Ihr Ziel ist es, die Gewerkschaften an die Stelle des Staates zu setzen. Wie die Sozialisten fordern auch die Anarchosozialisten die Abschaffung des Privateigentums. Anders als jene jedoch, sehen diese die Gefahr, die ein zentralistischer, bürokratischer Staat be-

---

66 Bei Sorel heißt es etwa: »Wissenschaft treiben heißt zunächst wissen, welcher Art die Kräfte sind, die in der Welt bestehen, und ferner sich in den Stand versetzen, sie zu verwerten, indem man nach Maßgabe der Erfahrung urteilt. Aus diesem Grunde sage ich, daß wir, wenn wir die Idee des Generalstreiks aufnehmen und doch wissen, daß sie ein Mythos ist: genau ebenso handeln wie der moderne Physiker, der volles Vertrauen in seine Wissenschaft setzt, obwohl er weiß, daß die Zukunft sie als veraltet ansehen wird. Wir also haben wahrhaft den wissenschaftlichen Geist, während unsere Kritiker weder auf der Höhe der modernen Wissenschaft noch der modernen Philosophie stehen; – und diese Feststellung genügt uns zur Beruhigung unseres Geistes.« (Sorel, Über die Gewalt, a.a.O. [s. Anm. 62], S. 175)

67 »Und nicht bloß vermag die politische Gewalt die künftige Revolution zu sichern: sie scheint auch das einzige Mittel darzustellen, über das die durch die Humanitätsideen abgestumpften europäischen Nationen noch verfügen, um ihre ehemalige Energie wiederzufinden. Diese Gewalt zwingt den Kapitalismus dazu, sich einzig und allein um seine materielle Rolle zu bekümmern, und tendiert, ihm die kriegerischen Eigenschaften wiederzugeben, die er ehedem besaß. Eine zunehmende und fest organisierte Arbeiterklasse kann die Kapitalistenklasse zwingen, im industriellen Kampfe ihren Eifer zu bewahren; angesichts eines eroberungshungrigen und reichen Bürgertums wird die kapitalistische Gesellschaft, wenn sich ein einiges und revolutionäres Proletariat aufrichtet, ihre historische Vollendung erreichen.« (Ebd., S. 98f.)

deutet, und fordern die Abschaffung aller Herrschaftsverhältnisse. Denn eine zentrale Organisation verfestigt die Herrschaftsverhältnisse und führt zu einer neuen Klassengesellschaft. Als vertretbare Organisationsformen kennen die Anarchosozialisten nur solche, die durch die örtliche Einheit der Produktionsstätten bedingt sind. Das hat auch die Dezentralisation der Gewerkschaften zur Folge. Denn wenn die Gewerkschaft eine starke Organisationszentrale mit Kommandogewalt wäre und Verfügung über finanzielle Mittel hätte, wäre sie eine dem Staat vergleichbare bürokratische Maschine und würde der Verfestigung von Herrschaftsverhältnissen dienen. Die revolutionäre Tat des Generalstreiks, durch die der Staat abgeschafft werden soll, muß spontan auf örtlicher Basis erfolgen. Für diese revolutionäre Tat wäre eine zentrale Organisation nur hemmend.

Die Theorie Sorels, der zufolge es keine Wahrheit gibt, ist zugleich der Boden des Faschismus. Mussolini war Schüler Sorels,[68] und viele Stellen aus Hitlers »Mein Kampf«[69], in denen irrationale Momente bewußt eingeführt sind, erinnern an Sorels Lehre vom Mythos. Wie für Sorel gibt es auch für den Faschismus keine Frage nach der Wahrheit mehr. Hier wird der Mythos manipulativ; die Lehre ist zu finden, durch die die Machtergreifung möglich wird.

Professor Adorno wies darauf hin, daß jede Theorie zur Ideologie entarten kann, wenn sie in den Dienst von Herrschaft gestellt wird. Argumentiert man in abstracto, verzichtet man auf eine Reflexion auf die jeweiligen realen gesellschaftlichen Verhältnisse, dann verfällt das Denken notwendig der Unwahrheit und der Ideologie.

Der Schluß der Sitzung galt der Klärung der Frage, wie sich die Sorelsche Lehre vom Mythos zum Ideologieproblem verhält. Der Mythos drückt ein Anliegen unterdrückter Gruppen aus, daraus schöpft er seine Energie; er ist leicht faßlich und dadurch nicht dem Intellektuellen vorbehalten, sondern für die breite Masse bestimmt. Er dispensiert von der Frage nach der zugrundeliegenden Wahrheit; diese wird, da das Pathos des Mythos gerade in seiner Irrationalität liegt, als bloß rational abgetan. Als ein Irrationales, von den realen Bedingungen Unabhängi-

---

68 Bei Mussolini heißt es etwa: »Reformismus, Revolutionarismus, Zentrismus: jeder Nachhall dieses Jägerlateins ist verklungen, während man am grossen Strom des Faschismus von Sorel, von dem [Hubert] Lagardelle des *Mouvemente Socialiste*, von [Charles] Peguy herkommende Nebenflüsse bemerken wird, auch etwas von der Kohorte der italienischen Syndikalisten, die zwischen 1904 und 1914 mit den *Pagine libere* (Freie Blätter) von [Angelo Oliviero] Olivetti, der *Lupa* (Wölfin) von [Paolo] Orano und dem *Divenire Sociale* (Soziale Zukunft) von Enrico Leone in den durch die politischen Buhlkünste [Giovanni] Giolittis bereits entmannten und empfindungslos gemachten Wirkungsbereich des italienischen Sozialismus eine neue Note brachte.« (Benito Mussolini, Die Lehre des Faschismus [1932], Rom o. J., S. 28 f.)
69 Hitlers nationalsozialistische Kampf- und Propagandaschrift erscheint zuerst in zwei Bänden (»Eine Abrechnung« [1925] und »Die nationalsozialistische Bewegung« [1926]) in München.

ges, birgt der Mythos in sich keine Vernunft; darin ist er den älteren Ideologienlehren, wie der Bacons,[70] verwandt. Sorels Ideologiebegriff unterscheidet sich von dem Marxens darin, daß es bei Marx Ideologie, ohne möglicher Wahrheit entgegengesetzt zu sein, nicht gibt. [Der][71] Ideologiebegriff bei Marx [...][72] bereits die [...][73] der Ideologie und dadurch den Rückschluß auf Wahrheit, während bei Sorel der Mythos relativiert und zugleich verabsolutiert wird: relativiert, da es die Frage nach Wahrheit überhaupt nicht mehr gibt, und verabsolutiert, da man an den Mythos glauben muß, ob er nun wahr ist oder nicht. – Der Übergang zum Totalitarismus kann unmittelbar vollzogen werden. Bei Sorel finden sich die Elemente der faschistischen Umfunktionierung der Wahrheit; die Kritik geistiger Inhalte ist total: Die Frage nach der Wahrheit ist sinnlos, die Macht, die im Geistigen sich niederschlägt, entscheidet darüber, was wahr ist. Wahr ist nur der Glaube an den Mythos. Wird aber Ideologie nicht mehr in ihrer Unwahrheit kritisiert, wird sie zum Herrschaftsinstrument. So zeigt sich immer wieder, wie Massenbewegungen von künstlichen Mythen gesteuert werden.

---

70 In der Vorlesung über *Philosophie und Soziologie* von 1960 geht Adorno umfassender auf die Lehre von den Idolen ein, die Francis Bacon im »Novum Organum« darlegt: *Also, es handelt sich hier bei der Idolenlehre des Bacon, wenn ich ein paar Worte darüber sagen darf, um eine teils anthropologische, teils psychologische Lehre von den Trübungen, denen unser Bewußtsein lediglich von der Seite des Subjekts her unterliegt im Verhältnis zu den Objekten, die als ein An-sich-Seiendes im Sinne des naiven Realismus vorgestellt werden, und die Aufgabe der Erkenntnis soll nun dieser Konzeption zufolge sein, die {Objekte} einfach möglichst adäquat, möglichst ungetrübt, aber in gewisser Weise auch passiv zu erfahren.* (NaS, Bd. IV·6, S. 217)
71 Konjektur, weil ein Wort durch die Bindung der Vorlage nicht lesbar ist.
72 Durch Lochung der Vorlage verlorenes Wort.
73 Wort wegen starker Durchstreichung nicht mehr zu entziffern.

104 Dorothea zu Solms-Hohensolms-Lich, 29. Januar 1957

Dorothea Solms-Lich

Protokoll vom 29. I. 1957 – Soziologisches Hauptseminar

Nach dem Verlesen des Protokolls gingen wir zu einer Diskussion der Sorel'schen Theorie über.

Wie wir sahen, gibt es bei Sorel drei Möglichkeiten der gesellschaftlichen Entwicklung: Utopien, Ideologien und Mythen. Sorel ist skeptisch gegenüber den Begriffen Ideologie und Utopie. Bei ihm rückt der Begriff des Mythos in den Mittelpunkt, eigentlich eine Art von Inkarnation des Kollektivgeistes und als solche von ungeheurer Gewalt. Diese Gewalt wird von ihm nicht weiter analysiert, sondern dem Mythos als solchem zugeschoben. Der Mythos wird rational auf ein Endziel bezogen. Bei Marx steckt in der Ideologie ein Moment der Wahrheit, denn als ein falsches Bewußtsein bleibt sie stets auf das richtige bezogen. Der Mythos ist zwar anschaulich leicht zu fassen, jedoch nicht intellektuell: Ihm gegenüber gibt es keine Kritik, sondern nur Glauben. Wir können beobachten, daß der Geist, je weiter der Positivismus fortschreitet, um so geringer geschätzt wird. So werden bei Pareto und Durkheim die Fakten überschätzt. Sorel gelangt auf seine Weise zu einer zynischen Verwerfung der Wahrheit, denn allein die Macht, die der Mythos über die Masse gewinnt, entscheide, was wahr sei. In seiner Unwahrheit wird der Mythos zu einem Mittel der Macht. Selbst irrational, kann er auch zu rationalen Zwecken eingeführt werden. Zunächst im Anarchismus, dann aber vor allem im Faschismus werden schließlich Massenbewegungen von künstlichen Mythen gesteuert. So ist die Rassentheorie ein Mythos im Sinne Sorels. Sorel selbst entwickelte den Mythos vom Generalstreik, er teilt die Auffassung des ganzen Anarchismus, daß die Revolution zu jedem Zeitpunkt möglich sei.

Dazu ist zu sagen, daß das Wirksamwerden der Ideen allein abhängig ist von den Konstellationen, in denen sie auftreten. Man kann nicht sagen, daß die eine Lehre Ideologie, die andere Wahrheit sei. Die Differenz liegt darin, ob die geschichtlichen Kräfte zu der Wirklichkeit drängen, die die Lehre ausspricht.

Inwieweit ist nun aber die Sorel'sche Theorie eine Ideologienlehre und inwieweit ist sie selbst Ideologie? Der Mythos wird von Sorel der Ideologie gegenübergestellt, die für ihn ein rational Durchdachtes ist, das dem Geschichtlichen Gewalt antut. Im Marx'schen Sinne erweist sich jedoch der Mythos selbst als eine Ideologie, nämlich als die notwendige Selbsttäuschung einer Gesellschaft, in der rationale Systeme zu Mythen werden. Der Mythos vom Generalstreik auf Grund eines irrationalen Bildes schließt bereits den Zustand einer Gesellschaft ein, die an ihrer eigenen Rationalität irre geworden ist. Die »action directe«, die Spontaneität, wird beim Anarchismus aus ihrem historischen Augenblick (sozusagen dem Moment des Zuschlagens) herausgelöst und somit hypostasiert. Das Ideologische daran ist die Ausrufung des Generalstreiks um der Aktion selber willen, unter Absehung von einem bestimmten Zweck.

Hat Sorel nicht auch etwas Richtiges gesehen? Die Explosivstoffe unserer heutigen Gesellschaft sind ja die fortgewucherten irrationalen Momente. So ist, nach Auffassung der Autoren der »Dialektik der Aufklärung«, die gesamte Geschichte der Zivilisation eine Geschichte der Entsagung.[74] Diese irrationalen Elemente, die in der Gesellschaft den rationalen gegenüberstehen und einen Widerspruch hervorbringen, kann man, wie in den Mythen, zu manipulativen Zwecken rational auswerten. Das Bedürfnis der Menschen, das sich an der Irrationalität der Verhältnisse entzündet, wird in den Mythen allerdings nicht zur Ruhe kommen, denn diese sind nicht wahr. Bei Sorel wird der Versuch unternommen, durch die Mythen die Irrationalitäten zu rationalisieren, sie bewußt auszuwerten: Sie lassen sich als politisches Mittel ergreifen und selber rational einsetzen. Diesen Widerspruch hat Sorel aber nicht gesehen.

Gehört die Religion zu den Mythen? Die Kirche hat ihrerseits nie behauptet, daß ihre Lehren Mythen seien. Der Glaube handelt vielmehr von Dingen, von deren Existenz man überzeugt ist: Diesen Anspruch hat die Theologie auch nie aufgegeben.

Wie verhält sich der Mythos im klassischen zu dem im soziologischen Sinn? Die alten Mythen sind Überlieferungen, voller geschichtlicher Erfahrungen, die die Menschen gemacht haben. Der Mythos bei Rosenberg[75] oder Sorel appelliert dagegen nur an Clichés auf der Oberfläche des Bewußtseins, die die Massen ergreifen. (Der Gedanke, daß die künstlichen Mythen die Wahrheit über die echten aussagen, ist in der »Dialektik der Aufklärung« ausgeführt.)[76] Freilich versuchten

---

[74] *Die Geschichte der Zivilisation ist die Geschichte der Introversion des Opfers. Mit anderen Worten: die Geschichte der Entsagung. Jeder Entsagende gibt mehr von seinem Leben als ihm zurückgegeben wird, mehr als das Leben, das er verteidigt. Das entfaltet sich im Zusammenhang der falschen Gesellschaft. In ihr ist jeder zu viel und wird betrogen.* (GS, Bd. 3, S. 73)

[75] Alfred Rosenberg, Der Mythus des 20. Jahrhunderts. Eine Wertung der seelisch-geistigen Gestaltenkämpfe unserer Zeit [1930], München 2018. – Rosenberg, glühender Antisemit und ein führender Ideologe im Nationalsozialismus, wird 1933 ›Reichsleiter‹ mit wechselnden Zuständigkeiten und 1941 Reichsminister für die besetzten Ostgebiete (das Baltikum, Weißrussland und die Ukraine); im Zuge der Nürnberger Prozesse wird er 1946 als einer der Hauptbeschuldigten zum Tode verurteilt und hingerichtet.

[76] In der Vorrede zur *Dialektik der Aufklärung* heißt es, die Autoren wollten *zeigen, daß die Ursache des Rückfalls von Aufklärung in Mythologie nicht so sehr bei den eigens zum Zweck des Rückfalls ersonnenen nationalistischen, heidnischen und sonstigen modernen Mythologien zu su-*

die Nationalsozialisten, eine Verbindung zwischen falschen und echten Mythen herzustellen, Bestandteile der geschichtlichen Mythen in die künstlichen mit hineinzunehmen. Was so noch im Zusammenhang mit dem Alten stehen mochte, wurde jedoch in den Propagandamaschinen vernichtet: Gerade, was man anrufen wollte, wurde eben dadurch zerstört. Die Zerstörung liegt schon im Moment der Anrufung, die etwas Unaussprechliches aussprechen will: Das Hakenkreuz zerstört den letzten Rest eines Sonnensymbols. Die nationalen Mythen, unter denen an die Massen appelliert wird, sind auswechselbar, je nachdem, welche Appelle an das Volk zu richten für notwendig befunden wird. Es steckt keine Substanz mehr hinter diesen Appellen – nur noch der Dienst am Zweck. Diese Vertauschbarkeit liegt in der Unwahrheit begründet, die, wie schon bei Sorel, es ermöglicht, daß alle Mythen nebeneinander bestehen. Der Appell wird nicht nur von außen an den Menschen gerichtet und in ihn hineingetragen, er findet schon in den Menschen selbst eine Grundlage vor, wie Freud feststellte (Unbehagen in der Kultur).[77] Auch Sorel sah, daß auf diese Appelle etwas anspricht: nicht ein objektiver Sachverhalt, sondern eine bestimmte Disposition der Menschen, diese Dinge zu konsumieren. Hitler hat somit eine umgekehrte Psychoanalyse getrieben,[78] indem er diese Bereitschaft der Menschen bewußt seinen Zwecken dienlich machte.

Sorels Mythen sind eine irrationale Ideologie, ein neuer Typ von Ideologie, der, wie die Geschichte gezeigt hat, erst im Massenzeitalter akut geworden ist.

---

chen ist, sondern bei der in Furcht vor der Wahrheit erstarrenden Aufklärung selbst. Beide Begriffe sind dabei nicht bloß als geistesgeschichtliche sondern real zu verstehen. (GS, Bd. 3, S. 14)
77 Vgl. Sigmund Freud, Das Unbehagen in der Kultur [1930], in: FGW, Bd. XIV, S. 419–506.
78 Der Begriff geht zurück auf Leo Löwenthal, der die Technik faschistischer Agitation etwa im Gespräch mit Helmut Dubiel so definiert, »daß sie die Psychoanalyse auf den Kopf stellt.« (Leo Löwenthal, »Mitmachen wollte ich nie«. Gespräch mit Helmut Dubiel [1981], in: Leo Löwenthal, Schriften, hrsg. von Helmut Dubiel, Bd. 4, Frankfurt a. M. 1984, S. 271–298; hier: S. 294) Er bezieht sich dabei auf: Leo Löwenthal und Norbert Guterman, Falsche Propheten. Studien zur faschistischen Agitation [1949], in: Löwenthal, Schriften, a. a. O., Bd. 3, Frankfurt a. M. 1982, S. 9–159.

105 Liselotte Dilcher,
5. Februar 1957

Liselotte Dilcher
Frankfurt/Main

Protokoll der Seminarsitzung vom 5. 2. 1957

Im Anschluß an das Referat über Pareto[79] gab Herr Dr. Habermas einige kritische Anmerkungen zu Paretos Theorien. Er wies zunächst auf ein zynisches Moment in der Lehre von den Derivationen und den Residuen hin.[80] Dies liege darin, daß die Abhängigkeit der Derivationen von den Residuen zwar erkannt werden kann, daß es aber nicht möglich ist, durch diese Erkenntnis irgend etwas an dem notwendigen Schein im Gefolge der nichtlogischen Handlungen zu ändern. Es bleibe also nur die Möglichkeit, die nicht aufhebbaren Derivationen zu manipulieren.

Weiter betonte Dr. Habermas die Irrationalität dessen, was Pareto die logischen Handlungen nennt. Logisch sind für Pareto Handlungen, die mit geeigneten Mitteln ein bewußt gesetztes Ziel erreichen, wobei das verwirklichte Ziel mit dem intendierten identisch sein muß.[81] Pareto beziehe somit das Urteil darüber, ob eine Handlung logisch ist, auf das handelnde Individuum und unterscheidet nicht zwischen der Rationalität einer Handlung für das Individuum und für die Gesellschaft; was für jenes logisch ist, könne daher für diese höchst irrational sein und umgekehrt.

Doch selbst die auf das Individuum bezogene Rationalität beruhe auf einer irrationalen Entscheidung. Als Maß für die Rationalität einer Handlung nennt Pareto den Nutzen, den sie für das Individuum erbringt. Das Ziel aber werde keineswegs auf seine Logik oder Unlogik hin betrachtet, sondern werde vom Individuum nach seinem Gefühl – also nicht logisch – gewählt.

Ferner sei Paretos Denken nicht historisch. Für ihn seien die Residuen nicht durch historische Veränderungen beeinflußbar, sondern invariant. Wenn Pareto die Urreligionen, den Liberalismus und den Sozialismus auf ein invariables Residuum, nämlich die Persistenz, zurückführe,[82] so ignoriere er die je verschiede-

---

79 Jürgen Habermas, »Pareto: Idealtypen menschlicher Handlungsabläufe«, UAF Abt. 139 Nr. 2.
80 Vgl. die Abschnitte »Die Residuen«, in: Vilfredo Pareto, Allgemeine Soziologie [1916], bes. von Hans Wolfram Gerhard, übers. und eingel. von Carl Brinkmann, Tübingen 1955, S. 50–160, »Die Derivationen«, ebd., S. 161–191, und »Eigenschaften der Residuen und der Derivationen«, ebd., S. 192–231.
81 Vgl. die Übersichtstafel ebd., S. 28.
82 Zur Abhandlung der sogenannten »Persistenz der Aggregate« vgl. ebd., S. 75–89.

nen gesellschaftlichen Verhältnisse, aus denen die ebenso verschiedenen und nur nach äußerlichen Kriterien vergleichbaren Bewußtseinsformen konkret hervorgegangen sind. Sie seien nicht mehr wie bei Marx gesellschaftlich notwendige Produkte, sondern psychologische Ableitungen anthropologischer Konstanten.

Der verborgene Irrationalismus und die verborgene Ungeschichtlichkeit hätten die Elemente in Paretos Elitenlehre ergeben, die vom Faschismus aufgegriffen wurden und diesem genutzt haben, so vor allem Paretos Schluß, daß der Klassenkampf zwischen Elite und Unterklasse ebenso konstant sei wie die verhängten Ideologien unaufhebbar.[83]

Herr Prof. Adorno führte aus, bei Pareto sei die Frage der Genese geistiger Inhalte mit der Frage ihrer Geltung verwechselt worden, – ein Problem, das häufig von Denkern dieser Epoche behandelt, jedoch nicht gelöst worden sei. Philosophisch dürfe man freilich auch nicht bei einer abstrakten Trennung beider stehen bleiben. Bei Pareto handele es sich hier um ein Denken, für das nichts Entsprungenes wahr sein darf. Pareto meine, da die Vorstellungen auf Residuen zurückzuführen seien, gebe es keine Wahrheit. Da alle Derivationen determiniert sind, sei die Frage nach ihrer Wahrheit nicht möglich. Dieser allgemeine Determinismus kulminiere in der Auffassung, daß die gesellschaftlichen Prozesse grundsätzlich nicht kritisierbar sind, weil es keine Wahrheit gibt an der gemessen werden kann, ob ein Zustand unrecht ist. Nach Pareto bedient sich ja die Kritik eines Derivates eines ebensolchen Derivates.[84]

Dieses Denken – so führte Prof. Adorno weiter aus – ist heute übrigens sehr verbreitet. Denn wenn einem Hinweis auf Auschwitz entgegengehalten wird, man habe Ressentiment, so wird hier die Forderung nach Wissenschaftlichkeit und Wertfreiheit einem Objekt gegenüber erhoben, das selbst höchst irrational ist. In dieser Forderung wird die Rationalität überspannt, denn wenn man, um sagen zu können, daß 5 Millionen Menschen nicht gemordet werden dürfen, erst Wertfreiheit ableiten und beweisen muß, dann kommt dies der »Verzauberung« der

---

83 »In Europa hatte die marxistische Klassenkampfpropaganda oder richtiger die in dieser Form sich äußernden Verhältnisse das Ergebnis, in dem ›Proletariat‹, besser in einem Teil der Bevölkerung, die entsprechenden Residuen hervorzurufen und zu festigen; während andererseits das Streben der Unternehmer, die Gefühle der Demokratie nicht zu verletzen, sondern im Gegenteil mit ihrer Hilfe Geld zu machen, in den Obersichten bestimmte Residuen kollektiver Beziehungen zerstörte.« (Ebd., S. 84)

84 Bei Pareto heißt es: »Beweist man die Nichtigkeit des Schlusses, der ein bestimmtes Residuum mit einer Forderung (dem Beweisziel) verbindet, ist in den meisten Fällen das Ergebnis nur die Ersetzung der zerstörten Derivation durch eine andere. Das kommt daher, daß Residuum und Beweisziel Hauptelemente, die Derivation aber sekundär, ja zuweilen völlig sekundär ist.« (Ebd., S. 163)

Welt (Nietzsche)[85] nahe, in der nur nach statistischen Daten aufgegliedert werden kann.

Noch ein weiteres strukturelles Moment sei charakteristisch für Pareto: Das Auseinanderklaffen in rein individuelle Motivationen und in logische Formalismen, die diesen so abstrakt gegenüberstehen, daß zwischen beiden keine begriffene Verbindung mehr besteht. Dies sei übrigens nur möglich in einer Gesellschaft, in der das Verhältnis des Allgemeinen zum Besonderen selber so abstrakt geworden ist.

Was ließe sich an positiven Aussagen aus Paretos Theorie gewinnen? Prinzipiell ließe sich sagen, daß sich in der Theorie Paretos etwas von der Verhärtung spiegelt, die sich im Denken der Gesellschaft vollzog, deren Fortschrittsglauben, deren Glauben an die vom Liberalismus gelehrte Rationalität und das Sich-selbst-Regulieren der Dinge, durch die Krisen erschüttert worden war. Wie in seiner Theorie beanspruchten die Ideologien der spätbürgerlichen Gesellschaft immer weniger, die Wahrheit auszusprechen; sie *wollten* Herrschaftsmittel sein. Das Vertrauen, daß der Geist sich ganz zur Wahrheit hat, ist im Schwinden (vgl. Spengler)[86]. So könnte man Pareto als »Landkarte« der spätbürgerlichen Gesellschaft auffassen. *Doch:* Selbst wenn eine falsche und problematische Gesellschaft in einer Theorie sich sehr adäquat ausdrückt, wird dadurch die Theorie selbst

---

[85] Dem hier Gemeinten kommt Nietzsche womöglich am nächsten in einem nachgelassenen Fragment des Jahres 1885 (zuerst publiziert 1911), in dem es heißt: »Aberglaube über den Philosophen, Verwechslung mit dem *wissenschaftlichen* Menschen. Als ob die Werthe in den Dingen steckten und man sie nur festzuhalten hätte. Inwiefern sie unter *gegebenen* Werthen forschen (ihr Haß auf Schein, Leib usw.). Schopenhauer in Betreff der Moral. (Hohn über den Utilitarismus) Zuletzt geht die Verwechslung so weit, daß man den Darwinismus als Philosophie betrachtet: und jetzt ist die Herrschaft bei den *wissenschaftlichen* Menschen. [Absatz] Auch die Franzosen wie Taine suchen oder meinen zu suchen ohne die Werthmaaße schon zu haben. Die Niederwerfung vor den ›Facten‹, eine Art Cultus. Thatsächlich *vernichten* sie die bestehenden Werthschätzungen.« (NW, Bd. 11, S. 530f.)

[86] In Adornos Schrift *Spengler nach dem Untergang* [1941] heißt es: *Geist im Sinne schrankenloser Autonomie kann es Spengler zufolge nur im Zusammenhang mit der abstrakten Einheit des Geldes geben. Wie immer es sich damit verhalte, seine Beschreibung trifft genau auf die Zustände unter dem totalitären Regime zu, das ideologisch Geld und Geist gleichermaßen den Krieg erklärt.* (GS, Bd. 10·1, S. 51) – Spengler schreibt etwa: »Der Geist denkt, das Geld lenkt: so ist es die Ordnung aller ausgehenden Kulturen, seit die große Stadt Herr über den Rest geworden ist. Und zuletzt ist das nicht einmal ein Unrecht gegen den Geist. Er hat damit doch gesiegt, im Reich der Wahrheiten nämlich, dem der Bücher und Ideale, das nicht von dieser Welt ist. Seine Begriffe sind der beginnenden Zivilisation heilig geworden. Aber das Geld siegt eben durch sie in *seinem* Reich, das *nur* von dieser Welt ist.« (Oswald Spengler, Der Untergang des Abendlandes. Umrisse einer Morphologie der Weltgeschichte. Vollständige Ausgabe in einem Band [1918/1922], München 1963, S. 1062)

nicht wahr. Sinn einer Theorie ist nicht, die gesellschaftliche Realität zu verdoppeln, sondern sie zu durchdringen und zum Reden zu bringen. Sonst ist sie keine wahre Theorie. Es genügt nicht, daß eine Verdoppelung der Realität ausgesprochen wird, sondern durch die Reflexion muß die Negativität eines Zustandes evident werden. Das Falsche des Paretoschen Denkens liege insbesondere darin begründet, daß es zwar ein Abbild der gesellschaftlichen Wirklichkeit auf ihrer Oberfläche gebe, jedoch nicht deren eigentliche Zusammenhänge begreife. Die Reduktion einer Fülle von Ideen auf ein Residuum entbehre nicht der Zufälligkeit. Die Funktion der Residuen sei rein klassifikatorisch; sie machten keineswegs durchsichtig, warum dieses oder jenes Derivat aus einem Residuum folgt.

Die Zufälligkeit dieser Begriffe aber sei Symptom einer Gesellschaft, in der es keine Ordnung gibt, aber auch zugleich Ausdruck des Versagens der Theorie als Theorie. Wenn ein Denker seine Begriffe so wählt, daß ganz Ungleichnamiges auf ein Residuum zurückgeführt werden kann, dann sei zu sagen, daß ein solches Denken die Unterschiede wegdiskutieren will, die es in der Welt gibt. Denn die Wahl der Begriffe ist nicht zufällig; sie können nicht, wie der Positivismus meint, willkürlich gewählt werden. Wenn sie zu Vielseitiges umfassen, dann wollen sie den bestimmten gesellschaftlichen Inhalt verschleiern. Dies sei für alle Klassifikationssysteme der Wissenssoziologie, insbesondere für das Mannheims,[87] typisch.

---

[87] Vgl. etwa Adornos 1937 verfasste Schrift *Neue wertfreie Soziologie. Aus Anlaß von Karl Mannheims »Mensch und Gesellschaft im Zeitalter des Umbaus«* [1986], GS, Bd. 20·1, S. 13–45.

106 Horst Helmut Kaiser, 12. Februar 1957

Horst Helmut Kaiser   19. 2. 57

»Begriff der Ideologie«
Protokoll der Seminarsitzung vom 12. 2. 1957

Nach ergänzenden Hinweisen zur Lehre Paretos stellte sich dem Seminar die Frage, ob es nach der kritischen Behandlung Paretos sofort mit der Generaldebatte beginnen sollte oder nicht. Das Seminar entschied sich, zunächst noch das Referat über die Wissenssoziologie von Scheler und Mannheim zu hören,[88] um dann mit der großen Diskussion zu beginnen. Dabei sollen vor allem jene zu Wort kommen, die Bedenken gegen die kritische Betrachtung der bisher behandelten Soziologen anzumelden hätten. Denn es sei nicht der Sinn des Seminars, die Ideologienlehren von Marx bis Mannheim ohne kritisch-rationale Verständigung nur zu registrieren.

In der letzten Stunde stellte das genannte Referat die Wissenssoziologie von Scheler dar. Dabei kam es zunächst darauf an, den Begriff der Wissenssoziologie von dem einer dialektischen Ideologienlehre abzugrenzen. Der Wissenschaftsideologie sind die Gegenstände bloße Materialien. Abstrakt wird zwischen Ideal- und Realfaktoren unterschieden, wobei die Realfaktoren von außen an die geistigen Gehalte herangetragen werden.[89] Demgegenüber ordnet die dialektische Ideologiekritik die geistigen Gehalte nicht von vornherein Realstrukturen zu, sondern mißt die geistigen Gebilde an ihren eigenen Ansprüchen. Indem sie dies tut, wird sie zugleich darüber hinaus verwiesen; denn indem sie die geistigen Gehalte wirklich ernstnimmt und am eigenen Maß mißt, genügt ihr deren Anspruch nicht. Durch diesen Bruch wird sie auf den Bruch in der Realsphäre selber verwiesen. Diese Verbindung wird aber von Scheler von vornherein abgeschnitten.

Nach dieser Abgrenzung legte das Referat die Schelersche Wissenssoziologie näher dar: Scheler geht aus von einem ontologischen Dualismus, der in platonisierender Weise eine geistige An-sich-Sphäre einer positivistisch aufgefaßten

---

88 Der Referatstext »Ideologie bei Scheler und Mannheim« wurde nicht aufgefunden.
89 Vgl. Max Scheler, Die Wissensformen und die Gesellschaft [1926], 2. Aufl., in: Max Scheler, Gesammelte Werke, Bd. 8, hrsg. von Maria Scheler, Bern und München 1960, S. 20–25; hier erläutert Scheler das »*Gesetz der Ordnung der Wirksamkeit der Idealfaktoren und Realfaktoren*, aus dem zu jedem Zeitpunkt des historisch-zeitlich sukzessiven Ablaufs sozial-menschlicher Lebensprozesse das ungeteilte Ganze des Lebensinhalts der Gruppen sich aufbaut [...]« (ebd., S. 20).

Realsphäre entgegenstellt.[90] Er leugnet deshalb die Möglichkeit, geistige Gebilde aus realen Verhältnissen abzuleiten. Die Wirkung der Realfaktoren beschränkt sich auf die selektive Funktion, aus der Fülle der zu verwirklichenden ideellen Gehalte einigen die Verwirklichung zu ermöglichen. Einzig an dem, was nicht geworden ist, soll sich nun nach Scheler die Wirksamkeit der Realfaktoren aufweisen lassen.[91] Wobei sich sofort die Frage erhebt, wie etwas gewußt werden kann, das sich gar nicht verwirklicht hat.

Indem von der Wissenssoziologie überhaupt noch das Verhältnis der beiden Sphären übernommen wird, wie es Marx konkret entfaltet hat, erfährt die Lehre von Marx zugleich eine Entschärfung. Denn was bei ihm das dialektische Verhältnis von zwei Momenten ist, wird von der Wissenssoziologie so übernommen, daß diese Momente verdinglicht werden. Indem die Geistsphäre radikal von der Wirklichkeit abgeschnitten wird, ist zwar ihre Ewigkeit gewährleistet, zugleich aber verliert der Geist seine Konkretheit und Wirksamkeit, die er nur im Zusammenhang mit der Gesellschaft hat. Dabei erschöpfen sich nach der dialektischen Ideologienlehre die geistigen Gehalte nicht in ihren gesellschaftlichen Produziertsein, sondern unabhängig von dieser Genesis stellt sich noch die Frage nach ihrer Geltung. Dies wurde am Beispiel Beethovens und des Zusammenhangs seiner Werke mit der Französischen Revolution erläutert.[92]

---

[90] Nach Scheler sei es »eine Hauptaufgabe der Soziologie«, »eine soziologisch bedingte Erscheinung *typologisch* zu kennzeichnen und *nach Regeln* zu bestimmen, was etwa an ihr durch die *autonome Selbstentfaltung des Geistes*, z. B. durch die logisch-rationale Entwicklung des Rechtes, durch die immanente Sinnlogik der Religionsgeschichte usw., bedingt sei, und was andererseits durch die Determination der stets durch eine ›Triebstruktur‹ bedingten soziologischen *Realfaktoren* der jeweiligen ›Institutionen‹ und *ihre* Eigenkausalität [...]« (Ebd., S. 19 f.).
[91] Scheler bemerkt, es sei »stets ein grundirriges Unterfangen, den positiven Sinn- und Wertgehalt einer bestehenden Religion, einer Kunst, einer Philosophie und Wissenschaft, einer Rechtbildung aus den realen Lebensverhältnissen, seien es blutsmäßige, ökonomische, machtpolitische oder geopolitische, *eindeutig* ableiten zu wollen. Nur dasjenige, was aus dem *Spielraum* der inneren und sinngesetzlichen Soseinsdetermination von Religions-Rechts-Geistesgeschichte *nicht* geworden ist – obzwar es rein geistesgeschichtlich ebenso potentiell werdens*möglich* war wie das faktisch Gewordene –, ›erklärt‹ der Stand der Realverhältnisse, die jeweilige Kombination der Realfaktoren.« (Ebd., S. 22)
[92] In seiner Schrift *Die gegängelte Musik* [1953] schreibt Adorno in diesem Sinne: *In einer solidarischen Gesellschaft wären Ermahnungen zur Lossage vom Subjektivismus nicht notwendig. Verwirklichte Solidarität wäre zugleich die Substanz der Künstler an sich: diese brauchten nur sich selber auszudrücken und wären schon die Stimme der freien Menschen, mit denen vereint sie leben. Wenn die Idee der Französischen Revolution durch Beethovens Musik hindurchrauscht, so darum, weil Humanität den spontanen Gehalt dessen, was ihn zur Gestaltung drängte, die innerste Zusammensetzung seiner Form ausmachte. Er hatte keine und vertrat keine »revolutionäre Ideologie«,*

Ein anderes Motiv Schelers ist die Lehre von der 3-Phasen-Abfolge innerhalb der Realsphäre: die rasse-nativische, die politische und die ökonomische Phase.[93] Dabei geht durch die willkürliche Wahl der Abstraktionsschnitte die eigentliche wissenschaftliche Fragestellung verloren, weil die Wahl der Kategorien nicht bestimmt wird durch den inneren Zusammenhang der Sachgehalte, die sie ausdrücken. Indem z. B. Politik und Ökonomie getrennt werden, wird von vornherein die Macht entökonomisiert. Damit erweist sich der Weg Schelers als ein Verfahren, durch das die Wissenschaft – hier scheinbar neutral – im Grunde ihr Objekt verfehlt. Die subjektive Wahl der Kategorien wird hier selbst zum Kriterium der Wahrheit, ohne daß noch ein Zusammenhang mit der Gesellschaft zugegeben wird. So bildet sich der Wissenschaftler zum Sozialtechniker zurück.

Besonders deutlich zeigen sich die Mängel der Schelerschen Ideologienlehre, wenn man seine Typologie der Klassenidole betrachtet. In starrer Antithetik soll die Gesetzmäßigkeit der Bildung von Verhaltens- und Denkweisen in Ober- und Unterklasse erwiesen werden. So gelten z. B. für die *Unterklasse* die Merkmale: realistisch, materialistisch, dynamisches Geschichtsdenken; für die *Oberklasse:* idealistisch, spiritualistisch, statisches Geschichtsdenken.[94] Wir verzichten auf eine vollständige Darstellung dieses Schematismus, demgegenüber sich die Besinnung der Soziologie auf die Tatsachen als gut und noch die Demoskopie sich

---

sondern war Fleisch und Geist von 1789, auch als er die Eroica Napoleon widmete oder den Prozeß um ein imaginäres Adelsprädikat führte. (GS, Bd. 14, S. 64 f.)

93 »In jedem zusammenhängenden Ablauf eines relativ räumlich und zeitlich *geschlossenen* Kulturprozesses sind *drei* große Phasen zu scheiden«, so Scheler, und zwar: »1) Eine Phase, da die *Blutsverhältnisse* aller und jeder Art und die *sie* rational regelnden Institutionen [...] die *unabhängig[e] Variable* des Geschehens bilden, auch die Gruppierungs*form* der Gruppen wenigstens primär bestimmen, d. h. die *Spielräume* bestimmen für das, was aus anderen Ursachen realer Art, z. B. politischen oder ökonomischen, je geschehen *kann*. 2) Eine Phase, in der dieses Wirkprimat – das Wort im gleichen eingeschränkten Sinne der Spielraumsetzung verstanden – auf die *politischen* Machtfaktoren, an erster Stelle auf die Wirksamkeit des *Staates*, übergeht. 3) Eine Phase, da die *Wirtschaft* das Wirkprimat erhält und die ›ökonomischen Faktoren‹ es sind, die an erster Stelle für das Realgeschehen bestimmend, für die Geistesgeschichte aber ›schleusenöffnend‹ und ›-schließend‹ werden.« (Scheler, Die Wissensformen und die Gesellschaft, a.a.O. [s. Anm. 89], S. 44 f.)

94 In den *Soziologischen Exkursen* wird aus den »Wissensformen und die Gesellschaft« eine *Art Typologie, um nicht zu sagen Ontologie der Ideologien* zitiert: Heute, nach noch nicht ganz dreißig Jahren, liest sich sein einst vielbewunderter Versuch erstaunlich naiv: [...] *Werdensbetrachtung – Unterklasse; Seinsbetrachtung – Oberklasse ... [Absatz] Realismus (Welt vorwiegend als ›Widerstand‹) – Unterklasse; Idealismus – Oberklasse (Welt vorwiegend als ›Ideenreich‹) ... [Absatz] Materialismus – Unterklasse; Spiritualismus – Oberklasse* [...] (Institut für Sozialforschung, *Soziologische Exkurse,* a.a.O. [s. Anm. 5], S. 173). – Die Zitate Schelers finden sich in: Scheler, Die Wissensformen und die Gesellschaft, a.a.O. (s. Anm. 89), S. 171.

als Befreiung erweist. Abschließend ist zu sagen, daß nicht etwa die Umkehrung der von Scheler angeführten Merkmale schon die Wahrheit ergibt. Zum Teil finden sich bei Pareto die entsprechenden Umkehrungen, ohne zunächst weniger einleuchtend zu sein. Statt dessen kommt es darauf an, in die immanente Bewegung der Sache selber einzugehen, um gegenüber solchen Verfehlungen zu besseren Ergebnissen zu kommen.

Horst Helmut Kaiser.

107 Mechthild Bockelbeßmann, 19. Februar 1957

Mechthild Bockelbeßmann

Protokoll vom 19. Februar 1957.

Zu Beginn der Stunde stellte Frau Dr. Pross die Beziehung Pareto–Mosca dar.[95] Pareto hat seine Elite-Theorie[96] von Mosca bezogen. Er sagt, alle Geschichte ist nur die Geschichte von Herrschaftskämpfen, von Cliquen, von denen die eine an der Herrschaft ist und die andere zur Herrschaft drängt. Unter Clique wird nicht eine Klasse verstanden, sondern eine organisierte Minderheit.[97] Wie bei Pareto besteht ein Kreislauf der Eliten, weil die herrschende Clique ermüdet, altert und die junge Clique zur Macht kommt.[98] Der Erfolg allein beweist, daß eine Gruppe auch zur Herrschaft qualifiziert ist; die zur Herrschaft gelangten Gruppen sind immer die Besten. Herrschende Cliquen hat es immer gegeben, deren Existenz ist ein historisches Gesetz.[99] Damit ist die Möglichkeit einer Demokratie prinzipiell ausgeschlossen. Moscas Polemik gegen die Demokratie richtet sich freilich stets ge-

---

[95] Helge Pross wird 1950 mit der Schrift »Zur Soziologie der Romantik und des vormarxistischen Sozialismus in Deutschland. Bettine von Arnims soziale Ideen« in Heidelberg promoviert. – Ein entsprechender Referatstext wurde nicht aufgefunden.

[96] Vgl. Pareto, Allgemeine Soziologie, a. a. O. (s. Anm. 80), S. 220–231.

[97] »Wir alle wissen, daß in unserem eigenen Lande die Führung der öffentlichen Angelegenheiten in der Hand einer Minderheit einflußreicher Personen liegt, deren Leitung sich die Mehrheit freiwillig oder gezwungen unterwirft. Wir wissen, daß es sich in den Nachbarländern nicht anders verhält, und in Wahrheit würden wir es schwer finden, uns eine anders organisierte Welt vorzustellen, wo alle gleichmäßig einem einzelnen ohne jede Rangordnung unterworfen wären, oder in der alle gleichen Anteil an der politischen Führung hätten.« (Gaetano Mosca, Die herrschende Klasse. Grundlagen der politischen Wissenschaft [1895], übers. von Franz Borkenau, mit Geleitw. von Benedetto Croce, Bern 1950, S. 53)

[98] »Man könnte die ganze Geschichte der Kulturmenschheit auf den Konflikt zwischen dem Bestreben der Herrschenden nach Monopolisierung und Vererbung der politischen Macht und dem Bestreben neuer Kräfte nach einer Änderung der Machtverhältnisse erklären. Dieser Konflikt erzeugt eine dauernde gegenseitige Durchdringung der Oberschicht und eines Teiles der Unterschicht. Politische Klassen sinken unweigerlich herab, wenn für die Eigenschaften, durch die sie zur Macht kamen, kein Platz mehr ist, wenn sie ihre frühere soziale Bedeutung für die Allgemeinheit verlieren, wenn ihre Vorzüge und Leistungen in einer sozialen Umgebung ihre Bedeutung verlieren.« (Ebd., S. 65)

[99] »Unter den beständigen Tatsachen und Tendenzen des Staatslebens liegt eine auf der Hand: In allen Gesellschaften, von den primitivsten im Aufgang der Zivilisation bis zu den vorgeschrittensten und mächtigsten, gibt es zwei Klassen, eine, die herrscht, und eine, die beherrscht wird.« (Ebd., S. 53)

gen die unmittelbare Demokratie, die im Sinne Rousseaus alle an der Herrschaft aller unvermittelt beteiligt.[100]

Schon beim Vergleich des Paretoschen Ideologiebegriffs mit dem von Marx ergab sich eine Wendung zum Nominalismus. Das gleiche läßt sich am Begriff der Klasse feststellen, wenn man Mosca, Pareto und Michels mit Marx vergleicht. Wie ihr relativistischer Ideologiebegriff, so ist auch der Klassenbegriff subjektivistisch gefaßt, während bei Marx die Klasse durch objektive ökonomische Verhältnisse definiert ist. Bei ihm fallen daher Klasse und Klassenbewußtsein nicht zusammen, d. h., daß Klassenzugehörigkeit objektiv auch da zugerechnet werden kann, wo subjektiv kein entsprechendes Klassenbewußtsein besteht.[101]

Für uns steht nun nicht der geistesgeschichtliche Zusammenhang im Vordergrund, sondern wir müssen uns fragen, welche Änderungen in der gesellschaftlichen Wirklichkeit selber jenen spätbürgerlichen Elite- und Ideologiebegriffen zugrunde liegen. Der Vergleich von Bürgertum und Feudalismus kann nicht übertragen werden auf das Verhältnis von Bürgertum und Proletariat. Das Bürgertum war nicht nur schon lange vor der bürgerlichen Revolution eine intellektuell fortgeschrittene Klasse, sondern hatte auch die materiellen Mittel in der Hand. Die Machtübernahme 1789 in Frankreich war nur die Ratifizierung eines seit dem 17. Jahrhundert gereiften Zustandes.[102] Beim Proletariat ist es anders, weil es nicht ökonomisch selbständig ist wie das Bürgertum im 17. und 18. Jahrhundert.

---

100 »Was Aristoteles Demokratie nannte, war einfach eine Aristokratie auf ziemlich breiter Basis. Aristoteles selbst hätte sehen können, daß es in jedem griechischen Staat, ob nun Aristokratie oder Demokratie, eine oder mehrere Personen von maßgebendem Einfluß gab. Von Polybius bis Montesquieu hatten viele Autoren Aristoteles' Einteilung durch die Einführung des Begriffes der ›gemischten‹ Regierungsform vervollkommnet. Später ging die moderne demokratische Theorie, die von Rousseau stammt, davon aus, daß die Mehrheit der Bürger jedes Staates an seinem politischen Leben teilnehmen könne und tatsächlich auch solle. Die Lehre von der Volkssouveränität beherrscht noch immer viele Köpfe, obwohl die moderne Wissenschaft immer deutlicher klarstellt, daß in jedem politischen System demokratische, monarchische und aristokratische Prinzipien nebeneinander vertreten sind. Wir fügen an dieser Stelle keine Widerlegung dieser Lehre ein, denn dies ist die Aufgabe dieses ganzen Werkes.« (Ebd., S. 55)
101 Bei Marx selbst spielt der Begriff des Klassenbewußtseins keine herausragende Rolle. Adorno erklärte in seinen *Anmerkungen zum sozialen Konflikt heute* [1968] entsprechend: *Marx bereits und vollends spätere Marxisten gaben sich Rechenschaft davon, daß das Klassenbewußtsein nicht mechanisch mit der Existenz von Klassen verbunden, sondern erst herzustellen sei. Allgemein war, im Gegensatz zur verbreiteten Ansicht, das Klassenbewußtsein der Oberklassen entwickelter als das der unteren.* (GS, Bd. 8, S. 184) Zentral hingegen steht der Begriff bei Lukács; vgl. Georg Lukács, Geschichte und Klassenbewußtsein. Studien über marxistische Dialektik [1923], in: Georg Lukács, Werke, Bd. 2, Neuwied und Berlin 1968, S. 161–517, dort v. a. den Abschnitt »Die Verdinglichung und das Bewußtsein des Proletariats«, ebd., S. 257–397.
102 S. oben, Anm. 42.

Die ökonomische Lage der Arbeiter hat sich seit den 60er Jahren des vorigen Jahrhunderts wohl stetig verbessert, aber das Proletariat qua Proletariat hat heute so wenig wie damals Anteil an der Verfügung über die Produktionsmittel. Daran ändert auch die Tatsache nichts, daß es sich, vertreten durch eine Elite, nämlich der Gewerkschaftsführung, einen immer größeren Anteil am Sozialprodukt sichert. Heute beobachten wir eine Nivellierung beider Klassen, sowohl im Lebensstandard wie im Bewußtsein; nicht nur, daß die Arbeiter materiell wie geistig im Kleinbürgertum aufgehen, auch das Bürgertum verliert den hohen Standard des Bewußtseins, über das es bis in unser Jahrhundert hinein verfügte. Seit Mosca, Pareto und Michels gibt es so etwas wie Klasse gar nicht mehr, weil die Manipulationen der kleinen Führungsschichten in den Vordergrund treten. Insofern spiegeln ihre Elitetheorien bestimmte Elemente der gegenwärtigen Gesellschaft selber.

Herr Dr. Lenk[103] warf ergänzend ein, wenn das Proletariat als Träger des Vollzugs der Geschichte ausfällt, kann es auch in diesen Theorien folgerichtig keine klassenlose Gesellschaft geben. Weiter wurde bemerkt, daß die Elite bei Pareto eine Funktionärsprominenz sei. Ist das aber überhaupt eine Elite?

Das Moment des Scheins ist immer ein Moment des Elitebegriffs gewesen, die Elite erklärt sich immer selber zur Elite. Die Elitetheorie ist auch insofern eine Ideologie, als sie die Tatsache, daß man an der Macht ist, zugleich als ausreichende Legitimation dafür reklamiert, daß eine Gruppe von Menschen über andere Menschen verfügt.

Herr Dr. Kopp[104] machte den Einwand, die moderne technische Massengesellschaft könne nicht anders gesteuert werden als durch Eliten. Der technische und bürokratische Apparat bringt eine Zentralisierung von Funktionen mit sich, die eine Führung durch Eliten grundlegend fordert. Geht es überhaupt anders? Darauf wurde geantwortet, daß die Masse ja auch dann schon Mitspracherecht habe, wenn sie sich zwischen 2 konkurrierenden Eliten entscheiden könne.

Allein, wird mit der Technisierung die Elite notwendig? Die Antwort darauf war, daß die Notwendigkeit der Elite nicht durch die Technik und die massenhafte Ausdehnung der Bevölkerung selber bedingt ist, sondern durch die Produktionsverhältnisse. Eliten sind nur da notwendig, wo in einer Gesellschaft die Herrschaftsverhältnisse die Verfügung von Menschen über Menschen verlangen. Es hängt mit der ökonomischen Konzentration zusammen, daß der Elite eigentlich keine besonderen Aufgaben mehr vorbehalten sind. Die Arbeit wird in weiten

---

103 Kurt Lenk wird 1956 mit der Schrift »Von der Ohnmacht des Geistes. Kritische Darstellung der Spätphilosophie Max Schelers« in Frankfurt a. M. promoviert.
104 D. i. Bernhard Kopp.

Bereichen entqualifiziert, jeder führt nur einen bestimmten Teil der Arbeit aus. Jeder kann fast alles machen. Wo aber qualifizierte Arbeit immer mehr ihre gesellschaftliche Notwendigkeit verliert, verlieren auch Eliten ihre objektive Berechtigung. Ihnen bleibt nur noch die nackte Verfügungsgewalt. Die Elite wird in dem Maße zur Ideologie, in dem die Technik fortschreitet und Eliten ganz überflüssig macht. Dagegen wurde eingewandt, daß es schon eine kleine Gruppe von Spezialisten gibt, die hochqualifizierte Arbeit leisten muß. Herr Professor Adorno parierte den Einwand damit, daß selbst in den obersten Spitzen die Arbeit insofern nicht sehr verschieden ist von der Arbeit auf den unteren Rängen, als auch die Spitzenfunktionen eigentlich kein Selbstbewußtsein, keine Reflexion auf sich selbst verlangen. Es komme ihm so vor, daß auch der Mathematiker seine Operationen tendenziell nach den gleichen Gesetzen ausführe wie der Facharbeiter in der Produktionsabteilung. Es sei ein soziologisches Gesetz, daß die Form der Produktion sich in gewisser Weise auf alle Arbeitsbereiche der Gesellschaft ausbreite.

Im Hinblick auf die These von Herrn Dr. Kopp ist zu sagen, daß die Spitzenfunktionäre über die technischen und bürokratischen Apparate selbst nicht mehr frei verfügen, sondern die eigentliche Macht ist in den Apparaten gespeichert. Die Rationalität der Apparate hat immer schon die Rationalität des einzelnen Managers überholt, er manipuliert im Grunde selber bereits als Manipulierter. Darum können auch die Funktionäre nicht mehr als Elite angesprochen werden, die selbständig und rational verfügen. Freilich ist zu fragen, ob es die objektive Vernunft der Apparate überhaupt gibt. Die Technik herrscht zwar, aber diese Macht ist nicht durchaus rational. Es ist falsch, wie Marx die Vernunft der Technik zu verabsolutieren. Das Verhältnis von Produktivkräften und Produktionsverhältnissen, also das von Technik und Gesellschaft, ist bei Marx nicht zentral durchdacht. Das Beispiel, daß Atomenergie in Form von Waffen produziert wird und nicht von vornherein als friedliche Energie ausgenutzt wird, zeigt, daß die Unvernunft nicht bei der Technik liegt, sondern bei den Menschen. Es scheint sogar so zu sein, daß die Entwicklung der Technik in ihrer konkreten Gestalt selber noch von den Produktionsverhältnissen gesteuert wird. Selbst die Formen des technischen Fortschritts scheinen noch von der Gesellschaft abzuhängen, in der sie sich entfalten. Die technische Entwicklung geht nicht nach immanenten Gesetzen vor sich.

Auf den Einwand, daß die Tendenz zur verkürzten Arbeitszeit es den Menschen erlaube, sich in ihrer Freizeit Informationen über die gesellschaftlichen Verhältnisse zu verschaffen und so von den Eliten unabhängiger zu werden, bemerkte Herr Professor Adorno, daß die vorherrschenden Konsumgewohnheiten bisher nur dazu dienten, die bestehenden Herrschaftsverhältnisse zu befestigen.

108 Alfred Pressel, 26. Februar 1957

Alfred Pressel
stud. rer. pol.

Protokoll vom 26. 2. 57.

Das Thema des letzten Seminars im Wintersemester war das Referat über die Ideologienlehre Mannheims, wie sie in seinem Werk »Ideologie und Utopie« zum Ausdruck kommt.[105]

Mannheim hat zwei Ideologiebegriffe, den partikulären und den totalen.[106] Beiden ist gemeinsam, daß sie die Ideen auf deren Träger funktionalisieren. Unter dem partikulären Ideologiebegriff fallen diejenigen Behauptungen, von der bewußten Lüge bis zur unbewußten Selbsttäuschung, die als abhängig von der Interessenlage des Individuums erkannt werden. Kritisiert wird nur der Inhalt, nicht auch die Struktur der als ideologisch deklarierten Aussage. Der Ideologieverdacht ist noch nicht radikal. Der totale Ideologiebegriff dagegen hat seinem Ursprung im totalen Ideologieverdacht. Gesamte Weltanschauungen, Inhalt und kategoriale Apparatur, werden als Funktion der sozialen Schichtungen angesehen.

Den historischen Ursprung beider Ideologiebegriffe sieht Mannheim im politischen Machtkampf.[107] So entstand der partikuläre Ideologiebegriff aus taktischen Gründen: Die Aufrichtigkeit des Gegners wurde bezweifelt, seine Interessen

---

[105] Der entsprechende Referatstext wurde nicht aufgefunden.

[106] Karl Mannheim schreibt, der partikulare Ideologiebegriff arbeite »hauptsächlich mit einer *Interessenpsychologie*, der totale dagegen mit einem viel eher formalisierten, womöglich objektive Strukturzusammenhänge intendierenden Funktionsbegriff. Bei dem partikularen Ideologiebegriff setzt man voraus, daß dieses oder jenes Interesse kausal zu jener Lüge oder Verhüllung zwingt, bei dem totalen Ideologiebegriff ist man der Ansicht, daß dieser oder jener Lagerung diese oder jene Sicht, Betrachtungsweise, Aspekt *entspricht*.« (Karl Mannheim, Ideologie und Utopie [1929], übers. von Heinz Maus, 3. Aufl., Frankfurt a. M. 1952, S. 10) – Vgl. GS, Bd. 10·2, S. 779.

[107] »Es ist äußerst wahrscheinlich, daß die auf Ideologieverdacht eingestellte Seelenhaltung der Hauptsache nach im Gebiete der alltäglichen Lebenserfahrung der politischen Praxis entsteht. Es entspricht auch wohl der Tatsache des relativ immer tieferen Eindringens der Politik in die Öffentlichkeit, wenn wir erfahren, daß zur Zeit der Renaissance bei den Mitbürgern Macchiavellis ein neues Sprichwort aufkam, welches – eine damalige Vulgärbeobachtung fixierend – behauptet, daß man im palazzo anders denke als in der piazza. [...] Von hier aus führt eine Linie – zumindest was die Gesamthaltung betrifft – zur rational kalkulierenden Art der Aufklärung und zu der aus derselben Einstellung stammenden Interessenpsychologie.« (Mannheim, Ideologie und Utopie, a.a.O. [s. vorige Anm.], S. 15 f.)

bloßgelegt. Diese Geisteshaltung entwickelte sich von Machiavelli über die Aufklärung bis zur Interessenpsychologie. Der totale Ideologiebegriff bildet das strategische Gegenstück in der politischen Praxis: Die geistige Basis des Gegners wird in Frage gestellt. Als geistige Grundlagen für den totalen Ideologiebegriff bezeichnet Mannheim die Bewußtseinsphilosophie mit ihrer auf das Subjekt bezogenen Weltsicht. Die Historisierung dieses Weltbildes führte zur Ausbildung des Volksgeistes, des Nationalempfindens, das sich dann später zum Klassenbewußtsein differenzierte. Bei Marx verschmelzen beide Ideologiebegriffe bei gleichzeitigem Hervortreten ihres Kampfcharakters. Es kommt zur Expansion des totalen Ideologieverdachts aller gegen alle.[108]

Hierin liegt für Mannheim ein dialektischer Umschlag des Ideologiebegriffes von der Quantität in die Qualität. Er unterscheidet zwei Fassungen des totalen Ideologiebegriffes.[109] Bei der speziellen Fassung des totalen Ideologiebegriffes bleibt der eigene Standpunkt vom Ideologieverdacht unberührt, dem Gegner gegenüber besteht jedoch totaler Ideologieverdacht.

In der allgemeinen Fassung des totalen Ideologiebegriffes wird auch der eigene Standort nicht vom Ideologieverdacht ausgenommen. Der Ideologiebegriff erhält dadurch einen neuen Sinn. Die Ideologienlehre wird zur Wissenssoziologie.

Für die Ideologieforschung zieht Mannheim folgende Konsequenzen aus dieser Situation. Entweder gibt man jede enthüllende und dabei wertende Absicht auf und sucht nur Zusammenhänge aufzudecken zwischen sozialer Seinslage und Sicht. Oder man kommt bei wertendem Vorgehen zu einem Relativismus bzw. Relationismus. Der Relativismus entsteht aus der Diskrepanz zwischen der Dynamik der Geschichte und der Absolutheit der als Maßstab dienenden Werte. Zum Relationismus dagegen führt die Einsicht, daß es jeweils nur ein bestimmter historischer Typ der Erkenntnistheorie ist, der das Urteil bestimmt. Historisches Wissen ist daher wesensgemäß nur standortsgebunden formulierbar. Diese Erkenntnis führt nach Mannheim dazu, daß man keine Wahrheit in unbezüglicher Formulierung besitzen will. Ihm kommt es vielmehr auf die Unterscheidung von in einer Zeit gemäßen oder ungemäßen Gedanken an. Die Möglichkeit der Verwirklichung dient dabei als Maßstab. Überholte und überlebte Normen und

---

[108] Vgl. ebd., S. 18–22.

[109] »Man arbeitet zwar mit einem *totalen* Ideologiebegriff (da man ja die Bewußtseinsstruktur des Gegners in ihrer Totalität und nicht nur einzelne seiner Behauptungen funktionalisiert), da es sich aber nur um eine soziologische Analyse des Gegners oder der Gegner handelt, bleibt man bei einer – wie wir sie nennen wollen – *speziellen* Fassung dieser Theorie stehen. Im Gegensatz zu dieser speziellen gelangt man zu einer *allgemeinen* Fassung des *totalen* Ideologiebegriffes, wenn man den Mut hat, nicht nur die gegnerischen, sondern prinzipiell alle, also *auch den eigenen Standort*, als ideologisch zu sehen.« (Ebd., S. 31 f.)

Denkformen sind ideologisch, da sie das angemessene Zeitbewußtsein verdecken. Das Bewußtsein hat die Wirklichkeit noch nicht eingeholt. Das Gegenstück zum ideologischem Denken ist das utopische, das der Zeit voraus ist und dadurch die Wirklichkeit verdeckt.[110]

In der dem Referat folgenden Diskussion wurde zunächst hervorgehoben, daß Mannheim im Gegensatz zu Schelers starrer Typologie der Ideologien[111] das Verhältnis von Geist und Sein als Funktion ansieht. Es wurde jedoch bei der Kritik der Mannheimschen Lehre darauf hingewiesen, daß auch Mannheim die Dialektik dieses Prozesses nicht voll erkannt und damit auch nicht die Notwendigkeit des nur bestimmten gesellschaftlichen Verhältnissen folgenden Scheins aufgezeigt habe. Ähnlich verhält es sich mit dem Begriff des falschen Bewußtseins, bei dem er die beiden Momente partikulär und total trennt, ohne zu zeigen, daß sie durch einander bestimmt sind.[112]

Herr Prof. Adorno wies darauf hin, daß das Stehenbleiben bei allgemeinen Begriffen wie zeitgemäß und unzeitgemäß ohne das Eingehen auf die dem Zeitstil zugrundeliegenden Antagonismen schattenhaft bleibt.

Mannheims totaler Ideologiebegriff bleibt in der Problematik des Historismus befangen; seine Lehre darf daher als soziologisch gewandter Relativismus bezeichnet werden. Zur Forschungsmethode der Wissenssoziologie wurde bemerkt, daß das Gewicht von Monographien sich falsch darstellt ohne ein umfassendes System, das bei ihrer Erarbeitung mitgedacht wird. Kritisiert wurde auch die rein positivistische Lösung des Wahrheitsproblems, da es Mannheim genügt, die Kongruenz von Bewußtsein und Seinslage nachzuweisen, wobei er noch verkennt, daß die Seinslage schon durch das Bewußtsein mitkonstituiert wird.

---

110 Vgl. ebd., S. 52–56.
111 S. oben, Anm. 94.
112 Vgl. ebd., S. 49–54.

Sommersemester 1957:
Über den Begriff der kritischen Philosophie

Philosophisches Hauptseminar mit Horkheimer

In diesem Semester hält Adorno zudem die philosophische Vorlesung »Einleitung in die Geschichtsphilosophie« und gibt das soziologische Hauptseminar »Zeitgenössische Ideologien · Begriff der Ideologie II«

Das Seminar findet donnerstags von 17 bis 19 Uhr statt

109–114 Archivzentrum Na 1, 885

109 Claus Behncke, 16. Mai 1957

Claus Behncke

Philosophisches Hauptseminar: Protokoll der Sitzung v. 16. 5. 57
   In der Sitzung am 16. Mai beschäftigte das Seminar die Frage nach dem Verhältnis der kritischen Philosophie Kants zu den rationalistischen Philosophien insbesondere Leibniz'.
   Als Grundlage diente das Kapitel »von der Amphibolie der Reflexionsbegriffe durch die Verwechselung des empirischen Verstandesgebrauchs mit dem transzendentalen« aus der Kritik der reinen Vernunft,[1] das Herr Schmidt referierte.[2] Kant geht darin davon aus, daß die reflexio nichts mit den Gegenständen selbst zu tun habe, sondern lediglich die subjektive Genesis des Begriffs vom Gegenstand aufsuche.[3] Als Resultat dieser transzendentalen Überlegung soll sich das Verhältnis der Begriffe zueinander in seiner Abhängigkeit vom Moment der Erkenntniskraft ergeben.[4] Das erste der vier Begriffspaare, die das Verhältnis der Begriffe untereinander spiegeln sollen,[5] ist das der Einerleiheit und Verschiedenheit.[6] Kant polemisiert hier gegen Leibniz mit dem Argument, daß die Begriffe von Gegenständen des reinen Verstandes unter Absehung aller sinnlichen Momente zwar identisch seien, daß jedoch bei Begriffen, die sich auf Erscheinungen bezögen, von ihrer raumzeitlichen Ausdehnung schlechterdings nicht abstrahiert

---

[1] Vgl. den Abschnitt »Von der Amphibolie der Reflexionsbegriffe durch die Verwechselung des empirischen Verstandesgebrauchs mit dem transzendentalen«, KW, Bd. III, S. 285–291 (B 316–324; A 260–268).
[2] Der Referatstext von Schmidt wurde nicht aufgefunden.
[3] »Die *Überlegung* (reflexio) hat es nicht mit den Gegenständen selbst zu tun, um geradezu von ihnen Begriffe zu bekommen, sondern ist der Zustand des Gemüts, in welchem wir uns zuerst dazu anschicken, um die subjektiven Bedingungen ausfindig zu machen, unter denen wir zu Begriffen gelangen können.« (Ebd., S. 285 [B 316; A 260])
[4] »Nicht alle Urteile bedürfen einer *Untersuchung*, d. i. einer Aufmerksamkeit auf die Gründe der Wahrheit; denn, wenn sie unmittelbar gewiß sind, z. B. zwischen zwei Punkten kann nur eine gerade Linie sein; so läßt sich von ihnen kein noch näheres Merkmal der Wahrheit, als das sie selbst ausdrücken, anzeigen. Aber alle Urteile, ja alle Vergleichungen bedürfen einer *Überlegung*, d. i. einer Unterscheidung der Erkenntniskraft, wozu die gegebenen Begriffe gehören.« (Ebd., S. 286 [B 316f.; A 261])
[5] »Das Verhältnis aber, in welchem die Begriffe in einem Gemütszustande zu einander gehören können, sind die der *Einerleiheit* und *Verschiedenheit*, der *Einstimmung* und des *Widerstreits*, des *Inneren* und des *Äußeren*, endlich des *Bestimmbaren* und der *Bestimmung* (Materie und Form).« (Ebd. [B 317; A 261])
[6] Vgl. ebd., S. 287f. (B 319f.; A 263f.).

werden dürfe, da Raum und Zeit die notwendigen Bedingungen seien, unter denen allein dem Subjekt Gegenstände gegeben würden. In den Begriffen von Erscheinungen komme als störender Faktor der Identität stets ein Moment aus der Anschauung hinzu, das aus dem Begriff allein nicht folge. Diese sinnlichen Momente habe Leibniz unterschlagen und habe deshalb einen hypostasierten Begriff von Identität gewonnen. Herr Professor Horkheimer stellte dagegen die Frage, ob denn die Nichtidentität nicht etwas rein Begriffliches sei, da doch auch Raum und Zeit Begriffe seien. Kants Argumentation beruhe auf der starren Trennung von Sinnlichkeit und Verstand, und seine Theorie von Erkenntnis enthalte deshalb ein unauflösliches irrationales Element.

Herr Professor Adorno vertrat die Ansicht, gewiß müsse man Kant entgegenhalten, daß man nicht ohne begriffliche Erkenntnis Verschiedenheit zu konstituieren vermöge, einmal, da die aus der Anschauung stammenden Bestimmungen selbst begrifflich vermittelt seien, zum anderen das Aussprechen bestimmter Unterschiede anders als durch Begriffe nicht denkbar sei. Daß jedoch die Erkenntnis von Verschiedenheit auch nicht restlos durch Begriffe möglich sei, bedeute noch nicht die Notwendigkeit der Kantischen Konstruktion, das Reich der Identität den Begriffen zuzuordnen, während die Nichtidentität den Anschauungen angehöre.

Herr Professor Horkheimer betonte, daß das Problem nur dialektisch zu lösen sei; das Begriffliche lasse sich nicht darstellen ohne das Anschauliche, wie umgekehrt. Gemeinsam jedenfalls sei Kant als auch Leibniz der aufklärerische Glaube, der Widerstreit müsse sich prinzipiell lösen lassen, wenn auch der Schnittpunkt des Begrifflichen und Anschaulichen im Unendlichen liege, die Auflösung des Widerstreits lediglich als unendliche Aufgabe gefaßt werden könne.

Das zweite Begriffspaar, an dem Kant das Verhältnis der Begriffe aufzeigt, ist das der Einstimmung und des Widerstreits.[7] Sein Argument lautet: Rein im Verstande vorgestellte Realitäten seien freilich frei von Widerstreit, was jedoch nicht vom Realen, wie es in den Erscheinungen gegeben werde, behauptet werden könne. Als das wichtigste Moment an dieser Polemik wurde vom Seminar die Tatsache herausgearbeitet, daß Kant das Gewicht der realen Widersprüche rettet gegenüber der Leibniz'schen Widerstreitslosigkeit in der Sphäre des reinen Verstandes. Leibniz leugne zwar die Widersprüchlichkeit der Welt der Erfahrung nicht, bedeute jedoch der Erfahrung, (Zitat von Schopenhauer) »sie verstehe

---

7 Vgl. ebd., S. 288f. (B 320f.; A 264f.).

nichts davon und solle das Maul halten, wenn Philosophie *a priori* geredet hat.«[8] Kants Begriff von Realität ist einmal dynamisch: (Zitat von Herrn Professor Adorno) »der Tummel- und Kampfplatz widerstreitender Kräfte, wofür die Konstruktion des Erhabenen aus Anziehung und Abstoßung exemplarisch ist«, zum anderen empirisch, das heißt, der Widerstreit ist bei ihm nicht nur einer der logischen Form. Herr Professor Adorno wies darauf hin, daß an dieser Stelle bereits bei Kant das Hegelsche Motiv der Identität und Nichtidentität angelegt sei, das Verhältnis des Begrifflichen zum Nichtbegrifflichen sei hier das des Sich-aneinander-Abarbeitens. Durch das Moment der Anschauung, das in den Begriff etwas einführt, was dem Bewußtsein entgegengesetzt sein kann, wird das Verhältnis von Subjekt zu Objekt ein Spannungsverhältnis, die Identität zum Kampf. Die anschauliche Realität, der Fortschritt der Erfahrung führt zur Aufhebung des Begriffs, zur Modifikation des kategorialen Apparates. Herr Molitor[9] stellte die Frage, ob darin nicht eine Gefahr für die Einheit der Apperzeption liege.

Herr Professor Horkheimer antwortete, daß Hegel diese Konsequenz tatsächlich gezogen habe, indem bei ihm der Geist das Identische und das Nichtidentische sei, das Sich-Verlieren an die Realität und das Sich-Zurückgewinnen. Zweifellos liege in Kant eine Empfindlichkeit gegen den starren Charakter, das ganze identische Ich. Herr Professor Adorno fügte hinzu, Kant verteidige mit der Vernunft das, was nicht mit ihr identisch sei; er beuge sich gewissermaßen gegenüber dem, was nicht Vernunft ist.

Das dritte der vier Begriffspaare ist das des Inneren und des Äußeren.[10] Kant vertritt hier den Standpunkt, daß die Erkenntnis die Synthesis des Äußeren ist und wendet sich gegen den Begriff des reinen Wesens, die Innerlichkeit der Gegenstände des reinen Verstandes, zu der man nur gelangen könne durch die

---

[8] Wenn Schopenhauer auf den »fundamentalen Unterschiede zwischen dogmatischer und kritischer, oder *Transscendental-Philosophie*« zu sprechen kommt, sagt er: »Wer sich diesen deutlich machen und an einem Beispiel vergegenwärtigen will, kann es in aller Kürze, wenn er, als Specimen der dogmatischen Philosophie, einen Aufsatz von *Leibnitz* durchliest, welcher den Titel »*De rerum originatione radicali*« führt [...]. – Hier wird nun so recht in realistisch-dogmatischer Weise, unter Benutzung des ontologischen und des kosmologischen Beweises, der Ursprung und die vortreffliche Beschaffenheit der Welt *a priori* dargethan, auf Grund der *veritatum aeternarum*. – Nebenher wird auch ein Mal eingestanden, daß die Erfahrung das gerade Gegentheil der hier demonstrirten Vortrefflichkeit der Welt aufweise, darauf aber der Erfahrung bedeutet, sie verstehe nichts davon und solle das Maul halten, wenn Philosophie *a priori* geredet hat.« (Arthur Schopenhauer, Die Welt als Wille und Vorstellung. Erster Band. Vier Bücher, nebst einem Anhange, der die Kritik der Kantischen Philosophie enthält [1819], in: Arthur Schopenhauer, Werke in fünf Bänden, hrsg. von Ludger Lütkehaus, Zürich 1988, Bd. I, S. 538f.)
[9] D. i. Jacob Molitor.
[10] Vgl. KW, Bd. III, S. 289 (B 321f.; A 265f.).

Abstraktion von allen Verhältnissen, in denen der Gegenstand steht. Die Innerlichkeit der Gegenstände des reinen Verstandes sei lediglich das Produkt einer totalen Abstraktion von allem Empirischen, worin allein doch Gegenstände gegeben werden. Mit dieser Argumentation bezieht bereits Kant die Stellung der positiven Wissenschaften gegen die Lehre von der inneren Schau zum Beispiel Bergsons. Zum Schluß der Sitzung entspann sich ein hartnäckiger Disput über die Bedeutung des Satzes: »Als Objekt des reinen Verstandes muß jede Substanz dagegen innere Bestimmungen und Kräfte haben, die auf die innere Realität gehen«.[11] Während Herr Professor Horkheimer darin wesentlich das Eingeständnis Kants sah, daß Substanzen als Objekte des reinen Verstandes nicht ohne Grund vorstellbar seien, wohinter er religiöse Vorstellungen vermutete, insistierte Herr Professor Adorno auf der Auffassung, daß Kant sich mit dem Inhalt dieses Satzes nicht identifiziert hätte, sondern ihn in kritischer Absicht geschrieben habe.

---

11 Vgl. ebd. (B 321; A 265).

110 Karl-Otto Weber, 23. Mai 1957

Protokoll von der Sitzung des philosophischen Seminars unter Leitung der Herrn Professoren Horkheimer und Adorno am 23. Mai 1957.

Der erste Teil des Seminars war dem Protokoll der vorhergegangenen Sitzung gewidmet, welche die drei ersten Begriffspaare aus dem Kant'schen Kapitel von der Amphibolie der Reflexionsbegriffe zum Gegenstand genommen hatte, nämlich 1. Einerleiheit und Verschiedenheit, 2. Einstimmung und Widerstreit, 3. Inneres und Äußeres.

Weil es hier um die Prüfung geht, ob sich ein Begriff aus der Sinnlichkeit oder aus dem reinen Verstande herleitet, schlossen die Herren Professoren hier eine Erklärung des Begriffes der Anschauung bei Kant an: Anschauung setzt zweierlei voraus: 1. die an das Subjekt gebundenen Formen der Anschauung, nämlich Raum und Zeit, 2. das Inhaltliche, Stoffliche oder Irrationale als das schlechthin Andere oder Heterogene, welches dem Subjekt gegeben wird. Beides ist notwendig, damit Erfahrung zustande kommt. Herr Professor Adorno gebrauchte den Vergleich mit einer Maschine, die irgendeinen Rohstoff verarbeiten muß, um überhaupt etwas erzeugen zu können. Bloße Formen, die sich auf sich selbst bezögen, wären tautologisch. Dies sei Kants metaphysische Entdeckung. Dagegen bleibt bei Hegel dieses Stoffliche nicht mehr heterogen, sondern gehört zum Geist hinzu, der sich von der Stufe sinnlicher Erkenntnis bis zur absoluten Philosophie fortentwickelt.

Im zweiten Teil des Seminars wurde das Referat von Herrn Schmidt über die Amphibolie der Reflexionsbegriffe fortgesetzt, und zwar über das vierte Begriffspaar, Materie und Form.[12] Diese Namen bezeichnen das Bestimmbare und das Bestimmende überhaupt. Kant zeigt ihre Anwendung 1. auf das Urteil: Die gegebenen Begriffe sind dort die Materie; ihr Verhältnis zueinander, welches durch die Kopula hergestellt wird, ist die Form des Urteils. 2. auf das Wesen: Die Bestandteile des Wesens oder Essentialien bilden die Materie, während die Art ihrer Verbindung die eigentümliche Form eines Wesens darstellt. 3. auf die Dinge überhaupt: Unbegrenzte Wirklichkeit ist die Materie aller möglichen Dinge; dagegen macht die Negation von Möglichkeiten die Form aller Dinge aus.

Es erhebt sich die Frage, ob die Materie der Form oder die Form der Materie logisch vorhergeht. Wenn der reine Verstand sich unmittelbar der Dinge selber

---

12 Vgl. ebd., S. 289–291 (B 322–324; A 266–268).

bemächtigte, wie Leibniz annahm, ginge die Materie der Form logisch voraus, d. h., Raum und Zeit wären Bestimmungen an den Dingen selbst. Da uns jedoch nach Kant nur Erscheinungen gegeben werden, so ist die Form logisch früher als die Materie, nämlich Raum und Zeit als subjektive Anschauungsformen machen erst die Aufnahme des Empfindungsinhaltes möglich.

Nach diesem Abschnitt sprach der Referent über die Kant'sche Anmerkung zum Amphiboliekapitel.[13] Die Frage nach dem transzendentalen Ort heißt zu prüfen, ob ein Begriff der Sinnlichkeit oder dem reinen Verstand entspringt. Mit dieser Forderung wandte sich Kant einerseits gegen den Empirismus, andererseits gegen den Rationalismus, denn beide Richtungen begingen den gleichen Fehler, indem sie nicht das Verhältnis des sinnlichen und des verstandesmäßigen Anteils in ihren Begriffen prüften. Die transzendentale Topik bewahrt davor, so sagte Herr Professor Horkheimer, erfahrungswissenschaftliche Aussagen für ontologisch zu halten, und umgekehrt. In allen Begriffen stecke etwas vom reinen Verstand und etwas von der Sinnlichkeit. Absolute Aussagen über die Wirklichkeit seien unmöglich, da sie sich entweder auf die Form oder auf den Inhalt bezögen. – Herr Professor Adorno machte auf den Einfluß Rousseaus aufmerksam. Die Welt werde nicht durch hierarchisch auferlegte Bestimmungen erfaßt, sondern es gebe noch etwas anderes, was in dem Rousseau'schen Begriffe von der Natur zum Ausdruck komme. Was aber durch Bestimmungen nicht festgelegt sei, ebendies ermögliche die Freiheit. – Kant greift also auf Locke zurück, wenn er gegen Leibniz geltend macht, daß auch das Empirische eine Macht darstelle und nicht vorherzuberechnen sei, so schloß Professor Horkheimer. Wer den transzendentalen Ort suche, lerne Achtung auch vor dem, was außerhalb des bloßen Verstandes liege.

Da Kant im vierten[14] Abschnitt seiner Anmerkung Kritik an der Leibniz'schen Lehre übt,[15] sprach der Referent weiter über die Monadologie[16], und zwar zuerst über ihre Bedeutung für die Erkenntnistheorie. Während Locke die angeborenen Ideen mit dem Satze »nihil est in intellectu, quod non fuerit in sensu« geleugnet hatte,[17] lehrte Leibniz, daß alle Ideen eigentlich angeboren seien. Zwar ständen

---

13 Vgl. ebd., S. 291–307 (B 324–349; A 268–292).
14 Korrigiert für: »dritten«.
15 Vgl. ebd., S. 292 f. (B 326 f.; A 270 f.).
16 Vgl. Gottfried Wilhelm Leibniz, La monadologie/Monadologie [1720], in: Gottfried Wilhelm Leibniz, Monadologie und andere metaphysische Schriften. Discours de métaphysique. La monadologie. Principes de la nature et de la grâce fondés en raison. Französisch – deutsch, hrsg. und übers. von Ulrich Johannes Schneider, Hamburg 2002 [Philosophische Bibliothek; 537], S. 110–151.
17 Die Wendung findet sich nicht bei Locke selbst, sondern wird von Leibniz zur Kennzeichnung der Position Lockes verwendet, die sich in dessen Essay »Versuch über den menschlichen Verstand« [1690] im Titel des ersten Buchs ausdrückt: »Weder Prinzipien noch Ideen sind angeboren«

sie nicht zu jeder Zeit zur Verfügung, sondern der Geist führe sie erst aus der Möglichkeit in die Wirklichkeit über, doch seien sie keimhaft bereits in der Monade angelegt. Die geistigen Inhalte wichen lediglich in der Deutlichkeit voneinander ab, so daß auch zwischen sinnlicher Vorstellung und verstandesmäßigem Begreifen nur ein Unterschied an Klarheit bestehe. Was nämlich in den Monaden sei, müsse aus ihnen allein hervorgehen, da sie nicht aufeinander einwirkten, denn die Monaden hätten keine Fenster. Den Locke'schen Grundsatz hielt Leibniz daher mit einer Umdeutung fest: nihil est in intellectu, quod non fuerit in sensu, nisi ipse intellectus.[18] Er sagte mit Locke, sie seien mit dem Denken selbst gegeben und kämen nicht durch äußere Erfahrung hinein. Bei diesem Ansatz konnte sich die Kant'sche Frage nach dem transzendentalen Ort für Leibniz gar nicht stellen, weil das Sinnliche nichts Heterogenes ist und wegen der Abgeschlossenheit der Monade eine eigentliche Erkenntnis überhaupt nicht zustande kommt. – Herr Professor Adorno wies darauf hin, daß mit den verschiedenen Deutlichkeitsgraden der Vorstellungen der Begriff des Unbewußten vorhanden sei.

Der Referent führt nun weitere Eigenschaften aus. In dem deduktiven System von Leibniz sind die Monaden einfache Substanzen, durch deren Häufung die zusammengesetzten Dinge entstehen. Da sie selbst nicht erregbar sind, kann nur das Zusammengesetzte irgendwelchen Einwirkungen unterworfen sein.[19] Herr

---

(John Locke, Versuch über den menschlichen Verstand. In vier Büchern. Band I: Buch I und II, übers. von Carl Winckler, Hamburg 2006 [Philosophische Bibliothek; 75], S. 29–105).

[18] »Hat die Seele Fenster? gleicht sie einer Tafel? ist sie wie Wachs? Es ist einleuchtend, daß alle die, welche so von der Seele denken, sie im Grunde für körperlich halten. Man wird mir den von den Philosophen angenommenen Grundsatz entgegenhalten, *daß in der Seele nichts sei, das nicht von den Sinnen kommt.* Aber man muß die Seele und ihre Zustände selbst davon ausnehmen. *Nihil est in intellectu quod non fuerit in sensu, excipe: nisi ipse intellectus* (das Denken selbst ausgenommen). Die Seele enthält also das Sein, die Substanz, das Eine, das Selbige, die Ursache, die Wahrnehmung, das Denken und eine Menge anderer Vorstellungen, welche die Sinne nicht verleihen können.« (Gottfried Wilhelm Leibniz, Neue Abhandlungen über den menschlichen Verstand, hrsg. und übers. von C[arl] Schaarschmidt, 2. Aufl., Leipzig 1904 [Philosophische Bibliothek; 69], S. 78)

[19] »Es gibt [...] kein Mittel zu erklären, wie eine Monade verwandelt oder in ihrem Inneren durch irgendein anderes Geschöpf verändert werden kann; denn man kann keine Bewegung auf sie übertragen, noch in ihr irgendeine innere Bewegung begreifen, die darin hervorgerufen, gelenkt, vergrößert oder verkleinert werden könnte, wie das in den Zusammengesetzen sein kann, wo es Veränderungen zwischen den Teilen gibt. Die Monaden haben keine Fenster, durch die etwas in sie hineintreten oder sie verlassen könnte. Die Akzidenzen können sich weder von den Substanzen lösen, noch außerhalb ihrer herumwandeln, wie es einmal die *species sensibilis* der Scholastiker taten. So kann weder Substanz noch Akzidenz von außen in eine Monade eintreten.« (Leibniz, Monadologie, a.a.O. [s. Anm. 16], S. 111–113)

Professor Adorno erinnerte daran, daß bei Descartes die res extensa und die res cogitans einander auch nicht beeinflussen, sondern gewaltsam zusammengebracht werden.[20] – Jede Monade ist von allen anderen nicht nur völlig getrennt, sondern auch verschieden. Wenn sie bei solchen Voraussetzungen in einer gemeinsamen Ordnung stehen sollen, muß eine Vermittlung da sein, welche auch bei Leibniz Gott herstellt, dies jedoch nicht nach dem Muster des Okkasionalismus, nämlich so, daß ein deus ex machina von Fall zu Fall die Übereinstimmung schaffte, sondern derart, daß Gott die Harmonie ein für allemal festsetzt. Wie ein Uhrmacher zwei gleichgehende Uhren, so hat Gott alle Monaden aufeinander abgestimmt, indem sie ohne Ausnahme in mehr oder weniger klarer Vorstellung die gesamte Welt in sich abbilden und in dieser Einheitlichkeit ihres Vorstellungsgehaltes trotz ihrer Individualität einander entsprechen. Dies ist die prästabilierte Harmonie. Herr Professor Adorno beendete das Seminar mit dem Hinweis auf die Bedeutung der Frage, wie ein individuelles Erkenntnisvermögen Urteile von allgemeiner Gültigkeit fällen könne.

Vorgelegt am 6. Juni 1957
von Karl-Otto Weber.

---

20 Vgl. die »Sechste Meditation«, »Über die Existenz materieller Dinge und die reale Unterscheidung des Geistes vom Körper«, in: René Descartes, Meditationen [1641], hrsg. und übers. von Christian Wohlers, Hamburg 2009 (Philosophische Bibliothek; 596), S. 79–97.

111 [N.N.],
6. Juni 1957

Protokoll der Seminarsitzung vom 6. Juni 1957

In der letzten Seminarstunde setzten wir die Besprechung des Kapitels »Von der Amphibolie der Reflexionsbegriffe« in der Kritik der reinen Vernunft fort. Kant hatte auf den vorhergehenden Seiten Kritik an der Leibniz'schen Monadologie geübt. Der Nerv seiner Beweisführung war der Hinweis, daß man die abstrakten Begriffe, wie sie sich durch Absehen von der spezifischen Beschaffenheit der Dinge ergeben, nicht für die Sache selbst nehmen dürfe. In der metaphysischen Konstruktion einer Einheit der Welt sieht Kant eine Hypostasierung solcher Abstraktionen.

Bei der Lektüre des Kapitels wurde an der Stelle, an der Kant in einer neuen Variation die Unerkennbarkeit des Dinges an sich erörtert und dabei sagt: »Was die Dinge an sich sein mögen, weiß ich nicht und brauche es auch nicht zu wissen«[21], die Frage aufgeworfen, welche metaphysische Gesinnung hinter diesem: »Das weiß ich nicht und brauche ich auch nicht zu wissen« stehe. Während die rationalistischen Philosophen wähnten, es mit den Dingen an sich zu tun zu haben, fügt Kant seiner Kritik an deren Folgerungen obendrein noch hinzu, daß all derartige Bemühungen nicht nur unzulänglich, sondern auch unnötig seien.

Einerseits steckt hinter diesem Gedanken Kants das Motiv der Naturbeherrschung, daß die Erkenntnis sich einzuschränken habe auf Bereiche, die sie kontrollieren kann; alle Sätze, die unkontrollierbar wären, erscheinen demzufolge als Grillen; – das hieße dann, daß auch die theoretische Vernunft nichts anderes als eine Technik zur Naturbeherrschung wäre. Hieraus ergibt sich die sonderbare Verkehrung, daß die Kritik der reinen Vernunft gerade eine Schrift für die Praxis ist, während in der praktischen Vernunft gerade das Theoretische behandelt wird, da der Absolutheitsanspruch, der in der Kritik der reinen Vernunft geleugnet, in ihr zu retten gesucht wird.

---

21 »Wenn wir aber auch *von Dingen an sich selbst* etwas durch den reinen Verstand synthetisch sagen könnten (welches gleichwohl unmöglich ist), so würde dieses doch gar nicht auf Erscheinungen, welche nicht Dinge an sich selbst vorstellen, gezogen werden können. Ich werde also in diesem letzteren Falle in der transzendentalen Überlegung meine Begriffe jederzeit nur unter den Bedingungen der Sinnlichkeit vergleichen müssen, und so werden Raum und Zeit nicht Bestimmungen der Dinge an sich, sondern der Erscheinungen sein: was die Dinge an sich sein mögen, weiß ich nicht, und brauche es auch nicht zu wissen, weil mir doch niemals ein Ding anders, als in der Erscheinung vorkommen kann.« (KW, Bd. III, S. 296 f. [B 332 f.; A 276 f.])

Der anderen Interpretation, daß in jenem Gedanken Resignation stecke, mit der sich Kant identifiziert, und die, mit einem gewissen Abstand von Kant betrachtet, ein wenig vom Gestus der Charakterneurose habe, mit der, wenn etwas schief gegangen ist, gesagt wird: Ach, das brauch ich nicht, das ist ja auch nicht nötig – dieser Interpretation wurde entgegengehalten, daß wir doch wirklich nicht, um uns in der Welt zurechtzufinden, wissen müßten, was das Ding an sich sei; das »wir brauchen es auch nicht« ist ein Moment der ganzen Aufklärung. Was wäre schon, wenn wir wüßten, wie die Dinge selber sind, was hülfe schon unser Wissen von ihren inneren Zuständen. Indem im weiteren Verlauf der Diskussion das Ding an sich als etwas herausgestellt wurde, das mit uns nichts zu tun hat, die Menschen z. B. mich nur in ihrem Verhalten zu mir interessieren und nicht wie sie an sich sind, rief dieses Beharren den Einwand hervor, daß, wenn wir schon vom Ding an sich wüßten, wir doch etwas mit ihm zu tun haben. Kants Motiv, »wir brauchen es auch nicht«, ist insofern ernst zu nehmen, als Fichte und die Nach-Kantianer die Konsequenz aus dieser These zogen und das Ding an sich strichen. Wenn auch in dem Motiv ein Forschungsprogramm für die Naturwissenschaften steckt, so bedeutet es andererseits, daß von der Philosophie, die es mit dem Absoluten, der Utopie zu tun hat, abgekehrt wird. (Dennoch kann man Kant diesen Vorwurf nur bedingt machen.) Wenn Naturerkenntnis und Naturbeherrschung auch möglich sind, ohne daß das Ding an sich in die Erörterung einbezogen wird, so kann doch die Philosophie, die es ihrem Begriffe nach mit dem Absoluten, der Utopie, zu tun hat, nicht darauf verzichten. Einer gründlicheren Analyse stellt sich die von Kant postulierte Trennung von Theorie und Praxis als nicht ganz so stichhaltig dar. Dem bürgerlichen Bewußtsein ist diese Trennung überhaupt eigen. In der Realität geht es ums eigene Fortkommen, aber am Sonntag, »da halte ich Kritik der praktischen Vernunft«. Der nach-Kant'schen Philosophie hat sich dann auch die Trennung von Theorie und Praxis, wie sie hier von Kant postuliert wird, als philosophisch nicht haltbar erwiesen.

Bei der Fortsetzung der Lektüre stießen wir auf ein neues Problem. Während im vorliegenden Text Kant wiederholt darauf besteht, daß wir das Schlechthin-Innerliche der Dinge nicht wissen können, sondern nur lauter Komparativ-Innerliches, sei doch der Ton in der Kritik der Urteilskraft insofern ein ganz anderer, als Kant dort angebe, wie wir das innere Leben der Organismen erkennen könnten, die wir uns zweckmäßig organisiert vorstellen müßten; dieses bedeutet dann aber, daß zwischen der Kritik der reinen Vernunft und der Kritik der Urteilskraft ein Bruch klaffe. Dieser Einwand führte zu einer genaueren Erörterung des Prinzips der teleologischen Urteilskraft.

Unter dem, was wir sehen, heben sich die organischen Gebilde ab, wie auch die Kunstwerke, die jemand gemacht hat. Wenn nun von den Dingen, die aus dem chaotischen Material der Sinnlichkeit durch den Verstand konstituiert werden, eine Gruppe herausgestellt wird, von der dann gesagt wird, daß diese Phänomene so vorgestellt werden müssen, als ob sie Ganzheiten wären, so will Kant damit nicht sagen, daß sie wirklich teleologisch organisiert sind. Bei einer Folgerung aus jener Einteilung auf die Konzeption einer Innerlichkeit, die zu der Scheidung der Phänomene führte, hätte Kant darauf verwiesen, daß die Organismen als Ganzheiten nur erscheinen; gegen die Behauptung, daß den Organismen eine Innerlichkeit zukomme, hätte er sich leidenschaftlich gewandt und als Naturwissenschaftler zur Beweisführung aufgefordert. Denn mit der Annahme einer Innerlichkeit brächte man eine Entelechie und den Organizismus in die Natur herein. Nach Kant konnte sich aber durchaus herausstellen, daß das, was wir jetzt teleologisch nennen, sich der fortschreitenden Analyse der Naturvorgänge als mechanische Kausalität erweisen wird. Das Zweckprinzip ist nur ein regulatives, heuristisches Prinzip und nur dazu da, um die Erkenntnis zu lenken. Ohne die Einführung dieses Prinzips blieben bestimmte Phänomene unverständlich: So wie man nach dem Durcharbeiten und Verständnis der beiden Kritiken und der vorkritischen Schriften nicht recht einsehen könne, warum man die Natur als Organismus, als Einheit auffassen müsse, da man doch schon mit der von der Kritik der reinen Vernunft aufgestellten Kategorie der Einheit[22] in die Welt Einheit bringen kann, so bleibe auch unverständlich die Einordnung des Sittengesetzes in die psycho-physische Einheit des Menschen.[23] Die Wissenschaft aber ist angewiesen, ein Bild von der ganzen Welt zu erstreben; die Anweisung, die Welt unter der Idee der Ganzheit zu betrachten, darf aber nicht nur für die Struktur der Welt an sich genommen werden.

Bei der weiteren Lektüre fanden wir jenen Satz, der das Programm der Kritik an der rationalen Psychologie enthält. Es gibt Kant zufolge deshalb keine rationale Seelenlehre, weil meine Seele mir nur als Erscheinung gegeben ist.[24] Hierin

---

[22] So heißt es etwa in der Vorrede zur zweiten Auflage der »Kritik der reinen Vernunft« von 1787: »Denn das hat die reine spekulative Vernunft Eigentümliches an sich, daß sie ihr eigen Vermögen, nach Verschiedenheit der Art, wie sie sich Objekte zum Denken wählt, ausmessen, und auch selbst die mancherlei Arten, sich Aufgaben vorzulegen, vollständig vorzuzählen, und so den ganzen Vorriß zu einem System der Metaphysik verzeichnen kann und soll; weil, was das erste betrifft, in der Erkenntnis a priori den Objekten nichts beigelegt werden kann, als was das denkende Subjekt aus sich selbst hernimmt, und, was das zweite anlangt, sie in Ansehung der Erkenntnisprinzipien eine ganz abgesonderte für sich bestehende Einheit ist, in welcher ein jedes Glied, wie in einem organisierten Körper, um aller anderen und alle um eines willen dasind, und kein Prinzip mit Sicherheit in *einer* Beziehung genommen werden kann, ohne es zugleich in der *durchgängigen* Beziehung zum ganzen reinen Vernunftgebrauch untersucht zu haben.« (Ebd., S. 29 [B XXIII])
[23] Vgl. KW, Bd. IV, S. 683f. (B 842–844; A 814–816).
[24] »*Ich*, als denkend, bin ein Gegenstand des innern Sinnes, und heiße Seele. Dasjenige, was ein Gegenstand äußerer Sinne ist, heißt Körper. Demnach bedeutet der Ausdruck Ich, als ein denkend

steckte nun wiederum eine Bestätigung jener Ansicht, daß Kant keineswegs die Innerlichkeit erkennen wollte, ja es auch für unnütz hielt, etwas über das Wesen der Seele zu wissen, wie etwa, daß sie sich aufschwinge.[25] Denn trotz des Bemühens über ihr Wesen etwas auszusagen, wäre das Urteil doch wieder auf die Sinnlichkeit bezogen, wie immer, wenn das Wort Seele in Ausdrücken erklärt wird, die ich verstehe. Gegen den erneuten Verweis auf die Unnützigkeit des Wissens über das Wesen der Dinge wurde der Einwand erhoben, daß diese Ansicht unwahr sei, denn wenn ich das Wissen hätte, wäre mit dem Augenblick, in dem ich es wüßte, eine Beziehung des Dinges an sich zu mir da, die meine gesamte Konstitution verändert. Hiergegen wurde geltend gemacht, daß Kant in dieser Ansicht keinen Sinn mehr gesehen hätte. Kant wollte doch mit seinem Werk gerade aufzeigen, was Wissen heißt; jenes Wissen, mit dem alles anders wäre, genügte vielleicht, um selig zu werden, nicht aber dem Kant als Aufklärer und Naturwissenschaftler. Gegen das Festhalten an dem engen Begriff des Wissens, wie er Kant vorschwebte, wurden folgende Argumente vorgebracht. Wenn Kant sagt, selbst wenn du das Wesen der Dinge wüßtest, könnte es dir nichts nützen, so steckt doch in der Geringschätzung der Möglichkeit, daß ich es wissen könnte, etwas falsches. Denn wenn Kant sagt, daß wir über das Wesen der Dinge nichts wissen könnten, da dieses mit unserer Organisation unvereinbar sei, so gibt er doch gerade mit dieser Feststellung zu, daß Aussagen über das Wesen der Dinge doch möglich sind. Andernfalls würde Kants Philosophie auf eine Tautologie hinauslaufen, ich würde nur so weit etwas wissen, als ich es selbst erzeugt habe.

Diese Erörterung wurde mit dem Hinweis abgeschlossen, daß Kant sich zu der Naturwissenschaft bekannt habe, die für ihn die einzige ist, auf die der Begriff Erkenntnis mit Recht zutrifft. Kant habe vor dem Problem gestanden, wie die allgemeinen Naturgesetze mit den besonderen, die vom Material abhängen, zusammengebracht werden können. Kritisierend wurde dem hinzugefügt, daß bei der Konstitution der Erkenntnis aus dem chaotischen Material der Sinnlichkeit auch ein empirisches Moment insofern hineinspielt, als nämlich alle Erfahrung

---

Wesen, schon den Gegenstand der Psychologie, welche die rationale Seelenlehre heißen kann, wenn ich von der Seele nichts weiter zu wissen verlange, als was unabhängig von aller Erfahrung (welche mich näher und in concreto bestimmt) aus diesem Begriffe *Ich*, so fern er bei allem Denken vorkommt, geschlossen werden kann. *[Absatz]* Die *rationale* Seelenlehre ist nun wirklich ein Unterfangen von dieser Art; denn, wenn das mindeste Empirische meines Denkens, irgend eine besondere Wahrnehmung meines inneren Zustandes, noch unter die Erkenntnisgründe dieser Wissenschaft gemischt würde, so wäre sie nicht mehr rationale, sondern *empirische* Seelenlehre.« (Ebd., S. 341 f. [B 400; A 342])

[25] Vgl. die entsprechende Kritik an Platon in KW, Bd. III, S. 322–324 (B 370–374; A 314–317).

von unserer Organisation abhängt. Da nun Kant den Erkenntnisbegriff an unserer zufälligen Beschaffenheit aufhängt, läßt sich sein Apriori nicht durchhalten.

112 [N.N.],
27. Juni 1957

Protokoll über die Seminarsitzung vom 27. Juni 1957

Nach der Verlesung des Protokolls über die Seminarsitzung vom 20. Juni 1957[26] ist die Lektüre über das Kapitel der Amphibolie der Reflexionsbegriffe fortgesetzt worden. Es wurde der Abschnitt B 336–342[27] gelesen und von Herrn Prof. Adorno interpretiert.

Kant weist im Eingang dieses Abschnitts auf die nach seiner Ansicht fehlerhafte Betrachtungsweise des Philosophen Leibniz hin.[28] Wie schon Herr Schmidt in seinem Referat ausgeführt hat, kann nach Kants Auffassung nur die transzendentale Reflexion entscheiden, ob die verglichenen Vorstellungen entweder einerlei oder verschieden sind, ob sie miteinander übereinstimmen oder einander widerstreiten, ob sie sich zueinander entweder als Inneres und Äußeres oder als Bestimmbares und Bestimmung (Materie und Form) verhalten. Unter transzendentaler Reflexion versteht Kant das Verhältnis gegebener Vorstellungen zu der einen oder anderen Erkenntnisart.[29] Es ist mit anderen Worten von Bedeutung, ob es sich beim jeweiligen Gegenstand der Betrachtung um ein Phaenomenon oder, unkritisch, um ein Noumenon handelt.[30] Diese Unterscheidung hatte Leibniz unterlassen, er hatte vielmehr, wie Kant sagt, aus den Begriffen selbst durch bloße Vergleichung unter Ausschaltung der Sinnlichkeit die erwähnten Fragen zu be-

---

26 Das entsprechende Protokoll wurde nicht aufgefunden.
27 Vgl. ebd., S. 299–303 (A 280–286).
28 »Man muß zwar sagen: was einem Begriff allgemein zukommt, oder widerspricht, das kommt auch zu, oder widerspricht, allem Besondern, was unter jenem Begriff enthalten ist (dictum de omni et nullo); es wäre aber ungereimt, diesen logischen Grundsatz dahin zu verändern, daß er so lautete: was in einem allgemeinen Begriffe nicht enthalten ist, das ist auch in den besonderen nicht enthalten, die unter demselben stehen; denn diese sind eben darum besondere Begriffe, weil sie mehr in sich enthalten, als im allgemeinen gedacht wird. Nun ist doch wirklich auf diesen letzteren Grundsatz das ganze intellektuelle System Leibnizens erbauet; es fällt also zugleich mit demselben, samt aller aus ihm entspringenden Zweideutigkeit im Verstandesgebrauche.« (Ebd., S. 299f. [B 336; A 280f.])
29 Vgl. ebd., S. 287 (B 318; A 262).
30 In den »Prolegomena zu einer jeden künftigen Metaphysik, die als Wissenschaft wird auftreten können« [1783], erklärt Kant: »Schon von den ältesten Zeiten der Philosophie her haben sich die Forscher der reinen Vernunft, außer den Sinnenwesen oder Erscheinungen (phaenomena), die die Sinnenwelt ausmachen, noch besondere Verstandeswesen (noumena), welche eine Verstandeswelt ausmachen sollten, gedacht, und, da sie (welches einem noch unausgebildeten Zeitalter wohl zu verzeihen war) Erscheinung und Schein vor einerlei hielten, den Verstandeswesen allein Wirklichkeit zugestanden.« (KW, Bd. V, S. 183 [A 104])

antworten versucht. Die Mißdeutung der Reflexionsbegriffe hat Leibniz, so führt Kant aus, »zu einem vermeinten System intellektueller Erkenntnis« verleitet. Andererseits ist aber dieser Irrtum nach der Meinung Kants »die Entwickelung der täuschenden Ursache der Amphibolie dieser Begriffe, in Veranlassung falscher Grundsätze, von großem Nutzen« gewesen, da sie dazu geführt habe, »die Grenzen des Verstandes zuverlässig zu bestimmen und zu sichern«.[31]

Dieser kurze Abschnitt gibt den Grundgedanken des ganzen Kapitels wieder.

Was den Begriff der Reflexion anlangt, so kommt er in der Geschichte der Philosophie bei Kant nicht zum ersten Mal vor, er taucht schon bei Locke auf. Nach ihm ist das Bewußtsein anfangs wie ein weißes, unbeschriebenes Blatt Papier. Erst durch Erfahrung gelangt es zu Inhalten, die von ihm Ideen genannt werden.[32] Damit geht alle Erkenntnis von der Erfahrung aus. Was ist Erfahrung? Erfahrung ist nach Locke entweder äußere Wahrnehmung (sensation) oder innere Selbstbeobachtung (reflexion). Sensation und reflexion sind die letzten Elemente, in die wir die Inhalte des Bewußtseins zerlegen können. Die Inhalte der sensation und der reflexion, der äußeren und inneren Wahrnehmung, sind das Material, das der Verstand verarbeitet.[33] In dem Begriff der reflexion liegt der Begriff der Rückspiegelung von einem ursprünglich Sinnlichen. Herr Prof. Adorno brachte das Beispiel, daß jemand an einem Tage Zahnschmerzen hat, die abklingen, und daß er am nächsten Tage sich daran erinnert. Im ersten Falle hätten wir die unmittelbare sensation, im zweiten Falle die reflexion.

---

31 »Die Begriffe der Reflexion haben, wie wir gezeigt haben, durch eine gewisse Mißdeutung einen solchen Einfluß auf den Verstandesgebrauch, daß sie sogar einen der scharfsichtigsten unter allen Philosophen zu einem vermeinten System intellektueller Erkenntnis, welches seine Gegenstände ohne Dazukunft der Sinne zu bestimmen unternimmt, zu verleiten im Stande gewesen. Eben um deswillen ist die Entwickelung der täuschenden Ursache der Amphibolie dieser Begriffe, in Veranlassung falscher Grundsätze, von großem Nutzen, die Grenzen des Verstandes zuverlässig zu bestimmen und zu sichern.« (KW, Bd. III, S. 299 [B 336; A 280])
32 »Nehmen wir [...] an, der Geist sei, wie man sagt, ein unbeschriebenes Blatt, ohne alle Schriftzeichen, frei von allen Ideen; wie werden ihm diese dann zugeführt? Wie gelangt er zu dem gewaltigen Vorrat an Ideen, womit ihn die geschäftige schrankenlose Phantasie des Menschen in nahezu unendlicher Mannigfaltigkeit beschrieben hat? Woher hat er all das *Material* für seine Vernunft und für seine Erkenntnis? Ich antworte darauf mit einem einzigen Worte: aus der *Erfahrung*. Auf sie gründet sich unsere gesamte Erkenntnis, von ihr leitet sie sich schließlich her. Unsere Beobachtung, die entweder auf äußere sinnlich wahrnehmbare Objekte gerichtet ist oder auf innere Operationen des Geistes, die wir wahrnehmen und über die wir nachdenken, liefert unserm Verstand das gesamte *Material* des Denkens. Dies sind die beiden Quellen der Erkenntnis, aus denen alle Ideen entspringen, die wir haben oder naturgemäß haben können.« (Locke, Versuch über den menschlichen Verstand, a.a.O. [s. Anm. 17], S. 107 f.)
33 Vgl. ebd., S. 108–110.

Bei Locke werden die Begriffe von ihren sinnlichen Material abgezogen, sie gelten nur, insoweit sie sich sinnlich erfüllen. Die »Rückspiegelungen«, die das Wesen der reflexion ausmachen, erfahren eine Art Verdinglichung, eine Hypostasis insofern, als sie so behandelt werden, als seien sie eine selbständige Erkenntnisquelle, als seien sie die Sache selbst.[34] Locke hat, wie Kant sich ausdrückt, und worauf schon Herr Schmidt in seinem Referat hingewiesen hat, die *Verstandesbegriffe* sensifiziert.[35] Durch die Hypostasierung der von der Sinnlichkeit abstrahierten Begriffe geraten wir leicht zu einer Vorstellung von der Welt, die einem Spiegelkabinett gleicht, um mich eines Ausdrucks des Herrn Prof. Adorno zu bedienen. Die Tendenz Kants geht dahin, aus diesem Spiegelkabinett herauszukommen. Kant denkt vor allem an Begriffe wie »Sein« und »Nichts«, die von Leibniz so behandelt werden, als ob sie ohne Anschauung Gültigkeit hätten.[36] Leibniz geht nämlich im Gegensatz zu Locke einen anderen Weg. Er hat versucht, die Sinnlichkeit auf den Verstand zurückzuführen, er intellektuiert nach Kant die *Erscheinungen*. Auch dies ist schon von Herrn Schmidt ausgeführt worden. Da aber auch bei Leibniz die Objekte der sinnlichen Vorstellung als die Dinge selbst gelten, so führt der von ihm eingeschlagene Weg ebenso wie bei Locke zur Welt des Scheins.

Kant nimmt ferner zu der Auffassung Stellung, die Leibniz vom Begriff entwickelt hat. Dies ist von Bedeutung, da Leibniz, worauf bereits Herr Schmidt in seinem Referat hingewiesen hat, nur mit dem Verstande und mit den von der

---

34 Reflexion sei, so Locke, »die Wahrnehmung der Operationen des eigenen Geistes in uns, der sich mit den ihm zugeführten Idee beschäftigt. [...] Diese Quelle von Ideen liegt ausschließlich im Innern des Menschen, und wenn sie auch kein Sinn ist, da sie mit den äußeren Objekten nichts zu tun hat, so ist sie doch etwas sehr Ähnliches und könnte füglich als innerer Sinn bezeichnet werden. Während ich im ersten Fall von Sensation rede, so nenne ich diese Quelle Reflexion, weil die Ideen, die sie liefert, lediglich solche sind, die der Geist durch eine Beobachtung seiner eigenen inneren Operationen gewinnt.« (Ebd., S. 108f.)

35 »*Leibniz intellektuierte* die Erscheinungen, so wie *Locke* die Verstandesbegriffe nach seinem System der *Noogonie* (wenn es mir erlaubt ist, mich dieser Ausdrücke zu bedienen) insgesamt *sensifiziert*, d.i. für nichts, als empirische, oder abgesonderte Reflexionsbegriffe ausgegeben hatte.« (KW, Bd. III, S. 293 [B 327; A 271])

36 »Leibniz verglich demnach die Gegenstände der Sinne als Dinge überhaupt bloß im Verstande unter einander. *Erstlich*, so fern sie von diesem als einerlei oder verschieden geurteilt werden sollen. Da er also lediglich ihre Begriffe, und nicht ihre Stelle in der Anschauung, darin die Gegenstände allein gegeben werden können, vor Augen hatte, und den transzendentalen Ort dieser Begriffe (ob das Objekt unter Erscheinungen, oder unter Dinge an sich selbst zu zählen sei) gänzlich aus der Acht ließ, so konnte es nicht anders ausfallen, als daß er seinen Grundsatz des Nichtzuunterscheidenden, der bloß von Begriffen der Dinge überhaupt gilt, auch auf die Gegenstände der Sinne (mundus phaenomenon) ausdehnete, und der Naturerkenntnis dadurch keine geringe Erweiterung verschafft zu haben glaubte.« (Ebd. [B 327f.; A 271f.])

Sinnlichkeit abgesonderten, formalen Begriffen operiert hat.[37] Leibniz hatte gelehrt, was in einem allgemeinen Begriff nicht enthalten sei, sei auch in einem unter den Allgemeinbegriff fallenden Sonderbegriff nicht enthalten.[38]

Dem tritt Kant entgegen. Es sei ungereimt, daß man das dictum de omni et nullo dahin verändert, daß das, was in einem Allgemeinbegriff nicht enthalten sei, auch in einem besonderen Begriffe nicht enthalten sei. Deshalb kann man von einem höheren Begriff auf einen niederen schließen, soweit der niedere Begriff unter den höheren fällt. Verkehrt sei aber, wie es Leibniz tut, zu sagen, was in einem Allgemeinbegriff nicht enthalten sei, sei auch in einem Sonderbegriff nicht enthalten. Denn das Charakteristikum des Sonderbegriffs besteht gerade darin, daß er mehr enthält, als im Allgemeinbegriff gedacht werde. Darum seien sie gerade »besondere Begriffe«.

Gerade die Abstraktion kann gebildet worden sein, indem Bestimmungen aus dem konkreten Ganzen weggelassen worden sind. Aus dem Fehlen dieses Merkmales im Allgemeinbegriff kann daher nicht geschlossen werden, daß der Sonderbegriff das weggefallene Merkmal nicht enthält. Von diesem Merkmal kann nämlich mit Rücksicht auf die Abstraktion gerade abgesehen worden sein.

Die nachkantischen Idealisten nahmen den Standpunkt ein, das Individuierte, das bloß Spezifische und Zufällige sei dasjenige, von dem abgesehen werden müsse.

Kant dagegen spricht von dem Zufälligen, von dem nicht abgesehen werden könne.[39] Das Empirische, das Sinnliche, das, was sich nicht in Verstand auflösen

---

37 »Die Begriffe können logisch verglichen werden, ohne sich darum zu bekümmern, wohin ihre Objekte gehören, ob als Noumena für den Verstand, oder als Phaenomena für die Sinnlichkeit. Wenn wir aber mit diesen Begriffen zu den Gegenständen gehen wollen, so ist zuvörderst transzendentale Überlegung nötig, für welche Erkenntniskraft sie Gegenstände sein sollen, ob für den reinen Verstand, oder die Sinnlichkeit. Ohne diese Überlegung mache ich einen sehr unsicheren Gebrauch von diesen Begriffen, und es entspringen vermeinte synthetische Grundsätze, welche die kritische Vernunft nicht anerkennen kann, und die sich lediglich auf einer transzendentalen Amphibolie, d. i. einer Verwechselung des reinen Verstandesobjekts mit der Erscheinung, gründen. [Absatz] In Ermangelung einer solchen transzendentalen Topik, und mithin durch die Amphibolie der Reflexionsbegriffe hintergangen, errichtete der berühmte Leibniz ein *intellektuelles System der Welt*, oder glaubte vielmehr, der Dinge innere Beschaffenheit zu erkennen, indem er alle Gegenstände nur mit dem Verstande und den abgesonderten formalen Begriffen seines Denkens verglich.« (Ebd., S. 292 [B 325 f.; A 269 f.])
38 S. oben, Anm. 28.
39 In der »Kritik der praktischen Vernunft« [1788] heißt es etwa: »So ward nun zuerst in Ansehung alles Erkenntnisses, das die Existenz der Dinge betrifft (die Mathematik blieb also davon noch ausgenommen), der *Empirismus* als die einzige Quelle der Prinzipien eingeführt, mit ihm aber zugleich der härteste *Skeptizismus* selbst in Ansehung der ganzen Naturwissenschaft (als Philosophie). Denn wir können, nach solchen Grundsätzen, niemals aus gegebenen Bestim-

läßt, gehöre gerade zur Wahrheit dazu. Kant vertritt trotz der antiempirischen Richtung auch die antirationalistische Richtung. Der empirisch-positivistische Zug bei Kant im Zusammenhang mit dem Aprioristischen macht die spezifische Konstellation der Vernunftkritik aus, der mit dem apriorischen Zug in diese Konstellation einmündet.

Auf einen Einwand bemerkte Herr Prof. Adorno, bei den rationalistischen Philosophien sei es so, daß die Prädikate der Vollkommenheit mit der Höhe des Abstraktionsniveaus gleichgesetzt würden. Die Rationalisten tendierten zu der Auffassung: je abstrakter, je mehr Absehung vom Raum-Zeitlichen, um so größere Wahrheit.

Hinsichtlich der Kantischen Kritik an diesem Rationalismus läßt er sich geradezu als Nominalist bezeichnen, allerdings nicht im Sinne der Tabula-rasa-Theorie.

Herr Privatdozent Dr. Haag[40] betont, der starre Gegensatz zwischen chaotischer Mannigfaltigkeit auf der einen Seite und ordnender Subjektivität auf der anderen bei Kant entspricht dem von singulären Einzeldingen und ihrer subjektiven Klassifikation im Nominalismus. Platon hatte gelehrt, das allein Objektive seien die Ideen, und die einzelnen Dinge seien nur insofern real, als sie davon partizipierten.[41] Deshalb hat Hegel Aristoteles so sehr gepriesen, weil er die Ideen in die Dinge verlegt und damit den starren Gegensatz beseitigt habe.[42]

---

mungen der Dinge ihrer Existenz nach auf eine Folge *schließen* (denn dazu würde der Begriff einer Ursache, der die Notwendigkeit einer solchen Verknüpfung enthält, erfo[r]dert werden), sondern nur, nach der Regel der Einbildungskraft, ähnliche Fälle, wie sonst, erwarten, welche Erwartung aber niemals sicher ist, sie mag auch noch so oft eingetroffen sein. Ja bei keiner Begebenheit könnte man sagen: es *müsse* etwas vor ihr vorhergegangen sein, worauf sie *notwendig* folgte, d. i. sie müsse eine *Ursache* haben, und also, wenn man auch noch so öftere Fälle kennete, wo dergleichen vorherging, so daß eine Regel davon abgezogen werden konnte, so könnte man darum es nicht als immer und notwendig sich auf die Art zutragend annehmen, und so müsse man dem blinden Zufalle, bei welchem aller Vernunftgebrauch aufhört, auch sein Recht lassen, welches denn den Skeptizism, in Ansehung der von Wirkungen zu Ursachen aufsteigenden Schlüsse, fest gründet und unwiderleglich macht.« (KW, Bd. VII, S. 166 f. [A 89 f.])

40 Karl Heinz Haag wird 1951 mit der Schrift »Die Seinsdialektik bei Hegel und in der scholastischen Philosophie« in Frankfurt a. M. promoviert.

41 Vgl. etwa Platon, Phaidon, in: Platon, Sämtliche Werke, hrsg. von Ursula Wolf, Bd. 2, übers. von Friedrich Schleiermacher, Reinbek bei Hamburg 1994 (Rowohlts Enzyklopädie; 562), S. 103–184; hier: S. 162 (100c–d).

42 Hegel bemerkt, es sei »als ein unendlicher Fortschritt anzusehen, daß die Formen des Denkens von dem Stoffe, in welchen sie im selbstbewußten Anschauen, Vorstellen wie in unserem Begehren und Wollen oder vielmehr auch in dem vorstellenden Begehren und Wollen (und es ist kein menschliches Begehren oder Wollen ohne Vorstellen) versenkt sind, befreit, diese Allgemeinheiten für sich herausgehoben und, wie *Platon*, dann aber *Aristoteles* vornehmlich getan,

Kant greift weiter den Leibnizischen Satz des Nichtzuunterscheidenden an.[43] Nach Leibniz muß der Verstand urteilen, daß Gegenstände, die vollkommen dieselben Merkmale haben, einen und denselben Begriff ausmachen. Sind die Merkmale zweier Objekte, die von Leibniz nur begrifflich erfaßt werden, völlig dieselben, unterscheiden sie sich also nicht in dem Begriff (der Qualität und der Quantität nach), so muß erklärt werden, daß diese Objekte nicht zu unterscheiden sind. Wenn die Dinge doch verschieden sind, so müssen die Merkmale durchgängig verschieden sein, es darf nicht zwei vollkommen gleiche Dinge geben. Daher der Leibnizische Satz der Verschiedenheit, auf dem die Monadologie beruht.[44]

Anders erscheint die Vergleichung unter dem Gesichtspunkt der Sinnlichkeit. Zwei Begriffe können ihren Merkmalen nach einerlei sein. In Raum und Zeit sind die darunter befaßten Objekte immer verschieden.

Nach Kant wird bei Leibniz bei dem bloßen Begriff von einem Dinge von manchen notwendigen, mit den Sinnen wahrnehmbaren Bedingungen abstrahiert. Dann wird geschlossen, daß dasjenige, von dem abstrahiert worden ist, überhaupt nicht anzutreffen sei.[45] Das führt leicht zu dem weiteren Fehlschluß:

---

zum Gegenstande der Betrachtung für sich gemacht worden {sind}; dies gibt den Anfang des Erkennens derselben.« (HW, Bd. 5, S. 22)

43 »Der Satz des Nichtzuunterscheidenden gründete sich eigentlich auf der Voraussetzung: daß, wenn in dem Begriffe von einem Dinge überhaupt eine gewisse Unterscheidung nicht angetroffen wird, so sei sie auch nicht in den Dingen selbst anzutreffen; folglich sein alle Dinge völlig einerlei (numero eadem), die sich nicht schon in ihrem Begriffe (der Qualität oder Quantität nach) von einander unterscheiden. Weil aber bei dem bloßen Begriffe von irgend einem Dinge von manchen notwendigen Bedingungen einer Anschauung abstrahiert worden, so wird, durch eine sonderbare Übereilung, das, wovon abstrahiert wird, dafür genommen, daß es überall nicht anzutreffen sei, und dem Dinge nichts eingeräumt, als was in seinem Begriffe enthalten ist.« (KW, Bd. III, S. 300 [B 337 f.; A 281])

44 Leibniz führt in der »Monadologie« aus, es gebe »in der Natur niemals zwei Seiende, die vollkommen eins wie das andere wären und wo es nicht möglich wäre, einen inneren oder auf einer instrinsischen Bezeichnung gegründeten Unterschied zu finden.« (Leibniz, Monadologie und andere metaphysische Schriften, a.a.O. [s. Anm. 16], S. 113)

45 »Wenn uns ein Gegenstand mehrmalen, jedesmal aber mit eben denselben innern Bestimmungen (qualitas et quantitas), dargestellet wird, so ist derselbe, wenn er als Gegenstand des reinen Verstandes gilt, immer eben derselbe und nicht viel, sondern nur Ein Ding (numerica identitas); ist er aber Erscheinung, so kömmt es auf die Vergleichung der Begriffe gar nicht an, sondern, so sehr auch in Ansehung derselben alles einerlei sein mag, ist doch die Verschiedenheit der Örter dieser Erscheinung zu gleicher Zeit ein genügsamer Grund der *numerischen Verschiedenheit* des Gegenstandes (der Sinne) selbst. So kann man bei zwei Tropfen Wasser von aller innern Verschiedenheit (der Qualität und Quantität) völlig abstrahieren, und es ist genug, daß sie in verschiedenen Örtern zugleich angeschaut werden, um sie für numerisch verschieden zu halten. Leibniz nahm die Erscheinungen als Dinge an sich selbst, mithin für Intelligibillia, d.i.

Wenn zwei verschiedene Wassertropfen sich nicht unterscheiden, dann sind die beiden Tropfen eins. Darin liegt eine Verwechslung der Egalität mit der Identität. Es hat erst der Kantischen Kritik bedurft, um die Unrichtigkeit dieses Schlusses darzutun. Die beiden Wassertropfen sind ebenso wie zwei Kubikfuß Raum durch ihre Örter, durch den situs verschieden. Hier handelt es sich aber um Bedingungen der Anschauung, die, wie Kant sagt, »nicht zum Begriff, aber doch zur ganzen Sinnlichkeit gehören.«[46]

Auch in sonstiger Hinsicht weist Kant Leibniz die Unrichtigkeit seiner Betrachtungsweise nach.

So ist nach Kant[47] ein Widerstreit in dem Begriffe von einem Ding nicht möglich, es sei denn, daß Bejahendes und Verneinendes miteinander verbunden werden. Bloß bejahende, miteinander verbundene Begriffe können keine Aufhebung zur Folge haben.

So stellt sich die Sache unter dem Gesichtspunkte des Verstandes dar. Anders ist es unter dem Gesichtspunkt der Sinnlichkeit. Hier ist ein Widerstreit möglich. Hier finden sich Bedingungen entgegengesetzter Richtung, von denen im Begriff abstrahiert war, und die einen allerdings nicht-logischen Widerstreit möglich machen. Hier wäre es falsch zu sagen, in der Realität sei Einstimmung, nur weil

---

Gegenstände des reinen Verstandes (ob er gleich, wegen der Verworrenheit ihrer Vorstellungen, dieselben mit dem Namen der Phänomene belegte), und da konnte sein Satz des *Nichtzuunterscheidenden* (principium identitatis indiscernibilium) allerdings nicht bestritten werden; da sie aber Gegenstände der Sinnlichkeit sind, und der Verstand in Ansehung ihrer nicht von reinem, sondern bloß empirischem Gebrauche ist, so wird die Vielheit und numerische Verschiedenheit schon durch den Raum selbst als die Bedingung der äußeren Erscheinungen angegeben. Denn ein Teil des Raums, ob er zwar einem andern völlig ähnlich und gleich sein mag, ist doch außer ihm, und eben dadurch ein vom ersteren verschiedener Teil, der zu ihm hinzukommt, um einen größeren Raum auszumachen, und dieses muß daher von allem, was in den mancherlei Stellen des Raums zugleich ist, gelten, so sehr es sich sonsten auch ähnlich und gleich sein mag.« (KW, Bd. III, S. 287f. [B 319f.; A 263f.])

46 »Der Begriff von einem Kubikfuße Raum, ich mag mir diesen denken, wo und wie oft ich wolle, ist an sich völlig einerlei. Allein zwei Kubikfüße sind im Raume dennoch bloß durch ihre Örter unterschieden (numero diversa); diese sind Bedingungen der Anschauung, worin das Objekt dieses Begriffs gegeben wird, die nicht zum Begriffe, aber doch zur ganzen Sinnlichkeit gehören. Gleichergestalt ist in dem Begriffe von einem Dinge gar kein Widerstreit, wenn nichts Verneinendes mit einem Bejahenden verbunden worden, und bloß bejahende Begriffe können, in Verbindung, gar keine Aufhebung bewirken. Allein in der sinnlichen Anschauung, darin Realität (z. B. Bewegung) gegeben wird, finden sich Bedingungen (entgegengesetzte Richtungen), von denen im Begriffe der Bewegung überhaupt abstrahiert war, die einen Widerstreit, der freilich nicht logisch ist, nämlich aus lauter Positivem ein Zero = 0 möglich machen, und man konnte nicht sagen: daß darum alle Realität unter einander Einstimmung sei, weil unter ihren Begriffen kein Widerstreit angetroffen wird.« (Ebd., S. 300f. [B 338; A 282])

47 Korrigiert für: »Leibniz«.

unter den Begriffen kein Widerstreit angetroffen werde. Der Satz, daß Realitäten nicht widerstreiten, gilt nicht von den Erscheinungen, sondern nur von den Dingen an sich.

Der Begriff des Inneren, bloß durch den Verstand aufgefaßt, muß von allem Äußeren unterschieden werden, er muß eine Substanz, d. h. ein von allen äußeren Verhältnissen unabhängiges Wesen sein. Diese Substanz darf nicht im Raum existieren. Zu ihrer näheren Bestimmung bleibt nur die Vorstellung übrig. Daher kann der Verstand dieses Innere nur als eine vorstellende Substanz, als Monade auffassen. Er kann die Monaden nicht äußerlich aufeinander einwirken lassen, weil dadurch der Begriff der inneren Realität aufgehoben würde. Er muß das Verhältnis oder ihren Zusammenhang in der Form einer vorherbestimmten Harmonie denken. Dagegen sind unter dem Gesichtspunkte der Sinnlichkeit alle von uns unterschiedene Wesen im Raume.[48]

»Was wir auch nur an der Materie kennen, sind lauter Verhältnisse«[49]. Mit anderen Worten, alle Erscheinungen sind in Raum und Zeit nur aus ihren Verhältnissen erkennbar. Die ganze Lebnizische Monadologie gilt daher nur von Dingen an sich, nicht von Erscheinungen, daher nicht von Verhältnissen, als welche die Dinge nach den Regeln und Grundsätzen des Verstandes zustande kommen.

Was ist das Gegensätzliche, um das es hier geht? Es handelt sich um den Gegensatz von Substanz und Funktion. Materie ist bei Kant ein Funktionsbegriff. Er versteht unter »Ding« immer ein Gesetz *für* eine Erscheinung, das Gesetz, das den Zusammenhang der Verhältnisse angibt, die das Ding komponieren. Insofern ist die Materie ein Verhältnisbegriff. Das [Verhältnis] tritt nach Kant dadurch ein, daß alle Gegenstände der Erfahrung aus rezeptiven und spontanen Momenten synthetisiert werden. Die res, die bei Leibniz vorkommt, wäre eigentlich das Ding an sich.

Die dinglichen Bestimmungen selbst sind bei Kant Bestimmungen von Phänomenen, wie sie durch die Subjektivität konstituiert werden. Diese Verhältnisse werden auf der Grundlage der Mannigfaltigkeit synthetisiert. Diese Synthese vollzieht sich als die Herstellung der Identität des Gegenstandes. Der gesetzmäßige Zusammenhang ist bei Kant das Produkt, das der vereinigende Verstand aus der Mannigfaltigkeit macht, indem er eine einheitliche Form gibt. Das Ding stellt das Gesetz dar, nach dem das mannigfache Einzelne zu einem Konstanten zu-

---

[48] Vgl. ebd., S. 301–303 (B 338–342; A 282–286).
[49] »Was wir auch nur an der Materie kennen, sind lauter Verhältnisse (das, was wir innre Bestimmungen derselben nennen, ist nur komparativ innerlich); aber es sind darunter selbständige und beharrliche, dadurch uns ein bestimmter Gegenstand gegeben wird.« (Ebd., S. 302 [B 341; A 285])

sammengebracht wird. Es ist gewissermaßen ein Zusammenhang von Erwartungen, die sich nach den Regeln des Verstandes erfüllen. Die Kantische Lehre ist anstelle der Leibnizischen Ding-Theorie getreten.

Man kann die Kritik der reinen Vernunft, in der die Lehre Kants entwickelt wird, nur verstehen, wenn man das Ganze gegenwärtig hat. Die Kritik der reinen Vernunft ist nicht eine Wissenschaftslehre, sondern eine Erkenntnistheorie, die zeigen will, wie aus sinnlichen Gegebenheiten ein nicht ephemeres, sondern ein bleibendes Gebilde zu machen ist. Das Modell der Kantischen Lehre ist ebenso wie bei Leibniz das Ding.

Der Gedanke der Zusammenfassung sinnlicher Gegebenheiten gilt sowohl für die Kernphysik wie für den Gedanken, wie ein Zimmer zustande kommt. Kant sagt nicht, die Dinge gibt es nicht, im Gegenteil, er sagt, es gibt die Dinge. Sie sind aber nicht Konstituentien, sondern constituta.

113 [N.N.],
11. Juli 1957

Protokoll der Sitzung des Philosophischen Hauptseminars
vom 11. Juli 1957

Gegenstand des Seminars war die Behandlung des Abschnitts von den Unmöglichkeiten eines ontologischen Beweises vom Dasein Gottes in Kants Kritik der reinen Vernunft.[50]

Die lange Reihe der ontologischen Gottesbeweise, die von Anselm von Canterbury bis zu Wolff führt,[51] ist gekennzeichnet durch eine rein rationale Auffassung des Erkennens; durch ein Erkennen, das seiende Gegenstände begrifflich denkt und aus diesen so gewonnenen Begriffen Folgerungen zieht. Begriffliches Erkennen und Erfassen wird einem Erfassen des Gegenstandes selbst gleichgesetzt, während das »Sein« des gedachten Gegenstandes als »Sein« verschiedener Art, als ein Sein »in mir« oder »außer mir«, als relatives oder absolutes Sein gedacht wird.

War für Augustin, wenn er sagte: »Wie könnte ich Dich suchen, hätte ich Dich nicht schon gefunden«[52], eine rationale Begründung Gottes nicht nötig, so folgt für Anselm von Canterbury aus dem Begriffe Gottes als des höchsten und vollkommensten Wesen auch dessen Existenz, denn ein allerhöchstes Wesen, das nur im Geiste, nicht auch in der Wirklichkeit existieren würde, würde der Existenz als einer wesentlichen Eigenschaft ermangeln – es wäre also nicht das allerhöchste Wesen. So liegt für ihn in der essentia Gottes die existentia eingeschlossen und er kann aus dem Begriff eines höchsten und vollkommensten Wesens logisch und zwingend folgern, daß es in der Wirklichkeit ist – daß Gott existiert.[53]

---

50 Vgl. im Folgenden den Abschnitt »Von der Unmöglichkeit eines ontologischen Beweises vom Dasein Gottes«, KW, Bd. IV, S. 529–536 (B 620–630; A 592–602).
51 Anselm von Canterbury legt seinen, von Kant als ontologisch bezeichneten, Gottesbeweis in seinem 1077/78 verfassten Werk »Proslogion« dar. – Von Christian Wolff erscheinen 1736 und 1737 die beiden Bände der »Theologica naturalis«, deren erster einen Gottesbeweis a posteriori, deren zweiter einen Gottesbeweis a priori voraussetzt.
52 »Gib mir, Herr, dass ich weiß und einsehe, was das erste ist – dich anflehen oder dich loben, dich wissen oder dich anflehen. Aber wer kann dich anflehen, wenn er dich nicht kennt? Aber wird jemand den anflehen, an den er nicht glaubt? Oder wie kann jemand glauben, ohne dass jemand dich verkündigt? Die den Herrn suchen, werden ihn loben.« (Augustinus, Bekenntnisse. Eine Auswahl, hrsg. von Burkhard Mojsisch, übers. von Kurt Flasch und Burkhardt Mojsisch [Reclams Universal-Bibliothek; 19062], Stuttgart 2013, S. 7)
53 »Und sicherlich kann, ›das, über dem Größeres nicht gedacht werden kann‹, nicht im Verstande allein sein. Denn wenn es wenigstens im Verstande allein ist, kann gedacht werden, daß es

In seiner Kritik des ontologischen Gottesbeweises wendet Kant ein, daß der Begriff eines absolut notwendigen Wesens, wie es im ontologischen Gottesbeweis angelegt ist, ein reiner Vernunftbegriff, eine bloße Idee ist, die den Verstandesgebrauch im Ganzen der gesamten Erfahrung nach Prinzipien bestimmt.[54] Somit ist für Kant der Begriff eines absolut notwendigen Wesens nur ein regulatives einheitsstiftendes Prinzip, das den Verstandesgebrauch auf ein problematisches Ziel hin ausrichtet. Für Kant haben die Ideen der reinen Vernunft die Aufgabe, zu der stets bedingten Erkenntnis des Verstandes das Unbedingte, die letzte Erkenntnis der Einheit zu suchen. Diesen Ideen, die in drei Klassen von Ideen – der psychologischen Idee der Seele, der kosmologischen Idee des Weltganzen und der theologischen Idee des höchsten Wesens – einmünden, kann kein kongruierender Gegenstand in der Sinnenwelt gegeben werden, weil sie objektiv gesehen die Grenzen aller (empirischen) Erfahrung übersteigen.[55] Die Ideen gestatten also

---

auch in Wirklichkeit existiere – was größer ist. Wenn also, ›das, über dem Größeres nicht gedacht werden kann‹, im Verstande allein ist, so ist eben ›das, über dem Größeres nicht gedacht werden kann‹, über dem Größeres gedacht werden kann. Das aber kann gewiß nicht sein. Es existiert also ohne Zweifel ›etwas, über dem Größeres nicht gedacht werden kann‹, sowohl im Verstande als auch in Wirklichkeit. [...] Das existiert schlechthin so wahrhaft, daß auch nicht gedacht werden kann, daß es nicht existiert. Denn es läßt sich denken, daß es etwas gibt, das als nichtexistierend nicht gedacht werden kann – was größer ist, als was als nichtexistierend gedacht werden kann. Wenn deshalb ›das, über dem Größeres nicht gedacht werden kann‹, als nichtexistierend gedacht werden kann, so ist eben ›das, über dem Größeres nicht gedacht werden kann‹, nicht das, über dem Größeres nicht gedacht werden kann; was sich nicht vereinbaren läßt. So wirklich also existiert ›etwas, über dem Größeres nicht gedacht werden kann‹, daß es als nichtexistierend auch nicht gedacht werden kann.« (Anselm von Canterbury, Proslogion. Untersuchungen. Lateinisch-deutsche Ausgabe, hrsg. und übers. von Franciscus Salesius [Albert] Schmitt, 2. Aufl., Stuttgart 1984, S. 85–87)
54 Der Abschnitt über die »Umöglichkeit eines ontologischen Beweises vom Dasein Gottes« beginnt: »Man sieht aus dem Bisherigen leicht: daß der Begriff eines absolutnotwendigen Wesens ein reiner Vernunftbegriff, d. i. eine bloße Idee sei, deren objektive Realität dadurch, daß die Vernunft ihrer bedarf, noch lange nicht bewiesen ist, welche auch nur auf eine gewisse obzwar unerreichbare Vollständigkeit Anweisung gibt, und eigentlich mehr dazu dient, den Verstand zu begrenzen, als ihn auf neue Gegenstände zu erweitern.« (KW, Bd. IV, S. 529 [B 620; A 592])
55 »Nun haben es alle reine Begriffe überhaupt mit der synthetischen Einheit der Vorstellungen, Begriffe der reinen Vernunft (transzendentale Ideen) aber mit der unbedingten synthetischen Einheit aller Bedingungen überhaupt zu tun. Folglich werden alle transzendentale Ideen sich unter *drei Klassen* bringen lassen, davon die *erste* die absolute (unbedingte) *Einheit* des *denkenden Subjekts*, die *zweite* die absolute *Einheit der Reihe der Bedingungen der Erscheinung*, die *dritte* die absolute *Einheit der Bedingung aller Gegenstände des Denkens* überhaupt enthält. *[Absatz]* Das denkende Subjekt ist der Gegenstand der *Psychologie*, der Inbegriff aller Erscheinungen (die Welt) der Gegenstand der *Kosmologie*, und das Ding, welches die oberste Bedingung der Möglichkeit von allem, was gedacht werden kann, enthält (das Wesen aller Wesen), der Ge-

keinen konstitutiven Gebrauch (ihrer selbst), das heißt, sie geben uns keine Begriffe von Gegenständen. Ein solcher Gebrauch wäre transzendent und würde zu dem Scheinwissen der Metaphysik führen.

Dagegen haben die Ideen »einen vortrefflichen und unentbehrlichnotwendigen regulativen Gebrauch, nämlich den Verstand zu einem gewissen Ziele zu richten, in Aussicht auf welches die Richtungslinien aller seiner Regeln in einen Punkt zusammenlaufen, der, ob er zwar nur eine Idee (focus imaginarius), d. i. ein Punkt ist, aus welchem die Verstandesbegriffe wirklich nicht ausgehen, indem er ganz außerhalb der Grenzen möglicher Erfahrung liegt, dennoch dazu dient, ihnen die größte Einheit neben der größten Ausdehnung zu verschaffen«[56]. Hält aber die Vernunft ihre Prinzipien und Ideen für gegenständliche Wirklichkeiten, so verstrickt sie sich notwendig in Amphibolien, Paralogismen und Antinomien.

Die Verwechslung von Verstandesbegriffen einerseits und Vernunftbegriffen andererseits, von materialen Gegenständen der Erfahrung und bloßen Ideen zur Regelung des formalen Vernunftgebrauches ist eine unvermeidliche Illusion. Die Illusion nennt Kant transzendentalen oder dialektischen Schein, und es ist die Aufgabe des Abschnitts über die transzendentale Dialektik in der Kritik der reinen Vernunft, das Zustandekommen dieses Scheins zu erklären.[57] Unvermeidlich sind diese Illusionen deshalb, weil die Konsequenz des Denkens diesen Schein notwendig erzeugt.[58] So sagt auch Hegel, daß das Denken in seiner Arbeit darauf angewiesen ist, in solchen (Fehl-) Schlüssen immer fortzuschreiten (und sich

---

genstand der *Theologie*. Also gibt die reine Vernunft die Idee zu einer transzendentalen Seelenlehre (psychologia rationalis), zu einer transzendentalen Weltwissenschaft (cosmologia rationalis), endlich auch zu einer transzendentalen Gotteserkenntnis (theologia transscendentalis) an die Hand. Der bloße Entwurf sogar, zu einer sowohl als der andern dieser Wissenschaften, schreibt sich gar nicht von dem Verstande her, selbst wenn er gleich mit dem höchsten logischen Gebrauche der Vernunft, d. i. allen erdenklichen Schlüssen, verbunden wäre, um von einem Gegenstande desselben (Erscheinung) zu allen anderen bis in die entlegensten Glieder der empirischen Synthesis fortzuschreiten, sondern ist lediglich ein reines und echtes Produkt, oder Problem, der reinen Vernunft.« (KW, Bd. III, S. 336 [B 391 f.; A 334 f.])

56 KW, Bd. IV, S. 565 (B 672; A 644).
57 Vgl. den Abschnitt »Vom transzendentalen Schein«, KW, Bd. III, S. 308–311 (B 349–355; A 293–298).
58 »Die transzendentale Dialektik wird also sich damit begnügen, den Schein transzendenter Urteile aufzudecken, und zugleich zu verhüten, daß er nicht betriege; daß er aber auch (wie der logische Schein) sogar verschwinde, und ein Schein zu sein aufhöre, das kann sie niemals bewerkstelligen. Denn wir haben es mit einer *natürlichen* und unvermeidlichen *Illusion* zu tun, die selbst auf subjektiven Grundsätzen beruht, und sie als objektive unterschiebt, anstatt daß die logische Dialektik in Auflösung der Trugschlüsse es nur mit einem Fehler, in Befolgung der Grundsätze, oder mit einem gekünstelten Scheine, in Nachahmung derselben, zu tun hat.« (Ebd., S. 311 [B 354; A 297 f.])

nicht zu beruhigen). Die regulativen, die Verstandestätigkeit auf Ziele hin ausrichtenden Ideen sind bereits in jedem Schritt der Erkenntnis enthalten, ja, sie regulieren jeden Erkenntnisschritt, geben durch das in ihnen enthaltene Absolute die Richtung an und leisten gewissermaßen eine Vorzensur des Materials schon in der Wahrnehmung.

Die Wahrheit als Erkenntnis des Besonderen im Allgemeinen und des Allgemeinen im Besonderen wird durch die Vernunft erst ermöglicht, denn sie faßt die Verstandesregeln unter Prinzipien und läßt die Wahrheit als jenes flüchtige Element der Versöhnung des Widerstreits von verdinglichter Besonderung und entdinglichter Allgemeinheit sichtbar werden.

Ohne dieses Moment der Wahrheit wird Philosophie zur bloßen Anweisung für Spielregeln positivistischen Operierens und Manipulierens. Wahrheit ist nicht etwas von der Praxis Isoliertes – rein theoretisch Kontemplatives –, sondern ist in Identität mit der gesellschaftlichen Praxis selbst. So ist auch die Gültigkeit der Marx-Engels'schen Theorie von der Gesellschaft von ihrer praktischen Verifizierung abhängig.

Der Begriff des absolut notwendigen Wesens ist der Begriff eines schlechthin Unbedingtnotwenigen, welches zum Inhalt hat, daß alle Bedingungen, derer der Verstand bedarf, um etwas einzusehen, negiert werden müssen. Der Begriff des Notwendigseins ist jedoch vom Begriff des Bedingtseins nicht abzutrennen, weil sich der Begriff des Unbedingtnotwendigen überhaupt erst im Widerstreit mit dem Begriff des Bedingtzufälligen bildet.

So ist denn das Unverursachtsein, das im Begriff von Gott, als dem außerhalb der Erfahrung seienden, unverursachten Wesen enthalten ist, nicht abzulösen von dem Begriff der in den Dingen der Erfahrung herrschenden Ursächlichkeit. Kant greift jenen Grundgedanken des ontologischen Gottesbeweises an, der da lautet: Gott ohne Existenz in der Wirklichkeit denken, ist dasselbe wie ein Dreieck denken, welches nicht notwendigerweise drei Winkel aufwiese. Hier weist Kant auf den illegitimen Übergang vom Gedachten zum wirklichen Sein hin; die »Existenz«, die der Gottesbegriff im Sinne des ontologischen Beweises einschließt, wäre nur eine rein gedachte Existenz, denn aus einem Begriff, der widerspruchslos das Dasein in seinem Umfange einschließt, kann nur aus der Macht der Illusion heraus auf ein mit diesem Begriff notwendig gegebenes Dasein geschlossen werden. So ist Kants entscheidender Grund gegen den ontologischen Gottesbeweis, daß jedes Existentialurteil synthetisch sein muß, das Dasein also im Begriff »Gott als des allerhöchsten Wesens« nicht enthalten sein kann. Das Urteil »Gott existiert«, im Sinne rein im Verstande gedachter Existenz, als analytisches Urteil kann natürlich nicht ohne Widerspruch aufgehoben werden, weil ja Gott kraft seines Wesens analytisch das Prädikat »Existenz« zukommt. Dagegen kann aber das Urteil »Gott existiert«, im Sinne der Existenz in der Wirklichkeit, als synthetisches Urteil ohne Widerspruch aufgehoben werden, weil das Dasein in der Wirklichkeit im Verstandesbegriff selbst des allerhöchsten Wesens nicht enthalten ist.

Zum Begriff eines Dinges gehören Prädikate, wie beim Gottesbegriff Allmacht u. a. – aber Existenz ist kein Bestandteil des Begriffs als solcher, sondern kommt dem ganzen Begriff von einem Gegenstand zu. Aus einem Begriff läßt sich das Dasein nicht herausnehmen, es muß besonders erwiesen werden.

114 Hermann Müller, 18. Juli 1957

Protokoll zur Seminarsitzung vom 18. 7. 1957

In der letzten Sitzung wandten wir uns zunächst noch einmal dem Abschnitt 4 im 3. Hauptstück der transzendentalen Dialektik zu, »Von der Unmöglichkeit eines ontologischen Beweises vom Dasein Gottes«[59].

Wenn ich ›sein‹ auch in unterschiedlicher Weise gebrauchen kann, etwa in den Sätzen »Gott ist allmächtig« und »Gott ist«, so stellt sich ›sein‹ doch in keinem Falle als ein reales Prädikat dar.[60]

Im ersten Satz »Gott ist allmächtig« wird ›sein‹ nicht zum Prädikat neben den Begriffen Gott und Allmacht, »sondern nur das, was das Prädikat *beziehungsweise* aufs Subjekt setzt«, ›sein‹ ist Kopula eines Urteils.

Im Satz »Gott ist« wird der Begriff von Gott nicht um ein neues Prädikat erweitert, sondern ich setzte »den Gegenstand in Beziehung auf meinen Begriff«. Ich habe damit ausgesagt, daß es etwas gibt, was meinem Begriff entspricht, daß meinem Begriff etwas Reales gegenübersteht. Der Begriff wird dabei durch die Wirklichkeit nicht vermehrt. Kant nennt das Beispiel von den 100 wirklichen Talern, die nicht mehr enthalten als 100 mögliche.[61] Wenn sich mein Vermögenszustand auch durch die wirklichen Taler bessert, so bleibt das Sein doch außerhalb meines Begriffs.

---

59 Vgl. KW, Bd. IV, S. 529–536 (B 620–630; A 592–602).
60 »*Sein* ist offenbar kein reales Prädikat, d. i. ein Begriff von irgend etwas, was zu dem Begriffe eines Dinges hinzukommen könne. Es ist bloß die Position eines Dinges, oder gewisser Bestimmungen an sich selbst. Im logischen Gebrauche ist es lediglich die Kopula eines Urteils. Der Satz: *Gott ist allmächtig*, enthält zwei Begriffe, die ihre Objekte haben: Gott und Allmacht; das Wörtchen: *ist*, ist nicht noch ein Prädikat oben ein, sondern nur das, was das Prädikat *beziehungsweise* aufs Subjekt setzt. Nehme ich nun das Subjekt (Gott) mit allen seinen Prädikaten (worunter auch die Allmacht gehöret) zusammen, und sage: *Gott ist*, oder es ist ein Gott, so setze ich kein neues Prädikat zum Begriffe von Gott, sondern nur das Subjekt an sich selbst mit allen seinen Prädikaten, und zwar den *Gegenstand* in Beziehung auf meinen *Begriff*.« (Ebd., S. 533 [B 626 f.; A 598 f.])
61 »Hundert wirkliche Taler enthalten nicht das mindeste mehr, als hundert mögliche. Denn, da diese den Begriff, jene aber den Gegenstand und dessen Position an sich selbst bedeuten, so würde, im Fall dieser mehr enthielte als jener, mein Begriff nicht den ganzen Gegenstand ausdrücken, und also auch nicht der angemessene Begriff von ihm sein. Aber in meinem Vermögenszustande ist mehr bei hundert wirklichen Talern, als bei dem bloßen Begriffe derselben (d. i. ihrer Möglichkeit). Denn der Gegenstand ist bei der Wirklichkeit nicht bloß in meinem Begriffe analytisch enthalten, sondern kommt zu meinem Begriffe (der eine Bestimmung meines Zustandes ist) synthetisch hinzu, ohne daß, durch dieses Sein außerhalb meinem Begriffe, diese gedachte hundert Taler selbst im mindesten vermehrt werden.« (Ebd., S. 534 [B 627; A 599])

Bei Gegenständen der Sinne ist die Existenz durch die Wahrnehmung gegeben, »aber für Objekte des reinen Denkens ist ganz und gar kein Mittel, ihr Dasein zu erkennen«.[62]

Die Existenz für Objekte des reinen Denkens ist zwar, wie Kant sagt, nicht schlechterdings für unmöglich zu erklären, aber sie ist auch durch nichts zu rechtfertigen.[63] Die Existenz Gottes ist nicht zu erweisen, da die Existenz außerhalb des Begriffes liegt und dem Begriff eines höchsten Wesens keine Erfahrung entsprechen kann.

Wir müssen vom Klima dieser Sätze Kants her den Gegensatz zur Kritik der praktischen Vernunft sehen und im Widerspruch des aufklärerischen Denkens zu dem Bemühen der Rettung der spekulativ-theologischen Theorie das Kraftfeld und Spannungsfeld erfahren, dessen entgegengesetzte Seiten erst die Philosophie Kants ausmachen.

In der Unmöglichkeit, Gott zu beweisen, gewinnt der Mensch seine moralische Kraft. Die heteronome Gewißheit Gottes ließe aus dem kategorischen Imperativ einen hypothetischen werden (Wenn du nicht in der Hölle schmoren willst, dann ...). Daß es einen Gott gibt, ist nicht die Voraussetzung für eine moralische Haltung. Ja, wer sich unbedingt auf die Existenz Gottes verlassen kann, verliert eben dadurch die Möglichkeit, ein moralischer Mensch zu sein.

Kant verneint, daß Gott ein Erkenntnisobjekt ist. Gott ist allerdings im kategorischen Imperativ mitgesetzt, aber nicht als Erkenntnis, sondern als Hoffnung. Hoffnung ist damit die höchste Kategorie. Gott ist aus der Analyse des kategorischen Imperativs zu bestätigen. Wer gegen die Moral handelt, ist im Grunde hoffnungslos, verzweifelt. Das Gemeine, das Böse ist immer etwas Verzweifeltes, Wahnsinniges. Wenn es jeder Niedertracht und Schurkerei gelingt, gute Gründe zu finden, so entlarvt sie Kant gerade in dieser formalen Weise. Wie großartig diese Gedanken Kants sind, sahen wir auch im Blick auf Hegel. Hegel will den ontologischen Gottesbeweis wieder retten (Enzyklopädie 1. Band).[64] Begriffliche Erkenntnis in emphatischem Sinn hat Anspruch auf Wahrheit. Der Satz also, »wir

---

62 Ebd., S. 535 (B 629; A 601).
63 »Unser Begriff von einem Gegenstande mag also enthalten, was und wie viel er wolle, so müssen wir doch aus ihm herausgehen, um diesem die Existenz zu erteilen. Bei Gegenständen der Sinne geschieht dieses durch den Zusammenhang mit irgend einer meiner Wahrnehmungen nach empirischen Gesetzen; aber für Objekte des reinen Denkens ist ganz und gar kein Mittel, ihr Dasein zu erkennen, weil es gänzlich a priori erkannt werden müßte, unser Bewußtsein aller Existenz aber (es sei durch Wahrnehmung unmittelbar, oder durch Schlüsse, die etwas mit der Wahrnehmung verknüpfen) gehöret ganz und gar zur Einheit der Erfahrung, und eine Existenz außer diesem Felde kann zwar nicht schlechterdings für unmöglich erklärt werden, sie ist aber eine Voraussetzung, die wir durch nichts rechtfertigen können.« (Ebd., S. 535 [B 629; A 601])
64 Vgl. etwa HW, Bd. 8, S. 135–137.

können uns nicht denken, daß es Gott nicht geben kann«, ist schon Wahrheit. Dabei freilich ist Wahrheit in einer dogmatischen Weise angenommen, die die Grenze der Aufklärung ahnen läßt. Die Aufklärung steht unter der Wahrheit noch wie unter einem Bann.

Den Verlauf der zweiten Stunde der Sitzung bestimmte das Referat von Herrn Dr. Schweppenhäuser über den Heideggerschen Seinsbegriff.[65] Der Referent begann mit einer Definition der Philosophie Heideggers nach dessen Werk »Sein und Zeit«[66]. Für Heidegger ist Philosophie Ontologie, Frage nach dem Sein. Ontologie ist im Zusammenhang mit der Phänomenologie verstanden, der deskriptiven Wissenschaft von obersten Begriffen. Es geht der Phänomenologie um die Analyse von Wesenheiten. Diese deskriptive Ontologie ist von Husserl herausgebildet worden. Für Heidegger soll die Ontologie nach der phänomenologischen Methode Husserls das Sein deskriptiv erfassen. Dabei ist freilich eine Scheinkonkretheit vorausgesetzt, der Sache habhaft zu werden, die gar nicht besteht.

Wenn die Phänomenologie nach dem griechischen phainesthai das ›Entbergen‹ von Wesen und Wahrheit schon dem Worte nach garantieren soll, so ist, abgesehen davon, daß die Deutung dieses Wortes philologisch anfechtbar ist, überhaupt die Auffassung, durch den Wortsinn sei etwas verbürgt, einfach vorkritisch.

Für Husserl, der von der Mathematik ausging,[67] war der Gedanke entscheidend, daß es etwas wie ein Vermeinen gibt, das die Sache auch trifft. Wenn ich

---

65 Hermann Schweppenhäuser wird 1956 mit der Schrift »Studien über die Heideggersche Sprachtheorie« in Frankfurt a. M. promoviert. Der entsprechende Referatstext wurde nicht aufgefunden.
66 Bei Heidegger heißt es: »Mit der leitenden Frage nach dem Sinn des Seins steht die Untersuchung bei der Fundamentalfrage der Philosophie überhaupt. Die Behandlungsart dieser Frage ist die *phänomenologische*. Damit verschreibt sich diese Abhandlung weder einem ›Standpunkt‹, noch einer ›Richtung‹, weil Phänomenologie keines von beiden ist und nie werden kann, solange sie sich selbst versteht. Der Ausdruck ›Phänomenologie‹ bedeutet primär einen *Methodenbegriff*. Er charakterisiert nicht das sachhaltige Was der Gegenstände der philosophischen Forschung, sondern das *Wie* dieser. Je echter ein Methodenbegriff sich auswirkt und je umfassender er den grundsätzlichen Duktus einer Wissenschaft bestimmt, um so ursprünglicher ist er in der Auseinandersetzung mit den Sachen selbst verwurzelt, um so weiter entfernt er sich von dem, was wir einen technischen Handgriff nennen, deren es auch in den theoretischen Disziplinen viele gibt.« (Martin Heidegger, Sein und Zeit [1927], 9. Aufl., Tübingen 1960, S. 27)
67 So schreibt Adorno über Husserl: *He took over from his teacher Brentano the concept as well as the idea of the objective character of essences and a desire to combine a doctrine of objective essences with an analysis of subjective processes of thinking. Husserl started as a mathematician. The material of his thought was detached from the very beginning as much as possible from the relativity of subjective reflection, a material the objectivity of which stood beyond any possible doubt. Still,*

etwas meine und darüber spreche, dann ist es doch auch ›da‹. Die objektive Wirklichkeit der Sache ist dabei gar nicht entscheidend, nur das, was ich meine. Das Gemeinte, Begriffe, die man vermeinen kann, sind als Phänomene darzustellen. Es geht freilich dabei um etwas Ernstes, aber damit ist auch zugleich der Halluzination die Würde dieses Ernstes gegeben. So ist es etwa durchaus möglich, phänomenologisch die Wassergeister darzustellen, unter Grundlegung aller historischen und ästhetischen Gegebenheiten. So ist die Forschung über Sachen, die nur vermeint sind, mit der ganzen Würde der Wissenschaft verbunden. Aufgabe der Phänomenologie ist für Heidegger die Hermeneutik, die Bedeutungsanalyse des Daseins, an dessen Seinsweise das Sein sich zeigt.

Uns ging es besonders um Klarheit der Begriffe ontisch und ontologisch.
    Unter ontisch ist zu verstehen ta onta, das zerstreut Seiende, das Faktische, darunter zunächst auch der Mensch.
    Freilich ist der Mensch zugleich auch ontologisch durch die Fähigkeit zu Reflexion, dadurch, daß er unter anderem auch Ontologie treiben kann. In der Ontologie geht es um die Transzendenz. Indem der Mensch über sein Dasein philosophiert, ist er Mensch. Ontologisch zu sein, ist für den Menschen eine Gegebenheit. Einfach ausgedrückt, heißt dies, der Mensch ist das philosophische Wesen, nicht so sehr Zoon politikon.

Für Heidegger ist das Problem das Sein, die Frage, warum es etwas gibt und nicht vielmehr nichts. Der Mensch ist ihm der ausgezeichnete Punkt, durch den man zum Sein gelangen kann. Am Menschen offenbart sich eine Seinsweise.[68]

---

under Brentano's influence he tried to apply the psychological epistemology of his time to this realm and to give in his philosophy of arithmetic a psychological foundation for arithmetic. (GS, Bd. 20·1, S. 122)

68 Heidegger schreibt, das Sein, um das es dem Seienden »in seinem Sein geht«, sei »je meines. Dasein ist daher nie ontologisch zu fassen als Fall und Exemplar einer Gattung von Seiendem als Vorhandenem. Diesem Seienden ist sein Sein ›gleichgültig‹, genau besehen, es ›ist‹ so, daß ihm sein Sein weder gleichgültig noch ungleichgültig sein kann. Das Ansprechen von Dasein muß gemäß dem Charakter der *Jemeinigkeit* dieses Seienden stets das *Personal*pronomen mitsagen: ›ich bin‹, ›du bist‹. [...] Die beiden Seinsmodi der *Eigentlichkeit* und *Uneigentlichkeit* – diese Ausdrücke sind im strengen Wortsinne terminologisch gewählt – gründen darin, daß Dasein überhaupt durch Jemeinigkeit bestimmt ist.« (Heidegger, Sein und Zeit, a.a.O. [s. Anm. 66], S. 42 f.)

Heidegger behauptet, daß im Denken der abendländischen Metaphysik das Sein vergessen worden sei.[69] Das Sein wieder zu Sprache zu bringen, ist Aufgabe der Fundamentalontologie.

In der Auslegung des Daseins findet Heidegger die Existenz immer schon unter bestimmten Bedingungen vor, den Bedingungen der Angst, der Langeweile. Angst ist das Verspüren des Nichts, das nichtet, ist die Erfahrung des Absoluten.[70]

Wenn auch diese Befindlichkeiten bei Schriftstellern ebenfalls eine Rolle spielen, so sind sie doch nicht mit einer solchen Gloriole umgeben wie bei Heidegger, bei dem das Negative der Existenz zum Positiven wird. Während bei Kierkegaard die Verzweiflung in einem Salto mortale zu Gott führt,[71] fällt bei Heidegger Gott weg. Die Nähe seines Denkens zum Nihilismus tritt hervor.

Hermann Müller[72]

---

69 Heidegger bemängelt, die Frage nach dem Sein sei »heute in Vergessenheit gekommen, obzwar unsere Zeit sich als Fortschritt anrechnet, die ›Metaphysik‹ wieder zu bejahen.« Jedoch habe sich »[a]uf dem Boden der griechischen Ansätze zur Interpretation des Seins [...] ein Dogma ausgebildet, das die Frage nach dem Sinn von Sein nicht nur für überflüssig erklärt, sondern das Versäumnis der Frage überdies sanktioniert.« (Ebd., S. 2)
70 Vgl. den Abschnitt »Die Grundbefindlichkeit der Angst als eine ausgezeichnete Erschlossenheit des Daseins«, ebd., S. 184–191.
71 Entsprechend heißt es bei Adorno: *Relativ früh hat Kierkegaard die Problematik des identitätsphilosophischen Ansatzes durchschaut, diesen in einem weitesten, über Schelling hinausreichenden Verstand genommen. Stichhaltig polemisiert Kierkegaard insofern gegen das System, als darin dem Moment der Nichtidentität, so nachdrücklich Hegel es auch als solches bestimmt, konkret doch nicht das entscheidende Gewicht zufällt; untriftig wird die Kritik an jenem, weil Kierkegaard, indem er das nichtidentische Moment verficht, aus der Dialektik verzweifelt herausspringt und zurückfällt in jenes Denken, das bei Hegel bloße Reflexionsphilosophie heißt. Kierkegaard hat, bei aller Antipathie gegen Hegel, das Problem des Idealismus nicht gänzlich durchdacht. Ungezählte Kategorien aus dem idealistischen Bereich, neben solchen von Hegel selbst vor allem auch solche von Fichte, sind von dem Feind des Idealismus gleichsam naiv konserviert. Während Kierkegaards Angriff an seinem Gegenstand vorbeizielt, ist er gleichzeitig nicht stark genug, um das System zu entkräften.* (GS, Bd. 20·1, S. 260)
72 Unterschrift.

Sommersemester 1957: Zeitgenössische Ideologien · Begriff der Ideologie II

Soziologisches Hauptseminar mit Max Horkheimer

In diesem Semester hält Adorno zudem die philosophische Vorlesung »Einleitung in die Geschichtsphilosophie« und gibt das philosophische Hauptseminar »Über den Begriff der kritischen Philosophie«

Das Seminar findet dienstags von 17 bis 19 Uhr statt

115–117 UAF Abt. 139 Nr. 2; **118** Archivzentrum Na 1, 885; **119–123** UAF Abt. 139 Nr. 2

115 Anne-Margret Scheuch, 7. und 14. Mai 1957

Anne-Margret Scheuch.[1]

Protokoll vom 7. Mai 1957

Zu Beginn der Seminarsitzung führte Prof. Adorno aus, daß sich das Seminar des vergangenen Semesters bemüht habe, dem Ideologiebegriff in den Schriften von Bacon bis Mannheim nachzugehen,[2] während es die Aufgabe dieses Seminars sei, den Ideologiebegriff, wie er sich in der Gegenwart darbiete, zu untersuchen.

Prof. Adorno wies darauf hin, daß nicht nur einzelne Ideologien, sondern die Gestalt der Ideologie als solcher einer bestimmten Epoche zugehörig und mit ihr zugleich veränderlich sei. So beziehe sich der klassische Ideologiebegriff, auch in seinen späteren wissenssoziologischen Varianten, auf jene Vorstellungen, welche die liberal-kapitalistische Gesellschaft als den ihr zugehörigen notwendigen Schein erzeugt habe. Mit der gesellschaftlichen Verfassung in der Phase des Spätkapitalismus habe sich indessen auch die Gestalt eben dieser Ideologien geändert, ja als konsistente Vorstellungszusammenhänge gäbe es Ideologien heute überhaupt nicht mehr. Aber sowenig eine gesellschaftliche Lage spurlos untergeht, sowenig geht es an, den Ideologiebegriff einfach zu liquidieren. Vielmehr gilt es, ihn der Dialektik des Gegenstandes selber gemäß so zu bewegen, daß er der neuen Gestalt des gesellschaftlich notwendigen Scheins, wie er vor allem als Schleier der Konsumverpflichtung (der Eisschrank als Ideologie) auftritt, gerecht wird.

Eine ebenfalls hierarchische Auffassung der Gesellschaft vertritt Thomas v. Aquin im 13. Jahrhundert: Bei ihm wird die Gesellschaft einschließlich des Staates als Unterbau angesehen, da sie es mit dem Irdischen im christlichen Sinne zu tun habe, und die Kirche wird als Überbau aufgefaßt, da sie sich auf das Jenseits bezieht und dem Staat übergelagert ist.

Ein drittes Beispiel von Ansätzen zu Über- und Unterbautheorien vor Marx ist in der Hegel'schen Rechtsphilosophie zu finden. Bei Hegel überlagert der Staat die Gesellschaft und die Familie; er bildet diesen gegenüber eine höhere Macht. Andererseits ist es der immanente Zweck der Familie und Gesellschaft, sich im

---

1 Unterschrift.
2 S. die Sitzungsprotokolle 97–108 des soziologischen Hauptseminars »Begriff der Ideologie [I]« vom Wintersemester 1956/57.

Staate zu vollenden.³ – Prof. Adorno wies darauf hin, daß überhaupt der Begriff der Familie später [entstanden] ist als der des Staates, wie auch das Nachdenken über den Staat vor dem Nachdenken über seine Elemente, wie Familie und Gesellschaft, stattfand.

Marx entwickelt seine Über-Unterbautheorie in Auseinandersetzung mit Hegels Rechtsphilosophie. Während bei Hegel die bürgerliche Gesellschaft eine Durchgangsstufe des Geistes ist, bevor er sich im Staate erfüllt, ist bei Marx der Staat nur ein Epiphänomen. Denn Rechtsverhältnisse wie Staatsformen begründen sich in den materiellen Lebensverhältnissen, also in der bürgerlichen Gesellschaft, und sind nicht aus sich selbst heraus noch aus der allgemeinen Entwicklung des menschlichen Geistes zu begreifen.

Die Menschen gehen zum Zweck der Reproduktion ihres Lebens bestimmte gesellschaftliche Verhältnisse ein; Produktionsverhältnisse, die die ökonomische Struktur der Gesellschaft bilden. Dieses ist die Grundlage, worauf sich ein Überbau, politischer, juristischer und im engen Sinne ideologischer Art erhebt.

Diesen Produktionsverhältnissen entsprechen bestimmte gesellschaftliche Bewußtseinsformen, wie auch die Produktionsweise des materiellen Lebens den sozialen, politischen und geistigen Lebensprozeß bedingt und das Bewußtsein der Menschen nicht ihr Sein, sondern umgekehrt ihr gesellschaftliches Sein ihr Bewußtsein bestimmt.⁴

---

3 »Die sittliche Substanz, als das für sich seiende Selbstbewußtsein mit seinem Begriffe geeint enthaltend, ist der *wirkliche Geist* einer Familie und eines Volks. [...] Der Begriff dieser Idee ist nur als Geist, als sich Wissendes und Wirkliches, indem er die Objektivierung seiner selbst, die Bewegung durch die Form seiner Momente ist. Er ist daher: *[Absatz]* A. der unmittelbare oder *natürliche* sittliche Geist; – die *Familie*. *[Absatz]* Diese Substantialität geht in den Verlust ihrer Einheit, in die Entzweiung und in den Standpunkt des Relativen über und ist so *[Absatz]* B. *bürgerliche Gesellschaft*, eine Verbindung der Glieder als *selbständiger Einzelner* in einer somit *formellen Allgemeinheit*, durch ihre *Bedürfnisse* und durch die *Rechtsverfassung* als Mittel der Sicherheit der Personen und des Eigentums und durch eine *äußerliche Ordnung* für ihre besonderen und gemeinsamen Interessen, welcher *äußerliche Staat* sich *[Absatz]* C. in den Zweck und die Wirklichkeit des substantiellen Allgemeinen und des demselben gewidmeten öffentlichen Lebens – in die *Staatsverfassung* zurück- und zusammennimmt.« (HW, Bd. 7, S. 305 f.)

4 »In der gesellschaftlichen Produktion ihres Lebens gehen die Menschen bestimmte, notwendige, von ihrem Willen unabhängige Verhältnisse ein, Produktionsverhältnisse, die einer bestimmten Entwicklungsstufe ihrer materiellen Produktivkräfte entsprechen. Die Gesamtheit dieser Produktionsverhältnisse bildet die ökonomische Struktur der Gesellschaft, die reale Basis, worauf sich ein juristischer und politischer Überbau erhebt und welcher bestimmte gesellschaftliche Bewußtseinsformen entsprechen. Die Produktionsweise des materiellen Lebens bedingt den sozialen, politischen und geistigen Lebensprozeß überhaupt. Es ist nicht das Bewußtsein der Menschen, das ihr Sein, sondern umgekehrt ihr gesellschaftliches Sein, das ihr Bewußtsein bestimmt.« (MEW, Bd. 13, S. 8 f.)

Hierauf entgegnet Prof. Adorno, daß diese Bestimmung des Bewußtseins durch das materielle Sein kritisch festgestellt wird. Sie gilt nicht als Idealzustand, vielmehr soll die Welt so verändert werden, daß der Materialismus abgeschafft werden kann;[5] denn es ist doch so, daß die Menschen von der Gier nach materiellen Dingen verzehrt werden, weil es nicht genügend davon gibt. Die Menschen werden gewissermaßen künstlich im Zustand der Bedürftigkeit gehalten. Gerade diesen Zustand will der dialektische Materialismus durch die Aufhebung des Materialismus beenden.

Wenn die Menschen ihre materiellen Bedürfnisse befriedigt haben, dann wird auch der Geist zu seinem Recht kommen. In Sowjetrußland, wo aus dem Materialismus eine Weltanschauung gemacht wurde, ist mit der kritischen Substanz auch diese Einsicht verlorengegangen. In Abwehr einer pedantischen Marxphilologie wies Prof. Adorno darauf hin, daß die Begriffe bei Marx nicht eigentlich philosophische sind, sondern eher politische und in erster Linie praktischen Stellenwert haben.

Kritik Dr. Kopps[6] an diesen Ansichten:

Dr. Kopps Kritik richtete sich zunächst gegen Marx' Thesen, daß die Produktionsverhältnisse sich voll entwickelt haben müssen, bevor die Produktivkräfte den Rahmen sprengen können.[7] Vielmehr sei der Kommunismus gerade in

---

5 In einer von acht Thesen *Zur Spezifikation der kritischen Theorie*, die Adorno am 31. März 1969 an Horkheimer schickt, heißt es: *Kritische Theorie ist keine Ontologie, kein positiver Materialismus. In ihrem Begriff liegt, daß die Befriedigung der materiellen Bedürfnisse die notwendige, aber nicht die zureichende Bedingung einer befreiten Gesellschaft ist. Der verwirklichte Materialismus ist zugleich die Abschaffung des Materialismus als der Abhängigkeit von blinden materiellen Interessen. Über das Tauschprinzip hinausgehen heißt zugleich es erfüllen: keiner darf weniger mehr bekommen als das Äquivalent der durchschnittlichen gesellschaftlichen Arbeit.* (Adorno. Eine Bildmonographie, hrsg. vom Theodor W. Adorno Archiv, bearb. von Gabriele Ewenz, Christoph Gödde, Henri Lonitz und Michael Schwarz, Frankfurt a. M. 2003, S. 292)

6 D. i. Bernhard Kopp.

7 »Auf einer gewissen Stufe ihrer Entwicklung geraten die materiellen Produktivkräfte der Gesellschaft in Widerspruch mit den vorhandenen Produktionsverhältnissen oder, was nur ein juristischer Ausdruck dafür ist, mit den Eigentumsverhältnissen, innerhalb deren sie sich bisher bewegt hatten. Aus Entwicklungsformen der Produktivkräfte schlagen diese Verhältnisse in Fesseln derselben um. Es tritt dann eine Epoche sozialer Revolution ein. Mit der Veränderung der ökonomischen Grundlage wälzt sich der ganze ungeheure Überbau langsamer oder rascher um. In der Betrachtung solcher Umwälzungen muß man stets unterscheiden zwischen der materiellen, naturwissenschaftlich treu zu konstatierenden Umwälzung in den ökonomischen Produktionsbedingungen und den juristischen, politischen, religiösen, künstlerischen oder philosophischen, kurz, ideologischen Formen, worin sich die Menschen dieses Konflikts bewußt werden und ihn ausfechten. Sowenig man das, was ein Individuum ist, nach dem beurteilt, was es sich selbst

industriell unentwickelten Ländern zur Herrschaft gelangt und hätte sein erstes Bestreben gerade daran verwendet, die Industrie in forcierter Weise zu entwickeln. Ja, man kann sogar sagen, daß der Kommunismus sich dort durchgesetzt hat, wo der Kapitalismus in den Kinderschuhen steckengeblieben ist. Als Beispiel wurde Achminow angeführt, nach dem der Kommunismus ein Ersatzkapitalismus sei, weil er die Entfaltung der technischen Entwicklung vornähme.[8]

So gehe z. B. die Politik der Westmächte gerade darauf hinaus, unterentwickelte Länder (nicht kommunistische!) durch Hilfsaktionen vor dem Abgleiten in den Kommunismus zu bewahren.

Weiter meinte Dr. Kopp, wie es zu erklären sei, daß das Proletariat kein Klassenbewußtsein habe? Obwohl nach Marx das Bewußtsein vom gesellschaftlichen Sein bestimmt wird. Auf diesen Einwand entgegnete Prof. Adorno, daß das proletarische Klassenbewußtsein ein erst herzustellendes sei; zudem habe es nicht unter vergleichsweise glücklichen Umständen wie das bürgerliche heranreifen können. In der weiteren Diskussion wurde darauf hingewiesen, daß das Bewußtsein nicht mechanisch in kausaler Abhängigkeit von der Basis begriffen werden könne, sondern stets nur als ein Moment in der Totalität des gesellschaftlichen Lebensprozesses. Außerdem bedarf das entfaltete proletarische Bewußtsein der Spontaneität: Es steht gerade nicht mehr unter dem blinden Diktat der Produktionsverhältnisse, sondern hat sich von diesen als Selbstbewußtsein emanzipiert.

Prof. Adorno griff dann einen Diskussionsbeitrag heraus, der zum Ausdruck brachte, daß der junge Arbeiter, der ein Motorrad hat, sich nicht mehr als Proletarier betrachte. Im Rahmen der bestehenden Produktionsverhältnisse trachte jeder danach, sich mit Konsumgütern zu versorgen. Dieses, sagte Prof. Adorno, führe schon an das Kernproblem der zeitgenössischen Ideologie heran, das ja gerade darin bestehe, daß die Proletarier glauben, keine Proletarier mehr zu sein. Da der Mehrwert in der modernen Gesellschaft verschleiert ist, werden die bestehenden »entmenschlichten« Produktionsverhältnisse vom Proletariat als feststehend hingenommen. Erst muß das Bewußtsein die Realität durchschauen

---

dünkt, ebensowenig kann man eine solche Umwälzungsepoche aus ihrem Bewußtsein beurteilen, sondern muß vielmehr dies Bewußtsein aus den Widersprüchen des materiellen Lebens, aus dem vorhandenen Konflikt zwischen gesellschaftlichen Produktivkräften und Produktionsverhältnissen erklären. Eine Gesellschaftsformation geht nie unter, bevor alle Produktivkräfte entwickelt sind, für die sie weit genug ist, und neue höhere Produktionsverhältnisse treten nie an die Stelle, bevor die materiellen Existenzbedingungen derselben im Schoß der alten Gesellschaft selbst ausgebrütet worden sind.« (MEW, Bd. 13, S. 9)

8 Vgl. den Abschnitt »Der Ersatzkapitalismus« in: G[erman] F. Achminow, Die Macht im Hintergrund. Totengräber des Kommunismus, Grenchen und Ulm 1950, S. 48–57.

und aufhören, deren bloße Spiegelung zu sein, bevor es sich ihrer bemächtigen und sie verändern kann.

Darauf bemerkte Dr. Kopp, daß gerade »halb-feudale« Agrargesellschaften, z. B. China und Gebiete Ostasiens, anfällig für den Kommunismus seien, was aus einer Unzufriedenheit mit den bestehenden Verhältnissen entspringe.

Denn diese Unzufriedenheit läßt sie den Kommunismus als Möglichkeit zur Verbesserung ihrer Lage erscheinen und ersehen. Hier haben also, so meinte Dr. Kopp, psychologische Ursachen die Priorität vor den gesellschaftlichen.

Darauf entgegnete Prof. Adorno: Es setzen sich im Namen der Marx'schen Theorie gesellschaftliche Formen durch, die keineswegs kommunistisch seien. Man kann zwar die Marx'sche Theorie nicht in die Vitrine sperren, andererseits kann man aber auch nicht sagen: In Arabien meutern Beduinen, also stimme die Klassentheorie nicht. Überall dort, wo sich die Psychologie als mächtig erweist, resultiere auch das noch aus dem gesellschaftlichen Verblendungszusammenhang. Um das Verhältnis thesenartig zusammenzufassen: Wo man im Banne der Psychologie steht, ist man selber unfrei.

Nachtrag: Sitzung vom 14. Mai 1957

In einer ergänzenden Ausführung erklärte Herr Dr. Kopp, daß es ihm lediglich darauf ankomme, die Marx'schen Thesen zu erweitern.

Es genüge nicht, in einer bestimmten gesellschaftlichen Konstellation ein Bewußtsein einer Klassenlage zuordnen, denn am Christentum zeige sich z. B., daß sich das Bewußtsein nach seiner Entstehung von der gesellschaftlichen Konstellation entfernen könne, daß es sich auch dann noch erhalte, wenn sich andere gesellschaftliche Konstellationen durchgesetzt haben. Da es nun die verschiedensten Bewußtseinsformen ohne die entsprechenden Gesellschaftsformen gibt, läßt sich dieses ohne die Einführung eines psychologischen Moments nicht erklären. Prof. Adorno entgegnete, daß er diese Ausführung durchaus billige, strahle doch auch heute z. B. das Bewußtsein der industriellen Massenproduktion weit über das Gebiet der eigentlichen Industriegesellschaft hinaus.[9]

Anne-Margret Scheuch.[10]

---

9 Nebensatz umgestellt aus: »[...] hätte doch auch [...] Industriegesellschaft hinaus ausgestrahlt.«
10 Unterschrift.

116 Klaus Borgmeier, 21. Mai 1957

Soziologisches Seminar
Klaus Borgmeier

Protokoll der Sitzung vom 21. V. 1957.

Zu Beginn der Sitzung, da das noch ausstehende Protokoll eines Referats über die geschichtliche Entwicklung der Überbau-Unterbau-Theorie[11] verlesen wurde, nahm – anknüpfend an seine geschichtsphilosophische These, daß Historie es nur mit artikuliertem Zeitablauf zu tun habe – Herr Prof. Adorno Gelegenheit, auf die Tatsache hinzuweisen, daß produktionstechnischer nicht gleichbedeutend mit geschichtlichem Fortschritt sei. Als Beispiel hierfür könnten Jugoslawien und Ungarn auf der einen, die Tschechoslowakei und Frankreich auf der anderen Seite gelten. Und zwar setzten sich jene minder industrialisierten Länder gegenüber Kräften wie KP und NS, die die bürgerliche Gesellschaft über sich hinaustreiben sollten, weit heftiger zur Wehr als die eigentlich betroffenen, im Sinne bürgerlich-kapitalistischer Produktionswirtschaft voll ›ausgereiften‹ Kulturen Frankreichs und der Tschechoslowakei.

Im folgenden diskutierte nun das Seminar Thesen, welche ein Referat[12] über die von Herrn Prof. Schaaf verfaßte ›Grundkonzeption der Wissenssoziologie‹[13] während der letzten Sitzung zum Ausdruck gebracht hatte.

Gegen den Einwand, er müsse sich mit Karl Mannheim gezwungen sehen, beispielsweise den exakten Wissenschaften ihren Wahrheitsgehalt abzusprechen, wenn er eine ideologische Befangenheit in dem Maße voraussetze, wie es seine Theorie im einzelnen entwickle,[14] verwahrte sich der Verfasser[15] und machte

---

11 Ein entsprechender Referatstext wurde nicht aufgefunden.
12 Kurt Lenk, »Grundprinzipien der Wissenssoziologie«, UAF Abt. 139 Nr. 2. Das Referat kommt zu dem Schluss, wissenssoziologische Methodik könne sich nicht nur auf eine pauschale Zuordnung von sozialem und bewusstem Sein verlassen, sondern habe sich jeweils an Einzelanalysen zu bewähren.
13 Vgl. Julius Schaaf, Grundprinzipien der Wissenssoziologie, Hamburg 1956.
14 Das Referat zitiert: »Das soziale Sein ist, insoweit es in die Aussagen hineinreicht, das Fundament der Gültigkeit der Wahrheit, während sie selbst als Wahrheit wissenssoziologisch nicht erklärbar ist. Die Wahrheitsgeltung von Sätzen entzieht sich, sofern sie einwandfrei gegeben ist, a priori jeder wissenssoziologischen Analyse: der Streit allerdings darum, ob Wahrheit in einem bestimmten Fall vorliegt, kann seinerseits durchaus wissenssoziologisch interpretiert werden.« (Ebd., S. 209)

darauf aufmerksam, daß er bei seiner Konstruktion Mathematik und Naturwissenschaften ausgeklammert habe, ihnen übrigens, da jetzt darauf angespielt werde, jedoch nur generell ideologischen Charakter zuerkenne, wofür ein Beispiel sei etwa die antike Zahlenmystik in ihrer nur vagen Sozialrelevanz.

Wie dagegen eine nichtexakte Wissenschaft, so die der Historie, arbeitet, welche eine gewisse Revisionsmöglichkeit durch Fakten einräumt, ist – konkretisierte Herr Prof. Schaaf – etwa an dem Satz »Die griechische Wirtschaft beruhte auf der Sklavenarbeit.« abzulesen. Es wird hier nicht die Notwendigkeit des Sklavenstandes für alle Zeiten behauptet. – Ihn unterstützte der Seminarleiter mit der erkenntniskritischen Notiz, Einzelurteile dürften nur streng nach Maßgabe ihrer Voraussetzungen gelten. Und nur aufgrund allzuweit verallgemeinerter Einzelerkenntnisse sei im übrigen so etwas wie der totale Ideologieverdacht Mannheims möglich. – Fragen, die näher auf die Spannung von gesellschaftlichem Schein und Sein sich bezogen, stellte sodann Herr Dr. Habermas[16]: Wenn man das Ideologische lediglich als eine Relationstäuschung analysiere, habe man zweierlei Argumente aufzulösen: Erstens, wie der Irrtum des Individuums als sozial notwendiger zu begreifen sei, zweitens, wie eine solche Verfehlung als unbewußte sich hinter dem Rücken des individuellen Bewußtseins durchsetzen kann, wenn doch das soziale Sein nur in dem Maße überhaupt auf das Individuum soll wirken können, in dem es vom Individuum bewußt erkannt wird.

Dies[17] ergab jedoch einen zwiefachen Begriff des Bewußtseins bei den Kontrahenten. Hier beschränkte er sich auf das reflexive Bewußtsein, da meinte er alles Bewußte auch außerhalb der Reflexion – wie Herr Prof. Schaaf formulierte: »das ›erscheinende Wissen‹ und mehr als nur Denkirrtümer«. Daß nach Marx – wie von ihm weiter ausgeführt wurde – Ideologie ja auch »nur« aus einer Entfremdung zwischen Überbau und Unterbau entstehe, konnte die Bedenken über einen zu weit und zu unscharf genommenen Ideologiebegriff bei Schaaf nicht

---

15 Julius Schaaf, der als Gast an der Seminarsitzung teilnimmt, hat eine Professur für Philosophie an der Frankfurter Universität inne. In der Einleitung seiner im Seminar behandelten Schrift nennt er »eine Reihe bedeutender Untersuchungen [...], die in konkreter empirischer Forschung die Fruchtbarkeit und die Unumgänglichkeit wissenssoziologischer Fragestellung auf dem Gebiet des geistig-gesellschaftlichen Seins de facto demonstriert haben. Ohne Anspruch auf Vollständigkeit erheben und ohne auf die Differenzen der einzelnen Autoren untereinander in der Handhabung der wissenssoziologischen Methode im einzelnen einzugehen, wäre dabei vor allem auf die Ergebnisse der Forschungen von Th. W. Adorno, O. Brunner, A. Dempf, B. Groethuysen, M. Horkheimer, G. Lukacs, A. Martin, R. W. Meyer, E. Rothacker, A. Rüstow und Alfred Weber zu verweisen.« (Ebd., S. VIII)
16 Jürgen Habermas wird 1954 mit der Schrift »Das Absolute und die Geschichte im Denken Schellings« in Bonn promoviert.
17 Konjiziert für: »Die«.

beseitigen. Vielmehr wurde nach dem korrespondierenden Gesellschaftsbegriff gefragt: Wenn zum Umschlagsort des Sozialen ins Geistige das Individuum erklärt werde, müsse dann nicht – so meinte Herr Schmidt[18] – die Totalität des Gesellschaftsbegriffs verlorengehen?

Und Herr Prof. Adorno erinnerte an die Paretoschen dérivations[19], denen es ebenfalls zum echten Ideologiebegriff an der Objektivität ihres Scheins fehle. Herr Prof. Schaaf zog sich in seiner Antwort auf die Welt der ›Beziehungen‹ zurück. Gesellschaft, das sei weder ein Geistiges noch ein Naturales noch ein irgendwie Individuelles. Der Seminarleiter dagegen spürte nur die »ontologische Dignität« in dem Ausdruck ›Beziehungen‹,[20] vermißte ein dialektisches Konkretwerden des Begriffs. Der Berufung auf die Marxsche Bedeutung von ›Gesellschaft‹ gegenüber – sie meine die Wechselwirkung zwischen Teilen – präzisierte er die Definition, der zufolge der Tauschgedanke Einzelwesen und Gesellschaft miteinander vermittle. Indem er aber selbst den Hauptakzent darauf legte, daß in der sozialen Totalität die Momente nicht isolierbar seien, konnte er zeigen, wie erst aufgrund jenes prinzipienhaften Denkens, aus dem schon die Überbewertung des Individuums im diskutierten Buche geboren sei, die falsche Frage nach der Kausalität sich stelle und die dialektische Methode behindere. – Herr Dr. Habermas wandte sich anschließend auch gegen die Behauptung, unter ›Beziehung‹ sei kein isoliertes Sein ohne Beziehungsträger zu verstehen, indem er auf die ontologische Neutralität des Begriffs gegenüber der Wirklichkeit und darauf, daß dieser keinerlei Wirkung auf sie ausübe, geschichtslos sei, verwies. Mit ihm könne man folgerichtig nicht die typisch ideologische Verselbständigung im Fall einer Institution erklären, und da geschehe es eben, daß eine Beziehung *Macht* über den Menschen gewinne.

Wenn man also Ideologie nur als Relationstäuschung, d. h. als Hypostasierung einer sozialen Beziehung oder entsprechend als prozessuale Verflüssigung des allein substantiellen Beziehungsträgers nämlich des Individuums ansehe, so werde die reale Gesellschaft schon im theoretischen Ansatz verfehlt. Ideologie bedeute wesentlich Verselbständigung, bedeute, Vermitteltes für Unmittelbares zu halten. Die Subsumtion der Menschen unter ihre Institutionen ist keine Hypo-

---

18 Nicht ermittelt.
19 Vgl. die Abschnitte »Die Residuen«, in: Vilfredo Pareto, Allgemeine Soziologie [1916], bes. von Hans Wolfram Gerhard, übers. und eingel. von Carl Brinkmann, Tübingen 1955, S. 50–160, »Die Derivationen«, ebd., S. 161–191, und »Eigenschaften der Residuen und der Derivationen«, ebd., S. 192–231.
20 Vgl. die Abschnitte »Grundlegende Ontologie des Beziehungsseins«, in: Schaaf, Grundprinzipien der Wissenssoziologie, a.a.O. (s. Anm. 13), S. 12–20, und »Spezielle Ontologie der Beziehungen«, ebd., S. 104–119.

stasierung des falschen Bewußtseins, sondern zunächst der gesellschaftlichen Realität selber.

Verschärfte dies nur die Position von Herrn Prof. Schaaf, indem die Ideologieverfallenheit des Individuums noch stärker betont wird? Der Seminarleiter verneinte das. Auch Marx zähle das Übermächtige, etwa den Staat – er gebe sich denn dem Einzelnen gegenüber als neutral aus –, nicht zum Ideologischen. Was außer einem actus purus solle andernfalls noch frei sein von Ideologie?

In der weiteren Diskussion wurde dann die ideologische Verselbständigung erst als perfekt anerkannt, wo das Phänomen vom Bewußtsein nicht mehr sozialrelativ, sondern autonom gewertet werde. Abgesehen davon, daß hier schon der Begriff ›Einzelner‹ in Anbetracht der Tatsache, daß die Individuen heute wesentlich Agenten der Institutionen und seit je in überindividueller Sprache befangene Wesen sind, allzu solipsistisch anmute. Dem zu begegnen, indem man die Beziehungen ontologisch zwar als invariante zugleich aber auch als »entstehend und vergehend« bezeichne und der Sprache dergestalt »auch« dauernde Wahrheiten rette, ist wohl nicht mehr möglich. –

Da daraufhin die Politischen Wissenschaften und die ›human relations‹[21] erwähnt wurden, konnte auch von dieser Richtung her die Gefahr einer undialektischen, allzu wörtlich verstandenen Faktizität aufgezeigt werden. Während die letzte Bemerkung von Herrn Prof. Schaaf, er habe die Begriffe Ideologie, Beziehung etc. am Modell der klassenlosen Gesellschaft entwickelt, darum auch nicht als letzte Begründung seiner Position akzeptiert wurde, weil die klassenlose Gesellschaft bisher nicht Wirklichkeit geworden sei. – – – – –

---

21 Ausgehend von Untersuchungen einer Gruppe von Sozialforschern um Elton Mayo und deren Untersuchungen von Arbeitsprozessen in der US-amerikanischen Howthorne-Fabrik von 1927 bis 1939, entsteht die sogenannte Human-Relations-Bewegung. Ihr Ziel ist die Verbesserung der ›menschlichen‹ Beziehungen zwischen den Arbeitern einerseits sowie zwischen Arbeitern und deren Vorgesetzten andererseits, um so den Produktionsprozess ökonomisch effektiver zu gestalten.

117 Sok-Zin Lim,
28. Mai 1957

Sok-Zin Lim

Protokoll der Seminarsitzung vom 28. Mai
zum Seminar »Zeitgenössische Ideologien«

Zu Beginn der letzten Seminarsitzung wurde noch einmal auf die erkenntnistheoretische Problematik von soziologischen Aussagen eingegangen. Dabei muß unterschieden werden zwischen solchen, die sich auf eine ganz bestimmte historische Situation beschränken, wie zum Beispiel auf die griechische Sklavenhaltergesellschaft zur Zeit des Aristoteles, und solchen allgemeinen Charakters. Undialektisch wäre es, wenn man davon unmittelbar auf die Verbindlichkeit dieser Wirtschaftsform für alle Zeiten käme. Dies berührt jedoch nicht Wahrheit der historischen Aussage. Die Behandlung der erkenntnistheoretischen Grundlagen der Soziologie wurde damit abgeschlossen. Das Seminar ging zu der Aufgabe über, die es sich hauptsächlich für dieses Semester gestellt hat: nämlich die Untersuchung zeitgenössischer Ideologien und in welcher Form sie heute auftreten. Dabei ist der Begriff der Ideologie selbst zu klären. Er hat heute zwar allgemeine Verbreitung gefunden, zum Teil sogar in positiver Wendung, daß man »Ideologien« brauche. Demgegenüber gilt es, sich kritisch zu besinnen, was sich hinter diesem Wort verbirgt. Dazu muß ausgegangen werden vom klassischen Ideologiebegriff. Einführend zum Referat von Herrn Michel[22] wies Professor Adorno darauf hin, daß hier zunächst von vier Thesen ausgegangen würde; mit ihnen sei die Frage gestellt, ob es Ideologie im klassischen Sinne überhaupt noch gebe; wahrscheinlich, um zu der Folgerung zu kommen, daß dies nicht der Fall sei.

Das Referat ging aus von der Zeit, in der Ideologien entstanden, nämlich in der entfalteten städtischen Marktwirtschaft vom Beginn des 18. Jahrhunderts[23] bis

---

22 Karl Markus Michel, »Ideologien a.D.«, Archivzentrum Na 1, 885.
23 In den *Soziologischen Exkursen* heißt es zur Entstehung des Ideologiebegriffs: *Das Motiv der Notwendigkeit steht [...] im Zentrum der Arbeit der französischen Schule, die sich selbst die der idéologues, der Ideenforscher nannte. Das Wort »Ideologie« stammt von einem ihrer Hauptexponenten, Destutt de Tracy. Er knüpft an die empiristische Philosophie an, welche den menschlichen Geist zergliederte, um den Mechanismus der Erkenntnis bloßzulegen und die Frage nach Wahrheit und Verbindlichkeit auf ihn zurückzuführen. Aber seine Absicht ist nicht erkenntnistheoretisch und nicht formal. [...] Im Anschluß an den handfest materialistisch ausgelegten Sensualismus* [Étienne Bonnot de] *Condillacs möchte er sämtliche Ideen auf ihren Ursprung in den Sinnen zurückführen.*

ins 20. Jahrhundert. Die Träger von diesen Ideologien sind bestimmte Gruppen und Schichten, mit denen zugleich die jeweilige Ideologie selbst wirksam bleibt. Mit ihrer Auflösung vollzieht sich zugleich der Schwund der alten Ideologie; aber ohne daß sie völlig verschwindet, sondern sie gibt das Material ab für neue Ideologien. Dafür ist eine Ablösung der alten Ideologie von ihrer Trägergruppe sogar notwendig, damit sich die verselbständigte Ideologie in den allgemeinen Zirkulationsprozeß einreihen kann, der mit dem Prozeß der Warenzirkulation parallelläuft. So folgerte das Referat, daß es heute keine herrschenden Ideologien mehr gibt. Um dies darzulegen, wurden vier Thesen programmatisch an die Spitze gestellt und jeweils kurz erläutert. Die vier Thesen lauten:
1. Ideologien neutralisieren sich in dem Maße, in dem sich die homogenen Interessenlagen auflösen bzw. den Interessenten selbst undurchsichtig werden.
2. Neutralisierte Ideologien sind nicht mehr notwendig falsches, sondern luxuriös falsches Bewußtsein.
3. Die Gesellschaft wird sich selbst zur Ideologie durch die Verdoppelung dessen, was ohnehin besteht.
4. Die Residuen der emeritierten Ideologien dienen, sofern sie nicht zur bloßen Reklame des Bestehenden taugen, der Dekoration eines gesellschaftlichen Zustandes, der der alten Ideologien nicht mehr notwendig bedarf.

In der ersten These wird davon ausgegangen, daß es durch den Nivellierungsprozeß der total vergesellschafteten Welt keiner Verschleierung durch Ideologien mehr bedarf; denn die Gruppen haben durch die offen zutage liegenden Herrschaftsverhältnisse und Interessenrichtungen ihre Vermittlerfunktion verloren, durch die erst ein partikulares Interesse scheinbar zu einem allgemeinen werden konnte. An die Stelle von Ideologien ist heute (Zitat) die »manipulierte Repräsentation organisierter Interessen getreten.«

Durch die Neutralisierung der Ideologien – heißt es in der zweiten These – verselbständigen sich diese wie Waren. Denn sie vertreten keine spezifischen Gruppeninteressen mehr, sondern sie fungieren höchstens noch als traditionelle, aber längst durchsichtig gewordene Ideen und Schlagworte.

Damit können sie von jedem konsumiert werden. Ihre Fülle beweist nur, daß es in Wirklichkeit keine Ideologie mehr gibt, durch die allein der willkürliche Konsum von Scheingebilden verhindert werden könnte. Am Beispiel der Angst und Katastrophenfurcht wurde aufgewiesen, daß der ideologische Schein, der davon ausgeht, nur die wirkliche Reaktion auf Katastrophen verhindert. Dies gilt auch für die Kulturindustrie, die den Konsumenten mit »Luxus« überschüttet und

---

(Institut für Sozialforschung, *Soziologische Exkurse. Nach Vorträgen und Diskussionen*, Frankfurt a. M. 1956 [*Frankfurter Beiträge zur Soziologie*; 4], S. 165)

ihn damit an der Reflexion hindert, daß dieser nur die Befreiung vom Zwang verhindert, die er angeblich verspricht.

Die dritte These geht davon aus, daß nicht nur die Reste ehemaliger Ideologien als Grundlagen neuer gelten können, sondern der schlechte Zustand der Gesellschaft wird selbst dazu. Darum, weil die Anpassung, die er offen predigt, selbst die Ideologie überflüssig macht, die einst die Klassengegensätze verdecken sollte. Marx entwarf demgegenüber das Bild einer Welt, die keiner Ideologie mehr bedarf, weil in ihr Arbeitsteilung und Klassengesellschaft beseitigt sind. Statt dies erreichen zu wollen, passen sich die Massen automatisch an und reihen sich so in die Gesetze der Massenkommunikation ein, die eine Verzerrung dessen darstellen, was Marx als »bewußte planmäßige Kontrolle« des gesellschaftlichen Lebensprozesses postulierte.[24]

Die vierte These handelt noch einmal den Inhalt der zweiten abgewandelt ab, indem sie die Reste der ausgedienten Ideologien bloß noch für die luxuriöse Ausschmückung des gesellschaftlichen Zustandes reserviert. In diesem kann nun völlig willkürlich über diese Restbestände verfügt werden, die zur Zeit ihrer wirksamen Funktion einen festen Stellenwert innerhalb der Gesellschaft besaßen.

Nun sollen die Bemerkungen von Professor Adorno dargestellt werden. Nach den Ausführungen von Herrn Michel, die sich auf den Funktionswandel des Begriffes »Nation« bezogen, zeigte Professor Adorno am Beispiel des Virginitätskultes, wie dieser im amerikanischen Film zur Ideologie wurde. Zur Zeit der unbeschränkten Verfügungsgewalt über die Frauen zum Beispiel durch einen Feudalherren war deren Anliegen, über ihren Körper selbst verfügen zu können, durchaus fortschrittlich. Dies aber verselbständigte sich. Es kam zum Ideal der unberührten Frau. Diese wurde nun von der Erfüllung ihres Wunsches abgehalten, um dessentwillen sie sich zuvor gerade gegen den Zwang aufgelehnt hatte. Im Film wird an dieser historisch überholten Situation festgehalten, obwohl das Leben sich nach neuen Beziehungen abspielt. Wenn dieser Kult dennoch ideologische Wirksamkeit besitzt, liegt es daran, daß er nun eine neue Beziehung – nämlich die zwischen Hingabe und Ehe regelt. Auf diese Weise wird die gesamte Massenkultur von heute zur Ideologie. Ähnliches gilt auch für den Nationalismus. Nach der zweiten These wurde die Funktion des Films in der amerikanischen Gesellschaft erörtert. Professor Adorno zeigte am Beispiel des Märchenfilms, der

---

[24] »Die Gestalt des gesellschaftlichen Lebensprozesses, d.h. des materiellen Produktionsprozesses, streift nur ihren mystischen Nebelschleier ab, sobald sie als Produkt frei vergesellschafteter Menschen unter deren bewußter planmäßiger Kontrolle steht. Dazu ist jedoch eine materielle Grundlage der Gesellschaft erheischt oder eine Reihe materieller Existenzbedingungen, welche selbst wieder das naturwüchsige Produkt einer langen und qualvollen Entwicklungsgeschichte sind.« (MEW, Bd. 23, S. 94)

von der Kulturindustrie sogar bis ins Technicolor eingeplant ist, wie wenig Märchenhaftes im Grunde in ihm zu finden sei. Soll es eine Flucht vor der Wirklichkeit bedeuten, so ist das Märchenhafte hier nur eine dünne Hülle. Hinter ihr verbergen sich schon wieder direkte Anweisungen, die verhindern sollen, daß der Zuschauer traumhaft-unbeschwert sich über seine Situation erhebt. Im Gegenteil, er wird gleichsam auf seine Identität immer wieder zurückgeworfen, so phantastisch der Film auch scheinbar ist. Die Phantasie ist nämlich bereits selbst Teil der Ideologie geworden – sofern sie nicht völlig abgestorben ist –, hinter der immer schon die Wirklichkeit steht, vor der geflohen werden soll. Zum Schluß der Thesenbesprechung sagte Professor Adorno, daß auch vergangene Ideologien nicht romantisiert werden dürften, wie es bei Herrn Michel den Anschein hatte. Auch in ihnen steckt schon die Unwahrheit, wenngleich sie sich verglichen mit heutigen ideologischen Gebilden als »Wahrheiten« ausnehmen. Es gibt keine Wahrheit, die vor der Möglichkeit gefeit ist, Ideologie zu werden. Ja, es gibt fast nichts, was nicht durch die Art seines gesellschaftlichen Auftrages zur Ideologie werden könnte. Als Beispiel wurde die marxistische Gesellschaftskritik angegeben, die in Rußland selbst zu Ideologie geworden ist. Sie verhindert dort sogar die Gesellschaftskritik, die sie selbst verkündet. Und selbst die Eroica[25] wird zur Ideologie, wenn sie am Grabe eines Diktators gespielt wird. So ist alles Geistige immer nur ein Moment des Ganzen. Wenn man es nicht im Zusammenhang mit diesem Ganzen sieht und es verabsolutiert, dann wird es selbst zur Ideologie.

Am Ende des Seminars wurde an einem Spezialfall, nämlich der Entwicklung des bürgerlichen Romans, die Ideologieproblematik näher untersucht. Die Entstehung des Romans knüpft sich an die Bildung einer rational durchgebildeten, bürgerlichen Gesellschaft. Schon in seiner Frühzeit finden sich die Motive, die später, allerdings abgewandelt, wieder auftreten; so, wenn zum Beispiel vom lebendig Begrabenen die Rede ist oder von einem, der unschuldig ins Irrenhaus gesperrt wird. Früh wurden auch schon verschieden qualifizierte Roman produziert: bessere, mittlere, mindere. Zum Gegenstand der letzten zu werden, davor waren auch Motive großer Schriftsteller – etwa Tolstois – nicht sicher,[26] wie diese

---

25 Beethovens op. 55, die 3. Symphonie in Es-dur, wird 1804 uraufgeführt.
26 In der *Dialektik der Aufklärung* [1944] heißt es: *Die Verfassung des Publikums, die vorgeblich und tatsächlich das System der Kulturindustrie begünstigt, ist ein Teil des Systems, nicht dessen Entschuldigung. Wenn eine Kunstbranche nach demselben Rezept verfährt wie eine dem Medium und dem Stoff nach weit von ihr entlegene; wenn schließlich der dramatische Knoten in den »Seifenopern« des Radios zum pädagogischen Beispiel für die Bewältigung technischer Schwierigkeiten wird, die als »jam« ebenso wie auf den Höhepunkten des Jazzlebens gemeistert werden, oder wenn die antastende »Adaptation« eines Beethovenschen Satzes nach dem gleichen Modus sich vollzieht wie die eines Tolstoiromans durch den Film, so wird der Rekurs auf spontane Wünsche des Publi-*

umgekehrt aus dem Unterstrom selber Motive schöpften. Mit dem Schwund der bürgerlichen Ideologie entfällt nach Herrn Michel mit dem ausgehenden 19. Jahrhundert dieser Unterstrom, von dem auch Balzac in seinen frühen Werken gespeist wurde.[27] Es ergab sich sodann eine Kontroverse zwischen Professor Adorno und dem Referenten, der wohl verschiedene Begriffe von Schundliteratur zugrunde lagen. Am Beispiel des Kriminalromans ließ sich der Zusammenhang verfolgen, den er mit der Gesellschaft besaß. Zuerst lasen ihn die besitzenden Bürger, die stets auf der Seite der Justiz standen; so lieferte er ihnen auch mit der spannenden Lösung stets auch den Täter. Dies entfiel mit der Auflösung der alten Gesellschaftsstrukturen zugunsten emotionaler Momente, durch die eine breite Leserschaft angezogen wurde, bis es mit den Ellery Queens[28] zu einer Scheinblüte der Vernunft kommt, die sich jedoch nur in phantastischen, aber zwecklosen Konstruktionen erschöpft wie die heutige Ideologie selbst.

---

kums zur windigen Ausrede. Der Sache näher kommt schon die Erklärung durchs Eigengewicht des technischen und personellen Apparats, der freilich in jeder Einzelheit als Teil des ökonomischen Selektionsmechanismus zu verstehen ist. (GS, Bd. 3, S. 143)

27 Im Aufsatz *Balzac-Lektüre* [1961] schreibt Adorno: *Die Rancune des Provinzialen, der mit empörter Ignoranz an dem sich berauscht, was sie seiner Vorstellung zufolge selbst in jenen allerersten Kreisen treiben, wo man es am letzten erwarte, wird zum Motor exakter Phantasie. Zuweilen kommt die Groschenromantik heraus, mit deren kommerziellem Betrieb Balzac in seiner Frühzeit Kompagnie hatte; zuweilen der Kinderspott von Sätzen des Typus: jedesmal, wenn man freitags gegen elf Uhr vormittags an dem Haus rue Miromesnil 37 vorbeigeht und die grünen Läden des ersten Stocks noch nicht geöffnet sind, kann man sicher sein, daß in der Nacht vorher dort eine Orgie stattfand. Zuweilen aber treffen die kompensatorischen Phantasien des Weltfremden die Welt genauer denn der Realist, als den man ihn pries.* (GS, Bd. 11, S. 139 f.)

28 Unter dem Pseudonym ›Ellery Queen‹ veröffentlichen die US-Amerikaner Frederic Dannay und Manfred Bennington Lee ab 1929 eine populäre Folge von Detektivromanen, von denen viele verfilmt oder als Hörspiel vertont werden.

118 [N.N.],
4. Juni 1957

Protokoll der Seminarsitzung vom 4. Juni 1957

Nachdem Herr Lim das Protokoll der vorhergehenden Übung verlesen hatte, trug Herr Michel den zweiten Teil seines Referates »Gibt es heute noch Ideologien?« vor. Er wies darauf hin, daß seit dem Aufkommen der kompletten Kulturindustrie die Unterströmung in der Literatur verschwunden sei und daß sich die verschiedenen Niveaus der Unterhaltungsliteratur einander angeglichen hätten.

Herr Professor Adorno zeigte am Beispiel Agatha Christies[29] auf, daß die Standardisierung und die Massenproduktion auch den Kriminalroman schematisiert habe und erläuterte dann den Begriff der »Masche«, den er als »Pseudoindividualisierung in der Massenkunst« bezeichnete, als ein besonders charakteristisches Phänomen der heutigen Massenkultur.[30]

Herr Michel stellte nun die Neutralisierung einer Ideologie am Beispiel der Relation zwischen Roman und Moral dar. Die mittlere Literatur gebärde sich ausgesprochen tugendhaft, da die Moral einst Waffe und Werkzeug des aggressiven Bürgertums war, mit der es sich gegen die Laster des Hofes und des Adels sowie gegen den verachteten Pöbel abgrenzte. – In diesem Zusammenhange wies Herr Prof. Adorno auf die Figur des Don Juan hin, an der sich der mit heimlicher Bewunderung gemischte Haß des Bürgers gegen den Seigneur dokumentiere. – Später habe dann das restaurative Bürgertum den ursprünglich rebellischen Moralbegriff in die Treue zu Thron und Altar umgefälscht und damit gezeigt, daß das politische Ideal des Bürgers die blinde Autoritätsgläubigkeit und die Sehnsucht nach dem »starken Manne« war, dem man sich ohne Verantwortung anvertrauen könne. In der patriarchalischen Familienordnung dieses Bürgertums und in seiner Literatur sieht Herr Michel die Ursache der Diktatur. Diese Ansicht, daß die Diktatur eine patriarchalische Staatsform und der Diktator eine ins absolute erhobene Vatergestalt sei, bestritt Herr Prof. Adorno und erklärte, daß eine Diktatur nur da entstehen könne, wo patriarchalische Kulturen im Zerfall begriffen seien. Kein Diktator habe väterliche Züge; bei Orwell sei der Diktator be-

---

29 Die britische Schriftstellerin Agatha Christie ist mit ihren populären Kriminalgeschichten und -stücken eine der erfolgreichsten Autorinnen aller Zeiten.
30 Im Aufsatz *Zeitlose Mode. Zum Jazz* [1953], schreibt Adorno, auch der Jazz treffe *seine Vorsichtsmaßnahmen. Parallel zur Standardisierung läuft Pseudoindividualisierung. Je mehr die Hörer an die Kandare genommen werden, desto weniger dürfen sie es merken. Es wird ihnen weisgemacht, sie hätten es mit einer ihnen auf den Leib geschnittenen »Konsumentenkunst« zu tun.* (GS, Bd. 10·1, S. 129)

zeichnenderweise der »Big Brother«[31], und der sei – genau wie Hitler – die ungeheuer vergrößerte Projektion des eigenen Ich. Auch der Zensur gehe es weniger um die Sittlichkeit als um Autoritätsgläubigkeit und Subordination, führte Herr Michel weiter aus, und sie achte genau darauf, daß der Schund sich dem Kitsch moralisch angleiche. – Hier warf Herr Prof. Adorno ein, daß das, was das Hays Office[32] erlaube, wesentlich interessanter sei, als das, was es verbiete, und daß sich hierbei die gleiche Tendenz zeige. – Das Bezeichnende an der ganzen Situation sei dabei, daß sich das Publikum dankbar und begeistert am Gängelband der Sittlichkeit führen lasse. Die Behauptung Herrn Michels, daß im Publikum kein Bedürfnis nach Schund und Pornographie mehr bestünde, wurde jedoch von Herrn Prof. Adorno bestritten.

Herr Michel wies sodann auf die herrschende Wahllosigkeit des Buchkonsums hin, die sich von Vicki Baum bis Norman Mailer erstreckt, und bei der sich eine deutliche Tendenz zur mittleren Unterhaltungsliteratur von gestern abzeichnet. Romane im Stil der Gartenlaube[33] und die Bücher von Courths-Mahler[34] seien sehr gefragt. Herr Michel gab eine Analyse der Themen, die Hedwig Courths-Mahler in ihren Romanen verarbeitet hat, und er zeigte auf, daß hier ein reines Klischeedenken herrscht. Gute und Böse seien deutlich voneinander abgegrenzt und sofort an der äußeren Erscheinung, ja sogar schon am Namen zu erkennen. Charakterliche Entwicklungen gibt es nicht; die Figuren sind von Anfang bis zum Ende entweder edelmütig oder Bösewichter. Außerdem werden alle Gefühlsregungen verabsolutiert. Verstand und aktives Handeln treten gegen das zwar nebulose aber allmächtige Schicksal zurück, das man sich durch Güte und Edelmut

---

31 ›Big Brother‹ ist der Diktator aus Aldous Huxleys Roman »Brave New World« [1932], der seine Herrschaft mittels totaler Kontrolle ausübt, bis sie schließlich in die Beherrschten selbst einwandert. – Vgl. *Aldous Huxley und die Utopie*, GS 10·1, S. 97–122, sowie die »{Diskussionen aus einem Seminar über die Theorie der Bedürfnisse}« von 1942, die Adorno mit Günther Anders, Bertolt Brecht, Hanns Eisler, Max Horkheimer, Herbert Marcuse, Ludwig Marcuse, Friedrich Pollock, Hans Reichenbach und Berthold Viertel führt (vgl. HGS, Bd. 12, S. 559–586; hier: S. 571–579).
32 1930 übernehmen die Hollywood-Studios unter William Harrison Hays als Vorsitzendem der Motion Picture Producers and Distributors of America (einem Zusammenschluss der größten US-amerikanischen Filmproduktionsfilmen) den ›Motion Picture Production Code‹, der 1934 verbindlich und erst 1967 wieder abgeschafft wird. Dieser Kodex besteht aus einer Reihe von Zensurvorschriften, die verbieten, solche Handlungen im Film darzustellen, die als erotisch, obszön, unmoralisch oder kriminell erachtet werden.
33 »Die Gartenlaube. Illustrirtes Familienblatt« ist das erste deutschsprachige Massenblatt und wird ab 1853 in Leipzig von Ernst Keil verlegt.
34 Hedwig Courths-Mahler verfasst in der ersten Hälfte des 20. Jahrhunderts eine Reihe von Romanen, die allesamt das sozialromantische Klischee der Überwindung sozialer und materieller Schranken durch die Kraft der Liebe bedienen.

günstig stimmt. Alle Konflikte sind von Anfang an auf die Lösung hin konstruiert, die sich im Geiste des Märchens vollzieht, indem die Guten belohnt und die Bösen bestraft werden. Darin, daß diese erstarrten bürgerlichen Ideologien heute von weiten Kreisen konsumiert werden, sieht Herr Michel einerseits, daß die gegenwärtige Gesellschaft keine Ideologien mehr produziert, andererseits, daß sie nicht ohne Ideologien auskommt und daher die einer vergangenen Zeit künstlich am Leben erhält. – Zu Courths-Mahler bemerkte Herr Prof. Adorno, daß sich bei Stefan Zweig sprachliche Formulierungen fänden, die noch gefährlicher seien als jene der Courths-Mahler.[35] – Auch die Differenzierung des Geschmackes werde heute weitgehend aufgehoben, führte Herr Michel aus; anspruchsvollere Unterhaltungsliteratur und Schund träfen auf der Ebene des mittleren Unterhaltungsromans zusammen. Auch sei die literarische Produktion so konformistisch wie nie zuvor, obwohl der Konsum ungeheure Höhen erreicht habe. Die amerikanische Ideologie im Roman fordere Optimismus um jeden Preis und stereotype Klischees, die jeder Leser sofort wiedererkennen könne, und an denen er sich zu orientieren vermöge, ohne sich geistig anzustrengen. Das Ziel sei immer die Anpassung an die bestehende und allgemein sanktionierte gesellschaftliche Situation. Anhand von zwei Literaturgattungen, die für Deutschland typisch sind, dem biographischen Roman und dem Naturroman, stellte Herr Michel die Begriffe Schicksal und Natur dar, auf die der Marx'sche Begriff der bürgerlichen Ideologie (Mythenbildung) besonders zutrifft. Das Lesen einer Biographie böte dem Leser die Möglichkeit, sein eigenes Leben, das nicht zu einer Biographie tauge, weil es zu belanglos ist, als »Schicksal« zu erleben und sich im Glanze der Helden zu sonnen.[36] Diese Literatur sei ein idealer Nährboden für Diktaturen, da der Leser sich hier an seiner Ohnmacht gleichsam berauschen und sich bedingungslos der angebeteten Au-

---

[35] Entsprechend heißt es in Adornos Essay *Der Essay als Form* [1958]: *Schon in Sainte-Beuve, von dem die Gattung des jüngeren Essays wohl sich herleitet, zeichnet das sich ab und hat mit Produkten wie den Schattenrissen von Herbert Eulenberg, dem deutschen Urbild einer Flut kultureller Schundliteratur, bis zu den Filmen über Rembrandt, Toulouse-Lautrec und die Heilige Schrift die Neutralisierung geistiger Gebilde zu Gütern weiterbefördert, die ohnehin das, was im Ostbereich schmählich das Erbe heißt, in der jüngeren Geistesgeschichte unwiderstehlich ergreift. Am sinnfälligsten vielleicht ist der Prozeß bei Stefan Zweig, dem in seiner Jugend einige differenzierte Essays gelangen und der schließlich in seinem Balzacbuch herunterkam auf die Psychologie des schöpferischen Menschen. Solches Schrifttum kritisiert nicht die abstrakten Grundbegriffe, begriffslosen Daten, eingeschliffenen Clichés, sondern setzt allesamt implizit, aber desto einverstandener voraus.* (GS, Bd. 11, S. 12) – Das *Balzacbuch* ist: Stefan Zweig, Balzac. Roman seines Lebens, hrsg. von Richard Friedenthal, Stockholm 1946.
[36] In den *Minima Moralia* [1951] spricht Adorno vom *Eifer der biographischen Schundliteratur* [...], *berühmte Leute unberühmten menschlich näher zu bringen*, und erkennt darin den *Drang zur falschen Vermenschlichung* [...] (GS, Bd. 4, S. 163).

torität unterwerfen würde. In der Naturromantik, die u. a. Grimm, Blunck und Kolbenheyer kultivierten,[37] werde die Geschichte zur Natur gestempelt und die Heimat zur heiligen Stätte. Auf diesem Boden gedieh Hitlers Diktatur, die ein System brutalster Gewalt zu Natur, Schicksal und Mythos hinaufsteigerte. Niemals werden in der Kulturindustrie die gesellschaftlichen und moralischen Tabus durchbrochen, die jede Selbstverantwortung des Menschen aufheben, indem sie alle Fakten, die sich aus psychologischen und soziologischen Ursachen herleiten, als das »Walten des Schicksals« bezeichnen.

Diskussion

Herr Prof. Adorno begann die Diskussion mit der Bemerkung, daß der Populärroman in der gegenwärtigen Gesellschaft keine große Rolle mehr spiele, daß sich jedoch auf allen Gebieten eine deutliche Tendenz zur Invariantenbildung abzeichne. Herr Michel wurde gebeten, näher zu definieren, was er unter der »Neutralisierung von Ideologien« verstehe. Er erklärte, daß eine Ideologie immer in einer bestimmten Klasse entstehe und ursprünglich zu ihr gehöre; für andere Klassen sei sie uninteressant, da diese mit ihr nichts anzufangen wüßten. Erst später, wenn die Ideologie gefestigt und erstarrt sei, werde sie Allgemeingut. Diesen Vorgang habe er als »Neutralisierung« bezeichnet. Herr Prof. Adorno kritisierte diese These und erklärte, daß die Neutralisierung woanders liege. Jede Ideologie habe in der Zeit ihrer Entstehung einen gewissen Wahrheitsanspruch. Die Neutralisierung bestehe darin, daß geistige Güter nicht mehr ihrem Sinne entsprechend aufgenommen, sondern wahllos konsumiert würden, ohne daß die Frage nach der Wahrheit gestellt werde. Die Ideologie sei an die Stelle von Religion und Metaphysik gesetzt worden, habe jedoch keine Beziehung mehr zum Bewußtsein.

Herr Molitor[38] griff die These Herrn Michels ebenfalls an und sagte, was Herr Michel als Ideologie bezeichnete, sei in Wahrheit noch wirkliches gesellschaftliches Bewußtsein. Herr Dr. Habermas dagegen unterstützte Herrn Michel und stellte die These auf, daß die bürgerliche Gesellschaft, die sich über ihre Situation völlig klar gewesen sei und genau gewußt habe, was sie benötigte, aus ihren Bedürfnissen eine Ideologie machte, indem sie ihre privaten Bedürfnisse als Bedürfnisse der Allgemeinheit ausgab.

---

37 Die genannten Schriftsteller, Hans Grimm, Hans Friedrich Blunck sowie Erwin Guido Kolbenheyer, sind sämtlich Mitglieder der von Hans von der Gabelentz gegründeten ›Deutschen Dichterakademie‹, die von 1932 bis 1937 Treffen nationalistisch gesinnter Dichter auf der Wartburg in Eisenach veranstaltet.
38 D. i. Jacob Molitor.

Hier griff Herr Prof. Horkheimer in die Diskussion ein und stellte fest, daß die Bedeutungen des Begriffes »Ideologie« durcheinandergeworfen würden. Er zitierte die These, das Bürgertum habe Ideologien, während das Proletariat Klassenbewußtsein habe. Herr Prof. Adorno faßte die Quintessenz von Herrn Michels These, die Herr Dr. Habermas unterstützt hatte, dahin zusammen, daß es heute keine Ideologie mehr gebe, da keine bürgerliche Gesellschaft im eigentlichen Sinne mehr vorhanden sei. Herr Prof. Horkheimer wies auf die Theorie Marx' hin, daß das Proletariat die Ideologien des Bürgertums wahrmachen müsse.[39] Dazu sei ein ausgeprägtes Klassenbewußtsein nötig. Die Realisierung dieser Theorie stieße jedoch heute auf erhebliche Schwierigkeiten. So hätten z. B. die amerikanischen Arbeiter kein Klassenbewußtsein, sondern seien von bürgerlichen Ideologien durchdrungen, von denen vor allem der Erfolgsbegriff hervorrage. »Wer tüchtig ist, hat Erfolg, und wer keinen Erfolg hat, ist selbst daran schuld«, sei die Maxime, durch die die Marx'sche Theorie hinfällig werde, da nach der heute herrschenden Ansicht Krisen nicht mehr notwendig, sondern vermeidbar seien.

Herr Prof. Adorno wies darauf hin, daß die Schilderungen des Arbeiterelends, wie sie im 18. und 19. Jahrhundert entstanden, heute nicht mehr stimmen. Dieses Elend gäbe es nirgends mehr, und auch der Unterschied zwischen der Gesellschaft der USA und der Sowjetunion sei nicht sehr groß. (Gesellschaftlich, nicht etwa auf dem Gebiet der Justiz.)

Zusammenfassend stellte Herr Prof. Adorno fest, daß sich in der Gesellschaft der Gegenwart ein Bruch befände. Man weiß, daß etwas nicht stimmt, aber man weiß nicht, wo der Fehler liegt. Ihn zu finden, seine Ursachen aufzudecken und daraus die notwendigen Folgerungen zu ziehen, sei heute die Hauptaufgabe der Soziologie.

---

39 Im »Manifest der kommunistischen Partei« [1848] heißt es etwa: »Wenn das Proletariat im Kampfe gegen die Bourgeoisie sich notwendig zur Klasse vereint, durch eine Revolution sich zur herrschenden Klasse macht und als herrschende Klasse gewaltsam die alten Produktionsverhältnisse aufhebt, so hebt es mit diesen Produktionsverhältnissen die Existenzbedingungen des Klassengegensatzes, die Klassen überhaupt, und damit seine eigene Herrschaft als Klasse auf. [Absatz] An die Stelle der alten bürgerlichen Gesellschaft mit ihren Klassen und Klassengegensätzen tritt eine Assoziation, worin die freie Entwicklung eines jeden die Bedingung für die freie Entwicklung aller ist.« (MEW, Bd. 4, S. 482)

119 Sebastian Herkommer, 18. Juni 1957

Sebastian Herkommer, stud. phil.

Soziologisches Hauptseminar

Protokoll vom 18. Juni 1957

Zu dem von Fräulein Maier gefertigten Protokoll der vorangegangenen Sitzung[40] gab Prof. Adorno am Anfang der Stunde die Ergänzung, daß die amerikanische Romanliteratur dadurch gekennzeichnet sei, daß ihr Inhalt sich scheinbar dicht an reale Konfliktsituationen hält, aber mit der Anleitung versehen ist, alles ende schließlich gut, wenn nur der Widerstand gegen die Gesellschaft aufgehen werde. Alles wende sich positiv, wenn nur die sozialen Normen erfüllt würden. Das in diesem Zusammenhang von Herta Herzog entdeckte Schema des »getting into trouble and out again«[41] gelte nicht nur für die Daytime-Serials und für den Jazz, sondern gleichermaßen für die ganze Kulturindustrie.

In der Überleitung zum Thema der Seminarsitzung – Diskussion der 2. These von Herrn Michel – empfahl Prof. Adorno, vom engeren Gebiet der Literatursoziologie abzugehen, da das Lesen gegenüber den modernen Unterhaltungsmitteln, Film, Fernsehen und Radio, schon etwas fast Archaisches angenommen habe, und sich der umfassenderen Frage zuzuwenden: Ist es wahr, daß es heute keine Ideologie mehr gibt? Weniger der Begriff der Ideologie als ihre Erscheinungsweise heute solle diskutiert werden.

Zu seiner zweiten These – »Ideologien in neutralisierter Form sind nicht mehr notwendig falsches, sondern luxuriös falsches Bewußtsein« – gab Herr Michel

---

40 Ein entsprechendes Sitzungsprotokoll wurde nicht aufgefunden.
41 Herzog führt in den USA eine Untersuchung darüber durch, wie Amerikanerinnen die sogenannten ›Daytime Serials‹, Seifenopern fürs Radio, rezipieren. In einem Aufsatz der »Zeitschrift für Sozialforschung« schreibt sie: »The listeners' reports on the content of their favorite stories boils down almost invariably to one stereotyped formula. Contents of various programs are described as ›getting into trouble and out again.‹« (Herta Herzog, On Borrowed Experience. An Analysis of Listening to Daytime Sketches, in: Studies in Philosophy and Social Science, IX. Jg., 1941, H. 1, S. 65–95; hier: S. 66) – Adorno hat sich an mehreren Stellen seines Werks auf diese Formel Herzogs bezogen, vgl. GS, Bd. 3, S. 175, sowie GS, Bd. 8, S. 333f.; GS, Bd. 9.2, S. 41; GS, Bd. 14, S. 432f.

eine Erläuterung des Begriffs »luxuriös falsches Bewußtsein«. Im 19. Jahrhundert hätten Verbände und Berufsorganisationen konsistente Ideologien entwickelt, und diese hätten der Rechtfertigung der Verbände gedient. Heute nähmen nicht einmal mehr die Funktionäre die Ideologien ernst, benutzten sie nicht mehr zur Rechtfertigung der Verbandsinteressen, sondern höchstens zu bewußter Propaganda, womit sie zu bloßer Dekoration geworden seien.

Prof. Adorno knüpfte hieran die Bemerkung, daß Ideologien zu einer bestimmten Zeit Ausdruck eines wenn auch falschen, so doch motivierten Bewußtseins waren und sie insofern tatsächlich inzwischen verblaßt sind zu nicht mehr motivierten. Die Notwendigkeit des falschen Bewußtseins sei deswegen aber noch lange nicht entfallen, sich habe sich nur in eine andere Dimension, nämlich die sozialpsychologische verlagert. Am Beispiel der Judenermordungen sehe man zwar, daß diese zu einer Zeit geschahen, die den Bauern nicht mehr zu jüdischen Viehhändlern in Gegensatz brachte, zu einer Zeit, deren Herrschaftsverhältnisse aber nach einer Änderung verlangten, und in der die Gesellschaft unter dumpfem Druck stand. Der Antisemitismus der 20er und 30er Jahre sei trotz seiner Unwahrheit gesellschaftlich notwendig gewesen. So rühre auch die moderne Ideologie »es kommt nur auf den Menschen an«[42] notwendig aus dem gegenwärtigen Gesellschaftssystem her, das ohne diese Kompensationslehre nicht mehr zusammenhalten würde. Eine Theorie von der Gesellschaft, fuhr Prof. Adorno fort, müsse die Bedeutung der Notwendigkeit falschen Bewußtseins enthalten; ferne müsse sie analysieren, wieweit Ideologien mit der Wirklichkeit übereinstimmen, und wieweit Ideologien notwendig falsches Bewußtsein, wieweit sie bloßer Schwindel sind. Herrn Michels These sei zu harmlos.

---

42 Auf den ideologischen Charakter dieser Redeweise weist Adorno verschiedentlich hin, so etwa in der Vorlesung *Philosophie und Soziologie* im Sommersemester 1960: *Aber wenn Sie etwa heute vernehmen, daß es auf den Menschen an sich ankomme, daß das einzige Ziel der Mensch sei und daß gegenüber dem Gedanken an den Menschen die gesellschaftlichen Verhältnisse irrelevant seien, so kann man zwar sagen, daß eine solche Ideologie im Dienst der Erhaltung der gegenwärtigen Verhältnisse steht und dadurch in letzter Instanz denjenigen Menschen zugute kommt, die im wesentlichen die Nutznießer dieser Ordnung sind, aber weder vertreten die spezifisch diese Ideologie im Gegensatz zu anderen Gruppen – im Gegenteil, eine solche Ideologie wird ja gerade von Kleinbürgern und von weiten Gruppen vertreten, die gar kein Interesse daran haben, sie zu verbreiten –, noch ist diese Ideologie ihrem eigenen Inhalt nach spezifisch darauf zugeschnitten, nun irgendwelche Differenzen innerhalb der Gesellschaft zu rechtfertigen. Sie kommt ihrem Gehalt nach gar nicht unmittelbar Klassendifferenzen zugute, sondern nur mittelbar: Indem sie die Gesellschaft, wie sie ist, als eine menschliche vor Augen stellt, hat sie insgesamt apologetischen Charakter.* (NaS, Bd. IV·6, S. 248)

Prof. Horkheimers anschließende Ausführungen gingen noch einmal von dem *Begriff* der Ideologie aus. Ideologie als notwendiger Schein sei etwas anderes als das, was man notwendigerweise tun muß, um Menschen zu einem bestimmten Handeln zu veranlassen. Der Appell an den Edelmut der Menschen, um böse zentrifugale Kräfte zu bannen, sei nötig, um das bestehende System zusammenzuhalten. Ideologie als notwendiger Schein herrsche heute doch ganz ausgesprochen. – Anknüpfend an eine Schilderung des amerikanischen Lebensgefühls, das getragen sei vom Erfolgsglauben, aber eine östliche Expansion als Gefahr sehr wohl kenne, fragte Prof. Horkheimer, wieweit dieses Bewußtsein notwendiger Schein sei. Die Soziologie müsse Antworten auf die Fragen finden, ob dieses sich so reproduzierende Leben nicht doch dem zuwiderläuft, was die Menschen wollen, wenn sie sich auf sich selbst besinnen. Ob die äußere Bedrohung nicht abhängig ist vom System, in dem man lebt. Ob nicht die Reproduktion der Welt eine Reproduktion der Systeme ist, in denen wir leben. Ob der Druck, der auf jedem liegt, nicht völlig irrational und unnötig ist; schließlich: ob das Maß des Glücks dem Stand der Produktivkräfte angemessen ist. Die gegenwärtige Situation sei gekennzeichnet durch die Angst vor dem Ausgeschiedenwerden aus dem Produktionsprozeß. Neben den Annehmlichkeiten der Konsumgüter, die den Menschen bloß noch mehr bei der Stange halten wollten, stünde sogar noch die Soziologie, die den herrschenden Schein mithelfe zu verdichten, statt den Schleier zu lüften. Prof. Horkheimer konnte bei einem Vergleich der Unternehmersituation zwischen dem vergangenen Jahrhundert und dem jetzigen prinzipiell keinen Unterschied finden, da die Unternehmer heute noch genauso das tun *müßten*, was sie tun. Die Unterwerfung unter das Gegebene sei womöglich noch vollkommener. – Zurückkommend auf die Literatursoziologie meinte Prof. Horkheimer, daß sogar die Gewitzigtheit und der Realismus einer Sanktionierung der Welt gleichkämen, an der sie sich orientieren.[43]

Prof. Adorno nahm diese Gedanken mit der Bemerkung auf, der notwendige Schein beruhe heute darauf, daß die ganze Menschheit unter dem Banne steht, es könne gar nicht anders sein als es ist. Dieses Resultat der totalen Durchvergesellschaftung[44] verdecke die doch beim Stand der Produktivkräfte bestehende *Möglichkeit*, eine vernünftige Gesellschaftsordnung einzurichten. Der klassische Ideologiebegriff treffe also auch noch die heutige Situation und gerade sie.

---

43 Von Adornos Hand verändert in: »[...] orientieren, *und im Endeffekt den Schein noch verklären.*«
44 Konjiziert für: »Durchgesellschaftung«.

Herrn Wilkenings[45] Beitrag, daß nicht nur gefragt werden müsse, wo und wann Ideologie was sagt, sondern auch, was sie *nicht* sagt, wurde zugestimmt. Prof. Adorno ging mit seinem Gedanken aber noch weiter, daß Ideologie vielleicht gar nicht mehr in geistigen Gebilden (Theorien) stecke, sondern sozusagen »ins Leben« übergegangen sei. Ideologie sei mehr in Verhaltensweisen als in expliziten Theorien aufzufinden. Er billigte hier die These vom Luxuriösen der Theorie. Die eigentlich Ideologie sei aber im »way of living«, im Anpassen an vorgegebene Bedingungen, und dies sei nicht luxuriös, sondern notwendig falsches Bewußtsein. – Als weiteren Grund für notwendigen Schein wurde die Spezialisierung infolge der Arbeitsteilung genannt, die eine gewisse Unübersehbarkeit des Ganzen mit sich gebracht habe.

Prof. Adorno meinte entgegen Herrn Wilkenings Ansicht, Ideologie werde sozusagen von oben nach unten wider besseres Wissen, also zynisch verbreitet, daß viel eher der Appell an die Vernunft (»Seien wir doch vernünftig – sehen wir doch die Dinge wie sie sind«) als der Zynismus die Ideologie heute ausmache. Der common sense des Positivismus sei das Medium der heutigen Ideologie; dem Zynismus fehle der Stachel, er sei nicht Ideologie, sondern – dies im Falle des *New Yorker*[46] – Resignation.

Gegen Ende der Sitzung überlegte sich Herr Kramers[47], was denn nun eigentlich falsch und was Scheinwelt sei, und wie man z. B. einem Arbeiter erklären könne, daß seine Zufriedenheit unberechtigt ist. Am ehesten könne wohl der Hinweis auf die mögliche Selbstzerstörung der Menschheit als Resultat der bestehenden Weltordnung wirksam sein. Dem hielt Prof. Adorno entgegen, daß ähnlich wie die Greuel des Dritten Reichs diesem Regime, die Gefahr der Atom-Bombe dem jetzt bestehenden System wegen der Disproportion zwischen menschlicher Erfahrungsfähigkeit und Realität sogar noch zugute komme. Die Drohung der Weltzerstörung werde nämlich eher benutzt, das Unbehagen in der Kultur zu rationalisieren, als das Unheil abzuwenden, wodurch dieses recht eigentlich perpetuiert werde.

---

45 D. i. Werner Wilkening.
46 Womöglich denkt Adorno hier an eine Begebenheit, an die er 1968 in einem Gespräch im »Spiegel«, *»Musik im Fernsehen ist Brimborium«*, erinnert: *Die Zeitschrift »New Yorker« hat einmal in einer Analyse dargetan, wie aus einem anständig und sinnvoll intendierten Film ohne Willen von irgendeinem der Beteiligten einzig durch jene Gesetzmäßigkeit der schlecht verselbständigten Apparatur am Schluß ein Kitschprodukt herauskommt, das genauso ist wie alle anderen.* (GS, Bd. 19, S. 564)
47 D. i. Hans Kramers.

Herr Molitor merkte an, daß Ideologiekritik zur Propaganda werden könne, wolle man sie jedem zur Kenntnis bringen, und daß sie dadurch ihren Wahrheitscharakter verlöre. Prof. Horkheimer stimmte dem zu, erinnerte aber gleichzeitig daran, daß auch ohne Propaganda bestimmte Begriffe der so komplizierten Psychoanalyse in das allgemeine Bewußtsein eingegangen sind. Am Beispiel des Aufhörens des Hexenwahns sehe man, wie vielfältig die Prozesse der Vermittlung, d. h. auch die sozialpsychologischen Vorgänge seien, die das Bewußtsein der Menschheit verändern. Hier könne die Soziologie einwirken und den Druck beseitigen, der auf den Menschen lastet. Dieser Druck bestehe tatsächlich, da der Mensch heute rascher und totaler in die Gesellschaft hineingezogen werde und trotz vermehrter Freizeit weniger Möglichkeit zur Besinnung auf seine eigene Bestimmung habe.

Mit dem Schlußwort griff Prof. Adorno nochmals die Frage auf, wie man denn beweisen könne, daß es wirklich Ideologien sind, die der scheinbar so rational eingerichteten Welt anhaften. Als Schlüssel zur Antwort empfahl er, den Druck der Verhältnisse zu messen an den Geistes- und Produktivkräften.[48] Durch entsprechende Analysen lasse sich erweisen, daß die Menschen etwas ganz anderes erreichen könnten, stünde nicht ihr Verhalten und Bewußtsein unter den herrschenden Verhältnissen notwendig im Widerspruch zu dem ihnen eigentlich *Möglichen*.

---

48 Von Adornos Hand verändert in: »[...] an dem *Stand der menschlichen und technischen* Produktivkräfte.«

120 Hans-Joachim Borries, 25. Juni 1957

Hans-Joachim Borries

Protokoll vom 25. 6. 57

Aus der Verlesung des vorigen Protokolls ergab sich noch die Frage nach Beispielen zu der von Professor Adorno genannten These, die heute übliche Soziologie webe mit am soziologischen ideologischen Schleier. Wenn die Marktforscher etwa behaupten, die Menschen hätten nun einmal diesen von ihnen ermittelten Geschmack und verlangten nach diesen Produkten, so helfen sie noch einmal mit bei der gesellschaftlichen Produktion der Geschmackskategorien, deren Vermitteltheit aufzudecken die eigentliche Aufgabe einer kritischen Sozialforschung wäre. Als zweites Beispiel wurde der Einfluß des Sponsors einer Forschung auf deren Ergebnis genannt. Bei einer im Auftrag der Rockefeller Foundation von Professor Adorno durchgeführten Radioforschung[49] war vom Sponsor ausdrücklich darauf hingewiesen worden, daß sich die Untersuchung der Hörerrektionen nur im Rahmen des bestehenden Programms zu halten habe, dagegen eine Analyse des Rahmens selber nicht zur Sache gehöre. Zum Abschluß dieses Komplexes nannte Herr Viehmann[50] die von Mayo in Amerika durchgeführten Betriebsuntersuchungen,[51] deren Ideologieverhaftetheit sich in dem Ziel solcher Studien, den Arbeiter nur noch besser zu manipulieren, ausweise. Professor Adorno, der bei der Fragestellung auch an diese sog. »cow sociology[52]« gedacht

---

49 Gemeint ist das Princeton Radio Research Project, in dem Adorno von 1938 bis 1940 unter der Leitung von Paul F. Lazarsfeld mitarbeitet; Adornos Ergebnisse aus dem Projekt sowie Entwürfe für es finden sich jetzt in: NaS, Bd. I·3.
50 Konjiziert für: ›Fielmann‹; d.i. Günther Viehmann.
51 S. oben, Anm. 21.
52 Der Begriff wird vom US-amerikanischen Soziologen Daniel Bell gebraucht, um die Human-Relations-Bestrebungen von Elton Mayo (s. Anm. 21) und anderen zu charakterisieren: Es gehe darum, die Arbeiter durch bessere Bedingungen dahingehend zufriedenzustellen, dass sie – gleichwie Kühe mehr Milch – mehr Arbeitsleistung erbrächten. Adorno kommt im Vortrag *Individuum und Organisation* darauf zu sprechen: *In Amerika ist man mit der Pflege der human relations weiter als hierzulande, aber auch mit dem Bewußtsein dessen, was es damit auf sich hat. Dafür hat sich das Wort Cow-Sociology eingebürgert, nach einer der ganzen Nation bekannten Reklame eines Milchkonzerns, die Elsie, die zufriedene Kuh, verherrlicht. Den Kunden wird demonstriert, welche sorgsame Pflege diesem auserwählten Tier widerfährt, unter welch glücklichen Verhältnissen es lebt, um jene davon zu überzeugen, wie gut die Milch sein müsse, welche Elsie und ihresgleichen liefern. Dem Witz von der Cow-Sociology zufolge laufen die gepflegten human relations auf die*

hatte, warnte vor einer Simplifizierung, wodurch man wieder selbst der Ideologie verfallen könne, denn die Arbeitsbedingungen werden in den untersuchten Betrieben ja tatsächlich verbessert, und so werde dem Arbeiter objektiv schon geholfen. Nicht ist es bedenklich, daß derartige Untersuchungen gemacht werden, sondern sie werden dies erst, wenn sie in den ideologischen Gesamtzusammenhang gestellt werden, es würde dies alles nur für den Menschen getan, obwohl es der rationelleren Ausbeutung dienen soll. Die wirkliche Problematik der Ideologien liegt in dieser Zwiespältigkeit.

Im zweiten Teil der Sitzung gab Professor Adorno eine Ergänzung zu der Antwort auf Herrn Kramers' Frage, wie man soziologische Erkenntnisse unter die Menschen bringen könne. Zwar bestehe eine Gefahr in der sensationellen Popularisierung der Psychoanalyse, die heute in Amerika schon in die Dienstmädchenliteratur eingedrungen ist; wenn aber Eltern einmal ein Gefühl dafür bekommen, daß ihre Kinder durch ständige Prügel seelisch krank werden können und sie wegen dieser Erkenntnis ihre Kinder weniger quälen, dann gibt es schon einen Typus des Unheils weniger. In der Brechung des unmittelbar elterlich-autoritären Machtstandpunkts liegt eine Möglichkeit der Humanisierung der Gesellschaft. Wenn es der Soziologie überhaupt gelingen soll, die Verblendung der tatsächlichen gesellschaftlichen Zusammenhänge zu durchschlagen, dann erfüllt vielleicht schon ein Seminar wie dieses im kleinen Kreise eine kritische Funktion. Das Positive liegt darin, daß das Gesagte und Erkannte bei aller Gefahr der Verfälschung auch die Tendenz hat, anzukommen. Herr Thomssen[53] wandte ein, daß auch in der Psychoanalyse ein negatives Element enthalten ist, da sie nämlich in den Dienst der Herrschaft gestellt werden kann. Nach Professor Adorno ist es aber gerade das Anliegen unserer Soziologie, dieser Tendenz entgegenzuwirken. Die Gefahr des Mißbrauchs von Erkenntnissen besteht immer, wofür Rußland ein Beispiel bietet.

Im folgenden dritten Teil der Seminarsitzung machte Professor Adorno einige Bemerkungen zu der noch nicht diskutierten 4. These des Michelschen Referats.

These: Rudimente archaischer Ideologien wirken nicht nur als Dekoration, sondern als von der Kulturindustrie manipulierte Reklame fürs Bestehende und als Signale, die die Anpassung [...][54] andern, so tun sie dies doch äußerst

---

gesteigerte Leistungsfähigkeit derer hinaus, denen man sie angedeihen läßt, und die bei der Zufriedenheit der Kuh sich nicht bescheiden wollen. (GS, Bd. 8, S. 453)
53 D. i. Wilke Thomssen.
54 Die doppelseitig beschriebene Vorlage ist am unteren Rand beschnitten; der restliche Text dieser Seite fehlt.

schwerfällig, und der alte Schund kehrt immer wieder. Ganghofer[55] wird heute noch immer gelesen und auch der Ritterroman in seiner erbärmlichsten Form. Solchen Erscheinungen nachzugehen, wäre die Aufgabe einer negativen Invariantenlehre; denn die tatsächliche Invariante in der Geschichte ist das von der Psychologie entdeckte Subjekt, welches immer noch den Mythen und dem Grauen verfallen ist. So vermag der gesellschaftliche Druck das Individuum auf eine archaische, eigentlich überwundene Stufe der Entwicklung zurückzudrängen. Die Geschichte der Menschheit hat noch nicht begonnen, die Menschen werden immer in den alten Dreck zurückgestoßen. Und diese Regression auf frühere Phasen wird von einigen Produzenten der Kulturindustrie aufgegriffen und umgesetzt. So werden auch die Archetypen zu Konsumwaren. Wie die Regression gesteuert wird, hat Löwenthal in seiner Untersuchung der Massenmedien aufgewiesen: Statt die Realität zu durchleuchten, wird der Mensch mit Hilfe einer umgekehrten Psychoanalyse rational auf eine infantile Stufe zurückgedrängt.[56] Dieser Vorgang ist auch im ersten Aufsatz der »Dissonanzen« beschrieben worden.[57] Das zeitliche Nachhinken ideologischer Bewußtseinsformen ist nicht etwas Äußerliches, Akzidentielles, sondern gehört mit zum Wesen der Ideologien.

Im vierten Teil hielt Herr Tjaden ein Referat über »Nationalistische Ideologien«[58], nach dessen Ende Professor Adorno mit einigen kritischen Bemerkungen auf die Diskussion der folgenden Sitzung verwies:

Das Referat war gegliedert nach nationalistischen Ideologien des Vorfaschismus und nach heutigen. Im Teil 1 kann die intellektuelle Crème des deutschen Vorfaschismus zu Worte. Deren Bemühen um Legitimation der Herrschaft ist kein spezifisch nationalsozialistisches Anliegen, sondern gehört noch dem Liberalismus zu. Der Faschismus selbst verzichtet darauf, weshalb Max Webers These, daß Herrschaft stets auf Legitimation angewiesen sei,[59] problematisch ist.

---

55 Der deutsche Schriftsteller Ludwig Ganghofer veröffentlicht zwischen den 1880er und 1910er Jahren zahlreiche naiv-betuliche Heimatromane.
56 Löwenthal charakterisiert die Technik faschistischer Agitation etwa im Gespräch mit Helmut Dubiel so, »daß sie die Psychoanalyse auf den Kopf stellt.« (Leo Löwenthal, »Mitmachen wollte ich nie«. Gespräch mit Helmut Dubiel [1981], in: Leo Löwenthal, Schriften, hrsg. von Helmut Dubiel, Bd. 4, Frankfurt a. M. 1984, S. 271–298; hier: S. 294) Er bezieht sich dabei auf Leo Löwenthal und Norbert Guterman, Falsche Propheten. Studien zur faschistischen Agitation [1949], in: Löwenthal, Schriften, a. a. O., Bd. 3, Frankfurt a. M. 1982, S. 9–159.
57 Vgl. Theodor W. Adorno, *Über den Fetischcharakter in der Musik und die Regression des Hörens* [1938], GS, Bd. 14, S. 14–50.
58 Der entsprechende Referatstext von Karl Hermann Tjaden wurde nicht aufgefunden.
59 Bei Weber heißt es: »Keine Herrschaft begnügt sich, nach aller Erfahrung, freiwillig mit den nur materiellen oder nur affektuellen oder nur wertrationalen Motiven als Chancen ihres Fort-

Die spezifisch nationalsozialistische Ideologie bemühte sich gar nicht erst mehr um die Legitimation ihrer Herrschaft. Für die Knüppelgewalt des Nazistaats trifft also Webers These nicht mehr zu.

Zwar schaffen alle Ideologien die Rationalität ab. Aber die faschistische Kritik der damaligen Formen von Rationalität, wie beispielsweise des Vertrags von Versailles, enthielt doch auch ein Moment der Wahrheit. Besonders die vorfaschistische Ideologie der 20er Jahre hatte die Tendenz, partiell berechtigte Einsichten in den Dienst der Herrschaft zu stellen. Aber im späteren Hitlerfaschismus wird die Ideologie völlig grobschlächtig; da ist es dann nur noch ihre Funktion, die Intelligenzija soweit zu beruhigen, daß ihr Bewußtsein neutralisiert wird.

Der 2. Abschnitt des Referats behandelte Stimmen des deutschen Neofaschismus. Professor Adorno bezweifelte, daß aus derartigen Äußerungen auf eine tatsächliche Bereitschaft für den Faschismus heute in Deutschland zu schließen sei. Denn der Faschismus der 20er und 30er Jahre war gebunden an die Erwartung: Die Zeit ist reif, wir kommen an die Herrschaft in Europa. Durch die Bildung zweier Machtblöcke und durch den Krieg mit seinen Folgen ist eine Wirkung des Nationalsozialismus in der alten Form unwahrscheinlich. Es wäre also interessanter zu erforschen, wie sich diese teils edelfaschistischen, teils vulgärfaschistischen Vorstellungen in modifizierter Form in heute herrschenden Ideologien erhalten haben. Bei der Analyse etwa des Begriffs vom Menschen stößt man auf ein Reservoir des herrschenden Irrationalismus in Wendungen wie: Die lebendigen Kräfte des Menschen seien zu betonen gegenüber der abstrakten Industriegesellschaft. Dieser nebelhafte Schwulst erscheint so harmlos und ist gerade darum doppelt gefährlich. In die gleiche Kategorie gefährlicher Harmlosigkeit paßt auch, daß heute Unternehmerverbände ihre Tagung unter dem Motto: »Dienst für das gemeine Beste« veranstalten.[60] Professor Adorno schlug vor, in einer soziologischen Arbeit ein[...][61]

---

bestandes. Jede sucht vielmehr den Glauben an ihre ›Legitimität‹ zu erwecken und zu pflegen.« (MWG, Bd. I/23, S. 450)

60 Vgl. Josef Simons, Dienst für das gemeine Beste. Zehn Jahre Vereinigung der hessischen Arbeitgeberverbände, Heidelberg 1957. Im Vorwort der Jubiläumsschrift bemerkt Walter Raymond, Unternehmer und Mitbegründer der ›Sozialpolitischen Arbeitsgemeinschaft der Arbeitgeber des Vereinigten Wirtschaftsgebietes‹, die sich 1949 in Wiesbaden konstituiert: »Die Überschrift, welche die ›Vereinigung der hessischen Arbeitgeberverbände‹ dem geschichtlichen Überblick über ihre zehnjährige Tätigkeit gibt, ruft wie eine ernste Mahnung die Erinnerung wach an die klassische Formulierung der Weimarer Verfassung: *[Absatz]* ›Eigentum verpflichtet. Sein Gebrauch soll zugleich Dienst sein für das gemeine Beste.‹ *[Absatz]* Kein höheres Ziel können die Arbeitgeber an die Spitze ihrer Arbeit stellen als dieses. Denn nur in der Veredlung des Gebrauchs, den der einzelne von seinem Eigentum machen soll, liegt das hohe Ziel der sozialen Ethik beschlossen, deren Fortentwicklung entscheidend für die Erhaltung der individuellen Freiheit ist,

121 [N.N.],
2. Juli 1957

Protokoll des soziologischen Hauptseminars vom 2. 7. 1957

Im Mittelpunkt des letzten Seminars stand das Referat von Herrn Strohm über die Entstehung der Rasseideologie und des Rasseantisemitismus.[62]

Zusammenfassung des Referates:

Das erste Auftreten von Rasseideologien hatte mit Rasseantisemitismus noch nichts zu tun. Die Ursprünge der Rasseideologie sind vielmehr im reaktionären Lager des nachrevolutionären Frankreich zu suchen. Ihr Träger war der französische Adel, dem die Theorie des Comte de Boulainvilliers[63] und des Grafen Gobineau[64], nach welcher das französische Volk in zwei heterogene Volksstämme, Gallier und Germanen, zerfalle, eine neue Möglichkeit zur Polemik gegen die emanzipative Entwicklung des dritten Standes, ein neues Argument für die Legitimität der Adelsherrschaft in der vorrevolutionären Epoche zu bieten schien.

Eine weitere Quelle rasseideologischen Denkens ist in England zu sehen, wo es vor allem naturwissenschaftliche Theorien waren, die sich als Grundlage von Rasseideologien geeignet zeigten. Die polygenistische Theorie wandte sich gegen die traditionelle, jüdisch-christliche Lehre von der gemeinsamen Abstammung der Menschheit und hielt die Vermischung verschiedenrassiger Menschen für ein biologisches Unglück. Aber erst Darwins Theorie über den Ursprung der Arten enthielt eine eindeutige *Bewertung* verschiedener Rassen.[65] Auf ihn konnte sich

---

nicht in einer Einschränkung des Eigentumsbegriffes und nicht in einer Teilung der Rechte und Pflichten, die mit dem Eigentum verbunden sind, gleichgültig, ob dieses groß oder klein ist.« (Ebd., S. 7) – Das Zitat ist der Verfassung des Deutschen Reiches vom 11. August 1919 entnommen, § 153, Abs. 3.

61 S. Anm. 54.

62 Theodor Strohm, »Die Entstehung der Rasseideologien und des Rasseantisemitismus«, UAF Abt. 139 Nr. 2.

63 Vgl. Henri de Boulainvilliers, Histoire de l'ancien gouvernement de la France avec XIV lettres historiques sur les Parlements ou États-Généraux, 3. Bde., Den Haag und Amsterdam 1727.

64 Vgl. Arthur de Gobineau, Versuch über die Ungleichheit der Menschenrassen [1853–1855], übers. von Ludwig Schemann, Stuttgart 1898–1901.

65 Vgl. Charles Darwin, Über die Entstehung der Arten im Thier- und Pflanzen-Reich durch natürliche Züchtung, oder Erhaltung der vervollkommneten Rassen im Kampfe um's Daseyn [1859], übers. von H[einrich] G[eorg] Bronn, Stuttgart 1860.

fortan berufen, wer, dem Schwächeren gegenüber, das vermeintliche Recht des Stärkeren für sich in Anspruch nahm.

Es war der Franzose Renan, der von sich sagte, er sei der erste, »der anerkennt, daß die semitische Rasse im Vergleich zur indoeuropäischen wahrhaft eine untergeordnete Mischung der menschlichen Natur darstellt.«[66] Renan ebenso wie Richard Wagner[67] und H. S. Chamberlain knüpften an den Rassebegriff des Grafen Gobineau an. Sie behaupteten nicht so sehr die biologische, als vielmehr die moralisch-kulturelle Überlegenheit der nordischen Rasse und konnten denn auch noch die Juden zur »arischen Wiedergeburt« (Wagner)[68] auffordern. Erst der Faschismus räumte mit diesem, wie der Referent es nannte, »innerlichen, intuitionistischen Rassebegriff« gründlich auf.

Ein weiterer Abschnitt des Referats behandelte den weltanschaulichen Aspekt der Rasseideologie und ihren bis zu A. Rosenberg aufrecht erhaltenen Anspruch, eine neue Form der Religion zu bieten.[69] Der Antisemit Paul de Lagarde forderte eine »den nationalen Eigenschaften der Deutschen angemessene Religion der Zukunft«[70], Wagners Bayreuther Festspiele wollten als eine Art Religi-

---

[66] »Je suis donc le premier à reconnaître que la race sémitique, comparée à la race indo-européenne, représente réellement une combinaison inférieure de la nature humaine.« (Ernest Renan, Histoire générale et systèmes comparés des langues sémitiques. Première partie. Histoire générale des langues sémitiques [1855], 3. Aufl., Paris 1963, S. 4).

[67] In einer Mitteilung an die »Bayreuther Blätter«, »Zur Einführung der Arbeit des Grafen Gobineau. ›Ein Urtheil über die jetzige Weltlage‹« [1858], schreibt Wagner etwa: »Wer des Grafen Gobineau großes Werk: ›Über die Ungleichheit der menschlichen Racen‹ kennt, wird sich wohl davon überzeugt haben müssen, daß es sich hier nicht um Irrthümer handelt, wie sie etwa den Erforschern des täglichen Fortschrittes der Menschheit täglich unterlaufen. Uns darf es dagegen willkommen sein, aus den in jenem Werke enthaltenen Darlegungen eines schärfest blickenden Ethnologen eine Erklärung dafür zu gewinnen, daß unsere wahrhaft großen Geister immer einsamer dastehen und – vielleicht in Folge hiervon – immer seltener werden; daß wir uns die größten Künstler und Dichter einer Mitwelt gegenüber vorstellen können, welcher sie nichts zu sagen haben.« (Richard Wagner, Sämtliche Schriften und Dichtungen. Volksausgabe, Bd. 10, Leipzig [1911], S. 33–35; hier: S. 34 f.)

[68] Nicht ermittelt.

[69] So heißt es etwa bei Rosenberg: »Der Gott, den wir verehren, wäre nicht, wenn unsere Seele und unser Blut nicht wären, so würde das Bekenntnis des Meisters Eckehart für unsere Zeit lauten. Deshalb ist Sache unserer Religion, unseres Rechtes, unseres Staates alles, was die Ehre und Freiheit dieser Seele und dieses Blutes schützt, stärkt, läutert, durchsetzt. [...] Und die heilige Stunde des Deutschen wird dann eintreten, wenn das Symbol des Erwachens, die Fahne mit dem Zeichen des aufsteigenden Lebens das allein herrschende Bekenntnis des Reiches geworden ist.« (Alfred Rosenberg, Der Mythus des 20. Jahrhunderts. Eine Wertung der seelisch-geistigen Gestaltenkämpfe unserer Zeit [1930], München 2018, S. 701)

[70] Die Schrift »Nationale Religion« des deutschnationalen Antisemiten Paul de Lagarde beginnt: »Unsre Aufgabe ist nicht, eine nationale Religion zu schaffen – Religionen werden nie geschaffen,

onsstiftung verstanden sein. Die Gestalt Jesu versuchte man zu retten; Wagner und Chamberlain machten ihn zum Arier, für Chamberlain war Jesus »Inkarnation der germanischen Innerlichkeit«, ein »Opfer der Mächte der Finsternis: Jerusalem und Rom.«[71] Antiklerikalismus und Nationalismus vereinigten sich unter der Fahne des Antisemitismus.

Im Zentrum des Referats stand eine materialreiche Darstellung der Zusammenhänge, die zwischen der wirtschaftlichen Entwicklung seit der Gründerzeit und der zunehmenden Breitenwirkung antisemitischer, deutsch-völkischer Agitation bestanden.

Es waren die *Opfer* nicht bloß der Wirtschaftskrise von 1873, sondern des Spätkapitalismus überhaupt, nämlich die ökonomisch deklassierten Kleinbürger und Bauern, die seit den Gründerjahren in zunehmendem Maße den Nährboden der antisemitischen Ideologie und, zunächst noch im Dienst der heterogensten Zwecke, *das* Objekt für antisemitische Agitatoren bildeten. Aus der Flut der damals erschienenen antisemitischen Schriften und Artikel hob der Referent zunächst einige, noch im Rahmen eines konservativ-christlichen Staatsdenkens verbleibende Formen heraus. Die Altkonservativen und das Zentrum gingen in ihrem Kampf gegen Bismarck zusammen und griffen dessen »jüdisch-manchesterliche« Wirtschafts- ebenso wie seine »liberal-antiklerikale« Kulturpolitik an. Den Zentrumsleuten galten damals die Juden als diejenigen, »die mit unheimlicher Furie Rom zu vernichten trachten.« Der Hofprediger Stoecker schob die Schuld an der zunehmenden Entkirchlichung Berlins auf die Juden;[72] antisemitische Agitation diente ihm als ein Versuch, die Arbeiterschaft aus dem atheistischen Sozialismus herauszuführen.

An Breitenwirkung weit übertroffen wurden diese Richtungen von der berüchtigten Schmähschrift Wilhelm Marrs, »Sieg des Judentums über das Germa-

---

sondern stets offenbart –, wohl aber, alles zu tun, was geeignet scheint, einer nationalen Religion den Weg zu bereiten, und die Nation für die Aufnahme dieser Religion empfänglich zu machen, die – wesentlich unprotestantisch – nicht eine ausgebesserte alte sein kann, wenn Deutschland ein neues Land sein soll, die – wesentlich unkatholisch – nur für Deutschland da sein kann, wenn sie die Seele Deutschlands zu sein bestimmt ist, die – wesentlich nicht liberal – nicht sich nach dem Zeitgeiste, sondern den Zeitgeist nach sich bilden wird, wenn sie ist, was zu sein sie die Aufgabe hat [...]« (Paul de Lagarde, Nationale Religion, hrsg. von Georg Dost, Jena 1934 [Deutsche Reihe; 17], S. 3).

71 Vgl. etwa den Abschnitt »Religion«, in: Houston Stewart Chamberlain, Die Grundlagen des neunzehnten Jahrhunderts, Zweite Hälfte [1899], 22. Aufl., München 1937, S. 647–773.

72 Der Berliner Hof- und Domprediger Adolf Stoecker ist mit seiner Partei der »Christlich-Sozialen« im Deutschen Kaiserreich Mitbegründer der sogenannten Berliner Bewegung, die in den 1880er Jahren den Antisemitismus zu politischem Einfluss bringen will.

nentum – vom nichtkonfessionellen Standpunkt betrachtet – vae victis«[73], oder auch etwa von der in der »Gartenlaube« erschienenen Artikelserie Otto Glagaus über den »Börsen- und Gründungsschwindel«[74]. Hier wandte man sich in der raffiniertesten Weise an das Ressentiment der Opfer der wirtschaftlichen Entwicklung, personifizierte die anonyme, abstrakte Macht des Kapitals und erklärte kurzerhand: »Die soziale Frage ist wesentlich Gründer- und Judenfrage, alles andere ist Schwindel.« Die antikapitalistische Kritik sank in diesen Pamphleten zum Kurzschluß herab: Die Kapitalisten sind die Juden.

Von hier zum Lehrer Ahlwardt[75] und zum »Stürmer«[76] war es nicht weit. Die Ideologie des Rasseantisemitismus konzentrierte sich immer mehr im völkischen Antisemitismus des Mittelstandes und der Bauern, wurde für die Faschisten zur ideologischen Plattform während der Weimarer Jahre und fand schließlich den schrecklichsten Ausdruck in der Vernichtung von Millionen europäischer Juden, gemäß dem zynischen Diktum Hitlers: »Recht ist das, was arische Männer für recht halten.«[77]

Zur Diskussion.

Ausgangspunkt der Diskussion war die Frage nach dem soziologischen Aspekt, d. h. nach der gesellschaftlichen Wurzel und Funktion des Antisemitismus. Die abseitig-paranoischen Lehren des Antisemitismus als solche erklären noch nichts. Das gesellschaftliche Problem ist vielmehr darin zu sehen, daß diese Lehren *rezipiert* werden konnten. Schon die Tatsache, daß gerade die *Juden* zu

---

73 Vgl. W[ilhelm] Marr, Der Sieg des Judenthums über das Germanenthum. Vom nicht confessionellen Standpunkt aus betrachtet, Bern 1879. Der Zusatz »Vae Victis!« ist dem Buch als Motto vorangestellt.
74 Otto Glagaus Artikelserie »Der Börsen- und Gründungsschwindel in Berlin« erscheint von 1874 bis zum folgenden Jahr in zwölf Teilen im illustrierten Blatt »Die Gartenlaube«.
75 Vgl. Hermann Ahlwardt, Der Verzweiflungskampf der arischen Völker mit dem Judentum, 3 Bde., Berlin 1890.
76 »Der Stürmer. Nürnberger Wochenblatt zum Kampfe um die Wahrheit«, hrsg. von Julius Streicher, ist von 1923 bis 1945 das führende antisemitische Kampf- und Hetzblatt der Nationalsozialisten.
77 Das »Diktum« stammt von Rosenberg: »Ein alter indischer Rechtsgrundsatz aus nordischer Vorzeit lautet: ›Recht und Unrecht gehen nicht umher und sagen: das sind wir. Recht ist das, was arische Männer für recht befinden‹. Dadurch ist die heute vergessene Urweisheit angedeutet, daß Recht ebensowenig ein blutloses Schema ist wie Religion und Kunst, sondern für ewig an ein gewisses Blut geknüpft ist, mit dem es erscheint und mit dem es vergeht.« (Rosenberg, Der Mythus des 20. Jahrhunderts, a. a. O. [s. Anm. 69], S. 571f.)

Opfern der Rasseideologie wurden, hatte nicht bloß zufällige Gründe. Man wird hier etwa an das vom Christentum durch die Jahrhunderte fortgeerbte Motiv des Judenhasses aus religiösen Gründen zu denken haben, mehr wohl noch an den mit der fortschreitenden kapitalistischen Entwicklung verbundenen Bedeutungsschwund der Zirkulationssphäre, in welcher die Juden zunächst noch ein gewisses Maß an ökonomischer Macht besessen hatten. In ähnlicher Weise waren auch die Hauptträger des Antisemitismus für ihre Rolle gesellschaftlich *prädisponiert*. Zu Anhängern der Rasseideologie wurden diejenigen, die den Preis des Fortschritts zu zahlen hatten: die Zwischenschicht der politisch kaum organisierten, vom Kapitalismus deklassierten Kleinbürger, Handwerker und Bauern. Diese Schichten waren bewußtseinsmäßig hinter der über sie hinwegschreitenden Wirtschaftsentwicklung zurückgeblieben (cultural lag)[78]; es kam ihrer Mentalität entgegen, daß der Antisemitismus den von ihnen geahnten Feind, das Kapital, zu personifizieren wußte. Der Sündenbock war gefunden, der Antisemitismus wurde zur irrationalen Kleinbürgerideologie.

Damit war das schwierige Problem des modernen Irrationalismus berührt. Herr Prof. Adorno hatte schon vorher davor gewarnt, die mit diesem Komplex zusammenhängenden Fragen verallgemeinernd zu beantworten, wie das z. B. häufig in der ausländischen Literatur nach 1945 oder etwa auch bei Lukács[79] geschehen sei. Zwar gehöre der Antisemitismus in den Gesamtkomplex des Irrationalismus hinein, es gelte jedoch, spezifisch rassistische Lehren aufzusuchen, die überall dort vorlägen, wo – von oben her – ein Mechanismus der Subsumtion unters Rasseprinzip statthabe.

Dem Einwand Herrn Brandts[80], es könnten entscheidende Wurzeln des Antisemitismus auf diese Weise verdeckt bleiben, wurde entgegnet, man müsse ein Organ für die Differenziertheit dieser Dinge besitzen und *beides* zu begreifen suchen: die spezifische, auf Herrschaft und Ausbeutung gerichtete Rationalität der bürgerlichen Vernunft und die irrationale Reaktion derer, die die Zeche zu bezahlen haben – eine Irrationalität, die von der bürgerlichen Vernunft aus sich heraus erzeugt werde und in der immer auch ein Moment des Protestes zum Ausdruck komme.

Die Frage nach der Rolle des Proletariats, das doch nicht zuletzt die Zeche des Fortschritts zu bezahlen gehabt habe, führte zu einer Erweiterung der These von

---

[78] Der Begriff des ›cultural lag‹, im Deutschen üblicherweise mit ›kulturelle Phasenverschiebung‹ übersetzt, wird 1922 von William Fielding Ogburn in dessen Buch »Social Change with Respect to Culture and Original Nature« (New York) in die Soziologie eingeführt.
[79] Vgl. Georg Lukács, Die Zerstörung der Vernunft [1954], in: Georg Lukács, Werke, Bd. 9, Neuwied und Berlin 1962.
[80] D. i. Gerhard Brandt

den für die Rasseideologie prädisponierten Opfern des Kapitalismus. Der Begriff der Rasse stelle eine Pseudorationalisierung von blutsmäßigen Zusammenhängen dar. Er sei planvoll als Mittel verwandt worden, um einem bereits rationalen Bewußtsein gegenüber die in der Gesellschaft immer noch herrschende Irrationalität zu legitimieren. Der Antisemitismus müsse begriffen werden als eine irrationale Kleinbürgerideologie, die auf höchst rationale Weise im Interesse einer bestimmten Schicht manipuliert worden sei. Durch Regression aufs Naturalmoment habe man vom Antagonismus der Klassen ablenken wollen. Die Führungsschicht des Proletariats habe diesen Versuch durchschaut und sei dagegen immun gewesen, habe jedoch häufig gegen antisemitische Unterströmungen in der Arbeiterschaft selber zu kämpfen gehabt.

Die Diskussion war damit auf einen Fragenkomplex gestoßen, der, allgemeiner gefaßt, schon während des Referats zur Sprache gekommen war. Dort hatte, in Zusammenhang mit den Ursprüngen der Rasseideologie bei Boulainvilliers und Gobineau, Herr Prof. Adorno darauf aufmerksam gemacht, daß der Versuch, Privilegien auf Abstammung zurückzuführen, ein uraltes Phänomen sei. Man könne hier geradezu von einem soziologischen Gesetz sprechen. Jener Versuch nämlich einer Reduktion aufs bloß Naturhafte werde überall dort unternommen, wo hierarchische Formen der Gesellschaft bereits problematisch geworden seien. Der gesellschaftliche Ursprung der Rasseideologie sei dort zu finden, wo man versuche, die in der und durch die Gesellschaft selber bestehenden Differenzen aus *Natur* zu begründen. Naturale Ordnungen hätten zwar in einem frühen Stadium der Geschichte tatsächlich geherrscht, es sei jedoch spezifisch bürgerlich, aus dem an sich Niedrigeren, nämlich den vorgegebenen Naturkategorien, eine Art Rechtfertigung zu machen.

122 Hans-Heinrich Ehrhardt, 9. Juli 1957

(Soziologisches Hauptseminar)
Protokoll[81] der Seminarsitzung vom 9. 7. 1957.
Nach der Verlesung des Protokolls der vorigen Sitzung hielt Prinzessin Solms im Rahmen der Beschäftigung des Seminars mit der Ideologie des Antisemitismus ein Referat über den Antisemitismus in Deutschland nach 1918[82]. Zur Frage der Ursächlichkeit sozialen Prestiges der emanzipierten und gesellschaftlich assimilierten Juden für die Politisierung des Antisemitismus bemerkte Professor Adorno, die Juden seien, wenn nicht unter Benutzung der Taufe, nicht zu allen beruflichen Positionen zugelassen gewesen, wodurch sich anzeige, daß die Kraftquelle tatsächlicher gesellschaftlicher Wirksamkeit des Antisemitismus in vorwiegend nationalliberal-industriellen Kreisen liege. Weiter wurde im Referat ausgeführt, wie der ideologische Schwerpunkt der Vorstellung von einer geschichtlich verhängnisvollen Einheit rassischer, moralischer, geistiger und politischer Korruption durch das Judentum, mit der Rassenideologie als solcher verknüpft, bei den für Vereinigungen revolutionärer und restaurativer Bewegungen überhaupt charakteristischen Schlüsselbegriffen wie Wiedergeburt, Erneuerung, Läuterung liegt. Die Schriften Rosenbergs bedeuten so gesehen eine erste Zusammenstellung der verschiedenen Irrationalismen zu einem als politisches Kampfmittel zweckmäßigen ›Mythos‹, der wesentlich zur Erschließung der vielfältig aufgestauten sozialpsychischen Energien beitrug, deren Wurzel und, wie Prof. Adorno ergänzend bemerkte, [...][83] der letzte Grund des ideologischen Erfolgs, der kollektive Narzißmus ist, den die soziale, nationale wie private Demütigung hervorbringt und aufs äußerste steigert: Der politische Mangel der älteren französischen Rasseideologien sei der Mangel an für diesen kollektiven Narzißmus schmeichelhaften Elementen gewesen, die Unterrasse bedeute als projektiertes Haßziel (das Ziel des Selbsthasses wird nach außen projiziert) für die Wirksamkeit der Ideologie eine Notwendigkeit. Prof. Adorno warnte davor, diese auch heute noch latenten Energien zu unterschätzen.

Die pessimistische Unsicherheit weiter Gesellschaftsschichten nach 1918 habe der Bereitschaft zum Zweifel an der Rationalität Vorschub geleistet; die Bereitschaft zum Einklang mit der Ideologie, die bewußt jede Vernunftsbegrün-

---

81 Die Vorlage ist handschriftlich verfasst.
82 Dorothea Solms-Lich, »Der nationalsozialistische Antisemitismus« und »Antisemitismus heute«, UAF Abt. 139 Nr. 2.
83 Ein Wort ist wegen Lochung der Vorlage nicht mehr zu entziffern.

dung zurückwies, hervorgebracht. Diese erhält ihre Aggressivität aus der Gegenüberstellung von Gegenmythos – der angebliche Mythos der jüdischen Rasse – und nordischem Blutmythos, dessen Irrationalität sich an den immer wiederkehrenden Beschwörungen von Vorstellungen des alles durchdringenden Kampfes und des Opfers nährt. [Prof.][84] Adorno wies darauf hin, daß im Grunde dieser Opferbegriff immer beide Seiten, den Opfernden und das faktische Opfer, meint. Durch diesen Kernbegriff werde die Auslöschung des freien Lebens selbst Substitution des Sinnes einer bewußt und sinnvoll vollzogenen Selbstopferung, diese Einschulung zum sinnlosen Selbstopfer stelle eine falsche, ideologische und doch tatsächliche Einheit von Opfer und blind Opferndem dar – die Einheit in der Todesverfallenheit, die am faktischen Opfer nur organisch nachgewiesen wird. Der endlose Haß der Enttäuschten richtete sich auf das projektive Opfer, mit dessen Vernichtung die Beherrschung, die der Einzelne fühlt, enden soll, als deren erkennbare Wirklichkeit die teilweise Vorzugsstellung von Juden in verschiedenen Berufen angeprangert wurde. Hierzu sagte Prof. Adorno einschränkend, die Berufe teilweiser jüdischer Vorzugsstellung hätten doch das hierarchische Prestige wie z. B. das des Beamtenberufs nicht besessen. In Deutschland sei ein tiefgreifender sozialer Gegensatz zwischen im weitesten Sinn Beamteten mit ihrer Sicherheit und Zugehörigkeit zur Herrschaftsapparatur und den Freiberuflichen der Zirkulationssphäre geschichtlich. Dagegen sei die Fragwürdigkeit amerikanischer Urteile über die Judenassimilation in Deutschland deutlich, die den relativ hohen Stand der Assimilation der Juden im früheren Deutschland verkennen würden.

Der Antisemitismus sei in Deutschland nicht substantiell gewesen, als Ergebnis von Manipulation habe ihm aber gerade die Tatsache, daß seine Äußerungen zunächst als unglaubwürdig aufgenommen wurden, später mit zu seiner Wirkung verholfen: Von vorherein der bewußten Rationalität entzogen, habe er die Maßlosigkeit der Handlungen in seinem Namen auch als Mittel einer Art von gewaltsamer Selbstüberzeugung hervorgebracht.

Die angebliche soziale Bevorzugung der Juden in bestimmten Berufen wurde, wie die Referentin zeigte, zum wirksamen Stimulus sozialen Hasses über die soziale Vorzugsstellung dieser Berufs[...][85]: ›Der Jude‹ – ein ideologischer Identifikationstyp, repräsentativ für Geld und Geist – wurde in der ideologischen Literatur dem ›deutschen Arbeiter‹ gegenübergestellt – dem Repräsentanten von Blut und Boden. Zum Beispiel des Goebbelsschen Romans ›Michael‹[86] äußerte

---

84 Konjektur wegen Lochung der Vorlage.
85 Der zweite Teil des Wortes ist wegen starker Durchstreichung von unbekannter Hand nicht mehr zu entziffern.
86 Vgl. Joseph Goebbels, Michael. Ein deutsches Schicksal in Tagebuchblättern, München 1929.

Prof. Adorno Zweifel an der Popularität und tatsächlichen Verbreitung der antisemitischen Literatur in Deutschland vor 1933. Aus dem Kreis des Seminars wurde die Vermutung geäußert, Unpopularität lasse sich in diesen Fällen auf ideologische Durchsichtigkeit und Plumpheit des literarischen Arrangements zurückführen.

Über seine sogenannte Geschichtsphilosophie kommt der Nationalsozialismus zu einer Auffassung vom Grad psychischer Einwirkung als Kriterium der Wahrheit der Gültigkeit, wozu Prof. Adorno hinzufügte, hier wie in den heute auch neutralisiert nachlebenden Elementen der NS-Ideologie verdeutliche sich ein heruntergekommenes Erbe des deutschen Idealismus: Durch die von der Ideologie zur Bedingung der Erkenntnis erhobene seelische Teilnahme am Geschehen, durch dieses ›Miterleben‹, werde die rationale Entscheidung abgebogen, die Entscheidung über Wahr und Falsch präjudiziert: Das Gefährliche dieser Anschauung liege aber gerade in ihrem Wahrheitsmoment, das, ein Kennzeichen heutiger Ideologie, durch Umfunktionierung in den Dienst der Unwahrheit gestellt werde. Entscheidend sei hier, ob die Identifikation mit dem Erkenntnisgegenstand selbst als blind vollzogene die Wahrheit preisgibt oder als bewußte Selbstbesinnung fördert.

In Rosenbergs Schriften wird im Verfolg der Grundanschauungen, die kaum anders als [durch][87] Zitate wiederzugeben sind, die Abkehr von einem über das Erlebbare, d. h. rassenmäßig Bedingte hinausgehenden absoluten Wert der Lebensorientierung gefordert, wobei, worauf Prof. Adorno hinwies, gerade diese Beschwörungen des Organischen und ›Nahen‹ umschlagen in eine Absolutsetzung des Bedingten als des Unbedingten – ein Umstand, der die Durchschaubarkeit der Ideologie zeige, die ihr Wesen, Macht als Wahrheit, notwendigerweise sogar selbst ausdrücklich proklamiert. Von hier aus wird dann bei Rosenberg die Anschauung, Sünde gegen die Masse sei Sünde gegen den Geist, entwickelt,[88] und der doppelte teleologische Angriff gegen ›Materialismus‹ und ›Idealismus‹ geführt.[89] Die ›Verwurzelung der Erkenntnis in der Blutwirklichkeit‹[90] und der te-

---

87 Konjektur wegen Lochung der Vorlage.
88 Bei Rosenberg heißt es etwa, es könne »der Jude in einem Staat nicht zur Herrschaft gelangen, der von gesteigerten Ehrbegriffen getragen wird; genau aus demselben Grund wird aber auch der Deutsche innerhalb des demokratischen Systems nicht wirklich leben, nicht fruchtbar sein können. Denn dieses System ist auf Massenbetrug und Ausbeutung im großen und kleinen aufgebaut. Entweder er überwindet es nach der giftigen Erkrankung ideell und materiell, oder er geht an der Sünde gegen seine organische Wahrheit rettungslos zugrunde.« (Rosenberg, Der Mythus des 20. Jahrhunderts, a. a. O. [s. Anm. 69], S. 687)
89 Rosenberg glaubt, sich auf Schopenhauer berufen zu dürfen, wenn er etwa sagt: »Objekt und Subjekt sind voneinander nicht lösbare Korrelata. Das ist der Punkt, die Erkenntnis einer Polarität, von der Schopenhauer ausgeht. Von hier wendet er sich einerseits gegen den Idealismus,

leologisch raffinierte, jeder rationalen Kritik sich entziehende Gebrauch des alten Bildungswahnes von der Überwindung des Gegensatzes Geist–Leben werden Münzen eines brutalen Biologismus, der zur Grundlage des privaten wie des sozialen und politischen Lebens werden soll. Ausführlich zeigte das Referat die Anwendung dieser Ideologie auf das Rechtsdenken und dessen Korruption durch die konsequente Einführung der Rassenreinheit als Wertungsmaßstab, wobei Begriffe wie ›Blutsgemeinschaft‹ eine weltanschauliche Dignität durch geschickte Verwendung von Elementen des romantischen Frühkapitalismus zu [...][91] scheinen.[92]

Von seiten der Getäuschten scheinen die Restbestände religiösen Hasses die Ergiebigkeit der Ideologie zu erhöhen. Der religiös bedingte Antisemitismus habe seinen Ursprung in der im Christentum latenten Versuchung, die göttliche Setzung der Einheit von Fleisch und Geist in die geschichtliche Sphäre zu übertragen und damit sowohl die Profanität zum Heilsraum zu machen, wie das profan Sinnvolle, d.h. die Vernichtung Andersgesinnter, auch faktisch und damit physisch zur Bestätigung der ersehnten oder vermeintlich besessenen religiösen Gewißheit zu machen. Das erleichtert es der Ideologie, ihren Anspruch als Heilsreligion durchzusetzen, was sich in der Übernahme der religiösen Riten

---

welcher den Satz von der Kausalität nicht als eine den Menschen zugehörige Vorstellung, sondern als eine dem Ding an sich wesentliche Eigenschaft, welches das Objekt hervorbringe, ansieht, und andererseits gegen den dogmatischen Materialismus, welcher die Tätigkeit des Vorstellens seitens des Subjekts als das Ergebnis der Formen und Wirkungen der Materie hin zustellen bemüht ist.« (Ebd., S. 323 f.)

90 Bei Rosenberg heißt es: »Die Leibnizsche Monade stand der andern ebenso reichen Persönlichkeit ›fensterlos‹ gegenüber; Herder und seine Nachfolger suchten bereits die volkhafte Vermittlung; heute fügen wir hinzu: das, was sie verwandt machte, was sie zu ähnlicher Entwicklung der inneren Gestalt trieb, war die Gemeinsamkeit eines seelenverschmolzenen Blutes, welches den alles verbindenden Unterstrom eines Lebensganzen bildete. Dieses Verwandtschaft der Persönlichkeiten bedingende Blut vermag noch einige Abarten zu formen und zu züchten, jedoch wird die Monade einer Persönlichkeit ganz fremden Blutes gegenüber erneut ›fensterlos‹, aus Einsamkeit wird Verlassenheit werden; es führt keine Brücke eines wahren Verstehens von ihr zu einem Chinesen, geschweige denn zum Wesen eines syrischen oder afrikanischen Bastards. Also nicht Monade und ›Menschheit‹ stehen sich in Wechselwirkung gegenüber, sondern Persönlichkeit und Rasse.« (Ebd., S. 694)

91 Ein Wort ist wegen starker Durchstreichung von unbekannter Hand nicht mehr zu entziffern.
92 Das Wort von der ›Blutsgemeinschaft‹ findet sich bei Rosenberg nur an einer Stelle: »Das jüdische Schmarotzertum als eine zusammengeballte Größe leitet sich also her vom jüdischen Mythus, der vom Gott Jahwe den Gerechten zugesagten Weltherrschaft. Die Rassenzucht Esras, der Talmud der Rabbiner haben eine Gesinnungs- und Blutsgemeinschaft von unglaublicher Zähheit geschaffen. Der Charakter der Juden in ihrer zwischenhändlerischen Tätigkeit und Zersetzung fremder Typen ist sich stets gleich geblieben, von Joseph in Ägypten bis Rothschild und Rathenau, von Philo über David ben Selomo bis Heine.« (Ebd., S. 463)

zeige. Damit in Verbindung werde der Kampf gegen die Wahrheit des Christentums geführt: Bei Rosenberg macht der ›ungebrochene Rassencharakter‹[93], die Aufhebung des Geist–Natur-Gegensatzes in der ›Blutwirklichkeit‹ die Zentralbegriffe der Sünde und der Gnade substanzlos, d. h. wohl – ›nicht mehr erlebbar.‹

Abschließend brachte Prinzessin Solms in ihrem Referat noch einige statistische Feststellungen über den Antisemitismus im heutigen Deutschland. In bezug auf ausdrückliche Bedenken gegen eine Verallgemeinerung dieser Angaben[94] sagte Prof. v. Friedeburg[95], der manipulative Charakter des Antisemitismus mache die Frage nach den eventuellen Manipulationen des Potentials, nicht die Frage nach diesem selbst, wesentlich.

[Ergänzend][96] zu der Vermutung, in Deutschland habe sich eine gewisse Barriere gegen extremen Antisemitismus durch die Ereignisse der jüngsten Geschichte gebildet, bemerkte Prof. Adorno, das Cliqueninteresse sei nicht sehr stark, abgesehen von der Tatsache der heute sehr geringen Zahl des jüdischen Bevölkerungsanteils jedoch sei die Wirksamkeit sozialphilosophischer Ursachen schwer abzuschätzen und das Potential ihrer Energien nicht zu bagatellisieren.

Jedoch sei die Bereitschaft zu einer äußerlichen Annahme der Aufklärung über den Antisemitismus als Mittel einer Überkompensation des Schuldgefühls vorhanden. Der Grund für die im Referat erwähnte empirisch feststellbare Anerkennung der politischen und militärischen Leistungen der Juden sei aber letztlich die Begeisterungsfähigkeit gerade potentiell antisemitischer Personen für Manifestationen von Macht bzw. speziell militärischer Leistung schlechthin. Das umfangreiche Referat brachte noch Zeugnisse stark patriotischer und nationaler Gesinnung in verschiedenen Zeitschriften, die sich noch tarnen durch Erweiterung oder Indifferenz des Kreises derer, in deren Namen sie zu sprechen vorgeben, und verhältnismäßig sehr hohe Prozentzahlen für den Antisemitismus bzw. die

---

93 »Einem Volk mit ungebrochenem Rassencharakter wäre die Erb-Sündenlehre eine Unverständlichkeit gewesen, denn in einer solchen Nation lebt das sichere Vertrauen zu sich selbst und zu seinem als Schicksal empfundenen Willen. Homers Helden kennen die ›Sünde‹ ebensowenig wie die alten Inder und die Germanen des Tacitus und der Dietrichssage. Dagegen ist das dauernde Sündengefühl eine Begleiterscheinung physischer Bastardierung.« (Ebd., S. 70f.)
94 Das Referat bezieht sich auf das ›Gruppenexperiment‹ des Instituts für Sozialforschung (vgl. *Gruppenexperiment. Ein Studienbericht*, bearb. von Friedrich Pollock, mit Geleitw. von Franz Böhm, Frankfurt a. M. 1955 [*Frankfurter Beiträge zur Soziologie*; 2]) und bemerkt, dessen Ergebnisse hätten aufgrund des Teilnehmerkreises sowie der Zeit der Erhebung keinen Anspruch auf Allgemeingültigkeit.
95 Ludwig von Friedeburg hat erst ab 1962 eine Professur inne, nämlich für Soziologie an der Freien Universität Berlin.
96 Konjektur wegen Lochung der Vorlage.

NS-Ideologie zumindest mit Vorbehalt günstiger Stimmen aus Erhebungen der empirischen Sozialforschung.

In der anschließenden Diskussion bemerkte Prof. Adorno zu der Vermutung einer Gefahr der Bedeutungsänderung der moralischen Schuld durch eine Überwindung des moralischen Vorwurfs in der Auseinandersetzung über den Antisemitismus, der seinerseits den circulus vitiosus der blinden ideologischen Auseinandersetzung fortsetzen könne, die Verstärkung des an sich schon nicht ganz aufrichtigen, unerlösten Schuldgefühls besonders der relativ Unbeteiligten steigere womöglich die Aggressivität. Die Lösung der Frage liege in der Aufklärung über die bedingenden gesellschaftlichen Prozesse sowie über die neurotische Bedingtheit der schuldhaften Handlungen und Anschauungen. Andererseits führe der wirtschaftliche Wiederaufstieg und das Ausbleiben des von den ideologisch korrumpierten, in ihren Reaktionen an Macht gebundenen Gemütern nunmehr [als Bestrafung][97] erwarteten Gottesgerichts zur Bagatellisierung des Geschehenen im Unbewußten.

Abschließend forderte Prof. Adorno die Überwindung des wissenschaftlichen Pluralismus, der sich in der gesonderten Betrachtung des Phänomens nach sozialpsychologischen und ökonomischen Kategorien zeige, und, im Abwägen des Gewichts beider Momente, die Erkenntnis der Ursächlichkeit der ökonomischen Verhältnisse und die funktionale Verknüpfung dieser mit den sozialpsychologischen Aspekten.

[...][98] Ehrhardt

---

97 Konjektur. Der Verfasser hat das Blatt offenkundig beschrieben, während es auf einem weiteren Blatt lag; so wurde nicht bemerkt, dass die Seite an dieser Stelle bereits geendet war. Mindestens zwei Wörter, deren Oberlängen noch sichtbar sind, fehlen, womöglich – wenngleich wegen des geschlossenen inhaltlichen Zusammenhangs unwahrscheinlich – fehlen gar mehrere Zeilen.
98 Nicht entziffertes Kürzel.

123 Werner Sörgel, 23. Juli 1957

Protokoll der Seminarsitzung am 23. 7. 57

Herr Munz setzte sein in der Sitzung am 16. 7. begonnenes Referat über »Kulturindustrie – Aufklärung als Massenbetrug«[99] aus der »Dialektik der Aufklärung« fort.[100]

Der letzte Abschnitt dieses Referats befaßte sich mit der Veränderung im Warencharakter der Kunst. Autonome Kunst hat als käufliche schon immer Warencharakter besessen, doch war sie, so lange sie unter der Protektion ihrer Mäzene stand, dem unmittelbaren Einfluß des Marktmechanismus entzogen und konnte darum ihrem eigenen immanenten Gesetz zu folgen suchen. In der spätkapitalistischen Gesellschaft, die jede Regung unter einen Zweck subsumiert, schwört Kunst ihrem immanenten autonomen Sinn ab und will nichts anderes mehr sein als nur Konsumgut. Der Warencharakter der Kunst realisiert sich vollends und zerfällt zugleich, Kunstwerke werden – vor allem im Radio – als eine Form der Reklame gratis geliefert.[101]

Prof. Adorno bemerkte hierzu, daß es sich um eine Darstellung der Verhältnisse in Amerika handele, wo Radioprogramme von »sponsors« finanziert werden, also von Firmen, die vor, nach und teilweise mitten in von ihnen bestimmten Programmen ihre Werbeslogans sprechen lassen. Wo im »public service« der Rundfunkgesellschaften auf eine ausdrückliche Waren- oder Firmenwerbung verzichtet werde, meist bei sogenannten »bedeutenden Kunstwerken«, erwähnten diese Tatsache die Stationen so häufig und so eindringlich, daß die Ausnahme gleichsam zur besonders raffinierten Form der Reklame werde.[102]

Der Referent führte sodann aus, wie die scheinbar überparteiliche Autorität, mit der im Radio Kunst gratis frei Haus geliefert werde, ein Schema der »Allgegenwart« schaffe, welches die Konsumenten für die Ambitionen des Faschismus prädisponiere.[103] Kunst als billiges Massenkonsumgut werde nicht – wie von der

---

99 Vgl. GS, Bd. 3, S. 141–191.
100 Der Referatstext von Horst Munz wurde nicht aufgefunden.
101 Vgl. hierzu den entsprechenden Abschnitt, ebd., S. 179–183.
102 *Die Toscaniniaufführung übers Radio ist gewissermaßen unverkäuflich. Man hört sie umsonst, und es wird gleichsam zu jedem Ton der Symphonie noch die sublime Reklame beigegeben, daß die Symphonie nicht durch Reklame unterbrochen wird – »this concert is brought to you as a public service«. (Ebd., S. 182)*
103 *Die Nationalsozialisten selber wußten, daß der Rundfunk ihrer Sache Gestalt verlieh wie die Druckerpresse der Reformation. Das von der Religionssoziologie erfundene metaphysische Charisma*

Kulturindustrie behauptet – allen Menschen zugänglich, vielmehr zerstöre sie als verdinglichte im Einzelnen die Intention zur bewußten Aneignung. Der Kunstkonsum nehme Zwangscharakter an, dessen Motor die Angst ist, man könne etwas verpassen.

Prof. Adorno wies auf die strukturellen Wandlungen hin, welche die Kulturindustrie seit dem Erscheinen des besprochenen Buches im letzten Krieg durchlaufen habe. Die hier beschriebene Welt sei eine »Tote Welt« – überholt von der jüngsten Entwicklung vor allem in Amerika, wo das Fernsehen dem Film den Rang abgelaufen habe.

Die schon beim Film kaum mehr bestehende Auswahlmöglichkeit sei bei der Television noch einmal um ein Wesentliches verringert, die Qualität des Gebotenen in der Regel noch schlechter, während gleichzeitig der Mechanismus der Anpassung durch die Allgegenwart des Fernsehens sich verstärkt habe.

Der Referent führte weiter aus, wie innig Kulturindustrie und Reklame technisch wie ökonomisch verschmolzen seien. Die Sprache des vergewaltigten Publikums nehme schließlich selbst Reklamecharakter an, und dem Wort werde sein durch historische Erfahrung vermittelter Bedeutungsgehalt geraubt, wodurch es tendenziell wieder zur Zauberformel werde.[104]

Prof. Adorno unterstrich, daß diese Erscheinung nicht auf Amerika beschränkt [sei], sondern sich im gleichen Maße auch in Europa nachweisen lasse. Es wäre eine interessante sprachsoziologische Aufgabe zu untersuchen, inwieweit vergleichbare Modeworte unter analogen gesellschaftlichen Bedingungen, aber in einander völlig getrennten Sprachräumen entstehen. Dem amerikanischen Wort ›gimmick‹ für ein besonders eingängiges Wirkungsschema – z. B. in der Schlagermusik – stehe die deutsche ›Masche‹ gegenüber.[105] Man könne hier gleichsam

---

des Führers hat sich schließlich als die bloße Allgegenwart seiner Radioreden erwiesen, welche die Allgegenwart des göttlichen Geistes dämonisch parodiert. (Ebd., S. 182f.)

104 *Durch die Sprache, die er* [scil. der Kunde] *spricht, trägt er selber zum Reklamecharakter der Kultur das Seine bei. Je vollkommener nämlich die Sprache in der Mitteilung aufgeht, je mehr die Worte aus substantiellen Bedeutungsträgern zu qualitätslosen Zeichen werden, je reiner und durchsichtiger sie das Gemeinte vermitteln, desto undurchdringlicher werden sie zugleich. Die Entmythologisierung der Sprache schlägt, als Element des gesamten Aufklärungsprozesses, in Magie zurück.* (Ebd., S. 187)

105 Ähnlich formuliert Adorno in den *Kriterien der neuen Musik*, einer Vorlesung des Jahres 1957: *Bedingungen des Charakteristischen scheinen überlieferte Kategorien, wie Einfall und Originalität. Beide sind mit Grund in Verruf geraten. Wie sie erst unterm Kapitalismus zu musikalischen Normen wurden, so waren sie mit dem Markt verfilzt, der nouveauté des Angebots, der Kennmarke des Verkäuflichen. Wohl steckte in der nach dem originellen Einfall gewerteten Musik auch etwas von bürgerlicher Emanzipation gegenüber schablonenhafter hierarchischer Starrheit. Aber sie ist längst zur Pseudo-Individualisierung, zum Schlager mit der Melodie verkommen, die wie alle andere ist und*

von einer negativen Sprachschöpfung sprechen, verursacht durch vergleichbare gesellschaftliche Phänomene.

Die sich dem Referat anschließende Diskussion berührte im wesentlichen drei Aspekte:

1. Sind die im Referat aufgezeigten Irrationalismen in der Tat nur Ideologien im Sinne eines gesellschaftlich produzierten notwendigen Scheins?
2. Kann Gesellschaftskritik als solche sinnvoll sein, ohne gleichzeitig auf ein »Positives« zu deuten, das im Gegenstand der Kritik selbst oder wenigstens hinter diesem ist?
3. Welche Konsequenzen ergeben sich aus einer Totalschau des gesellschaftlichen Seins?

Zum ersten der angerührten Fragekomplexe gab Herr Brandt zu bedenken, daß doch in aller Herrschaft, auch in der, die in den Institutionen der Kulturindustrie stecke, ein Stück Vernunft walte. Auch im Kapitalismus seien die Güter nicht nur Tausch- sondern auch Gebrauchswerte. Die Kritik der im Referat gekennzeichneten Erscheinungen erscheine ihm richtig und notwendig, doch leicht könne jene sich gegen die Organisation der Gesellschaft und Wirtschaft überhaupt richten. Aber ohne eine – wenn auch modifizierte – Form der Organisation sei auch eine freiheitliche und sozialistische Gesellschaft nicht denkbar. Die Unvollkommenheit der Planung in unserer Gesellschaft müsse angeprangert werden, weil sie dem Irrationalen Platz lasse. Die Polemik gegen die Durchschnittlichkeit des in der Kulturindustrie Gebotenen dürfe uns nicht der Einsicht verschließen, daß die Verwirklichung einer freien Gesellschaft an Massenproduktion als Voraussetzung gebunden sei und insofern eine gewisse Durchschnittlichkeit bedinge. Die Kritik dürfe nicht zu dem Mißverständnis führen, daß je eine Rückkehr zur individuellen Produktionsweise möglich sei. Durch eine solche falsche Interpretation könnten die Autoren der »Dialektik der Aufklärung« leicht in bedenkliche Nähe konservativer Kulturkritiker gelangen. Auch sollte man bedenken, daß in unserer Gesellschaft, die ja keine freie oder sozialistische sei, Kunst vielleicht nur möglich ist, sofern sie sich ihrer eigenen Verdinglichung bewußt bleibt. So habe Bertolt Brecht in seiner Dichtung niemals versucht, eine Reindividualisierung zu antizipieren, sondern er habe vielmehr die Verdinglichung auf die Spitze getrieben.

Prof. Adorno erwiderte auf diese Anmerkungen, daß ein Unterschied zu machen sei zwischen der Herstellung materieller Gebrauchsgüter und der ideologisch vermittelten Gebrauchswertigkeit des Films, die im Grunde nur den

---

durch ein minimales Auffälliges, einen Trick, ein ›gimmick‹, gleichwohl behalten werden kann. (GS, Bd. 16, S. 201)

schlechten Zustand der Gesellschaft reflektiere. Der von der Kulturindustrie produzierte Dreck sei kein notwendiges Gebrauchsgut. Zum Begriff des Durchschnitts sei zu bemerken, daß der freilich ein notweniger Bestandteil der Massenproduktion – z.B. von Autos – sei. Diese quantitative Notwendigkeit anzuerkennen, bedeute aber etwas anderes, als den Durchschnitt als Qualität zu verherrlichen – und darin bestehe die Funktion der Kulturindustrie. Sie produziere ein genormtes Bewußtsein, das dem Fortschritt im Wege stehe. Unter den gegenwärtigen Verhältnissen stelle Durchschnittlichkeit ein Unglück dar, es sei darum eine Aufgabe der Aufklärung, sie mit aller Schärfe zu kritisieren. Das sogenannte »Positive« der Kulturindustrie seien im Grunde Lappalien. So möge eine gewisse Popularisierung der Psychoanalyse durch den Film und das Radio zwar als positiv gelten, doch die Verdummung durch den Apparat überwiege bei weitem. – Konservative Kulturkritiker könnten einen freilich mißbrauchen, doch dies dürfe einen nicht davon abhalten, Kritik zu betreiben. Alle Wahrheit könne isoliert und aus dem Zusammenhang gerissen werden. Noch immer sei aber die Sprache ein Indiz für Wahrheit, denn mit jedem verantwortlich formulierten Urteil sei implicite eine Anweisung aufs Ganze gemeint.

Dr. Habermas wies darauf, daß nicht in abstrakter Weise von der technischen Notwendigkeit der Massenproduktion auf die Notwendigkeit der Produktion von Schund geschlossen werden dürfe. Die Massenproduktion von Kulturgütern *müsse* nicht deren Substanz zerstören. So zwinge die Anwendung des Rotationsdrucks nicht zur Herstellung der »Bildzeitung«. Die »Dreigroschenoper«[106] müsse nicht notwendig, wenn sie verfilmt werde, darum mißlingen, weil der Film ein Erzeugnis der Massenproduktion sei.

Herr Brandt warf noch einmal die Frage auf, ob Kunst für die Massen nicht andere Gestalt haben müsse als in der bürgerlichen Epoche. Man könne empirisch feststellen, daß die offensichtlich einmal vorhanden gewesene Fähigkeit, Nuancen in einem Kunstwerk zu genießen – Wortspiele in einem Shakespeare-Text – dem Publikum unserer Zeit fehle, und man müsse wohl auch bezweifeln, daß der Sinn hierfür wieder neu geweckt werden könne.

Prof. Adorno erwiderte, daß der Begriff der »Masse« nicht hypostasiert werden dürfe. Eine richtige Gesellschaft werde zum gegenwärtigen Begriff der Masse genauso quer stehen wie zum bürgerlichen des Individuums. Die Masse wie die Kulturindustrie dürfe man dialektisch nur an ihren eigenen Begriffen messen, diese seien aber beide dem bürgerlichen Bildungsbegriff entnommen.

---

[106] »Die Dreigroschenoper« Bertolt Brechts – mit der Musik von Kurt Weill – wird 1928 in Berlin uraufgeführt. Das Stück wird erstmals 1931 von Georg Wilhelm Pabst verfilmt.

Herr Teschner[107] deutete auf eine Gefahr der Kulturkritik hin, die sich ausdrücklich auf eine Kritik der Phänomene des Überbaus beschränke. Dies könne leicht dazu verführen, die Mächte hinter der Kulturindustrie zu personalisieren, für den Massenbetrug gleichsam die »bösen Kapitalisten« verantwortlich zu machen.

Prof. Adorno entgegnete, daß die hier zitierte Kulturkritik davon ausgehe, Kulturindustrie sei durch die Bedingungen des expansiven Kapitals bestimmt. Er erinnere daran, daß er immer den Versuch, gesellschaftlich bedingte Verhältnisse zu personalisieren, kritisiert habe, aber trotzdem: Zur anonymen Notwendigkeit der Reproduktion und Expansion des Kapitals komme die ganz reale und personale Macht von Individuen *hinzu*. Am Beispiel des Apparats Hollywood ließe sich sehen, daß dessen Anonymität nicht zur Idylle werde, wenn es darum ginge, einen Regisseur durch moralische Foltermethoden zu »brechen«, d. h. gefügig zu machen. In den mächtigen Konzernen säßen immerhin barbarische Herren, die Gewalt über andere hätten und diese im Interesse des Apparats zu gebrauchen wüßten.

Herr Viehmann stellte die Frage, ob nicht auch die Kulturindustrie, wenn auch ungewollt, dazu beitrage, den Menschen in unserer Gesellschaft und vielleicht für eine bessere Gesellschaft im positiven Sinne fungibel zu machen. Hinzu käme eine wachsende Differenzierung des Arbeitsprozesses, die ja qualitativ Vereinfachung bedeute und eine Mehrung der Freizeit der arbeitenden Menschen. Durch Kino, Radio, Fernsehen würden die Menschen ihren traditionellen Freizeitbeschäftigungen entfremdet, und es käme nur darauf an, sie zu einer sinnvolleren Nutzung ihrer freien Zeit zu bringen, was freilich eine gerechtere Gesellschaft voraussetze. Erzeugnisse der Massenproduktion, wie die billige Herstellung von Taschenbuchreihen, gäben den Menschen heute schon die Möglichkeit, sich in ihrer Freizeit mit den Gedanken großer Philosophen vertraut zu machen. Solche Tendenzen gelte es zu fördern.

Prof. Adorno warnte vor einem zu eilfertigen, gleichsam sozialdemokratischen Optimismus, demzufolge alles darauf angelegt wäre, sich zum Besten zu entwickeln.[108] Hegel würde gesagt haben, dem Fortschritt im formellen Verstand

---

107 D. i. Manfred Teschner.

108 Dieses Motiv entspricht der XIII. der Thesen »Über den Begriff der Geschichte« [1942] Walter Benjamins, wo es heißt: »Die sozialdemokratische Theorie, und mehr noch die Praxis, wurde von einem Fortschrittsbegriff bestimmt, der sich nicht an die Wirklichkeit hielt, sondern einen dogmatischen Anspruch hatte. [...] Die Vorstellung eines Fortschritts des Menschengeschlechts in der Geschichte ist von der Vorstellung ihres eine homogene und leere Zeit durchlaufenden Fortgangs nicht abzulösen. Die Kritik an der Vorstellung dieses Fortgangs muß die Grundlage der Kritik an der Vorstellung des Fortschritts überhaupt bilden.« (BGS, Bd. I·2, S. 700 f.)

entspräche ein Rückschritt im materiellen. Vorläufig sei festzustellen, daß die Produkte der Kulturindustrie im Sinne einer fortschreitenden Verdunklung wirkten. So sei der Bauer, dem man seine Kirmes genommen [habe] und dafür den Heidefilm biete, nicht durch die derart vermittelte Kenntnis einer ihm fremden Landschaft aufgeklärter geworden. Beim Radiohören könne – das sei nachgewiesen – ernste und schwierige Musik wie Unterhaltungsmusik konsumiert werden,[109] und der Taschenbuch-Plato, gelesen ohne gleichzeitige Reflexion auf die Gesellschaft, werde zum unverbindlichen Kulturgut.[110] Überhaupt werde die Neutralisierung der Kultur durch den wahllosen Konsum aller Dinge gefördert, hinzukäme, daß die in den Taschenbüchern vorgenommene »Auswahl« aus den Gesamtwerken der Philosophen häufig einen bedenklichen Zensurmechanismus darstelle. Für die Sozialforschung wäre es eine interessante Aufgabe, einmal festzustellen, was aus dem Plato im Taschenbuch werde, wie er das Bewußtsein und das Handeln der Leser beeinflusse.

---

109 Der Gedanke findet sich ausgeführt in der *Theorie der Halbbildung* [1959], wenn Adorno schreibt: *Daß Technik und höherer Lebensstandard ohne weiteres der Bildung dadurch zugute komme, daß alle von Kulturellem erreicht werden, ist pseudodemokratische Verkäuferideologie – »Music goes into mass production« –, und sie wird es darum nicht weniger, weil man den, der an ihr zweifelt, snobistisch schilt. Sie ist widerlegbar von der empirischen Sozialforschung. So hat in Amerika Edward Suchmann in einer ingeniösen Studie dargetan, daß von zwei Vergleichsgruppen, die sogenannte ernste Musik hörten und von denen die eine diese Musik durch lebendige Aufführungen, die andere nur vom Radio her kannte, die Radiogruppe flacher und verständnisloser reagierte als die erste. Wie für die Radiogruppe die ernste Musik virtuell in Unterhaltungsmusik sich verwandelte, so frieren allgemein die geistigen Gebilde, welche die Menschen mit jener Plötzlichkeit anspringen, die Kierkegaard dem Dämonischen gleichsetzte, zu Kulturgütern ein. Ihre Rezeption gehorcht nicht immanenten Kriterien, sondern einzig dem, was der Kunde davon zu haben glaubt.* (GS, Bd. 8, S. 110) – Vgl. Edward A. Suchman, Invitation to Music: A Study of the Creation of New Music Listeners by the Radio, in: Radio Research 1941, hrsg. von Paul F. Lazarsfeld und Frank N. Stanton, New York 1941, S. 140 – 188.
110 *Zweifel an dem unbedingt aufklärenden Wert der Popularisierung von Bildung unter den gegenwärtigen Bedingungen setzen dem Verdacht des Reaktionären sich aus. Man könne nicht etwa der Publikation bedeutender philosophischer Texte der Vergangenheit in Taschenbüchern mit dem Hinweis darauf opponieren, daß durch deren Form und Funktion die Sache beschädigt werde; sonst mache man sich zum lächerlichen Festredner einer geschichtlich verurteilten Bildungsidee, die nur noch dazu diene, einigen Dinosauriern ihre Größe und Herrlichkeit zu bestätigen. In der Tat wäre es unsinnig, jene Texte in kleinen und kostspieligen wissenschaftlichen Auflagen sekretieren zu wollen zu einer Zeit, da der Stand der Technik und das ökonomische Interesse in Massenproduktion konvergieren. Darum soll man aber nicht aus Angst vor dem Unausweichlichen sich gegen das verblenden, was es impliziert, und vor allem: wodurch es mit dem immanenten Anspruch der Demokratisierung von Bildung selbst in Widerspruch gerät. Denn das Verbreitete verändert durch seine Verbreitung vielfach eben jenen Sinn, den zu verbreiten man sich rühmt.* (GS, Bd. 8, S. 110 f.)

Von zwei anderen Seminarteilnehmern wurde von einer möglichen Weiterentwicklung der Kunst durch die Technik gesprochen, womit sich der Begriff der Kunst ändern müsse. Sei es doch schon möglich, mit Elektronen-Rechenmaschinen Schlager oder auch einfache Fugen zu komponieren.

Prof. Adorno erwiderte, daß bei solchen Spekulationen der Begriff Technik zu absolut gesetzt werde, eine Tendenz, die auch bei den Russen – dort aus der Situation des Mangels heraus – anzutreffen sei.

Es gebe aber Dinge, von denen wir annehmen müßten, daß sie gleichsam über der Technik stünden. Die mit der Rechenmaschine ermöglichte Schlagerkomposition nenne nur das Verfahren beim Namen. Eine Analyse der Schlagermusik zeige, daß hier die Möglichkeit schematischer Komposition theoretisch schon immer bestanden hätte, womit gleichsam die Rückständigkeit in der bisherigen Produktionsweise von Schlagern erwiesen sei. Die technische Produktion von Fugen sei nur eine Verfeinerung des Verfahrens, dessen sich einige Zeitgenossen Bachs bedient hätten, wenn sie Fugen komponierten, die deutlich erkennbare Elemente des Schematischen enthielten und darum keine Kunstwerke seien. Kunst beginne jenseits dieser Grenze, sie sei im Sinne der Hegelschen Definition Ausdruck für das Leiden der Menschen in der Welt.[111] Heute aber davon zu spekulieren, daß jene Voraussetzung entfalle, sei zumindest etwas voreilig.

Die wiederholt auftauchende Frage, ob Gesellschaftskritik sinnvoll sein könne, ohne gleichzeitig auf das Positive hinzudeuten, das *auch* in den kritisierten Gegenständen stecke oder das sich vielleicht einmal aus diesen entwickeln werde, beantwortete Prof. Adorno mit dem Hinweis, er habe manchmal den Eindruck, daß in solchen Fragen die Angst mitschwinge, es könne einem bei der Durchleuchtung der ideologischen Verhältnisse etwas weggenommen werden. Viele erlägen darum der Versuchung, zu rasch nach dem Positiven zu greifen, eine Tendenz, die zu einem gewissen Grade selbst in der Dialektik bei Hegel und Marx anzutreffen sei. Wir seien aber dazu da, den ideologischen Mechanismus zu *stören*. Sinn der Kritik sei, daß man sich vermöge der Reflexion über die sture Notwendigkeit erhebe, und er warne davor, sich auf den Standpunkt dessen zu stellen, was man einmal als negativ erkannt habe. Wenn nur ein Teil des Scharfsinns, der aufgebracht werde, die Notwendigkeit der Kulturindustrie zu beweisen,

---

111 In seiner Schrift über *Engagement* [1962] schreibt Adorno: *Aber jenes Leiden, nach Hegels Wort das Bewußtsein von Nöten, erheischt auch die Fortdauer von Kunst, die es verbietet; kaum wo anders findet das Leiden noch seine eigene Stimme, den Trost, der es nicht sogleich verriete.* (GS, Bd. 11, S. 423) – Auf das Missverständnis, das Adorno zu dieser irrigen Lesart Hegels verführt, macht Jürgen Trabant, »Bewußtseyn von Nöthen«. Philologische Notiz zum Fortleben der Kunst in Adornos ästhetischer Theorie, in: Text+Kritik. Zeitschrift für Literatur, Sonderheft »Theodor W. Adorno«, 2. Aufl., 1983, S. 130–135, aufmerksam.

auf die Entlarvung der in ihr steckenden Infamie verwendet worden wäre, sähe die Gesellschaft heute schon anders aus. Schließlich sei ja Ideologie nicht nur *notwendiger* Schein sondern auch *Schein*. Was das Positive, das es angeblich zu retten gelte, angehe, so könne man an dessen Rettung erst gehen, wenn das Ganze, das es fessele, untergegangen sei – vorläufig segele aber die Fregatte noch mit voller Kraft dahin.

Auf die Bemerkung einer Seminarteilnehmerin, daß die hier betriebene Kritik die Menschen gleichsam in eine Leere führe, weil wir nicht fähig seien, ihnen etwas Positives zu bieten, gab Prof. Adorno zu bedenken, ob man nicht in einem kritischen Bewußtsein geborgener sei als in der falschen Welt. Man könne sich nicht das Denken verbieten, nur weil man das Positive nicht gleich parat habe, oder gar mangels der Wahrheit die Lüge zur Wahrheit stempeln. Das ständige »ja, aber«, mit dem man sich verbiete, über die Dinge zu reflektieren, sei ein Hemmschuh des Fortschritts.[112] Das schwierige Leben zu antizipieren, sei aber nicht Aufgabe der Wissenschaft.

Zur dritten Kategorie von Diskussionsbeiträgen: welche Konsequenzen aus einer Totalschau des gesellschaftlichen Seins zu ziehen wären, wurde zunächst die Frage gestellt, wie sich eine »Aufhebung der Herrschaft« mit den Vorstellungen von Demokratie vereinen lasse, in welcher Herrschaft institutionalisiert und kontrolliert werde. In der Kulturindustrie, beim Radio, Film, Fernsehen, gäbe es heute bereits eine – wenn freilich auch unvollkommene – Selbstkontrolle. Hieße Aufhebung von Herrschaft, über diese Kontrolle hinausgehen?

Dr. Habermas erwiderte, die These des Buches beinhalte: nicht Einzelmaßnahmen im Bereich der Kulturindustrie selbst vermögen eine entscheidende Veränderung herbeizuführen, sondern die materielle Welt der Produktion, die die Kulturindustrie erst bedinge, müsse verändert werden. Diese These stütze sich auf eine Analyse des Komplementärverhältnisses der Kulturindustrie zu den Versagungen, die die Menschen in der heutigen Arbeitswelt erfahren. Unter den gegebenen gesellschaftlichen Verhältnissen werde Kultur verdinglicht, weil sie unter Marktbedingungen zur Verteilung gelange. Nicht Gebrauchswerte werden von der

---

112 In der Vorlesung zu *Kants »Kritik der reinen Vernunft«* charakterisiert Adorno das ›Ja aber‹, das über die Dinge hinweggeht, die es zu erkennen gelte, als infantil: *Denn es ist ja genau die Frageweise des Kindes, das auf jede Erklärung, die man ihm überhaupt gibt, mit ›Ja aber‹ antwortet, und das es gewissermaßen nicht vermag, irgendwo innezuhalten, weil es eigentlich die Beziehung auf die Sache gar nicht sich zugeeignet hat, sondern statt dessen nur gewissermaßen den Fragemechanismus als solchen leerlaufen läßt: fragen, um zu fragen, ohne daß in die Frage der Widerstand der Sache, der Widerstand dessen, worauf sie eigentlich sich bezieht, überhaupt hineingenommen wäre.* (NaS IV·4, S. 31)

Kulturindustrie produziert, sondern Tauschwerte, deren Konsumzweck abstrakt unterstellt werde und die der Nachfrager unkritisch als Konsumgüter abnehme.

Zum Abschluß bemerkte ein Seminarteilnehmer, daß das Motiv der Diskussionsbeiträge weniger apologetisch als vielmehr die Frage nach der Konsequenz der Kulturkritik sei. Den kulturkritischen Bemerkungen liege ein Totalitätsbegriff von der Gesellschaft zugrunde, demzufolge in unserer Gesellschaft Herrschaft im entwickelten Tauschprinzip begründet liege. Dadurch werde tendenziell jedes Kunstwerk zum Konsumgut, alles Leben verdinglicht. Partielle Phänomene, wie die Psychoanalyse, würden dem allgemeinen Trend nur scheinbar entgegenwirken, ja, sie verpflanzten die Herrschaft im Grunde nur noch tiefer ins Bestehende. Eine Gesellschaft verändere sich nicht kontinuierlich zu einer gerechteren und menschlicheren, indem sich einzelne positive Phänomene ins Bewußtsein der Menschen übertrügen, sondern die entscheidenden Veränderungen vollzögen sich nur in großen Brüchen.

Prof. Adorno schloß die Diskussion mit der Bemerkung, daß wir hier versucht hätten, angeblich harmlose Randgebiete des gesellschaftlichen Seins in ihren eigentlichen Zusammenhang zu rücken. Wenn so betriebene Soziologie eine Bewußtseinsänderung bei den Menschen bewirke, müsse dies als ein Positivum angesehen werden. Hier lägen die konkreten Möglichkeiten aber auch die Grenzen des Seminars.

Frankfurt am Main
31. 7[113]. 57
Werner Sörgel

---

113 Korrigiert aus: »3«.

Personenverzeichnis

Achminow, German Feofilowitsch 534
Adler, Wolfgang 247
Adorno, Gretel 343, 358
Ahlwardt, Hermann 562
Albrecht, (?) 51–53
Allport, Gordon W. 375
Anaximander 258 f.
Anders, Günther (eigentlich Günther Stern) 340, 546
Anderson, Sherwood 332
Angell, Robert Cooley 358
Anselm von Canterbury 520 f.
Apelt, Ernst Friedrich 122
Aristophanes 224
Aristoteles VII, 46, 60, 96, 135 f., 309, 369–371, 491, 515, 540
Arnim, Bettine von 490
Aron, Betty 347, 364, 418
Äsop 137
Augustinus von Hippo 520

Bach, Johann Sebastian 577
Bacon, Francis 451, 478, 531
Bahl, Franz 70–72, 76–78
Balzac, Honoré de 544, 547
Baum, Vicki (eigentlich Hedwig Baum) VIII, 546
Beccaria, Cesare 144
Beck, Fritz 358
Becker, Egon 331, 343
Becker-Schmidt, Regina VII
Beethoven, Ludwig van 55 f., 163, 291, 487, 543
Behncke, Claus 280–283, 498–501
Bell, Daniel 555
Benjamin, Walter 4, 575
Berelson, Bernard 348
Berg, Alban 2
Bergmann, Joachim 470–473
Bergson, Henri X, 107, 287, 412 f., 474, 501
Berkeley, George 364
Bertram, Ernst 287
Berz, Hildegard 468

Bettelheim, Bruno 329, 339 f., 345 f., 348 f., 351, 357
Beuter, Gerhard 218, 221, 410
Beyer, Helmuth 358
Bismarck, Otto von 213 f., 562
Blunck, Hans Friedrich 548
Bobka, Nico VI, 1, 3
Bockelbeßmann, Mechthild 490–493
Bogardus, Emory S. 253, 345
Borgmeier, Klaus 536–539
Borries, Hans-Joachim 407, 474–478, 555–558
Bottenberg, Ursula 436–440
Boulainvilliers, Henri de 559, 564
Brandt, Gerhard 417–422, 563, 573 f.
Braun, Siegfried 98–100
Braunstein, Dirk VI, 1, 3, 5
Brecht, Bertolt 340, 546, 573 f.
Brentano, Franz 94, 98, 527 f.
Brentano, Lujo 243
Bridgman, Percy Williams 417
Brunner, Otto 537
Brunswig, Alfred 65
Burali-Forti, Cesare 45

Calvin, Johannes 75
Carlin, (?) 383, 385
Carnap, Rudolf 189
Carus, Karl Gustav 124
Cervantes, Miguel de 267
Chamberlain, Houston Stewart 560 f.
Christie, Agatha X, 545
Cicero, Marcus Tullius 309
Codrington, Robert Henry 473
Comte, Auguste 217, 240, 379, 405, 407
Condillac, Étienne Bonnot de 540
Condorcet, Marie Jean Antoine Nicolas Caritat, Marquis de 76–78
Cornehl, (?) 161
Courths-Mahler, Hedwig 546 f.
Cramer, Wolfgang 45 f., 48
Croce, Benedetto 178, 182 f., 185

Dankemeyer, Iris 10
Dannay, Frederic 544
Darwin, Charles 484, 559
Décamps, Jacques 345, 358
Deininger, Dieter 211–215
Demirović, Alex 5f.
Demokrit von Abdera 469
Dempf, Alois 537
Descartes, René 176, 206, 297, 318, 402, 407, 505
Destutt de Tracy, Antoine Louis Claude 122, 451, 540
Dettmar, Karl 433–435
Deussen, Paul 66
Diderot, Denis 68
Dieckmann, Jo 429–432
Diels, Hermann 191, 204, 253, 326
Dilcher, Liselotte 441–444, 482–485
Dilthey, Wilhelm 206, 242, 290
Dimenstein, Horst 324–328
Dirks, Walter 343
Donath, Andreas 250f.
Driesch, Hans 106
Dubiel, Helmut 481, 557
Dühring, Eugen 262f.
Duncker, Carl Friedrich Wilhelm 67
Dunkmann, Karl 444
Durkheim, Émile VII, X, 405–435, 440–446, 448, 472–476, 479

Eckardt, Heinz 256–260
Eckhart von Hochheim 560
Eddington, Arthur S. 97
Eggert, (?) 405
Ehrhardt, Hans-Heinrich 565–570
Eigenson, Moris Semjonowitsch 96
Einstein, Albert 99
Eisler, Hanns 340, 546
Engels, Friedrich 456f., 460–462, 523
Epicharmos 253
Epikur 469
Esra 568
Euklid von Alexandria 66
Eulenberg, Herbert 547
Eymann, Dietlinde 48f.

Faden, Hannelore 85–88

Faßbender, Erich 379–382
Fessenkow, Wassili Grigorjewitsch 97
Fetscher, Iring 7
Feuerbach, Ludwig 131, 455f., 460–464
Fichte, Immanuel Hermann 403
Fichte, Johann Gottlieb X, 43f., 72, 79, 93, 122, 301, 307, 322, 389–403, 507, 529
Flüs, Günther 358
Frank, Philipp 189
Franklin, Benjamin 235
Freedman, Paul 358
Frenkel-Brunswik, Else 347, 364, 418
Freud, Sigmund 222, 261, 263f., 345, 375, 385, 437, 439, 443, 448f., 481
Frick, Willi 392–394
Friedeburg, Ludwig von 10, 331f., 343, 347, 358, 386, 569
Friedländer, Walter 54–58
Fries, Jakob Friedrich 122
Fulda, Hans Friedrich VII, 236–241, 346–349, 351f., 373–378, 433

Gabelentz, Hans von der 548
Gadamer, Hans-Georg 2
Ganghofer, Ludwig 557
Gans, David ben Šelomo 568
Gaudet, Hazel 348
Gauß, Carl Friedrich 45
Gelhard, Maischa VI
George, Stefan 214, 233
Geyer, (?) 189–196
Giolitti, Giovanni 477
Glagau, Otto 562
Globig, Eckart 383
Gobineau, Arthur de 559f., 564
Goebbels, Joseph 376f.
Goethe, Johann Wolfgang 5, 68, 289, 292
Goetzke, Herbert 101, 104, 109
Gorsen, Peter VII, 395–403
Götte, Elisabeth 89–92
Grimm, Hans 548
Groethuysen, Bernhard 537
Groppler, Burkart 269
Grossmann, Henryk 154
Groth, Sepp 434
Gumplowicz, Ludwig 444
Gurewitsch, Lew Emmanuilowitsch 96

Gürster, Eugen 141
Guterman, Norbert 481, 557
Guttman, Louis 346f.

Haag, Karl Heinz 49, 304, 515
Habermas, Jürgen VII, 468, 482, 537f., 548f., 574, 578
Hacker, Friedrich 3
Hagen, Volker von 343, 358
Hahn, Hans 189
Halévy, Daniel 474
Hallwachs, Wilhelm V
Harmuth, Erich 472
Haselberg, Peter von 358
Hays, William Harrison 546
Hegel, Georg Wilhelm Friedrich V, 7f., 11, 32, 38f., 41f., 44, 51–69, 71, 77f., 80f., 117–146, 149–154, 157–159, 161–174, 176–179, 182f., 185–187, 192, 197–200, 202f., 225, 237, 240, 252, 258, 285, 290, 296–298, 300–328, 335–337, 348, 351, 354f., 361, 398f., 411, 414, 441, 444, 452, 454–456, 459–462, 464, 468, 500, 502, 515, 522, 526, 529, 531f., 575, 577
Heidegger, Martin V, 11, 39, 94, 124, 291, 402, 457, 527–529
Heine, Heinrich 306f., 568
Helmert, Horst 242–245
Helvétius, Claude-Adrien 451
Hemingway, Ernest 332
Hepp, Günther 445f.
Heraklit von Ephesos 191, 258, 369
Herbart, Johann Friedrich 398
Herberger, Lothar 343, 345, 358
Herder, Johann Gottfried 79–83, 568
Herkommer, Sebastian 550–554
Hertz Levinson, Maria 347, 364, 418
Herzog, Herta 551
Hess, Moses 460
Hitler, Adolf 250, 477, 481, 546, 548, 558, 562, 572
Hochleitner, Erna 376f.
Höger, Armin 343
Holz, Hans Heinz 93–98
Holzinger, Rudolf 358
Homer 569

Horaz (Quintus Horatius Flaccus) 256
Horkheimer, Max V, VIIf., 2f., 5–7, 65–69, 100, 104, 137, 141, 143, 157, 176, 187, 192, 197, 200, 202, 211, 216f., 220, 227–229, 234, 252f., 259, 275, 284, 300f., 303f., 320, 324, 329, 340, 352, 358, 392, 443f., 446, 458, 463, 480, 499–503, 528, 533, 537, 543f., 546, 549, 552, 554, 571, 573
Hume, David 79, 100
Husenmüller, Franz 211
Husserl, Edmund VII, IX, 98, 176, 208, 211, 232f., 277f., 302, 527
Huxley, Aldous 228, 340, 546

Jacobi, Friedrich Heinrich 64, 79, 304
Jaspers, Karl 203, 220
Jordan, Pascual 189f.
Jung, Herta 465–467

Kafka, Franz 279
Kaiser, Christian 343
Kaiser, Horst Helmut 357, 486–489
Kant, Immanuel 3, 32–34, 36f., 39–44, 47–49, 62, 65, 76, 78f., 82f., 85–87, 89f., 92–96, 98–115, 119f., 126f., 142, 144, 149–153, 161–163, 171–174, 200, 206, 211f., 220, 244, 250f., 257, 266–271, 286, 288–290, 293, 296, 298, 300–303, 305–307, 315, 321f., 324, 328, 392f., 395, 398–400, 414, 498–504, 506–523, 525f., 578
Kanz, Werner 358
Karplus, Margarete (s. Adorno, Gretel)
Keil, Ernst 546
Keiling, Ruth 169f.
Kierkegaard, Søren 1, 68, 131, 220, 529, 576
Kinsky, Ferdinand 441
Kirchhoff, Gustav Robert 189
Klages, Ludwig 124
Köhne, Rainer 358
Kolbenheyer, Erwin Guido 549
Kopernikus, Nikolaus 43
Kopp, Bernhard 492f., 533–535
Krahl, Hans-Jürgen 11
Kramers, Hans 553, 556

Kratylos 369
Kraus, (?) 64–69
Krüger, Gerhard 176
Küchler, W. 104–108

Lagarde, Paul de 560f.
Lagardelle, Hubert 477
Landauer, Karl 446
Landshut, Siegfried 455
Lassalle, Ferdinand 126f.
Lasson, Georg 64, 308
Lasswell, Harold Dwight 361
Lazarsfeld, Paul F. 334, 342, 347f., 555
Lee, Manfred Bennington 544
Leibniz, Gottfried Wilhelm VII, 79, 96, 206, 311f., 348, 395, 498–500, 503–506, 511–514, 516–519, 568
Lenin, Wladimir Iljitsch 381
Lenk, Klaus 149–151
Lenk, Kurt 350–352, 492, 536
Leone, Enrico 477
Lessing, Gotthold Ephraim 455
Levinson, Daniel J. 347, 364, 418
Lewin, Kurt 434
Lewis, Sinclair 436
Liepelt, Klaus 330–332, 357f.
Likert, Rensis 347
Lilie, Rudolf 296
Lim, Sok-Zin 540–545
Limmer, Herbert 358
Lipps, Hans 80f.
Locke, John 301, 439, 503f., 512f.
Löffelholz, Franz 117–120
London, Jack 332
Löwenthal, Leo 481, 557
Lücke, Theodor 384, 397
Lukács, Georg 39f., 214, 222, 491, 537, 563
Lunt, Paul S. 438
Lütgens, Jessica VI
Luther, Martin 244, 288

Mach, Ernst 350
Machiavelli, Niccolò 494
Maier, (?) 550
Mailer, Norman VIII, 546
Mangold, Werner VII, X, 157–160, 339, 343–346

Mann, Thomas 141, 270
Mannheim, Karl 192, 229, 353, 472, 485f., 494–496, 531, 536f.
Marcuse, Herbert 340, 546
Marcuse, Ludwig 340, 546
Marr, Wilhelm 561f.
Martin, Alfred von 537
Marx, Karl 7, 39, 58, 131, 139, 154f., 165, 196, 198, 220, 227f., 240, 242, 252, 256, 294, 307, 312, 323, 373f., 381f., 406, 408, 427, 436, 441, 446, 451f., 454–472, 474f., 478f., 483, 486f., 490f., 493, 495, 523, 531–535, 537–539, 542f., 547, 549, 577
Massenhart, Sigrid von 109–113
Maupassant, Guy de 196
Maus, Heinz 212, 214, 233, 245, 301, 345, 358
Mautz, Kurt A. 126–134
Mayo, Elton 470, 539, 555
McDougall, William 386
Mehring, Reinhard 11
Mehner, Harald 358
Meiner, Felix 159
Mendelssohn, Moses 285, 455
Menon von Pharsalos 368
Meyer, Rudolf W. 537
Meyrink, Gustav 258
Michel, Karl Markus VIIf., 230–235, 540–551, 556
Michels, Robert 491f.
Mitscherlich, Alexander 193f.
Molitor, Jacob 304, 315–317, 368–371, 389–391, 465, 468, 500, 548, 554
Monroe, (?) 154
Montesquieu, Charles de Secondat, Baron de 491
Moonweg (oder Mooneweg), (?) 176–181
Moreno, Jacob Levy 154
Morrow, William 347, 364, 418
Mosca, Gaetano 490–492
Müller, Alfred 405
Müller, Gerd XII
Müller, Hermann 525–529
Munz, Horst 39–44, 571f.
Mussolini, Benito 477

Nagel, Ivan   VII, 161–163, 303, 358
Napoleon I. (Napoléon Bonaparte)   122, 451f., 488
Nebel, (?)   297–299
Neff, Dorothee   101–103
Negt, Oskar   6
Neurath, Otto   189
Newton, Isaac   108, 111f.
Nicklas, Hans Wilhelm   143
Nietzsche, Friedrich   X, 80, 99, 123, 132, 200, 222, 247–294, 319, 377, 399, 414, 436, 484

Odoaker   263
Oehler, Christoph   336, 338–341, 343, 353–359, 363–366
Ogburn, William Fielding   427, 563
Olivetti, Angelo Oliviero   477
Olles, Helmut   222–229
Orano, Paolo   477
Orwell, George   159, 228, 545
Osmer, Diedrich   121–125, 343, 345, 358

Pabst, Georg Wilhelm   575
Pareto, Vilfredo   354, 416, 479, 482–486, 489–492, 538
Parmenides von Elea   135, 204, 326
Parsons, Talcott   330, 419, 438
Pascal, Blaise   282
Peguy, Charles   477
Pehnt, Wolfgang   284–287
Pelzer, Roland   266–268, 318–320, 414–416, 451
Picasso, Pablo   279
Planck, Max   68
Platner, Ernst   401
Platon   X, 64, 80, 128f., 135, 195f., 199, 236, 273, 281, 309, 317, 323, 368–371, 438, 486, 509, 515, 576
Plessner, Monika   358
Pollock, Friedrich   340, 546
Polybios   491
Popper, Karl Raimund   XIIf.
Pressel, Alfred   494–496
Pross, Helge   344f., 490
Proust, Marcel   160

Ptasnik, Ingeborg   341–343
Pythagoras von Samos   66

Raffael da Urbino   274
Rathenau, Walther   568
Ratzenhofer, Gustav   444
Rauter, I.   345
Ravenstein, Christa von   358
Raymond, Walter   558
Reichenbach, Hans   340, 547
Reinhold, Karl Leonhard   396, 402f.
Rembrandt van Rijn   548
Renan, Ernest   560
Ricardo, David   223
Rickert, Heinrich   206–209, 211f., 220, 226
Rjasanow, Dawid   455
Rockefeller, John D.   555
Roosevelt, Franklin D.   312
Rosenberg, Alfred   480, 560, 562, 565, 567–569
Ross, Edward Alsworth   286, 337
Rössner, Lutz   206–210
Rothacker, Erich   537
Rothschild, Mayer Amschel   568
Rousseau, Jean-Jacques   452, 491, 503
Rudolph, Fritz   358
Rülcker, Tobias   164–168, 242, 302
Rumpf, Mechthild   152–156
Russell, Bertrand   45f., 48
Rüstow, Alexander   260, 537

Saint-Simon, Claude-Henri de Rouvroy de   382, 406, 467
Sainte-Beuve, Charles-Augustin   547
Sanford, R. Nevitt   347, 384, 418
Sardemann, Karl   358
Sartre, Jean-Paul   375, 390
Savigny, Friedrich Carl von   145f.
Schaaf, Julius   536–539
Schachtschabel, Hans-Georg   189
Scheler, Max   IX, 172, 232, 291, 303, 439, 472, 486–489, 492, 496
Schelling, Friedrich Wilhelm Joseph   64, 71, 127, 178, 304, 390, 392f., 468, 529, 537
Schelsky, Helmut   454
Scheuch, Anne-Margret   454–458, 531–535
Schiller, Friedrich   V, 311

Schleiermacher, Friedrich Daniel Ernst 64
Schlick, Moritz 189
Schmidt, (?) 498, 502, 504, 511, 513, 538
Schmidt, Alfred 3, 7, 454, 468
Schmidtchen, Gerhard 358
Schmitz, Elsmarie 247–249
Schnädelbach, Herbert 7
Schölzel, Günter 182–184
Schopenhauer, Arthur 65f., 131, 212, 256f., 272, 292f., 301, 484, 499f., 567
Schramm, (?) 113
Schreff, A. Maria 305–307
Schultheiß, (?) 474f.
Schüring, Heinz-Jürgen 211, 213–215
Schweppenhäuser, Hermann 32–38, 358, 527
Sell, Hans Joachim 358
Serfling, Tamara 377, 435, 447–449, 475
Shakespeare, William 159, 574
Simmat, William 230
Simmel, Georg 211f., 226, 238f., 242, 353, 407, 418
Simons, Josef 558
Sittenfeld, Hans 345, 358
Smith, Adam 223
Sokrates 128f., 236, 258, 368f.
Solms-Hohensolms-Lich, Dorothea zu 479–481, 565
Sombart, Werner 386, 439
Sorel, Georges 474–481
Sörgel, Werner 571–579
Spann, Othmar 444
Spencer, Herbert 259, 351, 405, 413
Spengler, Oswald 431, 484
Spieldiener, F. R. 358
Spinoza, Baruch de 71f., 153, 199, 257, 286, 326, 455
Steinbeck, John 332
Stendhal (eigentlich Marie-Henri Beyle) 290f.
Stern, Hans 292
Sternheim, Carl 196
Stevenson, (?) 339
Stickforth, John 171–175, 237, 241
Stoecker, Adolf 561
Stolberg, Hans Peter 358
Streicher, Julius 562

Strohm, Theodor 321, 559, 561
Suchmann, Edward A. 576
Sumner, William Graham 354, 383–385, 387

Tacitus (Publius Cornelius Tacitus) 569
Taine, Hippolyte 484
Tausend, Ingeborg 45–47
Teschner, Manfred 330, 339, 341–344, 360–362, 575
Thales von Milet 259
Thomae, Jutta 338–340, 353–356, 358
Thomas, Martin Luther 354
Thomas von Aquin 531
Thomssen, Wilke 469, 556
Thönnessen, Werner 276–279, 340
Tiedemann, Rolf 4, 6, 11, 16
Timaios von Lokroi 438
Tjaden, Karl Hermann 557
Tolstoi, Lew Nikolajewitsch 543
Toscanini, Arturo 571
Toulouse-Lautrec, Henri de 547
Trabant, Jürgen 577
Trautmann, Kurt 447
Treitschke, Heinrich von 391
Trendelenburg, Adolf 177–179
Turgenjew, Iwan Sergejewitsch 140f.

Vaihinger, Hans 200
Valéry, Paul XII, 160, 271f.
Veblen, Thorstein X, 146, 373–385, 387
Viehmann, Günther 555, 575
Vierkandt, Alfred 444
Viertel, Berthold 340, 546
Vilmar, Fritz 135–138, 321
Vischer, Friedrich Theodor 225, 333
Voigtländer, Hans-Dieter 185–188
Voltaire (eigentlich François-Marie Arouet) 162, 275

Wagner, Erhard 330, 333–337, 343, 373, 417
Wagner, Richard 288, 560f.
Walter, Rudolf 321–323, 376
Warner, W. Lloyd 438
Weber, Alfred 537
Weber, Karl-Otto 502–505

Weber, Marianne 211, 213–215, 241
Weber, Max VIII–X, 206, 211–228, 230–245, 386, 406, 413, 416, 418f., 429f., 433, 439, 454, 502, 557f.
Weidmann, Hannes VI
Weill, Kurt 574
Welling, Lena VI
Welteke, Reinhart 433
Weltz, Friedrich 332, 341–344, 349, 363
Wenzel, Wilfried 206, 308–314
Wiesengrund, Maria 3
Wiesengrund, Oscar 3
Wilhelm II. (Friedrich Wilhelm Viktor Albert von Preußen) 213f., 222

Wilkening, Werner 203, 216f., 423–428, 451–453, 553
Windelband, Wilhelm 398
Wittgenstein, Ludwig 189
Woeller-Paquet, Wilhelmine 237
Wolf, Ernst 145
Wolff, Christian 520
Wolff, Kurt 358
Woznica, Marcel VI, 5

Zink, Elfriede 383–387
Zweig, Stefan 547

www.ingramcontent.com/pod-product-compliance
Lightning Source LLC
Chambersburg PA
CBHW031407230426
43668CB00007B/237